시민생활과 법

하 윤 수 저

탑북스

머리말

대학교육은 '체계로서의 지식을 뛰어 넘어 지혜(wisdom)로서의 지식'까지 도달해야 하고, 살아있는 지적체계로서의 지식교육과 발견으로서의 지식 생산을 견지하는 수준을 유지할 필요가 있다. 이에 따라 예비 교사로서 법학 및 법교육에 관한 일반적이고 기초적인 지식을 배양하는 것이 본 저서의 목적이다.

이 책은 저자가 강의를 듣는 대학생들이 가능한 쉽게 이해하도록 핵심 내용 및 용어를 정리하였다. 이 책의 간략한 내용은 다음과 같다. 제1편 법의 기초 일반이론에서 법의 본질과 이념・법의 분류와 법의 효력・법의 적용과 해석・법률행위(법률관계, 권리의 종류, 권리의 행사, 권리의 충돌과 권리의 경합 및 법규의 경합, 의무가 무엇인가), 제2편 시민생활과 헌법에서는 대한민국 헌법과 헌법교육・국민의 기본권 보장(인간으로서의 존엄과 가치・행복추구권, 평등권, 자유권, 생존권, 청구권, 참정권)・국가권력과 조직과 작용(입법부, 행정부, 사법부, 헌법재판소), 제3편 시민생활과 민법에서는 시민법의 기본원리와 그 수정원리・동산과 부동산의 계약・불법행위법・학교안전사고와 학교・교원의 손해배상책임・가족(친족・상속)관계와 법(친족, 가족의 범위, 자의 성과 본, 혼인, 친자, 상속과 유언), 제4편 시민생활과 형법에서는 형법의 기초법리・사이버범죄・형사소송관계법・교통사고와 법(교통사고처리특례법)・학생체벌・학생폭력과 관련한 사고, 제5편 시민생활과 사회법・국제법에서는 노동법, 경제법, 소비자법, 사회보장법・국제법 등으로 구성하였다.

이 책을 출간하는데 출판계의 환경변화에 따른 어려움 속에서도 이 책이 나올 수 있도록 배려해 주신 도서출판 탑북스 김광식 사장님과 출판부 여러 선생님들의 노고에 대해 감사드립니다.

2020년 2월 7일

저자 씀

차 례

제1편 법의 기초일반이론

제1장 법의 본질과 이념

제2장 법의 분류와 법의 효력

제3장 법의 적용과 해석

제4장 법률관계의 권리 · 의무

제3장 국가권력의 조직과 작용

제4장 불법행위법

제5장 가족(친족 · 상속)관계와 법

제4편 시민생활과 형법

제1장 형법의 기초 법리

제2장 사이버범죄

제3장 형사소송관계법

제4장 교통사고와 법(교통사고처리특례법)

제5장 학생체벌 · 학생폭력과 관련한 사고

제5편 시민생활과 사회법 · 국제법

제1장 사회법

제2장 국제법

제1편 법의 기초일반이론

제1장 법의 본질과 이념

제1절 법의 개념과 사회규범

Ⅰ. 법의 개념

법이 무엇이냐고 정의(定義)를 내리라고 하면, 오랫동안 법을 공부하여 온 법학자・법률가들도 당황하지 않을 수 없다. 하나의 사회를 유지 발전시키기 위해서는 규범(規範), 즉 법이 필요하다. 그러면 법이란 무엇인가를 밝혀야 한다. 이에 대한 명확한 대답을 하기는 매우 어렵다. 인간의 사회생활이 시작되면서 수많은 법이 생성・소멸하여 왔으므로, 법에는 역사적인 의미도 내포되었고, 실제 생활에 적응하여 온 실증적인 의미도 담고 있기 때문이다.

인류가 태어나 사회가 형성되고 생활이 복잡해짐에 따라 법이 필요하게 되었다. 도덕만으로 다스리기 힘들어지기 때문이다. 그래도 법이 만들어진 초기에는 그지없이 공평했다. '함무라비 법전'이나 고조선의 '팔조금법(八條禁法)'을 보더라도 법은 무척 단순했고, 지은 죄만큼의 벌을 주는 공정함이 있었다. 오죽하면 소크라테스는 '악법(惡法)도 법'이라며 독배(毒杯)를 들었을까? 그것은 철학자이자 지식인으로서 인간이 만든 질서를 지키고자 순교에 가까운 행위를 한 것이라 할 수 있다.

사람은 누구나 이 세상에 태어나면서부터 부모와 자(子)의 관계를 맺으며, 가정의 구성원이 되고, 사회의 일원이 되며, 국민의 한 사람이 된다. 좀 더 생각해 보면, 가정에는 가정 나름대로 법이 있고(예를 들면 가훈, 가풍 또는 관습),

국가사회에는 그에 따른 많은 법이 있다(예를 들면, 헌법, 형법, 민법, 소송법 등). 오늘날 대부분의 국가에서는 법에 따라서 정치를 해야 하고, 법에 따라서 일상생활이 규율되면서 영위되고 있다. 이를 법치주의(法治主義)라고 하고, 법의 지배(rule of law)라고 한다.

이와 같이 우리네의 생활이 법에 따라서 유지되는 밀접한 관계를 맺고 있지만, 법의 의미를 밝히는 것은 쉬운 일이 아니다. 법이란 무엇이냐 하는 것이 법학을 공부하고자 하는 사람이 부딪히는 최초의 문제이고, 법학을 연구한 사람들이 밝혀야 할 최후의 과제라고 할 수 있다. 일반적으로 법의 정의(定義)를 "법이란 사람이 사회생활을 하는데 지켜야 할 행위(行爲)의 준칙(準則)으로서, 자기(自己)의 의사에 관계없이 강행(强行)되는 사회의 규범(規範)"이라고 한다.[1] 그리고 라드부르흐(Gustav Radbruch)는 "법이란 사회생활을 위한 일반적 · 실정적 규범의 총체이다"라고 정의를 내리고 있다. 결론적으로 법이란 국가구성원들의 사회적 지위와 역할을 규정하고 각각의 구성원들이 자신의 지위와 역할에 따른 행위를 수행하도록 함으로써 사회질서를 유지하는 국가의 강제규범이다.[2]

Ⅱ. 법과 다른 사회규범

사회규범에는 법 이외에도 도덕, 관습, 종교, 전통 등 여러 가지가 있다. 사회규범은 본질적으로 '강제성'을 가지고 있다. 대체로 강제성이란 무엇을 하고 싶은 대로 할 수 없는 심리상태, 혹은 무엇을 하기 싫은데도 해야만 하는 심리상태라고 할 수 있다. 사회규범은 이러한 의미의 강제성을 모두 가지고 있다는 뜻이다. 그런데 법이라는 사회규범은 다른 사회규범과 달라서 그 강제성을 국가가 보장해 주고 있다는 점에서 다른 사회규범과 구별이 된다. 법의 개념을 보다 충실하게 이해하기 위하여 여러 가지 사회규범 중에서 특히 도덕, 관습, 종교 등의 사회규범과 법은 어떠한 차이가 있으며, 어떠한 관계가 있는지 살펴

---

1) 李種河, 새 時代의 法學, 螢雪出版社, 1983, 23면; 박정기 외, 생활과 법률, 법문사, 2002, 4~5면; 魚寅義, 生活과 民法, 한올출판사, 2004, 4면 참조.
2) 한상수, 로스쿨시대 법학의 기초, 인제대학교출판부, 2008, 72면.

볼 필요가 있다고 본다.[3)]

1. 법과 도덕

(1) 법과 도덕의 상관성

법과 도덕은 다 같이 사회규범이다. 법과 도덕은 서로 상관성이 밀접하므로 그 개념을 명확히 할 필요가 있다. 도덕(道德, morals)에서 도(道)는 사람으로서 마땅히 행하여야 할 인륜을 성립시키는 도리나 예법이고, 덕(德)이란 이를 체득하여 실천하고 있는 상태를 말한다. 법학자 옐리네크(Georg Jellinek)[4)]는 "법은 도덕의 최소한"이라고 하듯이 가령 "타인의 물건을 훔치지 말아라", "살인하지 말아라"라고 하는 행위기준은 도덕적 요청이면서 법의 명령이기도 하므로 법과 도덕은 유사점이 많다. 또한 교통질서와 같이 단순히 공동생활의 편리만을 위한 도덕과 관련이 적은 법도 있다. 따라서 이 둘을 구별하기란 매우 쉽지 않다.[5)]

고대사회에서는 법과 도덕이 미분화된 상태에서는 도덕적 비난의 대상이 되는 행위를 한 사람에게는 그 사회의 관습이 인정되는 범위 내에서 일정한 제재(制裁)를 가할 수 있었다.[6)] 그러나 21세기 사회는 더욱더 다원화된 산업사회에서는 모든 도덕적 비난의 대상이 되는 행위를 한 사람에게 법적으로 규율하기에는 많은 문제점이 따르게 된다. 따라서 도덕적 영역과 법의 영역은 구별된다.[7)]

(2) 법과 도덕의 구별

법과 도덕에 대하여 토마지우스(Christian Thomasius)[8)]를 비롯하여 칸트(I.

---

3) 어인의(魚寅義), 앞의 책, 6~11면 참조; 박정기 외, 앞의 책, 7~10면; 강대성, 새 법과 생활, 탑북스, 2014, 5~10면 참고.
4) Georg Jellinek, 1851~1911 : 독일의 법학자
5) 어인의(魚寅義), 앞의 책, 7면.
6) 서양의 중세사회에서는 사회규범인 법과 도덕·관습이 미분화한 상태였다. 이로서 오랫동안 전해 내려오는 관습이 법이였다. 동양에서는 "삼강오륜(三綱五倫)"이라는 윤리가 법이었다.
7) 박정기 외, 앞의 책, 7면.
8) Christian Thomasius : 독일의 철학자(1655~1728), 독일 계몽주의의 선구자로, 합리적인 자연법을 제창하였다. 저서에 '자연법 및 국제법의 기초'가 있다.

Kant)[9] 등에 의하여 구별하였다.

첫째, 법은 '경험적 사실'에 따라서 성립하는데 반하여. 도덕은 '선험적 이성'에 따라서 발생하는 점에서 다르다. 그러나 도덕도 사회현실을 반영하는 것이므로 이러한 구별기준은 적합하지 않다.

둘째, 법은 그 대상을 '평균인'으로 하는데, 도덕은 평균인이 준수하기 어려운 '이상적 성인(聖人)'을 대상으로 하는 것일수록 높은 가치를 부여한다. 그러나 교육법 제1조에서 홍익인간의 이상을 추구하듯이 법도 이상인을 규율대상으로 하고, 도덕도 교통도덕과 같이 평균인을 대상으로 하는 경우가 적지 아니하므로 이 구별 기준도 적합하지 않다.

셋째, 법은 헌법, 법률, 명령 등의 형식으로 문자에 따라서 표현되는데, 도덕은 이러한 형식의 문자로서 나타나지 않는다는 것이다. 그러나 법도 불문법(관습법이나 판례법) 등과 같이 문자로 표시되지 아니한 경우가 있으며, 도덕도 국민교육헌장 또는 윤리강령과 같은 형식으로 표시되는 경우가 적지 아니하므로 이 구별기준도 적합하지 않다.

넷째, 법은 인간의 '외면적 행위'를 규율하는데, 도덕은 인간의 '내면적 의사(意思)'를 규율한다는 것이다.[10] 예를 들면, 법은 살인에 대한 범의(犯意)가 있다고 하여도 실행에 이르지 아니하면, 법적으로 처벌하지 않고, 도덕은 마음의 간음까지도 용서하지 않는다는 것이다. 이것은 의사(意思)의 자유를 보장할 수 있는 실제적 가치는 있으나, 법과 도덕을 구별하는 표준이 될 수는 없다. 또한 법도 고의, 과실, 목적, 선의 및 악의와 같은 내면적 행위를 규율하는 경우가 많으며, 도덕도 도덕적인 행위를 요구함으로써 외면적 행위를 강조한다. 이 구별 기준도 타당하지 않다.

다섯째, 법은 '타율성'을 가지는데 반해, 도덕은 '자율성'을 본질로 한다는 것이다. 즉, 법은 외부에서 강요하기 때문에 준수되는 규범인데 반하여, 도덕은 외부에서 강요하지 않더라도 스스로 자각하여 실천하는 규범이라는 것이다. 그러나 법과 마찬가지로 도덕도 외부에서 강제하므로, 예를 들면, 교사가 비난

9) 칸트(Kant, I., 1724~1804), 국적은 독일이고, 서양 근대의 도덕적 이상을 집대성한 철학자로서 대표작은 '순수이성비판', '실천이성비판', '판단력비판' 등을 출간하며 비판철학의 정점에 이르렀다.

10) 이것을 법의 외면성과 도덕의 내면성이라고 한다.

받을 것을 두려워하여 스스로 교통규칙을 지키는 것처럼 이 설은 타당하지 않다.

여섯째, 법은 권리와 의무·채권과 채무처럼 서로 대립하는 '양면성'(兩面性)을 규율하는 것인데 반하여, 도덕은 주로 의무만이 존재할 뿐 그러한 의무에 대한 반대급부인 권리라는 것이 없다는 '일면성'(一面性)만을 가진다는 것이다. 그러나 법에도 권리만이 있거나 의무만이 있는 경우가 있다. 예를 들면, 민법상 친권은 비록 권리처럼 외견상 보이나, 사실은 의무만 규정되어 있다. 그러므로 이러한 구별은 타당하지 않다.

일곱째, 법은 외부에서 이를 일탈한 경우, 강제력에 따라서 제재를 가하는 '타율적인 규범'인데 반하여, 도덕은 그에 위반하여도 사회의 비난이 가해질 뿐 이러한 강제적 제재수단이 없는 '자율적인 규범'이라는 데서 근본적인 차이가 있다. 법을 강제규범이라고 하는 것도 여기에서 비롯된다. 이 주장이 타당하다. 그러나 도덕이라 해서 완전히 강제력이 없는 것이 아니라, 심리적 강제라는 내부적 통제에 따라서 어느 정도 도덕적인 제어가 가능하다.

(3) 법과 도덕의 조화

위와 같이 법과 도덕의 구별(차이)을 보았다. 법과 도덕은 인간생활에 관한 사회규범이므로, 서로 관련되거나 중복되는 경우가 적지 않다. 법이 그 기능을 다하기 위해서는 도덕을 바탕으로 해야 한다. 일반적으로 도덕이 전이(轉移)가 되어 법률의 규정으로 되는 것이 많다. 하지만 반대의 상황에서 법률의 내용이 장기간의 집행으로 인해 사회적 도덕규범으로 전이되는 역전된 경우도 발생한다. 대표적인 것이 우측통행(이전에는 좌측통행)인데, 도로교통법상에 보행자의 우측통행을 강제하는 과정에서 이것이 사회적 규범화되어 이제는 우측통행이 당연한 것으로 받아들여지고 있다. 법은 도덕에 따라서 지지되고 있을 때에 가장 강력하다.[11] 예를 들면, "빌린 물건을 갚아야 한다든지", "부부는 서로 동거·부양·협조해야 한다" 등의 민법의 규정은 도덕이 요구하는 바와 일치하는 것이고, "살인·강도"를 처벌하는 형법의 규정 역시 도덕과 합치하는 것이다.

이와 같이 법과 도덕은 서로 보완하는 공집합적 관계에 있다고 할 수 있다. 예를 들면 "부모에게 효도해야 한다", "은혜를 갚아야 한다", "나라에 충성해야

---

11) 김범주, 법과사회, 형설출판사, 2003, 20면 참조.

한다" 등은 국가권력에 따라 강제될 수 없는 것으로서 순전히 도덕에 해당되는 것이다. 옐리네크(Georg Jellinek, 1851~1911)는 "법은 도덕의 최소한", 슈몰러(Gustav Schmoller, 1838~1911)는 "법은 최대한의 도덕"이라고 하였다. 전자는 일반사회에 적용할 수 있다는 것이고, 후자는 가정에서 적용될 수 있는 것이다. 가족 사회인 가정에서는 인간이 한 인간이기에 앞서 가족의 일원이고, 가족의 원리가 가족 내에서 뿐만 아니라 가족 외부에까지 확대되는 것이다. 그 밖에 법의 내용이 도덕의 내용으로 수용되어 법과 도덕이 일치하는 경우가 있다. 예를 들면, 교통법규 및 보건법규가 오랜 시행으로 국민의 생활 속에 깊숙이 자리를 잡아서 교통도덕과 보건도덕으로 전화되어 법과 도덕이 일치하는 경우가 있다.[12]

2. 법과 관습

(1) 법과 관습

관습 역시 법과 함께 사회규범이다. 따라서 이들도 사회질서를 유지하는 구실을 한다. 법은 강제력에 따라서 사회질서를 유지하는데 반하여, 관습은 어떻게 사회질서를 유지하는가 하는 것이 법과 관습의 구별표준이 되고, 상관관계를 이해하는데 필요하다.[13]

관습(慣習, Custom)이란 일정한 사회에서 오랜 기간 계속적이고 반복적으로 관행되어 와서 그 구성원 사이에서 일반적으로 승인되고 있는 행동양식이다. 이것은 일종의 사회적 습관이지만, 그것이 준수되어야 한다는 사회구성원의 의식이 강하게 작용하는 사회규범이다.[14] 예를 들면, 설날에는 어른들께 세배를 하여야 한다는 사회규범, 친구의 부모님이 사망하면 조문(弔問)을 가야 한다는 사회규범, 신랑과 신부는 결혼식에서 혼인서약을 하여야 한다는 사회규범 등이 관습이다. 법과 관습을 비교하면 대체로 법은 인위적임에 비해 관습에는 무형의 강제가 뒤따른다.

---

12) 박정기 외, 앞의 책, 10면; 어인의, 앞의 책, 9면 참조.

13) 김용한 · 정조근, 법학통론, 교문사, 1976, 24~28면 참조; 어인의, 앞의 책, 9면.

14) 성립면에서 법은 국가권력에 의해 성립하는데, 관습은 다수인의 계속적 · 반복적인 자발적 행위에 의하여 성립한다.

(2) 법과 관습의 내용상의 관계

법과 관습은 원칙적으로 내용상 일치관계에 있다. 즉, 대부분의 법과 관습은 내용상으로 일치한다. 따라서 불법적인 것은 동시에 반관습적인 것이며, 반관습적인 것은 동시에 불법적인 것이며, 법과 관습의 일반적이고 원칙적인 내용상의 관계이다.[15] 예를 들면, "권리와 행사와 의무의 이행은 신의에 따라 성실히 하여야 한다"는 민법 제2조 제1항의 규정, "선량한 풍속 그 밖의 사회질서에 위반한 사항을 내용으로 하는 법률행위는 무효로 한다"는 민법 제103조, 그리고 "전세권자는 전세금을 지급하고 타인의 부동산을 점유하여 그 부동산의 용도에 따라 사용・수익하며, 그 부동산 전부에 대하여 후순위 권리자 그 밖의 채권자보다 전세금의 우선변제를 받을 권리가 있다"는 민법 제303조 제1항의 규정은 관습과 내용상 일치하는 경우이다.

그러나 예외적으로 법과 관습은 내용상 불일치관계에 있다. 즉, 경우에 따라 법과 관습의 내용이 일치하지 아니하는 경우가 있다. 합법적인 것이 관습에 반하고, 불법적인 것이 오히려 관습에 합치하는 경우가 있다. 예를 들면, 가정의례에 관한 법률은 합법적인 것이지만, 관습에 반하는 내용이며, 처의 혈족 중 처의 부모만을 친족으로 보는 것은 대한민국의 관습이므로, 8촌 이내의 모든 혈족을 친족으로 보는 민법 제777조의 규정은 관습에 반하는 경우이다.

(3) 법과 관습의 효력상의 관계

법과 관습은 효력상 상호 보완관계에 있다.[16] 법이 규율하지 못하는 영역은 관습이 이를 규율하고, 관습이 규율하지 못하는 영역은 법이 이를 규율하여 법과 관습은 사회질서를 유지하는데 있어서 상호 보완적인 관계에 있다. 그러나 법과 관습은 효력상 법이 우선하는 관계에 있다.[17] 즉, 법과 관습의 내용이 일치하지 아니할 경우에 항상 법의 효력이 관습의 효력에 우선한다. 따라서 법에 저촉하는 관습은 실제생활에 적용되지 아니한다.

---

15) 연기영 외, 스포츠와 법, 형설출판사, 2010, 60~61면 참조.
16) 연기영 외, 앞의 책, 61~62면 참조.
17) 효력면에서 법은 국가권력(강제력)에 따라서 실현되는데, 관습은 구속력과 담보력이 없다. 관습이 법적 확신을 얻더라도 성문법에 대해서 보충적 효력을 가질 뿐이다: 곽윤직, 민법총칙, 박영사, 2003, 18면.

(4) 관습과 관습법

관례가 발전하여 관습이 되고, 관습이 발전하여 관습법이 된다. 따라서 관습은 관례가 발전한 규범형태이며, 관습법으로 발전하기 이전의 규범형태이다. 따라서 21C사회에서는 관습은 법의 기초가 되고, 법의 내용이 된다.

3. 법과 종교

(1) 법과 종교

법과 같이 종교도 하나의 사회규범이다. 종교는 절대자인 신에게 의지하는 생활현상이다. 종교의 본질은 개인적이고 내심적인 신앙에 있는 것이다. 예를 들면, "살인하지 말라", "간음하지 말라" 등이 종교규범이면서 법규범과 중복한다. 특히 원시사회에서는 제정일치(祭政一致)사상이 지배하였으므로 법과 종교 구별이 없었다(모세의 십계명, 고조선의 팔조법금, 신라의 세속요계). 중세 유럽에서는 종교가 법보다 우월한 지위에 있어 교회법이 실정법으로 작용하였고, 근세 이후에는 정교가 분리되어 현재 대부분의 국가에서 종교의 자유가 인정되고 있다. 다만, 이슬람 국가나 불교국인 태국에서는 종교규범(국교로 인정)이 사회규범으로서 작용하고 있지만 종교의 자유가 인정되고 있다.

(2) 법과 종교 구별

법과 종교 구별된다. 첫째, 법은 현실성이 많다는 데 반하여, 종교는 현실성이 적다. 둘째, 법은 사회적 질서와 복리를 위해서 인간의 외면적 행위를 규율하는데, 종교는 인간의 영적 행복을 위해서 인간의 내면적 양심을 규율한다. 셋째, 법은 국가권력에 따라서 강행되는데 반하여, 종교는 신앙심에 따라서 준수된다고 한다. 앞에서 본 바와 같이 각각의 구별은 일면의 타당성을 지니고 있다. 그러나 종교의식의 법규화와 같이 종교규범의 내용이 되는 경우가 있음을 생각할 때[18], 셋째의 견해가 타당하다고 본다.

(3) 법과 종교의 조화

법과 종교는 그 차원이나 적용되는 영역에 있어서 차이가 있지만, 양자는 사

---

18) 최종고, 법과종교와 인간, 삼영사, 1991 참조; 어인의, 앞의 책, 11면 참조.

회정의와 평화를 구현한다는 측면에서 서로 조화를 이루어야 할 것이다.[19] 문제는 양자가 서로 충돌할 경우 어느 규범이 우선적으로 적용되어야 하는가 하는 점이다. 예를 들면, 범죄인이 신부에게 고해성사(告解聖事)를 한 경우, 신부는 교회법에 따라서 범죄사실에 대한 비밀을 지켜야 할 의무가 있지만, 실정법(제정법, 현행법)에 따르면 범죄사실을 국가에 고지해야 할 의무가 있는 경우가 있다. 이런 경우 신부는 과연 어느 규범에 따라야 할 것인지 하는 어려운 문제가 발생하게 된다. 만약 신부가 교회법에 따라 범죄사실을 국가에 고지(告知)하지 아니한 경우, 신부를 실정법에 따라 처벌할 수 있는지?

법과 종교는 충돌하지 않도록 사전에 서로 조화를 이루는 일이 중요하겠지만, 실제로 양자가 충돌할 경우에는 특별한 사정이 없는 이상, 법은 종교에게 자리를 양보해 주어야 한다고 본다. 왜냐하면, 모든 분쟁은 자주적으로 해결하는 것이 이상적이고, 국가가 강제력을 발동할 수 있는 법규범에 따른 문제해결은 최후의 수단으로 이용되는 것이 바람직할 것이기 때문이다. 그러나 법을 우선적으로 적용해야 할 상황, 예를 들면 전쟁시와 같은 비상사태나 특히 국가의 이익에 심대한 지장을 초래할 염려가 있다든지 하는 경우 등에는 법이 종교에 우선하여 적용되어도 무방하리라고 본다.

제2절 법의 이념

Ⅰ. 법의 이념의 의의

"법이 추구하는 것은 무엇인가"하는 것이 법의 이념에 관한 문제이다. 법의 이념을 통하여 법의 가치판단, 법의 해석, 집행하는 과정에 있어서 중요한 기준이 된다. 법개념(하나의 문화개념, 즉 가치관계적 개념)을 규정하기 위하여 우리는 법가치 및 법이념을 필요로 한다. 법이란 법이념에 봉사하는 것을 본래의 사명으로 하는 것이다. 법은 자연법칙과 같은 맹목의 법칙이 아니라, 사회질서를

19) 강대성, 앞의 책, 9~10면 참조.

유지하려는 목적의 법칙이다.

법의 상위에 있는 '법의 이념'이란 법이 추구해야 할 이념, 즉 법이 실현해야 할 궁극적 가치를 말한다. 법의 이념[20]은 법의 합리성을 판단한다는 궁극적 가치기준이다. 법의 목적은 법의 현실적 가치, 즉 실천적 가치를 의미하지만, 법의 이념은 법의 궁극적 가치, 즉 이상적 가치를 뜻한다는 점에서 이 둘의 관계는 구별된다고 할 수 있다.[21] 법의 이념이란 법의 상위에 군림하는 것으로서 법이 실현해야 할 궁극의 가치를 말한다.

법의 이념은 입법자에게 입법의 방향을 제시하고 행정가와 법관에게 법의 적용과 해석에 관한 집행의 방향을 제시해 주는 역할을 한다.[22] 따라서 법이 그 이념을 벗어나게 되면 법으로서의 의미도 상실되기 때문에 법의 이념은 법의 중요한 원리로 작용한다.

Ⅱ. 법의 이념의 내용

법이 실현하고자 하는 궁극적 가치의 내용은 어떤 것인가? 많은 학자들이 법의 이념의 내용이 무엇인지를 밝히려고 했다. 이를 법가치론이라 부르고 있다. 법의 이념에 관하여는 라드브르흐(Gustav Radbruch ; 1878-1949)[23]의 견해가 일반적으로 널리 알려져 있으므로 이를 중심으로 살펴보도록 한다. 즉, 라드브르흐는 "법이란 법가치, 즉, 법이념에 봉사하려는 의미를 가진 실재"라고 하고, 법의 이념으로는 정의, 합목적성, 법적 안정성을 들고 있다.[24] 이 경

---

20) 정승재, 법학통론, 형설출판사, 2006, 40~45면 참조.

21) 법의 목적 내지 이념이란 법은 무엇을 위해서 존재하며, 법이 왜 필요한가에 대한 답이다. 이와 같이 법의 목적은 법의 형식적 실현에 있어서 법에 따라서 달성하고자 하는 내용을 말한다. 법의 이념은 지금 있는 그대로의 법현실과는 다른 "있어야 할 법의 모습"을 의미한다는 것이다. 법의 이념에 대한 질문은 예컨대, 개별 법률들이 사회분쟁을 올바르게 해결하지 못하는 경우에 법은 무엇을 위해 존재하는가를 물을 때 그 진가가 발휘된다. 그러므로 법의 이념에 대한 물음은 필연적으로 법의 현실과 규범적인 이념간의 괴리를 전제로 하고 있다고 볼 수 있다: 김영환, 법철학의 근본문제, 홍문사, 2006, 40면.

22) 법의 이념은 법의 실재이므로, 자기 자신을 현상화하지는 않으나, 현상으로서의 법의 배후에서 법의 방향을 제시해 주는 역할을 한다.

23) 구스타프 라트브루흐(Gustav Radbruch, 1878년 11월 21일 뤼벡 - 1949년 11월 23일 하이델베르크)는 신칸트파의 서남학파에 속하는 독일의 형법·법철학자. 바이마르 공화국 법무부 장관이였다.

우에 정의는 법의 추상적 목적이며, 법적 안정성과 합목적성은 추상적 목적을 달성하기 위한 구체적 목적이라 할 수 있다.

1. 정의

(1) 정의(Justice)의 의의

법은 정의의 실현을 궁극의 목표로 하고 있다. 정의[25]는 법을 특징짓는 결정적인 기준인 동시에 인간사회에서 최고가치의 하나일 것이다. 정의는 '바른 것'을 의미하는 인간사회 최고의 가치이며, 진선미(眞善美)와 같이 어떤 가치로부터 도출될 수 없는 독자적인 가치라고 할 수 있다. 정의의 본질은 평등이고, 정의의 형식은 보편이며, 정의는 법의 이념을 이룬다. 정의를 위해 불의의 방법을 쓰는 것은 정당한가? 예를 들면, 홍길동·의적(義賊)·복면검사·배트맨·스파이더맨 등을 들 수 있다.

(2) 정의의 내용

정의의 주요 내용은 '평등'[26]이다. 정의의 개념에 대하여 의견의 일치가 되어 있지 않아 여러 가지로 이해되어 왔다. 전통적 사상에 따르면, 정의는 "인간에 대한 인간의 정당한 관계"라고 하고, "각자에게 그의 것을 가지게 하는 것"(to give everyone his due, Suum suiquetribuere)라고 키케로(Marcus Tullius Cicero, BC. 106~43)와 울피아누스(Domitius Ulpianus)[27]는 정의하고 있다. 이러한 정의에 대한 개념은 정의의 공리로서 승인되어 왔다. 그러나 이

---

24) 라드브르흐가 제시한 법의 이념론은 일반적으로 많은 지지를 받고 있다; 어인의, 앞의 책, 12~14면 참조; 박정기 외, 앞의 책, 10~13면 참조; 이종하, 앞의 책, 35~38면 참조; 김용한·정조근, 앞의 책, 35~39면 참조; 김범주, 앞의 책, 28~31면 참조; 정승재, 앞의 책, 41면 참조.

25) 정의는 정의에 따른 법적 정당성을 확보하는 것이다.

26) 법은 정의실현이다. 가장 상위의 개념이다. 정의는 평등을 실현하는 것이다. 평등에는 처벌의 평등, 권리실현의 평등, 의무 부과의 평등이 있다. 평등은 절대적 평등과 상대적 평등(실질적 평등)으로 구별된다. 우리네 사회가 공정한 사회라고 하면, 그것은 정의가 실현된 것이라고 볼 수 있다. 과연 공정한 사회는 무엇인가? 그것은 평등을 실현하는 것이다. 100년 역사를 가진 페미니즘(여성주의, 여성운동)에서는 평등실현은 기회의 평등, 조건의 평등, 결과의 평등(우대조치, 할당제) 등을 실현하도록 운동을 하고 있다.

27) 울피아누스(Domitius Ulpianus), 출생?~228, 국적: 로마, 로마 제국의 법학자·관리였다.

는 각자에게 귀속될 '그의 것'의 내용이 제시되지 않은 것이므로, 결국 "정의는 정의이다"라는 답밖에 되지 못한다.

아리스토텔레스(Aristoteles)[28]는 정의를 사회생활을 영위하고 있는 각인(各人)의 이해(利害)를 균등히 하는 것이라고 하고, 이것을 평균적 정의와 배분적 정의로 구별하였다. 평균적 정의란 모든 사람은 균등한 능력이 있다는 것을 전제로 하여, 개인 상호간의 급부 내지 반대급부에 차별이 있어서는 안 된다는 것을 뜻한다. 이 평균적 정의는 '절대적 평등', '형식적 평등'을 의미한다.[29] 선거권·국민투표권·피선거권, 공무담임권, 인간존엄 등 참정권의 경우가 그 대표적인 예이다. 이에 반하여 배분적 정의는 능력에 따른 차별을 인정해야 한다는 것을 뜻한다.[30] 이는 '상대적 평등', '실질적 평등'을 의미한다. 임금지불에 있어서 성과급에 따르는 경우 부자에게 세율을 높이고, 기여상속인에 대하여 기여분의 고려하고, 대학입학시험에서 학력이 우수한 사람에게만 합격이라는 몫을 주고 학력이 모자라는 사람에게는 불합격이라는 몫을 주는 것을 그 예라고 할 수 있다.

(3) 정의의 판단자는 누구인가

정의의 판단자는 누구인가? 평균적 정의에서는 판단자가 누구이냐에 따라 그 내용이 달라질 수 없으나, 배분적 정의에서는 판단자가 누구이냐에 따라 정의의 내용이 달라지게 된다. 따라서 정의의 판단자가 누구이냐는 배분적 정의에서 의미를 갖게 된다. 정의의 판단자는 시대에 따라 변천하였다. 중세는 신이 판단자였고, 군주국가에서는 군주가 판단자였으며, 현대 민주국가에서는 국민이 판단자라고 할 수 있다. 신의 판단이나 군주의 판단에 대해서는 어떠한 도전도 허용되지 않으므로 신과 군주는 절대적 판단자였다. 이는 가치절대주의에 입각한 것이기 때문이다. 그러나 국민의 판단은 다수결의 과정에서 승리

---

28) 아리스토텔레스(Aristoteles, BC 384~BC 322), 고대 그리스의 철학자. 플라톤으로부터 가르침을 받았으며, 페리파토스학파를 창시하였다. 고대에 있어서 최대의 학문적 체계를 세웠으며, 중세의 스콜라 철학을 비롯하여 윤리학, 형이상학, 시학, 논리학, 정치학, 생물학 등 후세의 여러 학문에 큰 영향을 주었다. 저서에 형이상학, 오르가논, 자연학, 시학, 정치학 등이 있다.

29) 평균적 정의는 급부와 반대급부·범죄와 형벌의 균등을 도모하는 원리이며, 그 적용에 있어서는 개인차를 문제시하지 않는다.

30) 배분적 정의는 각인의 재능 또는 가치에 따라서 명예 및 재화를 공정히 배분함을 뜻한다.

한 다수자의 판단이며, 이에 대한 소수자의 도전이 허용되므로 국민은 상대적 판단자이다. 이는 '가치상대주의'를 기반으로 한 것이다.[31)]

요컨대, 현대의 민주주의 사회에서 정의의 내용에 대한 판단자는 사회의 모든 구성원이며, 현실적으로는 다수결의 과정에서 승리한 다수자인 것이다.

(4) 정의의 실현모습

정의의 실현모습[32)]은 열심히 일한 사람은 많은 대가를 받아 잘 살고, 남에게 손해를 입히거나 남을 다치게 한 사람은 그에 따른 처벌을 받거나 손해를 배상해 주는 것이다. 만약 법적 정의가 실현되지 않을 경우 사람들은 법이 정의의 원칙에 어긋난다고 생각하게 되고, 이런 경우 사람들은 법을 지키지 않게 된다.[33)] 또 사례[34)]를 보면, 저는 10세와 8세 된 사내아이의 아빠이다. 사과 10개를 두 아이에게 공평하게 나누어 주고자 한다. 나이에 따라 형에게 6개, 동생에게 4개씩 나누어 주었다. 그랬더니 동생이 따졌다. 다 같이 아빠의 아이들인데 왜 차별을 하느냐는 것이다. 그 말이 일리가 있다고 생각되어 형에게서 사과 1개를 빼앗아서 동생에게 주었다. 그랬더니 이번에는 형이 따졌다. 같은 자식이긴 하지만, 자기는 형으로서 아빠의 심부름도 많이 하고 집안일도 많이 도왔으니 사과를 동생보다 많이 가져야 한다는 것이다. 6개 받았을 때도 오히려 참고 있었는데 집안일을 도운 것으로 치자면 7개를 받아도 모자란다고 주장한다. 저는 아이들에게 공평한 아빠가 되고 싶은데, 그렇다면 과연 사과를 몇 개씩 나누어 주어야 하는가? 아빠가 사과를 평균적 정의(절대적 평등)에 따라 나

31) 베버(Max Weber)는 "인간의 가치판단은 주관적이고 상대적일 수 밖에 없기 때문에 보편타당성을 처음부터 내세우는 것은 학문의 태도가 아니다"라고 가치상대주의를 역설했고, 라드브르흐(Gustav Radbruch)는 "무엇을 정당한 평균적 처우로 볼 것이냐의 구체적인 가치척도는 세계관에 따라 다를 수 밖에 없기 때문에 정의에 대한 판단은 각자의 가치관 · 세계관에 의하여 결정될 수 밖에 없다"며 가치상대주의를 주장했다. 또한 켈젠(Hans Kelsen)도 과거의 가치절대주의는 위선에서 유래된 것이라고 비판하면서 "관용만이 나의 정의이다"라고 가치상대주적 가치관을 주장했다.

32) 논어 계씨편에 나오는 '불환과이환불균(不患寡而患不均), 불환빈이환불안(不患貧而患不安)'의 한 대목이 있다. "백성이 적음을 근심하지 않고 처우가 고르지 못함을 근심하며, 백성이 가난함을 걱정하지 않고 민심이 안정되지 못함을 걱정한다"는 뜻이다. 따라서 백성은 가난한 것에 분노(걱정)하기보다는 불공정한 것에 분노(걱정)한다는 것으로 공정한 사회의 추구와 맥락을 같이 한다고 본다.

33) 사회복지사 수험연구소, 사회복지사1급 8 사회복지법제론, 시대고시기획, 2010, 4~5면 참조.

34) 강대성, 앞의 책, 11~12면 참조.

눌 것인가, 아니면 배분적 정의(상대적 평등)에 따라 나눌 것인가가 문제로 된다. 즉, 아이들을 능력이나 집안일에 기여한 정도를 묻지 않고, 평등하게 취급할 것인지, 아니면 이러한 기준을 고려하여 합리적인 차별을 하는 것이 오히려 정의관념(평등관념)에 어울리는 처리가 되는 것인지 잘 판단해야 한다. 대개의 경우, 형과 아우를 합리적으로 차별하더라도 그 자체가 불평등한 취급이라고 할 수는 없을 것이다. 우리 사회에서도 개인이나 단체들이 서로 자신들의 몫을 많이 차지하려고 하는 갈등을 심심찮게 볼 수 있다. 그럴 때 어떤 정의에 따라 몫을 나눌 지가 항상 문제로 되고 있다. 따라서 정의의 추상성, 상대성, 형식성을 극복하기 위하여, 즉 정의 내용을 보다 객관적으로 규명하기 위하여 라드브루흐는 합목적성이라는 개념을 제시하고 있다.

2. 합목적성

(1) 합목적성의 의의

합목적성이란 정의의 내용을 구체화시키기 위해서 요구되는 이념이다. 앞에서도 보았지만 정의란 결국 형식적인 이념에 지나지 않는 것이다. 껍데기에 불과한 정의란 이념에 알맹이를 채울 필요성이 있고, 이것이 바로 합목적성에 대한 논의이다.[35] 합목적성이란 '목적에 합당한 수단을 의미하는 원리'라는 뜻이며, 법에 있어서 합목적성이란 '어느 국가의 법질서가 어떠한 표준과 가치관에 따라서 구체적으로 제정·실시되는 원리'라는 뜻이다. 즉 법이 그 가치관에 구체적으로 합치되는 것을 말한다. 법이 가치관에 충실하다는 것은 법 그 자체의 존재가치를 보존하는 것이다. 법의 목적은 국가의 목적에 직결되며, 법의 합목적성은 국가의 목적에 따라 결정되므로 사회의 가치관에 따른 상대적인 개념이다. 정의가 법의 내용을 일반화하는데 반하여, 합목적성은 법을 개별화함으로써 법이 요구하는 가치관에 따라 법의 목적을 현실화한다.

---

35) 정의의 내용을 결정하는 것은 매우 추상적이고, 상대적일 수밖에 없다. 따라서 정의의 내용을 보다 객관적으로 규명하려면 다른 원칙에 따라서 보충되어져야 하는데, 그것이 합목적성이라는 이념인 것이다.

(2) 합목적성의 내용

라드브르흐(Gustav Radbruch)는 정의의 개념은 법철학에 속하는 것이며, 법의 목적이념은 윤리학으로부터 나와야 한다고 하면서 "합목적성은 도덕적 선이다"라고 하였다. 합목적성은 법에 따라서 추구되어야 할 도덕적 최고의 선을 의미한다. 합목적성의 내용은 '도덕적 최고의 선'이다. 이는 또한 인간이 도달할 수 있는 범위내에서의 선이다. 법규범은 일정한 제약을 제시하고서 그 제약을 지킬 것을 요구하지만, 역설적으로 위반의 가능성을 전제로 하고 있다. 따라서 아무리 강요하더라도 지킬 수 없는 무리한 내용의 법은 정당한 목적을 달성할 수 없게 된다. 법규범이 추상적인 당위로서 요구되는 규범이 아니라 국민의 사회생활에서 실제로 행해지는 실제규범일 수 있게 하는 것이 바로 합목적성의 이념인 것이다.

어떤 법질서가 개인주의, 초개인주의(일명 단체주의), 문화주의의 세 가지 세계관 중에 그 어느 것의 실현을 목적으로 하는가에 따라 정의의 내용이 결정된다고 본다.[36] 개인주의를 지향하는 법질서에 있어서는 개인이 가치의 궁극적인 기준이 되며, 단체는 개인의 행복을 위한 수단에 불과하다고 본다. 따라서 이러한 입장에서는 모든 개인은 아무런 차별이 똑같이 존중되어야 하고, 이른바 평균적 정의(절대적 평등)가 정의의 한가운데에 놓이게 된다. 초개인주의(일명, 단체주의)는 단체를 가치의 기준으로 삼으며, 개인은 단체를 위한 한 부분으로 취급한다. 이 입장에서는 단체의 유지 및 강화라는 목적이 중시되며, 이른바 배분적 정의(상대적 평등)가 정의에 있어서 가장 중요한 평가를 받게 된다. 문화주의는 개인주의와 사회주의의 중간 정도에 위치하는 입장인데, 이 견해에 따르면 법의 궁극의 목적은 문화라고 것이다. 즉, 개인이 단체속에서 창조하는 문화를 가치의 기준으로 삼는다. 문화주의에서는 배분적 정의(상대적 평등)에 따른 개인간의 차이를 인정하지만, 그 차별은 문화업적을 창조하는 데에 어느 정도 공헌을 했느냐에 따라 정해진다고 한다.

또 법은 자신의 최상위체계로서 국가이념에 적합해야 하고, 법은 자신의 내재적 목적에 적합해야 한다.[37] 국가이념을 보면, 자유주의(자본주의)는 개인가

36) 강대성, 앞의 책, 13면 참조.
37) 한상수, 로스쿨시대 법학의 기초, 인제대학교출판부, 2008, 244~245면 참조.

치를 존중하고, 사회주의는 집단가치를 존중하고 있다. 즉, 전자는 경제적인 측면에서는 자본주의를, 정치적인 측면에서는 자유민주주의를 채택하게 된다. 헌법제정권력자가 개인주의적 세계관을 채택한 국가는 자본주의와 자유민주주의가 국가이념이 된다. 이러한 국가에서 법초월적 합목적성을 실현하기 위해서는 법체계 전체가 자본주의와 자유민주주의라는 국가이념에 따라 규정되고 지배되게 된다. 따라서 자본주의와 자유민주주의를 본질적으로 침해하는 법규범이나 제도는 법초월적 합목적성에 위배되기 때문에 허용될 수 없다.

후자는 경제적인 측면에서는 사회주의적 계획경제를, 정치적인 측면에서는 프로레타리아독재에 입각한 인민민주주의 혹은 사회주의적 민주주의를 내세운다. 만일 특정한 국가의 헌법제정권력자가 마르크스주의적 세계관에 입각하여 국가이념으로 결정하게 되면, 그 국가는 사회주의와 인민민주주의를 자신의 국가이념으로 채택하게 된다. 이러한 국가에서 법초월적 합목적성이 실현되기 위해서는 법체계 전체가 사회주의와 인민민주주의라는 국가이념에 적합하여야 한다. 이러한 국가이념을 본질적으로 침해하는 법규범이나 법제도는 법초월적 합목적성에 위배되기 때문에 허용될 수 없다.

오늘날 사회복지국가에서 법은 개인의 자유와 권리를 우선적 가치로 삼는 개인주의의 사익(私益)과 공공복리의 가치를 추구하는 국가주의의 공익(公益)의 대립과 모순을 법의 합목적성의 실현을 통하여 개인의 이익과 국가(사회)의 공공복리(복지)[38]를 동시에 증진시키는 것을 구체적인 목적으로 삼고 있다.[39]

(3) 합목적성의 판단자는 누구인가

합목적성의 판단기준은 시대와 국가에 따라서 달라질 수 있다. 라드브르흐(Gustav Radbruch)는 법의 합목적성은 객관적 · 절대적으로 판단되는 것이 아니라 주관적 · 상대적으로 판단된다고 하여 합목적성의 판단자는 '각자'라고 하고, 다음과 같이 언급했다. 법의 최고목적과 가치는 민족과 시대의 사회적 정세에 따라 상이(相異)할 뿐만 아니라, 사람들은 또 주관적으로 권리 · 감정 · 국가관 · 정당노선 · 종교 · 세계관 등에 따라 각자에 따라 제각기 판단한다. 판

38) 공익을 말한다.

39) 합목적성은 합목적성으로서 공공복리를 고려하는 것으로, 공익과 사익의 조화를 도모하는 것이다.

단은 오직 개개인의 깊숙한 인격으로부터만 유출될 수 있는 것이며, 양심의 결정만이 있을 수 있는 것이다. 라드부르흐는 위의 세 가지 입장(개인주의, 초개인주의, 문화주의) 중에서 어느 것을 가치의 척도로 삼아야 하느냐, 법은 어느 것의 실현을 목적으로 해야 하느냐에 관하여 그것을 결국 주관적인 태도 결정의 문제라고 한다. 이 점에서 그의 견해는 상대주의라는 비판을 받고 있다.

(4) 합목적성의 실현과 공공복리의 실현의 예

법의 합목적성의 실현은 민주주의 사회에서는 국가의 질서유지와 발전, 그리고 국민의 자유 및 권리보장을 기초로 한 사회복지주의적 목적들이 법제정의 원칙이 되고 있다. 예를 들면, 개인 소유의 땅에 여러 사람이 다닐 수 있는 도로를 내는 것이 법으로 가능한 것은 그것이 공공복리를 위한 것이기 때문이다.

3. 법적 안정성

(1) 법적 안정성의 의의

법은 사회질서를 유지하기 위하여 인간이 만들어 낸 문화현상이다. 법적 안정성(질서유지)이라[40] 함은 어떤 사람이 다른 사람이나 또는 공공의 질서를 침해하지 못하게 하는 것이다. 질서가 유지될 때, 사람은 누구나 가정생활 또는 사회생활을 할 수 있는데 이것을 법적 안정성(legal stability)이라고 한다. 법적 안정성은 법질서가 동요됨이 없이 어느 행위가 옳고, 어떤 권리가 보호되며, 어떤 경우에 어떠한 책임이 추구되느냐 하는 것이 일반에게 확실히 알려져 있어서 사람들이 법의 권위를 믿고 안심하고 행동할 수 있는 상태이다.[41]

(2) 법적 안정성의 내용

법적 안정성[42]은 내용의 정의와 합목적성에 부합하느냐 여부를 묻지 않고, 법 그 자체의 안정성을 의미한다. 따라서 정의와 합목적성은 법의 실체적 측면

---

40) 또한, 질서유지란 법에 따라서 보호 또는 보장되는 사회생활의 안전 또는 법의 부동성을 말한다. 즉, 사람들이 법의 권위를 믿고 안심하고 행동할 수 있는 확고한 상태를 보장하는 법의 불변성을 말한다.

41) 어인의, 앞의 책, 14면.

42) 사회질서유지

에 관한 것이지만, 법적 안정성은 법의 형식적 측면에 관한 것이다. 법적 안정성을 유지하기 위해서는 법이 명확해야 하므로, 법의 의미를 성문의 법규에 의하여 확정하고 성문법을 정확하고 조리 있는 논리에 따라서 해석하는 것이 필요하다. 따라서 법적 안정성을 요구하는 성문법의 발달을 가져 왔으며, 법해석학에 있어서 개념법학의 우위현상을 가져왔다.

라드브르흐(Gustav Radbruch)는 법적 안정성을 위해서는 다음의 4가지의 요건을 갖추어야 한다. 첫째, 법 자체가 명확해야 한다. 법의 내용이 명확하지 아니하면 사람들이 안심하고 활동하기 어렵게 될 염려가 있다. 이상적인 법조문은 문자를 해독할 수 있는 사람이라면 누구든지 그 뜻을 이해할 수 있도록 간결하게 되어야 하는데 그 이유가 바로 여기에 있다. 둘째, 법이 효력을 가지고 있어야 한다. 즉, 법이 아무리 훌륭한 내용으로 되어 있을지라도 그것이 타당성을 상실한다든지 혹은 실효성(實效性)을 상실하여 사실상 행해지고 있지 아니하면 법적 안정성을 확보할 수 없다. 또한 법이 국민의 의식과 동떨어져 있으면 그 효력을 발휘할 수 없으며 법적 안정성은 훼손되고 많다. 셋째, 법 자체가 어느 정도 고정성을 지니고 있어야 한다. 즉, 법은 너무 쉽게 변경되어서는 안 된다.[43] 특히 입법자의 자의에 따라서 법이 조령모개(朝令暮改)식으로 되어서는 사회에 혼란을 초래하게 된다. 따라서 아무리 법을 변경하고자 하는 합리적인 이유가 있다고 하더라도 이를 실현하기 위하여는 신중한 절차가 요구된다. 근대국가가 권력을 분립시키고 있는 중요한 이유 중의 하나는 법의 변경을 어렵게 하여 법적 안정성을 제도적으로 보장하려는 데 있다고 할 수 있다. 네 번째, 일반조항은 배제되어야 한다. 법이 법관에게 너무 많은 재량을 인정하면 법적 안정성은 유지될 수 없다.[44] 이러한 네 가지의 요건을 갖추면 법은 일반적으로 법적 안정성을 확보하고 있다고 할 수 있다.

그러나 사회생활은 끊임없이 변하고 있으므로, 법을 너무 고착시키면 법이 사회생활과 유리되어 결과적으로 법을 무시하는 현상이 나타나 오히려 법적 안정성을 파괴할 우려가 크다. 그러므로 사회현실의 변화에 순응하고, 정의의 요구에 따라 변화할 수 있는 정도의 탄력성은 오히려 법적 안정성을 유지할 수

43) 법의 변경이 어려워야 한다.
44) 이종하, 앞의 책, 37면; 박정기 외, 앞의 책, 12면; 김범주, 앞의 책, 29면 참조.

있는 요건이 될 수 있을 것이다.

(3) 법적 결정의 안정성과 법적 사실의 안정성 실현의 예

법적 결정의 안정성은 법실현적 안정성에 모두 관련되는 것으로서 국가기관의 법적 결정은 특별한 사유가 없는 한 원칙적으로 유효한 것으로 존속되어야 한다는 요청이다. 국가기관의 법적 결정이 개인이나 다른 국가기관에 따라 임의적으로 그 효력이 부정될 수 있다면, 법에 따른 질서의 확보는 실질적으로 불가능하게 된다. 따라서 국가기관의 법적 결정은 특별한 사유가 있을 때 특별한 절차에 따라서만 그 효력을 상실하도록 하여야 한다. 입법기관인 국회가 제정하는 법률은 원칙적으로 유효한 것으로 추정되며, 위헌법률심사 등을 통해 헌법재판소에 따라 위헌(違憲)으로 판단된 경우에만 법률은 효력을 상실하게 된다. 또한 행정기관의 행정행위는 공정력을 갖기 때문에 행정심판이나 행정소송을 통해 무효로 확인되거나 취소되기 전에는 유효한 것으로 인정된다. 그리고 법원의 확정판결은 기판력(旣判力)을 가지기 때문에 당사자가 더 이상 이를 다툴 수 없을 뿐만 아니라, 모든 국가기관을 구속하게 된다.

법적 사실의 안정성이란 수범자(受範者, 국민일반)들이 일정한 사실상태를 유지하고 있을 때 이에 법적 효력을 부여하여 당사자의 지위를 안정적으로 보호하여야 한다는 요청이다. 예를 들면, 법률불소급원칙, 일사부재리의 원칙, 민법상의 점유권(민법 제192조), 취득시효(민법 제245조) 및 소멸시효제도(민법 제162조), 형법상의 공소시효제도 등이 이에 해당한다. 이 밖에도 행정법에서의 신뢰보호의 원칙, 다양한 법 영역에서 발견되는 현상유지의 원리 등도 법적 사실의 안정성을 확보하기 위한 것이다.

4. 정의 · 합목적성 · 법적 안정성의 상호관계

법의 이념으로서 정의 · 합목적성 · 법적 안정성의 관계는 한마디로 상호 모순되면서도 상호보완의 관계에 있다고 할 수 있다. 즉, 극단적으로 정의만을 강조하는 사람들은 "세상이 망하더라도 정의는 세우라"라고 하며, "정의만이 통치의 기초이다"라고 주장한다. 합목적성을 강조하면, "민중의 행복이 최고의 법률이다"라고 하며, "국민이 원하는 것이 법이다"라고 주장하게 된다. 또한 법적 안정성을 강조하는 사람들은 "악법도 법이다"라고 하며, "정의(법)의 극치는 부정의(불법)의 극치이다"라고 한다. 이와 같이 정의, 합목적성, 법적 안정성의 세 이념은 상호모순 되면서도 협력·보안하는 관계라고 할 수 있다. 특히 정의만을 강조하면 법적 안정성이 해쳐지고, 법적 안정성만을 강조하면 정의를 망각하는 경우가 생긴다. 실정법이 아무리 안정적으로 시행될지라도 그것이 부정의(不正義)로 두면 그것은 시체의 정숙과 묘지의 평화에 지나지 않는다. 정의는 일반화하는 경향이 있는데, 합목적성은 개별화하는 경향이 있다. 정의와 합목적성은 이념적인 것인데 대하여 법적 안정성은 실정성을 요구한다.[45] 정의는 주로 법의 내용에 관한 이념이지만, 법적 안정성은 주로 법의 기능(법질서의 정립)에 관한 이념이다.

법의 이념은 시대에 따라 각각 적용되기도 한다. 자연법 시대에는 정의의 이념이 강조되고, 경찰국가 시대에는 합목적성의 이념이 강조되며, 법실정주의 시대에는 법적 안정성의 이념이 강조되었다. 오늘날에는 사회복지국가의 실현이 과제로 부각되면서 합목적성에 대한 요구가 점증하고 있다. 헌법 제37조 제2항에서는 "국민의 모든 자유와 권리는 국가안전보장, 질서유지 또는 공공복리를 위하여 필요한 경우에 한하여 법률로써 제한할 수 있으며 제한하는 경우에도 자유와 권리의 본질적인 내용을 침해할 수 없다"라고 규정하고 있다. 이 규정은 정의, 합목적성, 법적 안정성이 충돌할 때, 이의 조화로운 조정을 원칙으로 하면서 궁극적으로는 정의의 원칙인 인간의 자유와 권리를 우선한 것이다. 실제로, 법체계에서도 형법에서는 정의의 이념이 강하게 작용되지만, 행정법에서는 합목적성이 강하게 작용하고, 민법 및 상법과 소송법에서는 법적 안정성의 이념이 강하게 작용한다.

---

45) 정의의 가장 기본적 개념인 평등은 법규의 일반성을 요구한다. 그러나 합목적성은 모든 인간의 모든 상황의 차이를 본질적으로 인정할 때에만 가능하다. 정의와 법적 안정성의 관계도 그렇다. 정의롭지 못한 법은 그 효력을 부인해야 하지만, 법적 안정성은 이를 부인한다.

제2장 법의 분류와 법의 효력

제1절 법의 분류

법은 법의 적용과 해석 및 재판에서 다양하게 분류[1] 할 수 있다. 즉, 법의 실정(제정)성 여부에 따라 자연법과 실정법, 그 지지하는 주체에 따라 국내법과 국제법, 법이 규율하는 대상인 생활의 실체에 따라 공법・사법・사회법, 법의 적용과 해석 및 재판에서 상위법과 하위법, 적용범위의 차이에 따라 일반법과 특별법, 그리고 원칙법과 예외법, 그 효력을 기준으로 볼 때에는 강행법과 임의법으로 나누어지고 있다. 또한 그 내용을 기준으로 볼 때에는 실체법과 절차법, 그 발생하는 관점에서 고유법과 계수법, 규율대상의 내용에 따라 행위법과 조직법 등으로 나눌 수 있다. 여기에서는 법을 이해하는데 필수적인 법의 분류로 한정한다.

Ⅰ. 자연법과 실정법

자연법(自然法, natural law)은 인간의 본성에서 유래하여 시간과 공간을 초월한 영구불변의 초월법적인 자연헌법(인간존엄과 가치, 행복추구권)을 말한다. 전형적인 예로서 가족부양에 관한 자연법을 들 수 있는데, 자녀는 나이가 든 부모를 부양해야 할 법적인 의무를 가진다. 이 내용이 성문법의 내용 안에 들어있기는 하지만, 그 근본에는 인간사회의 기본적 질서인 자연법으로서 규정되어

---

1) 법의 분류(종류)는 구별실익이 있다.

있다고 볼 수 있다.

실정법(實定法, positive law)[2)]은 우리가 통상적으로 법이라고 부르는 일반형식의 법을 의미한다. 헌법이나 법률, 관습법, 판례법과 같이 인간이 법률의 형식으로 구성해 놓고 사용하는 법률 전체가 실정법에 포함된다. 실정법은 자연법과 대비되는 개념이다. 자연법은 특정한 법률적 형식을 가지고 있지 않은 반면에, 실정법은 법률의 형식을 가지고 있다. 자연법은 시대와 공간을 초월하여 인간의 사회적 생활을 규율하는 거대한 규모의 기준이 되는 반면에, 실정법은 시대와 공간마다 각기 다른 형태와 내용을 포함하는 형태를 띤다. 따라서 자연법에 비해서 실정법은 구체성을 가지지만, 그에 상응하는 단점으로서 생명력이 영원하지 못하다는 제한성이 있으며, 자연법은 어떤 사회나 국가건 간에 절대적으로 동질성을 가진다는 점에서 분명한 영원성을 가진다.[3)]

그리고 자연법과 실정법이 충돌할 경우 악법의 문제와 저항권의 문제가 발생한다.

Ⅱ. 국내법과 국제법

국내법은 한 국가에 따라서 인정되고, 그 국가의 통치권이 미치는 범위 안에서만 효력을 가지는 법으로서 국가와 지방자치단체, 개인과 국가 또는 지방자치단체, 개인과 개인간의 권리·의무관계를 규율하는 법이다. 종래의 국제법은 국가간의 관계를 규율하는 법이었으나, 오늘의 국제법(international law)은 국가·국제조직·개인으로 구성되는 국제사회의 법을 말한다. 즉, 국가·국제조직·개인 상호간의 권리와 의무관계를 규율하는 법이다. 국제법의 주체는 국가·국제조직·개인이며, 그 중 국제법을 정립할 할 수 있는 능동적 주체는 국가와 국제조직이며, 개인은 국제법의 수동적 주체에 불과하다. 국제법은 국제법 주체의 문서에 따른 명시적 합의인 "조약"과 법적 확신이 있는 관행인

---

2) 실정법은 경험적 사실(제정법, 관습법, 판례법)에 근거하여 현실적으로 제정(제정법)되거나 형성되어 일정한 시대와 일정한 사회에서 시행되는 법을 말한다. 현재 시행되고 있는 실정법을 현행법이라고 한다.

3) 노덕선 외, 앞의 책, 119~120면 참조.

"국제관습법"의 형식으로 존재한다.[4] 판례는 그것이 '국제관습법'으로는 국제법의 존재형식이 될 수 있으나, 그 자체로는 국제법의 법원이 되지 못한다.

일반적으로 국제법은 '국제공법'과 '국제사법'으로 구분된다고 오해하고 있으나, 국제사법은 국제법과는 성질을 달리한다. 국제법은 국가와 국가의 관계를 규율하는 것이나, 국제사법은 우리네의 생활관계가 법역을 달리하는 여러 나라에 미칠 때, 그 중 어떤 나라의 법을 적용할 것이냐 하는 것을 규정하는 법이다. 국제사법은 세계 각국에 보편적으로 적용되는 것은 없다. 즉, 국제법이 아니라 국내법의 일부로서 한 국가 안에서의 국민과 외국인과의 법률관계를 정함에 자국법(自國法)을 적용하느냐 그 외국인의 본국법(本國法)을 적용하느냐를 정하는 법이다. 이에 관한 대한민국의 명칭은 "섭외사법(涉外私法)"이었으나, 2001년 7월부터 "국제사법(國際私法)"으로 명칭을 개정하고 그 내용도 개정하였다. 예를 들면, 대한인(한국인)과 일본인이 미국의 하와이에 있는 부동산을 매매하는 경우, 국제사법은 어느 나라의 법을 적용할 것인가를 규정하고 있다.

Ⅲ. 공법 · 사법 · 사회법

1. 공법과 사법

국내법을 공법과 사법(私法)으로 분류하는 것은 로마법 시대에 울피아누스(Domitius Ulpianus)가 공법은 국가와 관련된 법이고, 사법은 개인의 이익과 관련된 법으로 나누고 있었던 것에 기인한다. 공법과 사법은 인간 생활의 공적(公的) 부분과 사적(私的) 부분을 기준으로 나눈 것이다.[5] 공법(公法, Public

4) 정승재, 앞의 책, 66~67면 참조.

5) 일반적으로 공법(公法, Public Law)은 일반 사인(私人)간의 관계가 아닌 국가기관과 사인 혹은 국가기관간의 관계를 규율하는 법이고, 사법(私法, Private Law)은 개인의 이해관계를 규율하는 법이다. 다만, 공법과 사법의 구별 표준에 대해서는 이익설, 법률주체설, 생활관계설 등으로 나누고 있다. 오늘날의 통설인 생활관계설은 공법과 사법의 구별을 사람의 생활관계를 기준으로 하여 공법(公法)은 국가생활관계를 규율하는 법이고, 사법(私法)은 사회생활관계를 규율하는 법이라고 한다. 즉, 공법은 국가권력이 지배하는 정치적 생활관계를 규율하는 반면에, 사법은 국가권력이 개입하지 않는 사적 · 가족적 생활관계를 규율하는 법이다: 송호열 외, 공학법제, 진원사, 2012, 68면; 노덕선 외, 앞의 책,

Law)은 공공의 이익 또는 국가나 사회조직과 관련된 내용을 다루는 것을 일반적으로 공법의 부류에 포함시킨다. 헌법・행정법・형법・형사소송법・민사소송법・국제법 등의 법률들이 공법에 해당한다. 사법(私法, Private Law)은 개인의 사적인 생활과 인간관계 등과 관련한 내용들을 다루는 법률분야이다. 사법의 대표적인 예로서 민법・상법, 국제사법 등은 대체로 사법에 속하는 것이 보통이다. 민법은 사법이고 민사소송법은 공법인 사실에 대해서 의아해하는 경우가 많은데, 민법은 개인 간의 재산관계, 금전관계, 가족관계에 관한 내용을 다른 법률이기 때문에 민법의 분류 안에 들어가며, 민사관계에 관한 법원의 소송관련 내용들은 민사소송법이 다루고 있다는 점에서 소송(訴訟)이라는 부분을 공적인 내용으로 보아 민사소송법은 공법 분야에 포함시키고 있는 실정이다.

공법의 주체는 국가 또는 공공기관(지방자치단체 등)이다. 따라서 국가 또는 공공기관 간의 문제뿐만 아니라, 국가나 공공기관, 국가기관과 개인 간의 상호관계를 다루는 법률도 공법에 해당할 수밖에 없다. 대표적인 예가 민사소송법과 형사소송법이다. 특허법은 국가나 공공기관을 통한 사무에 관한 내용이 주(특허청의 특허 등의 사무)가 된다는 점에서 공법(행정법) 분야에 속한다고 할 수 있다. 따라서 공법의 내용들을 기준으로 하는 시각에서 특허법을 공법으로 보아야만 한다. 사법은 주종관계나 권력관계가 아닌 평등적 관계를 기반으로 하여 설정되는 내용들을 주로 다루고 있다. 따라서 국가나 공공기관이 관련된 내용에 관련한 부분들은 원칙적으로 사법에 포함되지 않는다.

공법과 사법을 구별하여야 할 필요성을 들면 다음과 같다.[6] 첫째, 이익 당사자 상호간에 법률적인 분쟁이 발생할 경우에 그 재판의 관할을 어디에다 둘 것인가의 문제 때문이다.[7] 국가나 정부기관과 관련되어 있고, 그 내용에서 권력관계라는 부분이 일정한 작용을 한다면 이에 대해서는 공적인 부분의 소송이 진행될 수밖에 없다. 다시 말해, 형사소송이나 행정소송이 진행되는 것이다. 반대로 평등한 관계에서 일이 발생한다면, 이에 대한 소송은 민사소송을

120~122면 참조.

6) 공법과 사법의 구별실익 → 권리구제에서 소제기 시작점이 다르다. 즉 공법: 이의신청 ➜ 행정심판/행정소송 ➜ 행정대집행; 사법: 민사소송 ➜ 민사집행; 사회법: ADR 권리구제 ➜ 행정소송/민사소송 ➜ 행정소송/민사집행

7) 재판관할과 재판절차의 결정기준이 다르다(절차법적 의의)

통해서 해결이 가능하다. 재판관할의 구분은 수많은 소송의 원활할 처리를 위해서 반드시 필요한 선행적 절차이다. 대한민국 행정소송법은 민사소송법과 달리 소(訴)의 제기절차[8] 등에 관하여 특칙을 두고 있다. 따라서 이러한 특칙이 적용되는 행정사건인지 또는 민사사건인지를 결정하기 위해서는 계쟁(係爭) 중인 구체적 법률관계가 공법관계인지 사법관계인지를 결정하지 않으면 아니된다.[9] 둘째, 적용법규 및 법의 원리의 결정기준이 다르다(실체법적 의의). 대한민국 실정법은 공법이 지배하는 분야와 사법이 지배하는 분야로 나누어 법규의 적용을 달리하고 있기 때문에, 특정한 법률관계에 적용할 법규 및 법원칙을 결정하기 위하여 공법과 사법의 구별이 필요하다. 예를 들면, 의무불이행의 경우 집행수단에 있어서 행정대집행법(行政代執行法)에 따르는가, 민사상 집행하는 방법(민사집행법)에 따르는가를 결정할 필요가 있다.

2. 사회법

요즈음 공법도 아니고 사법도 아닌 제3의 영역적인 법률분야가 나타나는데 이를 이른바 사회법(Social Law)이라고 부른다. 자본주의(資本主義)의 발전에 따라 사회적 및 경제적 모순이 심화되고 사회·경제적 약자(弱者)를 보호해야 할 필요성이 대두함에 따라 종래의 사법적 영역에 공법적 규제를 가하는 새로운 법영역이 등장하게 되었다. 사회법이란 인간의 사법적 생활관계에서 사회적 약자를 보호할 목적으로 공법적인 통제를 가하여 사인(私人)의 실질적 평등을 실현하려고 하는 법을 말한다. 따라서 사회법은 라드부르흐(G. Radbruch)가 말하는 바와 같이 공법도 사법도 아닌 중간적인 성격을 가지고 있는 새로운 제3의 법[10]이라고 할 수 있다.[11]

---

8) 이의신청→행정심판 선택적(임의적) 전치주의

9) 실정법 제도를 운용하는 기술적 필요에서, 공사법의 구별이 요청되고 있다. 특히 행정재판제도를 채택하고 있는 국가에서는 행정법원·사법법원의 관할권 분배의 필요상 어떤 기준에 따라 공법·사법의 구별할 필요가 있다. 대한민국에서는 행정소송법과 행정심판법이 공사법을 구별하는 의의는 존재한다. 공법과 사법은 결국 하나의 법규를 중심으로 판단하여야 한다. 동일한 법전속에서도 공법과 사법이 혼합되는 경우가 적지 않다. 대체적으로 공법적 규정으로 되어 있는 법은 공법이고, 사법적 규정으로 되어 있는 법은 사법이다.

10) 이러한 법의 발생을 사법의 공법화 경향이라고 한다.

11) ADR 시스템(소송외적 분쟁해결, 대체적 분쟁해결)으로 권리구제 시작 → 소제기

사회법에 속하는 것으로서는 노동법(근로기준법, 노동조합 및 노동관계조정법, 노동위원회법 등), 경제법(독점규제 및 공정거래에 관한 법률, 물가안정 및 공정거래에 관한 법률, 소비자기본법, 약관규제 등에 관한 법률, 농수산물 유통 및 가격안정에 관한 법률 등), 사회복지법(국민연금법, 국민건강보험법, 고용보험법, 산업재해보상보험법, 국민기초생활보장법, 공무원연금법 등), 환경법(환경정책기본법, 자연환경보전법, 습지보전법, 대기환경보전법, 수도법, 먹는물 관리법, 환경분쟁조정법 등), 산업재산권법(특허법, 실용신안법, 디자인보호법, 상표법), 저작권법, 의료분쟁조정법(의료사고 피해구제 및 의료분쟁 조정 등에 관한 법률) 등을 들 수 있다.

사회법상 권리가 침해된 사람은 먼저 국가를 상대하여 ADR 시스템(소송외적 분쟁해결, 대체적 분쟁해결)으로 권리구제를 할 수 있고,[12] 그리하고도 해결되지 않으면 정식으로 소제기(행정소송/민사소송)를 할 수 있다. 먼저 근로기준법(노동법)을 보면,[13] 근로기준법(노동법)은 노사관계에서 항시 약자에 해당하는 근로자(노동자)들의 정당한 권리를 보호하는 법률이다. 근로기준법(노동법)을 통해 고용주나 사업주, 회사의 경영진 등이 마음대로 직원을 해고하거나 감봉을 단행하는 일들을 차단하고 있으며, 일반적인 경영이 아닌 근로자(노동자)와 같이 상생하는 경영을 강요하는 일종의 근로자(노동자) 보호법이라 볼 수 있다. 자유경영체제를 지향하고 있는 자본주의 사회에서 근로자(노동자)의 해고나 쉬운 구조조정은 어쩌면 경영자 측의 정당한 권리로 볼 수 있을 것이다. 하지만 이를 절대적으로 인정하게 되면 다수의 근로자(노동자)들이 경영자들의 통제에서 억압과 착취를 당하는 경우가 발생하기 때문에 이를 미연에 예방하기 위한 차원에서 근로기준법(노동법)을 두어 활용하고 있다. 또 하나를 더 보면, 장애인고용촉진법이나 청소년보호법, 모성보호에 관한 법령 등도 전부 사회적 소

---

12) 사회법: ADR 시스템(소송외적 분쟁해결, 대체적 분쟁해결))으로 권리구제 시작 → 소제기; –경제적 약자보호(경제법, 소비자법, 제조물책임법) → 공정거래위원회/소비자분쟁조정위원회; –노동약자(노동법=근로기준법, 노동조합 및 노동관계조정법, 최저임금법, 임금채권보전법) → 노동분쟁조정위원회; –생존약자(사회복지법, 노인복지법, 아동복지법, 영유아보육법) → 국가와 지방자치단체: 각종 위원회; –환경약자(환경정책기본법, 환경분쟁조정법) → 환경분쟁조정위원회; –산업재산의 약자(특허법) → 특허청 내 산업재산권분쟁위원회; –저작의 약자(저작권법) → 저작권위원회; –교통약자(자동차손해보장보험법, 자동차사고처리특례법) → 보험 → 소제기; –의료사고약자(의료사고 피해구제 및 의료분쟁 조정 등에 관한 법률) → 의료분쟁조정위원회

13) 노덕선 외, 앞의 책, 121면 참조.

수자 내지는 사회적 약자를 그대로 방치하지 않고 보호하기 위한 목적에서 만들어진 것이기 때문에 공법과 사법이 아닌 사회법 영역에 해당한다고 여겨진다. 그리고 경제법은 자유주의 시장경제 체제를 그냥 내버려둘 경우에 2008년도 말의 세계금융위기와 같은 경제적 위기상황이 발생할 수 있다는 점에서 시장에 대한 정부기관의 개입을 합법화하고 있다. 역시 원론적으로 자본주의 시장경제 체제에서 국가나 정부기관의 개입은 절대로 있어서는 안 된다. 하지만, 사회적 공익의 실현과 다수의 복리증진을 위해서는 반드시 경제법이 수립되어 있어야만 안전하다.[14)]

Ⅳ. 상위법과 하위법

상위법과 하위법의 분류는 법의 적용과 해석 및 재판에 있어서 중요한 원칙을 정하는데 있다. 법률은 수직적 체계를 이루고 있다. 대한민국의 법률체계를 보면, 헌법, 법률, 명령(~법시행령, ~법시행규칙, 국회규칙 등), 자치법규(조례, 규칙)의 순서로 위계를 갖고 있다. 따라서 이 법들은 상위법과 하위법의 관계에 있다. 여기서 지방자치단체의 법률이라고 할 수 있는 조례를 규칙의 상위단계로 본 것은 조례가 지방자치단체 의회의 의결을 통해 미니입법과정을 거쳐 만들어지기 때문이다. 지역주민의 대표라 할 수 있는 지방자치단체 의회에서 의결하여 입법한 부분이기 때문에 각 행정기관이 임의적으로 만들어내는 규칙에 비해서 상위적인 법률로 여긴다는 의미이다. 따라서 지방자치단체 의회에서 만들어진 조례는 지방자치단체에서 만든 규칙에 대한 상위법률로서의 성격을 가진다.

교육 관련법들(초·중등교육법, 유아교육법, 고등교육법, 평생교육법, 장애인 등에 관한 특수교육법, 진로교육법 등)도 수직적 체계 속에 있다. 상위법 및 하위법 체계에 따른 법의 적용과 해석 및 재판을 보면, 헌법은 국가의 기본법으로서 다른 법들의 상위법이다. 따라서 헌법의 규정을 위반한 하위법률은 위헌법률이 되며, 그 효력이 상실된다. 이를 **"상위법 우선의 원칙"**이라고 한다. 법의 적용 및 해석에서 해당규정이 상위법에 근거하는가, 상위법의 위임을 받은 것인가,

---

14) 노덕선 외, 앞의 책, 121~122면 참조.

상위법의 허용범위 내에 있는 것인가를 판단해야 한다.

따라서 상위등급의 법률에 저촉되는 하위 법률은 원칙적으로 무효가 되며, 상위 법률에 근거한 내용을 기준으로 하여 하위 법률이 직접적인 효력을 가진다고 볼 수 있다. 예를 들면, 초・중등교육법은 그 상위 법률인 헌법의 내용으로부터 자유로울 수 없으며, 초・중등교육법의 내용이 헌법의 내용에 반하거나 반할 수 있는 가능성이 있다면 그 효력이 제한되거나 정지될 수 있다. 마찬가지로 초・중등교육법의 하위법률인 초・중등교육법 시행령과 초・중등교육법 시행규칙은 상위 법률인 초・중등교육법의 내용을 충실하게 따라야 하며, 상위 법률과 하위 법률 사이에 상호 충돌하는 부분이 존재한다면 상위법 우선의 원칙에 따라 초・중등교육법의 내용이 우선시 된다.

Ⅴ. 일반법과 특별법

이 분류도 법의 제정, 법의 적용, 법의 해석, 법의 재판 등에서 법이 병존할 경우에는 어느 법률을 우선 할 것인가에 특별법 우선의 원칙에 따르는 것이다. 법은 그 효력이 미치는 범위를 기준으로 하여 일반법과 특별법으로 나눌 수 있다.

일반법(General Law)은 적용대상에 제한이 없는 법을 말한다. 즉, 법의 효력의 범위가 모든 사람・장소・시간・사항에 미치는 법을 말하며, 법의 효력이 미치는 범위를 넓게 갖는 법이다. 이에 반하여 특별법(Special Law)은 적용대상이 특정범위로 제한되어 있는 법을 말한다. 즉, 법의 효력범위가 특별한 사람・장소・시간・사항에 미치는 법을 말한다. 따라서 그 효력이 특수적・부분적으로만 미친다. 원래 특별법은 정의(正義) 또는 형평(衡平)의 관념에 입각하여 일반법 중에서 특수한 사항을 골라내어, 그것을 특별히 취급하려고 하는 취지에서 나온 것이다.

일반법과 특별법을 구별하는 실익(實益)은 일정한 사항에 관하여 적용될 법이 병존하는 경우에 "특별법은 일반법에 우선한다"는 것이다. 이를 "**특별법우선의 원칙**"이라고 한다.[15] 따라서 일반법과 특별법이 서로 저촉되는 경우에는

15) 일반법과 특별법을 구별하는 필요성은 법의 효력 및 적용의 순서를 명확히 하는데 있다. 즉, 동일한 사항에 관하여 특별법과 일반법 모두가 적용조항을 갖고 있어서 양자가 서로

특별법에 따라야 하며, 일반법은 특별법에 규정되어 있지 않은 것을 보충하는 의미에서 적용된다. 이 두 개념을 구별하는 실익은 법의 효력 및 적용의 순서를 명확히 하는데 있다. 그 밖의 실익은 법해석상의 원칙과 관련된 사항으로서, 일반법은 넓게 해석하고, 특별법은 좁게 해석해야 한다는 점이다.

일반법과 특별법은 다음과 같은 기준으로 구별되고 있다.[16] 이를 구분하는 기준은 크게 세 가지가 있는데, 그 하나는 국민 전체와 특별한 신분적 계층에 대한 적용을 하는 부분이고, 다른 하나는 지역적으로 대한민국 영토 전체와 특정한 지역에 한하여 적용하는 부분이다. 그리고 법의 효력이 어떤 사항 전반과 특정한 사항에 대해서만 미치는 것이다.

1. 사람을 기준으로 하는 경우

법이 적용되는 사람의 범위를 표준으로 하여 전국민에게 통일적으로 적용되는 법을 일반법(헌법, 민법, 형법, 국민건강보험법 등)이라고 하고, 어떤 특정한 직업・신분을 가진 사람에게만 미치는 법을 특별법(국가공무원법, 군형법, 소년법, 경찰관직무집행법, 외국인토지법, 변호사법, 의사법, 법무사법, 공인중개사법 등)이라고 한다.

2. 지역적인 범위(장소)를 기준으로 하는 경우

지역적인 범위에 따른 분류로서 법의 효력이 국가의 주권이 미치는 국토(영토・영해・영공)에 걸쳐서 미치는 법을 일반법(헌법, 민법, 형법, 상법 등)이라고 하고, 국토의 일부분에만 미치는 법(지방자치단체의 조례・규칙 등)을 특별법이라고 한다. 지방자치단체의 조례나 규칙은 해당 지역만을 대상으로 하고 있다는 점에서 일반법이 아닌 특별법이 된다. 제주특별자치도법과 같이 제주도를 특별자치도로 지정하여 적용하는 법률들이 대표적인 지역적 범위를 기준으로 하는 특별법이 된다.

충돌할 때(즉, 일반법과 특별법 모두가 해당 조항을 적용하려고 하는 경우) 특별법은 일반법에 우선하여 적용된다.

16) 김상겸, 앞의 책, 52~53면 참조.

3. 사항을 기준으로 하는 경우

법의 효력이 어떤 사항 전반에 걸쳐서 미치는 법을 일반법이라고 하고, 특정한 사항에 대해서만 미치는 법을 특별법이라고 한다. 예를 들면, 민법은 민사(民事)에 관하여 전반적으로 효력이 미치는, 즉, 사법(私法)상의 일반적 규정이므로 일반법에 속하나, 상법은 민사중의 일부인 상사(商事)에 관한 규정으로 상사에 관해서만 적용되므로 민법에 대해서는 특별법이 된다. 즉, 일반법은 특별법에 대해 보충관계에 있다. 군형법은 형법에 대하여 특별법이다. 즉, 군인 또는 군무원이 상관을 살해한 때에는 형법 제250조의 살인죄가 적용되는 것이 아니라, 군형법 제53조의 상관살해죄가 적용된다. 또 하나 더 예를 들면, 우리네 생활에서 가장 많이 일어나는 자동차교통사고가 일어난 경우에는 민법 제750조(불법행위)와 자동차손해배상보장법 제3조(자동차손해배상책임)가 충돌한다. 이 경우에는 자동차사고로 인한 불법행위에 대해 우선 적용하기 위해 제정된 자동차손해배상보장법이 먼저 적용된다. 또 공무원이 직무를 하던 중 일반국민에게 손해를 끼친 경우에는 국가배상법이 먼저 적용된다. 대부분의 사람들은 매일 버스 및 지하철에 따라서 이동하면서 생활한다. 이때 버스를 타고 가던 중 버스 내에서 사고가 나서 다치게 된 경우에는 버스회사를 상대로 운송계약위반에 따른 손해배상책임을 묻는다. 따라서 민법 제390조에 따라 손해배상을 청구하는 것이 아니라 상법 제148조에 따라 손해배상을 청구하여야 한다. 그러나 일반법과 특별법의 구별은 절대적인 구별이 아니라 상대적인 것이다. 이를 테면 상법은 민법에 대해서는 특별법이지만, 은행법·보험업법·어음법·수표법 등 상법내용 중 특수한 사항을 규정하는 법에 대하여는 일반법의 지위에 놓인다. 또한 일반법과 특별법관계는 법전 사이에만 존재하는 것이 아니라 동일 법전 중의 규정 상호 간에도 존재한다. 예를 들면, 형법 제250조 제2항의 존속살인의 규정은 형법 제250조의 제1항의 보통살인에 대한 특별규정이다.

교육기본법과 교육 관련법들 체계에서도 수직적 관계가 아닌 일반법과 특별법의 관계에 있다. 교육에 관한 국민의 권리·의무 및 국가·지방자치단체의 책임을 정하고 교육제도와 그 운영에 관한 기본적 사항을 규정함을 목적으로 하는 교육기본법은 일반법이다. 교육기본법에서 규정하지 않은 초·중등교육법, 유아교육법, 고등교육법, 평생교육법, 장애인 등에 관한 특수교육법, 진로교육법 등은 특별법에 해당된다.

Ⅵ. 원칙법과 예외법

원칙법(=본문)과 예외법(=단서)은 특정한 법률이 일정한 사항에 관하여 원칙적으로 적용되는지의 여부를 기준으로 한 것이다. 즉, 구체적 법률관계에 일반적으로 적용되는 법이 원칙법이고, 구체적 법률관계를 해명하는데 있어 법원칙을 적용하면 구체적 타당성을 결할 염려가 있을 때 구체적 정의를 실현하기 위하여 예외적으로 적용되는 법이 예외법이다.

원칙법과 예외법을 구별하는 실익을 들면, 첫째, 예외법은 엄격하게 해석하여야 한다는 법해석의 일반원칙이 있으므로 명백한 예외규정에 대해서는 함부로 확장해석을 하여서는 아니 된다고 하는 것이다. 둘째, 입증책임(거증책임, 擧證責任)에 있어서 원칙법의 전제요건인 사실의 입증책임은 원고(原告) 또는 청구자가 지는 데 대하여, 예외법 적용의 전제요건인 사실의 입증책임은 피고(被告) 또는 피청구자가 지는 것이 원칙이다. 예를 들면, 민법 제3조는 "사람은 생존하는 동안 권리와 의무의 주체가 된다"라고 규정하여 권리의무의 주체를 원칙적으로 출생한 사람에 제한하는 원칙규정(원칙법)이다. 그러나 민법 제762조 및 제1000조 제3항에서 "태아는 불법행위에 대한 손해배상청구권이나 상속의 순위 등에 관해서는 이미 출생한 것으로 본다"라고 하여 민법 제3조에 대한 예외조항(예외법)을 규정하고 있다. 이와 같이 일반법과 특별법의 구별은 법령과 법령 사이의 구별이지만, 원칙법과 예외법은 동일한 법령 안에서나 또는 미성년자의 행위능력에 관한 민법 제5조 제1항[17]과 같이 동일한 조문 안에서 구별되는 경우도 있다.

---

17) 민법 제5조(미성년자의 능력) ① 미성년자가 법률행위를 함에는 법정대리인의 동의를 얻어야 한다. 그러나 권리만을 얻거나 의무만을 면하는 행위는 그러하지 아니하다. ② 전항의 규정에 위반한 행위는 취소할 수 있다.

Ⅶ. 실체법과 절차법

실체법과 절차법은 법률 안에서 규정되어 있는 분야의 내용을 기준으로 하여 양자로 구분한 것이다. 먼저 간단하게 구분하면 법률과 관련된 여러 가지 절차내용을 규정하고 있는 법률들이 절차법에 해당하며, 그렇지 않은 나머지 법률 모두를 실체법으로 볼 수 있다. 실체법(實體法)은 권리의무의 발생・변경・소멸・성질・내용・범위 등 권리의무의 실체적 내용을 규율하는 법률(헌법, 민법, 상법, 형법 등)을 말하고, 절차법(節次法)은 권리의 보전・실현・의무의 이행・강제 등 권리의무의 실체법의 내용을 구체적으로 실현하기 위한 여러 법률적 과정과 절차 등을 담고 있는 2차적 법률(민사소송법, 형사소송법 등)을 말한다. 예를 들면, 죄를 범해 형사적인 처벌을 받아야 한다는 규정이 있다면, 이는 실체법에 해당한다. 그리고 이러한 형사처벌을 법적으로 진행하는 과정을 정리한 형사소송법의 내용은 절차법에 해당한다. 대부분의 법률이 실체법과 절차법의 병행적 수립이 되어 있는데, 이는 내용과 관계를 규정한 법률이 있다 하더라도 이를 실제적으로 집행하고 구현한 법률 역시 필요한 부분이기 때문이다. 어떤 학자는 실체법을 기차로, 절차법을 기차선로로 비유함으로써 그 관계를 설명하기도 한다.[18)]

일반적으로 'OO소송법'이라는 이름을 가진 법률이 절차법에 해당하며, 나머지 대부분의 법률은 실체법이다. 소송법은 법률적인 절차의 대표적인 예라고 할 수 있는 소송(訴訟)과 관련된 내용들을 다루고 있다. 따라서 실체법의 내용을 위반하거나 또는 타인이나 국가, 사회에 피해를 입힌 경우에 이를 어떠한 방식으로 처리할 것인지를 규정하고 있다. 절차법은 실체법의 존재를 전제로 할 때에만 의의가 있고, 실체법은 절차법의 존재를 전제로 함으로써만 그 실현이 보장되는 밀접한 관계에 있다. 즉, 실체법의 권리실현은 절차법에 따라 실현된다는 것이다. 절차법은 소송법(민사소송법, 형사소송법, 행정소송법)과 집행법(민사집행법, 형의 집행 및 수용자의 처우에 관한 법률, 행정대집행법)에 따라 실현된다.[19)]

---

18) 노덕선 외, 앞의 책, 122면 참조.

19) 실체법의 권리실현은 절차법에 의해 실현된다. -민사문제(사건): 민법/민사특별법 → 민사소송법 → 민사집행법; -상사문제(사건): 상법/상사특별법 → 민사소송법 → 민사집행법; -형사문제(사건): 형법/형사특별법 → 형사소송법 → 형의집행 및 수형자의 처우에

실체법과 절차법의 구별실익은 재판과 법의 개정에 있다. 첫째, 법원은 실체법이 없다고 하여 재판을 거절할 수 없다. 그러나 비록 실체법이 있다고 할지라도 재판에 관한 절차법이 없는 경우에는 법원이 임의적인 절차에 따라 재판을 할 수는 없다. 또 실체법과 절차법이 저촉될 경우에는 실체법에 따라 재판하여야 한다. 둘째, 실체법이 개정되었을 때에는 구법시대(舊法時代)의 법률관계에 대해서는 법률불소급(法律不遡及)의 원칙에 따라 구법이 적용되는 것이 원칙인 데 대하여, 절차법이 개정되었을 때에는 오히려 소급효가 인정되어 구법시대의 법률관계에 대해서도 신법을 적용하는 것이 보통이다.

Ⅷ. 신법과 구법

법률도 인간이 만드는 기제의 하나이기 때문에 일종의 유통기한을 가진다. 소위 한시법(限時法)이라고 해서 법률의 사회적 표현으로서 유통기한을 명기하는 경우가 있는데 이렇지 않은 경우 법률은 폐기 결정이 국회에서 나가기 전까지 생명력을 유지하게 된다. 무수히 많은 법률이 국회를 통해서 만들어지고 있음으로 인해 법률간에 상호 충돌하는 경우가 발생하는데, 이 경우에 같은 사안에 대해 규정을 하고 있는 여러 법률 가운데 가장 최근에 만들어진 법률이 우선적으로 적용되는 신법(新法)우선의 원칙이 수립되었다.[20] 신법(新法)은 새로 제정된 법을 말하고, 구법(舊法)은 신법에 따라 폐지되는 법을 말한다. 이때 신법과 구법이 충돌할 때에는 신법은 구법을 폐지하고 적용되는 것이다. 이를 **"신법우선의 원칙"**이라고 말한다. 사회현상은 항상 진행과정에 있어 어느 순간에 완벽하게 새로운 법이 적용될 수 있는 변화된 모습으로 나타나는 것은 아니다. 그러므로 신법의 시행시기와 구법의 종료시기에서는 상호불일치가 존재할 수 있다. 이러한 불일치를 해결하기 위하여 신법에 경과 규정 또는 부칙을 둔다. 이 경과규정은 구법을 준수한 준수자의 권리를 보호할 뿐만 아니라 법의 보수

관한 법률(형집행법); -행정문제(사건): 행정법 → 행정심판법 → 행정소송법 → 행정대집행법; -절차법은 소송법(민사소송법, 형사소송법, 행정소송법) + 집행법(민사집행법, 형의집행 및 수형자의 처우에 관한 법률, 행정대집행법)에 의하여 실현된다.

20) 노덕선 외, 앞의 책, 111면 참조.

성을 유지(기득권존중의 원칙)하는 데에 도움이 된다. 다만, 신법(新法)이 일반법이고, 구법(舊法)이 특별법일 경우에는 신법이 구법의 효력을 소멸시키지 않는다. 왜냐하면, 특별법우선의 원칙이 신법우선의 원칙에 선행하는 원칙이기 때문이다.

형법에서는 죄형법정주의가 적용되기 때문에 법률불소급원칙이 절대적이다. 왜냐하면, 형법은 개인의 생명·자유·재산을 박탈하는 형벌을 부과하는 법으로서 형법의 소급효를 인정하게 되면, 개인에게 예측하지 못했던 치명적인 피해를 줄 수 있기 때문이다. "범죄의 성립과 처벌은 행위시 법률에 따른다"라고 규정하고 있는 형법 제1조 제1항과 "모든 국민은 행위시의 법률에 따라 범죄를 구성하지 아니하는 행위로 소추되지 아니하며……"라고 규정하고 있는 대한민국헌법 제13조 제1항은 모두 죄형법정주의와 형벌불소급의 원칙을 명문화한 것이다.

Ⅸ. 강행법과 임의법

1. 강행법과 임의법의 의의

강행법이란 당사자의 의사를 불문하고 일률적으로 적용되는 법이다. 즉, 당사자가 법의 규정과 다른 의사표시를 했다고 하더라도 그 법규정의 적용을 배제할 수 없는 법규정을 강행규정이라고 한다.[21] 예를 들면, "사람은 생존하는 동안 권리·의무의 주체가 된다"(민법 제3조)는 규정은 당사자가 권리·의무의 주체가 되지 않는다거나 이를 제한하는 내용의 법률행위를 해도 이 법률행위는 무효가 된다는 것을 말한다. 그러나 임의법은 당사자가 다른 의사표시를 한 경우에는 그 법규를 적용하지 않는 법이다. 즉, 당사자가 법의 규정과 다른 의사표시를 하여 그 법규정의 적용을 배제할 수 있는 법을 말한다. 예를 들면, "변제비용은 다른 의사표시가 없으면 채무자의 부담으로 한다"(민법 제473조)는 규정은 당사자의 다른 의사로 그 적용을 배제할 수 있다는 것이다. 예를 들면, 빌려 돈을 갚을 때 은행계좌로 송금할 때 송금수수료의 부담, 상품대금을

---

21) 정승재, 앞의 책, 69~70면 참조.

은행 계좌로 송금할 때에는 송금수수료의 부담 등을 들 수 있다.

2. 강행법과 임의법의 구별판단

일반적으로 헌법·행정법·형법·민사소송법·형사소송법 등 공법(公法)은 강행법(强行法)에 속하고, 민법·상법 등 사법(私法)은 임의법(任意法)에 속한다. 그러나 민사소송법 중 임의관할에 관한 규정은 임의법이며, 민법 중 친족·상속에 관한 규정은 강행법이 속하므로, 반드시 공법은 강행법이고, 사법은 임의법이라고 할 수는 없다. 개개의 법규가 강행법이냐 아니냐의 판단은 법문(法文, 법규정) 중에 명시되고 있는 경우 외에는 그 구별이 쉽지 않다. 법문 중에 "……하여야 한다", "……하지 아니하면, ……하지 못한다"(민법 제31조) 등을 사용하고 있는 경우에는 법문(법규정)상 강행법임 명백하다. 법문중에 "다른 규정이 있는 때에는 그 규정에 따른다"(민법 제78조), "다른 의사표시가 없는 때에는……"(민법 제133조) 등의 문언(규정)을 사용한 경우에는 그것이 법문상 임의법이 명백하다.

3. 강행법과 임의법의 유형

(1) 강행법의 유형

강행법은 효력규정(효력법)과 단속규정(단속법)으로 구분된다. 여기서 단속법이라 함은 일정한 행정상의 목적을 달성하기 위하여 일정한 행위를 금지·제한하고, 이에 위반한 경우에는 형벌이나 행정상의 불이익을 가하게 하는 규정을 말한다. 단속법(단속규정)에 위반한 경우에는 그 사법상(私法上)의 효력은 유효(有效)하나, 벌칙(형벌[징역, 금고, 벌금], 행정질서벌[과태료, 범칙금, 과징금]) 적용대상이 되며, 효력법(효력규정)에 위반시에는 그 효력은 무효이다(다수설). 이에 대한 일반적 구별기준은 없다. 따라서 법규의 입법취지가 행위만을 금지하고 있는가 또는 행위의 결과까지 금지하고 있는가에 따라 결정하여야 한다.[22]

22) 김진수 외, 민법 및 민사특별법, 한국교육방송공사, 2007, 40~41면.

1) 강행법의 단속법(단속규정) 위반시[23)]

단속법(단속규정)의 예를 들면, 허가없이 개설된 시장에서의 영업행위(시장법 제4조 · 제10조), 무허가음식점의 유흥영업행위 또는 음식물판매행위(식품영업법 제20조 · 제23조(條) · 제44조 · 제45조), 공무원의 영리행위(국가공무원법 제64조), 허가없이 총포 · 도검 · 화약류를 판매하는 행위(총포 · 도검 · 화약류단속법 제7조 · 제70조) 등을 들 수 있다. 위의 단속한 단속법(단속규정)에 위반한 경우에는 그 사법상(私法上)의 효력은 유효(有效)하나, 벌칙 적용대상[예: 형벌, 행정질서벌(행정상 불이익)]이 된다.

2) 강행법의 효력법(효력규정)의 위반시

법률이 특히, 엄격한 표준을 정하여 일정한 자격을 구비한 자에 대해서만, 일정한 기업을 허용하는 경우에, 그 규정은 효력법(효력규정)이라고 해석한다(다수설). 따라서 그 사법상(私法上)의 효력은 무효(無效)이다. 효력법(효력규정)의 예를 들면, ① 의사 · 약사, 어업권자(수산업법 제74조) 등이 그 명의를 대여하는 행위, ② 증권회사가 그 명의를 대여하여 증권업을 경영하게 하는 행위(증권거래법 제63조), ③ 건설업의 면허를 받지 않는 자가 맺은 건설공사도급계약(건설업법 제4조) 등을 들 수 있다. 또한 광업권의 임대차계약(덕대계약)에 있어 종래 판례는 무효로 판시하고 있다(대판 1966.7.5., 66다423). 위의 예와 같이, 의사 · 약사, 어업권 등의 명의대여계약은 무효이나, 명의를 빌린 자가 제3자와 맺은 계약은 거래안전보호의 입장에서 사법상(私法上) 유효(有效)라고 하는 것이 다수설이다.

(2) 임의법의 유형

임의법은 다시 보충규정과 해석규정으로 구분된다. 양자 모두 당사자의 불완전한 법률행위를 보완한다는 점에서는 같지만, 규정형식이나 기능에 있어서는 중요한 차이가 있다.[24)] 보충규정은 당사자의 의사표시가 결여된 경우에 이를 보충하는 규정을 말한다. 따라서 보충규정은 대체적으로 '다른 의사표시가 없는 때에는'이라는 형식으로 표현된다.[25)] 이에 반해, 해석규정은 당사자의 의

---

23) 강행법의 단속법 위반시 : 개인 간의 거래는 유효이나 벌칙만 받는다.
24) 한상수, 로스쿨 시대 법학의 기초, 인제대학교출판부, 2008, 203면.

사가 존재하지만, 그 의미가 불명확한 경우에 그 의미를 결정하기 위한 규정이다. 따라서 '……로 추정한다'라는 형식으로 표현되는 경우가 많다.[26)]

4. 강행법과 임의법의 구별실익

강행법과 임의법을 구별하는 실익은 당사자가 법규의 내용과 다른 의사표시 그 밖의 행위를 한 경우에 그 의사표시 그 밖의 행위의 효력을 법규와 달리하는 데 있다. 즉, 의사표시 그 밖의 행위가 강행법에 위반한 경우에는 무효이거나(민법 제103조) 취소할 수 있거나(민법 제5조 제2항), 또는 일정한 제재(처벌=형벌, 행정질서법)를 받게 된다(민법 제97조). 이에 대하여 의사표시 그 밖의 행위가 임의법에 위반한 경우에는 유효하거나 적어도 불법한 것으로 되지 않는다. 이와 같이 명백한 규정이 없는 경우에 강행법과 임의법을 구별하는 것은 쉬운 일이 아니다. 이 경우에는 각 규정의 내용·성질·입법정신 등을 종합적으로 검토하여, 당해 규정이 주로 공익을 목적으로 하고 있는가 아니면 사익을 목적으로 하고 있는가에 의하여 강행법·임의법의 여부를 판정할 수 있다.

X. 고유법과 계수법

고유법은 특정사회에서 고유하게 본래적으로 고유의 도덕·관습 등을 기초로 발생·성립한 법을 말하고(예: 전세권 등), 계수법은 다른 사회에서 발생·성립한 법을 그 사회에 옮겨 수용한 법을 말한다. 계수법의 연원이 된 외국법을 "모법(母法)"이라고 하고, 그것을 계수한 법을 "자법(子法)"이라고 한다. 계수법에는 직접계수법과 간접계수법이 있다. 전자는 외국법을 그대로 번역하여 도입한 법이며, 후자는 외국법을 자료로 하여 자국에 맞게 변형 도입한 법이다. 서구 근대국가의 법은 대부분의 로마법을 계수한 것이다. 대한민국은 옛날에는 당률·명률 등 중국법을 계수하였으나, 현행법 중에는 일제강점기에 일

25) "변제비용은 다른 의사표시가 없으면 채무자의 부담으로 한다"고 규정한 민법 제473조가 보충규정에 해당한다.

26) "위약금의 약정은 손해배상액의 약정으로 추정한다"는 민법 제398조 제4항이 해석규정에 해당한다.

본을 통해서 독일법·프랑스법을 계수한 것이 많고, 최근에는 영미법을 계수한 법이 늘어나고 있다. 한 나라의 문화발달은 타국의 문화와 밀접한 관계를 가지고 있으며, 교통과 통신의 발달은 각 나라 간의 문화교류뿐만 아니라, 제도·법제까지도 서로 영향을 미치고 있다. 이러한 현상은 더욱 심화될 것이다. 고유법과 계수법을 구별하는 실익은 그 법규가 어느 것에 속하느냐에 따라 법의 해석이나 연구방법에 있어서 상당한 차이를 가져온다는 데 있다. 즉, 고유법은 자국의 법제를 연역적(演繹的)·귀납적(歸納的) 방법에 따라서 연구하면 되지만, 계수법은 그 모법을 발달시킨 국가의 역사적·문화적 제(諸) 특성을 고려하여 연구하여야 한다는 데 있다.

제2절 법의 효력

법은 사회생활을 규율하는 규범이므로 법의 생명은 그것이 현실사회에서 실현되는데 있고, 실현되려면 그 법이 효력이 있어야 한다.[27] 법의 효력(validity of law)이란 법이 그 규범내용대로 실현될 수 있는 상태를 말한다. 즉, 법이 구속력을 가지고 국민의 형태를 규율하는 규범으로서 그 의미내용대로 실현할 수 있는 힘을 가지는 것을 말한다. 법은 그의 목적이 현실사회에서 실현되는데 그 가치가 있는 것이다. 따라서 법에 효력이 없다면 그 법은 존재가치를 잃게 될 것이다.

법의 효력문제는 두 가지로 나누어진다. 첫째, 법이 현실생활 속에서 실현되는 근거는 어디에 있느냐를 규명하는 문제로서 규범이 실현하려는 이념(타당성)과 규범이 현실적으로 실현되고 있는 상태(실효성)가 합치되느냐의 문제이다. 이를 법의 실질적 효력이라고 한다. 둘째, 실정법의 효과가 어느 때(시간)를 기준으로 하여 어떤 범위의 사람과 장소(곳)에 적용되느냐 하는 것으로서 이를 법의 형식적 효력이라 한다.[28]

---

27) 이환경, 생활과 법률, 형설출판사, 2006, 88면 참조.
28) 김용희, 법학개론, 형설출판사, 2006, 48~49면 참조.

Ⅰ. 법의 실질적 효력

법이 실질적으로 효력을 발휘하려면 행위를 마땅히 요구할 수 있어야 하고, 그 불응에 대해서는 그에 상응한 강제 내지 제재가 가능해야 하는데, 이를 타당성과 실효성이라고 한다. 법의 타당성[29)]이란 법이 실현되어야 한다는 당위성의 요구[30)]를 의미하며, 이것은 법이 구속력을 행사할 수 있는 정당성을 갖게 하는 법의 가치를 말하는 것이다. 법의 타당성의 근거에 대해서는 대체로 법이 지닌 이념(목적)으로 보는 것이 무난하다고 하겠다. 즉, 법에 있어서 이념(목적)이 없는 법은 무의미한 것이며, 이념이야 말로 법의 존재이유이고, 타당성을 갖게 되는 최후의 근거라 할 수 있기 때문이다. 법의 실효성이란 일정한 명령·금지 등을 요구하는 행위규범에 위반하는 일이 현실적으로 발생할 때, 그 위반자에 대하여 강제집행을 한다거나 형벌(제재)을 가하여 강제규범을 발동하는 것을 말한다. 즉, 법이 현실적으로 사람들에 따라 지켜지고 실현되는 것을 의미한다. 법이 실효성을 갖는다고 하는 것은 강제규범으로서 국가권력에 따라서 그 실현을 보장받아 강행되는 것을 말한다. 예를 들면 형법 제297조(강간)는 "폭행 또는 협박으로 사람을 강간한 자는 3년 이상의 유기징역에 처한다"라고 하여 강간(强姦)행위를 금지하고 있는(행위규범) 동시에, 이에 위반하면 3년 이상의 유기징역에 처할 것(강제규범)을 규정하고 있다.

이와 같이 일정한 행위에 따라서 침해된 행위규범(재판규범)으로서의 법이 강제규범으로서의 법에 의하여 회복됨으로써 그것은 법으로서의 실효성을 갖게 된다. 그러므로 법은 규범적 가치를 갖는 것만으로는 실제 효력을 가지는 법이 되지 아니하며, 실제로 사회생활에서 그 내용이 실현될 수 있는 힘, 즉, 실효성을 함께 갖추어야 한다. 그런데 21세기 사회에서 법의 실효성을 보장하는 것은 어디까지나 국가권력이기 때문에(국가구제), 개인의 실력이나 폭력에 따른 자력구제(self-help)는 원칙적으로 인정되지 않는다. 법이 완전한 효력을 발휘하려면 규범적 타당성과 사실적 실효성이 병존하여야 한다. 법이 이 중 어

---

29) 법자체가 실현되어야 한다는 당위성의 요구를 타당성이라고 한다.

30) 현실적으로 법규범의 명령이나 금지는 항상 준수되는 것이 아니라 침해되기도 하고 무시되기도 하므로 행위규범으로서의 법이 요구하는 바는 '현실상 그 규정대로 실현되기를 요구하는 것'이다.

느 하나라도 결여되는 경우에는 실정법으로서의 존재가치를 잃게 된다. 따라서 타당성이 없는 법은 아무리 실효성이 있다고 할지라도 그것은 악법이 될 수밖에 없으며, 반대로 실효성이 확보되지 않는 법은 아무리 타당성이 있다고 평가될지라도 사문화(死文化)되어서 현실적으로 만족할 실정법으로서의 구실을 하지 못하게 될 것이다. 그런데 법은 실효성보다도 타당성을 중시하여 악법을 거부하는 동시에 저항권을 강조하여야 한다.

Ⅱ. 법의 형식적 효력

법의 형식적 효력이란 법이 적용되는 범위를 말하는데, 법의 효력은 헌법의 효력, 행정법의 효력, 민법의 효력, 소송법의 효력 등 각각의 법의 영역별로 설명할 수 있다. 여기서는 법의 일반효력을 중심으로 시간에 관한 효력 · 사람에 관한 효력 · 장소에 관한 효력으로 나누어 설명하기로 한다.

1. 법의 시간적 효력

법의 시간에 관한 효력이란[31] 법의 시간적 적용범위를 말한다. 법은 시간적으로 무제한 효력을 갖는 것이 아니라 시행일로부터 폐지일까지만 효력을 갖는다.[32]

(1) 법의 시행

법의 시행이란 유효하게 성립되어 구속력을 발휘하는 법이 구체적인 실시력을 갖게 되는 것을 말한다. 법은 성립과 동시에 효력을 발휘하며, 성립된 법은 시행에 따라 구체적으로 효력을 발휘하게 된다. 전자(성립, 효력)를 구속력이라 하고, 후자(시행)를 실시력이라고 한다. 성문법이 국회나 지방자치단체 또는 대통령 등의 제정권자에 따라 제정되면, 그에 따라 일반 국민을 구속하는 법규범으로서의 힘을 확정적으로 갖는다. 그렇지만, 이것이 그 법령이 규율하려는 사항에 대하여 현실적으로 효력을 발생하기 위해서는 시행할 것을 필요로 한다.

31) 때에 관한 효력이다.
32) 정승재, 앞의 책, 77~81면 참조

법령이 직접 그 시행기일을 정하고 있는 경우(원칙적으로 그 법령의 부칙에 표시)에는 그 규정된 날로부터 실시력을 발생하는 것이 당연하지만, 특별한 규정이 없는 한, 시행기일을 정하지 않은 법령은 공포일로부터 20일 또는 30일 경과한 날로부터 시행(실시력)되는 것으로 하고 있다.[33] 공포일 또는 공고일은 관보(官報)[34]에 게재(揭載)하는 방법 또는 신문이 발행된 날로 하고 있다.[35] 시행일을 개개의 법령에 개별적으로 규정하는 경우에는 대체로 부칙(附則)에 명시한다.

(2) 법의 폐지

법의 폐지란 법이 종래 갖고 있던 구속력과 실시력을 잃게 되는 것을 말한다. 법시행의 경우는 구속력과 실시력이 발생하는 시점이 반드시 일치되는 것이 아니나, 법 폐지의 경우는 구속력과 실시력이 항상 동시에 소멸한다. 법 폐지의 원인은 명시적인 것과 묵시적인 것이 있다.

1) 명시적 폐지

명시적 폐지란 명문의 규정에 따라 법이 폐지되는 경우이다. 명시적 폐지에는 두 가지 경우가 있다. 첫째, 법령에 그 시행기간, 즉, 유효기간이 정해진 경우 그 기간의 종료로 그 법령이 당연히 폐지되는 경우인데, 이러한 기한부 입법을 한시법(限時法)이라 한다. 둘째, 입법기관이 신법(新法)에서 명문규정으로 구법(舊法)의 전부 또는 일부를 폐지한다고 규정한 경우에 구법은 당연히 폐지된다.

---

33) 대통령령, 총리령, 부령은 특별한 규정이 없으면, 공포한 날로부터 20일이 경과함으로써 효력이 생기고(법령 등의 공포에 관한 법률 제13조), 국민의 권리제한 또는 의무부과와 직접 관련되는 법률, 대통령령, 총리령 및 부령은 긴급히 시행되어야 할 특별한 사유가 있는 경우를 제외하고는 공포일로부터 30일이 경과한 날로부터 시행되도록 하여야 한다(법령 등의 공포에 관한 법률 제13조의2).

34) 대한민국전자관보 : http://gwanbo.mois.go.kr/main.do : 법령 등 공포에 관한 법률 법령 등의 공포 수단으로써의 관보운영 근거와 효력을 규정: 제11조(공포 및 공고의 절차) ① 헌법개정·법률·조약·대통령령·총리령 및 부령의 공포와 헌법개정안·예산 및 예산 외 국고부담계약의 공고는 관보(官報)에 게재함으로써 한다. ② (생략) ③ 제1항에 따른 관보는 종이로 발행되는 관보(이하 "종이관보"라 한다)와 전자적인 형태로 발행되는 관보(이하 "전자관보"라 한다)로 운영한다. ④ 관보의 내용 해석 및 적용 시기 등에 대하여 종이관보와 전자관보는 동일한 효력을 가진다.

35) 법령 등의 공포에 관한 법률 제12조.

2) 묵시적 폐지

묵시적 폐지에는 특정사항을 목적으로 하여 제정된 법은 그 목적사항이 소멸된 때와 동일한 사항에 관하여 모순되는 신법이 제정된 때 구법은 폐지된다. 묵시적 폐지에는 두 가지 경우가 있다. 첫째, 신법과 구법이 저촉한 경우이다. 즉, 동일사항에 관하여 신법과 구법이 저촉・모순되는 때에는 그 저촉(抵觸)의 한도에서 구법(舊法)은 묵시적으로 당연히 폐지된 것으로 된다. 그 이유는 국가의사는 통일적인 것이어야 하기 때문이다. 이를 "**신법**(新法)**은 구법**(舊法)**을 개폐한다**"라는 원칙이다. 그러나 신법이라 하더라도 일반법인 신법은 특별법인 구법을 개폐하지 못한다. 이 원칙을 "일반신법은 특별구법을 개폐하지 못한다"는 원칙이라고 한다. 둘째, 법의 목적사항의 소멸로 인하여 법이 폐지되는 경우이다. 이 경우에는 법이 규율한 사항이 완전히 소멸되어 버렸으므로 자연히 법이 폐지되는 경우이다.

(3) 법의 시행과 폐지에 관한 적용 원칙

1) 법률불소급의 원칙

성문법은 시행한 날로부터 효력이 발생한다. 그 시행기일 이전에 발생한 사항에는 적용되지 아니함을 원칙으로 한다. 이를 **법률불소급의 원칙**[36)]이라 한다. 이 원칙은 법의 소급으로 인한 사회생활의 혼란을 막고 법적 안정성을 확보하기 위하여 인정되는 것이지만, 절대적인 것이 아님에 주의를 요한다. 이 원칙이 특히 중요한 역할을 하는 것은 생명・자유에 가장 밀접한 관계에 있는 형사법(사람을 처벌)이다. 대한민국헌법 제13조 제1항에서 형벌법규의 소급화를 금지와 행위시법주의의 원칙을 채택하여, 형법 제1조에서도 "범죄의 성립과 처벌은 행위시의 법률에 따른다"고 규정하고 있다. 이는 행위시에 처벌법규가 없던 행위에 대해 사후입법으로 처벌하거나 행위시보다 형을 가중하는 것은 소급효금지의 원칙에 위배되므로 허용할 수 없다는 점을 의미한다. 여기서 행위시란 범죄행위의 종료시를 의미한다(대판 1994.5.10., 94도563). 따라서 행위시법이란 실행행위 종료시(범죄행위 종료시)에 유효한 법을 의미한다.

---

36) 이를 신법우선의 원칙이라고도 한다.

(가) 사후법(事後法) 제정금지의 원칙 : 법은 일정한 행위가 있기 이전에 그것을 범죄로 규정하고 있어야 범죄성립여부에 관하여 법을 적용할 수 있는지, 행위가 있던 시점에는 법규가 존재하지 않다가 그 이후의 법률로 해당행위로 범죄행위로 규정하는 것이 금지되는 것으로 죄형법정주의의 내용을 이루고 있다.

(나) 기득권존중의 원칙 : 기존에 시행되고 있는 법에 따라서 권리를 얻은 경우, 새로운 법의 시행으로 이미 취득한 기득권을 소급하여 박탈할 수 없다. 이는 자연법론자들이 개인의 재산권에 관하여 주장한데서 유래한 것으로 역사적으로 사유재산의 확립에 이바지한 이론이다. 그러나 이 원칙도 절대적인 것은 아니며, 입법에서 제한할 수 있다.

2) 법률불소급의 예외 : 법률소급효 인정

그러나 일반적으로 법률불소급의 원칙은 법령적용상의 원칙으로서 입법까지를 구속하는 것은 아니다. 따라서 입법정책상 필요하거나 적당하다고 인정될 때에는 입법에 따라 소급효(遡及效)가 인정된다(민법 부칙 제2조 참조). 법률불소급의 원칙은 행위자에게 불이익을 주는 소급을 금지하는 것을 내용으로 하는 것이므로, 만일에 소급효를 인정하는 것이 행위자에게 오히려 이익을 주는 경우에는 소급효를 인정하는 것이 타당하다고 본다. 따라서 형법 제1조 제2항 "범죄 후 법률의 변경에 따라서 그 행위가 범죄를 구성하지 아니하거나 형이 구법보다 경한 때에는 신법에 따른다."라고 하여 신법의 소급효를 인정하고 있다. 또 구체적인 경우에 정의를 실현하기 위하여 입법에 의한 예외, 즉 소급효를 인정될 수 있다. 예를 들면, 5·18민주화운동 등에 관한 특별법에 따라서 이미 과거의 사건이 되어버린 5·18관련 헌정(憲政)질서파괴범죄행위를 처벌하는 경우이다.

입법자가 소급효를 인정하는 이유를 들면 다음과 같다.[37] 첫째, 법이 그 적용을 받는 자에 대하여 크게 불이익을 주지 않는 범위 안에서 법의 획일화를 기하기 위하여 일률적으로 신법을 적용하려고 하는 경우이다. 둘째, 법이 도덕적 이상 또는 국민경제의 요구 등의 고려에서 그 종래의 불건전하고 부적합한

---

37) 이환경, 앞의 책, 94면 참조.

법적 상태를 일소(一掃)하여 합리화시키려는 경우이다. 셋째, 더욱 유리한 신법에 균점(均霑)시키려는 경우이다.

(4) 경과규정(경과법)

법령의 제정・개폐가 있었을 때에 구법시행시의 사항에 대하여는 구법을 적용하고, 신법시행후의 사항에 대하여는 신법을 적용하는 것이 원칙이다. 그러나 어떤 사항이 구법시에 발생하여 신법시까지 계속하여 진행되고 있을 때(예: 소멸시효의 진행중 법률이 개정된 경우)에 그 사항에 그 구법을 적용할 것인가, 아니면 신법을 적용할 것인가가 문제된다. 이 문제를 해결하기 위하여 만든 법을 경과규정[경과법(經過法, transitive law]이라고 한다.[38] 이것은 대체로 본법의 부칙에서 규정하는 것이 보통이나(민법부칙(1990.1.13)제12조, 형법 부칙 제3조), 별도로 시행법 및 시행법령(상법시행법 제4조)에 경과규정을 두는 경우도 있다.[39]

2. 법의 인적 효력

법의 인적효력[40]이란 법이 효력을 미치는 대인적 범위를 말한다. 이는 법이 적용되는 인적 범위의 문제, 즉 법의 효력이 누구에 대하여 미치며, 누구에게 미치지 아니하는가의 문제이다. 이는 사람에 관한 일반법과 특별법의 문제로 갈음하여 생각할 수 있다. 어떤 법은 일반인에게 공통되게 적용되지만, 어떤 법은 특수한 사람들(예: 군인, 교원, 공무원 등)에게만 적용된다. 다만, 이때에 '일반인'이란 말을 두 가지 뜻으로 생각할 수 있다. 하나는 '있는 곳을 불문하고 모든 대한인(한국인)'이라는 뜻이고, 또 하나는 '국적을 불문하고 대한민국 내에 있는 모든 사람'이라는 뜻이다. 전자를 '속인주의(屬人主義)', 후자를 '속지주의(屬地主義)'라고 부른다.[41] 오늘날 국법은 그 국가의 대인고권의 결과로 있는 곳을 불문하고(자국 내에 있거나 외국에 있거나) 자기 나라 국민 전부를 지

38) 경과규정이란 어떤 사항이 신・구 양법에 걸쳐 생겼을 경우, 즉 구법 시행기간에 발생한 사항이 신법이 시행될 때까지 진행되고 있을 경우에 신・구 양법 중 어떤 법을 적용할 것인가를 정하는 규정을 말한다.

39) 초・중등교육법 부칙 〈법률 제15961호, 2018. 12. 18.〉 제1조(시행일) 이 법은 공포 후 6개월이 경과한 날부터 시행한다.

40) 인적 적용범위, 대인적 한계 : 사람에 관한 효력이다.

41) 법의 사람에 대한 법의 적용범위에 관하여 속인주의와 속지주의가 있다.

배하고, 또 영토고권의 결과로 국내에 있는 외국인도 지배하는 것이 원칙이나 법률의 규정에 의하여 여러 가지 예외도 인정된다.

(1) 원칙

우리나라 법률은 대부분이 대한민국 국민을 인적인 효력범위로 삼고 있다. 다만, 외국인이나 대한민국 국민으로서 외국에 일시적으로 나가 있는 사람에 대한 법률의 적용에서 여러 가지 변수가 있을 수 있는데, 이를 정해 놓은 것이 인적 효력에 대한 원칙이다.

1) 속인주의

옛부터 "로마인은 로마법의 지배를 받고, 게르만인은 게르만법의 지배를 받는다"는 말과 같이 어느 국가의 법은 그 국가의 국민에게 적용된다. 속인주의(屬人主義)라 함은 법이 사람을 따라 다니며 지배하는 것으로 국내에 있든 국외에 있든 자기가 속하는 나라의 법의 적용을 받는다는 주의를 말하며, 이는 대인고권(對人高權)의 결과에서 오는 효력이다.

형법 제3조(내국인의 국외범) 본법은 대한민국 영역 외에서 죄를 범한 내국인에게 적용한다. 내국인은 범행 당시에 대한민국 국적을 가진 자를 말하며 북한주민도 내국인에 포함된다(대판 1996.11.22., 96도1221). 죄를 범한이란 대한민국 형법상의 범죄를 범한 것을 의미한다. 따라서 대한민국 영역 외에서 대한민국 형법상의 범죄를 범한 경우에는 비록 행위지의 법에 의하여 범죄를 구성하지 않더라도 대한민국 형법이 적용된다. 이에 대한 판례(대판 2001.9.25., 99도3337)를 보면, 형법 제3조는 "본법은 대한민국 영역 외에서 죄를 범한 내국인에게 적용한다"고 하여 형법의 적용 범위에 관한 속인주의를 규정하고 있는바, 필리핀국에서 카지노의 외국인 출입이 허용되어 있다 하여도, 형법 제3조에 따라 필리핀국에서 도박을 한 피고인(내국인)에게 대한민국 형법이 당연히 적용된다.

선거법에도 속지주의가 아닌 속인주의적 성격을 보이는데, 속지주의를 기준으로 선거법을 집행한다면, 대한민국 안에 있는 모든 외국인에 대해서도 대한민국 영토 안에 있다는 점을 기준으로 하여 투표권 및 선거권을 부여해야 한다. 하지만, 선거(選擧)라는 것이 대한민국 국민들만을 선거권자로 하고 있다는 점에서 속지주의가 아닌 속인주의가 적용된다. 즉, 국내에 있는 외국인은 대한민국 국민이 아니기 때문에 투표권을 가지지 않으며, 대한민국의 영토안에 없고 외국 영토에 있는 재외국민이라 하더라도 부재자 투표권을 가짐으로써 국민으로서의 투표권을 행사할 수 있도록 하고 있다. 2009년에 재외국민의 참정권을 인정하는 법률이 제정됨으로써 외국의 영주권이나 국적을 가진 대한민국 동포에 대해서도 국민으로서의 투표권 및 선거권을 인정하고 있다.

2) 속지주의

국가의 속인주의(대인고권, 對人高權)은 타국의 영토주권(영토고권, 領土高權)과 서로 충돌하기 때문에 타국에 있는 자국민은 타국의 영토주권(영토고권)의 행사로 그 재류국(在留國)의 법이 적용되고 본국법은 적용되기 어렵다. 이것은 자국에 있어서도 동일하다. 자국에 있는 타국민은 속인주의에서 벗어나게 되기 때문에 자국의 영토주권(영토고권)을 적용하여 자국에 있는 타 국민에게도 자국법을 적용한다. 이를 속지주의(屬地主義)라고 한다. 즉 속지주의(屬地主義)는 영역을 기준으로 하여 법의 사람에 대한 적용범위를 결정하는 것으로 그 나라의 통치권이 미치는 영역 내에 있는 사람이며, 누구나 국적을 불문하고 그 나라에 법의 의해 지배되는 것을 말한다[영토고권(領土高權)]. 그러나 타국의 거주자라 하더라도 외교관처럼 치외법권을 가지는 자는 자국법의 적용을 받는 경우가 있다(속지주의 예외-속인주의 적용).[42] 속지주의의 예외에 대하여 구체적인 것은 후술한다.

3) 속인주의와 속지주의 충돌

법의 적용에서 속지주의와 속인주의가 상호 충돌하는 경우가 있다. 즉, 외국에 거주하는 자국인의 경우에는 소재국의 법을 적용하는 속지주의와 자국법을 적용하려는 속인주의가 적용상 저촉될 것이다. 오늘날의 국제사회는 이와 같은 경우에 타국의 영토존중을 근거로 하여 속지주의를 원칙으로 하고, 그것만으로 문제가 해결되지 않는 경우에 한해서 속인주의를 보충적으로 적용하고

---

42) 예를 들면, 몇 년 전에 서울에서 음주단속을 하면서, 중국 대사관 직원에 대하여 음주단속을 실시하여 외교적 문제가 된 적이 있다. 중국 대사관 직원이 차안 운전석에 있는 상태에서 대한민국 경찰이 손을 차안으로 넣어 음주단속을 하였다면, 중국의 영토를 침범한 것이 된다.

있다. 좀 더 구체적으로 보면, 속지주의와 속인주의가 충돌할 경우 어느 원칙에 따라 법을 적용할 것인가 하는 것이 문제된다.[43] 예를 들면, 자국에 존재하는 외국인에 대해서는 속지주의에 따르면 자국법이, 속인주의에 따르면 외국법이 적용되게 되는데 자국법과 외국법 중 어느 국가의 법을 적용할 것인가 하는 문제이다. 현재 국제사회는 법률관계가 공법관계인가 사법관계인가에 따라 그 대체적인 원칙을 달리하고 있다. 우선 공법관계의 경우에는 한 국가의 영토주권을 존중하여 속지주의가 원칙으로 채용되어 있다. 다만, 속지주의에 따라 불편한 사태가 발생하거나 모순이 발생할 경우에는 속인주의를 가지고 보충하고 있다. 일반적으로 그 사람의 참정권 · 청원권 · 병역의무 등에 관해서는 그 사람의 국적에 따라 본국법[44]을 적용하도록 하고 있다. 이에 반해, 사법관계에 대해서는 한 국가의 영토주권과 직접적인 관계가 없고, 각국의 사법의 내용은 천차만별인 것이 보통이라, 특별한 법률을 제정하여 문제를 해결하는 것이 일반적이다. 대한민국의 경우에도 국제사법을 제정하여 각국의 사법이 충돌하여 이른바 법의 저촉이 발생하는 경우에 이에 적용될 국가의 법, 즉 준거법에 관해서 자세한 규정을 두고 있다. 국제사법의 규정에 따르면, 대체적으로 신분과 관련된 사항에 대해서는 속인주의에 따라 당사자의 본국법을 적용하고, 당사자 사이에 거래 등 재산적인 법률행위와 관련된 사항에[45] 대해서는 속지주의에 따라 행위지의 법[46]을 적용하도록 하고 있다.

(2) 속지주의의 예외

속지주의는 원칙적인 것이지만, 절대적인 것이 아니므로 예외가 인정된다. 속지주의에 따르면, 대한민국 영토 내에 있는 모든 사람에 대해 대한민국의 법의 효력이 미쳐야 한다. 그러나 다음과 같은 경우에는 대한민국 영토 내에 있는 사람이라도 대한민국의 법의 적용을 받지 않는다. 속인주의와 속지주의의 원칙에 대하여는 다음과 같은 예외가 있다.

43) 고명식 · 조규성, 법학개론, 동방문화사, 2012, 80면 참조.
44) 속인주의
45) 속지주의의 예외 : 치외법권(자)(지역), 면책특권 = 대통령 특권, 국회의원 특권
46) 속지주의

1) 치외법권을 갖는 자

치외법권(extraterritoriality)이 인정되는 자는 재류국(在留國)[47]의 법의 적용이 아니라, 본국법(本國法)의 적용을 받는 국제법상의 특권을 갖는다. 예를 들면, 한 국가의 원수(국왕 · 대통령), 외교사절 및 그 가족, 수행원, 군함의 승무원 등은 재류국(在留國)의 과세권 · 경찰권 · 재판권 · 형사재판권 등으로부터 면제된다. 이러한 특별한 신분을 갖는 자들은 국가예의상 또는 직무수행의 편의상 재류국의 법에 따르지 아니하고 본국법에 따른다는 것이 국제법상 인정되고 있다.

치외법권자를 국제법상 인정하는 이유를 하나들면, 지금으로부터 100년 전인 1914년 6월 28일 오전 10시 오스트리아 황태자 부부가 보스니아 육군 사열식에 참석하고, 보스니아의 수도 사라예보에 도착했다. 사라예보의 시청으로 향하던 황태자 부부를 러시아를 등에 업은 세르비아의 비밀결사단체 검은 손이 노리고 있었다. 폭탄투척은 황태자 부부의 환영식을 엉망으로 만들었고, 보스니아에서 탈출하려는 황태자 부부를 저격한 검은 손에 따라 황태자 부부는 운명을 달리했다. 사라예보 사건은 이렇게 세계 1차대전의 발생원인이 되었다.[48] 또 대한민국과 협정이 체결되어 있는 외국의 군대에 대해서도 대한민국의 형사재판권을 행사할 수 없다 예를 들면, 대한민국에서의 미국의 지위에 관한 한미주둔군지위협정(SOFA)[49]에서는 공무집행 중의 미군범죄에 대하여는 형법의 적용이 배제된다. 현재 대한민국에서는 주한미군의 재판권에 대하여 논의가 확산되고 있다. 대법원 판례(대판 2006.5.11., 2005도798)에서는 미합중국 군대의 군속 중 '통상적으로 대한민국에 거주하는 자'인 미군 군속은 주한민국지위협정의 대상이 되지 않으므로 한반도의 평시상태에서 미합중국군 당국은 미합중국 군대의 군속에 대하여 형사재판권을 가지지 않아, 미합중국 군대의 군속이 범한 범죄에 대하여 대한민국의 형사재판권과 미합중국 군

---

47) 속지주의

48) 치외법권은 국가간 전쟁방지하기 위한 국제법상 인정한 것이다.

49) 대한민국과 아메리카 합중국의 상호방위조약 제4조에 의한 시설과 구역 및 대한민국에서의 합중국 군대의 지위에 관한 협정(Agreement under Article 4 of the Mutual Defense Treaty between the Republic of Korea and the United States of America, Regarding Facilities and Areas and the Status of United States Armed Forces in the Republic of Korea 1966.7.9 서명, 1967.2.9. 발효)

당국의 형사재판권이 경합하는 문제는 발생할 여지가 없고, 대한민국은 협정 제22조 제1항 (2)에 따라 미합중국 군대의 군속이 대한민국 영역 안에서 저지른 범죄로서 대한민국 법령에 따라 처벌할 수 있는 범죄에 대한 형사재판권을 바로 행사할 수 있는 것이다.

2) 대통령과 국회의원의 특권[50)]

신분적 특성으로 인해 법의 적용이 배제되는 대표적인 경우로서 대통령과 국회의원의 면책특권(免責特權)이 있다. 이는 헌법에서 인정하고 있다. 즉, 대통령은 대한민국헌법 제84조에 따라서 "내란 또는 외환의 죄를 범한 경우를 제외하고는 재직 중 형사상의 소추를 받지 아니한다"라고 하여 대통령의 형사상의 특권을 규정하고 있다. 그러나 대통령직을 그만 둔 뒤에는 재직 등의 범죄행위에 대하여 소추될 것이고, 비록 재직중이라 하더라도 민사상의 책임까지 면제받는 것은 아니다. 이것은 대통령이 임기 중 안심하고 직무를 수행할 수 있도록 위한 것이다.

국회의원은 대한민국헌법 제44조에 따라 현행범인(現行犯人)인 경우를 제외하고는 회기 중 불체포·불구금의 특권이 있고, 헌법 제45조에 따라 "국회에서 직무상 행한 발언과 표결에 관하여 국회 밖에서 책임을 지지 아니 한다"라고 하여 국회의원의 면책특권을 규정하고 있다. 이것은 국회의원이 임기 중 안심하고 직무를 수행할 수 있도록 위한 것이다. 국회의원의 면책특권은 국회의원의 신분을 상실한 이후에도 인정되므로 그 형법적 성격은 인적 처벌조각사유로 파악된다.

3) 특별법에 따른 인적 효력의 제한

법은 모든 국민에게 평등하게 제한없이 적용하여야 하지만, 일정한 범위의 사람에게만 적용되는 경우가 있다. 국가공무법은 국가공무원에게만, 군형법은 군인 및 군무원에게만, 근로기준법(노동법)은 근로자(노동자)에게만 적용되는 것이 그 대표적인 예이다.

---

50) 인적 적용범위의 예외; 국내법상의 적용 예외

3. 법의 장소적 효력

법의 장소적 효력[51]이란 법이 어떠한 지역적 범위에서 적용되느냐 하는 것을 말한다.[52] 이에 따른 입법주의는 속지주의, 속인주의, 기국주의, 보호주의, 세계주의가 있다.

속지주의	법인의 국적 여하를 불문하고 자국의 영토 안에서 발생한 모든 범죄에 대해서는 자국의 형법을 적용한다는 원칙을 말한다.
속인주의	범죄지를 불문하고 자국민의 범죄에 대해서는 자국의 형법을 적용한다는 원칙을 말한다.
기국주의	기국법에 따라 선박이나 항공기에 대한 관할권 결정하는 원칙을 말한다(속지주의 연장)
보호주의	자국 또는 자국민의 법익을 침해하는 범죄에 대해서는 범죄인의 국적이나 내외국인을 불문하고 자국형법을 적용한다는 원칙을 말한다.
세계주의	범죄지나 행위자의 국적 여하를 불문하고 오늘날 문명국가에서 인정되는 공통적인 법익을 침해하는 행위에 대하여 자국형법을 적용한다는 원칙을 말한다. 예: 항공기 납치, 해적행위, 인신매매, 국제테러 등

(1) 속지주의의 원칙

첫째, 법의 장소(곳)에 관한 적용범위는 그 나라의 모든 영역(즉, 영토·영해 및 영공의 전반)에 걸쳐 적용되는 것이 원칙이다. 국가의 통치권은 그 나라의 영역 전반에 미치는 것이므로 통치권에 의하여 제정된 법도 자국인이건 외국인이건 불문하고 그 영역 내에 있는 사람 전체에 일률적으로 적용되는 것이 원칙이다. 이 점에서는 사람에 관한 법의 효력에서 속지주의가 원칙이다. 따라서 법은 자국의 영역 안에서만 적용되고, 그 영역 밖에서는 적용되지 않는다는 것이 원칙이다.

둘째, 대한민국의 영역은 한반도와 그 부속도서를 의미하고 영토, 영해, 영공을 포함한다. 북한도 대한민국의 영역에 속한다는 것이 판례의 입장이고, 대

---

51) 장소적 적용범위, 대공간적 한계; 곳에 관한 효력이다; 법의 장소적 효력은 속지주의 원칙이고, 속지주의가 예외이다(치외법권자, 치외법권지역, 대통령의 면책특권, 국회의원의 면책특권, 자치법규).

52) 법의 장소적 효력이란 법이 실제로 적용되는 지역범위의 문제이다; 전국에 적용되는 법과 한 지역에만 적용되는 법이 있다. 전국에 적용되는 법을 일반법, 어떤 특정한 지역에만 적용되는 법을 특별법이라 한다.

한민국의 영역 내에 있는 외국의 공관에 관해서는 국제협정이나 관행에 따라서 그 외국의 영토로 본다는 것이 판례의 입장이다.

셋째, 형법에서는 실행 행위지 또는 결과 발생지 중 어느 하나가 대한민국의 영역이면 충분하다. 따라서 외국인이 외국에서 외국인에 대하여 범죄를 저질렀어도 그 결과가 대한민국에서 발생하였다면 대한민국 형법이 적용된다. 이에 대한 판례(대판 2000.4.21., 99도3403)를 보면, 외국인이 대한민국 공무원에게 알선한다는 명목으로 금품을 수수하는 행위가 대한민국 영역 내에서 이루어진 이상, 비록 금품수수의 명목이 된 알선행위를 하는 장소가 대한민국 영역 외라도 대한민국 영역 내에서 죄를 범한 것이라고 하여야 할 것이므로, 형법 제2조에 따라서 대한민국의 형벌법규인 구 변호사법 제90조 제1호가 적용되어야 한다. 또한 예비·음모가 처벌되는 범죄는 예비·음모지, 공동정범의 경우는 공모지가 대한민국 영역이면 충분하다. 이에 대한 판례(대판 1998.11.27., 98도2734)를 보면, 미국인이 대한인(한국인) 등과 서울의 모 커피숍에서, 홍콩에서 히로뽕을 밀수입하여 대한민국을 거쳐 괌에서 판매하기로 공모하고 홍콩에서 구입한 후, 대한인(한국인) 등이 김포공항에 도착하여 괌행 비행기로 옮겨 싣기 위해 히로뽕이 든 가방을 지상으로 반출한 후에 수사관들에 따라 압수된 사안에서 형법 제2조를 적용함에 있어서 공모공동정범의 경우 공모지도 범죄지로 보아야 한다.

(2) 속지주의의 예외(속인주의)

법의 장소적 효력의 원칙에 대한 예외를 들면, 다음과 같다.[53] 첫째, 타국의 영역 안에 있는 자국의 대통령·원수(元首)·외교사절·외국공관·외국선박이나 항공기·외국군의 주둔지·조차지·외국에 의한 점령지역 등은 자국법이 적용된다.[54] 그 나라의 법의 적용을 받지 않는 이를 치외법권이라 한다. 둘째, 한 나라의 영토 안의 일부지역에서만 시행되는 법령(예: 지방자치단체의 조례와

53) 국제법상으로 인정되는 예외가 있다.

54) 대한민국의 영토에 외국군의 주둔지, 외교사절, 외국선박, 조차지 등에도 대한민국의 법의 효력이 미치지 않는다; 자국국적의 항공기나 선박이 외국의 영공이나 영해에 있는 경우에도 자국영토의 확장이란 관점에서 자국법을 적용하는데 이를 기국주의(旗國主義)라고 한다.

규칙)[55]은 그 지방자치단체의 지역에 한하여 적용된다.

(3) 속지주의의 연장인 기국주의(旗國主義)

형법 제4조는 "본법은 대한민국 영역 외에 있는 대한민국의 선박 또는 항공기 내에서 죄를 범한 외국인에게 적용한다"하여 기국주의[56]를 속지주의 연장으로 채택하고 있다. 대한민국의 선박 또는 항공기란 대한민국이 선적국(船籍國) 또는 등록지국인 선박 또는 항공기를 말한다. 이러한 선박, 항공기 등은 대한민국 영역 외에 있어야 한다. 기국주의(旗國主義)이라 함은 선박(ship)이나 항공기(airplane)는 국적을 가진 국가의 국기(國旗)를 게양하도록 하고, 그 기국법(旗國法)에 따라 선박이나 항공기에 대한 관할권을 결정하는 원칙을 말한다. 기국주의는 법의 효력에 대한 속지주의의 특수한 경우라고 할 수 있다. 어느 국기를 게양(揭揚)할 자격이 있는 선박은 그 국가의 국적을 가진다.[57] 국제조약이나 협약에 명시적으로 규정된 경우를 제외하고 선박은 한 국가의 국기만을 게양하고 항행(航行)하며, 공해에서는 그 국가의 배타적 관할권에 속한다. 두 국가 이상의 국기를 게양하고 항행(航行)하는 선박은 다른 국가에 대하여 그 어느 국적도 주장할 수 없으며, 무국적선(無國籍船)으로 취급될 수 있다.[58] 모든 국가는 자국기(自國旗)를 게양한 선박에 대하여 자국의 국내법에 따라 관할권을 행사하고 통제한다.[59] 충돌 또는 그 밖의 항행사고에 관한 형사관할권은 그 선박의 기국(旗國)이 가지며, 기국(旗國)이 아닌 국가는 그 선박의 나포나 억류를 명령할 수 없다.[60] 그러나 해적행위, 무허가방송에 종사하는 혐의가 있거나 무국적선박을 공해에서 만난 군함은 임검(臨檢)할 수 있다.[61]

항공기는 등록국의 국적을 보유하고,[62] 두 개 이상의 국가에 등록할 수 없다.[63] 국제항공에 종사하는 모든 항공기는 그 적당한 국적과 그 등록의 표지를

---

55) 특히 장소에 관한 특별법이다.
56) 속지주의의 예외; 노덕선 외, 스포츠법학, 진영사, 2009, 134~135면 참조.
57) 해양법에 관한 국제연합협약 제91조.
58) 해양법에 관한 국제연합협약 제92조.
59) 해양법에 관한 국제연합협약 제94조.
60) 해양법에 관한 국제연합협약 제97조.
61) 해양법에 관한 국제연합협약 제110조.
62) 국제민간항공협약 제17조.
63) 국제민간항공협약 제18조.

게시한다.[64] 항공기의 등록국은 등록된 항공기가 비행 중이거나 공해 수면 상에 있거나 또는 어느 국가의 영토에도 속하지 않는 지역의 표면에 있을 때에 동 항공기 내에서 범하여진 범죄나 행위에 대한 재판관할권을 행사할 권한을 가진다.[65] 등록국이 아닌 국가는 특정한 경우를 제외하고는 기내에서의 범죄에 관한 형사재판관할권의 행사를 위하여 비행 중의 항공기에 간섭하지 못한다.[66]

국제사법(國際私法)은 해상(海商)에 관한 법률,[67] 공해상의 선박충돌,[68] 공해상의 해양사고구조[69] 등에 대하여 선적국법(船籍國法)에 따르도록 하고 있다. 이 경우에 선적국(船籍國)은 기국(旗國)과 일치하므로, 그 범위에서 기국주의(旗國主義)를 인정하는 결과가 된다.

(4) 보호주의 → 속지주의 연장

형법 제5조(외국인의 국외범) "본법은 대한민국 영역 외에 다음에 기재한 죄를 범한 외국에게 적용한다. 1. 내란의 죄, 2. 외환의 죄, 3. 국기에 관한 죄, 4. 통화에 관한 죄, 5. 유가증권, 우표와 인지에 관한 죄, 6. 문서에 관한 죄 중 제225조 내지 제230조(공문서), 7. 인장에 관한 죄 중 제238조(공 인장)." 형법 제6조(대한민국과 대한민국 국민에 대한 국외범) "본법은 대한민국 영역 외에서 대한민국 또는 대한민국 국민에 대하여 전조에 기재한 이외의 죄를 범한 외국인에게 적용한다. 단 행위지의 법률에 따라 범죄를 구성하지 아니하거나 소추 또는 형의 집행을 면제할 경우에는 예외로 한다." 형법 제5조는 국가보호주의를, 제6조는 국가보호주의와 국민보호주의를 함께 규정한 것이다. 형법 제6조 단서에서는 행위지(범죄장소)의 법률을 구성하지 아니하거나 소추 또는 형의 집행을 면제할 경우에는 형법의 적용을 배제하고 있다. 이에 관한 판례(대판 2011.8.25., 2011도6507)를 보면, 캐나다 시민권자인 피고인이 캐나다에서 위조사문서를 행사한 경우 형법 제234조의 위조사무서행사죄는 형법 제5조 제1호부터 제7호까지 열거된 죄에 해당하지 않고, 위조사문서행사를 형법

64) 위국제민간항공협약 제20조.
65) 항공기내에서 범한 범죄 및 그 밖의 행위에 관한 협약 제3조.
66) 항공기내에서 범한 범죄 및 그 밖의 행위에 관한 협약 제4조.
67) 국제사법(國際私法) 제60조.
68) 국제사법(國際私法) 제61조.
69) 국제사법(國際私法) 제62조.

제6조의 대한민국 또는 대한민국 국민의 법익을 직접적으로 침해하는 행위라고 볼 수도 없으므로 피고인의 행위에 대하여는 대한민국에 재판권이 없다.

(5) 속지주의를 적용하는 세계주의

세계주의(世界主義)는 평화로운 국제사회의 공존질서를 침해하려는 범죄 또는 반인도적 범죄 등에 대해서는 범죄주체·장소 등을 묻지 않고 자국형법을 적용한다는 것을 말한다. 형법에서는 세계주의에 관한 일반적인 조항은 존재하지 않으나 형법 제31장(제287조 이하) 약취·유인 및 인신매매의 죄에서 세계주의를 명시하고 있다. 또한 세계주의를 명시하고 있지 않으나 형법 제270조 제3항(외국통용, 외국통화 위조·변조죄)도 세계주의에 관한 규정으로 이해하는 것이 일반적인 입장이다.

제3장 법의 적용과 해석

제1절 법의 적용

Ⅰ. 법의 적용은 어떻게 하는가?

1. 법적용의 의의

법의 적용에 있어서 법규범에 따라 규율 받는 사실이 있으면, 법의 적용을 받는다. 여기서 법의 적용이란 법의 내용 또는 효력을 구체적인 사실에 관하여 실현하는 작용을 말한다. 즉, 개별적인 사실에 대하여 법적 가치판단(구체적인 법률관계를 해석하여, 확정된 법규에 의하여 판단)을 하는 작업이다. 법적용의 가장 전형적인 형태는 재판이지만, 행정에서도 법을 기준으로 하여 판단이 이루어질 때에는 법의 적용이 있는 것이다. 행정면에서의 법의 적용을 보통 법의 집행이라고 한다. 오늘날 법치주의 아래에서는 모든 사회현상이 법적용의 대상이 된다고 할 수 있다.

2. 법의 적용과정

전형적인 법의 적용과정은 사법의 재판과정을 통하여 나타난다. 재판은 추상적인 법규를 대전제로 하고, 구체적인 사실을 소전제로 하여 판결이라는 결론을 이끌어 내는 삼단논법(Syllogism)적인 논리적 형식으로 행하여진다. 법적용의 관계를 보면, ① 먼저, 법이 적용될 구체적인 사건에 대한 내용을 확정하고(事實問題, 사실의 확정), ② 그 확정된 사실에 적용될 법조문을 찾고 해석한다(法律問題, 법의 발견과 해석), ③ 그리고 그 구체적 사실에 대하여 법을 적용한다(법의 적용).

이와 같이 법의 적용은 일반적・추상적인 법규를 대전제로 하고, 구체적 사실을 소전제로 하여 판단을 내리는 것이다. 예를 들면, 고의 또는 과실로 인한 위법행위로 타인에게 손해를 가한 자(者)는 그 손해를 배상할 책임이 있다(민법 제750조)는 규정을 대전제로 하고, A는 과실로 B에게 상해를 입힘으로서 손해를 가하였다면, 그것이 소전제가 되어 결국 A는 B에게 손해를 배상할 책임이 있다고 판단하는 것이 법의 적용이다.

Ⅱ. 사실의 확정과 재판

1. 사실의 확정

법규범을 적용하여 구체적인 법적 판단을 얻기 위해서는 법규범이 적용될 사실을 확정하여야 한다. 대전제인 법규범의 의미가 밝혀져 있더라도 소전제인 사실이 확정되지 못하면, 삼단논법을 통하여 법적 판단을 얻는 것이 불가능하다. 따라서 사실의 확정은 법의 적용에서 필수적인 과정이다.

여기서 사실이란 법적으로 중요한 사실을 말하며, 법규에 규정되어 있는 사실에 해당되는 사실이다. 예를 들면, A가 B를 살해한 경우, A를 형법 제250조의 살인죄로 처벌하기 위해서는 A가 B를 살해하였다는 사실을 확정하면 된다. 물론 여기서 A가 술에 취해 있었다거나, B가 A를 모욕했다거나 하는 사실은 A가 자신의 죄에 대한 판결의 형량을 감하기 위해서 주장할 수 있는 사실이고, 판사는 이러한 주장이 있으면, 이것을 확정하여야 할 것이다. 그러나 A의 나이가 48세라던가, B가 여자였다거나 하는 사실은 사실의 확정에 해당하지 않는다. 따라서 사실의 확정은 법의 적용에서 필수적인 과정이다. 이러한 사실의 확정 방법으로는 증거에 따른 입증이 원칙이다. 그러나 증거 없이도 사실을 확정하는 추정과 간주의 방법도 있다. 사실은 다음과 같은 방법을 통하여 확정되게 된다.

(1) 입증

입증(立證, proof)이란 증거에 따라서 사실을 입증하는 것을 말한다. 어떤 사실의 존재여부는 원칙적으로 증거에 따라 증명되어야 한다. 왜냐하면 사실관계에 관하여 당사자 사이에 다툼이 없거나 누구에게나 명백한 사실일 때에는 그대로 판결의 기초로 사용해도 되지만, 다툼이 있는 경우에는 법관이 그 사실의 존재 여부를 확정하여야 한다. 이때 법관의 사실에 대한 확신이 객관적이고 합리적으로 인정되어야만 재판의 신용이 유지될 수 있기 때문이다.[1)]

증거에는 인적증거로서의 인증과 물적 증거로서의 물증이 있다. 증거는 사실을 확정하는 근거가 될 뿐만 아니라 사실 확정의 객관성을 담보하는 역할을 한다. 특정한 인적 및 물적 자료가 증거로 되기 위해서는 반드시 증거력을 가지고 있어야 한다. 소송에서 사실을 확정하기 위해 증거를 제시해야 할 책임을 입증책임이라고 한다. 입증책임은 어떤 사실을 주장하는 쪽에서 지게 된다. 입증책임을 지는 사람이 입증을 하지 못한 경우에는 소송에서의 패소 등 일정한 불이익을 당하게 된다. 예를 들면, 갑이 사망했다는 사실은 갑의 시체의 발견으로 입증된다. 이 경우 갑의 시체가 증거이다. 소송법상 사실의 인정을 증거에 따라야 하는 주의를 증거재판주의라 한다. 대한민국 형사소송법과 민사소송법은 증거재판주의를 채택하고 있다.

(2) 추정과 간주

사실의 확정에 반드시 증거가 필요한 것은 아니다. 모든 경우에 다 사실을 입증할 수 있는 것도 아니다. 이러한 현실에서 법률은 당사자 어느 일방에게 입증책임을 지우지 않기 위해서 법률로 사실을 인정하는 간주(看做) · 의제(擬制)제도를 두고 있다. 이에는 추정과 간주가 있다.

1) 추정

증거에 따라 확정하지 못한 사실을 일단 그런 것으로 확정하여 법률효과를 발생시키는 것을 '사실의 추정'(presumption)이다. 추정은 어떤 사실이 명백하지 않은 경우에 입증의 번거로움을 덜기 위해, 그 사실의 존재 혹은 부존재를

---

1) 연기영 외, 앞의 책, 124면 참조.

일단 인정하는 것이다.

추정에는 법률의 규정에 따른 추정과 사실의 추정으로 나눌 수 있다. 법률의 규정에 따른 추정은 명문의 규정에 따라 일정한 사실을 추정해 내는 것을 말한다. 예를 들면, "2인 이상이 동일한 위난(危難)으로 사망한 경우에는 동시에 사망한 것으로 추정한다"는 민법 제30조의 규정과 같은 것이다. 이 규정에 따라 동일한 사건으로 2인 이상이 사망한 것이 입증되면, 이 사실에 기초하여 그 2인 이상이 동시에 사망하였다는 사실을 추정해 내는 것이다. 사실의 추정은 법률의 규정이 아닌 경험법칙에 따라 일정한 사실을 추정해 내는 것을 말한다. 즉, 일정한 사실이 존재하면, 이에 따라 입증이 필요한 사실도 존재하게 되는 것이 경험상 보통인 경우에 인정되는 추정방법이다. 예를 들면, 환자가 의사에게 수술을 받았는데, 수술을 받은 복부 속에 수술도구가 남아 있는 경우에는 의사에게 과실이 있는 것이 보통이므로, 복부에 수술도구가 남아 있다는 사실에 따라 의사의 과실을 추정해 내는 것이다.

추정은 법률규정에 일반적으로 '……추정한다'라고 표시된다. 추정은 가정이다. 따라서 반대의 증거(반증)가 제출되면, 법적용이 배제되고 법률효과는 뒤집어 진다. 예를 들면, 민법 제197조 제1항은 '점유자는 소유의 의사로 선의, 평온 및 공연하게 점유한 것으로 추정한다'라고 규정하고 있다.[2] 이 규정에 따라서 점유라고 하는 사실 상태를 일단 정당한 것으로 추정되기 때문에, 점유물에 대한 권리를 둘러싸고 법적 분쟁이 발생한 경우 점유자는 대단히 유리한 입장에 서게 된다.

2) 간주(의제)

사실의 간주(看做, fiction)란, 사실의 확정이 없더라도 법률이 정한 대로의 효력을 당연히 발생하는 것을 말한다. 이를 의제(擬制)라 한다. 간주(의제)는 추정에 비하여 사실을 확정하는 효과가 강력하다. 법의 규정에서 '……으로 본다' 또는 '간주한다'고 표현하고 있다. 간주는 법의 규정에 따라 증거없이 사실을 인정하는 방법으로 반대증거가 제시되어도 즉시 번복되지 않고, 간주된 사

---

2) 예를 들면, A가 특허법이라는 책을 갖고 있으면(점유), 그 위에 행사하는 소유권(所有權)은 우선 적법한 것으로 추정된다. 그러나 이 경우 B가 그 책을 자기의 도난품이라는 것을 입증하여 그 소유권을 주장하면 A의 소유권의 적법성은 박탈된다.

실을 번복하기 위해서는 재판을 거쳐야 한다. 즉, 사실의 진실 여부를 불문하고 법의 규정에 의하여 일정한 사실을 인정하는 것이다. 예를 들면, "실종선고를 받은 자는 실종기간이 만료한 때에 사망한 것으로 본다"고 규정하고 있는 민법 제28조의 규정이나, "태아는 손해배상의 청구권에 관하여는 이미 출생한 것으로 본다"고 규정하고 있는 민법 제762조의 규정이 그것이다.

사실의 간주(의제)는 사실의 추정보다 그 사실 확정의 효력이 강하다. 따라서 사실의 간주(의제)는 사실의 추정과는 달리 반대증거가 존재한다고 하더라도, 간주(의제)의 효력이 즉시 번복되지 않는다. 예를 들면, 실종선고를 받은 자가 실종기간 만료시에 사망한 것으로 간주(의제)하는 민법 제58조의 규정은 실종선고를 받은 자가 현재 살아 있다는 증거가 있다고 하더라도 그 간주(의제)의 효과가 바로 번복(飜覆)되지 않고, 민법 제29조에 따라 실종선고취소청구를 법원에 제기하여 이에 대한 확정판결이 있어야 비로소 간주사실이 깨트려지게(번복) 된다.

2. 재판

사실관계가 명확하게 확정된 후에, 법규를 해석·적용하여 판단을 내리는 것을 재판이라 한다. 재판은 우선, 법관이 지나간 사실에 대한 입증자료(증거)를 검토하여 사실을 확정하고, 여기에 대전제인 법규를 해석·적용하여 결론으로서 판결을 도출해 내는 것이다. 이러한 과정은 민사사건이나 형사사건 모두 마찬가지다. 사실을 확정하기 위한 증거로서 증인(證人), 서증(書證), 검증(檢證), 감정(鑑定), 당사자의 심문(審問) 등 5가지 입증방법으로 하고 있다.

제2절 대한민국의 법적용 원칙

한스 켈젠(Hans Kelsen)의 법단계설의 전통적 의미는 지금도 유효하다. 21세기 법치주의 국가에서 일반적인 사고와 교육현장에서의 학교사고가 발생하였을 경우에는 법률의 규정에 따라 사고를 해결하여야 한다. 이를 해결해 줄 수 있는 법률은 어떠한 것들이 있고, 어떠한 절차에 따라 어떠한 방법으로 적용되는지를 알기 위해서는 먼저 대한민국의 일반적인 법체계를 살펴볼 필요가 있다.

Ⅰ. 법률의 종류

1. 헌법

대한민국헌법은 국가의 기본조직과 국민의 기본적 인권을 보장하고 국가의 근본적인 법적 질서를 정하는 최고의 법이다. 즉, 대한민국헌법은 국가의 근본법으로서 헌법의 기본원리와 국가의 통치조직 및 통치작용의 원리를 정하고 국가에 대한 국민의 자유(국민의기본권) 등을 규정하는 국가의 기본법이다. 대한민국헌법은 다른 법률이나 명령으로 변경할 수 없는 국가의 최고규범이다. 대한민국헌법은 입법·행정·사법에 관한 모든 공권력의 행사가 헌법에 따른 제약을 받는 것은 물론 사법상의 법률관계도 직·간접적으로 헌법의 영향을 받게 된다. 헌법은 모든 국가 국가질서의 바탕이 되고 한 국가사회의 최고의 가치체계이므로 다른 법적 규범이나 가치보다 우선하는 효력을 가진다.

헌법은 관습·판례 등 불문의 형식으로 존재할 수 있고, 성문의 형식으로 존재할 수도 있는데, 영국을 제외하고는 대개의 국가가 성문헌법을 가지고 있다. 성문헌법 중 가장 중요한 것은 '헌법'이라는 이름이 붙은 법전인데, '형식적 의미의 헌법' 또는 '성문헌법'이라고 한다. 대한민국도 성문헌법(대한민국헌법)을 가지고 있다. 1948년 7월 12일에 제정되고, 그 해 7월 17일에 공포되어 지금까지 9차에 걸쳐 개정된 헌법을 가지고 있다. 그 내용은 전문 및 본문(제10장 제130조)과 부칙으로 구성되어 있다.

헌법은 제10장 제128조에서 제130조까지 헌법개정을 위한 규정이다. 즉, 개헌(헌법개정)에 관한 국회재적의원 과반수의 발의·대통령의 발의→20일 이상 대통령이 공고→공고된 날부터 60일 이내에 국회재적위원 2/3이상의 찬성으로 의결 → 의결후 30일 이내에 국회의원선거권자 과반수투표와 투표자과반수의 찬성 → 확정된 개정헌법을 대통령이 즉시 공포한다. 헌법은 한 국가의 최고의 규범으로서 최상위의 규범적 효력을 갖는다. 따라서 법률이나 명령 등 하위의 법규범은 헌법에 위반하는 경우에는 헌법재판소에 의하여 무효로 선언되어 효력을 잃게 된다(헌법 제107조, 제111조).[3] 이러한 위헌법률의 무효화는 헌법을 기초로 형성된 전체 법질서의 유지라는 관점에서 볼 때, 당연하고도 필수적인 것이다.

2. 법률

성문법 중 헌법보다 바로 하위의 효력을 갖는 법이 법률이다. 법률은 국회에서 의결되어 대통령이 서명·공포하여 시행하는 제정법을 말한다.[4] 따라서 헌법에 위반되는 법률은 그 효력이 무효가 된다. 오늘날의 국가에서는 국민의 기본권에 관한 사항과 그 밖의 중요한 사항은 반드시 법률로서 정하게 되어 있다.[5] 이것을 법률사항 또는 입법사항이라고 하고, 대한민국 헌법상 "법률이 정하는 바에 의하여" 또는 "법률에 의하지 아니하고는"이라는 문언으로 규정되어 있다.

헌법 제52조와 제53조에 규정되어 있는 법률제정·개정절차를 보면, 국회의원 10인 이상의 발의로 만들어진 의원입법안·국무회의 심의를 거친 정부입법안 → 국회로 이송 → 국회의장은 제안된 법률안을 본회의에 보고 → 소관 소위원회 → 소관 상임위원회에 회부 → 심사 → 본회의에 회부 → 재적의원 과반수의 출석과 출석의원 과반수의 찬성 → 정부로 이송된 법률안은 15일 이내에 대통령이 서명·공포(특별한 규정이 없는 한 20일이 지나면 효력있음) → 대통령의 법률안거부 → 국회의 재의(再議)(출석의원 2/3 이상의 찬성) → 법률로 확정된다. 그러나 법률이 공포에 의해서 즉시로 법률로서의 효력이 발생하는 것은 아니다. 법률이 현실적으로 효력을 발생하는 것은 그 법률의 시행일부터이다. 따라서 공포는 시행의 전제조건이고, 시행하기 위해서는 적어도 동시에 공포되어야 한다. 법률이 실제로 법률로서의 효력을 발휘하는 시행일은 법률

---

3) 법률이나 명령 등 하위의 법규범은 헌법에 위반하는 내용을 가질 수 없다는 제약을 받는다.
4) 법(law, Recht)과 법률(act, Gesetz)은 이 점에서 구별된다.
5) 법률은 헌법에 위반되어서는 안 되며, 국민의 자유와 권리를 제한하는 것은 법률로 정해야 한다.

스스로 그 법률의 부칙에서 정하는 경우도 있고, 명령에 위임해서 정하는 경우도 있다.

법률 상호간에는 우열의 관계가 없으나, 법률의 내용에 모순이 있는 때에는 신법이 구법에 우선하고, 특별법이 일반법에 우선하여 적용된다. 예를 들면, 민법의 임대차에 관한 규정과 주택임대차보호법의 규정이 다를 때에는 특별법인 주택임대차보호법에 따르게 된다. 법률은 헌법에 비해 보다 구체적으로 국민의 권리와 의무에 관한 사항을 규율하며, 헌법보다 하위에 있으므로 헌법에 위배되면 법률은 무효이다. 그러나 법률은 규칙이나 명령의 기준이 된다.

3. 조약

조약이란 국가 간에 법률상의 권리와 의무를 창설・변경・소멸시키는 2개의 국가 또는 그 이상의 국가간의 약속을 말한다. 조약은 문서에 의한 국가간의 합의이며, 이것이 국민의 권리의무와 관계있는 경우에는 국내법과 같은 효력을 갖는다(대한민국헌법 제6조 제1항). 실제로는 협정, 약정, 협약, 헌장 등 여러 가지 명칭으로 불리어진다. 조약은 국회의 동의와 대통령의 비준 및 공포를 거쳐야 하고, 국내법상 법률과 동일한 효력을 갖는다.

조약체결은 국무회의심의를 거쳐 대통령이 체결・비준하는 것으로 대통령의 전권사항이다. 그러나 상호원조, 안전보장, 중요한 국제조직, 우호통상항해조약, 주권의 제약에 관한 사항, 강화조약, 국가나 국민에게 중대한 재정적 부담을 주는 조약, 입법사항에 관한 조약의 체결・비준에 대해서는 국회의 동의가 있어야 한다(대한민국헌법 제60조 제1항). 국회는 선전포고, 국군의 외국에의 파견 또는 외국군대의 대한민국 영역안에서의 주류에 대한 동의권을 가진다(대한민국헌법 제60조 제1항).

4. 명령(대통령령, 총리령, 부령 → 국회의 위임 → 대통령령 : ~법시행령, 부령 : ~법시행규칙)

성문법 중 명령은 법률보다 바로 하위의 효력을 갖는 법이다. 명령(order)은 국회에서 제정된 법률에 근거하여, 국회의 의결을 거치지 아니하고 행정기관이 정하는 것으로 법률의 하위에 있다.[6] 입법권은 국회에 있는 것이 원칙이지만, 국회는 근본적인 중요한 사항만 법률형식으로 정하고, 실제로 법률을 집행하는데 필요한 세부적인 사항을 각 행정기관으로 하여금 정하도록 하고 있는데 그것이 명령이다(행정입법이라고 한다).

그러므로 명령은 국회의 의결을 거치지 않는 점에서 법률과 다르고, 국가의 법이라는 점에서는 법률과 같다. 그리고 양자의 형식적 효력에서는 명령은 법률의 하위에 위치하므로, 명령에 따라서 법률을 개폐할 수 없다. 따라서 법률에 위배되는 명령은 무효이다. 명령은 법률보다 하위의 법이며, 대통령령은 규범의 효력면에서 총리령과 부령보다 상위에 있다. 다만 대통령의 비상조치에 대한 긴급명령은 법률의 효력을 가진다(헌법 제76조). 총리령과 부령은 동위(同位)의 법으로 보는 것이 일반적인 견해이다.

대한민국헌법 제75조는 대통령은 법률에서 구체적으로 범위를 정하여 위임받은 사항과 법률을 집행하기 위하여 필요한 사항에 관하여 대통령령을 발할 수 있다고 하고, 대한민국헌법 제95조는 국무총리 또는 행정각부의 장은 소관사무에 관하여 법률이나 대통령령의 위임 또는 직권으로 총리령 또는 부령을 발할 수 있다. 명령은 그 명령을 발하는 기관에 따라 '대통령령', '총리령', '부령' 등으로 구별되고, 또 그 성질에 따라 법규명령과 행정명령으로 나누어지고, 그리고 법규명령은 그 내용에 따라서는 다시 위임명령과 집행명령으로 나누어진다. 상위 법률에 따라서 위임된 사항과 그 시행에 관하여 필요한 사항을 규정할 수 있는 위임명령[7]과 이러한 입법권한이 없이 단지 법률을 집행하기 위한 구체적인 세칙을 정하는 집행명령이 있다. 여기서 집행명령은 법률규정 또는 상급관청의 명령규정을 집행하기 위해서 발해지는 명령으로 통상 ~법시행령 또는 ~법시행규칙이라고 불리어지고 있다.

그 밖에도 행정기관이 헌법과 법률에 근거하여 국민의 권리 · 의무에 관한

---

6) 대부분 대통령령은 ~법시행령으로, 부령은 ~법시행규칙으로 규정하고 있다.

7) 위임명령은 대상을 정한 법률의 구체적 세부사항에 관해서 법률 또는 상급관청의 명령의 개별적 위임에 따라서 발해지는 명령이고, 또 법률에 대한 예외규정이나 세부규정을 정하는 경우의 명령이다. 위임명령은 그 성질상 위임된 법률이 정하는 범위를 넘을 수 없다. 따라서 백지위임이나 본질적 부분의 위임은 인정되지 않고, 법률을 시행하기 위한 절차적인 것에 한정되어야 하는 것이다.

사항을 규정한 것으로 대국민적 구속력을 갖는 법률명령과 행정기관내에서만 구속력을 갖는 행정명령(예: 훈령, 예규)이 있다. 즉, 법률이나 명령에 특별한 수권규정 없이 행정기관 내부의 사항을 규율하기 위한 일반적 규범으로서 법규의 성질을 갖지 않는 행정규칙 또는 협의의 행정명령이 있다. 이러한 규칙은 보통 훈령, 일일명령, 지시, 예규, 통첩 등의 형식으로 일반권력관계나 다른 행정조직 내부에는 효력이 미치지 않는다.

5. 규칙 ← 대한민국헌법에서 위임

규칙은 행정부 이외의 헌법기관(국회, 대법원, 헌법재판소, 중앙선거관리위원회)이 자치적인 입법권에 의해 제정하는 법규를 말한다. 규칙이라 함은 그 법적 성질이 명령과 같은 성문법규를 말한다. 독립성을 가지는 특정한 국가기관이 법률이 정하는 사항에 관하여 제정하는 것으로 규칙이라는 명칭이 붙은 성문법규를 말한다.

헌법은 행정부에 명령제정권을 부여한 것에 대응하여, 행정부를 제외한 각종의 헌법기관에 내부규율에 관한 규칙제정권을 부여하고 있는데, 규칙은 헌법기관인 국회, 대법원, 헌법재판소, 중앙선거관리위원회 등은 헌법의 위임을 받아 제정된 것이다. 즉, 국회규칙(대한민국헌법 제64조 제1항), 대법원규칙(대한민국헌법 제108조), 헌법재판소규칙(대한민국헌법 제113조 제2항), 중앙선거관리위원회규칙(대한민국헌법 제114조 제6항), 감사원규칙(대한민국헌법 제97조에서 제100조) 등이 있다.

국회규칙은 입법기관에 의한 입법원칙의 중요한 예외의 하나로서 헌법상 직접 명문을 두고 있는 법원이 하나이다. 국회는 법률에 저촉되지 않은 범위 안에서 의사와 내부규율에 관한 규칙을 제정할 수 있다. 국회규칙은 입법기관인 국회의 자율권에 근거하는 것이므로 법률의 위임없이도 헌법상 당연히 제정할 수 있다.

대법원은 법률에 저촉되지 않는 범위 안에서 소송에 관한 절차, 법원의 내부규율과 사무처리에 관한 규칙, 변호사에 관한 사항을 제정할 수 있다. 대법원규칙에는 민사소송규칙, 민사집행규칙, 형사소송규칙, 민사소송 등 인지규칙,

가사소송규칙, 민사 및 가사소송의 사물규칙 등을 제정할 수 있다.

한편, 중앙선거관리위원회규칙은 그 내용이 두 가지 부분으로 나눌 수 있다. 즉, 중앙선거관리위원회의 내부규율에 관한 규칙과 선거관리·국민투표관리·정당사무에 관한 규칙으로 나눌 수가 있다. 중앙선거관리위원회의 내부규율에 관한 규칙은 법률에만 저촉하지 않으면 되기 때문에 행정부에서 발령하는 명령과 동등한 효력을 가지는 것이다. 그러나, 선거관리·국민투표관리·정당사무에 관한 규칙은 법률과 명령의 범위 안에서만 제정할 수 있도록 하고 있음으로 인해, 행정부에서 발령하는 명령보다 하위의 효력을 갖는 것으로 이해되어 있다(대한민국헌법 제114조 제6항).

6. 조례와 규칙

지방자치단체가 법령의 범위 안에서 그 권한에 속하는 사무에 관하여 지방의회가 정하는 규범이 조례이며, 지방자치단체의 장이 정하는 규범이 규칙이다. 지방자치법 제22조는 지방자치단체는 법령의 범위 안에서 그 사무에 관하여 조례를 정할 수 있다. 또한 지방자치법 제23조는 지방자치단체의 장은 법령이나 조례가 위임한 범위에서 그 권한에 속하는 사무에 관하여 규칙을 제정할 수 있다.

지방자치단체는 법률에 의하여 인정된 자치권에 따라 지방자치단체의 조직, 사무, 주민의 권리의무에 관한 법규를 제정할 수 있다. 현재, 대한민국에 있어서 지방자치단체는 광역자치단체(특별시·광역시·도)와 기초자치단체(특별자치도·시·군·구)가 있고, 각각의 지역특성에 따른 자치법규인 조례와 규칙이 있다. 자치법규는 법률과 명령·규칙보다 하위의 효력을 가지며, 조례와 규칙의 관계는 상하의 관계에 있다. 예를 들면, 부산광역시 가로수 조성 및 관리 조례 부산광역시조례와 부산광역시 가로수 조성 및 관리 조례 시행규칙 등을 들 수 있다.

Ⅱ. 법률 적용의 원칙

법률의 적용의 순위에는 상위법 우선의 원칙, 신법 우선의 원칙, 특별법 우선의 원칙 등이 있다.

1. 상위법 우선의 원칙

상위법 및 하위법 체계에 따른 법의 적용과 해석 및 재판을 보면, 헌법은 국가의 기본법으로서 다른 법들의 상위법이다. 따라서 헌법의 규정을 위반한 하위법률은 위헌법률이 되며, 그 효력이 상실된다. 이를 "상위법 우선의 원칙"이라고 한다.[8)] 법의 적용 및 해석에서 해당규정이 상위법에 근거하는가, 상위법의 위임을 받은 것인가, 상위법의 허용범위 내에 있는 것인가를 판단해야 한다. 따라서 상위등급의 법률에 저촉되는 하위 법률은 원칙적으로 무효가 되며, 상위 법률에 근거한 내용을 기준으로 하여 하위 법률이 직접적인 효력을 가진다고 볼 수 있다.

먼저 상위법 개념을 살펴보면 대한민국헌법이 최우선이고, 그다음은 국회에서 제정한 법률이며, 그다음은 대통령령, 총리령, 부령인 명령이며, 지방의회에서 제정한 조례 그리고 지방자치단체가 정한 규칙이 그 뒤를 잇는다.

2. 신법 우선의 원칙

앞에서 신법과 구법의 분류에서 설명하였으므로 여기서는 간단하게 설명하고자 한다. 신법 우선의 원칙은 같은 문제에 대하여 구법과 신법이 서로 어긋나는 경우에 신법을 우선적으로 적용한다는 원칙이다.

형법에서는 죄형법정주의가 적용되기 때문에 법률불소급원칙이 절대적이다. 왜냐하면, 형법은 개인의 생명・자유・재산을 박탈하는 형벌을 부과하는 법으로서 형법의 소급효를 인정하게 되면, 개인에게 예측하지 못했던 치명적인 피해를 줄 수 있기 때문이다. "범죄의 성립과 처벌은 행위시 법률에 따른다"라고 규정하고 있는 형법 제1조 제1항과 "모든 국민은 행위시의 법률에 따라 범죄를 구성하지 아니하는 행위로 소추되지 아니하며……"라고 규정하고 있는 헌법 제13조 제1항은 모두 죄형법정주의와 형벌불소급의 원칙을 명문화한 것이다.

---

8) 상위법이 하위법에 우선하고 하위법은 상위법의 내용을 벗어나지 않은 한도 내에서 유효하다는 원칙이다.

3. 특별법 우선의 원칙

특별법이란 특정한 생활영역, 특정한 사람이나 장소에 관해서만 특별히 적용되는 법을 의미하며, 이러한 제한이 없이 일반적으로 적용되는 법을 일반법이라고 한다. 특별법 우선의 원칙이란 일반법과 특별법이 있으면 그 특별법이 우선 적용되고, 특별법이 없는 경우에 한하여 일반법이 적용된다는 원칙을 말한다. 예를 들면, 교통사고(대인사고)의 경우 교통사고처리 특례법에 위반된 행위가 있었다면 일반법인 형법에 우선하여 특별법인 교통사고처리 특례법이 적용된다.

제3절 법의 해석

Ⅰ. 법해석의 의의

법의 해석이란 추상적인 법규정의 의미나 내용을 구체적으로 밝히는 일을 말한다. 법이 아무리 간단하고 명료하게 되어 있다고 하더라도 본질적으로 법은 추상적일 수밖에 없으므로, 법을 적용하려면 그 전제가 되는 법규의 의미・내용을 확정하는 것이 필요하며, 법규가 제정된 목적을 탐구하고, 나아가서 법규가 어떠한 사회적 기반에서 발생하였는가 등을 고려하여 법규의 의미・내용을 명확히 하여야 한다.[9] 환언하면 법의 해석은 법이 지닌 객관적인 의미를 탐구하는 일이다. 예를 들면, 형법 제250조에 "사람을 살해한 자는 사형, 무기 또는 5년 이상의 징역에 처한다"고 규정되어 있는 바, 여기서, 사람이란 무엇을 뜻하는가, 살해한다는 것은 무엇인가를 확정해야 하는 것이다. 특히, 출생과정

9) 법해석의 대상은 법이다. 해석의 대상이 되는 법은 주로 성문법이지만, 불문법도 해석의 대상이 되는 경우가 있다. 그러나 해석이 특히 문제가 되는 것은 주로 성문법에 관해서이다. 성문법은 원칙적으로 추상적, 일반적인 언어와 문장으로 표현되어 있는 것이므로 그것을 구체적, 개별적인 사실에 적용하기 위해서는 우선 그 의미 내용을 명백하지 않으면 안 된다. 그리고 성문법은 국제법이든 국내법이든 불문하고, 국내법은 헌법, 법률, 명령, 규칙을 불문한다.

에 있는 생명체는 언제부터 사람인가를 명백히 할 필요가 있다. 그렇지 않으면 태아를 살해하는 낙태죄의 구분이 어려울 것이다.

Ⅱ. 법해석의 방법

국가기관이나 법학자가 특정한 법규정을 해석할 때, 사용하는 방법은 매우 다양하다. 현실적으로 법을 해석하는 사람은 법규정의 의미내용을 밝혀내는데 필요한 모든 방법을 동원하게 된다. 법규정을 해석하는데, 객관성이 있어야 한다. 자의적으로 해석하는 것은 공정성을 해하기 쉽다. 그래서 법해석(법률해석)의 기준은 다음과 같다.

법의 해석방법에 구속력이 있느냐, 없느냐에 따라 이 법해석의 방법에는 크게 유권해석과 학리해석(=학설)으로 나누고, 유권해석은 입법해석, 사법해석, 행정해석으로 구분하며, 학리해석은 문리해석, 논리해석(축소해석, 확장해석, 반대해석, 유추해석) 등으로 구분한다.

1. 유권해석(有權解釋)

이는 공권해석(公權解釋)인데, 국가의 기관에 따라 법규의 의미나 내용을 확정하는 것이다. 유권해석은 해석의 권한을 갖는 국가기관이 하는 해석이라는 점에서 학자들이 학문적인 관점에서 하는 학리해석과 구별된다. 유권해석은 학리해석과는 달리 법적 구속력을 갖는 해석이다.

유권해석에는 해석의 권한을 갖는 국가기관에 따라 입법해석, 행정해석, 사법해석으로 구분된다.[10)]

(1) 입법해석(立法解釋)

이는 입법기관인 국회가 법률로써 법을 하는 해석하는 방법이다. 국회는 입법을 담당하는 기관으로서 법의 해석을 전문으로 하는 기관은 아니지만, 입법과 관련하여 해석을 하는 경우가 있다, 이것을 입법해석이라고 한다. 입법해석은 국회가 법률규정을 통하여 특정한 개념이나 용어의 의미를 정하는 방식으

10) 정승재, 법학통론, 형설출판사, 2006, 88~91면 참조.

로 이루어진다. 예를 들면, 민법 제98조에서 "본법에서 물건이라 함은 유체물 및 전기 그밖에 관리할 수 있는 자연력을 말한다"는 것이다. 초·중등교육법 제3조 제1호에서 "국립학교: 국가가 설립·경영하는 학교 또는 국립대학법인이 부설하여 경영하는 학교"라고 규정하고 있다.

초·중등교육법 제3조(국립·공립·사립 학교의 구분) 제2조 각 호의 학교(이하 "학교"라 한다)는 설립주체에 따라 다음 각 호와 같이 구분한다. 〈개정 2013. 12. 30.〉
1. **국립학교**: 국가가 설립·경영하는 학교 또는 국립대학법인이 부설하여 경영하는 학교
2. **공립학교**: 지방자치단체가 설립·경영하는 학교(설립주체에 따라 시립학교·도립학교로 구분할 수 있다)
3. **사립학교**: 법인이나 개인이 설립·경영하는 학교(국립대학법인이 부설하여 경영하는 학교는 제외한다)

이와 같이 입법해석은 그 자신이 법 자체이므로 본래적 의미의 법해석은 아니므로, 다른 해석과는 달리 절대적인 구속력을 가진다. 입법해석은 일반적으로 국회가 특정한 용어를 정의하는 방식을 취하기 때문에 입법해석을 담고 있는 규정을 일반적으로 정의규정 혹은 해석규정이라고 한다. 입법해석은 그 자체가 하나의 법규정으로 나타나기 때문에 이 해석규정에 대하여 달리 학리해석이나 행정해석 혹은 사법해석이 행해지게 되며, 입법해석은 행정해석이나 사법해석의 범위를 확정하고 제한한다는 점에서 중요한 의미를 갖는다.[11]

(2) 행정해석(行政解釋)

행정해석(行政解釋, administrative interpretation)이라 함은 행정기관이 법의 집행을 위하여 하는 해석을 말한다. 행정기관이 법을 집행하기 위해서는 먼저 집행할 법에 대한 해석이 선행되어야 한다. 행정기관이 스스로 집행할 법에 대하여 하는 해석을 행정해석이라고 한다. 행정해석은 법의 집행을 직접 담당하는 하급행정기관(혹은 행정공무원)이 할 수도 있지만,[12] 일반적으로 행정기관의 해석의 통일성을 기하기 위해 상급행정기관이 하급행정기관에 대하여 예규(例規, 업무집)·회답·훈령·지시·통첩·고시 등의 형식으로 행정해석이 이루어지는 경우가 많다. 어느 것이나 행정상의 유권해석으로서 일단의 구속력

11) 한상수, 앞의 책, 335~336면 참조.
12) 행정기관이 스스로의 판단에 의하여 법을 해석·집행하는 경우도 있다.

이 인정된다. 또한 행정해석이 행정처분(행정행위)의 형식으로 행하여질 때는 그 행정처분이 취소되지 않는 한 일반국민을 구속하므로, 행정해석도 일종의 유권해석으로 볼 것이다.

그러나 행정해석이 그릇되었을 경우에는 당해 관청에 이의신청을 하여야 하고, 소원을 통한 상급관청의 해석에 따르거나(임의적 행정심판), 행정소송을 통한 법원의 사법해석에 따라 바로 잡을 수 있다. 행정해석은 최종적인 것이 아니기 때문에 이처럼 행정해석은 사법해석보다 하위에 있다고 볼 수 있다.

(3) 사법해석(司法解釋)

사법해석(judicial interpretation)이라 함은 법에 대한 최종적인 유권해석을 담당하는 국가기관인 법원(法院)이 하는 해석을 말한다. 즉, 법관이 법을 적용함에 행하는 법해석의 방법이다. 즉, 판결의 형식이다.[13] 예를 들면, 형법의 유기죄와 관련하여 "보호를 필요로 하는 자를 적극적으로 내다 버리는 것뿐만 아니라, 소극적으로 방치하는 것도 형법 제271조의 '유기(遺棄)에 해당된다"는 대법원의 판결도 사법해석의 일종이다.

사법해석은 재판의 형식으로 나타나므로 '재판해석'이라고도 한다. 이 해석은 소송당사자를 구속함은 물론, 그것이 거듭되어 판례(判例)로서 굳어지면 매우 강력한 사실상의 구속력을 가지게 된다. 사법해석은 최종적인 유권해석이다. 입법해석은 사법해석의 범위를 확정한다는 의미에서 사법해석에 대하여 일정한 구속력을 가진다. 하지만, 입법해석 역시 법규정의 형식으로 나타나기 때문에 이에 관한 법적 분쟁이 발생했을 때 이에 대한 최종적인 해석권은 법원이 갖게 된다. 행정해석의 경우, 일차적인 해석권은 법의 집행을 담당하는 행정기관이지만, 이에 관한 법적 분쟁이 발생할 경우에 최종적인 해석권은 갖는 국가기관은 역시 법원이다. 이러한 의미에서 법원의 해석은 최종적인 유권해석이라고 할 수 있다.[14]

---

13) 구체적인 법적 분쟁이 발생하여 당사자에 의해 소송이 제기된 경우에 법원은 재판절차를 통하여 이에 대한 판결을 내리게 된다. 법원의 판결은 구체적인 사건에 법을 적용하는 방식으로 이루어지게 된다. 따라서 법원은 적용할 법에 대한 해석을 하게 된다. 이것이 사법해석이다.

14) 한상수, 앞의 책, 337면.

영미법계 국가(판례법주의가 채택한 국가)에서의 사법해석(즉, 법원의 판결)은 선례구속성의 원칙에 따라 장래의 다른 사건을 구속하는 효력을 갖기 때문에 절대적 구속력을 가진다. 당해 사건에 대한 구속을 갖는 성문법주의 국가(대륙법계 국가)의 사법해석[15]에 비해 훨씬 더 중요한 의미를 갖는다. 우리나라 법원조직법 제8조 "대법원의 심판에서 판정한 법령의 해석은 당해 사건에 관하여 하급심을 기속한다." 이러한 한도 내에서 사법적 해석을 인정하고 있다. 사법해석은 최종적인 법적 구속력이 있다. 따라서 이런 의미에서 유권해석으로 보는 것이 옳을 것이다.[16] 만약 상급심인 대법원에서 특정 형사사건에 대해서 무죄를 선고하였다면, 그 하급심인 고등법원이나 지방법원의 유죄판결은 무효가 되도록 하고 있다.

2. 학리해석(學理解釋)

이는 학리적(학술적) 사고에 따른 해석이다. 즉, 재판을 예측해서 또는 재판을 지도하려는 의도 아래에서 학문적으로 행하여지는 해석이다. 법을 적용할 권한을 가진 국가 또는 공공단체의 기관이 아닌 개인이 법을 해석하는 경우가 있다. 특히 법학자들에 따라 학설(學說)의 형식으로 나타난다. 그래서 이것을 학리해석[(學理解釋)=학설(學說)]이라고 한다. 이 해석은 국가권력에 따른 뒷받침이 없으므로 그 자체로서는 법적 구속력이 없다.[17] 그러나 권력에 따라서 좌우되지 않고, 순수한 학문적 입장에서 하는 해석이므로 일반 여론에 대한 설득력이 강하며, 유권해석에 미치는 영향도 무시할 수 없다. 보통 법의 해석이라고 함은 학리해석이다. 우리가 중심적으로 연구하는 것이 바로 학리해석이다.

(1) 문리해석(文理解釋)

문리해석(文理解釋)이란 법문의 문자와 문장을 국어적·문법적으로 해석하는 것을 말한다.[18] 성문법은 문자와 문장으로 표시되므로 문리해석은 가장

---

15) 상대적 구속을 가진다.
16) 이러한 한도내에서 사법적 해석을 인정하고 있다.
17) 다만, 유권해석을 하는데 참고자료로서 역할을 한다. 학설에는 다수설, 소수설이 있고, 통설은 판례가 다수설을 인용하는 것을 말한다.
18) 이는 법규범의 문자가 가지는 意味에 충실하여 해석을 하는 것이다.

중요한 해석방법이다. 법해석의 제1단계적 해석이다. 예를 들면, 살인죄의 구성요건 중 '사람'의 의미를 국어적으로 해석할 때 사법(私法)상 완전히 출생한 생명체만을 사람으로 보는 해석은 문리해석이다.[19] 또한 소유와 점유 또는 질권과 저당권 등 법률혼동, 신의성실, 선량한 풍속 그 밖의 사회질서와 같은 고도의 추상적인 문언은 해석하기 어렵다. 그러나 문리해석만으로 사회의 현실에 맞는 구체적 타당성을 갖는 올바른 해석을 기대하기 곤란한 경우가 발생할 수 있다. 즉, 문자에만 얽매여 입법목적을 도외시한다면, 법해석 의미를 가질 수 없을 것이다. 문리해석은 논리해석의 절차적 방법으로서만 의의가 있다.

(2) 유추해석(類推解釋)

유추해석(類推解釋)이란 어떤 사항에 관해 규정이 없는 경우에, 이와 가장 비슷한 사항에 관한 규정을 적용할 수 있도록 하는 해석을 말한다.[20] 즉, 유사한 A・B 두 개의 사실 중 A에 관해서만 규정이 있고, B에 관해서는 규정이 없는 경우, B에 대해서도 될 수 있는 한 A에 근사한 결과를 인정하는 것이 유추해석이다. 예를 들면 '말을 매지 마시오'라는 법은 있는데, 소를 매어도 되는지에 관해서는 법이 없다고 치자. 그러면 소는 매어도 되는가? 소와 말은 가축이고, 그 성질이 비슷하여 사람들은 주로 그 축력을 이용하며, 덩치도 비슷하며 배설의 습성도 비슷하다는 등의 이유로 말에 관한 법을 소의 경우에도 적용할 수 있고, 따라서 소도 매어도 안 된다고 해석하다면 이러한 해석을 유추해석이라고 한다.

유추해석은 확장해석과 반대해석 등과 혼동될 수 있다. 그러나 유추해석과 확장해석의 차이는 확장해석은 규정이 있는 경우 그 규정에 의미를 확대하여야 하는 해석인 데 반하여, 유추해석은 규정이 없는 경우에 그 규정의 의미를 그 규정 이외의 사항에 적용하는 해석을 말한다. 유추해석은 반대해석과도 구

---

19) 형사법상은 사람은 진통한 때부터라고 규정하고 있다.

20) 이는 유사한 두 개의 사실 중 하나의 사실에 관하여만 규정하고 있는 경우에, 다른 사실에 관해서도 이와 같은 효과를 인정하는 해석방법이다; .법령에 규정없는 사항에 관하여 그와 유사한 성질의 사항에 관한 규정을 적용함을 말한다.

별된다. 반대해석은 규정되지 않은 사항은 규정된 사항과 반대되는 효과를 인정하는 해석이므로, 그 법규정에 근거를 두고서 해석하는 방법인 데 반하여, 유추해석은 문제된 사항에 관하여 법규정이 전혀 존재하지 않을 때에 이와 유사한 사항에 관한 다른 규정의 효과를 인정하는 해석이므로 양자는 서로 다르다. 또한 유추(analogie)해석은 준용(準用:anwendung)과 구별된다[21]. 준용(準用)이란 입법의 편의상 규정의 중복·번잡을 피하려는 기술적 필요에서 행하는 방법으로, 실질적으로 각 경우에 관하여 하나하나 따로 규정되어 있는 경우와 같은 것이다. 예를 들면, "민법 제154조(기한부권리와 준용규정) 제148조(조건부권리의 침해금지)와 제149조(조건부권리의 처분 등)의 규정은 기한있는 법률행위에 준용한다"고 규정하고 있는 것은 준용의 한 예이다. 준용이라는 것은 비슷한 사항에 관하여 법규를 제정할 때에 법률을 간결하게 할 목적으로 다른 유사한 법규를 유추 적용할 것을 명문으로 규정한 것이다. 따라서 전혀 명문의 법규가 없을 때에 다른 법규를 유추하는 것과는 근본적으로 다르다.

유추해석은 이와 같이 법규정이 없을 경우 유용한 해석방법이지만, 형법규정의 해석에 있어서는 죄형법정주의의 원칙상 유추해석이 금지되는 것이 원칙이다. 만약 유추해석을 허용한다면 형법에 명시되어 있지 아니한 행위가 처벌되어 개인의 지위가 위태롭게 되기 때문이다.

Ⅲ. 헌법합치적 법률해석

헌법합치적 법률해석(또는 합헌적 법률해석)의 원리란 법률이 위헌(違憲)으로 해석될 가능성과 합헌으로 해석될 가능성을 동시에 가지고 있을 때에는 반드시 합헌으로 해석하여야 한다는 해석원리를 말한다.[22] 즉, 헌법합치적 법률해석의 원리란 특정한 법률이나 법률규정이 해석방법이나 해석관점에 따라 합헌(合憲)으로 해석될 가능성과 위헌으로 해석될 가능성을 동시에 가지고 있을 경우에는 법체계의 통일성과 지속성을 확보하기 위해 반드시 합헌으로 해석하여야 한다는 것이다.[23] 이 해석원리는 헌법의 해석방향을 규정하는 원리가 아니

21) 준용은 입법기술상의 방법인데 비하여, 유추는 법해석상의 방법이다.
22) 정종섭, 헌법학원론, 박영사, 2007, 76면.

라, 일정한 헌법해석을 전제로 하여 특정한 법률을 그러한 헌법해석에 합치하도록 해석할 것을 요구하는 원리이다. 따라서 이 해석원리는 헌법해석에 관한 원리가 아니라 법률해석에 관한 원리이다.

미국 연방대법원의 판례를 통해 확립된 헌법합치적 법률해석의 원리는 대한민국의 헌법재판소와 대법원도 수용하고 있다. 헌법합치적 법률해석의 원리는 법체계가 헌법을 정점으로 통일성을 유지해야 한다는 요청, 민주적 정당성을 갖는 국회의 입법권을 존중해야 할 필요성, 그리고 법률의 지속성을 확보해야 한다는 법적 안정성의 요청에 그 근거를 두고 있다. 헌법합치적 법률해석은 법원을 구속한다. 따라서 법원은 재판의 전제가 된 특정한 법률이 합헌과 위헌 양면으로 해석될 가능성이 있을 때에는 합헌으로 해석하여 재판을 하여야 한다.

또 헌법재판소는 양면적 해석가능성이 있는 법률에 대해서는 헌법합치적 법률해석의 원리에 따라 한정위헌결정, 한정합헌결정, 헌법불합치결정, 입법촉구결정 등을 하여야 한다.[24] 헌법합치적 법률해석은 상위법과 하위법 사이의 규범조화적 해석에 속한다고 볼 수 있다. 규범조화적 해석이란 범규범이 서로 충돌하는 것처럼 보이는 경우에도 가능하면 이를 조화적으로 해석하여 범규범의 체계성과 정합성을 확보해야 한다는 원리를 말한다. 또 규범조화적 해석의 원리는 상이한 법률사이에 충돌이 발생하는 경우에도 적용할 수 있다. 상위법과 하위법 사이에, 일반법과 특별법 사이에, 실체법과 절차법 사이에 충돌이 발생할 경우에, 규범충돌의 일반원칙에 따라 어느 한쪽이 무효가 되지 않는 이상, 이들을 조화적으로 해석할 필요가 있다.

헌법합치적 법률해석의 원리는 다음과 같은 한계를 갖는다.[25] 첫째, 헌법합치적 법률해석은 법률 문언의 의미를 완전히 변질시키지 않는 범위 내에서만 가능하다. 둘째, 헌법합치적 법률해석이 원래의 입법취지나 목적을 완전히 훼손시키는 것이 되어서는 안 된다. 셋째, 헌법합치적 법률해석이 헌법규범의 의미를 지나치게 확대해석함으로써 헌법규범이 허용하는 한계를 넘어서는 안 된

---

23) 한상수, 앞의 책, 349~350면 참조.
24) 정종섭, 헌법학원론, 박영사, 2007, 77면.
25) 권영성, 헌법학원론, 법문사, 2006, 28면.

다. 이렇게 되면 헌법합치적 법률해석이 아니라 법률합치적 헌법해석이 되어 버린다.

Ⅳ. 법해석의 이상

법의 해석이 어려운 것은 해석을 통하여 구체적 사건에 타당한 결과를 가져와야 하기 때문이다. 따라서 법을 해석하는데 있어서 무엇보다도 요구되는 것이 구체적 타당성이 있는 해석을 하는 것이다. 본래 법은 그 가치가 다른 사회현상을 일률적으로 포괄해서 규정하고 있다. 그렇기 때문에 추상적이고 획일적으로 되어 있다.[26] 그래서 법을 해석하는데 구체적 사건에 타당하도록 고려해야 하지만, 이것이 지나치면 법의 일반적 확실성을 해치는 결과가 된다. 따라서 구체적 타당성도 살리고 법적 안정성도 기할 수 있는 해석이 필요하다. 그러나 이 두 가지는 상호 조화하기 어렵다. 이것이 서로 상치될 경우에는 법적 안정성에 기초를 두어야 할 것이다. 그 이유는 법은 사회를 규율하기 위한 것이며, 이를 위하여 형식적 획일성을 갖고 있기 때문이다.

26) 어인의, 앞의 책, 20~21면 참조.

제4장 법률관계의 권리·의무

제1절 법률관계

Ⅰ. 법률관계의 의의

법률관계(Juridical relation)란,[1] 법률에 의하여 규율되는 사회생활관계를 말한다. 따라서 종교규범이나 도덕규범에 의해 규율되는 생활관계와 구별된다. 예를 들면, A와 B가 아파트 매매계약(민법 563조)을 맺게 되면, 민법 제568조 제1항[2]에 따라, 매도인 A는 매수인 B에게 대금을 청구할 권리(대금지급청구권)을 갖게 되고, 매수인 B는 소유권을 취득할 수 있는 지위가 법에 따라서 주어진다. 한편, 매도인 A는 아파트를 인도할 의무를 지고, 매수인 B는 대금을 지급할 의무를 부담하게 된다. 이와 같이 A · B간의 관계를 권리 · 의무의 법률관계라고 한다.[3] 그러나 친구와 공원에서 만나기로 한 약속이나, 애인 사이의 데이트 약속은 법률관계가 아니라, 생활관계이다.[4]

법률관계는 크게 두 가지로 나누어지는데, 그 하나는 국가와 지방자치단체와 국민 사이의 관계인 '공법상의 법률관계'이고, 다른 하나는 개인 상호간의 관계인 '사법상(私法上)의 법률관계'이다. 또한 사법관계는 다시 재산권을 기초로 하

1) 법률관계 = 법률행위
2) 민법 제568조 제1항 매도인은 매수인에게 대하여 매매의 목적이 된 권리를 이전하여야 하며, 매수인은 매도인에게 그 대금을 지급하여야 한다.
3) 돈을 빌리거나 주택을 임대하는 관계는 법률관계이다.
4) 친구와 등산하여 정상에서 만나기로 한 약속은 법률관계가 아니다.

는 재산법관계와 가족이나 친족과 같은 신분법적 측면을 기초로 하는 가족법관계로 나눌 수 있다. 나아가 재산법관계는 다시 물권법관계와 채권법관계로 나누는 것이 보통이다. 물권법관계는 사람과 물건과의 관계를 규율하기 위한 것이고, 채권법관계는 사람과 사람 사이의 재산적 관계를 문제로 삼는 것이다.

우리의 생활관계 중 매매계약 등과 같이 법률의 규정(민법 제568조 제1항)에 따라 규율되는 생활관계를 법률관계라 하며, 이는 주로 권리 · 의무관계로 나타난다. 권리라고 하는 것은 국가권력에 따라 보호되는 생활이익을 향유하는 힘을 가리키는 것이고, 의무라고 하는 것은 권리에 대응하여 권리자에게 일정한 행위를 해 주어야 할 법률상의 구속을 가리킨다. 이런 의미에서 법률관계는 다시 법에 의해 보호되는 권리자와 법에 의해 구속되는 의무자 사이의 관계로 나타난다. 권리와 의무는 동전(銅錢)의 양면(兩面)처럼 법률관계의 양면을 구성하는 것으로서 권리가 있는 곳에 이에 대응하여 의무가 존재하는 것이 원칙이다.

Ⅱ. 권리 · 의무관계의 발전

이와 같이 법률관계는 권리와 의무로 이루어져 있으므로, 법과 권리는 밀접한 관계에 있다. 권리 · 의무관계 중 어느 것이 주된 관계인가는 시대의 발전에 따라 변천되어 왔다.[5] 상하의 신분적인 지배 · 복종의 체제였던 중세 봉건사회의 법률관계는 의무본위로 구성되어 있었다. 따라서 법률구조의 형식도 공법(公法)위주로 나타났다. 그러나 근대사회에 와서는 자연법사상이 대두되면서 상하의 신분적 지배관계는 타파되고, 모든 사람은 평등적 권리자로 인정되었다. 그에 따라서 법률관계도 권리본위로 형성되게 되었다. 의무는 권리에 따르는 반사적 효과에 불과한 것으로 인정되었다. 따라서 법률구조의 형식도 사법(私法)위주로 변화되었다.

그리고 현대의 산업사회에 와서 근대의 개인주의와 자유주의 사상에 입각한 권리본위의 법구조에 의한 빈부의 편중 등 각종 폐단을 시정하고자 권리에 따르는 의무가 다시 강조되기에 이르렀다. 따라서 법률관계는 역사적으로 보면,

5) 연기영 외, 앞의 책, 136~137면 참조.

중세는 의무본위의 시대, 근대는 권리본위의 시대이었으나, 현대는 권리 · 의무본위, 즉, 권리 · 의무 조화의 시대라고 할 수 있다. 특히 독일의 바이마르헌법은 "소유권은 의무를 부담한다. 그 행사는 공공의 이익에 반할 수 없다"고 규정하였고, 대한민국 헌법에서도 "재산권의 행사는 공공복리에 적합하도록 하여야 한다"고 규정하여 권리는 동시에 의무를 수반하는 것으로 하였다. 그런데 20세기부터는 공공복리사항에 의하여 의무를 강조하는 경향이 있지만, 권리본위(권리중심)가 기초가 되고 있음은 부인할 수 없다.

제2절 권리란 무엇인가?

법률관계는 권리 · 의무로 되어 있다. 먼저 권리가 무엇인가를 알아보고, 그 다음에는 의무가 무엇인가를 보기로 한다.

Ⅰ. 권리의 의의

권리(權利, Rights)란 법익을 향수(享受)하기 위한 법률상의 힘을 말하지만, 권리 그 자체가 무엇인가에 대해서는 일찍부터 학자들의 논의의 대상이 되어 왔다. 권리가 무엇인가 하는 것은 법학에서 가장 근본적인 과제이다. 권리는 법이 인정하는 의사(意思)의 힘 또는 의사(意思)의 지배라고 하는 의사설(意思說)과 법에 의하여 보호되는 이익이 권리라고 하는 이익설, 그리고 일정한 이익을 향수하기 위하여 법이 인정하는 법률상의 힘[6]이라고 하는 권리법력설(통설) 등을 들 수 있다. 의사설에 따르면, 유아와 같이 의사능력이 없는 자는 권리를 가질 수 없는 모순이 있고, 이익설은 권리중에서 아무런 이익이 없는 친권과 같은 권리를 합리적으로 설명하기 어렵다. 권리법력설은 의사능력이 없

6) 권리는 법률상의 힘 : 청구력(권)(請求力) → 소구력(권)(訴求力) → 집행력(권)(執行力); 청구력: 최고권(독촉권), 손해배상청구권, 전보배상청구권, 소구력: 판결, 가압류, 가처분제도와 조정제도, 집행력: 부동산 – 동산 == 강제집행(强制執行, 공경매, 공매, (법원)경매)....금전집행 -- 강제집행 – 가압류 -- 추심명령/전부명령

는 자나 권리의 존재를 알지 못하는 자도 권리의 주체가 될 수 있고, 권리를 생활이익에 한정하지 아니하고, 이것을 보호 또는 향수케 하는 수단으로서, 법에 의하여 주어진 힘이라고 함으로서 이를 지지한다.[7)]

여기서 통설인 권리법력설의 입장에서 권리의 개념을 구체적으로 설명해 보기로 한다.[8)] 첫째, 권리는 법이 부여한다. 즉, 권리는 법에 따라 부여된 것으로 권리가 먼저 존재하고 그 권리를 보호하기 위하여 법이 존재하는 것이 아니다. 그러므로 법이 없는 권리는 존재할 수 없다. 예를 들면, 자기의 물건을 판 사람은 그 대금을 산 사람에게 지불하다고 청구할 수 있다든가, 땅을 갖고 있는 사람은 자기 마음대로 그 땅을 사용할 수 있다. 이와 같이 사회생활상의 이익 가운데 국가가 보호할 만한 것이라고 인정한 것이 쉽게 말하면, 권리(權利)이다.

둘째, 권리는 특정의 법적 인격자에게 부여한다. 즉, 특정의 법적 인격자란 '인(人)'을 말하는 것으로, 자연인과 법인이 여기에 포함되나, 반드시 이익을 향수할 자격이 있는 특정인, 즉 권리능력자만이 가질 수 있다. 이 특정의 권리를 가질 수 있는 자를 '권리의 주체'라고 한다. 주체없는 권리란 있을 수 없다. 권리의 주체에는 자연인(自然人)과 법인(法人)이 있다.

셋째, 권리는 특정 이익의 향수를 위한 것이다. 즉, 모든 법적 인격자는 특정이익의 향수를 목적으로 활동하고 있다. 여기에 이익이라 함은 재산적 이익만을 말하는 것이 아니라, 사회생활을 하는데 있어서 가지는 이익으로서 생명 · 신체 · 자유 · 명예 등을 포함한다.

넷째, 권리는 법률상의 힘이다. 즉, 권리는 이익을 전제로 한다. 특정의 이익에 관하여 권리를 가지는 특정 또는 불특정인에 대하여 작위 또는 부작위를 청구하는 힘을 법에 따라 부여받고 있다.

권리를 가질 수 있는, 누릴 수 있는 자격을 우리는 권리능력이라고 한다. 권리능력이 있다는 말은 실제로 어떠한 권리를 가지고 있다는 말과는 다르다. 실제로 어떤 권리를 가지기 위해서는 일정한 원인이 있어야 한다. 이러한 원인을 법률요건이라고 한다. 법률요건을 원인으로 하여 발생한 결과, 즉 어떠한 권리를 가지고 있다든지 가지게 되었다든지 하는 효과를 법률효과라고 한다. 여러

7) 곽윤직, 민법총칙, 박영사, 2003, 48면; 김상용 외, 요해 민법총칙, 법원사, 2001, 24면.
8) 조병철, 생활법률, 형설출판사, 2007, 55~56면 참조.

가지 법률요건 중 가장 전형적인 것이 바로 법률행위이다.[9)]

근대 시민사회가 성립된 이후로 권리의 주체는 자유로이 법률행위를 할 수 있게 되었다. 이를 법률행위 자유의 원칙이라 한다. 법률행위자유의 원칙은 자본주의의 발달에 매우 중대한 영향을 끼친 원칙이다.

Ⅱ. 권리와 구별되는 개념

1. 권한(權限, competence)

권한(權限)이라 함은 타인이 본인 또는 권리자를 위하여 일정한 법률효과를 발생하게 하는 행위를 할 수 있는 자격을 말한다.[10)] 즉, 국가 또는 공공단체의 기관이 법령의 규정에 따라 직권을 행사할 수 있는 범위를 말한다. 예를 들면, 이사의 권한, 법인 이사의 대표권, 사단법인 사원의 결의권, 대리인의 권한, 대통령의 권한, 선택채권의 선택권 등이 이에 속한다. 권한은 법률상의 일정한 이익이 행위자(권한 행사자)가 아닌 타인에게 귀속된다는 점에서 권리자 자신이 그 이익을 받게 되는 권리와 다르다.

2. 권능(權能, power, authority)

권능(權能)이란, 권리의 내용을 이루는 개개의 법률상의 힘을 말한다. 즉, 법률상 일정되어 있는 능력 혹은 권리에서 파생하는 개개의 기능을 의미한다. 민법 제211조는 "소유자는 법률의 범위 내에서 소유물을 사용·수익·처분할 권리를 가진다"고 규정하고 있는데,

여기서 '사용·수익·처분할 권리'란 소유권에 포함되어 있는 개개의 구체적인 사용권능·수익권능·처분권능이다.

---

9) 강대성, 새 법과생활, 탑북스, 2014, 31면 참조.

10) 권한은 직무(업무)에 따라서 행사하는 것이며, 대리권은 법에 의하여 주는 것이다; 참고로 권리는 개인의 이익을 추구하는 것이고, 법에 의하여 주는 것이다.

3. 권원(權原, a title)

권원(權原)이라 함은 어떤 법률적 또는 사실적 행위를 하는 것을 정당하게 하는 법률상의 원인을 말한다. 즉, 어떤 행위를 정당화하는 법률적인 원인을 의미한다. 예를 들면, 타인의 부동산에 무단으로 건물 등을 지은 경우에는 그 것은 타인의 소유권을 침해하는 것으로 그 타인은 그 건물 등의 철거를 청구할 수 있다(민법 제214조). 그 철거를 당하지 않기 위해서는 그 토지를 사용할 정당한 권원이 있어야 하고, 그러한 권원으로는 지상권(민법 제285조)·사용대차(민법 제609조)·임차권(민법 제646조·제647조) 등이 있다. 그 권원의 실제 예로서는 매매계약에서 매매사실인 매매계약서, 임대차에서 임차사실인 임대차계약서, 물품매매에서 물품매매사실인 물품계약서, 금전을 차용하는데 차용한 사실인 차용금증서 등을 들 수 있다.

4. 권력(權力, power, authority)

권력(權力)이라 함은 일정한 개인 또는 집단이 다른 개인 또는 집단을 강제하거나 지배하는 힘을 말한다. 권력은 일종의 사회력이다.[11] 다시 말해, 타인과의 관계에 있어서 그 타인에게 명령을 내릴 수 있는 힘이다. 권력에는 일정한 권한이 전제되어 있다. 따라서 권력은 권한에서 나오는 것으로서 남을 복종시키거나 지배할 수 있는 공인된 힘이다. 권한은 어떤 물리적 강제력을 가지고 그를 바탕으로 다른 사람을 그 사람의 뜻에 반하더라도 복종시키는 지배를 위한 힘이다.

5. 반사적 이익

반사적 이익이라 함은 법률이 특정인 또는 일반인에게 어떤 행위를 명함으로써 다른 특정인 또는 일반인이 이익을 받게 되는 것을 말한다. 따라서 이것은 누구에게 적극적으로 어떠한 법률상의 힘을 부여하는 것이 아니라 법률규

---

11) 권력은 어떤 물리적 강제력을 가지고 그를 바탕으로 다른 사람을 그 사람의 뜻에 반하더라도 복종시키는 지배를 위한 힘이다. 즉, 권력은 남을 복종시키거나 지배할 수 있는 공인된 권리와 힘을 말한다.

정의 효과로 제3자가 아무런 이유없이 이익을 누리게 되는 것이다. 교통법규를 위반한 차량을 자연인이 처벌할 수 있는가? 예를 들면, 운전자와 보행자가 도로교통법을 지킴으로써 일반보행자나 다른 운전자가 안전하게 도로를 이용할 수 있다거나 새로운 주유소를 설치하고자 할 경우에 기존의 다른 주유소와 일정한 거리를 두도록 하여 일정한 반경 내에서 독점적 주유소 영업권을 보장받는 경우 등이다. 또 수산업법에 따라 수산자원이 보호됨으로 인하여 어민이 이익을 얻는 것은 반사적 이익에 불과하다. 반사적 이익은 권리의 경우와 같이 어떤 힘이 부여되어 있는 것이 아니기 때문에 그 반사적 이익이 방해를 당하더라도 법원에 소를 제기할 수 없다. 즉, 반사적 이익은 청구력은 있으나 이익만을 받는 것으로서 소구력과 집행력이 없다.

제3절 권리의 종류

권리는 그 기준에 따라 여러 가지 종류로 나눌 수 있다.

먼저 법을 공법(公法)과 사법(私法)으로 구별함에 따라서 권리도 공권(公權, 공법상의 권리)와 사권(私權, 사법상의 권리)로 나눌 수 있다. 그리고 중간법 영역인 사회법에 따라 인정되는 사회권이 있다.

Ⅰ. 공권(公權)

공권(公權)이라 함은 공법에 따라 인정되는 권리이다. 공권 가운데 국가가 가지는 것을 국가공권이라고 하고, 국민이 가지는 권리를 국민공권이라고 한다. 또한 공권이 국내법에 따라 인정된 것이냐, 국제법에 따라 인정된 것이냐에 따라서 국내법상의 공권과 국제법상의 공권으로 나누어진다.

1. 국내법상의 공권

국내법상의 공권에는 국법상의 공권이라고도 말하며, 국가 및 지방자치단체 및 개인이 공법관계에서 갖는 권리로서 특히 통치관계에서 갖는 권리이다. 국가 및 지방자치단체가 갖는 권리를 국가적 공권이라고 하고, 개인이 갖는 공권을 개인적 공권 혹은 국민적 공권이라 한다.

(1) 국가적 공권

국가적 공권은 국가나 지방자치단체, 그 밖의 공공단체가 공법인으로서 그 자체의 존립을 위하여 가지는 권리와 국민에 대하여 가지는 권리의 양자를 포함한다. 국가적 공권은 국가공권의 작용을 중심으로 하여 '입법권 · 행정권 · 사법권' 등 세 가지로 나눌 수 있고, 국민에게 직접 발동되는 것으로서 '징세권 · 징병권 · 형벌권' 등으로 나누어진다.

(2) 국민적 공권(개인적 공권)

국민적 공권은 국민이 국가 또는 지방자치단체에 대하여 가지는 공권이다. 이는 피지배자의 권리라는 특색을 갖는다. 이를 개인적 공권이라고도 한다. 이것은 기본적 인권을 기초로 하여 성립하는 것이며, '자유권 · 수익권 · 참정권 · 평등권' 등이 이에 속한다.

2. 국제법상의 공권

국가는 국제법상 독립의 법주체이다. 이러한 법주체인 국가에게 인정되는 권리가 국제법상의 공권이며, '독립권 · 평등권 · 자위권 · 외교상의 교통권(交通權)' 등이 있다. 이러한 공권에 의하여 사람의 사회생활과 가정생활이 지배를 받는 것은 말할 것도 없다. 그러나 무엇보다도 사생활에 중요한 영향을 미치는 것은 사권이다.

Ⅱ. 사권(私權)

사권(私權)이라 함은 사생활관계에서 특정의 생활이익을 향수할 수 있도록 개인에게 주어진 법률상의 힘을 말한다. 사권(私權)은 그 기준에 따라 여러 가지로 분류된다. 즉, 내용에 따른 분류, 작용에 따른 분류, 그 밖의 분류 등으로 나누어진다.

1. 내용에 따른 분류

(1) 재산권

재산권(財産權)은 경제적 가치가 있는 이익을 누리는 것을 주된 내용으로 하는 권리로서, 물권 · 채권 · 지식재산권(무체재산권) · 상속권 등이 이에 속한다.

1) 물권

물권(物權)은 권리자가 물건을 직접 지배하여 이익을 얻는 것을 내용으로 하는 배타적 권리이다. 이 권리는 권리자가 객체에 직접 지배력을 발휘하는 것이며, 권리를 실현시키기 위하여 다른 사람의 협력을 필요로 하지 않는다. 물권은 법률 또는 관습법에 의하여서만 창설될 수 있는데(민법 제185조), 대한민국 민법이 인정하는 물권(物權)에는 '점유권 · 소유권 · 지상권 · 지역권 · 전세권 · 유치권 · 질권 · 저당권'의 8가지[12)]가 있다. 관습법상의 물권으로 판례에 따라 확인된 것으로는 분묘기지권 · 관습법상의 법정지상권이 있다. 또 법률의 규정에 따라 물건을 직접 지배하지 않지만, 전속적으로 취득할 수 있는 권리(광업권, 어업권 등)를 준물권이라 하며, 물권에 준하여 취급한다.[13)]

2) 채권

채권(債權)은 채권자(특정인)가 채무자(다른 특정인)에 대하여 일정한 행위(급

---

12) 여기서 용익물권은 지상권, 지역권, 전세권이고, 담보물권은 유치권, 질권, 저당권이다.

13) 또 상법상 인정되는 물권으로서는 상사유치권 · 주식질권 · 선박저당권 · 선박채권자의 우선특권 등이 있고, 특별법상 인정되는 물권으로서는 입목저당권(입목에 관한 법률), 공장저당권(공장저당법) · 공장재단저당권(공장저당법) · 광업재단저당권(광업재산저당법) · 자동차저당권(자동차저당법) · 건설기계저당권(건설기계저당법) · 항공기저당권(항공기저당법) · 가등기담보권 및 양도담보권(가등기담보 등에 관한 법률) · 광업권(광업법), 조광권(광업법), 어업권(수산업법) · 댐사용권(댐건설 및 주변지역 지원 등에 관한 법률 제24조) · 대물변제 예약형의 부동산양도담보(가등기담보법의 제정으로 특별법에 의한 물권으로 변화) 등이 있다. 그리고 관습법에 의해 인정되는 물권은 분묘기지권 · 관습법상의 법정지상권 등이 있다.

부 또는 급여라고 한다)를 청구하는 권리(이를 보통 급부라고 한다)이다. 매매계약에서 매수인의 소유권이전채권과 매도인의 대금지급채권, 불법행위에서 피해자의 손해배상채권 등이 이에 속한다. 채권은 채무자의 협력, 즉 이행행위가 있어야 실현된다는 점에서 객체를 직접 지배하는 물권과 다르다.[14)]

3) 지식재산권

지식재산권(知識財産權)은 발명 · 저작 등의 정신적 · 지능적 창작물을 독점적 · 배타적으로 지배하여 이익을 얻는 권리이다. '특허권 · 실용신안권 · 디자인권 · 상표권 · 저작권' 등이 이에 속한다. 지식재산권은 종래에는 지적재산권(또는 무체재산권 · 지적 소유권, 공업소유권)이라고 하였다. 2011년 5월 19일 제정되어 2011년 7월 20일 시행된 지식재산기본법이 제정되면서 지적재산권이라는 명칭을 모두 지식재산권으로 변경하였다(지식재산기본법 부칙 제1조 및 제2조).

4) 상속권

상속권(相續權)은 상속이 개시된 뒤에 상속인이 가지는 권리이다. 사람이 사망하면 그(이를 피상속인이라 함)의 재산이 모두 그와 일정한 친족관계에 있는 자(예: 그의 자녀 · 배우자)에게 한꺼번에 승계되는데, 뒤의 자가 상속인이고, 그가 가지는 권리가 상속권이다.

(2) 인격권

인격권(人格權)은 권리의 주체와 분리할 수 없는 인격적 이익(예: 생명 · 신체 · 명예)을 누리는 것을 내용으로 하는 권리이다. '생명권 · 신체권 · 자유권 · 명예권 · 성명권 · 초상권 · 정조권 · 퍼블리시티권(=상속) · 창작권 · 사생활권' 등의 보호를 목적으로 하는 권리가 이에 속한다. 이것은 권리의 주체와 분리할 수 없으므로(일신전속성) 거래의 대상이 되지 않는다. 다만, 퍼블리시티권은 판례에 따라 상속을 인정하고 있다. 인격적 이익을 보호하기 위하여 민법은 타인의 생명 · 신체 · 자유 · 명예를 침해는 것을 불법행위로서 손해배상책임을 인정하고 있다(민법 제751조 · 제752조).

---

14) 송덕수, 민법입문, 박영사, 2013, 25면 참조.

(3) 가족권(친족권 · 신분권)

가족권(家族權)이라 함은 가족관계에서 가족 상호간의 지위에 의하여 주어진 권리를 말한다. 예를 들면, 부부, 친자, 가족, 친족사이에서 부부로서의 지위, 부모와 자로서의 지위 등에서 이익을 향수할 것을 내용으로 하는 권리이다. 이것은 가족관계와 분리하여 존재할 수 없고, 이러한 가족관계와 함께 하는 것이 많다.[15] 가족권은 일신전속권으로서 원칙적으로 양도 · 상속할 수 없다.

가족권에는 친족권[16]과 상속권으로 나눠볼 수 있다. 친족권(親族權)은 친족관계에서의 일정한 지위에 따르는 이익향수를 내용으로 하는 권리로서 친권 · 징계권 · 부부간의 동거청구권 · 협력부조권 · 친족간의 부양청구권 등을 말하며, 상속권(相續權)은 상속개시 후 상속인이 가지는 권리를 의미한다.

(4) 사원권

사원권(社員權)은 사단법인(社團法人)의 사원(이는 회사원의 의미가 아니며, 주주가 그 예임)이 그 자격에 기인하여 법인(단체)에 대하여 가지는 권리의무의 전체를 말한다.[17] 사원권의 내용은 공익권과 자익권으로 나눌 수 있다. 공익권(共益權)은 법인 자신의 목적을 달성하기 위하여 사원에게 인정되는 것으로서 의결권 · 업무집행권 · 소수사원권 등이 이에 속한다. 자익권(自益權)은 사원 자신의 이익을 위하여 인정되는 것으로서 잔여재산분배청구권 · 이익배당청구권 · 설비이용권 등이 이에 속한다. 공익권이 비영리 사단법인의 사원에게 중시되는 권리인데 반하여, 자익권은 주식회사와 같은 영리법인의 사원이 갖는 중심적 권리(주식회사의 주주가 가지는 권리)로서 여기에서 공익권은 종속적인 것이다.

2. 작용에 따른 분류

권리는 그것을 행사하는 경우에 어떻게 작용하는가, 즉 어떤 효력이 생기는가에 따라 지배권 · 청구권 · 형성권 · 항변권으로 나누어진다.

---

15) 예를 들면, 친권(親權)

16) 친족권은 혼인할 수 있는 범위, 상속받을 받을 수 있는 범위, 부양을 해야 할 범위, 상복을 입을 수 있는 범위를 정한다.

17) 사원권은 사단법인(비영리, 영리)의 구성원이 가지는 권리를 줄인 말이다.

(1) 지배권

지배권(支配權)이라 함은 타인의 행위를 개입없이 목적물을 직접적으로 지배하는 권리이다.[18] 물권이 전형적인 지배권이다. 가령 소유권자는 다른 사람의 도움을 받지 않고 그의 소유물을 사용·수익·처분할 수 있다. 인격권·지식재산권(무체재산권)·가족권(가족권)·후견권의 일부도 이에 속한다. 지배권이 침해되면, 손해배상청구권 이외에 방해배제청구권도 발생한다. 이를 절대권·대세권이라고 한다.

(2) 청구권

청구권(請求權)이라 함은 특정인이 다른 특정인에 대하여 일정한 행위(작위·부작위)를 요구하는 권리이다. 채권이 그 전형인데, 주택의 매수인이 매도인에 대하여 주택의 소유권이전을 청구할 수 있는 권리, 금전을 빌려준 사람이 빌린 사람에 대하여 금전의 지급을 청구할 수 있는 권리 등이다. 이러한 청구권에서는 지배권에서와 달리 권리자가 권리의 객체(앞의 예의 경우에는 주택·금전)를 직접 지배할 수 없으며, 그는 단지 의무자에 대하여 일정한 행위(앞의 예의 경우에는 주택의 소유권이전행위, 금전의 지급행위)를 청구할 수 있을 뿐이다.[19]

청구권은 물권·채권과 같은 기초적인 권리의 효력으로서 발생하며, 그 대표적인 것은 채권에 기초하여 발생하는 채권적 청구권이다. 앞의 예들이 그에 해당한다. 채권과 동일물은 아니니다. 청구권은 채권의 본질적 요소를 이룰 뿐이다. 그러나 청구권은 채권 외에 물권·지식재산권·상속권·가족권으로부터도 생길 수 있다. 물권적 청구권·상속회복청구권·부부의 동거청구권 등이 그 예이다.

(3) 형성권

A는 토지 소유자 B에게 B의 그 토지가 국가에 의하여 강제로 수용될 것이라고 속여 B로부터 그 토지를 헐값에 매수하였다. 그러한 경우에 B는 A와 맺은 매매계약을 취소할 수 있는데(민법 제110조 제1항), B가 매매계약을 취소하면 그 계약은 처음부터 무효였던 것으로 된다. 즉, B의 일방적인 취소에 의하여

---

18) 즉, 타인의 행위의 개입없이 일정한 객체에 대해 직접 지배력을 발휘할 수 있는 권리이다.
19) 송덕수, 앞의 책, 26면 참조.

계약이 무효로 되는 것이다.[20] 이와 같이 형성권(形成權)은 권리자의 일방적 의사표시에 따라 법률관계의 발생 · 변경 · 소멸을 일어나게 하는 권리이다.[21] 이를 가능권이라고도 한다. 예를 들면, 동의권(민법 제5조 · 제10조) · 취소권(민법 제140조 이하) · 해제권(민법 제543조) · 해지권 · 추인권(민법 제143조) 등이 형성권에 속한다. 또한 권리의 행사가 제3자에 대하여 중대한 영향을 미치기 때문에 반드시 법원의 판결로서 효과를 발생시키는 것이 있다. 이에 채권자취소권(민법 제406조 1항) · 혼인의 취소(민법 제816조) · 친생부인권(민법 제846조) · 재판상이혼청구권(민법 제840조) · 입양취소권 · 재판상파양권 등이 속한다.

(4) 항변권

항변권(抗辯權)은 상대방이 청구권을 행사해 온 경우에 그 청구권의 작용을 저지할 수 있는 권리이다. 즉, 상대방의 청구권을 인정하면서 그 작용만을 일시적으로(연기적 항변권)[22] 또는 영구적으로(영구적 항변권)[23] 저지하는 권리이다. 그러나 청구권의 성립을 부정하거나 소멸을 주장하는 것은 항변권이 아니다(이는 '이의'하고 한다). 항변권의 예를 들어보면, A는 그의 토지를 B에게 5,000만원에 팔기로 하는 내용의 매매계약을 체결하였다. 그러면서 그로부터 1개월 후에 A는 토지의 소유권이전등기 서류를 B에게 넘겨주면서 대금을 전부 받기로 약속하였다. 1개월이 지난 뒤에 A는 등기서류를 준비하지 않은 채 B에게 대금을 지급하라고 하였다. 그러한 경우에 B는 A에게 토지에 대한 등기서류를 넘겨줄 때까지는 대금을 지급하지 않겠다고 항변할 수 있다. 이때 B는 A의 대금지급청구권이라는 채권을 인정하면서, 그 작용을 등기서류 교부시까지만 저지하는 것이다. 이러한 B의 권리는 '쌍무계약의 당사자가 가지는 동시이행의 항변권'(민법 제536조)이다. 이 동시이행의 항변권과 '보증인의 최고 · 검색의 항변권'(민법 제437조)은 청구권의 행사를 일시적으로 저지할 수 있는 연기적 항변권에 속한다. 또한 상속인이 가지는 한정승인의 항변권(민법 제1028조)은

---

20) 송덕수, 앞의 책, 27면 참조.
21) 형성권은 일방적 의사표시에 따라 법률효과(법의 규정에 따라)가 발생하는 권리를 말한다.
22) 연기적 항변권의 예로는 쌍무계약상 동시이행의 항변권(민법 제536조), 보증인의 최고 · 검색의 항변권 등을 들 수 있다.
23) 영구적 항변권의 예로는 민법 제1028조의 상속인의 한정승인의 항변권을 들 수 있다.

청구권의 작용을 영구적으로 저지할 수 있는 영구적 항변권에 해당한다.[24)]

3. 그 밖에 법의 분류

(1) 절대권 · 상대권

권리에는 그것에 복종하는 의무자가 있게 된다. 권리는 이러한 의무자의 범위를 표준으로 하여 절대권(絕對權) · 상대권(相對權)으로 나눌 수 있다. 전자는 누구에 대해서나 주장할 수 있는 권리이며, 어떤 사람의 침해도 배제할 수 있다. 여기에 물권 · 지식재산권 · 인격권 · 친권 · 후견권이 이에 속한다. 후자는 어느 특정한 사람에게만 주장할 수 있는 권리로서 채권 등의 청구권이 이에 속한다.

(2) 일신전속권 · 비전속권

이 구별은 권리와 주체와의 긴밀의 정도, 즉 이전성을 표준으로 한 것이다. 일신전속권(一身專屬權)은 권리자로부터 분리하여 양도하거나 상속할 수 없는 권리이다. 이에는 인격권 · 가족권(신분권)이 대부분이다. 반면에 비전속권(非專屬權)은 권리자로부터 분리하여 양도하거나 상속할 수 있는 권리이다. 이에는 대부분 재산권이다. 생명 · 신체에 대한 권리, 친권 등은 권리자가 그것을 다른 사람에게 이전해 줄 수 없고, 또 권리자가 사망하더라도 그의 상속인에게 상속되지 않는다. 그것은 권리자 외에 다른 사람에게는 귀속할 수 없는 일신전속권이기 때문이다. 그에 비하여 소유권 · 금전채권과 같은 비전속권은 다른 사람에게 양도할 수도 있고, 또 권리자가 사망하면 당연히 상속인에게 승계된다.[25)]

(3) 주된 권리 · 종된 권리

권리 가운데에는 하나의 권리가 다른 권리를 전제로 하여 존재하는 경우가 있다. 이때 전제가 되는 권리가 주(主)된 권리이고, 그것에 종속되는 권리가 종(從)된 권리이다. 예를 들면, A가 B에게 금전 100만원을 1년간 매달 1퍼센트의 이자를 받기로 하고 빌려준 경우에 A는 B에 대하여 1년 후에 100만원의

---

24) 송덕수, 앞의 책, 28면 참조.
25) 송덕수, 앞의 책, 29면 참조.

금전을 청구할 권리(원본채권)와 1년 동안 매달 만원의 이자를 청구할 권리(이자채권)를 가지게 된다. 이때 뒤의 채권은 앞의 채권을 전제로 하여 성립하며, 따라서 원본채권과 이자채권은 주된 권리 · 종된 권리의 관계에 있다.[26)]

(4) 기성의 권리(완성권) · 기대권

기성(旣成)의 권리(완성권)라 함은 권리의 성립요건이 모두 실현되어서 성립한 권리를 말한다. 이에 반하여 아직 실현되지 않았지만, 요건이 이루어지면 장차 취득할 수 있는 이익을 법이 보호하여 주는 것을 기대권(期待權) 또는 희망권이라고 한다. 고시에 합격하면 이 차를 주겠다고 하는 조건부권리, 기한부권리 등이 기대권에 속한다.

4. 사회권

사회권은 사회법에서 인정되는 권리이다. 노동자의 단결권 · 단체교섭권 · 단체행동권(대한민국헌법 제33조 제1항), 인간다운 생활을 할 권리(대한민국헌법 제34조 제1항), 생활무능력자가 국가의 보호를 받을 권리(대한민국헌법 제34조 제5항) 등이 이에 속한다. 사회법이 공법 · 사법의 혼합적인 중간영역인 지위에 있는 것이므로, 사회권도 공권 · 사권의 중간적 또는 혼합적 성격을 지니고 있다.

제4절 권리의 행사

Ⅰ. 권리행사의 의의와 방법

권리의 행사는 개인주의 · 자유주의를 기초로 하는 근대사법상 권리자의 자유에 맡겨져 있는 것을 원칙으로 한다.[27)] 그러므로 권리를 행사하든 행사하지

26) 송덕수, 앞의 책, 29면 참조.
27) "자기의 권리를 행사하는 사람은 누구에게도 불법이 되지 않는다" 등의 법언처럼 권리행

아니하든 모두 권리자의 자유이다. 또한 로마법 이래 "자기의 권리를 행사하는 자는 어느 누구도 해하지 않는다"라고 하여 권리행사에는 제한이 없다고 생각되었다.[28] 다만, "권리 위에 잠자는 자는 권리자로서 보호할 가치가 없다"는 예링(Jhering)의 말처럼 권리를 행사하지 않으면 권리가 소멸되어 회득할 수 있는 이익을 빼앗기게 되는 경우가 있다. 예를 들면 권리의 불행사에 따른 소멸시효의 제도(민법 제162조 이하)를 들 수 있다.

권리의 행사라 함은 권리의 내용을 구체적으로 실현하는 과정이다.

권리행사의 방법은 권리의 종류에 따라 다르다. ① 지배권은 객체를 지배해서 사실상 이익을 누리는 모습으로 행사되는 것이 보통이다. 소유자가 소유물을 소비하거나 다른 사람에게 파는 것이 그 예이다. ② 청구권은 특정인에 대하여 일정한 행위를 요구하거나 그에 따른 결과를 받은 방법으로 행사된다. 금전채권자가 금전의 지급을 청구하고 지급된 금전을 받는 것이 그 예이다. ③ 형성권은 권리자가 일방적인 의사표시를 함으로써 행사된다. 예를 들면, 상대방에게 속아서 토지를 헐값으로 판 사람은 상대방에게 계약을 취소한다는 의사표시를 하는 방법으로 취소권을 행사한다(민법 제110조). 형성권 가운데 법원에 소를 제기하는 방법으로 행사하여도 하는 것도 있음은 앞에서 설명하였다. ④ 항변권은 청구권자가 이행청구를 할 때 그것을 거절하는 방식으로 행사한다.[29]

Ⅱ. 권리행사의 한계

권리의 행사는 무제한적으로 행사하는 것을 용인할 수는 없다. 즉, 권리의 행사도 사회가 상당한 것으로 승인하는 한도에서만 보호받을 수 있는 것이다. 그 근거로서는 권리의 사회성 · 공공성이라는 것이다. 이렇게 볼 때, 권리속에는 공공의 이익에 의한 제한이 있다. 특히, 이러한 사상은 20세기에 와서 사회공동생활이 강조되면서 권리행사는 개인성과 사회성의 조화를 요구하게 되었고, 이로 인하여 권리행사의 자유에 제한을 가하게 되었다.

사는 절대적 자유이다.

28) 연기영 외, 앞의 책, 146면 참조.

29) 송덕수, 앞의 책, 29~30면 참조.

권리행사의 제약은 노동법을 비롯한 사회에서도 그리고 민법을 비롯한 사법(私法)에서도 명문의 규정을 두어 인정하고 있다. 이들 중 민법에서 권리행사에 대한 절대적 자유와 무제약성을 수정하여 권리의 사회적 제약을 입법화한 것이 민법 제2조의 규정이다. 제1항에서는 신의성실의 원칙을, 제2항에서는 권리남용금지의 원칙을 규정하고 있다. 그리고 민법 제103조에서는 반사회적 법률행위, 민법 제104조에서는 불공정한 법률행위는 절대적 무효로 규정하고 있다.

1. 재산권의 제한

대한민국 헌법이 "재산권의 행사는 공공복리에 적합하도록 하여야 한다. 그 내용은 법률로 정한다"(대한민국헌법 제23조 제2항)고 규정한 것은 재산권의 행사의 자유를 제한하기 위한 것이다. 이는 1919년 독일 바이마르헌법이 "소유권은 의무를 부담한다. 그 행사하는 공공의 복리에 부합하도록 한다"고 규정한 것에 영향을 받은 것이다. 또한 21세기 사회에서 모든 권리의 행사는 공공의 이익을 침해할 수 없는 본래적 한계가 있다.

2. 신의성실의 원칙

대한민국 민법 제2조 제1항에서 "권리의 행사는 신의에 좇아 성실히 하여야 한다"라고 규정하고 있다. 신의성실(신의칙)이란 사회 공동생활의 한 사람으로서 상대방의 신뢰를 헛되이 하지 않도록 성의를 가지고 행동하는 것을 말한다. 신의와 성실은 본래 도덕적 또는 윤리적 평가개념인데 이것이 법적 개념으로 도입된 것이다.

권리자가 권리를 행사할 때에 신의성실(信義誠實)에 좇아야 한다는 것은 법보다 높은 차원인 윤리·도덕에 어긋나지 않아야 한다는 것을 권리행사에 대한 사회적 제약을 의미한다. 민법이 이 원칙을 권리행사의 일반에 관한 원리로서 규정하고 있는 것은 권리에 대한 공공성의 표현이라고 할 수 있다.[30] 신의성실의 원칙은 일반조항으로서 채권관계뿐만 아니라, 물권관계, 가족관계 등 법률관계 일반에 적용된다. 그러나 신의성실의 원칙은 채권법에서 가장 중요

30) 이것은 선량한 풍속 그 밖의 사회질서와 함께 법과 도덕의 조화를 도모한 것이다.

한 원칙이며, 특히 채무의 이행이나 계속적 채권관계에서 더욱 중요한 역할을 담당한다. 신의성실의 원칙은 구체적으로는 법원의 재판을 통해서 실현된다. 권리행사가 신의성실에 반하는 때에는 권리남용이 되고, 의무이행의 신의성실에 반하는 경우에는 의무불이행이 된다. 예를 들면, 한 밤중에 빚을 갚겠다고 하는 것은 신의성실의 원칙에 반하여 채권자가 이를 수령하지 않아도 지체책임을 지지 않는다. 민법 제2조는 강행규정이므로 당사자의 주장이 없더라도 법원이 직권으로 판단할 수 있다. 이에 따른 판례를 보면, 첫째, 원고 소유의 부동산을 2,000만 원에 피고에게 매각하였으나, 대금 중 10만 5,000원을 지급하지 않고 있었는데, 이 미지급금에 월 5%의 지연 이자를 지급하기로 원고, 피고 간에 약속하였다. 그 후 원고가 위의 미지급 금액이 있다는 이유로 매매계약을 해제한 사건에서 대법원은 근소한 금액의 미지급금을 이유로 계약 전체를 해제하는 것은 신의칙에 위배되는 것이므로 계약해제는 효력이 없다고 판시하였다(대판 1971. 3. 31. 71 다 352, 353, 354). 둘째, 100만 원의 채무변제에 단돈 1만 원이 부족하다고 하여 수령을 거절하고 계약을 해제하거나, 공탁의 무효를 주장하며 채권증서, 담보물의 반환을 거절하는 것은 신의칙에 반한다. 그러나 75만 원의 15분의 1에 해당하는 5만 원이 부족한 경우에는 그것을 이유로 수령을 거절해도 신의칙에 반하지 않는다.

신의성실의 원칙에 따라 구체화된 원칙, 즉, 파생원칙은 다음과 같다.

첫째, 사정변경의 원칙이다. 이것은 법률행위가 성립될 때, 그 기초가 된 사정이 후에 현저하게 변경되어 당초에 정해진 효과를 그대로 인정하게 되면 부당한 결과를 초래하는 경우에 그 효과를 신의에 맞게 적당히 변경하거나, 계약을 해제 · 해지할 수 있다는 원칙이다. 예를 들면, A는 X회사의 이사직을 맡고 있었던 관계로 이사의 지위에서 X회사가 B은행으로부터 대출을 받을 때 X회사의 그 채무를 연대보증하였다. 그 후 A는 X회사의 이사직을 사임하였다. 이러한 경우에 A가 계속하여 X회사의 연대보증인으로 되는 것은 타당하다고 할 수 없으며, 따라서 A는 B와의 연대보증계약으로부터 벗어날 수 있어야 한다. 그렇다면 A는 B와의 계약을 해지(계약을 장래에 항하여 무효로 하는 행위)할 수 있게 된다. 이와 같이 계약(법률행위)의 기초가 된 사정(위의 예에서는 회사의 이사라는 사정)이 후에 당사자가 예견하지 못했고, 또 예견할 수도 없게 중대한

변경을 받게 되어, 처음의 효과를 그대로 유지하는 것이 부당한 경우에 계약의 내용을 신의에 맞게 변경하거나 계약을 해제(계약을 소급적으로 무효로 하는 행위)·해지할 수 있다는 원칙이 사정변경의 원칙이다. 민법에는 이 원칙에 입각한 규정이 많이 있는데, 민법 제286조 지료 증감 청구권, 민법 제628조 차임 증감 청구권 등이 있다. 그런데 일반적으로 인정하는 규정은 두고 있지 않다. 그럼에도 불구하고 통설과 판례(대판 2002.5.31., 2002다1673; 대판 2007.3.29., 2004다31302 등)은 이 원칙을 인정하고 있다.[31)]

둘째, 금반언의 원칙이다. 이것은 권리자는 전에 한 행위에 모순되는 방법으로 권리 행사를 할 수 없다. 선행행위에 모순되는 후행행위를 금지하는 원칙이다.

셋째, 실효의 원칙이다. 이것은 권리자가 상당 기간 권리행사를 하지 않거나, 권리를 포기한 것으로 인정할 만한 행위를 한 경우, 그 권리가 소멸된 것으로 보는 원칙이다. 예를 들면,[32)] D는 사용자 E로부터 해고된 근로자이다. 그러한 D는 E가 제공한 퇴직금을 받으면서 이의를 제기하거나 조건을 제시하지 않았다. 그런데 그로부터 여러 해가 지난 뒤에 해고무효의 소를 제기하였다. D의 소제기는 정당한가? 이에 대하여 판례는, 그러한 경우에는 D가 해고의 효력을 인정한 것이고, 그로부터 상당한 기간이 지났기 때문에 E로서는 이제는 D가 권리를 행사하지 않을 것으로 믿을 만한 정당한 기대를 가지게 된 다음에 뒤늦게 해고의 무효를 주장하는 것이므로, 그 소제기는 신의칙에 위배되어 허용될 수 없다(대판 1993.12.28., 92다34858 등).

이와 같이 권리자가 그의 권리를 오랫동안 행사하지 않았기 때문에 상대방이 이제는 더 이상 권리의 행사가 없으리라고 믿은 경우에 그 후에 하는 권리행사가 허용되지 않는다는 원칙을 실효의 원칙이라고 한다. 대한민국의 학설과 판례는 실효의 원칙을 인정하고 있다.

3. 권리남용금지의 원칙

대한민국 민법 제2조 제2항에서 “권리는 남용하지 못한다”라고 규정하고 있

31) 송덕수, 앞의 책, 31면 참조.
32) 송덕수, 앞의 책, 31~32면.

다. 권리남용금지의 원칙이란 신의성실의 원칙에 위반되는 권리의 행사는 허용되지 않는다는 원칙을 말한다. 권리남용이란 외형상으로는 권리의 행사같이 보이지만 구체적, 실질적으로 보면 권리의 사회성, 공공성에 반하는 경우, 그러한 권리 행사의 효과를 부인하는 원칙이다.

권리남용의 효과는 행사한 권리가 청구권인 경우, 법은 이에 조력하지 않는다 예를 들면, 특허권 침해소송을 심리하는 법원의 심리결과 그 특허에 무효사유가 있음이 분명한 때에 그 특허권에 기초하여 손해배상을 청구하는 것은 권리남용에 해당하여 허용되지 않는다(대판 2004.10.28., 2000다69194 참조). 권리남용 금지의 원칙도 신의칙의 하부원칙이라고 보아야 한다. 권리행사가 남용으로 인정되면 권리행사의 효과가 발생하지 않는다. 그리하여 위의 예에서 손해배상을 청구하면 법원은 그 청구를 기각하게 된다.[33] 또한 '합리성 없는 전근명령은 권리남용'에 해당된다고 판결(서울중앙지법 2003가합61110)이 있다. 즉, 근로자를 적응하기 어려운 부서에 보내 사직을 유도하는 등 '합리성 없는 전근명령'은 인사권 한계를 권리남용으로서 무효라고 한 판결이다. "전보나 전직권한은 원칙적으로 인사권자의 권한에 속하므로 권리남용에 해당되는 등 특별한 사정이 없거나 필요가 있다 하더라도 전근명령이 부당한 동기 · 목적을 갖고 있거나 근로자에게 통상 감수할 수 없는 불이익을 부담시키는 경우에는 권리남용에 해당돼 무효"라고 했다. 또 "이 사건 전근명령은 15명의 명예퇴직과 동시에 이뤄진 점에서 사실상 정리해고와 유사한데, 당시 회사의 매출은 줄었지만, 흑자는 유지됐던 것으로 봐서 원고의 전근이 해고회피노력의 일환으로 보기는 어렵고, 원고를 특별히 필요로 하지도 않는 비연고지에 발령함으로써 업무부적응 등으로 스스로 사직하게 해 사실상 정리해고의 수단이 됐으므로 권리남용에 해당한다"고 하였다.

4. 사권(私權)의 보호

(1) 사권의 보호의 의의

권리자는 정당한 권리행사를 함으로써 권리의 내용을 실현할 수 있다. 그러

33) 송덕수, 앞의 책, 32면 참조.

나 권리가 침해된 때에는 침해에 대한 구제가 필요한데, 권리침해에 대한 구제를 사권의 보호라고 한다. 과거에는 권리자가 자기의 힘으로 권리를 보호 및 구제하는 사력구제였으나, 오늘날의 법치국가에 있어 권리의 보호 및 구제는 국가구제가 원칙이고, 사력구제는 예외적으로 부득이 한 경우에 한하여 인정된다.

(2) 사권의 구제방법

사권(私權)의 구제방법으로서는 크게 두 가지로 나눌 수 있다. 즉, 국가구제(공권력)에 따른 구제와 사력(私力)구제이다.

1) 국가구제(원칙 적용)

권리가 침해되면, 국민은 국가에 대하여 그 보호를 요구하는 청구권(청구력)을 갖게 된다. 국가구제에는 재판제도(판결, 강제집행, 가압류, 가처분 제도)와 조정제도 및 중재제도가 있다.

(가) 재판제도 : 사권이 침해된 때에는 불법행위가 되어 침해자에게 손해배상의 책임을 물을 수 있다. 이 때에 권리자는 국가기관인 법원에 권리를 구제해 줄 것을 청구하는 소(訴)를 제기(소구력)하면, 법원이 권리구제에 적합한 결정을 내리게 된다. 법원의 이러한 결정이 판결(判決)이다. 침해자가 이 판결에 따르지 않을 경우에는 이를 강제적으로 실현(집행력)한다. 이러한 강제적 실현을 강제집행(强制執行, 공경매, 공매, 법원경매)이라고 한다.

(나) 조정제도 : 조정은 법관이나 특별한 지식・경험있는 자로서 구성되는 국가기관인 조정위원회가 분쟁 당사자를 주선해서 그들의 주장을 서로 양보하게 되고, 필요가 있으면 자기의 중재의견을 내어 당사자를 설득함으로써 합의에 이르게 하여 분쟁을 해결하는 제도이다.[34] 이것은 분쟁을 간이・신속하게 해결함으로써 시간과 비용을 절약하고, 당사자 사이에 감정의 대립을 막을 수 있다는 장점이 있다. 그러나 당사자 사이에 합의가 이루어지지 않으면, 재판에 의존해야 한다는 단점이 있다. 이에 관하여 민사집행법・가사소송법・노동조합 및 노동관계조정법 등이 있다.

---

34) 조정의 예로는 한국소비자원의 소비자분쟁조정위원회, 환경분쟁조정위원회 등을 통하여 운영하고 있다.

(다) 중재(仲裁)제도 : 조정과 비슷한 제도로서 중재(仲裁)가 있다. 중재는 당사자가 스스로 선임한 사인(私人)인 제3자에게 분쟁에 대한 판단을 하게 하여, 그 판단에 복종할 것을 약속함으로써 분쟁을 해결하는 자치적 분쟁해결의 방법이다.[35] 중재에 관한 기본법으로 중재법이 있다. 중재판정이 있게 되면 그 판결은 확정판결과 동일한 효력이 인정된다(중재법 제12조). 중재는 주로 사법관할에 강제집행력이 인정되기 어려운 무역거래 등 국제상사 거래관계에서 많이 활용된다. 대한상공회의소 내에 대한상사중재위원회가 설치되어 그 기능을 담당하고 있다. 언론중재위원회나 노동중재위원회, 의료사고 피해구제 및 의료분쟁 조정 등에 관한 법률에 의하여 한국의료분쟁조정중재원에서 의료분쟁조정위원회 등 많은 중재위원회들이 각각 업무영역에 따라 중재업무를 맡아 하고 있다.[36]

2) 사력구제(국가구제의 예외 적용)

권리의 침해에 대한 구제는 국가구제가 원칙이며, 사력구제는 원칙적으로 허용되지 아니하나, 국가의 보호를 구하기가 불가능하거나 곤란한 경우에 예외적으로 허용된다. 사력(私力)구제에는 정당방위(민법 제761조 제1항), 긴급피난(민법 제761조 제2항), 점유자의 자력구제(민법 제209조)가 있다.

(가) 정당방위 : 정당방위(正當防衛)라 함은 타인의 불법행위에 대하여 자기 또는 제3자의 이익[37]을 방위하기 위하여 부득이 타인에게 손해를 가하는 것을 말한다. 민법 제761조 제1항에는 정당방위는 불법행위를 구성하지 않고, 손해배상 책임을 지지 않는다고 규정하고 있다. 따라서 이로 인한 손해는 배상할 필요가 없다. 또한 자기 또는 타인의 법익에 대한 현재의 부당한 침해를 방위하기 위한 행위는 상당한 이유가 있는 때에는 벌하지 않는다(형법 제21조 제1항).

(나) 긴급피난 : 긴급피난(緊急避難)이라 함은 급박한 위난(危難)을 피하기 위하여 부득이 타인에게 손해를 가한 경우를 말한다. 민법 제761조 제2항이 이를 규정하고 있다. 긴급피난은 위법성이 조각되어 손해배상의 책임을 지지 않는다. 또한 형법에서도 자기 또는 타인의 법익에 대한 현재의 위난을 피하기 위한 행위는 상당한 이유가 있는 때에는 벌하지 아니한다(형법 제22조 제1항).

---

35) 예를 들면, 상사중재원.

36) 오시영, 민법총칙, 학현사, 2008, 107~108면 참조.

37) 이익에는 제한이 없다.

예를 들면, 인도를 돌진하는 차를 피하기 위하여 타인의 물건을 파손한 경우에는 인도를 돌진한 차가 손해배상을 해 주어야 하고, 차를 피한 사람은 책임이 없고, 또 미친 개가 물려고 덤벼들 때에 이웃 상점의 유리창을 부수고 피신하는 경우가 긴급피난에 해당한다. 정당방위와의 차이점은 정당방위는 불법행위, 즉 위법한 침해에 대한 반격인데 비하여 긴급피난은 위법하지 않은 침해에 대한 피난이라는 점에 있다.

(다) 점유자의 자력구제 : 자력구제(自力救濟)라 함은 청구권을 보전하기 위하여 국가기관의 구제를 기다릴 여유가 없는 경우에, 피해자가 자기의 사력으로 구제하는 것을 말한다. 이러한 자력구제는 현재 이를 인정하지 않게 되면 장래에 국가의 보호가 불가능하거나 현저하게 곤란하게 되는 경우에만 허용된다. 이에 대해 민법은 일반적인 규정은 없고, 점유의 침탈에 관해서만 이것을 인정하고 있다(민법 제209조).

점유자의 자력구제는 자력방위와 자력탈환이 있는데(민법 제209조), 이것은 점유의 방해 또는 침탈이 현재 진행 중인 경우를 전제로 한다. 자력구제도 위법성이 조각되어 불법행위가 성립하지 않는다. 예를 들면, 절도범이 물건을 절취하여 도주할 경우 그 뒤를 추격하여 이를 자력으로 탈환하는 경우이다. 그러나 절취당한 후 상당한 시간이 경과한 경우에는 자력구제가 허용되지 않는다. 정당방위나 긴급피난은 현재의 침해에 대한 방위수단인데 비하여, 자력구제는 주로 과거의 침해에 대한 회복이라는 데에 차이가 있다.

제5절 권리의 충돌과 권리의 경합 및 법규의 경합

Ⅰ. 권리의 충돌

권리의 충돌이라 함은 하나의 객체에 대하여 수개의 권리가 존재하는 경우를 말한다.[38] 권리의 충돌의 모습은 다음의 3가지로 나타난다.

---

38) 참고로 권리의 경합과 법규의 경합을 보면, 권리의 경합이란 1인에게 동일한 목적을 가진

첫째, 물권과 채권이 충돌하는 경우에는 물권이 우선하는 것이 원칙이다. 이것을 "매매는 임대차를 깨뜨린다"라고 한다. 그러나 부동산임차권을 등기한 때(민법 제621조)와 주택임대차보호법상 주거용건물의 임대차에 있어서 임대인으로부터 주택의 인도를 받고 주민등록을 마친 때에는 물권이 우선하지 못한다.

둘째, 물권 상호간의 충돌이 있는 경우에는 다음의 두 가지로 순위가 정해진다. 하나는, 동일물 위에 소유권과 제한물권(권능이 있는 물권을 말함)이 존재하는 경우로서 이때에는 제한물권이 소유권에 우선한다. 예를 들면, 전세권이 설정되면 전세기간 동안에는 소유자가 그 목적물을 사용할 수 없는데, 이것이 바로 제한물권이 소유권에 우선하게 되는 것이다. 또 하나는, 동일물 위에 수 개의 제한물권이 존재하는 경우로서, 이 때는 "시간에 앞서는 권리가 앞선다"고 한다.

셋째, 채권상호간에 충돌이 있는 경우에는 채권자평등의 원칙이 적용된다. 한 사람의 채무자에게 수인의 채권자가 있는 때에는 채권발생의 원인이나 시기의 선후에 관계없이 모든 채권자는 채무자의 총재산으로부터 균등하게 변제(채권액에 따라 안분비례)를 받을 수 있다. 그러나 파산의 경우 등과 같이 특별한 규정이 없는 때에는 선행주의가 지배한다. 선행주의라 함은 수 개의 채권이 충돌하는 경우에 한 채권자가 만족을 얻으면 다른 채권자는 나머지 재산에 대해서만 만족을 얻을 수 있다는 것이다. 선행주의에 따라 인정되더라도 채권자취소권 행사에 의하여 구제할 수 있다. 선행주의가 인정되어 채무자가 다른 채권자를 해할 의사를 가지고 특정채권자에게 대하여 우선 변제하면 다른 채권자는 채권자취소권(민법 제406조)을 행사하여 우선변제를 취소하여 공동채권의 담보를 취소하여 재산을 채무자에게 환원시키는 것이다.

수 개의 권리가 동시에 존재하는 것을 말한다. 예를 들면, A와 B사이에 임대차계약이 종료한 경우에, A는 B에게 임대차에 기한 목적물청구권(민법 제618조)과 소유권에 기한 목적물반환청구권(민법 제213조)을 갖는 것이다. 권리의 경합에는 청구권의 경합(예: 채무불이행에 의한 손해배상청구권과 불법행위에 의한 손해배상청구권이 경합하는 경우), 형성권의 경합(해제권과 취소권이 경합하는 경우), 지배권의 경합(동일채권의 담보를 위하여 수 개의 담보물권이 경합하는 경우) 등이 있다; 법규의 경합이라 함은 동일한 생활사실이 수 개의 법규가 정하는 요건을 충족하지만, 그 중의 한 법규가 다른 법규의 적용을 배제하는 것을 말한다. 예를 들면, 피용자로서의 공무원이 행한 불법행위에 대하여 사용자로서의 국가가 배상책임을 지는데 있어, 국가배상법(제2조)이 민법 제756조의 적용을 배제하여 우선적으로 적용되는 경우이다.

Ⅱ. 권리의 경합

권리의 경합이라 함은 하나의 생활사실이 여러 개의 법규가 정한 요건 사실에 동시에 부합하여 권리가 동시에 발생하는 경우를 말한(法規)다. 권리의 경합은 형성권(해제권과 취소권이 병존하는 경우)에서도 발생하는데, 주로 청구권에서 많이 발생한다. 이를 형성권의 경합 또는 청구권의 경합이라고 한다. 하나의 권리에 대한 목적이 실현되면 나머지 권리도 실현된 것으로 보아 소멸한다.

권리의 경합에 대하여 구체적 사례를 검토하여 그 효력을 보면, 어떤 사람이 집을 구입하려고 계약을 하였다. 그 후 중도금을 지급하고 잔금만 지급하면 된다. 그러나 그 계약을 해제를 할 수 밖에 없었다. 이때 매도인은 매수인에게 손해배상을 청구하게 되었다. 이때 ① 계약에 따른 손해배상청구권(민법 제390조)과 ② 불법행위에 따른 손해배상청구권(민법 제750조)이 동시에 발생한다. 계약위반에 따른 손해배상청구권은 의사표시에 따른 법률행위 책임이고, 불법행위로 인한 손해배상청구권은 법률의 규정에 따른 법정책임이다. 이 두 개의 청구권은 병존, 상호간에 경합(두개의 권리 사이에는 우열이 없다)이 발생한다. 두 청구권은 독립적으로 또는 따로 행사하거나 같이 행사해도 된다. 즉, 위 ①의 권리를 주장하다 재판에서 패소하면, 다시 ②의 권리를 주장하여 후소를 제기할 수 있고, 위 ①과 ②의 권리를 한 재판에서 동시에 주장할 수 있다. 또 소멸시효기간도 각각 다르기 때문에 개별적으로 판단한다.

청구권 경합의 경우에 두 개의 권리가 대등하고 우열이 없기 때문에 각자 독자적으로 권리를 판단한다. 청구권 경합이 인정하게 되면 채권자는 자기에게 유리한 청구권을 선택주장하여 권리보호를 강하게 받을 수 있다. 다만, 피해자(권리자)는 가해자(의무자)로부터 어느 한 청구권에 기하여 손해배상을 받아 목적을 달성하게 되면, 이중으로 변제를 받을 수 없기 때문에 다른 청구권은 더 이상 존재할 이유가 없어 당연히 소멸한다.

양자는 시효기간과 증명책임에서 차이가 있다. 시효기간은 위 ①(계약에 따른 손해배상청구권)은 민법에 따르면 10년, 상법은 5년이며, ②(불법행위에 따른 손해배상청구권)는 손해배상청구권은 안 날로부터 3년 또는 불법행위가 있는 날로부터 10년 이내에 행사하여야 한다. 또 증명책임에서 위 ①(계약에 따른 손해배상청구권)은 채무자가 부존재를 입증해야 하고, 위 ②(불법행위에 따른 손해배상청구권)는 채권자가 존재를 증명하여야 한다.

Ⅲ. 법조경합(법규의 경합)

법조(法條)경합(법규경합)이라 함은 단순히 법률조문의 경합을 말한다.[39] 이는 권리경합과 구별된다. 법조경합은 경합하는 법조 상호간에 우열이 있어, 먼저 적용해야 하는 법조를 우선 적용하는데, 이는 특별법 우선의 원칙 · 상위법 우선의 원칙 · 신법우선의 원칙에 따라 적용 및 해석하고 있다.

법조경합의 구체적 사례를 검토하면서 그 효력을 보면, 첫째, 불법행위책임이 경합한 경우인데. 교통사고의 경우에 ㉮ 불법행위에 관한 민법 제750조(불법행위의 내용)와 ㉯ 자동차손해배상보장법 제3조는 자동차사고로 인한 불법행위책임이 경합한다. 교통사고의 경우에는 자동차사고로 인한 불법행위에 대해 우선적용하기 위해 제정된 민법에 대한 특별법인 자동차손해배상보장법 제3조가 먼저 적용된다. 둘째, 공무원의 직무와 관련된 불법행위책임은 국가배상법이 먼저 적용한다. 셋째, 채무불이행책임(법률행위)이 경합한 사례를 보면, 운송계약위반에 따른 손해배상책임을 묻을 경우에는 ㉮ 민법에 따른 손해배상청구권(민법 제390조)과 ㉯ 상법(민법 제148조)에 따른 손해배상청구권이 발생한다. 이 규정은 모두 계약(법률행위)책임을 묻는 동질성은 있다. 그러나 상법은 민법에 대한 특별법이므로 상법에 의한 채무불이행으로 인한 손해배상청구권이 우선한다.

Ⅳ. 권리경합과 법규경합의 상호관계

권리가 경합한 경우에 법관은 이에 구속된다. 즉, 권리가 경합한 경우에 채권자가 앞의 ①(계약에 따른 손해배상청구권)을 주장하면 법관은 앞의 ②(불법행위에 따른 손해배상청구권)를 인정하여 판결할 수 없다. 반대의 경우도 마찬가지다. 따라서 법관은 권리자가 주장한 권리에 구속한다.

---

39) 일반법과 특별법의 경합 : 특별법 우선의 원칙을 적용한다.

법조가 경합한 경우에 법관은 우월한 법조규정을 적용할 의무가 있다. 즉, 법조경합은 우월적 권리에 대한 법률 조항을 법관이 직권으로 적용할 의무가 있다. 권리자가 앞의 ㉮의 권리를 주장하면, 법관은 직권으로 앞 ㉯의 권리를 근거로 재판하여야 한다. 법관은 당사자의 주장에 구속되지 않고, 우월적으로 특별법을 먼저 적용할 의무가 있다.

제6절 의무가 무엇인가

Ⅰ. 의무의 의의

의무(義務)란 법률상의 구속으로서, 의무자가 의무의 내용을 실현하는 행위를 하는 것을 말한다. 이로서 도덕적 의무 등 다른 규범에 따라 과하여진 의무와는 구별된다. 법적 의무는 법에 따라 과하여진 구속을 말하며, 의무자의 의사 여하와는 관계없이 반드시 따라야 하는 것으로서 법에 의하여 강요되는 것이다. 그것은 내용에 따라 작위행위(作爲義務)[40]일 수도 있고, 부작위행위(不作爲義務)일 수도 있다. 예를 들면, 금전채무에서는 금전지급행위가, 다른 집의 전망을 위하여 건축을 하지 않기로 한 채무자는 건축을 하지 않는 부작위행위가 의무이행이다.

Ⅱ. 의무와 구별되는 개념

의무와 구별해야 하는 것으로서 책임(責任)이 있다. 의무는 일정한 작위 또는 부작위를 해야 할 법률상의 구속인데 대하여, 책임은 의무위반에 따라 형벌・강제집행・손해배상 등 이른바 제재를 받는 기초가 되는 것이다. 또한 청약자의 승낙연착의 통지의무(민법 제528조), 증여자・사용대차의 대주의 하자고지의무(민법 제559조・제612조)와 같은 간접의무(책무)가 있다. 의무위반과는

40) 예: 부모가 자녀에 대한 부양의무, 생계를 같이 하는 친족에게 부양할 의무.

달리 간접의무 또는 책무를 불이행한 경우에는 이를 소(訴)로써 이행을 강제할 수는 없고, 손해배상청구도 할 수 없다. 다만, 법률의 규정에 의한 일정한 불이익을 받을 뿐이다.

의무는 책임을 수반함으로써 그 구속력이 확보되는 것이므로 책임을 수반하는 것이 보통이지만, 언제나 반드시 그런 것은 아니다. 예를 들면, 소멸시효 완성 후의 채무와 같이 이른바 자연채무의 경우 채무는 존재하지만 책임이나 채권은 존재하지 않는다.

Ⅲ. 의무의 종류

의무의 이행도 의무의 종류나 내용에 따라 다르다. 의무도 권리와 같이 공의무(公義務)와 사의무(私義務)로 대별된다.

1. 공의무(公義務)

공의무란 공법관계에서 당사자가 지는 의무를 말한다.

(1) 국내법상의 공의무

국내법상 공의무는 국내법상 공권의 주체인 국가 및 지방자치단체와 개인간의 공법관계에서 부담하는 의무를 말한다. 이는 국가적 공의무와 국민적 공의무로 구분된다.

1) 국가적 공의무

국가적 공의무는 국가적 공권에 대응하는 의무로서 국가가 국민에 대하여 지는 의무이다. 예를 들면, 국민의 자유를 보장하는 의무, 국민의 평등을 확보하는 의무, 참정권을 인정하는 의무, 국민의 사회적 기본권을 확보하는 의무, 국민의 청구권적 기본권을 확보하는 의무 등이 이에 속한다.

2) 국민적 의무

국민적 공의무는 국가적 공권에 대응하는 의무로서 국민이 국가에 대하여 지는 의무이다. 예를 들면, 납세의 의무, 재판복종의 의무, 병역의 의무, 근로의 의무, 공용비용부담의 의무 등이 이에 속한다.

(2) 국제법상 공의무

국제법상 공의무는 국제법의 주체인 국가·국제 조직과 개인 간에 부담하는 국제법 관계에서의 의무를 말한다. 일반 국제법에 의하여 지는 의무와 특수국제법상에 따라 지는 의무로 구별된다. 전자의 예로서 국내문제 불간섭의 의무, 후자의 예로로 한미상호방위조약상 대한민국과 미합중국의 상호원조의무를 들 수 있다

2. 사의무(私義務)

사의무(私義務)란 사권에 대응하는 사법관계에서 존재하는 사법상의 의무이다. 사의무는 개인 상호간에 존재하는 의무이다. 또한 국가 또는 지방자치단체가 통치관계에서 행동하지 않고 사법상의 주체로서 개인과 대등한 지위에서 행동한 경우에 국가 또는 지방자치단체와 개인의 사이에 존재하는 의무도 사의무이다.

3. 의무의 이행과 그 제한

권리행사와 마찬가지로, 의무이행도 신의에 좇아 성실히 하여야 한다(민법 제2조 제1항). 의무이행이 신의성실의 원칙에 반하는 경우에는 의무의 이행이 되지 않는다. 권리의 행사가 신의성실에 반하면, 권리남용이 되고, 불법행위가 되는 것처럼, 의무의 이행이 신의성실에 반하는 경우에는 이행의 효과가 발생하지 않으며, 의무불이행 또는 불법행위를 구성한다. 이와 같이 권리의 행사와 의무의 이행은 다 같이 신의성실에 좇아 행사하고, 이행해야 하는 제한·구속을 받는다. 이와 같이 의무이행을 강제하기 위하여 민법은 제389조에서 강제이행을, 제390조에서는 채무불이행에 따른 손해배상책임을 규정하고 있다.

제7절 권리와 의무의 관계

권리와 의무는 표리관계(상호 대응관계)에 있다. 즉, 의무는 권리의 반면으로 권리와 의무가 서로 대응하는 것이 보통이다. 예를 들면 채권자 A의 채권이라는 권리에 대응하여 채무자 B의 채무라는 의무가 있는 것이다. 또 금전을 차용한 자가 채무를 변제해야 할 의무, 국민이 국가에 대하여 세금을 납부해야 할 의무, 부부가 동거하고 협조하며, 일을 해 주기로 한 사람이 노무를 제공하는 행위가 의무 등이다. 그러나 언제나 권리에 대해서는 의무, 의무에 대해서는 권리가 반드시 따르는 것은 아니다. 권리만 있고, 의무가 대응하지 않는 형성권(예: 취소권, 해제권, 추인권 등)이 있고, 의무만 있고 권리가 대응하지 않는 것(예: 민법 제755조의 감독자의 책임의무, 청산인의 공고의무, 이사 또는 청산인의 등기의무)이 있다.

권리와 의무는 상호 공존관계에 있기도 한다. 즉, 권리는 동시에 의무를 포함하고, 의무는 동시에 권리를 포함하는 관계라는 것이다. 모든 국민은 헌법상 근로의 권리와 의무를 지며, 교육을 받을 권리와 의무를 지고, 또 재산권자는 재산을 공공복리에 적합하도록 행사해야 할 의무를 진다.

제2편 시민생활과 헌법

제1장 대한민국 헌법과 헌법교육

제1절 헌법의 기본원리와 올바른 이해

Ⅰ. 헌법의 기본원리와 헌법교육

1. 헌법의 의의

헌법(constitution)은 우리나라의 최고법규로서 국민의 기본권을 보장하고 국가권력을 조직하고 제한하는 근본법이다. 헌법은 나라의 주권자인 국민이 자기들의 천부인권을 보다 잘 보장하기 위하여 국가기관을 만들어 일정한 권한을 부여하고 이 국가기관의 행동을 제한하는 국가계약의 문서인 것이다.[1)]

최초의 근대헌법으로서 1776년의 버지니아 권리장전, 1791년 프랑스 헌법 및 1789년 인간과 시민의 권리선언 등이 있다. 헌법은 대개의 경우 성문법전으로 되어 있으며, 어느 나라도 입헌국가원칙을 거절하지 않기 때문에 모든 국가가 헌법을 가지고 있다. 헌법은 처음부터 만들어진 것이 아니고, 역사적인 발전과정을 거쳐서 현재와 같이 정의된 것이다. 절대왕정체제에는 왕이 이것이 헌법이라고 하면 그것이 곧 헌법이 되었지만, 오늘날에는 국민이 헌법의 제정에 참여하게 되었다. 이것을 민정헌법이라고 한다. 국민이 국가권력을 제한하기 위하여 만든 입헌주의 헌법은 국민주권주의, 기본권존중주의, 권력분립

1) 허영, 한국헌법론, 박경사, 2002, 13~32면 참조; 김철수, 헌법과 교육, 교육과학사, 2002. 27면; 김철수, 권영성, 헌법학원론, 법문사, 1995, 3~16면 참조.

주의를 그 내용으로 하고, 형식적으로는 성문헌법의 원칙과 경성헌법의 원칙을 채택하고 있다. 오늘날 현대적인 복지주의적 헌법은 모든 국민에게 인간답게 생활할 권리를 보장하는 사회적 법치국가의 이념에 입각하고 있다.

하나의 헌법이 존재하는 것만으로 곧 국가의 권력이 분립되어 이루어지고 국민의 자유가 보장되는 민주적 법치국가가 실현되는 것이 아니다. 헌법이 정치적 과정을 실제로 규율하는 경우에야 비로소 헌법이 현실적으로 살아 숨 쉬게 된다.

2. 헌법교육의 중요성

헌법은 법의 단계구조에서 최고성을 가지는 최고규범이다. 헌법은 다른 법률과는 달라서 추상적・일방적인 것이 특색이다. 헌법은 직접적인 강제성이 적고 강령적・계몽적인 성격을 가지고 있다. 또한 고도의 정치적인 성격을 띠고 있으며, 그것은 정책의 기본방향을 지시하는 정책선언적인 성격을 가진다고 말하여진다.[2)]

헌법은 국가권력을 조직하는 규범으로서 국회에는 입법권을 부여하고, 정부에는 행정권을 부여하고, 법원에는 사법권을 부여하고, 헌법재판소는 헌법재판권을 부여하는 수권규범이다. 따라서 모든 국가기관은 헌법에서 주어진 권한만을 행사할 수 있을 뿐이며, 헌법에서 수권하지 않는 권한은 행사할 수 없다. 또한 헌법은 국가권력을 분립시키고 상호 견제하는 제한규범의 역할을 한다. 헌법은 입법기관과 집행기관, 사법기관을 분리시켜 상호견제를 하는 권력제한규범이다. 그 중에서도 가장 중요한 것은 국민의 기본권을 보장하는 인권보장규범으로서의 특성을 가지고 있다.

헌법의 이러한 특성을 바탕으로 헌법교육의 의의를 찾아야 할 것이다. 헌법교육은 헌법을 제정하는 주체는 다름 아닌 우리 국민이다. 즉, 국가의 주인은 바로 우리 자신이다. 이처럼, 대한민국의 주권은 국민에게 있고, 모든 권력 역시 국민으로부터 나온다(대한민국헌법 제1조)고 천명하고 있다. 따라서 나 자신의 권리와 의무 및 재산권도 헌법에 보장되어 있는 국가의 주인인 것이다. 헌법교육 또한 헌법에서 나타난 국민 개개인의 주인의식과 헌법의 중요성을 일

2) 김철수, 헌법개설, 박영사, 2003, 10면 참조,

깨우지 않는다면 과거 특정 세력의 전유물이 될 우려가 높고 국민이 요구하는 정치와 거리가 먼 방향으로 나아갈 우려가 높다. 이러한 점에서 헌법을 수호하고 국민의 의식수준을 높이는 것은 헌법이 지니는 의미를 올바로 이해하는 것이 무엇보다도 중요하다. 국민 개개인은 헌법을 올바로 지키는 방법은 정치에 참여할 수 있는 고유 권리인 참정권이다. 국가의 일은 갈수록 복잡하고 전문적인 방향으로 지향하는 오늘날 모든 국민이 정치에 직접 참여하는 것이 불가능한 현실에서 보면 국민을 대신해서 국가를 운영토록 하는 대의정치 또는 간접민주정치를 운영하고 있다.

결국 우리 국민은 정치에 직접 참여하는 형태의 선거제도인 참정권을 통해 헌법을 수호하고 국가의 주인은 바로 나 자신이라는 헌법교육의 중요성을 자각을 해야 할 것이다.

Ⅱ. 대한민국 헌법의 기본이념

1. 대한민국 헌법의 성립

대한민국의 헌법은 전문과 본문 제10장 제103조 및 부칙 제6조로 구성되어 있다. 이러한 헌법은 1948년 7월 12일에 제정된 뒤 9차에 걸친 헌법개정이라는 역사를 가지고 있다.

2. 대한민국 헌법의 기본이념

대한민국의 헌법의 근본이념과 특색을 나타내고 있는 것은 헌법의 전문이다. 대한민국 헌법의 전문은 헌법의 제정경과와 개정과정을 설명하고 국민이 헌법을 만들었고, 또 개정했음을 명시하고 있다. 대한민국 헌법의 전문은 대한민국의 건국이념과 임시정부의 법적 전통성을 계승한다는 점과 국가적 질서의 지표가 될 국민주권원리, 조국의 민주개혁과 자주민주적 기본질서의 강화, 민족단결과 정의·인도·동포애의 실현, 저항권의 간접적 표현으로서 4.19 민주이념의 계승, 국민의 기본권보장, 책임과 의무의 강조, 항구적 국제평화주의를 규정하고 있다. 이러한 전문은 정치적 프로그램적 문장이 아니라 헌법 본문의 각 조항과 일체가 되어 헌법전의 일부를 구성하며, 그 자체가 직접적으로 법적 의미를 가진다.

대한민국 헌법은 헌법의 전문 이외에도 총강규정이나 경제조항 등에서 대한민국의 기본정책방향을 제시하고 있다 그 중에서도 중요한 것이 국민주권주의(제1조), 권력분립주의, 평화적 통일주의(전문, 제4조), 자유민주주의와 복지주의, 문화국가주의(제9조, 제3조 제5항, 제69조), 세계평화주의와 인류공영주의(제5조 · 제6조), 기본권존중주의(제10조 · 제37조), 복지국가주의와 사회적 시장경제주의(제119조 이하) 등이다.

제2절 대한민국 헌법의 특색

Ⅰ. 국가권력조직

대한민국의 주인은 국민이다. 주권은 국민에게 있고, 모든 권력은 국민으로부터 나온다(대한민국헌법 제1조). 따라서 아주 중요한 국가정책의 결정에는 국민투표로써 국민이 직접 결정하고 일방적인 국정운영은 선거를 통해서 선출한 국민대표기관에게 위임하고 있다. 헌법은 국민대표기관으로서 대통령, 국회, 정부, 법원, 헌법재판소를 두고 있다. 국민투표기관으로서의 국민과 국민대표기관들을 국가기관 또는 헌법기관이라고도 한다. 대한민국 헌법에서 이들은 최고기관의 하나로서 서로 견제하면서 균형을 이루고 있다.[3)]

이들 중 가장 중요한 기관은 국가대표인 대통령이다. 특히 제6공화국헌법은 제5공화국헌법이 어느 정도 권력통합주의의 입장을 취하고 있었는데 반해, 대통령에의 권력집중의 폐단을 없애고 입법 · 행정 · 사법의 실질적인 분립을 지향하고 있다. 제6공화국헌법은 장기집권의 예방을 위한 5년 단임제의 채택, 국가긴급권의 약화, 국회해산권의 배제 등을 통하여 제5공화국에 비해 대통령의 권한을 현저히 약화시키고 있다.

3) 김철수, 헌법개설, 30~35면 참조.

입법・행정・사법을 담당하는 국가기관으로서의 국회, 행정부, 법원은 어느 정도 상호견제를 하면서 균형을 이루도록 규정하고 있다. 그 균형을 보면 다음과 같다.

첫째, 국회는 행정부에 대하여 국무총리임명동의권(제86조 제1항), 국무총리와 국무위원의 해임건의권(제63조), 중요 공무원에 대한 탄핵소추권(제65조), 예산안의결권(제54조~제57조), 조약체결・비준동의권(제60조 제1항), 선전포고・국군해외파견동의권(제60조 제2항), 국무총리・국무위원・정부위원 출석답변요구권(제62조 제2항), 긴급명령승인권(제76조 제3항), 계엄해제요구권(제77조 제5항), 국정감사권(제61조) 등을 가져 견제할 수 있다. 또한 국회는 법원에 대하여 대법원장임명동의권(제104조 제1항), 대법관임명동의권・법원조직법률제정권(제102조 제3항), 일반사면동의권(제79조 제2항), 법원예산심사의결권(제54조) 등을 통하여 어느 정도의 견제를 할 수 있다.

둘째, 행정부는 국회에 대하여 국회임시회소집요구권(제47조), 법률안거부권(제53조), 국회출석발언권(제62조 제1항), 긴급명령권(제76조), 긴급재정・경제명령권(제76조), 계엄선포권(제77조), 헌법개정발의권(제128조) 등을 가져 견제할 수 있다. 또한 법원에 대하여 대법원장 및 대법관임명권(제102조 제3항), 법원예산편성권(제54조), 사면・감형・복권권(제79조), 긴급명령권, 긴급재정・경제명령권(제76조), 계엄선포권(제77조) 등을 가져 견제할 수 있다.

셋째, 법원은 국회에 대하여 위헌법률심사제청권(제107조 제1항)을 가지고, 정부에 대하여 위헌위법명령심사권과 행정재판권(제107조 제1항)을 가짐으로써 약간의 견제작용을 할 수 있다.

Ⅱ. 기본권보장

대한민국의 목적은 국민의 기본권존중에 있음을 전문은 밝히고 있다. 또한 제10조에서도 국민의 기본권보장의 대원칙을 선언하고 있다. 헌법 제10조는 “모든 국민은 인간으로서의 존엄과 가치를 가지며, 행복을 추구할 권리를 가진다. 국가는 개인이 가지는 불가침의 기본적 인권을 확인하고 이를 보장할 의무를 진다”고 규정하고 있다. 이것은 국민의 기본적 인권보장이 곧 국가의 목적임을 명시한 것이다. 헌법은 제11조에서 제36조까지 기본권에 대하여 개별적인 규정을 두고 있다. 즉 이들 기본권은 인간의 존엄과 가치·행복추권(제10조), 평등권(제11조), 자유권(제12조·제22조), 생존권(제34조~제39조), 청구권(제27조~제31조), 참정권(제24조~제26조)등으로 나눌 수 있다.

대한민국 헌법은 전통적으로 헌법에서 인정되었던 자유권(제12조·제22조)뿐만 아니라 인간의 존엄과 가치 및 행복추구권과 인간다운 생활의 향유에 관한 권리를 보장(제10조)하고 국가에 대한 여러 가지 청구권(제27조-제31조)을 규정하고 있다. 또한 헌법에 규정하지 않은 인간의 자유와 권리도 경시되지 아니한다고 규정함으로써 헌법에 규정되어 있지 않은 기본권도 보장되고 있음을 확인하고 있다.

국민의 기본권보장도 절대적인 것은 아니다. 기본권도 국가의 안전보장·질서유지와 공공복리를 위하여 필요한 경우에는 법률로써 제한할 수 있다. 이와 같이 입법이나 행정, 사법이 국민의 기본권을 최대한으로 보장하도록 규정되어 있기 때문에 국가기관이 헌법에 위반하여 기본권을 제한하는 것은 허용되지 않는다. 법률로써 기본권을 제한하는 경우에도 그 본질적 내용은 침해할 수 없다. 국민의 기본권의 본질적인 내용을 침해하는 법률이나 명령, 처분 등은 위헌이라고 하지 않을 수 없다. 뿐만 아니라 긴급명령 등도 국회의 사후승인을 받게 함으로써 국가긴급시의 기본권제한에도 통제를 인정하고 있다.

Ⅲ. 경제질서

대한민국헌법 제119조에서 "제1항 대한민국의 경제질서는 개인과 기업의 경제상의 자유와 창의를 존중함을 기본으로 한다. 제2항 국가는 균형있는 국민경제의 성장 및 안정과 적정한 소득의 분배를 유지하고, 시장의 지배와 경제력의 남용을 방지하며, 경제주체간의 조화를 통한 경제의 민주화를 위하여 경제에 관한 규제와 조정을 할 수 있다."고 규정하고 있다.

국가가 경제활동에 관여하는 것은 과거의 자유방임경제가 빈익빈 부익부의 현상을 초래하였기 때문에 이를 시정하고 모든 국민에게 인간다운 생활을 보장해 주기 위하여 필수적이기 때문이다. 따라서 대한민국 헌법은 자본주의를 수정하여 국민경제의 균등한 향상을 기하기 위한 최소한도의 계획과 규제를 단행하도록 하고 있다. 이것은 시장의 가격체제에 따라서 수요와 공급을 결정하되 사회적 정의의 원칙을 실현하기 위한 것이므로 사회적 시장경제주의라고 한다.

경제적 자유와 창의를 존중하고 있기 때문에 영업의 자유와 직업선택의 자유가 보장되고 있으며, 발명보호, 창작보호 등이 행하여지고 있고, 사유재산제도가 보장되고 있다. 또한 국가는 독과점의 폐단을 철저히 규제·조정하고 소비자 보호운동을 보장하고(대한민국헌법 제124조), 경제적 약자의 자조조직을 보호·육성(대한민국헌법 제123조)하며, 농지소작제도의 금지(대한민국헌법 제121조 제1항)하고 있다. 국가는 국토와 자원의 균형있는 개발과 이용을 위하여 계획을 수립할 수 있고(대한민국헌법 제123조), 농지와 토지 기타 국토의 효율적이고 균형있는 이용·개발과 보전을 위하여 필요한 제한과 의무를 부과할 수 있고(대한민국헌법 제122조), 농민·어민의 자조를 기반으로 하는 농어촌개발을 위한 계획을 수립·시행하여야 한다(대한민국헌법 제123조). 이와 같이 국토이용과 지역사회 개발을 위한 계획을 수립할 수 있는 면에서 경제계획이 행해지고 있다.

사유재산제도는 보장하고 있으나, 절대적인 것은 아니며, 그 내용과 한계는 법률로써 보정하도록 하고 있다. 또한 공공필요에 의하여 재산권을 수용·사용·제한하는 것도 법률에 의하여 가능하다. 국방상 또는 국민경제상 절실한 필요가 있는 경우에는 법률이 정하는 바에 따라 사영기업을 국유로 할 수 있으며, 경영에 대한 통제관리도 가능하도록 규정하고 있다.

Ⅳ. 국제관계

과거에는 국가의 목적을 달성하기 위하여 필요한 경우에는 전쟁에 호소할 수도 있었지만, 오늘날 세계 각국의 헌법은 평화주의를 선언하여 이러한 침략전쟁을 금지하고 있다. 대한민국 헌법도 전문에서 “밖으로는 항구적인 세계평화와 인류공영에 이바지함으로써”라고 하여 국제평화주의를 선언하고 있다. 또한 헌법 제5조 제1항은 “대한민국은 국제평화의 유지에 노력하고 침략적 전쟁을 부인한다”고 하여 침략전쟁을 금지하고 있다. 다만 무엇이 침략전쟁이냐에 관해서는 의견이 대립되고 있다. 우리나라에서도 자위전쟁은 가능하다. 자위전쟁이란 적국이 현실적인 공격을 해 오는 경우에 이것을 배제하기 위한 전쟁을 말한다. 자위전쟁은 개별적인 자위전쟁과 집단적인 자위전쟁이 있다. 국제연합헌장은 집단적인 자위권을 인정하고 있다. 우리나라도 한·미상호방위조약을 체결하여 집단적 자위를 위한 대비를 하고 있다.

대한민국헌법은 제6조 제1항에서 “헌법에 의하여 체결·공포된 조약과 일반적으로 승인된 국제법규는 국내법과 같은 효력을 가진다”고 규정하고 있다. 이러한 의미에서 볼 때 우리나라는 국제협조주의의 입장에서 국제법도 국내법과 같이 인정한다는 뜻이며, 효력도 같다는 것을 의미한다. 국회의 비준동의를 받은 조약은 법률과 같은 효력을 가지며, 국제관습법은 국내법과 같은 효력을 가진다. 그러나 UN헌장과 같은 국제법의 근본규정은 헌법률과 같은 효력을 가진다고 하겠다.

V. 헌법보장

헌법은 최고규범이다. 이 헌법 아래에는 법률·명령·규칙·처분 등이 있다. 헌법은 최고규범이기 때문에 법률이나 명령·규칙·처분 등이 헌법에 위반되면 그 효력이 상실된다. 이를 실효화기 위하여 위헌심사제도가 규정되어 있다. 이러한 법률·명령·규칙·처분은 단계구조를 이루어 상위법에 위반되면 하위법은 무효가 된다. 조약도 헌법에는 위반될 수 없고, 행정협정은 법률에 위반될 수 없다. 법률위헌여부를 심사하기 위하여 헌법재판소제도를 두고 있다. 조약이나 국제관습법이라는 국제법도 국내법과 같은 효력을 가지고 있기에 헌법재판의 대상이 된다.

대한민국 헌법은 사법적 헌법보장기관으로서 헌법재판소를 두었다. 국회의 법률에 대한 위헌심사권을 가지며 중요 공무원에 대한 탄핵결정권과 권한쟁의 심판권, 위헌정당해산권을 가져 헌법보장기관으로서 중요한 기능을 다 할 수 있도록 하였다. 헌법재판소는 국민의 기본권이 공권력의 행사 또는 불행사로 침해되는 경우 국민의 헌법소원신청에 따라 기본권을 구제해 주고 있다. 이 제도에 따라 국회의 법률제정이나 대통령의 통치행위 등의 기본권침해에서 국민의 기본권이 보장되고 있다. 위헌심사형 헌법소원에 의하여 법률에 대한 위헌심사가 행해지고 있는 것도 특색이다.

제2장 국민(개인)의 기본권 보장

제1절 기본권의 의의와 성격

Ⅰ. 기본권의 의의

기본권이란 헌법에서 보장하는 국민이 가지고 있는 기본권 권리를 말한다. 인권은 인간의 본성에서 나오는 생래적, 즉 국가없이도 인정되는 초국가적·전국가적 자연권을 의미한다. 이에 대하여 기본권 중에는 국가내적인 생존권·참정권 등도 있기 때문에 인권과 기본권은 엄격히 말하면 동일한 개념이 아니다. 기본권은 인권사상에 바탕을 두고 인간의 권리를 실현하려고 하는 것이므로 대체로 기본적 인권을 의미하며, 자연권사상에 근거를 두고 있다.[1)]

역사적으로 보면 영국과 같은 국가에서는 국왕이 귀족과 시민의 권리를 인정해 주는 방향으로 나아갔다. 이에 대하여 미국의 인권선언이나 프랑스의 인권선언과 갑오동학혁명 모든 국민이 천부의 인권을 가지고 있음을 선언하고 있다. 제2차 세계대전 이후의 기본권은 일반적으로 기본권이 전국가적인 자연권임을 헌법에서 강조하고 있다.

대한민국 헌법의 기본권은 실정권으로서 보장해 주고 있느냐 천부인권으로서 선언하고 있느냐에 대해서 학설이 대립하고 있다. 대한민국 헌법은 전문에서 우리들과 우리들의 자손에게 자유와 안전과 행복을 영원히 확보하기 위하여

1) 권영성, 앞의 책, 259~272면 참조; 김철수, 헌법개설, 92면 참조; 김철수, 헌법과 교육, 41면.

이 헌법을 제정했다고 선언하고 있으며, 제10조에서 “모든 국민은 인간으로서의 존엄과 가치를 가지며 행복을 추구할 권리를 가진다. 국가는 개인이 가지는 불가침의 기본적 인권을 확인하고 이를 보장할 의무를 진다”고 규정하고 있다. 이것은 국민의 기본권이 천부인권이며 국가는 이를 확인할 의무를 지고 있음을 명확히 한 것이다. 또한 헌법 제34조 “모든 국민은 인간다운 생활을 할 권리를 가진다”고 규정하고 있고, 헌법 제37조 제1항은 헌법에 열거되지 아니한 기본권도 “경시되지 아니한다”고 규정하고 있으므로 대한민국 헌법은 기본권을 전국가적인 자연권으로 규정한 것이라고 보아야 할 것이다.

Ⅱ. 기본권 보장의 법적 성격

대한민국 헌법에서 가장 핵심적인 기본권 보장규정은 제10조이다. 헌법 제10조는 헌법 제1조 “대한민국은 민주공화국이다”와 함께 대한민국 헌법의 가장 중요한 근본규범을 이루고 있다. 헌법 제10조는 근본규범이기 때문에 헌법 개정의 대상이 되지 않는다. 또한 헌법 제10조는 “인간의 존엄과 가치·행복추구권”이 기본권 보장의 전제가 되어 있다는 것이며, 이 규정은 헌법 제37조 제1항과 함께 기본권이 포괄적임을 선언한 것이다.

헌법 제10조는 전문과 후문으로 나누어지고 있다. 전문에서 인간의 존엄과 가치·행복추구권이라고 하는 것은 일반적으로 기본권 전반의 전제가 되는 포괄적인 인권을 말한다. 인간이 인간으로서 인격을 형성하고 향유하며 생명이나 명예를 침해당하지 않을 권리와 행복추구권, 자기가 원하는 바를 행할 수 있는 일반적 행동자유권이 보장되어 있다. 이러한 인간의 권리는 국가 이전의 권리이며, 자연권임을 보장한 것이다.

대한민국 헌법은 인격주의에 입각하고 있으므로 개인지상주의나 전체주의를 배격하고 있다. 개인인격의 존엄은 근대민주주의 헌법의 근저를 이루고 있는 것이며, 올바른 민주주의의 발달을 위해서는 인간의 존중이 확립되지 않으면 안 된다. 대한민국헌법 제10조는 전체주의를 배격하고 또 개인지상주의를 배격하고 있다. 이것은 헌법 제37조 제2항에도 잘 나타나 있다. “국민의 모든 자유와 권리는 국가안전보장·질서유지 또는 공공복리를 위하여 필요한 경우에 한하여 법률로써 제한할 수 있으며, 제한하는 경우에도 자유와 권리의 본질적 내용을 침해할 수 없다"고 규정하고 있다. 이것은 개인의 기본권이 절대적인 것도 아니며 전체의 이익이 절대적인 것이 아니고 상호 조화되어야 한다는 것을 나타낸 것이다.[2)]

제2절 기본권의 효력

Ⅰ. 헌법 제10조 후문

헌법 제10조 후문은 국가의 기본권 보장의무를 규정하고 있다. 즉 "국가는 개인이 가지는 불가침의 기본적 인권을 확인하고 이를 보장할 의무를 진다"고 함으로써 국가에게 기본권 보장의무의 의무를 부과하고 있다. 이 의무에 대해서는 법적 의무가 아니고 정치적·도의적 의무라고 보는 학자들이 있다. 그러나 이 의무는 헌법상의 의무로서 국가권력은 이에 따라야 하는 헌법적 의무규정이라고 보아야 할 것이다. 또한 헌법 제10조는 입법의 방향만을 규정한 입법방침규정에 불과하며, 행정권과 사법권을 구속하지 않는다는 학설도 있다. 그러나 헌법 제10조의 규정은 직접 모든 국가권력을 구속하는 직접적 효력규정이라고 보아야 할 것이다. 기본권의 효력이 미치는 범위가 대국가적인 것에 그치는 기본권이냐, 아니면 대사인간에도 미치는 기본권이냐에 따라 대국가적인 기본권과 대사인적인 기본권으로 분류된다.[3)]

Ⅱ. 기본권의 대국가적 효력

진정한 기본권은 대국가적인 기본권으로서 모든 국가권력을 구속한다. 이에

2) 허영, 앞의 책, 225면 참조; 김철수, 앞의 책·헌법과 교육, 42~43면 참조; 김철수, 앞의 책·헌법개설, 93면 참조.
3) 김철수, 앞의 책·헌법개설, 98면 참조; 김철수, 앞의 책·헌법과 교육, 44~45면 참조.

반하여 약간의 기본권은 사인 사이에도 효력을 발생하는데, 국가에 대해서만 효력을 발생하는 기본권을 대국가적인 기본권이라고 한다. 기본권 규정이 직접적 효력규정이라 함은 기본권 조항이 모든 국가권력을 구속한다는 것을 뜻한다. 모든 국가권력이든 기본권을 침해해서는 안 되며, 법률도 기본권의 유보아래에서만 제정될 수 있다. 따라서 기본권을 제한하는 법률의 제정은 국가안전보장 · 질서유지 · 공공복리를 위하여 필수불가결한 경우에 한정되고 있으며, 본질적인 내용은 침해할 수 없다.

행정권도 기본권을 침해서는 안 되며, 기본권 침해의 행정처분은 무효이다. 특히 경찰력이나 형집행권, 검찰권 등에 의한 기본권의 불법침해는 절대적으로 부정되어야 한다. 사법권도 국민의 기본권을 최대한으로 보장하는 방향으로 재판하여야 한다. 국가권력이나 공권력에 의한 기본권의 침해는 불법행위를 형성하며, 그로써 손해를 입힌 경우에는 손해배상의 책임을 져야 만 한다.

Ⅲ. 기본권의 대사인적 효력

대사인적 기본권이라 함은 사인에 대해서도 직접 효력을 갖는 기본권을 말하며, 이에는 근로3권, 인간의 존엄과 가치 · 행복추구권, 남녀평등권 등이 있다.

대한민국헌법 제10조는 국가는 기본적 인권을 확인하고 이를 보장할 의무를 진다. 이는 개인간의 기본권침해 행위에 대해서까지 국가가 관여하여 보장해 주어야 할 것인가가 문제되고 있다. 예를 들면, 사인간에 있어서 불평등한 처우가 행해지고 있다거나 사인간에 인신매매 행위가 행하여진다고 하는 경우 국가는 이를 방임해야 할 것인지, 그렇지 않으면 사인간의 행위에도 개입하여 기본권을 보장해 주어야 할 것인가가 문제되고 있다.

국가는 국민의 기본적 인권을 확인하고 이를 보장할 의무를 지기 때문에 개인이 기본권을 침해한 경우에도 국가는 이를 시정해 주고 개인의 기본권을 보장해 줄 의무가 있는 것이다. 따라서 국가는 국민의 사생활에 있어서의 기본권 침해 행위에 대해서도 관여하여 기본권을 보장해 주어야 한다. 예를 들면, 민법이나 상법, 형사법 등에 의하여 국민상호간의 기본권침해 행위에 대해서도 기본권을 보장해 주고 있는 것이 사실이다. 또한 오늘날에는 기본권의 본질상 제3자적 효력을 인정하여야 한다는 학설이 있다. 즉 근로자의 노동3권은 국가에 대한 권리일 뿐만 아니라 고용주에 대한 권리라고 인정되는 있는 것이다.

제3절 기본권의 내용

Ⅰ. 인간으로서의 존엄과 가치 · 행복추구권

이 기본권은 모든 기본권의 목적 · 이념이 되는 기본권이다.

1. 헌법상의 규정

대한민국헌법 제10조는 "모든 국민은 인간으로서 존엄과 가치를 가지며 행복을 추구할 권리를 가지며 국가는 개인이 가지는 불가침의 기본적 인권을 확인하고 이를 보장할 의무를 진다"고 규정하고 있다. 이것은 기본권의 대원칙을 천명하고 있다. 동시에 좁은 의미의 인간의 존엄과 가치 · 행복추구권을 보장하고 있다고 본다.[4)]

2. 인간의 존엄과 가치 · 행복추구권의 내용

넓은 의미의 인간의 존엄과 가치 · 행복추구권이라 함은 모든 기본권의 근간이 되는 주기본권을 말한다. 넓은 의미의 인간의 존엄과 가치 · 행복추구권을 보장하기 위한 개별적인 기본권으로서는 '자유권과 평등권, 생존권, 청구권, 참정권' 등이 있다. 이것은 모든 기본권의 근원이 되는 것이고 헌법이 규정하지 않은 기본권, 새로운 기본권의 도출근거가 된다.[5)]

좁은 의미의 인간의 존엄과 가치 · 행복추구권이라 함은 일반적 인격권, 명예권, 생명권, 행복추구권 등을 말한다. 일반적 인격권이란 인격자로서 대우를

---

4) 김철수, 헌법과 교육, 52~53면 참조.
5) 김범주, 법과사회, 형설출판사, 2003, 366면 참조.

받을 권리를 말한다. 예를 들면, 인간의 인격을 무시하는 비인도적 행위는 금지되며 노예제도라든가 인신매매제도와 같은 것은 금지되고 있다. 이 밖에도 모든 국민은 인간으로서 명예권을 가지고 있으며, 초상권·성명권 등을 가지고 있다. 또한 모든 국민은 생명권을 가지고 있다.

모든 국민은 명예권을 가지고 있으므로 명예를 침해당하지 아니할 권리를 가지고 있다. 명예가 침해된 경우에는 명예를 회복받을 수 있는 청구권이 있다. 또한 초상권이 있어 자기의 사진을 남이 함부로 사용할 수 없으며, 성명권이 있어 타인이 남의 성명을 함부로 남용하는 경우에는 처벌받게 되어 있다. 또한 성적 자기결정권,[6] 정보의 자기결정권 등도 포함된다. 이와 같이 모든 국민은 인간으로서의 존엄과 가치를 존중받게 되므로 사생활의 비밀은 침해할 수 없다. 이것은 프라이버시(Privacy)의 권리라고 한다. 그리고 인간은 생명권을 가지고 있기 때문에 사형제도가 인정될 것이냐가 문제되고 있다. 미국에서는 사형제도는 잔혹하고 비정상적인 형벌이라고 하여 위헌이라고 선포한 것도 있으며, 독일에서는 헌법에서 사형제도를 폐지하고 있다. 우리나라의 헌법재판소와 대법원은 사형제도는 합헌이라고 판시(헌법재판소 1996. 11. 28, 95헌바1 형법 제250조(사형)등 위헌소원)[7]하고 있다.

Ⅱ. 평등권

1. 헌법상 평등권의 의의

평등권이라 함은 모든 사람은 法앞에 평등하다는 것이 내용으로 되어 있는 권리를 말한다.[8] 모든 인간은 어떠한 사회적 환경에 있어도 인간으로서의 가치는 똑같고 평등한 존재라는 것은 민주주의 사상의 가장 본질적인 내용을 이

6) 헌재 1990. 9. 10, 선고 89헌마82.
7) 형법 제250조(사형)등은 각 법률조항들은 헌법 제10조의 인간의 존엄과 가치, 헌법 제12조의 신체의 자유, 헌법 제37조 제1항의 헌법에 열거되지 아니한 권리 및 동조 제2항의 기본권제한의 한계규정에 각 위배된다하여 헌법소원을 청구하였으나, 형법 제250조 제1항, 제41조 제1호 등 사형이라는 형벌을 규정한 형법규정이 헌법위반의 법률이라고 할 수 없고, 따라서 사형의 집행을 인정하는 형법 제66조, 행형법 제57조 제1항 역시 헌법에 위배되는 것이라고 볼 수 없다(헌법재판소 1996. 11. 28, 95헌바1)고 하였다..
8) 허영, 앞의 책, 353면 참조.

루는 것이다. 대한민국헌법 제11조는 평등권에 관하여 규정하고 있다. 즉 "누구든지 성별, 종교 또는 사회적 신분에 의하여 정치적 · 경제적 · 사회적 · 문화적 생활의 모든 영역에서 차별을 받지 않을 권리를 말한다(제11조 제1항).

이 평등권은 세계 각국의 모든 헌법에 규정되어 있으며, 민주정치의 기본원리로 인정되고 있다. 사회적 특수계급의 제도는 인정되지 아니하며, 어떠한 형태로도 이를 창설할 수 없다(제11조 제2항). 훈장 등의 영전은 이를 받은 자에게만 효력이 있고, 어떠한 특권도 이에 따르지 아니한다(제11조 제3항). 혼인과 가족생활은 개인의 존엄과 양성의 평등을 기초로 성립되고 유지되어야 하며, 국가는 이를 보장한다(제36조 제1항). 아리스토텔레스는 정의는 곧 평등이라고 보았다.

2. 법적 성격

평등권은 국가에 대한 공권이며, 전국가적이고 헌법 이전부터 있는 자연권적 기본권이다. 평등은 법 앞의 평등이기 때문에 입법권을 구속하지 않는다는 것이 구학설이었다.[9] 그러나 오늘날 평등권은 입법권도 구속한다는 것이 통설이다. 법 앞에 평등이라 함은 헌법 앞에 평등을 말하는 것으로서 법률로써도 불평등을 도입할 수 없다. 여기서의 법은 성문법 · 불문법을 포함하는 일체의 법을 말한다. 또한 행정이나 사법도 불평등하게 법을 적용해서는 안 된다.

그러면 이 평등이란 절대적 평등을 의미하는 것이지, 상대적 평등을 의미하는 것인지가 문제된다. 절대적 평등설이라 함은 어떠한 경우에도 차별대우를 할 수 없다는 것을 말하는 것이며, 상대적 평등설이라 함은 합리적인 이유가 있는 경우에는 차별대우를 할 수 있다는 것을 말한다. 오늘날에는 상대적 평등설이 다수설이다.[10] 상대적 평등설에 입각하는 경우, 차별의 기준이 무엇이냐가 문제되고 있다. 일반적으로 불평등의 근거로 합리적인 차별[11]은 가능하다

---

9) 김철수, 헌법과 교육, 54면 참조.
10) 김철수, 헌법과 교육, 54면 참조.
11) 합리적인 차별에 대하여 대한민국 헌법은 법 앞의 평등과 함께 성별에 의한 차별금지, 종교에 의한 차별금지, 사회적 신분에 의한 차별금지를 선언하고 있다. 이를 테면, 남녀 간에 임금차별을 하거나 여성에게 혼인하면 퇴직해야 한다는 계약은 남녀 평등의 원칙에 벗어난다. 그렇지만 남녀 간의 사실상의 차이에 의한 차별이나 합리적인 차별까지 금

고 보고 있다. 그런데 이 합리적인 용어가 매우 모호하다. 대한민국 헌법은 합리적인 것을 적극적으로 규정하지 않고 소극적으로 일정한 근거로 차별하는 것은 불합리한 것이라고 규정하여 이를 배제하고 있다.

3. 평등권의 내용

차별을 할 수 없는 근거로 헌법은 성별·종교·사회적 신분 등을 들고 있다. 이것은 열거규정이 아니고, 예시규정으로서 성별·종교·사회적 신분이 아닌 다른 근거에 따른 차별도 그것이 자의적이거나 불합리한 경우에는 금지된다고 하겠다.

민법전 친족상속편에는 성별에 따른 차별규정이 많았다. 이 규정들은 개정되었고, 1991년 1월 1일부터 시행되어 양성의 평등이 많이 개선되었다. 앞으로도 더 많이 개선될 규정이 있다. 또한 남성에게만 병역의무를 부과하는 것도 역시 불평등한 것으로 볼 수 없다. 노동법상에는 남녀간의 임금평등의 원칙이 확립되어 있다. 임금의 평등은 동일노동에 종사하는 여자근로자가 남자근로자와 똑같은 임금을 요구할 수 있는 권리이며, 이는 세계 각국에서 공인되고 있다. 다만, 여성에 대한 특별한 보호는 약자에 대한 보호라는 점에서 평등하다고 보고 있다.[12] 그리고 종교의 유무 또는 어느 종교를 믿는가에 따라서 차별대우를 해서는 안 되며, 사회적 신분에 따른 차별대우도 금지되고 있다.

사회적 신분이라 함은 선천적인 신분과 후천적인 신분을 아울러 말하고 있다. 사회적 신분에 따른 차별에는 존속살인이나 존속상해의 경우 형벌을 가중하는 것이 위헌이 아니냐 하는 것이 문제되고 있다. 일본에서는 위헌이라는 판결이 났지만, 우리나라에서는 아직까지 위헌판결이 나오지 않고 있다. 이러한 차별은 정치적·사회적·문화적 모든 생활영역에서 금지되고 있다. 따라서 정치적 불평등이라든가 사회적·경제적 불평등은 금지된다고 하겠다. 다만, 누진과세라든가 시험성적에 따른 입학 등은 허용된다고 하겠다. 국회의원선거에

지하는 것은 아니다. 예를 들면, 남자에게만 병역 의무를 과하든지, 여성에게만 생리휴가를 주거나 특별한 근로 보호를 하는 것은 합리적인 것으로 헌법상 허용된다. 종교에 의한 차별금지란 어떤 종교를 믿거나 특정종교를 믿지 않는다 하여 국가적 생활영역에서 차별해서는 아니 됨을 의미한다.: 김범주, 앞의 책, 368면 참조.

12) 허영, 앞의 책, 356면 참조; 김철수, 헌법과 교육, 55~56면 참조.

서 지역구 인구가 불균형인 것은 평등권위반이다. 또 군제대자의 공무원시험에서의 가산점제도도 위헌이다.

4. 평등권의 제한

이와 같이 평등권은 민주국가에서 총칙적인 기본권이기는 하나 절대적인 것은 아니다. 평등권은 헌법이나 법률로써 합리적인 이유로 제한될 수 있으며, 긴급명령에 의해서도 제한될 수 있다. 헌법은 개별유보로서 군인·군무원에 대한 군사법원재판관할, 이중배상금지, 노동3권의 제한, 공무원의 노동3권 제한 등을 규정하고 있다. 법률로써 평등권을 제한하는 경우에도 헌법 제37조 제2항에 따라 비례의 원칙·과잉금지원칙에 따라야 한다.[13)]

Ⅲ. 자유권

1. 자유권의 의의

자유권이라 함은 헌법 또는 국회의 의결(議決)을 거친 법률에 의하지 아니하고는 국가권력에 의하여 자유를 침해받지 아니하는 권리를 말한다. 모든 국민은 자유로이 활동하고 생활할 수 있는 권리를 가지고 있다. 이 자유권은 국가권력이 국민의 자유의 영역에 대해서는 침해하지 말아 달라고 요청할 수 있는 국가에 대한 일종의 부작위청구권이다. 또한 국가권력이 자유의 영역을 침해한 경우에는 이를 배제해 달라고 요구할 수 있는 침해배제청구권이라고도 할 수 있다.[14)]

2. 자유권적 기본권의 구조

자유권적 기본권은 주기본권인 일반적 행동자유권과 파생적인 개별적 자유권으로 구성되어 있다. 대한민국 헌법에는 일반적인 행동자유권이 규정되어

---

13) 허영, 앞의 책, 360~362면 참조; 김철수, 앞의 책·헌법과 교육, 56면 참조.
14) 김철수, 앞의 책·헌법개설, 136면 참조.

있지 않으나, 헌법재판소는 행복추구권에서 나온다고 한다. 일반적 행동자유권은 사법작용에서의 신체의 자유, 사회적·경제적 자유, 정신적 자유, 정치적 자유 등으로 분화되고 있다.

신체의 자유는 신체의 불가침과 사법작용에서의 자유를 말하는 것이다. 사회적·경제적 자유라 함은 거주이전의 자유, 직업선택의 자유, 주거의 자유, 통신의 자유, 사생활의 비밀의 자유, 재산권행사의 자유 등을 들 수 있다. 정신적 자유로서는 양심의 자유, 종교의 자유, 학문의 예술의 자유, 표현의 자유 등이 있다. 정치적 자유로서는 정치적 표현의 자유, 선거와 투표의 자유, 정당활동의 자유 등을 들 수 있다. 대한민국헌법은 제12조, 제13조에서 신체의 자유를 규정하고 있으며, 제14조에서부터 사회적·경제적 자유를 규정하고, 제19조에서부터 정신적 자유를 규정하고, 제23조에서 재산권을 보장하고 있다.

3. 자유권의 내용[15)]

(1) 일반적 행동의 자유

대한민국헌법 제10조의 행복추구권의 한 내용으로서 일반적 행동자유권이 보장되고 있다. 일반적 행동권이라 함은 자기기 원하는 일은 하고, 원하지 않는 것은 하지 않을 자유를 말한다. 판례에 의하면, 계약의 자유, 청소년이 당구를 칠 권리, 결혼식 하객에게 음식접대를 할 권리, 북한지역을 왕래할 권리, 대학에서 연구 수학할 수 있는 자유 등이 포함된다. 일반적 행동의 자유도 절대적인 것은 아니며 국민의 모든 자유와 권리는 국가안전보장·질서유지 또는 공공복리를 위하여 필요한 경우에 한하여 법률로써 제한될 수 있다(제37조 제2항).

(2) 신체의 자유

대한민국헌법 제12조, 제13조, 제14조, 제16조, 제27조, 제28조 등에서 신체의 자유를 보장하고 있다. 헌법 제12조 제1항은 "모든 국민은 신체의 자유를 가진다. 누구든지 법률에 의하지 아니하고는 체포·구속·압수·수색 또는 심문을 받지 아니하며, 법률과 적법한 절차에 의하지 아니하고는 처벌·보안

15) 권영성, 앞의 책, 368~476면 참조, 김철수, 앞의 책·헌법개설, 138~168면 참조; 김철수, 앞의 책·헌법과 교육, 58~63면 참조; 김범주, 앞의 책, 371~375면 참조.

처분 또는 강제노역을 받지 아니한다"라고 하여 신체의 자유를 보장하고 있다. 이것은 자유권 중 가장 핵심적인 기본권이다. 즉 신체의 자유는 신체안전의 자유·신체활동의 자유 등을 포함하고 있다. 신체자유의 내용을 보면, 법률에 의한 체포·구속과 죄형법정주의와 체포·구금 등의 법정주의·적법절차와 영장제도[16]에 따른 보호(제12조 제1항), 고문의 금지와 불리한 진술거부권(묵비권) 보장(제12조 제2항), 영장주의, 연좌제의 금지(제12조 제3항), 형사피고인의 무죄추정권(제12조 제4항), 변호인의 도움을 받을 권리와 국선변호제도(제12조 제4항), 체포·구속에 대한 통지의 의무(제12조 제5항), 구속적부심사제(제12조 제6항), 자백의 증거능력과 증명력의 제한(제12조 제7항), 형벌불소급의 원칙과 일사부재리의 원리(제13조), 재판청구권, 신속한 공개재판청구권(제27조 제1항·제3항), 형사보상청구권(제28조), 범죄피해자의 구조청구권(제30조), 친족의 행위로 인한 불이익처우금지(제13조 제3항), 이것이 침해된 경우 그 구제를 청구할 수 있는 권리 등으로 나누어진다.

모든 국민은 행위시의 법률에 따라서 범죄를 구성하지 아니하는 행위로 소추되지 아니하며, 법률에 의하지 아니하고는 형벌이나 강제노역, 보안처분을 받지 아니한다. 또한 체포, 구금, 압수·수색을 함에는 법관이 발부한 영장에 따라야 한다. 이 죄형법정주의와 영장주의에 의한 신체의 보호는 가장 중요한 자유권의 하나이다.

(3) 거주이전의 자유

거주이전의 자유라 함은 국민이 자기가 원하는 곳에 주소나 거소를 설정하고 또 그것을 이전할 자유 및 일단 정한 주소·거소를 그의 의사에 반하여 옮기지 아니할 자유를 말한다. 이 자유의 주체인 "모든 국민"이란 대한민국 국민을 의미하며, 자연인만이 아니고 법인도 보호를 받고 있다. 그리고 외국인은 포함되지 않는다는 것이 다수설이며, 이는 국제관습법상에서도 인정되고 있다.

---

16) 영장은 체포, 구속, 압수 또는 수색을 할 때에는 적법한 절차에 따라 검사의 신청에 의하여 법관이 발부한 영장을 제시해야 한다. 다만, 현행범일 때와 장기 3년 이상의 형에 해당하는 죄를 범하고 도피 또는 증거인멸의 염려가 있을 때에는 사후에 영장을 청구할 수 있다.

대한민국헌법 제14조에서는 모든 국민은 거주·이전의 자유를 가진다. 거주이전의 자유는 국내주이전의 자유, 국외거주이전의 자유, 해외여행의 자유, 국적이탈의 자유 등을 포함하고 있다. 거주이전의 자유는 치안상·풍속상·위생상·군사상의 필요에 따라 법률로써 제한되고 있다. 그에 대한 법률로서는 국가보안법, 전염병예방법, 민방위기본법, 소방법, 도시계획법, 군사시설보호법, 보안관찰법 등이 있고, 국외이주의 자유도 대한민국헌법 제37조 제2항에 따라서 제한받는데, 해외이주법, 출입국관리법, 여권법 등이 있으며, 북한에의 왕래에 관해서는 남북교류협력에 관한 법률에 따라 통일부장관의 승인을 받아야 한다.

(4) 직업선택의 자유

대한민국헌법 제15조는 "모든 국민은 직업선택의 자유를 가진다"다고 규정하고 있다. 이 규정은 개인적 자유권으로서의 성격을 갖는 동시에 자유주의적 시장경제질서의 내용을 규정하는 원리이다. 직업선택의 자유는 자기가 원하는 직업을 선택하고, 자기가 원하는 직업훈련을 받고, 자기가 택한 직업을 영위할 수 있는 자유를 말한다. 직업선택의 자유는 직업결정의 자유, 직업종사(행사)의 자유, 영업의 자유, 전직의 자유, 무직업의 자유를 포함한다. 그러나 대한민국헌법상 모든 국민은 근로의 법적 의무를 지고 있으므로 무위도식하는 것은 원칙적으로 인정되지 않는다.

직업선택의 자유도 국가안전보장·질서유지·공공복리를 위하여 필요한 경우에는 법률로써 제한할 수 있다. 그리고 경제적·사회적 생활과 밀접한 관계를 가지고 있어 여러 가지 제약을 받고 있다. 일정한 직종에는 자격제를 도입하고 있으며, 경찰허가제로 하고 있는 것이 있으며, 국가의 독점에 따라 사인이 영업할 수 없는 것 등이 있다. 대한민국헌법 제9장 경제조항의 취지나 제37조 및 제23조의 규정과 관련하여 경제적 규제가 행해지고 있다.

(5) 주거의 자유와 불가침

대한민국헌법 제16조는 "모든 국민은 주거의 자유를 침해받지 아니한다. 주거에 대한 압수나 수색을 할 때에는 검사의 신청에 의하여 법관이 발부한 영장을 제시하여야 한다". 규정하여 주거의 불가침과 법관의 영장에 따라서 보호를 규정하고 있다. 주거의 자유와 불가침은 주거의 안전과 평온이 침해당하지 않을 권리를 말한다. 주거의 불가침이라 함은 사생활이 영위되는 지역인 주거인 주거에 대한 국가권력의 부당한 침입을 배제하는 권리를 말한다. 여기서 주거라 함은 사람의 현재 주거여부를 불문하고 사람이 거주하기 위한 모든 건조물 및 시설을 말한다. 따라서 여관의 객실·사무소 등도 주거에 속한다. 정당한 이유에 기하지 않고 주거에 침입하는 것은 형법상 주거침입죄를 구성한다.

주거의 대한 침입은 형사절차상이 정한 경우에 영장을 제시하여 할 수 있다. 그러나 전염병예방이나 소방을 위한 것과 같은 순수한 행정절차에서는 영장이 없이도 강제로 소화·전염병 환자의 격리 등을 위하여 주거에 출입할 수 있다. 주거의 자유는 개인의 인격과 사생활을 보호하기 위하여 인정되지만, 국가의 안전보장·질서유지·공공복리를 위하여 필요한 경우에 법률에 의해 제한된다. 그 법률로서는 민사소송법, 형사소송법, 경찰관직무집행법, 마약법, 관세법, 조세범처벌절차법 등이 있다.

(6) 통신의 자유와 불가침

대한민국헌법 제18조에서 "모든 국민은 통신의 비밀을 침해받지 아니한다"고 하여 통신의 불가침을 규정하고 있다. 통신의 자유는 통신의 불가침을 말한다. 통신의 불가침이란 서신뿐만 아니라 전신·전화·휴대폰·e-메일 등의 검열이나 도청을 금지한 것을 말한다. 통신의 자유와 불가침은 사생활의 비밀과 표현행위의 자유를 보호하는 법익이다. 따라서 서신의 개폐금지 등의 통신의 비밀침해가 금지되며, 직원이 직무상 알게 된 사항을 누설할 수 없으며, 통신직원 이외의 직원이 비밀을 탐지하기 위하여 통신사무를 관여하는 것도 금지된다.

통신의 자유도 절대적인 것이 아니므로 국가의 안전보장·질서유지와 공공복리를 위하여 부득이한 경우에는 법률로써 제한할 수 있다. 이에 대한 법률로서 통신비밀보호법이 있어 국가안보상 필요한 경우에는 통신제한을 할 수 있다. 그 밖에 국가보안법에서의 반국가단체와의 통신을 금지하고 있으나 '남북교류협력에 관한 법률'은 통일부장관의 승인을 얻은 북한주민과의 통신은 허용하고 있다(남북교류협력에 관한 법률 제9조). 또한 형사소송법에 규정된 법원에 의한 일정한 우편물의 압수, 형집행 및 수용자의 처우에 관한 법률에 따른 일정한 자유권의 제한과 신체검사 및 수형자의 문서수발에 대한 교도관의 검열 등이 허용되고 있다.

(7) 사생활의 비밀과 자유

사생활의 자유라 함은 개인의 사적 생활의 영위의 자유를 말하는 것이고, 사생활의 비밀은 사생활의 부당한 공개로부터 자유를 말한다. 대한민국헌법 제17조에서 “모든 국민은 사생활의 비밀과 자유를 침해하지 아니한다”고 규정하여 정보화 사회에서 개인의 사생활이 공개되는 경향이 많음에 따라 사생활의 비밀에 관한 프라이버시의 권리를 명문화하고 있다. 사생활의 비밀과 자유를 넓게 해석하면, 인격적 이익의 총제 내지는 자기의 정보를 통제할 수 있는 권리를 말하나, 좁게 해석하면, 사생활을 함부로 공개당하지 아니할 법적 보장 내지 권리를 의미한다. 이에 대해 자세히 보면, 비밀영역에 대한 권리, 사적 영역의 존중에 대한 권리, 인격적인 감정세계의 존중의 권리와 정신적인 내면생활의 무상성에 관한 권리 등이 포함된다고 할 수 있다. ‘공공기관의 개인정보보호에 관한 법률’은 정보화사회화에 개인의 정보공개를 금지하고, 정정 등을 요구할 수 있으며, 공공기관이 보유하고 있는 정보에 대한 공개청구를 할 수 있도록 하고 있다. 형법은 사생활의 비밀을 침해한 자를 처벌할 수 있게 하고 있다.

이러한 사생활의 비밀도 절대적인 것이 아니며, 국가안전보장・질서유지・공공복리를 위하여 법률로써 제한할 수 있다. 그리고 프라이버시의 권리가 다른 기본권과 충돌하는 경우에는 이익형량에 의하여 제한될 수 있다. 특히 표현의 자유・국민의 알 권리와의 관계가 문제된다. 공무원이나 유명인의 사생활의 비밀은 국민의 알 권리를 충족시키기 위해서는 폭로되어 질 수 있다.

(8) 재산권의 보장

대한민국헌법 제23조 제1항은 “모든 국민의 재산권은 보장된다. 그 내용과 한계는 법률로 정한다”, 같은 조 제2항은 “재산권의 행사는 공공복리에 적합하도록 하여야 한다”. 같은 조 제3항은 “공공필요에 의한 재산권의 수용・사용 또는 제한 및 그에 대한 보상은 법률로써 하되 정당한 보상을 지급하여야 한다"라고 규정하고, 제22조 제2항은 "저작자 · 발명자 · 과학기술자와 예술가의 권리는 법률로써 보호한다"고 하고, 제9장의 경제조항에서는 광업권과 농지소유권 등에 관하여 규정하고 있다. 제23조의 재산권은 유체재산권(물권, 채권)을, 제22조 제2항은 지식재산권(특허권, 실용신안권, 상표권, 디자인권, 저작권)을, 제9장의 경제조항은 특수재산권(광업권, 어업권, 수리권, 하천점용권)을 보장하고 있다.

"재산권은 보장된다"라는 것은 재산권이 사유재산제도로서 보장된다는 것을 말한다. 재산권의 내용과 한계는 법률로 정할 수 있을 뿐이고, 명령에 의해서는 정할 수 없으나, 국가긴급시에 긴급명령, 긴급재정 · 경제명령에 따른 과도적인 규제는 가능하다. 그러나 조례로서 재산권의 내용과 한계를 정하는 것은 허용되지 않는다. 재산을 가진 사람도 자기의 재산권을 자유로 처분할 수 있는 것이 아니고, 재산권 행사는 공공복리에 적합하도록 하고 있다. 헌법재판소는 공공복리적합의무에 근거하여 국토이용관리법 제21조의 3 · 제31조의 2가 규정한 토지거래허가제를 합헌으로 결정하였다(헌법재판소 1989. 12. 12 선고, 88헌가13).

재산권의 침해란 공권력에 의하여 개인의 기득재산권을 제한하거나 이것을 박탈하는 행위를 말한다. 그러나 조세의 징수, 사회적 공공시설비의 부담, 국가형벌권에 의한 벌금징수 · 몰수 등과 같은 합법적인 침해는 인정되며, 총포 · 화학류와 같은 사회적으로 유해한 물건은 그 소지가 금지되거나 휴대 · 운반 · 사용이 제한된다. 공공필요에 의한 제한은 공용제도와 공공사용 · 공공수용 등인데, 정책적 고려 · 법률에 의하여 제한할 수 있다. 헌법은 이 외에도 특허를 취소하거나 사용 또는 제한할 수 있으며, 국방상 또는 국민경제상 간절한 필요가 있는 경우에는 법률로써 사영기업을 국유 또는 공유로 이전할 수 있고, 농지와 산지 기타 국토의 효율적인 이용을 위하여 법률로 그에 필요한 제한과 의무를 부과할 수 있다고 규정하고 있다. 또한 정당한 보상은 사회적 정의의 원칙에 합치되게 경제적 약자에게는 시가 이상의 보상을 해 주고, 사회적 경제적 필요가 우월하는 경우 경제적 강자의 이익은 어느 정도 제한될 수 있는 보상을 말한다. 예를 들면, 개발제한지역에 대한 보상문제, 조선철도국유화에 관한 보상문제, 사설철도주식회사주식소유자에 대한 보상에 관한 법률 등이 그것이다.

(9) 양심의 자유

대한민국헌법 제19조는 "모든 국민은 양심의 자유를 가진다"고 규정하여 양심의 자유를 보장하고 있다. 양심의 자유는 내심의 자유 중에서 신앙 · 학문 · 예술 등을 제외한 윤리적 · 정치적 · 사회적 양심의 자유를 말한다. 이 자유는 양심과 사상의 형성과정과 유지의 자유이며 이에 대한 표현은 언론 · 출판 · 집회 · 결사의 자유로서 인정된다. 양심의 자유는 내심의 자유이기 때문에 절대적인 것이다. 법률로써도 제한할 수 없다. 침묵의 자유는 양심의 자유에 포함되나(헌법재판소 1991.4.1 선고, 89헌마160), 사상 및 양심의 표현의 자유는 이에 포함되지 않고 언론 · 출판의 자유 등 표현의 자유에 포함된다.

(10) 종교의 자유

대한민국헌법 제20조 제1항은 "모든 국민은 종교의 자유를 가진다", 같은 조 제2항은 "국교는 인정되지 아니하며, 종교와 정치는 분리된다"고 규정하여 종교의 자유와 정교의 분리를 선언하고 있다. 종교의 자유는 정신적 자유 중에서 가장 오랜 역사를 가진 것이다. 종교의 자유는 신앙의 자유, 종교행위의 자유, 종교결사의 자유가 있다. 신앙의 자유는 어떠한 종교를 믿을 자유, 믿지 아니할 자유, 종교를 변경할 자유, 무종교의 자유 등을 포함하고 있다. 종교적 행위의 자유는 종교적 행사(즉 예배, 기도, 종교상의 의식) · 축전 · 예배의 자유를 의미하며, 종교적 집회의 자유란 종교적 목적으로 동 신자들이 집회하는 자유이며, 종교적 결사의 자유는 종교단체결성의 자유를 말하며, 종교단체란 동일한 신앙을 가진 신도의 집합을 말하며, 교단 · 교회 등의 결사를 말한다.

신앙의 자유는 그 자체가 내심을 이루므로 법률로서도 이를 제한할 수 없다. 그러나 종교적 행위의 자유나 종교적 집회 · 결사의 자유는 그것이 외부적 표현이기 때문에 표현의 자유로서 제한을 받게 된다. 그렇더라도 이러한 종교적 표현의 자유는 정치적 표현의 자유보다도 훨씬 관대하게 취급되어야 할 것이다(대판 1992.9.14., 92도1534). 정교분리의 원칙상 국공립학교에서 특정한 종교교육을 할 수 없으나(교육기본법 제6조 제2항), 일반적인 종교교육은 할 수 있으며, 사립학교의 종교교육의 자유는 방해되지 않는다고 할 것이다(대판 1989.9.26, 87도519; 대판 1992.12.22, 92도1742).

(11) 학문과 예술의 자유

대한민국헌법 제22조 제1항은 "모든 국민은 학문과 예술의 자유를 가진다", 동조 제2항은 "저작가·발명가·과학기술자와 예술가의 권리는 법률로써 보호한다", 더 나아가 제31조 제4항은 "교육의 자주성·전문성·정치적 중립성 및 대학의 자율성은 법률이 정하는 바에 의하여 보장된다"고 규정하여 학문과 예술의 자유를 보장하고 있다.

학문의 자유는 학문연구의 자유, 연구발표의 자유, 교수의 자유, 학문결사의 자유, 대학의 자치를 포함하고 있다. 학문의 연구의 자유는 진리탐구의 자유를 말하며, 이는 학문의 자유의 본질적 내용을 형성하는 것이므로 법률로써도 제한할 수 없는 절대적이다. 연구발표의 자유는 학문연구결과를 발표하는 자유를 말하며, 이는 외부적인 표현이기는 하나 학술단체나 강의실에서 발표하는 경우에는 거의 절대적인 자유가 보장되어야 할 것이다. 교수의 자유는 교수 또는 교육의 자유를 말한다. 정신적으로 미성숙한 자를 교육하는 초등·중등의 하급기관에서는 교육의 자유가 절대적으로 인정된다고 볼 수 없다는 이론이 일반적이다. 반면 대학에서의 교수는 자유이며, 헌법에서의 충성에만 구속된다고 하겠다.[17]

예술의 자유는 미의 추구의 자유이며, 예술창작의 자유, 예술전시·표현의 자유, 집회·결사의 자유를 포함한다. 학문과 예술의 자유 중 진리와 미의 탐구는 자유는 절대적이나, 그 외부적인 표현은 표현의 자유로서 제한된다. 영화·연극에 대해서는 그것의 대중성·직접성 때문에 질서유지를 위한 사전검열이 가능하다고 한다. 그러나 영화법과 공연법 및 음반 및 비디오물에 관한 법률의 사전심의제도 규정이 문제되었다. 신법인 영화법, 공연법, 음반·비디오물 및 게임물에 관한 법률은 영상물등급위원회의 등급판정을 받도록 하고 있다.

학문의 자유에는 과학기술의 연구의 자유가 포함되어 있다. 우리나라 과학

17) 허영, 앞의 책, 473면 참조; 김철수, 앞의 책·헌법개설, 156면.

기술의 발달은 인류의 복지향상에 기여하고 있으나, 예를 들면, 인간세포의 복제와 황우석 박사의 줄기세포 등은 새로운 재앙을 불러 올 가능성이 있으므로 법률에 따른 제한이 행해지고 있다(헌법재판소 1993.11.25 선고, 92헌마87). 과학연구를 위한 법률로써는 과학기술기본법, 기초연구진흥 및 기술개발지원에 관한 법률, 나노기술개발법, 소프트웨어산업진흥법, 클라우드 컴퓨터발전 및 이용자 보호에 관한 법률 등이 있다.

저작가・발명가・과학기술자・예술가의 권리는 그 성질상 지식재산권으로서 학문과 예술의 연구 및 발전을 도모하고, 문화적인 창작을 장려하기 위하여 문화예술진흥법, 저작권법, 발명진흥법, 국가기술자격법, 특허법, 실용신안법, 상표법, 디자인보호법, 반도체집적회로의 배치설계에 관한 법률, 산업기술의 유출방지 및 보호에 관한 법률, 부정경쟁방지 및 영업비밀보호에 관한 법률 등에 따라서 보호되고 있다.

(12) 언론・출판・집회・결사의 자유

대한민국헌법 제21조 제1항은 "모든 국민은 언론・출판의 자유와 집회・결사의 자유를 가진다." 같은 조 제2항은 "언론・출판에 대한 허가나 검열과 집회・결사에 대한 허가는 인정되지 아니한다". 같은 조 제3항은 "통신・방송의 시설기준과 신문의 기능을 보장하기 위하여 필요한 사항은 법률로 정한다". 같은 조 제4항은 " 언론・출판은 타인의 명예나 권리 또는 공중도덕이나 사회윤리를 침해하여서는 아니된다. 언론・출판이 타인의 명예나 권리를 침해한 때에는 피해자는 이에 대한 피해의 배상을 청구할 수 있다"라고 규정하여 언론・출판・집회・결사의 자유를 보장하고 있다.

언론・출판・집회・결사의 자유는 사상・양심 등의 외부적 표현이며, 현대 대중민주정치에서 필수불가결의 자유이므로 정치적 자유의 성격을 띠고 있다. 표현의 자유에는 개별적인 성격을 띤 언론・출판・집회・결사의 자유가 있다. 언론・출판・집회・결사의 자유는 민주정치의 전제조건이므로 이의 제한은 신중을 기해야 할 것이다. 물론 언론・출판・집회・결사의 자유라고 하더라도 절대적인 것은 아니므로 공공복리와 질서유지, 국가안전보장을 위하여 법률로써 제한할 수 있으나, 그 본질적인 내용은 침해할 수 없기 때문이다. 현행 헌법은 사전 검열·허가의 금지를 명시하고 있다. 언론·출판에 대해서는 비상계엄시에 특별한 조치를 할 수 있다(제77조 제3항). 긴급명령(제76조 제2항)으로써도 제한할 수 있다. 이러한 제한 법률로서는 잡지 등 정기간행물의 진흥에 관한 법률, 집회 및 시위에 관한 법률, 형법·국가보안법 등이 있다.

(13) 정치적 자유(참정권)

정치적 자유는 인간의 정치활동에서의 자유이다. 대한민국 헌법에서는 이를 따로 독립하여 규정하고 있지는 않으나, 헌법에 규정된 정치적 자유에는 정치적 표현의 자유, 정당가입과 활동의 자유, 선거와 투표의 자유가 있다. 정치적 표현의 자유는 정치적 언론·출판의 자유를 말한다. 정당의 설립, 가입과 활동의 자유는 보장되며 강제가입이나 강제탈당 등은 원칙적으로 금지된다. 선거와 투표는 자유이다 강제투표는 금지되고 선거운동의 자유는 보장된다.[18] 정치적 표현의 자유에 대한 제한하는 법률로서는 집회 및 시위에 관한 법률이 있다. 정치적 표현의 자유는 특수신분관계에서 제한될 수 있다. 군인·군무원·경찰공무원 등의 경우가 그러하다. 정치적 표현의 자유는 긴급명령으로써 제한될 수 있으며, 비상계엄령이 선포된 경우도 제한되거나 정지될 수 있다.

정당활동의 자유는 국가안전보장·질서유지·공공의 복리를 위해서는 필요한 경우에 한하여 법률로서 제한할 수 있다. 국민의 정당활동의 자유를 제한하는 법률로서는 정당법 등이 있다. 정당법은 정치자금모집이나 선거과정에서 많은 제한을 하고 있다. 공직선거법도 정당의 선거운동에 대하여 제한하고 있다.

국민은 선거권은 만18세 이상이면 가지며(공직선거법 제15조),[19] 피선거권은

---

18) 허영, 앞의 책, 508-513면 참조; 김철수, 앞의 책·헌법과 교육, 63면; 권영성, 앞의 책, 506-516면 참조.

19) 공직선거법 제15조(선거권) ① 18세 이상의 국민은 대통령 및 국회의원의 선거권이 있다. 다만, 지역구국회의원의 선거권은 18세 이상의 국민으로서 제37조제1항에 따른 선거인명부작성기준일 현재 다음 각 호의 어느 하나에 해당하는 사람에 한하여 인정된다. 〈개정 2020. 1. 14.〉 1. 주민등록법 제6조 제1항 제1호 또는 제2호에 해당하는 사람으로서 해당 국회의원지역선거구 안에 주민등록이 되어 있는 사람, 2. 주민등록법 제6조 제1항 제3호에 해당하는 사람으로서 주민등록표에 3개월 이상 계속하여 올라 있고 해당 국회의원지역선거구 안에 주민등록이 되어 있는 사람, ② 18세 이상으로서 제37조제1항에 따른 선거인명부작성기준일 현재 다음 각 호의 어느 하나에 해당하는 사람은 그 구역에서 선거하는 지방자치단체의 의회의원 및 장의 선거권이 있다.〈개정 2020. 1. 14.〉 1. 주민등록법 제6조 제1항 제1호 또는 제2호에 해당하는 사람으로서 해당 지방자치단

대통령은 만40세 이상, 그 외 만25세 이상이면 가진다(공직선거법 제16조). 이와 같이 국민은 투표의 자유와 공직입후보 및 선거운동의 자유를 가진다. 투표와 선거운동의 자유에는 공직자 선거와 국민투표에 참여하여 입후보할 수 있는 권리와 국민투표운동·선거운동을 할 수 있는 자유가 포함된다. 헌법은 공직선거법에서 국민에 대통령·국회의원·지방의회의원·지방자치단체의 장에 입후보할 수 있는 권리를 인정하고 있으며, 원칙적으로 국민의 선거운동의 자유를 인정하고 있다. 그러나 이러한 자유도 국가안전보장·질서유지·공공복리를 위해서는 법률로 제한될 수 있다. 공직선거법은 선거의 공정을 위하여 많은 제약을 두고 있다. 각종 선거권자와 피선거권자의 자격을 규정하고, 선거운동을 할 수 없는 사람을 규정하고 있다. 선거운동도 사전선거운동을 단속하고, 문서·도화 등의 반포 또는 게시를 금지하고, 광고를 제한하고 있으며, 호별방문도 금지하고 있다. 국민투표법도 국민투표운동에 관하여 많은 제한을 규정하고 있다. 헌법재판소는 선거의 공정을 위한 많은 제한 규정을 합헌으로 결정하였다. 예를 들면, 호별방문금지의 합헌성, 불법문서 등 반포제한 규정의 합헌성, 일정단체의 선거운동의 제한의 합헌성 등이다. 그러나 투표와 선거운동의 자유, 공직후보의 자유의 본질적인 내용은 법률로써도 침해할 수 없다.

4. 자유권의 제한

양심의 자유 등 절대적 자유권을 제외한 대부분의 자유권은 법률로써 제한할 수 있다. 그러나 이에도 국가안전보장·질서유지·공공복리를 위하여 필요불가결한 경우에 한하며 자유권의 본질적인 내용은 침해할 수 없다. 이 때에 과잉금지의 원칙이 적용된다.

자유권적 기본권은 긴급명령·비상계엄선포로 제한 정지될 수 있다. 대통령은 긴급명령, 긴급재정·경제명령으로써 일시적으로 자유권을 제한할 수 있으며,

---

체의 관할 구역에 주민등록이 되어 있는 사람, 2. 주민등록법 제6조 제1항 제3호에 해당하는 사람으로서 주민등록표에 3개월 이상 계속하여 올라 있고 해당 지방자치단체의 관할구역에 주민등록이 되어 있는 사람, 3. 출입국관리법 제10조에 따른 영주의 체류자격 취득일 후 3년이 경과한 외국인으로서 같은 법 제34조에 따라 해당 지방자치단체의 외국인등록대장에 올라 있는 사람 [2009. 2. 12. 법률 제9466호에 의하여 2007. 6. 28. 헌법재판소에서 헌법불합치결정된 이 조 제2항제1호를 개정함.]

또 비상계엄이 선포된 경우에는 계엄법이 정하는 바에 따라서 영장제도, 언론·출판·집회·결사의 자유에 특별한 조치를 할 수 있다.[20)]

Ⅳ. 생존권적 기본권

1. 생존권적 기본권의 의의

생존권적 기본권은 학자에 따라 생활권적 기본권과 또는 사회권적 기본권이라고 한다. 이는 현대 복지국가에서 국민들이 인간다운 생활을 영위할 수 있도록 국가에 대하여 일정한 생활에 필요한 급부와 배려를 요구할 수 있는 권리를 말한다. 따라서 생존권적 기본권은 국가권력의 불가간섭을 요청할 수 있는 자유권과는 구별된다.

이 생존권적 기본권이 헌법전에 등장한 것은 제1차 세계대전 이후이다. 근대 자본주의의 비약적 발전으로 부의 편재현상이 심화되었고, 빈곤의 확대와 실업자의 범람 등으로 인하여 개인의 생존에 위협을 받게 되자 심각한 사회문제로 제기되었고, 이를 계기로 모든 사회구성원들의 최저한의 생존을 보장하고 실질적 평등이라는 사회정의를 구현하기 위하여 생존권적 기본권 사상이 강조되었고, 마침내 1919년 바이마르 헌법에서 처음으로 사회권에 관한 규정을 두게 되었다. 이후 현대 국가에서 생존권적 기본권(생활권적 기본권·사회권적 기본권)을 보장하기에 이르렀다. 대한민국 헌법도 세계적인 경향에 따라 생존권적 기본권을 규정하고 있다.

자유권적 기본권과 생존권적 기본권과의 비교

구 분	자유권적 기본권	생존권적 기본권
이 념	개인주의·자유주의적 세계관, 시민적 법치주의국가를 전제	단체주의적·사회정의의 세계관, 사회국가·복지국가를 전제
성 격	소극적 권리, 전국가적 자연권, 개인의 권리, 구체적 권리	적극적 권리, 국가 내적 실정권, 시민의 권리, 추상적 권리
효 력	재판규범성이 강하다	행위규범성이 강하다
법률유보	권리제한적 유보	권리형성적 유보

20) 김철수, 앞의 책·헌법과 교육, 62~63면.

2. 생존권적 기본권의 구조

생존권적 기본권은 주생존권인 "인간다운 생활을 할 권리"와 그 파생적인 권리인 여러 가지 권리로 구성되고 있다. 주생존의 보장은 근로능력이 있는 사람에게는 근로의 권리로서 보장되며, 근로능력이 없는 사람에게는 사회보장의 권리로서 구체화되어 있다. 따라서 현대 헌법은 거의 전부가 이러한 근로의 권리와 사회보장에 관한 권리를 보장하고 있다. 또한 생존권은 물질적인 최저한도의 생활을 할 권리가 아니라 문화적인 건강한 최저생활을 할 권리이다. 따라서 교육을 받을 권리, 환경권, 가족과 혼인생활에서의 평등, 건강권 등이 보장되고 있다.

3. 생존권적 기본권의 내용

(1) 인간다운 생활을 할 권리

대한민국헌법 제34조 제1항 "모든 국민은 인간다운 생활을 할 권리를 가진다.[21] 제2항 국가는 사회보장·사회복지의 증진에 노력하여야 한다. 제3항 국가는 여자의 복지와 권익의 향상을 위하여 노력하여야 한다. 제4항 "국가는 노인과 청소년의 복지향상을 위한 정책을 실시할 의무를 진다. 제5항 신체장애자 및 질병·노령 기타의 사유로 생활능력이 없는 국민은 법률이 정하는 바에 의하여 국가의 보호를 받는다. 제6항 국가는 재해를 예방하고 그 위험으로부터 국민을 보호하기 위하여 노력하여야 한다"고 규정하고 있다.

모든 국민은 인간다운 생활을 할 권리를 가진다. 이 권리는 생존권적 기본권 중에서 가장 핵심적인 권리로서 최저한도의 문화적인 생활을 할 권리를 가진다. 최저한도의 문화적인 생활을 할 권리임으로 최저한도의 물질적인 생활보다는 높은 생활수준을 요구할 수 있다.

모든 국민의 인간다운 생활을 보장하기 위하여 국가는 사회보장제도와 사회복지제도를 확립해야 하는데, 국민은 이에 따라 사회보장을 받을 권리를 가진다. 이에는 건강보험, 재해보험, 연금보험 등의 사회보험제도와 양로원, 고아원,

21) 헌법 제34조 제1항은 헌법 제10조의 인간존엄존중을 보완하는 규정이다.

조산원, 무료진료소 등의 사회구호시설의 혜택을 받을 수 있는 권리가 인정된다. 현행 법률로서는 직업안정법, 국민기초생활보장법, 재해구호법, 군인연금법 등이 있으며, 사회보장기본법이 있다. 특히 여자 · 노인 · 청소년의 복지향상을 위하여 국가는 사회보장정책을 실시하여야 한다. 이를 위하여 모자보건법, 아동복지법, 노인복지법 등이 제정되어 사회보장수급권리로서 보장되고 있다.

신체장애자 및 질병 · 노령 그 밖의 사유로 인한 생활무능력자는 인간다운 생활을 보장하기 위하여 국가의 보호를 받을 권리가 있다. 생활능력이 없는 사람으로는 노령자 · 질병자 · 신체장애자, 그 밖의 생활능력상실자를 말하며, 이에 대한 법률로는 국민기초생활보장법, 의료급여법 등에 따라 생활보호를 받을 권리를 보장하고 있다. 또한 특별법으로서는 노인복지법, 장애인복지법 등이 있다. 나아가 국가유공자예우 등에 관한 법률 등은 군인 · 경찰관들의 유족들에 대해 보호하는 특별법이 있다. 장애인을 위해서는 장애인고용촉진 등에 관한 법률이 있다.

국가는 재해를 예방하고 그 위험으로부터 국민을 보호하기 위하여 노력하여야 한다, 이를 위하여 재난 및 안전관리법, 재해구호법이 제정되어 있다. 행정안전부장관은 매년 시 · 도지사, 시장 · 군수 · 구청장(이하 "시 · 도지사 등"이라 한다) 및 구호지원기관의 재해구호업무에 관한 계획(이하 "재해구호계획"이라 한다)의 수립지침을 작성하여 시 · 도지사 등 및 구호지원기관의 장에게 통보하여야 한다(재해구호법 제5조 제1항). 시장 · 군수 · 구청장은 통보받은 수립지침에 따라 지역실정을 고려하여 매년 시 · 군 · 구 재해구호계획을 수립하여 시 · 도지사에게 제출하여야 한다(재해구호법 제5조 제2항). 시 · 도지사는 통보받은 수립지침 및 제2항에 따라 제출받은 시 · 군 · 구 재해구호계획에 따라 지역실정을 고려하여 매년 특별시 · 광역시 · 특별자치시 · 도 · 특별자치도(이하 "시 · 도"라 한다) 재해구호계획을 수립하여 시장 · 군수 · 구청장에게 통보하고 그 결과를 행정안전부장관에게 제출하여야 한다(재해구호법 제5조 제3항).

인간다운 생활의 기준은 법률로 정할 수 있으나, 입법자는 헌법규범에 구속되어 이러한 기준설정이 인간의 존엄성을 침해한 경우에는 위헌법률이 될 것이다. 이에 대해서는 위헌심사를 청구할 수 있다. 또한 입법자가 인간다운 생활보장을 위한 필요한 법률을 전혀 제정하지 않거나 법률이 불충분하여 그 국민의 생존권이 현실적·구체적으로 침해된 경우, 부작위를 이유로 위헌법률심판과 헌법소원을 제기할 수 있다.

(2) 교육을 받을 권리

대한민국헌법 제31조 "제1항 모든 국민은 능력에 따라 균등하게 교육을 받을 권리를 가진다. 제2항 모든 국민은 그 보호하는 자녀에게 적어도 초등교육과 법률이 정하는 교육을 받게 될 의무를 가진다. 제3항 의무교육은 무상으로 한다. 제4항 교육의 자주성·전문성·정치적 중립성 및 대학의 자율성은 법률이 정하는 바에 의하여 보장된다. 제5항 국가는 평생교육을 진흥하여야 한다. 제6항 학교교육 및 평생교육을 포함한 교육제도와 그 운영, 교육재정 및 교원의 지위에 관한 기본적인 사항은 법률로 정한다"고 하여 교육을 받을 권리 및 교육의 의무, 의무교육의 무상, 교육의 자주성·전문성·정치적 중립성 및 대학의 자율성의 보장, 평생교육의 진흥, 교육제도의 법률주의 등을 규정하고 있다.

교육을 받을 권리라 함은 교육을 받을 수 있도록 국가의 적극적인 배려를 요구할 수 있는 권리를 말한다. 교육을 받을 권리는 모든 국민이 능력과 자질에 따라 균등하게 교육을 받을 권리를 말하며, 성별·종교·사회적 신분에 따라 차별을 받지 않을 권리를 말한다. 국가가 모든 국민에게 균등한 교육을 받을 수 있도록 교육시설의 확장, 장학정책의 시행 등 적극적인 의무를 가진다. 권리의 대상이 되는 교육은 학교교육·가정교육·사회교육·공민교육 등을 포함한 광의의 교육을 말하나, 그 중에서 학교교육이 가장 중요하다. 교육을 받을 권리는 오늘날 국민의 학습권으로 파악된다(교육기본법 제3조).[22]. 모든 국민은 사교육을 받을 권리를 가지며, 과외교육을 받을 권리를 가진다. 또한 교육의 권리는 교육의 의무를 수반하고 있다. 학령(學齡)에 달한 자녀를 가진 친권자 또는 후견인은 그 보호하는 자녀에게 초등교육과 법률이 정하는 교육을 받게 할 의무를 지고 있다. 의무교육의 연한에 대해서는 초등교육을 필수적으로 하고, 중등교육까지도 법률(교육기본법)로써 의무화하고 있다.[23] 의무교육은 무상

22) 교육기본법 제3조(학습권) 모든 국민은 평생에 걸쳐 학습하고, 능력과 적성에 따라 교육받을 권리를 가진다.

23) 교육기본법 제8조(의무교육) ① 의무교육은 6년의 초등교육과 3년의 중등교육으로 한다. ② 모든 국민은 제1항에 따른 의무교육을 받을 권리를 가진다.

으로 하게 되어 있다. 이것은 수업료만의 면제(초·중등교육법 제10조)를 뜻하는 것이 아니고, 학용품을 비롯한 급식의 무상까지도 포함한다. 고등학교 등의 무상교육은 고등학교·고등기술학교 및 이에 준하는 각종학교의 교육에 필요한 "입학금·수업료·학교운영지원비·교과용 도서 구입비"의 비용은 무상(無償)으로 하고 있다(초·중등교육법 제10조의 2 제1항).

헌법은 교육의 자주성·전문성 및 정치적 중립성·대학의 자율성을 보장하고 있다.[24] 대학의 자치는 학문의 자치로써도 보장되고 있으며, 대학교육의 자주성, 전문성, 정치적 중립성도 보장되어 있다. 국가는 평생교육을 진행하여야 한다. 평생교육은 학교교육뿐만 아니라, 가정교육, 사회교육을 망라한 넓은 의미의 교육으로 연령에 구애되지 않고 평생동안 생애교육을 실시하는 것을 말한다. 이를 위하여 평생교육법이 제정(1999. 9)되었다. 교육제도의 민주적 통제를 위하여 교육의 기본제도는 이를 법률로써 정하도록 하고 있다. 이 교육에 관한 법률로서는 교육기본법, 영유아보육법, 초·중등교육법, 고등교육법, 지방교육자치에 관한 법률, 교육공무원법, 교원지위 향상을 위한 특별법 등이 있다.

(3) 근로의 권리

대한민국헌법 제32조는 제1항 "모든 국민은 근로의 권리를 가진다. 국가는 사회적·경제적 방법으로 근로자의 고용의 증진과 최저임금의 보장에 노력하여야 하며, 법률이 정하는 바에 의하여 최저임금제를 시행하여야 한다. 제2항 모든 국민은 근로의 의무를 진다. 국가는 근로의 의무의 내용과 조건을 민주주의 원칙에 따라 법률로 정한다. 제3항 근로조건의 기준은 인간의 존엄성을 보장하도록 법률로 정한다. 제4항 여자의 근로는 특별한 보호를 받으며, 고용·임금 및 근로조건에 있어서 부당한 차별을 받지 아니한다. 제5항 연소자의 근로는 특별한 보호를 받는다. 제6항 국가유공자·상이군경 및 전몰군경의 유가족은 법률이 정하는 바에 의하여 우선적으로 근로의 기회를 부여받는다"고 규정하고 있다.

근로의 권리는 19세기 후반 사회적 기본권의 요구와 사회주의 사상의 영향으로 바이마르 헌법에서 처음으로 규정한 것으로서 근로의 권리는 모든 국민

24) 교육기본법 제5조와 6조에서도 부연하고 있다.

의 완전고용에의 권리라고 할 수 있다. 국민은 국가에 대하여 직업을 보장해 줄 것을 요청할 수 있을 뿐만 아니라[25] 이것이 불가능한 경우에는 실업수당을 지급해 줄 것을 요구할 수 있는 권리를 가진다.[26] 현재 고용보험법이 제정되어 있어 실업급여 등이 규정되고 있다. 국가는 완전고용에의 의무를 지고 있으므로 국가는 이를 위하여 사회적·경제적 정책을 강구해야 한다. 국가는 완전고용을 위하여 직업훈련을 하여야 하며, 취업알선, 실업보험제도 등을 마련하여야 한다. 국가는 직업안정법, 장애인 고용촉진 및 직업재활법 등을 만들어 이를 대체하고 있다. 또한 국가는 근로자의 근로조건을 인간의 존엄성에 적합하도록 하기 위하여 근로기준법 등을 제정되어 근로자들을 보호하고 있다. 헌법은 국가로 하여금 적정임금의 보장에 노력하도록 하고, 법률이 정하는 바에 따라 최저임금제를 시행하도록 하고 있다. 적정임금이란 근로자가 받는 임금이 그 가족의 인간다운 생활을 영위하는데 적합한 액수임을 말하며, 최저임금보다는 고액이라야 한다. 최저임금법이 최저임금제를 상세히 규정하고 있다. 퇴직금 등을 보장하기 위하여 임금채권보장법이 제정되어 있다.

여자의 노동은 생리적인 차이로 인하여 특별한 보호가 필요하다. 여자에게는 생리휴가, 산전산후 요양기간 등이 인정되고 있다. 여지의 노동에 대해서는 모성보호의 사회정책적 입장에서도 그 특별한 보호가 요망되고 있으며, 근로기준법이 이를 법정화하고 있다. 여자라는 이유로 고용·임금 및 근로조건에서 부당한 차별을 해서는 안 된다. 특히 남녀고용평등법이 제정되어 차별을 금지하고 있다. 연소자의 근로는 청소년보호라는 측면에서 특별히 보호되고 있다. 원칙적으로 의무교육을 받아야 할 아동의 노동은 금지되고 있으며, 소년근로에 대해서는 근로기준법 등이 과로를 금하는 등 규정을 두고 있다.

국가와 민족을 수호하기 위하여 활동한 자와 그 유가족에 대하여 특별보호를 하는 것이 요망된다. 헌법은 국가유공자·상이군경 및 전몰군경의 유가족은 우선적으로 근로의 기회를 부여받을 권리를 가진다고 명문으로 규정하고 있다(국가유공자예우 등에 관한 법률 제34조).

---

25) 사회보장제도, 실업보험제도, 연금제도의 확충과 경제성장에 적극적인 노력을 하여야 할 것이다.

26) 국가가 능력을 최대한 개발·발휘할 수 있도록 하고, 고용정책기본법이 규정되었다. 균형있는 국민경제의 발전을 도모하기 위하여 공용정책기본법이 제정되었다.

(4) 근로자의 근로3권

헌법 제33조 "제1항 근로자는 근로조건의 향상을 위하여 자주적인 단결권·단결교섭권 및 단체행동권을 가진다. 제2항 공무원인 근로자는 법률이 정하는 자에 한하여 단결권·단체교섭권 및 단체행동권을 가진다. 제3항 법률이 정하는 주요 방위산업체에 종사하는 근로자의 단체행동권은 법률이 정하는 바에 의하여 이를 제한하거나 인정되지 아니할 수 있다"고 규정하고 있다.

근로자는 경제적 약자이므로 강자인 고용주에 대응하기 위하여 근로자에게 근로3권을 보장하고 있다. 근로3권이란 근로자의 근로조건을 향상을 위하여 인정된 자주적인 단결권, 단체교섭권 및 단체행동권을 말한다.[27] 이를 위하여 노동조합 및 노동관계조정법 등이 있어 노동자들의 권익을 옹호하고 있다. 단결권이라 함은 노동조건의 유지·개선을 목적으로 사용자와 대등한 교섭력을 가지기 위한 단체를 구성하는 권리이며, 그러한 단체는 일시적인 단체도 포함하나, 주로 계속적인 단체(노동조합)를 의미한다. 따라서 단결권은 노동조합을 조직하고, 이에 가입하는 권리로 귀착한다. 단체교섭권이라 함은 근로자의 단체가 사용자와 근로조건에 관하여 교섭할 수 있는 권리이다. 정당한 단체교섭의 요구에 대하여 사용자는 이를 거부할 수 없다. 정당한 이유에 따른 교섭요구를 거부하는 것은 노동자측에서 대하여 손해배상청구권을 발생시키며, 또한 쟁의행위의 정당한 이유가 된다. 단체교섭의 결과인 단체협약은 국법에 의한 보호를 받는다. 단체행동권은 쟁의권을 말하며, 쟁의권은 근로자가 그의 주장을 관철하기 위하여 업무의 정상적인 운영을 저해하는 행위를 하는 권리이다. 그 구체적인 방법으로는 동맹파업, 태업, 시위운동 등이 있다. 쟁의행위에서는 노동조합 및 노동관계조정법에 의하여 이를 규제·조정하고 있다. 근로 3권의 행사는 근로자의 근로조건의 향상을 위한 자주적인 조건의 향상을 위한 자주적인 것이어야 하며, 근로자의 근로조건의 향상과는 관계없는 정치적 행동권이나 정치적 파업권은 이 조항에서 보장되는 것이 아니라고 본다.[28]

---

27) 근로자의 건강과 문화적인 최저한도의 인간다운 생활을 보호하기 위하여는 사용자와 근로자가 평등한 지위에서 고용계약이 맺어질 것이 요구되었으며, 이를 위하여 근로자는 상호 단결하고 단체행동을 하기에 이르렀다. 이 근로자의 단결권과 단체교섭권 및 단체행동권은 근로자의 3권이라고 불리어지며, 이들 권리는 "20세기의 자연법"이 요구하는 권리로서 승인하게 되었다.

대한민국헌법 제33조에 따라서 근로자의 3권에 대해서는 특수유보조항을 두고 있어 법률로써 제한할 수 있다. 공무원인 근로자는 법률로 정한 자에 한하여 근로3권을 가질 수 있으며, 법률이 정하는 주요 방위산업체에 종사하는 근로자의 단체행동권은 법률이 정하는 바에 의하여 제한하거나 부인될 수 있다. 헌법재판소는 국공립교육공무원의 근로3권을 제한하는 국가공무원 제66조 제1항을 합헌으로 인정하고 있다(헌재 1992.4.28선고, 90헌바27외 18건(병합).[29] 그러나 교원의 노동조합설립 및 운영 등에 관한 법률을 제정하여 교원의 단결권을 인정하고 있다. 공무원노조와 관련하여 공무원 직장협의회 설립과 운영에 관한 법률이 제정되어 있다.

대한민국헌법 제37조 제2항에 의하여 단결권과 단체행동권을 제한할 수 있는가에 대하여 긍정설과 부인설의 대립이 있으나, 국가의 안전보장·질서유지와 공공복리를 위하여 제한할 수 있다고 보는 것이 다수설이다. 근로 3권을 제한하는 경우에도 그 본질적인 내용은 침해할 수 없으며, 과잉하여 제한할 수 없다.

(5) 혼인·가족·보건에 관한 권리

헌법 제35조 "제1항 혼인과 가족생활은 개인의 존엄과 양성의 평등을 기초로 성립되고 유지되어야 하며, 국가는 이를 보장한다. 제2항 국가는 모성의 보호를 위하여 노력하여야 한다. 제3항 모든 국민은 보건에 대하여 국가의 보호를 받는다"고 규정하고 있다. 혼인과 가족제도는 개인의 존엄과 양성의 본질적 평등을 기초로 하고 있으므로 이 원칙을 구체화한 것이 헌법 제35조 제1항이다. 이 규정은 가족평등권과 가족의 개인으로서의 존엄권을 규정한 것이므로 종래의 가부장제도에 대한 개혁을 의미하는 것이라고 해석된다.[30]

국가는 모성의 보호를 위하여 노력하여야 하며, 어머니는 모성의 보호를 받을 권리를 가진다. 모자보건법은 모성의 생명과 건강을 보호할 것을 규정하고 있다. 국민의 보건에 대한 국가의 보호의무는 국민을 허약과 질병에서 보호하

28) 김철수, 앞의 책·헌법개설, 181면.

29) 헌법재판소는 모든 공무원에 대하여 단체행동권을 전면적으로 금지한 노동쟁의조정법 제12조 제2항에 대하여 합헌불합치결정을 내렸다(헌법 1993.3.11선고, 88헌바5).

30) 김철수, 앞의 책·헌법개설, 182면.

기 위한 것이다. 국민은 국가에 대하여 보건의 보호를 받을 권리 및 이를 위한 적극적인 보건행정의 실시를 요청할 수 있는 권리를 가진다. 이를 위하여 국민건강보험법 등을 제정하여, 전국적인 건강(의료)보험제도를 실시하고 있다. 현재 국민건강보험에 강제가입하는 것을 인정하고 있으며, 보험료를 내지 않는 경우, 보험혜택을 주지 않는 것도 합헌이라고 하였다(헌제 2001.8.30선고, 2000헌마668).

(6) 환경권

환경권(environmetal right)이라 함은 인간다운 환경속에서 생존할 수 있는 권리를 말한다. 환경권의 본질은 인간의 존엄권 내지 생존권에 속하는 것이므로 모든 사람의 권리이다. 좁은 의미의 환경권은 건강하고 쾌적한 환경속에서 살 권리, 즉 생명과 건강에의 침해를 받지 않을 환경속에서 살 권리를 말하나, 넓은 의미의 환경권은 이 밖에서도 문화적 유산이라든가, 도로・의료 등 사회적 환경을 포함한 좋은 환경속에서 살 권리를 말한다.[31] 헌법이 깨끗한 환경에서 살 권리라고만 하지 않고, 건강하고 쾌적한 환경에서 살 권리라고 규정하고 있으므로 자연적 환경뿐만 아니라 보다 좋은 사회적 환경에서 생활할 권리를 아울러 보장하고 있다.

대한민국헌법 제35조는 "제1항 모든 국민은 건강하고 쾌적한 환경에서 생활할 권리를 가지며, 국가와 국민은 환경보전을 위하여 노력하여야 한다. 제2항 환경권의 내용과 행사에 관하여는 법률로 정한다. 제3항 국가는 주택개발정책 등을 통하여 모든 국민이 쾌적한 주거생활을 할 수 있도록 노력하여야 한다"고 규정하고 있다. 현행 헌법은 환경권의 내용과 행사에 관하여는 법률로 정한다고 하고 있어 국가가 법률을 통하여 그 내용을 확장하거나 그 행사방법을 정할 수 있다. 이에 대한 법률로는 환경정책기본법, 대기환경법, 수질환경보전법, 자연환경보전법, 토양환경보전법 등이 있다. 또한 헌법이 쾌적한 주거생활에 관한 권리를 규정함으로써 인간다운 주택에 관한 권리를 신설하고 있다. 토지초과소득세법은 이에 위반된다고 한다(헌재 1994.7.29.선고, 92헌바49등(병합)).

---

31) 즉 자연적인 청정한 대기환경에서 살 권리 뿐만 아니라 좋은 사회에서 살 권리, 즉 교육권, 의료권, 주택권, 도로・공원이용권 등도 포함한다.

환경권이 국가권력에 따라 침해된 경우에는 청원권의 행사, 행정소송·헌법소원의 구제, 국가보상청구에 따른 침해구제 등을 할 수 있으며, 행정청의 인가·허가에 따라 환경파괴의 원인이 되는 사업활동·개발행위 등이 행해지는 경우에는 그 인가·허가의 취소 또는 무효확인을 구하는 행정소송을 제기할 수 있다.

4. 생존권적 기본권의 제한

생존권적 기본권은 국가목표규정이며, 사회정책적 기본권이므로 입법자에게 생존권적 기본권보장과 그 실현에 대한 중책이 지워지고 있다. 생존권적 기본권의 제한도 헌법이나 법률로써 가능한데, 가장 중요한 것은 국가의 재정형편이나 예산부족에서 오는 제한이다. 또한 일단 확보된 생존권적 기본권도 긴급명령에 따라 정지 또는 제약될 수 있다. 특히 근로자의 근로3권에 대해서는 헌법과 법률·긴급명령 등에 따라 많은 제한이 행해지고 있다. 헌법은 공무원에게는 법률이 정하는 자에 한하여 단결권·단체교섭권 또는 단체행동권을 인정하고 있다. 또 법률이 정하는 주요방위산업체에 종사하는 근로자의 단체행동권을 법률로써 제한하거나 부인할 수 있도록 규정하고 있다.

Ⅴ. 청구권적 기본권

1. 청구권적 기본권의 의의

청구권적 기본권(기본권 보장을 위한 기본권)이라 함은 수익권이라고도 하며, 권리보호청구권, 구제권적 기본권, 권리를 보장하기 위한 기본권, 권리를 확보하기 위한 기본권 등으로 불리고 있다. 청구권적 기본권은 국민이 국가에 대하여 일정한 행위를 적극적으로 청구할 수 있는 주관적 공권을 말한다. 다른 기본권은 그 자체가 권리의 목적이지만, 청구권적 기본권은 기본권이 침해되거나 침해될 위험이 있을 때 기본권을 확보하기 위한 기본권이다.

청구권적 기본권은 국가에 대하여 특정한 행위를 요구한다든지, 국가의 보호를 요청한다든지 하는 적극적인 행위를 요청하는 적극적·주관적 공권이며,

원칙적으로 국가내적인 권리로서 국민에게 인정되는 시민의 권리인 것이다. 청구권적 기본권은 반사적 이익과는 구별되는 기본권을 구제·실현하기 위한 절차적인 기본권이다. 다른 기본적 인권은 실체법적인 권리인 점에서 청구권적 기본권과 구별된다. 청구권적 기본권은 국가내적인 권리이므로 헌법에 의하여 권리가 형성되고 법률에 의하여 구체화되는 것이다. 이 점에서 헌법은 청구권적 기본권을 실정권으로서 보장한 것이며, 모든 국가권력을 구속한다.

2. 청구권적 기본권의 구조

청구권적 기본권은 국가의 기본권보장의무가 강조되면서부터 그 종류가 늘어나게 되었다. 대한민국 헌법은 청구권적 기본권으로 청원권, 재판을 받을 권리, 형사보상청구권, 국가배상청구권, 범죄피해자구조청구권 등을 규정하고 있다.

3. 청구권적 기본권의 내용

(1) 청원권

대한민국헌법 제26조는 "제1항 모든 국민은 법률이 정하는 바에 의하여 국가기관에 문서로 청원할 권리를 가진다. 제2항 국가는 청원에 대하여 심사할 의무를 가진다"고 규정하고 있다. 청원권이라 함은 국가기관에 대하여 의견이나 희망을 진술하는 권리이다. 청원은 자유롭게 희망을 진술하고 국가가 이에 대하여 수리하고 심사할 의무가 있으나, 재결이나 결정이 필수적이 아닌 점에서 행정심판이나 행정소송과는 다르다. 또한 행정소송은 자기의 이익이 침해된 경우에만 제출할 수 있는데, 청원은 권리 또는 이익이 반드시 침해됨을 필요로 하지 않고 제3자를 위하거나 공공의 이익을 위하여서도 청원할 수 있다.

청원권은 자연인뿐만 아니라 법인에도 인정되며, 외국인에게도 인정된다. 청원을 제출할 수 있는 대상기관은 헌법은 "국가기관"이라고만 규정하고 있는데, 여기서는 입법·행정·사법기관뿐만 아니라 지방자치단체의 기관이나 공공단체까지 널리 포함된다고 본다(청원법 제2조, 지방자치법 제65조 이하 참조).

청원은 반드시 문서로써 하고 청원인의 주소·성명을 기재하여야 한다. 청원의 내용에 대해서는 청원법이라는 법률(청원법 제4조·제5조·제10조)이 청원할 수 있는 사항과 할 수 없는 사항을 규정하고 있다. 그 청원사항은 피해의 구제, 공무원의 비위의 시정 또는 공무원에 대한 징계나 처벌의 요구, 법률·명령·규칙의 제정, 개정 또는 폐지, 공공의 제도 또는 시설의 운영, 그 밖에 공공기관의 권한에 속하는 사항 등이다. 절차 및 기타 사항에 대해서도 청원법이 이를 규정하고 있다. 청원을 받은 공무소는 성실·공정·신속하게 심사·처리하고 그 결과를 청원인에게 통지하여야 한다(청원법 제9조). 이것은 청원의 권리구제수단으로서의 의의가 한층 높아졌다고 볼 수 있다. 청원을 실효화하고 국민의 고충을 처리하기 위하여 행정규제기본법과 민원처리에 관한 법률이 제정되었으며, 민원조정위원회가 구성되어 있다. 또한 국민은 불법행위를 한 공무원에 대하여 파면을 청원할 권리를 가진다.

(2) 재판청구권

대한민국헌법 제27조는 "제1항 모든 국민은 헌법과 법률이 정한 법관에 따라서 법률에 따른 재판을 받을 권리를 가진다. 제2항 군인 또는 군무원이 아닌 국민은 대한민국의 영역 안에서는 중대한 군사상 비밀·초병·초소·유독음식물공급·포로·군용물에 관한 죄 중 법률이 정한 경우와 비상계엄이 선포된 경우를 제외하고는 군사법원의 재판을 받지 아니한다. 제3항 모든 국민은 신속한 재판을 받을 권리를 가진다. 형사피고인은 상당한 이유가 없는 한 지체없이 공개재판을 받을 권리를 가진다. 제4항 형사피고인은 유죄의 판결이 확정될 때까지는 무죄로 추정된다. 제5항 형사피해자는 법률이 정하는 바에 의하여 당해 사건의 재판절차에서 진술할 수 있다"고 규정하고 있다. 재판을 받을 권리는 국가에 대하여 재판을 청구할 수 있는 기본권으로서, 이는 행정부의 자의적인 재판을 배제하고 사법권의 독립이 보장된 법원에서 신분이 보장된 자격 있는 법관에 의하여 재판을 받을 권리와 적법한 절차에 따른 공정한 재판을 받을 권리를 말한다. 재판을 받을 권리는 소송적 기본권이라고도 말할 수 있으며, 이것은 사법절차에서의 기본권으로서 일종의 절차적 기본권이다.

재판을 받을 권리는 "헌법과 법률이 정한 법관[32]에 따른", "법률에 따른 재판[33]"을 "받을 권리"를 말한다. 또 군인 · 군무원이 아닌 국민은 원칙적으로 "군사법원의 재판을 받지 않을 권리"를 가진다. 또한 형사피고인은 상당한 이유가 없는 한, 지체없이 "공개재판을 받을 권리"를 가지며, "유죄의 판결이 확정될 때까지는 무죄로 추정된다". 재판을 받을 권리는 민사재판을 받을 권리[34], 형사재판을 받을 권리[35], 행정재판을 받을 권리[36], 헌법재판을 받을 권리[37] 등이 있다. 재판을 받을 권리는 소극적으로는 국민이 법률의 규정에 따른 내용과 절차로서 행하는 재판 이외의 재판을 받지 아니할 권리를 말하는 적극적으로는 국민이 법률에 정한 법관에 따라 헌법과 법률에 따른 공정한 재판을 청구할 수 있는 권리를 말한다.

모든 국민은 군사법원의 재판을 받지 아니할 권리를 가지고 있다. 다만, 군인, 군무원인 경우, 중대한 군사상 기밀 · 초병 · 유독음식물 공급 · 포로 · 군용물에 관한 죄 중 법률에 정한 경우, 비상계엄이 선포된 경우에는 군사법원에 의한 재판을 받게 된다. 모든 국민은 신속한 공개재판을 받을 권리를 가지는데, 이는 민사사건과 형사사건뿐만 아니라 행정소송사건, 헌법소송사건에서도 적용되는 것이다. 공개재판을 받을 권리는 형사피고인의 권리일 뿐만 아니라 모든 국민의 기본권이다.

32) 헌법과 법률이 정한 법관이라 함은 헌법 제101조 제3항에 의하여 제정된 법률, 즉 법관조직법에 따라 법원을 구성하기 위하여 임명되었으며, 법원의 구성과 관할 및 그 사무분배 등에 관한 법률의 규정에 따라 권한이 있고, 또한 제척 그 밖의 사유에 따라서 법률상 그 재판에 관여하는 것이 금지되지 아니한 법관을 말한다.

33) 여기서 법률이라 함은 형사재판에서는 죄형법정주의의 원칙이 적용되어 형법이나 형사소송법과 같은 형식적 의미의 법률만을 의미하지만, 민사재판 · 행정재판 등에서는 민법 · 상법 · 민사소송법 · 행정소송법 등과 같은 형식적 의미의 법률 외에도 이와 저촉되지 아니하는 일체의 성문법과 불문법을 포함한다.

34) 민사재판청구권은 국민의 사법상의 권리보호를 위한 수단으로서 이는 사권보호청구권이라고도 할 수 있다.

35) 형사재판은 검사의 소송제기에 의하여 시작되므로 국민은 고소 · 고발로써 형벌권을 발동시키는데 기여할 수 있으나, 직접적으로 형사재판을 받을 권리를 행사할 수는 없다.

36) 공권력에 의하여 국민의 권리가 침해된 경우에는 국민은 행정소송을 청구할 권리가 있다.

37) 국민은 법률의 위헌여부가 재판의 전제가 된 때에는 헌법재판소에 위헌법률심판을 제청해 줄 것을 법원에 신청할 수 있고, 헌법재판소에 헌법소원을 청구할 수 있는 등 헌법재판을 청구할 수 있는 권리가 보장되어 있다.

(3) 형사보상청구권

대한민국헌법 제28조는 “형사피의자 또는 형사피고인으로서 구금되었던 자가 법률이 정하는 불기소처분을 받거나 무죄판결을 받은 때에는 법률이 정하는 바에 따라서 국가에 정당한 보상을 청구할 수 있다”고 규정하고 있다. 형사보상청구권을 규정한 법률로는 형사보상 및 명예회복에 관한 법률(형사보상법)이 있다.

모든 국민은 형사피의자 또는 형사피고인으로서 구금된 경우에 법률이 정하는 불기소처분이나 무죄판결을 받은 때에는 국가로부터 손실을 보상받을 수 있는 권리가 있다. 이를 형사보상청구권이라고 한다. 형사보상청구권에는 형사피의자보상과 형사피고인보상이 있다. 즉, 형사보상청구권은 형사피의자 또는 형사피고인으로서 구금되었던 자가 불기소처분 또는 무죄판결을 받은 경우, 담당 공무원의 고의·과실과는 관계없으며 구금에 따라 입은 손실을 보상청구할 수 있다. 그 근거법이 형사보상 및 명예회복에 관한 법률이다. 면소 또는 공소기각의 재판을 받은 자도 재판을 받을 만한 현저한 사유가 있었을 때에는 국가에 대하여 구금에 대한 정당한 손실보상을 청구할 수 있다.

(4) 국가배상청구권

대한민국헌법 제29조는 “제1항 공무원의 직무상 불법행위로 손해를 입은 국민은 법률이 정하는 바에 의하여 국가 또는 공공단체에 정당한 배상을 청구할 수 있다. 이 경우 공무원 자신의 책임은 면제되지 아니한다. 제2항 군인·군무원·경찰공무원 그 밖의 법률이 정하는 자가 전투·훈련 등 직무집행과 관련하여 받은 손해에 대하여는 법률이 정하는 보상 외에 국가나 공공단체에 공무원의 직무상 불법행위로 인한 배상은 청구할 수 없다”고 규정하고 있다. 이에 대한 법률은 국가배상법이 있다.

공무원의 직무상 불법행위로 손해를 입은 국민은 국가 또는 공공단체에 대하여 손해배상을 청구할 수 있다. 이 국가배상청구권은 공무원이 직무상 고의·과실로써 국민에게 손해를 입힌 경우에만 청구할 수 있는 것이다. 이 점에서 담당 공무원의 고의·과실을 불문하고 결과에 대해서만 손실을 보상하는 형사보상과 다르다. 국가배상은 국가가 사용자로서 불법행위를 한 공무원에 대하여 손해를 배상해 주는 것이다. 따라서 불법행위를 한 공무원 자신의 책임은 면제되지 않는다. 국가는 불법행위를 한 공무원에 대하여 구상권(求償權)을 행사할 수 있다(국가배상법 제2조 제2항).

군인 · 군무원 · 경찰공무원 그 밖의 법률로 정한 자가 전투 · 훈련 등 직무집행과 관련하여 손해에 대하여는 법률이 정한 보상 이외에 국가나 지방자치단체에 공무원의 직무상 불법행위로 인한 손해를 배상청구할 수 없도록 제한하고 있다. 이들이 재해보상금 · 유족연금 · 상이연금을 받은 경우, 배상을 청구할 수 없게 규정하여 문제가 되고 있다(국가배상법 제2조 제1항 단서). 국가배상청구권도 국가의 안전보장 · 질서유지와 공공복리를 위하여 제한될 수 있는 바, 그 제한은 필요한 최소한도에 그쳐야 하고, 국민평등의 원칙에 적합하게 모든 피해국민에게 평등하게 보장되어야 한다.

(5) 범죄피해구조청구권

대한민국헌법 제30조는 "타인의 범죄행위로 인하여 생명 · 신체에 대한 침해를 받은 국민은 법률이 정하는 바에 따라서 국가로부터 구제를 받을 수 있다"고 하고, 헌법 제27조 제5항 "형사피해자는 법률이 정하는 바에 따라서 해당사건의 재판절차에서 진술할 수 있다"고 규정하고 있다.

타인의 범죄행위로 인하여 생명 · 신체에 대한 피해를 받은 국민은 법률이 정하는 바에 따라 국가로부터 구조를 받을 수 있는 권한이 있다. 피해구제금의 청구절차를 규정한 법률이 범죄피해자구조법이다. 이 구조청구권은 피해자의 무자력 · 생계유지곤란 등의 경우에 인정되므로(범죄피해자구조법 제3조 제1항 참조) 생존권적 기본권의 성격을 띤 청구권적 기본권이다. 범죄피해자의 구조청구권의 내용은 생명 · 신체에 대하여 피해를 입은 사람이나 유족에게 국가가 범죄피해구조금을 지급하는 것이다. 형사피해자는 고소권을 가지고(형사소송법 제223조), 법정에서 진술할 권리가 있으며(형사소송법 제294조2), 형사공판절차에서 피해사건의 범죄행위로 인하여 발생한 직접적인 물적 피해 및 치료비손해의 배상을 청구할 수 있다. 배상명령은 유죄판결의 선고와 동시에 하여야 한다(소송촉진 등에 관한 특례법 제31조 등 참조).

4. 청구권적 기본권의 제한

청구권적 기본권은 국가내적인 권리이므로 헌법과 법률에 의하여 제한할 수 있다. 대한민국헌법 제27조에서 국민의 군사법원의 재판을 받지 아니할 권리를 제한하고 있으며, 대한민국헌법 제29조에서 군인·군무원 등에 대해서는 이중배상을 청구할 수 없도록 제한하고 있다. 또한 청구권적 기본권에는 법률유보조항이 있으므로 대한민국헌법 제37조 제2항에 따라 국가안전보장·질서유지와 공공복리를 위하여 필요한 경우에는 법률로써 제한할 수 있다. 또 대통령의 긴급명령과 조약으로 이러한 기본권을 제한할 수 있다.

Ⅵ. 참정권

1. 참정권의 의의

참정권(political rights)은 국민이 국가기관의 구성원으로서 공무에 참여하는 권리이다. 이는 민주정치에서 필수불가결한 권리이므로 민주적·정치적 권리이며, 개별적인 국민의 능동적 공권이다. 참정권은 국민주권의 표현으로서 다른 기본권에 대하여 우월적 지위를 가진다.

참정권의 주체는 국가기관의 한 구성원으로서 개별국민이므로 국가내적 기본권이라고 보는 것이 다수설이다. 참정권을 행사하려면 일정한 연령에 달하여야 한다. 선거권 연령은 법률로 정하며(제24조), 피선거권 연령도 국회의원의 경우는 법률로 정하며, 대통령의 경우는 만40세로 헌법이 직접 명시(대한민국헌법 제67조 제4항)하고 있다. 참정권은 정치적 기본권이며 개별적인 국민의 능동적 권리이다. 이 기본권은 국민 개개인의 불가양·불가침의 권리로서 대리 행사시킬 수 없는 극히 개인적인 권리이다. 국민의 참정권은 헌법상 소급입법에 따라서 제한하지 못한다(대한민국헌법 제13조 제2항).

2. 참정권의 법적 구조

참정권은 국민이 국가의 의사형성에 참여할 수 있는 권리로서, 참정권에는 선거권 · 피선거권 · 국민투표권 · 공무담임권 등이 있다. 직접적인 참정권으로서 국민투표권 · 국민발안권 · 일반적 신임투표권 등이 있다. 간접적인 참정권으로서 선거권과 피선거권 등이 있다. 오늘날 간접민주정치가 원칙으로 되어가고 있다. 따라서 간접적인 참정권이 원칙으로 되고 있다.

3. 참정권의 내용

(1) 선거권

대한민국헌법 제24조는 "모든 국민은 법률이 정하는 바에 따라서 선거권을 가진다"고 규정하고 있다. 이 규정은 선거권의 연령요건을 법률의 규정에 위임하고 있으나, 공직선거법은 만 18세 이상인 자에게 대통령선거권 · 국회의원선거권 · 지방의회의원선거권 · 지방자치단체의 장 선거권 등을 부여하고 있다(공직선거법 제15조). 여기서 선거권이란 공무원을 선거하는 권리를 말하며, 이 경우의 공무원은 넓은 의미의 공무원으로서 현행 헌법상 국민의 선거권에는 대통령 선거권(제67조), 국회의원선거권(제41조 제1항), 지방의회의원선거권(제118조 제2항) 등이 있다. 국회의원에 대한 선거권은 보통 · 평등하게 부여되어야 한다(제41조). 따라서 제한선거는 인정되지 아니하며 불평등선거도 인정되지 않는다. 만19세에 달한 대한민국 국민은 특별한 결격사유가 없는 한, 1인 1표를 가진다. 따라서 여성도 선거권을 가지게 되며, 주거기간에 따른 선거권의 제한은 인정되지 않는다. 대통령의 선거권은 만 19세에 달한 국민이면 특별한 결격사유가 없는 한, 누구나 이를 가지게 된다(제67조). 국민은 5년마다 대통령을 선거하게 된다. 만19세 이상의 국민은 국회의원의 선거권을 가진다. 지방자치단체의 주민은 공직선거법에 따라 지방자치단체의 의회의원 및 장을 선거할 권한을 가진다(공직선거법 제15조 제2항).

(2) 피선거권과 공무담임권

대한민국헌법 제25조는 "모든 국민은 법률이 정하는 바에 따라서 공무담임권을 가진다"고 하고 있다. 공무담임권은 행정부뿐만 아니라 입법부 · 사법부 · 지방자치단체와 그 밖에 일체의 공공단체의 직무를 담임하는 권리를 말하는 것이다. 이는 피선거권보다도 더 넓은 개념이다. 공무담임을 위해서는 공무원시험 등에 합격하여 임용되거나 선거직 공무원인 경우 피선되어야 한다.

공무담임권은 능력에 따라 균등하게 공무원으로 될 수 있는 권리를 말하며, 피선거권에 불합리한 제한을 받지 않는다는 것을 말한다. 공무원으로서의 피선거권으로는 국회의원피선거권, 대통령피선거권, 지방자치단체의 장 및 의회의원피선거권 등이 있다. 국회의원의 피선거권에는 적극적 요건으로 대한민국 국적이 필요하며, 연령이 만25세 이상이어야 한다. 소극적 요건으로는 성년후견선고를 받은 자, 선거범으로 100만원 이상의 벌금을 받은 후 5년 또는 집행유예의 선고를 받은 후 10년을 경과하지 아니하거나, 징역형의 선고를 받고 그 집행을 받지 아니하기로 확정된 후 또 그 형의 집행이 종료되거나 면제된 후 10년을 경과하지 아니한 자, 법원의 판결에 따라서 선거권이 정지 또는 상실된 자, 금고이상의 형의 선고를 받고 그 형이 실효되지 아니한 자, 법원의 판결 또는 다른 법률에 따라서 피선거권이 정지 또는 상실된 자 등의 결격사유가 없어야 한다(공직선거법 제18조). 대통령의 피선거권은 국회의원의 피선거권이 있고 선거일 현재 5년 이상 국내에 거주하고 있는 만40세에 달하여야 한다(대한민국헌법 제67조 제4항). 지방선거의 선거권이 있는 자로서 만25세 이상인 자는 지방의회의원과 지방자치단체의 장의 피선거권을 가진다.

(3) 국민투표권

국민투표제도는 직접민주정치의 한 형태로 간접민주정치를 교정하기 위한 것이다. 직접 참정권에는 국민해면제도와 일반적 신임투표제도 및 국민발안제도, 국민표결제도, 국민투표(표결)제도 등이 있다. 대한민국헌법 제72조는 대통령은 필요하다고 인정할 때에는 외교·국방·통일 그 밖에 국가안보에 관한 중요한 정책을 국민투표에 붙일 수 있다고 규정하고 있다. 이 경우 국민투표에 붙일 것인가의 여부는 대통령의 판단에 따른 재량이다. 헌법은 이 경우의 국민투표에서의 의결정족수에 관하여는 규정을 하지 않고 있다. 또한 대한민국헌법 제130조는 국회에서 의결된 헌법개정안은 30일 이내에 국민투표에 붙여 국회의원선거권자 과반수의 투표와 투표자의 과반수의 찬성을 얻어 헌법개정을 확정시킬 수 있다고 규정하고 있다. 국민투표법은 국회의원선거권자이면 누구나 국민투표권을 가진다고 규정하고 있다.

4. 참정권의 제한

참정권은 국가내적 공권으로서 대한민국헌법 제37조 제2항에 따라 국가안전보장, 질서유지와 공공복리에 의하여 필요한 경우에는 법률에 따른 제한을 받는다. 선거권이나 피선거권 등 참정권은 외국인에게는 인정되지 아니하며, 법률로써 국민의 참정권도 제한할 수 있다. 법률은 선거권 결격자로서 성년후견선고를 받은 자, 선거범으로 100만원 이상의 벌금을 받은 후 5년 또는 집행유예의 선고를 받은 후 10년을 경과하지 아니하거나, 징역형의 선고를 받고 그 집행을 받지 아니하기로 확정된 후 또 그 형의 집행이 종료되거나 면제된 후 10년을 경과하지 아니한 자, 법원의 판결에 따라서 선거권이 정지 또는 상실된 자, 금고이상의 형의 선고를 받고 그 형이 실효되지 아니한 자, 법원의 판결 또는 다른 법률에 따라서 피선거권이 정지 또는 상실된 자에게는 선거권을 인정하지 않고 있다.

소급입법에 따라서는 참정권을 제한할 수 없다(대한민국헌법 제13조 제2항). 이것은 민주국가에서 당연한 원칙이나, 과거의 반민족행위처벌법이나 반민주행위자공민권제한법, 정치활동정화법, 정치풍토쇄신을 위한 특별조치법에 따라서 참정권을 소급입법으로 제한하여 왔었기에 이러한 일이 다시는 없도록 하기 위하여 헌법에 명문규정을 두고 있다. 공무담임권도 공무원법에서 자격요건이 규정되고 임명결격사유가 규정되고 있다.

제4절 기본권의 제한

Ⅰ. 기본권 제한의 원칙과 예외

국민의 기본권이라 하더라도 절대적인 것은 아니고 국가안전보장・질서유지 또는 공공복리를 위하여 필요한 경우에는 법률로써 제한할 수 있다. 국민의 기본권을 법률로써 제한할 수 있게 한 것은 법률이 국민의 총의의 표현이라고 보고, 국민이 스스로 자기 권리를 제약한다고 보고 있기 때문이다. 그러나 법률이 아닌 긴급명령이라든지 비상계엄 등에 따라서 제한될 수 있다. 이것은 기본권의 예외적인 제한이다.

Ⅱ. 기본권의 제한의 형태와 형식

1. 기본권 제한의 형태

(1) 헌법유보

헌법이 명문의 규정을 가지고 직접 기본권의 제한을 규정하고 있다. 이는 개별적 헌법유보를 인정하고 있다. 즉 언론·출판의 사회적 책임성, 타인의 명예나 권리 또는 공중도덕이나 사회윤리침해금지(대한민국헌법 제21조)하고, 군인·군무원·경찰공무원 등의 국가배상청구권을 제한하고 있다(대한민국헌법 제29조 제2항). 그리고 공무원의 근로3권을 제한하고 있다(대한민국헌법 제33조 제2항).

(2) 법률유보

법률에 위임하여 기본권을 제한하는 것을 말하는데, “법률에 따르지 않고는… 하지 아니한다”, “법률이 정하는 바에 따른다”라는 조항이 법률유보를 규정한 것이다. 일반적 법률유보조항은 대한민국헌법 제37조 제2항에서 규정하고 있다. 그 내용은 국가안전보장·질서유지·공공복리를 위하여 필요한 경우에 법률로써 기본권을 제한할 수 있다는 조항이다. 기본권을 제한하는데 있어 법률로써 제한하는 것이 원칙이다. 그런데 이 경우 모든 기본권이 법률에 의해서 제한될 수 있을 것인가가 문제된다. 대한민국헌법 제37조 제2항은 “국민의 모든 자유와 권리”가 기본권제한의 대상이 되고 있다. 그러나 양심의 자유, 신앙의 자유, 학문연구와 미의 창조의 자유 등은 내심의 자유이며, 기본권의 본질적 내용만으로 구성되어 있으므로 법률로써도 제한할 수 없는 절대적 기본권이다.

기본권을 제한하는 법률을 제정하는 경우에는 반드시 국가안전보장과 질서유지·공공복리를 위하여 필요한 경우에 한정된다. 국회가 법률을 함부로 제정해서 국민의 기본권을 제한할 수 없으며, 오르지 국가안전보장과 질서유지·공공복리를 위하여 필수불가결한 경우에 한하여 기본권을 제한하는 법률을 제정할 수 있다. 이를 합목적성이라고 한다. 여기서 국가안전보장이라 함은 국가의 존립유지, 동일성과 계속성의 보장이다. 국가안전보장을 위하여 기본권을 제한하는 법률로서는 국가보안법, 형법 등과 같은 것이다. 질서유지를 위하여 기본권을 제한하는 것은 선량한 사회질서의 유지・사회의 평온을 유지하기 위한 것으로 이를 위한 법률로서는 형법, 집회 및 시위에 관한 법률, 도로교통법, 풍속영업의 규제에 관한 법률 등이 있다. 공공복리[38]를 위한 제한은 국민의 건강증진, 사회경제의 안전・발전, 직업의 안정, 아동의 복리 등을 포함한다. 이에 대한 법률로서는 전염병예방법, 아동복지법, 국토의 계획 및 이용에 관한 법률, 도로법, 건축법, 산림법 등이다.

기본권을 제한하는 법률은 필수불가결한 경우에만 제정될 수 있으며, 이 법률에 따른 기본권제한은 필요한 최소한에 그쳐야 할 것이다. 이를 비례의 원칙 또는 과잉금지의 원칙[39]이라고 한다. 기본권을 제한하는 법률은 어디까지나 일반성을 가지고 있고, 명확한 것이어야 한다. 그 내용이 불명확하다거나 개별적 처벌규정과 같은 허용되지 않는다. 기본권을 제한하는 경우에도 자유와 권리의 본질적인 내용은 침해할 수 없다. 본질적 내용의 침해라 함은 법률에 따른 기본권의 침해로 말미암아 그 자유나 권리가 유명무실한 것이 되고 마는 정도의 침해를 말한다.

(3) 특별권력관계와 기본권 제한

특별권력관계라 함은 법규정이나 당사자의 동의 등 특별한 법적 원인에 따라서 성립하고 공법상의 특정한 목적달성에 필요한 한도 내에서 한쪽(국가나

---

38) 일반적으로 공공의 복리에는 국가적 복지, 사회적 복지, 인류적 복지를 내포하고 있다. 국가적 복지라 함은 국가가 그 정치기능을 필요하고도 충분히 다하기 위한 이익을 말한다. 이에는 선거의 공정한 시행, 재판기능의 능률화 등을 들 수 있다. 사회적 복리란 국민일반의 건강증진・생활안정, 사회경제의 안정・발전 등을 들 수 있다. 인류적 복지라 함은 개인적인 인간관계에서의 복지를 말하는 것이다. 이에는 직업의 안정, 아동의 복지, 타인의 복지 등을 포함하는 것이다.

39) 필요한 경우라 함은 그 제한이 목적 실현을 위하여 필요불가결한 경우를 말한다. 다시 말하면, 필요한 경우라 함은 공공복리 등의 현저한 요청이 있어야 하고, 또 다른 방법으로는 도달할 수 없는 불가피하고 불가결한 경우이어야 한다. 즉 목적과 수단이 적정한 비례관계에 있는 비례성을 갖춘 경우를 말하며, 이 경우에도 그 제한은 최소한도에 그쳐야 한다는 것을 말한다. 이 과잉금지의 원칙에는 목적의 정당성, 방법의 적정성, 피해의 최소성, 법익의 균형성을 들고 있다.

공공단체)이 다른 쪽(자연인)을 포괄적으로 지배하고, 다른 쪽이 이에 복종하는 것을 내용으로 하는 공법상의 특수한 법률관계를 말한다. 예를 들면, 국가와 공무원과의 관계, 국·공립학교와 재학생의 관계, 국공립병원과 이용자의 관계 등이 있다. 공무원은 법률이 정하는 자를 제외하고는 노동 3권을 가질 수 없고, 정당가입과 정치적 활동을 제한하고 있다. 이에는 군인·군무원·경찰공무원의 국가배상청구권을 제한하는 것 등이다.

2. 기본권 제한의 형식

대한민국헌법 제37조 제2항에서 의거한 기본권 제한은 원칙적으로 법률의 형식으로써만 가능하다. 명령도 법률의 위임이 있거나 긴급명령, 긴급재정경제처분 및 명령인 경우에는 예외적으로 기본권을 제한할 수 있다. 조약과 일반적으로 승인된 국제법규는 국내법 체계상 법률과 동일한 효력을 가지므로 법률에 따른 기본권 제한에 준하고 있다.

Ⅲ. 기본권의 한계와 예외적 제한

1. 기본권 제한의 한계

기본권은 최대한 보장을 요청하는 것이므로 그 제한은 최소한에 그쳐야 한다. 또한 기본권을 제한하는 경우에는 그 본질적인 내용을 침해해서는 안 된다(대한민국헌법 제37조 제2항 후단).

2. 기본권의 예외적 제한

기본권은 원칙적으로는 법률로써 제한하여야 할 것이나, 예외적으로 대통령의 긴급명령에 따라서도 제한할 수 있다.[40] 국회의 집회가 불가능한 경우에 한하여 발하여질 수 있는 것으로서 법률의 효력을 가지는 것이다(대한민국헌법 제

40) 법률에 따른 기본권 제한의 예외로서는 대통령의 긴급재정·경제처분 및 명령, 긴급명령, 계엄선포가 있다.

76조 제2항). 또한 대통령은 비상계엄을 선포할 수 있는데, 비상계엄이 선포된 경우, 계엄사령관은 계엄법에 따라 영장제도, 언론・출판・집회・결사의 자유나 정부와 법원의 권한에 대하여 특별한 조치를 할 수 있다(대한민국헌법 제77조 제3항).

기본권은 또 공무원관계든지 그 밖의 특수한 관계에 있는 사람에 대해서는 그 특수관계의 목적에 따라 필요한 제한을 가할 수 있다. 예를 들면, 공무원에 대해서는 겸직을 금지한다든지, 노동 3권을 제한할 수 있다. 또한 군인・군무원에게는 군사법원의 재판을 받게 하는 등 특례가 인정되고 있다. 기본권은 국가간의 조약이나 다변적인 국제조약에 따라서도 제한될 수 있다. 현재의 국제연합인권규약과 같은 다변조약(일반조약 혹은 다국가간 조약이라고도 함)은 오히려 기본권을 보장하기 위한 것이나, 조약(예: SOFA조약)에 따라서도 특정한 기본권은 제한될 수 있다. 왜냐하면 조약은 실질적인 법률이기 때문이다.

헌법개정에 따라서도 헌법에서 특별한 기본권을 제한할 수 있다. 그러나 헌법개정에 따르더라도 헌법의 기본권존중의 대원칙을 폐지할 수 없다. 따라서 대한민국헌법 제10조 같은 것은 헌법개정의 대상이 되지 않으며, 헌법상의 기본권을 본질적으로 제한하는 방향으로의 헌법개정은 허용되지 않는다.

제5절 기본권 침해에 대한 구제

Ⅰ. 기본권 침해의 모습

기본권은 헌법에 선언된 것 자체로는 큰 의의가 없는 것이고, 현실적으로 보장되지 않으면 안 된다. 따라서 기본권의 침해에 대한 사전적인 예방조치와 실제로 행해지는 침해의 배제 등 사후의 구제절차가 충분히 보장되어 있지 않으면 안 된다. 이러한 기본권은 여러 가지 측면에서 침해되고 있다. 그 침해에 따른 구제방법도 일률적인 것은 아니다. 국가권력이 국민의 기본권을 침해하는 경우에는 작위에 의한 경우와 부작위에 의한 경우가 있다. 작위에 의한 침해는 입법부가 위헌입법을 한다든지, 행정부가 기본권을 침해하는 행정행위를 하고, 사법부가 오판을 하는 등 적극적 행위에 의하여 국민의 기본권을 침해하는 것을 말한다. 이에 대하여 부작위에 의한 침해는 입법부가 헌법이 요청하는 입법을 하지 않는 경우와 행정부가 헌법이 요청하는 복지행정을 하지 않는다든지 사법부가 재판을 지연시켜서 국민의 기본권을 소극적으로 침해하는 것을 말한다.

대한민국 헌법은 기본권의 구제수단으로서 청원권, 행정쟁송제도, 재판청구권, 국가배상청구권, 형사보상청구권, 위헌법령심사권, 헌법소원권 등을 규정하고 있으나, 그 외에 저항권과 사인의 자구행위도 구제수단으로 논의되고 있다.

Ⅱ. 기본권 침해에 대한 구제방법

이와 같은 기본권의 침해에 대해서는 이에 따른 구제수단이 마련되어 있다. 국회에서 법률을 제정하여야 하는데, 이를 제정하지 않는 경우에는 국회에 대하여 법률을 제정해 달라고 청원할 수 있다. 법률이 구체적으로 기본권을 침해한 경우에는 위헌법률심사를 요구할 수 있고, 헌법소원을 청구할 수 있다. 또한 법률의 적용과정에서 기본권이 침해되는 경우에는 행정재판을 통하여 기본권을 보장받게 된다. 행정기관에 따른 기본권 침해에는 청원에 위한 구제, 행정심판 등 행정구제제도, 행정재판에 따른 구제, 국가배상청구에 따른 사후구제, 형사보상청구에 따른 사후구제, 헌법소원에 따른 구제 등을 마련하고 있다. 사법기관에 따른 기본권 침해는 매우 드문 일이지만, 오판 등에 따라서 국민의 기본권을 침해할 수 있다. 사법기관이 국민의 기본권을 침해한 경우에는 항소, 상고 등의 구제수단이 있으며, 재심 등의 구제수단이 있다. 일반적으로 행정기관이나 국가공무원 등의 기본권 침해행위에 대한 구제수단으로서는 사법기관에 따른 것이 가장 효과적이며, 최종적인 것이라고 할 수 있다. 사법기관에 따른 기본권 구제에는 행정재판뿐만 아니라 일반재판에 따른 기본권 구제제도 등을 들 수 있다.

헌법상 보장된 기본권이 헌법에 규정된 방법으로는 보장될 수 없는 긴박한 상황 아래에서 자력구제 내지 자구행위가 가능할 것인가가 문제된다. 일반적으로 공무원이나 사인이 불법적으로 국민의 기본권을 침해하는 경우에는 정당방위가 인정되고 있으며, 사인의 정당한 권리행사라 할지라도 그것이 정도를 넘은 경우에는 긴급피난을 할 수 있을 것이다. 헌법에 명문은 없지만, 불가피한 경우에는 자력구제를 인정하지 않을 수 없을 것이다. 민법 제209조와 형법 제23조는 자력구제 내지 자구행위를 명문으로 인정하고 있다.

기본권을 침해하는 국가의 공권력 행사에 대하여 모든 실정법적인 구제수단을 다하였으나, 구제가 불가능한 경우에는 저항권을 행사할 수 있을 것인가가 문제된다. 우리나라 대법원 판례는 저항권에 관하여 부정적인 입장을 취하고 있다(대판 1975.4.8, 74도3323; 대판 1980.8.26, 80도1278; 헌재 1997.9.25선고, 97헌가4). 그러나 우리나라의 경우에도 현행 대한민국헌법 전문은 "불의에 항거한 4·19민주이념을 계승"한다는 문언을 두고 있으므로 저항권을 인정하고 있다고 보아야 할 것이다.[41] 이 밖에도 국가인권위원회나 국민권익위원회, 감사원을 통한 구제도 가능하다. 그리고 대한법률구조공단을 두어 법률구조활동을 벌이고 있다.

제6절 국민의 의무

Ⅰ. 국민의 의무의 의의와 성격

1. 국민의 의무의 의의

국민은 국가에 대하여 권리를 가질 뿐만 아니라 의무도 지고 있다. 국민의 기본의무라 함은 국민이 통치대상자로서의 지위에서 부담하는 기본적 의무를 말한다. 국민의 기본의무로서 규정하는 구체적 내용은 각국 헌법의 이념과 역사적 발전단계에 따라 일치하지 않는다. 대한민국헌법도 전문에서 "능력을 최고한도로 발휘하게 하며, 자유와 권리에 따르는 책임과 의무를 완수하게 하여"

41) 김철수, 앞의 책·헌법개설, 119면 참조.

라고 규정하여 의무에 관하여 선언하고 있다. 헌법 본문에서는 납세의 의무, 국방의 의무, 교육의 의무, 근로의 의무, 재산권 행사의 공공복리적합의무, 환경보전의 의무 등을 규정하고 있다.

2. 국민의 기본의무의 법적 성격

국가의 존립을 유지하고 보호하기 위한 의무인 국민의 의무와 사회복지를 향상시키기 위한 인간의 의무가 기본의무이다. 국민의 의무는 국적소지자의 의무인 경우가 많은데, 대하여 인간의 의무는 국적의 여하에 막론하고 모든 인간에게 공통되는 의무이다.

3. 국민의 기본의무의 구조

국민의 기본의무는 납세의 의무와 국방의 의무, 교육을 시킬 의무, 근로의 의무, 환경보전의 의무, 재산권 행사의 공공복리적합의무 등이 있다. 외국에서는 헌법과 법령준수의 의무, 기본권 존중의 의무 등이 규정되고 있으나, 대한민국 헌법은 이를 자명한 것으로 보아 규정하지 않고 있다.

Ⅱ. 국민의 기본의무의 내용

1. 납세의 의무

대한민국헌법 제38조는 “모든 국민은 법률이 정하는 바에 따라서 납세의 의무를 진다”고 규정하고 있다. 납세의 의무라 함은 국가의 통치활동에 필요한 경비를 충당하기 위하여 국민이 조세를 납부하는 의무를 말한다. 납세라 함은 그 명칭 여하를 불문하고 보상없이 국가가 과하는 일체의 경제적 부담을 말한다. 따라서 사용료나 수수료의 징수 등은 이에 해당되지 않는다. 이와 같은 납세의 의무는 국민의 자력에 따라 공정·평등하게 또 조세법률주의의 원칙에 따라 과세되어야 한다. 대한민국헌법 제38조는 납세의무자로서 국민을 들고 있으나, 자연인과 법인뿐만 아니라 일정한 경우 외국인도 납세의 의무를 지고 있다. 외국인에 대해서는 조약에 따라 납세의 의무를 면제할 수도 있다.

2. 국방의 의무

국방의 의무라 함은 외국의 침략으로부터 국가의 독립을 유지하고 영토를 보전하기 위한 국토방위의 의무를 말한다. 헌법 제39조는 "제1항 모든 국민은 법률이 정하는 바에 국방의 의무를 진다. 제2항 누구든지 병역의무의 이행으로 인하여 불이익한 처우를 받지 아니한다"고 규정하고 있다. 국방의 의무의 범위는 병역제공의 의무 즉 병역의 의무에 한하지 않고, 그 외에 방공·방첩·전시근로 등 국방에 필요한 모든 의무를 포함하고 있다(다수설).

국방의 의무의 핵심적인 부분은 병역제공의 의무 즉 병역의 의무이다. 병역의 의무는 징병의 의무라고 할 수 있다. 국방의 의무는 법률이 정하는 바에 따라 부과하여야 한다. 이에 따른 법률로는 대한민국 국민의 병역의무(군복무)를 규정한 병역법, 국가를 방위하기 위하여 예비군(豫備軍)의 설치·조직·편성 및 동원(動員) 등에 관한 사항을 규정한 예비군법, 전시·사변 또는 이에 준하는 비상사태나 국가적 재난으로부터 주민의 생명과 재산을 보호하기 위하여 민방위에 관한 기본적인 사항과 민방위대의 설치·조직·편성과 동원 등에 관한 사항을 규정한 민방위기본법 등이 있다. 병역의 의무의 주체는 대한민국 국민만이고, 외국인은 국방의 의무를 지지 않는다. 이 밖의 넓은 의미의 국방의 의무에는 민방위의무 등이 있다.

3. 교육을 받게 할 의무

대한민국헌법 제31조 제2항은 "모든 국민은 그 보호하는 자녀에게 적어도 초등교육과 법률이 정한 교육을 받게 할 의무를 진다"고 규정하고 있다. 교육을 받게 될 의무라 함은 친권자나 보호자가 그의 보호 아래에 있는 자녀에게 초등교육과 법률이 정한 교육을 받게 할 의무를 말한다. 교육을 받게 할 의무의 성질에 관해서는 이를 윤리적인 의무로 보는 사람도 있으나, 법적인 의무라고 보아야 할 것이다. 따라서 이를 위반한 경우에는 법률이 정하는 바에 의하여 벌금 등을 부과할 수 있다. 처벌할 수도 있으나, 이 경우에는 의무교육의

무상이 선행되어야만 할 것이다. 초·중등교육법 제68조는 의무이행을 하지 않는 보호자에게 과태료 부과규정을 두고 있다.

의무교육을 받게 할 주체에 대해서는 이를 국가 또는 지방자치단체로 보는 견해도 있으나, 헌법의 명문규정에 따라 취학할 어린이의 친권자나 보호자라고 보는 것이 타당할 것이다. 그러나 일면에 있어 국가나 지방자치단체가 헌법이 정한 무상의무교육을 실시하지 못하기 때문에 공납금을 낼 수 없어 취학시킬 수 없는 경우에는 처벌할 수 없다.

교육을 받게 할 의무의 대상이 되는 교육은 "적어도 초등교육과 법률이 정하는 교육"인데 교육기본법 제8조 제1항은 9년간의 의무교육을 규정하고 있다. 따라서 국가는 6년간의 초등교육과 3년의 중등교육을 의무교육으로 실시해야 하며, 이를 위한 시설을 확보함에 필요한 조치를 강구하여야 한다. 중·고등교육법은 무상교육의 내용으로 수업료 면제를 규정하고 있고(초·중등교육법 제10조), 고등학교 등의 무상교육에서는 입학금, 수업료, 학교운영지원비, 교과용 도서 구입비 등을 무상(無償)으로 하고 있다(초·중등교육법 제10조의2).

4. 근로의 의무

대한민국헌법 제32조 제2항은 "모든 국민은 근로의 의무를 가진다. 국가는 근로의 의무의 내용과 조건을 민주주의 원칙에 따라 법률로 정한다"고 규정하고 있다. 근로의 의무에서 근로라 함은 육체적 노동이나 유급노동뿐만 아니라 정신적 노동을 포함하는 넓은 의미의 노동을 의미한다. 근로의 의무의 법적 성질에 대해서는 이를 윤리적 의무로 파악하는 견해와 법률적 의무로 파악하는 두 견해가 대립되어 있다. 우리나라에서는 대한민국헌법의 본문에서 법률적 의무로 규정하고 있다. 헌법은 근로의 의무내용과 조건을 민주주의 원칙에 따라 규정할 수 있도록 하고 있으므로 직업선택의 자유며, 강제노역의 금지라는 헌법 원칙에 위배되지 아니하는 범위 내에서 그 내용과 조건을 법률로써 정할 수 있다.

5. 재산권 행사의 공공복리적합의 의무

대한민국헌법 제23조 제2항은 "재산권의 행사는 공공복리에 적합하도록 하여야 한다"고 규정하고 있다. 이 재산권의 공공복리적합행사 의무는 윤리적인 의무라는 설도 있고, 또 법적인 의무라는 설도 있으나 이는 단순한 윤리적인 의무규정이 아니고, 법률로써 의무화할 수 있는 규정이다. 예를 들면, 대한민국헌법 제121조의 농지소작제도의 원칙적 금지, 제122조의 국토의 효율적이고 균형있는 이용·개발과 보전의무, 또한 농경지의 경작의무를 부과한다든지, 대지에 주택건축을 강제하기 위해 공한지세를 부과하는 것 등은 가능하다.

재산권행사의 의무는 토지를 적극적으로 이용·개발할 의무, 재산권을 남용하지 않을 의무 등이 있다. 민법상에서도 권리남용의 금지규정이 있다. 대한민국 헌법은 특히 산지와 농지 기타 국토의 효율적 이용을 위하여 법률로써 개간을 명하고, 농지소유권과 묘지의 면적 등을 법률로써 제한하고 있다. 이에 대한 법률로서는 농지법, 국토기본법, 국토계획과 이용에 관한 법률 등이 있다.

6. 환경보전의 의무

대한민국헌법 제35조 제1항 후단은 "국민은 환경보전을 위하여 노력하여야 한다"고 규정하고 있다. 이는 공해에 따라 환경이 파괴되고 있는 현실을 감안하여 국민에게도 일정한 환경보전의무를 부과하기 위한 것이다. 환경보전의무는 명문으로 "의무를 진다"고 하지 않고, "노력하여야 한다"고 하고 있으므로 윤리적·도덕적 의무로 보는 경향도 있을 수 있다. 그러나 헌법상에 규정된 의무이며, 법률로써 강제할 수 있는 법적 의무라고 보아야 한다.[42)]

환경보전의무는 인류의 의무이므로 국민과 외국인, 무국적자 등 모든 인간의 의무이다. 또 내국법인과 외국법인도 환경보전의무의 주체가 된다. 환경보전의무는 환경을 오염시키지 않을 의무, 공해방지시설을 설치할 의무 등이 있고,

---

42) 권영성, 앞의 책, 625면; 김철수, 헌법개설, 210면.

이에 관한 법률로는 환경정책기본법, 자연환경보전법, 환경개선비용부담법 등이 있다. 환경정책기본법 제6조는 "모든 국민은 국가 및 지방자치단체의 환경보전시책에 협력하여야 하고, 모든 국민은 일상생활에서 발생하는 환경오염과 환경훼손을 줄이고, 국토 및 자연환경의 보전을 위하여 노력하여야 한다"고 규정하고 있다.

제3장 국가권력의 조직과 작용

제1절 국가권력의 조직원리

Ⅰ. 국가권력의 의의와 종류

1. 주권과 통치권

국가권력은 주권의 내용이라고도 하며, 통치권력이라고도 한다. 일반적으로 주권은 국가권력 중에서도 대내적으로는 최고이고, 대외적으로는 독립적인 성질을 표시하는 것이다. 통치권은 헌법에 따라 국가가 향유하는 개별적인 통치권, 즉 자주조직권, 영민권, 영토권 등을 의미한다.

2. 헌법제정권과 헌법개정권

(1) 헌법제정권

헌법제정권은 입법·행정·사법권 등과 같이 헌법에 기초를 두고, 헌법에 의하여 부여된 권한 내지 권력이 아니라 헌법 그 자체를 만들고 헌법상의 여러 기관에 권한을 부여하는 권원적인 권한 내지는 권력을 말한다. 즉 헌법제정권은 국가질서의 근본적인 헌법을 창조하는 힘이다. 헌법제정권은 그 시원적인 창조성과 자율성에 특색이 있으며 그것은 최고이고, 독립적인 자주조직권이다.

헌법제정권은 그 행사방법이 어떤 절차에도 구속되지 않는 것이 특색이다. 헌법제정권이 국민에게 있는 경우, 헌법제정권의 행사는 국민의 직접적인 투표로 행하여지며, 헌법은 총의의 표현으로 간주된다. 그러나 오늘날 대부분 민주적 제헌방법으로서는 국민의 보통·직접·비밀·평등선거에 의해서 구성된 헌법제정회에서 의결하는 방법이 있다. 대한민국헌법은 주권주민의 원칙을 제1조 제2항에서 규정하여 헌법제정권이 국민에게 있음을 선언하였을 뿐만 아니라, 제130조 제2항에서 헌법의 개정도 국민투표에 따라서 최종적으로 확정됨을 규정하고 있다.

(2) 헌법개정권

헌법개정권은 성문헌법에 규정된 개정절차에 따라서 헌법의 근본규범을 파괴하지 않고, 헌법조항을 수정하거나 삭제하거나 증보(增補)하는 것을 말한다. 헌법개정권은 "헌법에 따라서 만들어진 권력"이며, 헌법개정권은 헌법에 따라서 제도화된 제헌권이다. 헌법개정에는 부분적 개정과 일반적 개정이 있다. 불문헌법은 헌법 자체가 법률의 형식으로 존재하기 때문에 이의 개정에 법률개정의 절차를 따르기 마련이지만, 성문헌법은 그 개정에서 일반 법률의 개정의 경우에 비하여 엄격한 절차를 요구하고 있는 것이 각국 헌법에 공통된 원칙이며, 이것은 근대헌법을 성문화하는 목적의 하나이기도 한다.

대한민국 헌법의 개정절차를 보면, "헌법개정은 국회재적의원 과반수 또는 대통령의 발의로 제안된다". 대통령의 임기연장이나 또는 중임변경을 위한 개정은 헌법개정제안 당시의 대통령에 대하여는 효력이 없다. 제안된 헌법개정안은 대통령이 20일 이상의 기간에 이를 공고하도록 되어 있다. 국회는 헌법개정안이 공고된 날로부터 60일 이내에 의결하여야 하며, 국회의 의결은 재적의원 3분의2이상의 찬성이 있어야 한다. 국회의 의결을 거친 헌법개정안은 국회가 의결한 후 30일 이내에 국민투표에 붙여지고, 국회의원 선거권자 과반수의 투표와 과반수의 찬성을 얻어야 하고, 위의 찬성을 얻은 때에는 헌법개정안은 확정되며, 대통령은 즉시 이를 공표하여야 한다(대한민국헌법 제128조~제130조).

헌법제정권과 헌법개정권은 사실상 양자가 같은 주체에 속한다고 하더라도 법적으로는 같은 것은 아니다. 헌법제정권은 원칙적으로 한계가 없는데 대하여, 헌법개정권은 한계가 있다. 헌법제정권은 그 행사에 있어 구속을 받지 아니하나 헌법개정권은 헌법이 규정한 방식에 따라야만 행사될 수 있다. 또한 헌법개정은 내용적인 한계가 있다. 일반적으로 현대헌법의 실질적 중핵을 이루는 민주정치의 원리, 국민의 기본권보장의 원리, 평화주의의 원리는 대상이 아니다.

3. 국가권력의 분류

(1) 입법 · 행정 · 사법권

일반적으로 통치권력은 입법권과 행정권 · 사법권으로 나누어진다. 이것은 전통적인 분류인바 이를 형식적인 의미로 파악하는 경우와 실질적 의미로 분류하는 경우가 있다.

(2) 뢰벤슈타인(Löwenstein)의 분류

뢰벤슈타인은 국가권력을 정책결정권과 정책집행권, 정책통제권으로 구분하고 있다. 정책결정권은 정치적인 기본결단을 내리거나 정책을 결정하는 권한을 말한다. 정책집행권은 결정된 정책을 집행하는 권한을 말한다. 그 중에서도 가장 중요한 것이 행정이다. 정책통제권은 정책의 결정과 집행을 상호간 통제하는 권력이며, 대통령의 법률안거부권, 국회의 정부에 대한 불신임권, 정부의 국회에 대한 해산권, 국회의 법관에 대한 탄핵소추권 등이 이에 속한다.

(3) 대한민국 헌법상 국가권력의 분류

제6공화국 헌법은 제4공화국 및 제5공화국의 권력집중적 대통령제에 대한 반발로 권력분산적 대통령제를 채택하고 있다. 따라서 입법권은 국회에, 행정권은 수반으로 하는 정부에, 사법권은 법원에 속하며, 3권은 상호 견제 · 균형을 취하고 있다. 이 밖에 헌법은 전통적인 3권 이외에 최고주권행사기관인 위헌법률심사권 · 탄핵결정권 등을 가진 헌법재판소 등을 규정하고 있다.

Ⅱ. 국민주권주의

1. 국민주권주의의 의의

국민이 주권[1)]을 가지는 헌법제도를 국민주권주의라고 한다. 군주주권과 반대되는 개념이다. 대한민국 헌법은 "대한민국의 주권은 국민에게 있고, 모든 권력은 국민으로부터 나온다"고 규정하여(대한민국헌법 제1조 제1항) 국민에게 주권이 있음을 명시하고 있다.

국민은 주권기관으로서 직접 주권을 행사하거나 대표자를 통하여 행사하며, 여론의 주체로서 국정에 참여한다. 주권보유자로서의 국민은 국권의 최고궁극기관으로서 헌법재판소, 국회나 정부, 법원에 군립하고 국가를 형성하는 가장 주요한 기능을 가지고 있다. 국민은 주권의 보유자인 동시에 주권의 행사기관이기도 하다. 주권보유기관으로서의 전체국민은 직접적으로 권한을 행사할 수 없는 데 반하여 유권자의 총체는 선거기관으로서 또 국민투표기관으로서 주권을 행사한다.

2. 주권행사기관으로서의 국민

국민주권(國民主權)이라 함은 정치의 최종적 결정권이 국민에게 있다고 하는 의미이며, 반드시 국민 각자가 직접 정치를 한다는 의미는 아니다. 국민은 선거에 따라 국회의원을 선출하여 국가의 정치를 행하게 하고, 헌법개정 때에 국민투표 등에 따라 정치에 참가하는 것이다.

주권행사기관으로서의 국민은 헌법상의 통치기관으로서 통치작용을 담당하고 있는 합성기관을 말한다. 주권행사기관으로서의 국민은 국민대표기관으로

---

1) 주권(主權)이라 함은 입법・행정・사법이라는 국가 여러 권력의 기초로 되는 지배권력을 말한다. 권력(權力)이라 함은 국가의 기관이 행하는 합법적 강제력을 말한다. 대한민국 헌법은 "모든 권력은 국민으로부터 나온다"고 규정하고 있는데, 이것은 국가의 최고의 의사, 국가정치형태를 최종적으로 결정하는 권력을 의미한다. 봉건시대의 유럽에서는 국왕・제후・교회 기타 각종의 지배자가 각각 권력을 가지고 있었으나, 근세의 군주는 국내의 여러 권력을 배타적으로 자기의 수중에 집약하고, 스스로 주권자라고 했다. 이것이 주권개념의 시초이다. 따라서 주권이란 국내적으로는 최고권력이고, 국가간에 있어서는 한 나라의 자주독립성을 의미하는 것이다.

서 직접 국정에 참여하며, 또 선거기관으로서 대표자를 선출한다. 국민투표기관으로서, 또 선거기관으로서의 국민은 만 18세에 결격사유 없는 대한민국 국민의 합성기관을 말한다.[2] 주권행사기관으로서의 국민은 헌법개정확정기관으로서 헌법개정안을 확정할 수 있는 권한을 가진다. 또 국가의 중요한 정책을 국민투표에서 확정할 수 있는 권한을 가지며, 또 대통령과 국회의원을 선출할 권한을 가진다.

Ⅲ. 국민대표주의

1. 국민대표주의의 의의

민주정치는 국민주권주의에 따라 국민이 직접적으로 또는 간접적으로 국가권력을 행사하는 제도를 말한다. 그러나 오늘날 국민이 직접 결정하는 직접민주정치는 거의 불가능하므로 간접민주정치가 실시되고 있다. 간접민주정치는 대표민주정치라고 말한다. 대표제민주정치는 국민이 대표자를 선출하여 통치하는 것을 말하며, 오늘날은 선거권자의 수가 늘어나 대중적 민주정치로 되고 있다.[3] 오늘날 대중적 민주정치는 정당을 매개하여서만 가능할 수 있다. 정당은 국민의 정치적 의사형성에 참여하는 역할을 하고 있다.

2. 정당제 민주정치

정당이라 함은 국민의 이익을 위하여 책임 있는 정치적 주장이나 정책을 추진하고 공직선거의 후보자를 추천 또는 지지함으로써 국민의 정치적 의사형성에 참여함을 목적으로 하는 국민의 자발적 조직을 말한다(정당법 제2조). 정당제 민주정치에서 국회는 정당대리인의 집회소이며, 정당의 원내교섭단체는 국회법의 기구에서 국가적인 기구이다. 정당국가에서 선거의 성격이 국민투표의 성격을 띠고 있어 정당제 민주정치는 직접 민주적으로 되기 쉽다. 대한민국에서도 제3공화국 헌법은 정당국가적인 경향을 띠고 있었지만, 제6공화국 헌법

---

2) 김철수, 헌법개설, 240면.
3) 권영성, 앞의 책, 634~642면 참조; 김철수, 헌법과 교육, 87~89면 참조.

에서는 정당국가적인 경향을 완화하고 있다.

여러 계층의 다양한 국민의 의사를 수렴하고 반영하기 위하여 대한민국헌법 제8조는 복수정당제도를 보장하고 있다. 복수정당제가 보장되어 있어 단일정당제는 부인되고 있다. 정당은 설립이 자유로우며, 그 목적·조직과 활동이 민주적이어야 하며, 국민의 정치적 의사형성에 참여하는데 필요한 조직을 가져야 한다. 또한 정당은 정당법에 따라 국가의 보호를 받으며, 정치자금에 관한 법률에 따라 정당의 운영에 필요한 자금을 보조받는다. 정당의 목적이나 활동이 민주적 기본질서에 위배될 때에는 정부는 헌법재판소에 해산을 제소할 수 있으며 헌법재판소는 위헌정당을 해산할 수 있다. 이와 같이 정당에 대해서는 특별한 권한과 특별한 존립보장을 하고 있으므로 헌법기관 또는 국가기관이라고 보는 학설이 있다. 정당은 헌법상의 국가기관이라고 할 수 없으나 국민의 의사를 중개하기 위하여 헌법에 따라서 존립이 보장되고 있는 제도보장이다.

3. 선거제도

대표제 민주정치에 있어 가장 중요한 것의 하나는 선거제도이다. 선거제도는 다수대표제, 소수대표제, 비례대표제 등이 있다. 이 중 어느 선거제도를 채택하는 경우에 따라 그 나라의 통치형태는 완전히 다를 수 있다. 또한 선거에는 여러 가지 원칙이 있는데, 가장 기본적인 보통선거, 평등선거, 직접선거, 비밀선거의 원칙이 헌법에 규정되어 있다.

대한민국 헌법은 대통령과 국회의원 및 지방자치단체의 장과 지방의회의원을 선거제로 하여 국민이 이를 선거할 수 있다. 대통령의 선거는 국민에 따른 직선으로 하고 있으며, 국회의원과 지방자치단체의 장과 지방의회의원의 선거 역시 국민의 직선으로 하고 있다.

국회의원의 지역선거구와 비례대표제 및 비례연동제 그 밖에 선거에 관한 사항은 법률(공직선거법)로써 정하도록 하고 있다. 제6공화국 헌법 아래에서는 국회의원 선거는 지역선거구와 전국선거구비례대표제의 두 가지 종류가 있다. 하나의 지역구에서 1인의 국회의원을 직접 선거하며, 전국구 비례대표제의 의석배정은 중앙선거관리위원회가 지역구 총선거에서 5석 이상의 의석을 차지하였거나 유효투표 총수의 100분의 5 이상을 얻은 정당에 대하여 지역구 선거에서 얻은 투표비율에 따라 배분하도록 하고 있다.[4)]

헌법은 선거운동의 공정한 관리를 위하여 중앙선거관리위원회를 헌법기관으로 규정하고 있으며, 각급 선거관리위원회의 조직과 직무범위에 관해서는 법률로써 규정하도록 하고 있다. 중앙선거관리위원회는 법령의 법위 안에서 선거관리·국민투표관리 또는 정당사무에 관한 자치입법인 규칙을 제정할 수 있도록 하고 있다. 또한 법률에 저축되지 아니하는 범위내에서 내부규율에 관한 규칙을 제정할 수 있도록 하고 있다. 각급선거관리위원회는 선거인명부의 작성 등 선거사무에 관하여 관계 행정기관에 필요한 지시를 할 수 있으며 해당 행정기관은 이에 응하여야 한다.

Ⅳ. 권력분립주의

권력분립주의라 함은 국가작용을 입법·사법·행정의 3권으로 나누어, 그 각각을 담당하는 자를 상호 분리 독립시켜서 상호를 견제와 균형을 유지하도록 하여 국가권력의 집중과 남용을 방지하기 위한 제도를 말한다. 권력분립주의는 근대 시민적 민주국가의 통치조직의 기본원리이다.

대한민국 헌법은 입법권은 국회에, 행정권은 대통령을 수반으로 하는 정부에, 사법권은 법관으로 구성된 법원에 분속시킴으로써 권력분립주의에 입각하고 있다(대한민국헌법 제40조, 제66조·제101조). 현대 의회주의 아래에서 실제로 정치적인 결정권은 정당의 손 안으로 옮아간다. 이 경우 중요한 것은 정당이 그 영향력을 국회의 입법과정에서 뿐만 아니라 국가활동의 모든 영역으로 확대하여 3권을 통합·규제하려는 경향이 있다는 사실이다. 21세기는 더욱 더 적극국가 또는 사회복지국가의 대두와 더불어 국가의 기능이 확대됨에 따라 이를 직접 집행하는 부분인 행정부에 권력을 집중시키려고 하는 경향이 나타나고 있다.

4) 공직선거법 제21조(국회의 의원정수) ① 국회의 의원정수는 지역구국회의원 253명과 비례대표국회의원 47명을 합하여 300명으로 한다.〈개정 2020. 1. 14.〉 ②하나의 국회의원지역선거구(이하 "국회의원지역구"라 한다)에서 선출할 국회의원의 정수는 1인으로 한다.〈개정 2016. 3. 3.〉

또한 국민의 기본권과 헌법을 침해하는 위헌입법에 대한 위헌법률심사제가 강조되고 있다. 위헌법률심사제가 입법권에 대한 침해이다. 따라서 권력분립의 원칙에 대한 침해가 아닌가 하는 견해가 있으나, 법원이나 헌법재판소의 위헌법률심사권은 결코 권력분립과 양립하지 않는 것은 아니다. 오늘날 입법·행정권의 확대·강화에 따른 권력집중을 막기 위하여 헌법재판소와 법원이 위헌법률심사권을 가지는 것은 오히려 바람직한 일이다.[5]

Ⅴ. 대한민국의 정부형태

1. 정부형태의 구분

(1) 정부형태의 의의

정부의 형태라 함은 국가의 권력구조가 어떠한 형태로 되어 있느냐 하는 것을 말한다. 이를 정체(政體)라고도 한다. 정부형태는 국가형태를 전제로 한다, 국가형태란 그 국가의 기본질서가 군주를 중심으로 하느냐(군주국), 국민을 중심으로 하느냐(공화국)하는데 따라서 결정되게 된다. 그러나 오늘날의 거의 대다수의 국가는 공화국인 까닭에 국가의 기본질서의 문제도 국민의 지배를 표준으로 하지 않고 자유민주주의냐 공산주의냐 하는 것을 표준으로 하며, 또한 그 권력구조는 이러한 국가의 기본질서와 밀접한 관계가 있는 까닭에 오늘날에 있어서는 대체로 국가형태의 문제는 정부형태를 중심으로 하여 고찰하게 된다. 정부형태에는 입법과 행정과의 관계의 여하를 표준으로 하여 대체로 대통령제·내각책임제(또는 의원내각제)·회의제(또는 회의 정체)·이원집정제로 구별하게 된다.

(2) 정부형태의 기본유형

1) 대통령제

엄격한 권력분립주의에 입각하여 행정권의 수장(대통령)이 국민에 의해 선거되고 의회로부터 완전히 독립한 지위를 가지는 정치체제를 말한다. 미합중국

5) 김철수, 앞의 책·헌법개설, 225면 참조,

(USA)의 정부형태가 그의 전형(典型)이다. 대한민국도 미군정체제 아래에서 제1공화국 헌법은 대통령제에 의원내각제적 요소를 많이 가미했으므로 그것은 순수한 대통령제로 보기는 어려우나, 실질적인 권력구조는 대통령제를 대통령중심제고 본다

대한민국은 국민의 직접선거에 따른 이러한 대통령중심제를 채택하고 있다. 입법부와 행정부의 상호독립하는 법제내용은 ① 국무위원의 국회의원 겸직금지, ② 국무위원의 국회출석발언권 없음, ③ 행정부는 법률안제출권이 없음, ④ 대통령은 법률안거부권행사 가능 등이다. 또한 행정부의 일원성인 ① 대통령은 국가원수이며, 행정부의 수반, ② 국무회의는 자문기관이다. 그리고 대통령제 아래에서는 양원제가 대부분이며, 부통령제가 원칙으로 하고 있다. 이 대통령제의 장점은 ① 임기중 정국의 안정, ② 정책의 계속성 보장, ③ 소수자의 이익보호, ④ 국회의 졸속입법방지 등을 들 수 있으며, 단점은 ① 대통령 독재의 위험성, ② 국정의 통일적 수행의 방해, ③ 입법부, 행정부의 충돌시 해소방법의 곤란 등을 들 수 있다.

2) 의원내각제

의원내각제(내각책임제)라 함은 정부(행정부)가 의회(특히 하원)의 신임을 전제로 조직되고 또한 존속할 수 있는 제도를 말한다. 즉 행정부가 대통령(국왕)과 수상(국무총리)로 이원적으로 구성되어 입법부와 공존하는 제도이다. 영국에서 시작되어 프랑스를 거쳐 다른 유럽 여러 나라에 보급되었다. 이 제도 아래에서는 의회가 정부에 대해 신임을 거부하는 경우, 정부는 총사직하지 않으면 안되는데, 정부가 의회의 해산권을 가지는 경우에는 총사직을 하지 않고, 의회를 해산하여 총선거에 붙일 수 있다. 의원내각제에서 정부는 필연적으로 정당내각제인 것이 원칙이다.

대한민국은 제2공화국 헌법에서 전형적인 의원내각제를 경험했다. 진정한 의미의 의원내각제는 의회의 정부에 대한 불신임권과 정부의 의회해산권이 상호의 견제수단이 되어 의회와 정부가 대등한 지위에 있는 것을 말한다. 그러나 현실에서 내각이 의회보다 우월하다든지, 혹은 의회가 내각보다 우월하다든지 하여 그 양자의 균형이 파괴되는 것이 보통이다. 전자의 전형적인 예를 영국에

서 발견할 수 있으며, 후자의 전형적인 예는 제3·제4공화국 시대에 있어서의 프랑스에서 찾아 볼 수 있다. 레즈로브(Redslob)는 이와 같은 의원내각제의 유형을 부진정한 의원내각제라고 하였다. 우리나라에서는 흔히 의원내각제를 내각책임제라고 부르고 있다.

의원내각제의 제도적 내용을 보면, ① 국가원수(국왕)의 국정에 대한 초연성(超然性), 행정부의 이원성, ② 내각의 성립존속이 국회에 의존, ③ 국회의 내각불신임권, 국회해산권, ④ 국무위원은 의원겸직, ⑤내각은 의결기관 등이다. 의원내각제의 장점은 ① 민주적 요청에 적합하고, 책임정치의 구현, ② 내각과 국회의 이원일체적(二元一體的) 국정의 수행, ③ 내각과 국회의 대립이 신속히 해결 등을 들 수 있으며, 그 단점으로서는 ① 국회와 내각이 동일정당에 의해 독점될 경우 견제장치가 없는 점, ② 다수 정당의 난립으로 정국의 불안정, ③국회가 정권획득을 위한 정쟁장소로 전락할 우려 등을 들 수 있다.

3) 이원집정부제(二元執政府制)

이원집정부제는 한마디로 대통령중심제도 내각책임제도 아닌 제3의 정부형태다. 즉 이원집정부제는 의원내각제의 요소와 대통령제의 요소를 결합한 정부형태로서 위기시에는 대통령이 행정권을 전적으로 행사하나, 평상시에는 내각수상이 행정권을 행사하며, 하원에 대하여 책임을 지는 의원내각제형식으로 운영하는 제도이다(프랑스 드골헌법(1958)). 학자에 따라서는 혼합형 절충형 또는 중간형이라고 하고, 모리스 뒤베르제 교수는 “반대통령제”라고 부르기도 하지만, 반드시 같은 의미는 아니다. “이원적(二元的)” 또는 “이원(二元)”이란 표현은 행정권이 대통령과 국무총리에게 나누어진다는 의미로 이를 “권력의 수직분산”이라고도 한다. 전시와 평시의 운영이 달라 이원적이라 할 수 있다. 전자의 경우, 대통령에게 외교국방에 관한 권한을 주고, 내치는 주로 국무총리가 맡는다는 뜻으로도 이해된다.(內治)

이원집정부제는 나라마다 약간씩 다르기 때문에 일률적으로 말할 수 없지만, 다음과 같은 내용을 가지고 있다. ① 대통령은 4-7년의 임기로 국민이 직접 선출한다. ② 대통령은 국회에 대해 책임을지지 않는다. ③ 대통령은 수상을 지명하나, 국회의 동의를 얻어야만 임명할 수 있다. ④ 의회는 내각에 대해 불신임을 가지며 내각은 국회해산권을 갖는다. ⑤ 대통령은 전쟁 또는 비상시에 긴급권을 가지며 수상과 국무위원의 부서(副署)없이도 행정권을 행사할 수 있고, 국무회의를 주재할 수 있으며, 수상을 해임할 수도 있다. 즉 이원집정부제란 위기에 있어서는 대통령이 행정권까지 행사, 대통령제로 운영되고 평상시에는 내각이 행정권을 행사하되 국회에 대해 책임을 지는 내각책임제로 운영되는 것을 말한다. 이 제도의 장점은 ① 평상시에는 의원내각제적으로 운영되므로 국회와 행정부의 마찰을 피하는 점, ② 위기시는 대통령의 강력한 통치로 신속·안정된 국정의 처리 등을 들 수 있으며, 단점으로서는 내각과 국회의 대통령에 대한 결재권이 약화되어 독재의 우려가 있다는 점을 들 수 있다.

이와 같은 제도를 경험하거나 하고 있는 나라는 유럽이 7개국으로 핀란드가 가장 오랜 60년의 역사를 갖고 있고, 아일랜드 40년, 오스트리아와 아이슬란드 30년, 프랑스 20년, 그리고 최근 반세기의 독재 뒤에 포르투갈이 이 제도를 실시하고 있다. 독일의 바이마르 헌법은 이원(二元), 집정부제의 전형으로 꼽히고 있지만, 히틀러의 소요에 의해 뿌리를 박지 못하고 와해되어 버렸다. 바이마르 헌법은 국민이 직접 선출한 대통령이 수상지명권(국회의 동의가 필요), 수상임면권(긴급시), 국회해산권, 법률거부권 등 실질적 권한을 갖는 외에는 국가비상시에 긴급권을 발동할 수 있도록 돼 있었다.

2. 대한민국의 정부형태

대한민국의 정부형태는 그 동안 많은 변천을 거듭하였다. 그 변천의 특색은 대통령제적 요소가 강하느냐 의원내각제적 요소가 강하느냐에 달려 있었다. 현재 대한민국의 정부형태는 엄격히 대통령제, 의원내각제, 이원집정부제의 절충적인 형태이고, 국정이 대통령중심으로 강력히 추진되고, 행정부의 수반과 국가원수가 동일인격인 대통령인 점에서 현실적으로 대통령제의 정부형태이다.

(1) 제1공화국의 정부형태(1948~1960년)

제헌헌법은 대통령제를 채택하면서도 의원내각제적 요소를 어느 정도 가미한 대통령중심제였다. 대통령은 국회에서 간접선거를 하였고, 국회는 국무총리임명동의권을 가지고 있었다. 대통령과 국무총리 및 국무위원으로 구성되는 국무회의는 의결기관이었다.

발췌개헌에 의한 정부형태는 대통령을 직선제로 하는 대신 의원내각제적 요소를 대폭 도입하였다. 대통령은 국무총리를 국회의 승인을 얻어 임명하도록 하였고, 국무총리, 국무위원은 국회에 대하여 연대책임을 지며 국회는 정부불신임권을 가지고 있었다. 4사5입 개헌에 따른 정부형태는 의원내각제적 요소를 불식하고 대통령제를 강화를 꾀하였다. 이 개헌으로 국무총리제가 폐지되었고, 국회는 국무위원에 대하여 개별적 신임만을 물을 수 있도록 하였다. 제1공화국의 정부는 현실적으로는 후진국가적 신대통령제적으로 운영되었다.

(2) 제2공화국 헌법의 정부형태(1960년)

제2공화국의 헌법은 학생주도 4.19 혁명에 따라서 탄생된 우리 헌정사상 전형적인 의원내각제를 도입하였다. 대통령은 국회에서 간선되며 형식적 · 의례적 권한만을 가지고 있었다. 행정권은 국무원에 귀속되었으며, 국무원의 수반인 국무총리는 민의원의 동의를 얻어 대통령이 임명하였고, 국무원은 민의원에 대하여 연대책임을 졌고, 국무원은 민의원해산권을 가졌다.

(3) 비상조치법에 따른 정부형태(1961년)

5 · 16후 위기정부의 권력통합적인 위원회정부형태를 채택하고 있었다. 이 제도는 군사혁명위원회제도라고도 할 수 있다. 국가재건최고회의에 입법권과 행정권, 사법행정권을 부여한 과두제정부였다.

(4) 제3공화국 헌법의 정부형태(1962~1971년)

제3공화국의 정부형태는 대통령제를 원칙으로 하면서 의원내각제적 요소를 약간 가미하였다. 즉 헌법은 대통령제를 채택하면서 국무총리제도를 두었고, 국회가 국무총리 · 국무위원의 해임건의권을 갖는 등 현실적으로 대통령의 막강한 권한을 행사하였다. 의원내각적 요소를 가미한 일종의 이원정부제라고 할 수 있다.

행정권은 대통령에게 속했으며, 대통령은 국민에 따라서 직선되고, 4년 동안 임기가 보장되었고, 국회에 대하여 책임을 지지 아니하였다. 부통령제를 두지 아니하고 국무총리제도를 두었으며, 국무총리는 대통령의 보좌기관에 불과하고 내각의 연대성이 인정되지 아니하였다. 다만, 국회는 국무총리와 국무위원의 해임을 대통령에게 건의할 수 있었다. 그러나 대통령은 이에 구속되지 아니하였다. 대통령은 긴급명령과 긴급재정·경제명령을 발할 수 있었고, 국회의 동의없이 국무총리·국무위원·각군 참모총장 등 고급공무원을 임명할 수 있었다. 대통령은 또 정당의 당수로서 강력한 권한을 행사할 수 있었고, 대통령의 임기가 보장되어 강력한 리더쉽을 발휘할 수 있었다.

(5) 제4공화국 헌법의 정부형태(1972~1989년)

제4공화국 헌법이 정부형태는 대통령에게 권력이 집중되어 있었던 신대통령제였다. 주권행사기관으로서 국민·통일주체국민회의·대통령·헌법위원회를 두고, 일반적 통치기관으로서 국회·정부·법원을 둠으로써 권력의 분산은 이원적으로 행해졌다. 정부와 국회간의 균형상태를 보면 정부는 국회해산권을 가지고, 국회는 정부불신임권을 가지고 있었으므로 의원내각제적으로 운영되는 것처럼 보였다. 그러나 현실적으로는 대통령이 우월적 지위를 가지고 있었으므로 국회는 대통령·정부에 의하여 영도되는 지위를 가졌다. 이와 같이 행정권의 비대·강화에 따라 입법권과 사법권은 상대적으로 약화되었다.

대통령은 국가의 원수이며, 행정권의 수반으로서 국회를 해산할 수 있었으며, 국가의 중요정책을 국민투표에 의하여 결정할 것을 발의할 수 있는 권한과 헌법개정안을 발의하여 국민투표에 의하여 확정할 수 있는 권한, 주권적 수임기관인 통일주체국민회의의 의장이며, 통일정책의 결정이나 변경에 있어 그 심의를 회부할 수 있는 권한을 가짐으로써 명실공히 국가원수로서의 지위를 가지게 되었으며, 절대적 대통령중심제로 불리었다.

대통령은 이 밖에도 국무총리, 헌법위원회 위원, 대법원장과 각급법원판사, 국무위원 등을 임명하며, 긴급조치권을 가지고 있었기 때문에 단순한 중립적인 조정자가 아니고, 영도자적 지위에 있었다. 제4공화국 헌법은 대표제민주정치에 대하여 회의적이었으며, 직접민주정치의 요소를 많이 도입했으며, 제3공화국의 정당국가적 경향을 지양하였다.

(6) 제5공화국 헌법의 정부형태(1980~1986년)

제5공화국 헌법의 정부형태는 제4공화국 헌법의 정부형태의 반성에서 출발하였다. 제4공화국 헌법에서 의회민주주의에 유례가 드물었던 대통령의 국회관여권과 법원관여권을 없애고, 통일주체국민회의제도를 없애 민주화·권력분립화의 길을 밟았다. 그러나 고전적인 대통령제와는 다르며, 의원내각제적 요소를 가미하였다. 제5공화국의 정부형태는 프랑스 제5공화국 헌법의 이원정부제와 비슷한 점이 많았다. 대통령의 선거가 간선제임이 달랐다. 이 정부형태는 엄밀하게 말하면, "이원정부제" 내지는 "대통령제와 의원내각제의 절충형"이나, 실제적으로는 대통령이 행정권을 통할하는 강력한 대통령제였으며, "대통령중심제" 또는 "프랑스식 대통령제"라고 할 수 있었다.

(7) 제6공화국 헌법의 정부형태(1987~현재)

1) 제6공화국의 정부형태의 특색

제6공화국 헌법은 대통령의 권한을 축소하고, 국회의 권한을 강화했으며, 사법권의 독립을 보장하고 헌법재판소제도를 도입하였다. 제6공화국 헌법은 제5공화국 헌법에 있었던 의원내각제적 요소를 대폭 정리함으로써 미국의 대통령제에 접근하였다. 그러나 완전한 미국식의 대통령제는 아니며, 제3공화국의 대통령제와 유사하다.

2) 제6공화국 헌법의 대통령제적 요소와 의원내각제적 요소

제6공화국 헌법은 기본적으로는 대통령제에 입각하고 있으나 의원내각제적 요소 및 이원정부제적 요소를 아울러 갖고 있다.

(가) 대통령제 요소 : 대통령은 국가의 원수인 동시에 행정권을 행사하는 정부의 수반이다(대한민국헌법 제66조). 대통령은 5년의 임기로서(제70조) 국민에게서 직접 선거되며(제67조), 탄핵결정에 따르지 아니하고는 면직되지 아니한다(제65조). 대통령은 중임할 수 없다. 대통령은 국회에 대하여 책임을 지지 않는다. 대통령은 법률안거부권을 가진다(제53조). 대통령은 대법원장·대법관의 임명권을 가진다(제104조).

(나) 의원내각제적 요소 : 국무총리제도를 두고 국무총리임명에 대한 국회

의 동의권이 있다(第86조). 국무총리와 국무위원에 대한 해임건의제(第63조)가 있다. 국회의원과 국무위원의 겸직이 허용되어 있다(국회법 제31조 참조). 행정부도 법률안제출권을 가진다. 대통령은 국회에 출석·발언할 수 있다.

(다) 이원정부적 요소: 대통령이 긴급명령권, 긴급재정·경제명령·처분권과 계엄권 등의 국가긴급권을 가지며(제76조·제77조), 대통령이 국무회의의 의장이 되며(제88조), 대통령의 권한행사에는 국무총리와 관계국무위원이 부서해야 한다(제82조). 대통령은 중요 정책에 대한 국민투표회부권을 가진다(제72조).

3) 제6공화국 헌법의 권력분산적 내용

제6공화국 헌법은 권력분산적인 정부형태를 채택하고 있다. 주권은 국민에게 있고, 주권자인 국민은 주권행사기관인 국민과 국민대표기관을 통하여 주권을 행사한다. 집행권은 대통령과 행정부에 있으며, 입법권은 국회에, 사법권은 법원에 부여하고 있고, 헌법보장기관으로서 헌법재판소를 두면서 각 권력 상호간의 견제와 균형을 이루게 하고 있다.

4) 제6공화국 헌법의 직접민주제적 요소와 정당국가적 요소

(가) 직접민주제적 요소: 제6공화국 헌법은 대표제민주정치를 원칙으로 하면서 국민투표를 통한 국민의 직접참정에 관해서도 규정하고 있다(제72조·제130조).

(나) 정당국가적 요소: 제6공화국 헌법은 정당에 대해서 상당히 호의적인 태도를 취하고 있다. 정당제도를 헌법에서 보장하고 있을 뿐만 아니라 정당에 대한 국가의 재정보조까지 규정하고 있다(제8조 제3항).

제2절 입법부의 조직과 권한

Ⅰ. 국회의 헌법상 지위

국회(國會, parliament)는 국민의 선거에 따라 선출된 의원을 그 본질적 요소로 하는 합의체 국가기관이다. 국회제도는 국민의 대표기관으로서 발달되어 온 것이나 오늘날에는 정부의 감시기관으로서 중요한 의의를 가진다. 이러한 면에서 국회는 국민대표기관, 입법기관이며, 정책통제기관으로서의 의의를 가지고 있다.

1. 국민대표기관으로서의 국회

국회가 국민의 대표기관이냐 아니냐에 대해서는 많은 논란이 행해지고 있다. 그 중에는 부인설도 있고, 또 법적 위임관계설도 있으나, 오늘날 헌법적 대표설이 정설이라고 할 수 있다. 헌법적 대표설은 법적 개념으로서의 국민을 인정하고 국민과 국회간에는 어떤 위임관계도 존재하지 않으며, 국민대표기관의 권리는 헌법에서 직접 나오는 것이라고 본다. 이 학설은 대한민국헌법 제1조 제2항도 "주권은 국민에게 있고, 모든 국민으로부터 나온다"는 규정에서 보아 국회도 헌법에서 정해진 국민대표기관이라고 본다.[6)]

2. 입법기관으로서의 국회

국회의 가장 본질적이고 역사적인 권한은 입법에 관한 권한이다. 대한민국 헌법은 "입법권은 국회에 속한다(제40조)"고 규정하고 있다. 국회가 입법기관이라 함은 실질적 의미에서 입법권이 원칙적으로 국회에 속한다는 것을 의미하고, 나아가 국회가 단독으로 완결적으로 입법권을 행사한다는 뜻이다. 그러나 여기에도 정부의 법률안 제출권, 대통령의 법률안거부권, 긴급명령제정권 등 상당한 예외가 있다. 또한 국회는 국가기능의 다양화·확대에 따른 입법내용 및 입법과정의 전문화요구에 부응하는 전문지식을 갖지 못하여 정부가 작성한 법안을 실질적으로 심의하기 어려운 까닭 등으로 인하여 국회가 법안을 수동적으로 통과시키거나 정당정치의 발달로 정당간의 타협에 따를 수밖에 없는 등 입법기관으로서의 국회의 지위는 점차 국회의 입법부로서의 지위가 격하되고 있기 때문에 통법부화하는 경향을 나타내고 있다. 그리고 국가기능의 전문화·기술화 때문에 국회가 행정입법 등에 위임하는 경우가 빈번하여 위임입법의 범위가 확대되는 경향도 있다.

---

6) 권영성, 앞의 책, 754-755면 참조; 김철수, 앞의 책·헌법개설, 249면~250면 참조.

그러나 오늘날에도 국회를 입법기관으로 여전히 중요시해야 하는 이유는 입법과정에서 국회의 의결이 곧 국민의 의사의 반영으로 간주되어 정당성을 부여하는데 필요하기 때문이다. 국회는 국민의 정치적 의사를 법률의 형식으로 제정하기 때문이다.

3. 정부통제 · 비판기관으로서의 국회

국회는 입법기관으로는 그 지위가 저하되고 있는 반면에, 국정의 감시 · 비판 · 견제기관으로서는 그 역할이 더욱 중요해지고 있다. 국회는 국가의 중요정책의 결정에 입법의 형식으로나 동의의 형식으로나 협조의 형식으로 이에 참여하고 있다. 또한 의원내각제하의 정부는 국회의 신임에 따라서 존재하는 만큼 국회는 정부를 불신임하거나 교체하게 하는 권능까지도 가지고 있다.

대한민국에서도 헌법상 국회는 정부에 대하여 견제기관으로서 어느 정도 기능하고 있으나, 대통령제를 취하고 있기 때문에 의원내각제에서처럼 강력한 견제권은 없다. 그러나 국정감사권, 국정조사권, 국회출석요구권, 질문권, 해임건의권, 탄핵소추권과 재정에 관한 권한 및 일반국정에 관한 권한 등을 가짐으로써 정부를 상당히 견제하고 있다.

Ⅱ. 국회의 구성원리

1. 양원제와 단원제

국회는 1 또는 2의 합의체로서 구성된다. 전자는 단원제라고 하고, 후자를 양원제라고 한다. 국회의 구성원리가 양원제가 좋은가 단원제가 좋은가는 이론적으로 결정하기 곤란하며, 양원제의 채용은 역사적 산물로서 의회제도의 모국인 영국을 모방한 것이다.

2. 대한민국의 단원제

대한민국에서는 국정처리의 신속을 위하여 단원제를 채택하였다. 그것이 제2공화국에서는 양원제로 되었으나, 제3공화국과 제4공화국, 제5공화국에서는 물론 제6공화국에서도 단원제를 채택하고 있다. 국회는 국민의 보통·평등·직접·비밀선거에 의하여 선출된 국회의원으로 구성된다(대한민국헌법 제41조 제1항). 국회는 지역구출신의원과 비례대표제에 의한 전국구출신의원으로써 구성된다. 국회의원의 정수는 법률로 정하되 200인 이상을 하고 있다(대한민국헌법 제41조 제2항). 현행 공직선거법 제21조 제1항에서 국회의 의원정수는 지역구국회의원 253명과 비례대표국회의원 47명을 합하여 300명으로 규정하고 있다.

3. 국회의원의 선거

국회의원은 국민의 보통·평등·직접·비밀선거로 선출된다. 국회의원의 선거구와 비례대표제 기타 선거에 관한 사항은 법률로 정하는데, 이것이 공직선거법이다. 공직선거법에는 국회의원의 선거권·피선거권, 후보자등록, 선거운동, 당선인의 결정, 선거에 관한 소송 등에 대한 규정을 두고 있다. 국회의원선거는 하나의 국회의원지역선거구(국회의원지역구)에서 선출할 국회의원의 정수는 1인으로 하는 소선거구제를 원칙으로 하고, 비례대표제를 가미하고 있다(공직선거법 제21조).

Ⅲ. 국회의 지위

1. 서설

근대에서 국회는 자유주의적·대의제적 민주주의에 입각하고 있었으나, 민주주의의 발달에 따른 선거권의 일반화와 국민의 정치의식의 평준화, 그리고 정당의 발달로 의회(국회)가 정당중심으로 운영됨으로써 오늘날 민주주의는 정당국가적·국민투표제적 민주주의로 변하는 경향이 있다. 이러한 변화는 의회제도 및 국회의원의 지위에 깊은 영향을 미치고 있다.

대한민국의 헌법은 국회의원의 헌법상의 지위에 대하여 바이마르헌법과 같은 직접적인 규정은 없으나, 대한민국헌법 제7조 제1항·제44조·제45조 등에 따라서 국회의원은 국민의 대표자로서의 지위를 가진다고 할 것이다.

2. 국회의원의 헌법상 지위

국회의원은 비록 지역구에서 당선되었다고 하더라도 지역구민의 대표자가 아니고 국민 전체의 대표자로 간주되고 있다. 국회의원은 국민의 대표자로서 면책특권과 불체포특권이 인정된다. 또한 국회의원은 정당원으로서의 지위도 가지고 있다. 이것은 당적을 가지고 있는 사람에 한정되는 것이다. 국회의원은 원내교섭단체의 구성원으로서의 지위를 가진다. 그리고 국회의원도 넓은 의미의 공무원이기 때문에 국민 전체에 대한 봉사자로서의 지위를 가진다. 국회의원은 비록 정당원이라고 하더라도 당리·당략에 따라 움직여서는 안 되고, 국민 전체의 복리를 위하여 활동하여야 한다.

3. 의원자격의 취득과 상실

국회의원의 자격취득(발생)은 공직선거법이 입후보자등록제를 취하고 있으므로 의원취임의 승낙은 불필요하다고 생각되며, 헌법과 법률이 정한 임기개시와 동시에 당선자에게 의원자격이 발생한다고 볼 것이다. 당선인이 선거범죄 등으로 징역 또는 100만원 이상의 벌금형을 받은 경우에는 당선무효가 되며, 그 밖에 선거법위반으로 당선무효가 된다(공직선거법 제263조 이하).

국회의원 자격의 상실(소멸)은 임기만료(4년-대한민국헌법 제42조), 사직(국회법 제135조), 퇴직(국회법 제136조), 제명(국회법 제163조 제1항 제4호), 자격심사(국회법 제138조 이하), 대법원의 선거무효판결 또는 당선무효판결 등이다. 또한 제3공화국 헌법은 당적변경의 경우, 의원직을 상실한다고 규정하였으나, 현행 헌법상에서는 이러한 규정이 없으므로 지역구의원의 자격은 상실되지 않는다. 그러나 비례대표제의원의 경우에는 합당·해산 또는 제명 이외의 사유로 당적을 이탈·변경하거나 2 이상의 당적을 가지고 있을 때에는 국회의원직을 퇴직하게 하고 있다(공직선거법 제192조 제4항 본문). 다만, 비례대표국회의원이 국회의장으로 당선되어 국회법 규정에 따라서 당적을 이탈한 경우에는 국회의원직을 퇴직하지 아니한다(공직선거법 제192조 제4항 단서).

4. 국회의원의 특권

국회의원은 국민 전체의 대표자로서 회의체인 국회의 구성원으로서 국회의 의사형성에 적극적으로 참가하여야 할 의무를 진다. 의원은 그 직책을 효과적으로 수행하기 위하여 일종의 특권을 가지고 있다. 이것은 국회의원이 여러 가지 이해관계나 편견에 사로잡히는 일 없이 자유롭게 활동할 수 있는 자율성과 독립성을 확보하기 위하여 인정되고 있는 것이다.

국회의원은 면책특권과 불체포 특권을 가지고 있다. 면책특권(免責特權)으로서 국회의원은 대한민국헌법 제45조에 따라 국회에서 직무상 행한 발언과 표결에 관하여 국회[7]외에서 책임을 지지 않을 권리이다(대한민국헌법 제45조)[8]. 이것은 국회의원의 발언, 표결의 자유와 특권을 규정한 것이며, 면책을 받는 책임은 민사책임, 형사책임 그 밖의 법상의 책임이다. 그러나 국회 내에서는 징계에 따른 책임을 질 수는 있다. 불체포 특권(不逮捕特權, freedom from arrest)은 현행 범인인 경우를 제외하고는 회기 중 국회의 동의없이 체포 또는 구금되지 아니하는 권리를 말한다(대한민국헌법 제44조 제1항). 현행범이라 함은 범죄의 실행 중이거나 실행직후인 것을 말한다. 국회의원도 이러한 현행범의 경우에는 불체포 특권이 없다. 그리고 회기가 아닌 때에는 국회의 동의없이 체포 또는 구속할 수 있다. 국회의원이 회기 전에 체포 또는 구금된 때에는 현행범인이 아닌 한 국회의 요구가 있으면 회기 중 석방된다(대한민국헌법 제44조 제2항).[9] 또한 국회의원은 따로 법률(국회의원수당 등에 관한 법률)에서 정하는 바에 따라 수당과 여비를 받는다(국회법 제30조). 이것은 국회의원의 특수한 신분에 부여되는 특권이 아니라, 국회의원의 활동을 보조하기 위한 당연한 혜택이다.

---

7) 여기서 국회라 함은 국회의 본회의와 위원회를 모두 포함한다. 이것은 국회 외에서 민·형사상 책임을 추구당하지 않는 것을 말한다.

8) 의원의 발언이 국회 내에서 국회법 그 밖의 의사규칙에 위반하거나 징계사유에 해당될 때에는 징계할 수 있다. 폭력행위나 험담, 모욕죄가 성립되는 경우에는 면책되지 않는다. 면책의 시기는 임기만료 후에도 영구히 계속된다.

9) 유의할 점은 불체포특권은 범죄행위를 한 국회의원에 대한 처벌 자체를 면제하는 것은 아니고, 단지 회기중 국회의 활동을 위하여 체포·구금되지 않을 특권일 뿐이라는 사실이다. 이 점에서 발언·표결에 대한 면책특권과 다르다.

5. 국회의원의 권리 · 의무

전국민의 대표자인 국회의원이 그 직무를 충실히 수행하기 위하여 자유로운 표현활동이 보장되어야 한다. 국회의원은 국회의 구성원으로서 그 직무를 수행하기 위하여 헌법과 국회법상 발언권 · 질문권 · 질의권 · 토론권 · 표결권 · 자율권 등을 가진다. 국회의원은 10인 이상의 연서로 법률안을 발안할 수 있고, 국회에 안건을 제출할 수 있다.

헌법상 국회의원은 법률이 정하는 직을 겸할 수 없으며(대한민국헌법 제43조), 구체적인 겸직금지내용은 국회법 제29조에 규정되어 있고, 국가이익을 우선하여 양심에 따라 그 직무를 수행하여야 한다(대한민국헌법 제46조 제2항). 국회의원은 청렴의 의무를 지며, 그 지위를 남용하여 국가 · 공공단체 또는 기업체와의 계약이나 그 처분에 따라서 재산상의 권리 · 이익 또는 직위를 취득하거나 타인을 위하여 그 취득을 알선할 수 없다(대한민국헌법 제46조 제3항). 국회법상 국회의원은 국회본회의와 위원회에 출석하여야 하며(국회법 제155조 제2항 · 제8조), 회의에 있어서는 의사에 관한 법령 및 규칙을 준수하여야 하며(국회법 제6장), 질서를 문란케 하지 않고, 국회나 위원회의 결의에 복종하며, 의사정리에 관한 의장 또는 위원장의 명령에 복종할 의무를 진다(국회법 제145조). 국회의원이 그 의무를 위반한 경우에는 윤리심사를 받고 징계될 수 있다. 징계의 종류로는 경고, 사과, 출석정지, 제명이 있다.

Ⅳ. 국회의 내부조직과 운영

1. 국회의 기관

국회의 기관으로서는 국회의장 1인과 부의장 2명을 두고 의장 · 부의장은 국회에서 선출한다(대한민국헌법 제48조). 국회의장과 부의장의 임기는 2년이다. 의장은 회기중 의사를 정리하고 질서를 유지하며, 사무를 감독할 뿐만 아니라 국회의 제반 행정을 담당하고 있다(국회법 제10조). 의장은 정당의 당적을 가질 수 없다. 의장이 사고가 있을 때에는 의장이 지명하는 부의장이 그 직무를 대리하고 있다(국회법 제12조).

국회의 사무를 처리하기 위하여 국회에 사무처를 두고 있다. 국회사무처에 사무총장 1인과 기타 필요한 공무원을 두고 있고, 국회에 도서 및 입법자료에 관한 업무를 처리하기 위하여 국회도서관을 두고 있다. 국회도서관에는 도서관장 1인을 두고 있다.

2. 국회의 위원회

국회본회의는 다양한 전문영역을 모두 다룰 수 없기 때문에 이를 소수의 의원들로서 구성되는 각종 위원회에서 심의하여 본회의 상정 여부를 결정하며, 본회의에서의 통과를 위한 예비적인 심의를 하는 것이 필요하게 된다. 대한민국에서도 본회의 중심주의를 지양하고, 상임위원회중심으로 옮겨 법안심의는 먼저 상임위원회에서 하고, 상임위원회에서 본회의 회부 여부를 결정하고, 본회의에서는 심사보고를 한 후 가부투표(可否投票)를 하도록 하고 있다.

위원회에는 상임위원회(standing committee)와 특별위원회(special committee) · 연석위원회(joint committee)가 있다(국회법 제35조). 상임위원회는 일정한 의안을 심사하기 위하여 상설적으로 설치된 위원회를 말한다(국회법 제36조 이하). 현재 17개 상임위원회가 있다. 특별위원회는 상임위원회에 속하지 아니한 특별한 안건을 처리하기 위하여 일시적으로 설치되는 위원회이다(국회법 제44조). 특별위원회는 임시적인 기구이고, 그 안건이 국회에서 의결될 때까지만 존속한다. 예산결산특별위원회와 윤리특별위원회는 특별위원회이면서도 상설인 점이 특징이다. 연석회의는 몇 개의 상임위원회가 협의하여 개최하는 것으로 의견을 진술하고 토론할 수 있으나 표결할 수는 없다(국회법 제63조). 전원위원회는 국회의원 전원으로 구성된다. 국회의 임명동의를 위하여 인사청문특별위원회를 둘 수 있다(국회법 제46조의3 · 제63조의2). 인사청문특별위원회는 비상설 특별위원회이다.

3. 원내교섭단체

교섭단체는 원칙적으로 정당을 같이하는 국회의원으로써 구성되는 원내정당(frantion)이다. 교섭단체는 원내에서 정당의 정책을 실현하기 위하여 활동하는 단체로 의원총회나 원내총무(whip)등 기관을 가진다. 교섭단체는 원내발언의 순서나 상임위원회위원배정 등의 권한을 가진다. 정당의 소속의원이 20인 이상인 경우 교섭단체를 구성한다. 그러나 정당단위가 아니라도 다른 교섭단체에 속하지 아니하는 20인 이상의 의원으로 다른 교섭단체를 구성할 수 있다(국회법 제33조 제1항).

4. 국회의 개폐

국회는 다른 기관과는 달리 상시 활동하는 것이 아니고, 일정한 기간을 정하여 개회한다. 국회가 활동능력을 가진 일정기간을 회기(會期)라고 한다. 국회에는 정기회와 임시회가 있는데 정기회는 법률이 정하는 바에 따라 집회한다. 국회법에 따르면, 정기회는 9월 1일에 집회하며, 20일간 국정을 감사한다. 정기회의 회기는 100일을 초과할 수 없다(대한민국헌법 제47조). 정기회의 업무는 일반적으로 예산안을 심의·확정하고 원칙적으로 예산부수법안만 처리하되 긴급하고 불가피한 경우에는 비예산부수법안도 심의할 수 있다(국회법 제93조의2).

임시적인 필요에 따라 집회하는 임시회는 대통령 또는 국회의 재적의원 4분의 1이상의 요구로 집회할 수 있다(대한민국헌법 제47조 제1항 후단). 임시회의 회기는 30일을 초과할 수 없다(대한민국헌법 제47조 제2항). 매년 2월 1일, 4월 1일, 6월 1일에는 임시회가 자동소집된다(국회법 제5조 제2항). 임시회의 업무는 대통령이나 국회의원이 제안한 안건의 처리, 법률안·추가경정예산안의 심의 등이다.

5. 정족수

정족수(quorum)에는 의사[개의(開議)]정족수와 의결정족수가 있다. 의사(개의)정족수는 국회 또는 각원이 회의를 여는데 필요한 국회의원 수를 말하며, 의결정족수라 함은 국회 또는 각원이 의결을 하는데 필요한 국회의원의 수를 말한다.

일반정족수에 대하여 대한민국 헌법은 헌법 또는 법률에 특별한 규정이 없는 한, 재적의원 과반수 출석과 과반수의 찬성으로 의결한다고 규정하고 있다(대한민국헌법 제49조). 개의정족수에 관해서는 국회법에서 재적의원 5분의 1이상의 출석으로 개의할 수 있도록 하고 있다(국회법 제73조). 특별정족수에 대하여 대한민국 헌법과 법률은 다음과 같은 특별정족수를 규정하고 있다. 법률안의 재의는 재적의원 과반수 출석과 출석의원 3분의 2이상의 찬성하여야 한다(대한민국헌법 제53조 제4항). 국무총리・국무위원의 해임건의는 재적의원 과반수 찬성하여야 한다(대한민국헌법 제63조 제2항). 국회의원의 제명처분은 재적의원 3분의 2이상의 찬성하여야 한다(대한민국헌법 제64조 제3항). 탄핵소추의결은 일반적인 경우에는 재적의원 과반수의 찬성, 대통령 탄핵소추의 경우에는 재적의원 3분의 2이상의 찬성하여야 한다(대한민국헌법 제65조 제2항). 계엄의 해제요구는 재적의원 과반수의 찬성하여야 한다(대한민국헌법 제77조 제5항). 헌법개정의 의결은 재적의원 3분의 2이상의 찬성하여야 한다(대한민국헌법 제130조). 일반정족수의 경우, 가부동수인 경우에는 부결된 것으로 간주한다(대한민국헌법 제49조 후단).

6. 회의의 원칙

국회의 회의는 공개를 원칙으로 하나(대한민국헌법 제49조), 출석의원 과반수의 찬성이 있거나 국가의 안정보장을 위하여 필요하다고 인정할 때에는 공개하지 아니할 수 있다(대한민국헌법 제50조 제1항 단서). 대부분의 나라는 회기불계속의 원칙을 채택하고 있으나, 대한민국 헌법은 "국회에 제출된 법률안 그 밖의 의안은 회기중에 의결되지 못한 이유로 폐기되지 아니한다"고 규정하여(대한민국헌법 제51조) 회기계속의 원칙을 채택하고 있다. 그러나 국회의원의 임기가 만료된 때에는 회기가 계속되지 않도록 하였다. 1회기 중에 부결된 의안은 그 회기중에 다시 제출하지 못한다(국회법 제92조). 이를 일사부재의(一事不再議) 원칙이라고 한다. 이 원칙은 의사진행을 원활하게 하고, 소수파에 의한 의사방해를 막기 위한 제도라고 할 수 있다.

Ⅴ. 국회의 권한

국회의 권한은 국회의 헌법상 지위에서 당연히 나오는 권한을 말한다. 국회의 권한은 대통령제 국가와 의원내각제 국가 간에는 많은 차이가 있고, 국회의 행정부에 대한 비판·감시권에 따라 현저한 차이가 있다. 의원내각제 국가에서는 일반적으로 행정부에 대한 국회의 우위가 인정되고 있으나, 대통령제 아래에서는 국회와 정부가 균형관계를 이루고 있다. 대한민국 국회는 대통령제 아래의 국회이기 때문에 행정부에 대한 우월적 지위를 가지지 못하고 있다.

1. 입법에 관한 권한

대한민국헌법 제40조는 "입법권은 국회에 속한다"고 하여 국회의 입법권을 규정하고 있다. 이 규정은 제66조·제101조의 규정과 함께 헌법이 권력분립의 원리를 채택하고 있음을 의미함과 동시에 입법기관으로서의 국회의 권한을 나타낸 것이다. 여기서 말하는 입법권이라 함은 형식적 의미의 "법률제정권"을 말한다. 국회는 입법권을 가지고 있으나, 이는 절대적인 권한이 아니고, 상대적 권한이며, 헌법에 위배되어서는 안 된다. 다만, 헌법이 규정하는 법규사항과 법률사항은 반드시 법률로서 정해야 한다.[10)] 법률이 헌법에 위반되느냐의 여부를 심사하는 것이 위헌법률심사제인데, 대한민국 헌법은 법률이 정하는 헌법소원 이외에는 법원에게 법률이 헌법에 위반되는지의 여부를 헌법재판소에 제청할 수 있는 권한을 부여하고 있고, 헌법재판소에게 법률의 위헌여부결정권을 부여하고 있다.

국회의 입법은 법률안의 제안·심의·의결 등의 절차를 밟아야 한다. 법률안의 제출권은 국회의원과 정부에 있다(대한민국헌법 제52조). 국회의원이 법률안을 발의하는 데는 의원 10인 이상의 찬성을 얻어 제안할 수 있다(국회법 제79조). 법률안이 제출되면, 의장은 이를 본회의에 보고하고 소관 상임위원회에 회부한다(국회법 제81조 제1항). 소관위원회에서 심사한 결과, 본회의에 부칠

10) 국민의 권리·의무에 관한 사항을 법규라고 한다. 국회는 이러한 법규의 제정권을 가진다. 헌법 자체가 법률로 정하도록 명시한 법규사항으로는 죄형법정주의(제12조 제1항), 재산권의 내용과 한계, 공공수용, 보상의 기준(제23조), 선거권(제24조), 공무담임권(제24조), 재판청구권(제27조), 형사보상청구권(제28조), 국가배상청구권(제29조), 범죄피해자구조청구권(제30조), 기본권제한입법(제37조), 조세의무(제38조), 국방의 의무(제39조) 등이 있다. 이 밖에도 헌법이 국적, 정당, 대통령선거, 국군조직·편성·통수, 대통령령, 계엄, 사면, 국가원로자문회의, 민주평화통일자문회의, 행정각부, 감사원, 국회의원선거, 법관의 자격, 군사법원, 헌법재판소, 선거관리위원회, 지방자치단체, 국토의 이용·개발, 소비자보호 등 반드시 법률로써 규정하도록 하고 있는 사항도 많다.

필요가 없다고 결정한 법률안은 본회의에 부치지 아니한다. 본회의에 회부된 법률안은 본회의에서 토론・심의하여 의결한다. 국회에서 가결된 법률안은 국회의장이 이를 정부에 이송한다. 대통령이 법률안에 이의가 있을 때에는 법률안이 정부에 이송된 후 15일 이내에 이의서를 첨부하여 국회에 환부하여 그 재의(再議)를 요구할 수 있다(대한민국헌법 제53조 제2항). 대통령이 법률안을 15일 이내에 공포하거나 재의의 요구를 하지 않는 경우에는 그 법률안은 법률로서 확정된다. 이 경우 대통령은 법률을 공포하여야 하는데, 확정된 뒤 5일 이내에 대통령이 공포하지 않으면 국회의장이 확정법률로 공포한다(대한민국헌법 제53조 제6항). 법률은 특별한 규정이 없는 한, 공포한 날로부터 20일이 경과함으로써 효력을 발생한다(대한민국헌법 제53조 제7항). 일반 법률은 공포와 동시에 효력을 발생하도록 한 것도 있는데, 이러한 법률의 효력발생 시기는 관보의 발행일로 보고 있다.[11)]

2. 법률 이외의 입법에 관한 권한

국회는 헌법개정에 관한 권한[12)]도 가지고 있다. 국회의원은 재적의원 과반수로서 헌법개정을 발의할 수 있으며,[13)] 국회는 헌법개정안이 공고된 날로부터 60일 이내에 이를 의결하(대한민국헌법 제128조 제1항)여야 한다. 헌법개정안은 일반법률안과는 달리 수정통과시킬 수 없으며, 전부로써 가부투표에 회부되어야 한다. 헌법개정안에 대한 국회의 의결은 재적의원 3분의 2 이상의 찬성을 얻어야 한다. 국회를 통과한 헌법개정안은 국민투표에 회부되고 30일 이내에 이를 가결하면 헌법개정은 확정된다. 확정된 헌법개정은 대통령이 즉시 공포하여 시행한다(대한민국헌법 제130조). 국회는 상호원조 또는 안전보장에 관한 조약, 중요한 국제조직에 관한 조약, 우호통상항해조약, 주권의 제약에 관한 조약, 강화조약, 국가나 국민에게 중대한 재정적 부담을 지우는 조약 또는 입법사항에 관한 조약의 체결・비준에 대해서는 반드시 국회의 동의를 받아야 한다(대한민국헌법 제60조).

11) 김철수, 앞의 책・헌법개설, 278면.
12) 헌법개정에 관한 권한은 헌법개정발안권, 헌법개정안의결권 등이다.
13) 대통령도 국무회의의 심의를 거쳐 이를 제안할 수 있다(대한민국헌법 제128조 제1항).

3. 재정에 관한 권한

국회는 재정입법권을 가진다. 대한민국헌법 제59조는 "조세의 종목과 세율은 법률로 정한다"고 하여 조세법률주의를 선언하고 있다. 대한민국은 조세에 있어 영구세주의를 채택하고 있다. 국회는 예산[14)]을 심의·확정하는 권한을 가지고 있다. 정부는 회계연도마다 예산안을 편성하여 회계연도개시 90일 전까지 국회에 제출하여야 한다(대한민국헌법 제54조 제2항 전단). 예산안이 제출되면 국회는 예산결산특별위원회와 본회의에서 예산안을 심의하여 회계연도개시 30일 전까지 국회의 의결로 확정된다(대한민국헌법 제54조 제2항 후단). 국회에서 확정된 예산은 법률안이 아니므로 대통령은 이를 거부하지 못한다. 국회는 정부의 동의없이 정부가 제출한 지출예산 각항의 금액을 증가하거나 새 비목을 설치할 수 없다(대한민국헌법 제57조). 국회는 계속비를 의결할 수 있으며, 기채동의권[15)]을 가지고 예산외의 국가부담이 될 계약체결에 대한 동의권[16)]을 가진다. 또 국회는 예비비의 설치에 대한 의결권을 가지며, 그 지출에 대한 승인권[17)]을 가진다. 국회는 결산심사권을 가진다(대한민국헌법 제99조, 국회법 제128조의2).

4. 일반국정에 관한 권한

국회는 정부의 권력남용을 방지하기 위하여 일반국정에 관한 권한을 가진다. 국회는 국무총리임명에 대한 동의권(대한민국헌법 제86조 제1항)을 가지며, 국무총리와 국무위원에 대한 해임건의권을 가진다(대한민국헌법 제63조). 국회는 국무총리·국무위원과 정부위원을 국회나 그 위원회에 출석요구할 수 있고, 질의를 할 수 있다(대한민국헌법 제62조 제2항). 또한 중요 공무원에 대해서는 불법행위가 있는 경우 탄핵을 소추(訴追)할 수 있고(대한민국헌법 제65조),[18)] 국

14) 예산이란 한 회계연도에서 국가의 세입·세출의 예정준칙을 정한 것으로 국회의 의결에 따라서 성립하는 법형식이다.

15) 국회는 정부의 국채(國債)모집에 대한 동의권을 가진다(대한민국헌법 제589조).

16) 이러한 계약에는 외국차관의 정부지불보증행위, 외국인고용계약, 임차계약 등이 있다(대한민국헌법 제58조).

17) 예비비의 지출은 차기국회의 승인을 얻어야 한다(대한민국헌법 제55조 제2항).

18) 탄핵대상자는 대통령·국무총리·국무위원·행정각부의 장·헌법재판소재판관·법관·

정감사 및 국정조사를 할 수 있는 권한을 가진다(대한민국헌법 제61조).[19]

국회는 조약체결 · 선전포고, 국군의 해외파견, 외국군대의 대한민국 영역 안에서의 주류(駐留)에 대한 동의권(대한민국헌법 제60조 제2항)을 가지며, 일반사면에 대하여 동의권을 가지고(대한민국헌법 제79조 제2항), 계엄해제요구권(대한민국헌법 제77조 제5항)과 긴급명령, 긴급재정경제처분 및 명령에 대한 승인권(대한민국헌법 제37조 제3항 · 제4항)을 갖는다.

5. 중요 공무원선임권과 임명동의권

국회는 헌법기관의 구성원에 대한 선임권과 대통령의 헌법재판소장 · 대법원장 · 대법관 · 국무총리 · 감사원장 임명 등에 대한 동의권이 있다. 국회는 인사청문특별위원회를 열어 동의 여부를 결정한다. 국회는 헌법재판소재판관 일부선출권(3인)(대한민국헌법 제111조 제3항), 중앙선거관리위원회위원 일부선출권(3인)(대한민국헌법 제114조 제2항), 대법원장과 대법관 임명동의권(대한민국헌법 제104조), 감사원장 임명동의권(대한민국헌법 제98조 제2항) 등이 있다.

6. 국회의 자율적 권한

국회는 헌법과 법률에 위반하지 않는 범위 내에서 의사와 내부규율을 관한 규칙을 제정할 수 있다(대한민국헌법 제64조 제1항). 또한 국회는 의사진행에 관한 자율권을 가지고 있으며, 내부경찰권과 내부조직권 등을 가지고 국회의원의 신분에 관한 사항을 심의할 수 있는 권한을 가진다(국회법 제4장 · 제12장).

중앙선거관리위원회위원 · 감사원장 · 감사위원 그 밖에 법률이 정한 공무원이다. 법률이 정한 공무원에는 검사가 포함된다. 탄핵소추의 발의는 국회재적의원 3분의 1 이상의 발의가 있어야 하며, 그 의결은 재적의원 과반수이 찬성이 있어야 한다. 단, 대통령에 대한 탄핵소추는 국회재적의원 과반수의 발의와 재적의원 3분의 2 이상의 찬성이 있어야 한다(대한민국헌법 제65조 제2항).

19) 이에 관한 법률이 국회법과 국정감사 및 조사에 관한 법률, 국회에서의 증언 · 감정 등에 관한 법률이다.

제3절 정부(집행부 · 행정부)의 조직과 권한

Ⅰ. 대통령의 지위

1. 대통령의 헌법상의 지위

대한민국은 대통령제 국가로서 대한민국헌법 제66조에서 대통령의 지위를 규정하고 있으나, 의원내각제적 요소를 약간 가미하고 있는 것이 특색이다.

(1) 국가원수

대한민국헌법 제66조는 대통령은 국가의 원수로서 외국에 대하여 국가를 대표하는 지위를 가지고 있다. 대통령은 대외적으로 국가를 대표하여 조약을 체결·비준하고, 선전을 포고하며, 강화조약을 체결하며, 외교사절 등을 신임 접수한다. 대내적으로는 국가의 대표자로서 헌법재판소 소장·헌법재판소 재판관과 3명의 선거관리위원회 위원·대법원장과 대법관 등을 임명할 수 있으며, 국회임시집회요구권, 영전수여권·일반사면권 등을 행사한다.

(2) 행정수반

대한민국헌법 제66조 제4항은 대통령은 행정권의 수반으로서 국가의 최고 집행기관의 지위를 가진다. 대통령은 행정에 관한 모든 권한을 관장하고 있으나, 이를 독자적으로 집행하는 것은 아니다. 이 지위에서 법률안제출권, 국군통수권, 행정공무원임면권, 행정입법권, 예산집행권 등의 권한을 가진다.

(3) 국가의 수호자

대통령은 국가의 수호자로서 "국가의 독립, 영토의 보전, 국가의 계속성, 민족문화의 창달과 헌법을 수호할 의무를 진다(대한민국헌법 제66조 제2항)". 이 지위에서 대통령은 위기에 있어 긴급명령권, 긴급재정·경제명령·처분권(대한민국헌법 제76조)을 가지며, 계엄선포권(대한민국헌법 제77조)을 가지고 있다. 또한 대통령은 국가안전보장회의를 주재한다. 이 지위에서 대통령은 적극적인 헌법수호자로서도 기능한다.

(4) 국가의 한 주권행사기관

대통령은 국민의 대표자로서 주권을 행사하는 최고기관의 하나이다.[20] 이 지위에서 헌법개정제안권, 국민투표회부권, 위헌정당해산제소권 등의 권한을 가진다. 국가의 한 주권권행사기관으로서의 대통령은 최고기관들 중의 하나이며, 다른 주권행사기관과 동위적인 지위를 가진다.[21]

2. 대통령의 신분상 지위

(1) 대통령의 선임과 임기

대통령은 국민의 보통·평등·직접·비밀선거에 따라서 선출된다. 대통령으로 선출될 수 있는 자는 국회의원의 피선거권이 있고, 선거일 현재 40세에 달하여야 한다(대한민국헌법 제67조). 그리고 선거일 현재 5년 이상 국내에 거주하고 있는 40세 이상의 국민은 대통령의 피선거권이 있다. 이 경우 공무로 외국에 파견된 기간과 국내에 주소를 두고 일정기간 외국에 체류한 기간은 국내거주기간으로 본다(공직선거법 제16조 제1항).

대통령의 임기는 5년이며, 중임할 수 없다(대한민국헌법 제70조). 대통령의 임기연장 또는 임기변경을 위한 헌법개정은 그 헌법개정제안 당시의 대통령에 대하여는 효력이 없다(대한민국헌법 제128조 제2항). 대통령이 궐위된 때 대통령 당선자가 사망하거나 판결 그 밖의 사유로 그 자격을 상실한 때에는 60일 이내에 후임자를 선거한다(대한민국헌법 제68조). 후임자의 임기는 새로 5년이다.

(2) 대통령의 특권과 의무

대통령은 취임선서에서 헌법을 준수하고 국가를 보위하며 민족문화의 발전 및 국민의 자유와 복리를 증진에 노력하고 조국의 평화적 통일을 위하여 직책을 성실히 수행할 것을 서약하도록 하고 있다(대한민국헌법 제69조). 이는 대통령의 의무이다. 대통령은 이 밖에도 국무총리·국무위원·행정각부의 장 또는 그 밖에 공사의 직을 겸직할 수 없다(대한민국헌법 제83조). 대통령은 내란 또는

---

20) 그러나 주권행사기관에는 대통령 외에도 선거기관으로서의 국민과 국회·정부·헌법재판소가 있으므로 대통령만이 유일한 주권행사기관은 아니다.

21) 김철수, 앞의 책·헌법개설, 286면~287면.

외환의 죄를 범한 경우를 제외하고는 재직중 형사상의 소추(訴追)를 받지 아니하며 헌법재판소의 탄핵소추(彈劾訴追)에 따르지 아니하고는 임기중 면직되지 아니한다(대한민국헌법 제84조). 국가원수인 대통령에게 이러한 특권을 부여함으로써 그 권위를 유지하기 위한 것이다. 그러나 퇴직 후에는 소추를 받을 수 있으며, 민사책임은 면제되지는 않는다.

(3) 대통령의 권한 대행

대통령이 궐위되거나 사고로 인하여 직무를 수행할 수 없을 때에는 1차적으로 국무총리가 그 권한을 대행하고 2차적으로는 법률이 정한 국무위원의 순위에 따라 국무위원인 기획재정(대한민국헌법 제71조)부장관, 교육부장관 등 순위로 대행한다(정부조직법 제12조, 정부조직법 제26조 제1항).

(4) 전직대통령의 예우와 대통령의 자문기구

전직대통령의 신분과 예우에 관하여는 법률로 정하는 바(대한민국헌법 제85조), 이에 관한 법률이 "전직대통령의 예우에 관한 법률"이다. 직전대통령은 국가원로자문회의의 의장이 된다(대한민국헌법 제90조 제2항). 대통령의 자문기구로서 국가원로자문회의(대한민국헌법 제90조), 국가안전보장회의(대한민국헌법 제91조), 민주평화통일정책자문회(대한민국헌법 제92조), 국민경제자문회의(대한민국헌법 제93조), 그리고 국가과학기술자문회의(대한민국헌법 제127조) 등이 그것이다.

Ⅱ. 대통령의 권한

대한민국의 정부형태는 대통령제를 취하고 있으므로 대통령은 원칙적으로 실질적 권한을 가지고 있다. 대통령의 국법상의 행위는 문서로서 하되, 이 문서에는 국무총리와 관계 국무위원이 부서(副署)한다.

1. 헌법개정과 국민투표에 관한 권한

대통령은 헌법개정에 관한 발의권(대한민국헌법 제128조 제1항) 및 공고권(대한민국헌법 제129조)을 가지고 헌법개정에 대한 공포권(대한민국헌법 제130조 제

3항)을 가진다. 대통령은 필요하다고 인정할 때에는 외교, 통일 그 밖의 국가안위에 관한 중요한 정책을 국민투표에 회부할 수 있는 권한을 가진다(대한민국헌법 제72조). 그 밖에도 국민투표안에 대한 공고권과 공포권 등도 가진다.

2. 헌법기관구성에 관한 권한

대통령은 헌법재판소 소장과 재판관을 임명하는 권한을 가진다(대한민국헌법 제111조 제2항, 제4항). 또한 대통령은 국회의 동의를 얻어 대법원장과 대법관을 임명하는 권한을 갖는다(대한민국헌법 제104조). 대통령은 국무총리를 임명하여, 국무총리의 제청으로 국무위원을 임명할 수 있는 권한을 가진다(대한민국헌법 제86조, 제87조). 뿐만 아니라 감사원장과 감사위원을 임명할 수 있는 권한을 가지며(대한민국헌법 제98조), 중앙선거관리위원회 위원 3인을 임명하는 권한도 가진다(대한민국헌법 제114조 제2항).

3. 행정에 관한 권한

대통령은 행정권의 수반으로서 국가의 행정정책에 대한 최고결정권을 가진다. 대통령은 법률의 집행권을 가지며, 정책집행에 필요한 집행명령과 위임명령을 발할 권한을 갖는다. 대통령은 외국에 대하여 국가를 대표하며 대통령은 외교에 관한 권한을 가지고 있는데 조약체결권 · 외국정부승인권 등이 있다(대한민국헌법 제66조, 제73조, 제60조).

대통령은 헌법과 법률[22]에 따라 국군을 통수하는 권한을 가진다(대한민국헌법 제74조). 대통령은 국군의 총사령관으로서 국군을 지휘한다. 대통령은 헌법과 법률이 정하는 바에 따라 공무원의 임면권을 가진다(대한민국헌법 제78조). 대통령은 국무회의, 국가안전보장회의 등을 주재할 권한을 갖는다(대한민국헌법 제88조 제3항, 제91조 제2항). 대통령은 법률[23]이 정하는 바에 따라서 훈장 그 밖의 영전을 수여할 권한을 가지며(대한민국헌법 제80조), 정당의 해산을 헌법재판소에 제소할 수 있다(대한민국헌법 제8조 제4항).

22) 국군의 조직과 편성에 관한 법률로 정하도록 하고 있는데, 이것이 '국군조직법'이다.
23) 이 법률이 상훈법이다.

4. 국가긴급권

대통령은 국가긴급시에 긴급명령, 긴급재정경제처분·명령을 발할 수 있는 권한과 계엄을 선포할 수 있는 권한을 갖는다(대한민국헌법 제76조). 긴급명령권은 국가의 안위에 관계되는 중대한 교전상태에 있어서 국가를 보위하기 위하여 긴급한 조치가 필요하고 국회의 집회가 불가능한 때에 법률의 효력을 가지는 명령을 발할 수 있는 권한을 말한다. 긴급명령은 국회의 사후승인을 받아야 하며, 사후승인을 받지 못한 때에는 그 때부터 효력을 잃는다(대한민국헌법 제89조 제5호, 제76조 제3항·제4항). 긴급재정·경제명령은 내무·외환·천재지변 또는 중대한 재정·경제상의 위기에 국가의 안전보장 또는 공공이 안녕질서를 유지하기 위하여 긴급한 조치를 할 필요가 있으나, 국회의 집회를 기다릴 시간적 여유가 없는 경우에 대통령이 발할 수 있다. 긴급재정·경제명령은 국회의 사후승인이 없으면 효력을 상실한다(대한민국헌법 제76조 제3항·제4항).

또한 대통령은 전시·사변 또는 이에 준하는 국가비상사태에서 병력으로써 군사상 필요 또는 공공의 안녕질서를 유지할 필요가 있을 때에는 계엄법이 정하는 바에 따라서 계엄을 선포할 수 있다. 계엄에는 경비계엄과 비상계엄이 있다(대한민국헌법 제77조 제2항, 계엄법 제2조). 계엄의 효력은 군사에 관한 행정사무와 사법사무를 계엄사령관이 관장하게 된다(계엄법 제7조 제2항). 특히 비상계엄 아래에서는 영장제도·언론·출판·집회·결사의 자유, 정부와 법원의 권한에 관하여 특별한 조치를 할 수 있다(대한민국헌법 제77조 제3항, 계엄법 제7조~제9조). 국회가 계엄의 해제를 요구할 때에는 이를 해제하여야 한다(대한민국헌법 제77조 제5항, 계엄법 제11조).

5. 국회와 입법에 관한 권한

대통령은 국회에 대하여 임시회를 소집 요구할 수 있는 권한 국회에 출석하여 발언하거나 서면으로 의견을 표시할 수 있는 권한이 있다(대한민국헌법 제47조, 제81조). 대통령은 입법에 관한 권한으로서 법률안제출권(대한민국헌법 제52조)을 가지며,[24] 법률공포권(대한민국헌법 제53조 제1항)을 가지고,[25] 법률안거부

24) 대통령제 하에서는 대통령이 법률안을 제출할 수 없는 것이 원칙이나, 대한민국 헌법은

권(대한민국헌법 第53조 第2항과 第5항)을 가지며,[26] 위임명령과 집행명령을 발할 권한 가진다(대한민국헌법 第75조).

6. 법원과 사법에 관한 권한

대통령은 국회의 동의를 얻어 대법원장을 임명하고 대법원장의 제청으로 국회의 동의를 얻어 대법관을 임명한다. 또한 대통령은 법률[27]이 정하는 바에 따라 사면·감형·복권을 명할 수 있다(대한민국헌법 第79조 第3항). 사면은 행정권에 따라서 사법권의 효과를 변경하는 것이다. 따라서 권력분립의 원칙에 대한 예외인 것으로 전통적으로 국가원수의 특권 및 행정기관의 권리로서 인정되고 있다. 사면은 일반사면·특별사면·감형·복권으로 구별되고, 그 행사에는 국무회의의 심의를 거쳐야 한다(대한민국헌법 第79조). 일반사면을 명하는 경우에는 국회의 동의를 얻어야 한다.

Ⅲ. 행정부의 구성

1. 행정부의 구성

정부는 대통령을 수반으로 하고, 국무총리와 국무위원으로 구성된다. 대통령은 국민의 직접선거에 따라서 5년의 임기로 선출되며, 행정권의 수반으로서 행정정책결정권과 행정감독권 및 국무회의주재권을 가진다.

국무회의는 대통령·국무총리와 15인 이상 30인 이하의 국무위원을 구성된다. 국무총리는 대통령이 국회의 동의를 얻어 임명하고, 군인은 현역을 면한 후가 아니면 국무총리로 임명될 수 없다. 국무위원은 국무총리의 제청으로 대

국회와 행정부와의 긴밀한 유대관계를 도모하기 위하여 정부의 법률안제출권을 인정하고 있다. 이것은 의원내각제적 요소이다.

25) 대통령은 국회에서 의결된 법률안을 정부에 이송된 날로부터 15일 이내에 공포하여야 한다.

26) 대통령이 법률안거부권을 행사하는데는 두 가지 방법이 있다. 즉 환부거부와 보류거부가 그것이다. 대한민국헌법 제53조 제2항과 제5항에 비추어 보아 우선 환부거부는 인정되는데, 이에는 일부거부·수정거부는 금지된다(대한민국헌법 제53조 제3항). 대한민국은 보류거부는 인정되지 않는다.

27) 이 법률은 사면법이다.

통령이 임명한다. 국무총리는 국무위원의 해임을 건의할 수 있다. 행정각부의 장은 국무위원이어야 하며, 국무총리의 제청으로 대통령이 임명한다. 국무위원은 심의기관인 국무회의의 구성원인데 대하여, 행정각부 장관은 행정권을 집행하는 행정집행권으로서의 행정각부의 장이다.

2. 행정수반으로서의 대통령

행정수반으로서의 대통령은 행정감독권과 국무회의주재권을 가진다. 대통령의 직무를 보좌하기 위하여 대통령비서실을 두며, 대통령 소속 아래에 국가안전보장에 관련되는 정보·보안 및 범죄수사에 관한 사무를 담당하기 위하여 국가정보원을 두고 있다. 대통령의 행정에 관한 권한 행사를 심의하기 위하여 국무회의를 둔다. 국무회의의 소관사항은 이를 행정권이라고만은 할 수 없으나, 정부에서 국회에 대하여 책임을 져야 할 사항인 점에서 넓은 의미의 행정권에 속한다.

행정수반으로서의 대통령의 소속 아래에 감사원을 두고 있다(대한민국헌법 제97조). 감사원은 원장을 포함한 5인 이상 11인 이하의 감사위원을 구성한다(대한민국헌법 제98조 제1항). 감사원장은 대통령이 국회의 동의를 얻어 임명한다(대한민국헌법 제98조 제2항 전단). 감사위원은 감사원장의 제청으로 대통령이 임명한다(대한민국헌법 제98조 제3항 전단). 감사원장과 감사위원의 임기는 4년이며, 1차에 한하여 중임할 수 있다(대한민국헌법 98조 제2항·제3항). 감사원장의 정년은 70세이고, 감사위원의 정년은 65세이다.

3. 국무회의

(1) 국무회의의 헌법상 지위

대한민국헌법은 대통령제를 취하고 있으나, 그것은 USA와 같은 순수한 대통령중심제와 달리 헌법상의 정부기관으로서 국무회의를 두고 있다. 국무회의는 정부에 권한에 속하는 중요한 정책을 심의하는 헌법상의 기관이다(대한민국헌법 제88조 제1항, 제89조). 국무회의는 최고행정정책심의기관으로서 필수적 심의기관이다. 대통령은 이 심의에 구속되지는 않으나 반드시 심의는 거쳐야 한다. 이러한 합의제 기관을 둔 것은 정부의 권한에 속하는 중요한 정책을 신중하게 결정하려는 것이다. 국무회의는 대통령이 의장으로서의 이를 주재한다(대한민국헌법 제88조 제3항). 국무회의는 대통령, 국무총리와 15인 이상 30인 이하의 국무위원으로 구성한다.

(2) 국무회의의 심의사항

국무회의는 정부의 권한에 속하는 중요한 사항을 심의하며(대한민국헌법 제88조 제1항), 특히 대한민국헌법 제89조 제1호부터 제17호까지 규정된 사항은 법상 그 권한이 어느 기관에 속함을 불문하고, 국무회의의 심의를 거쳐야 한다(대한민국헌법 제89조). 대한민국헌법 제89조에서 규정하고 있는 국무회의의 필수적 심의사항은 국정의 기본적 계획과 정부의 일반정책, 선전·강화 그 밖에 중요한 대외정책, 헌법개정안·국민투표안·조약안·법률안과 대통령령안, 예산안·결산·국유재산처분의 기본계획·국가의 부담이 될 계약 그 밖의 재정에 관한 중요사항, 대통령의 긴급명령·긴급재정경제처분·명령 또는 계엄과 그 해제, 군사에 관한 중요사항, 국회의 임시회집회의 요구, 영전수여, 사면·감형과 복권, 행정각부간의 권한의 획정, 정부 안의 권한의 위임 또는 배정에 관한 기본계획, 국정처리상황의 평가·분석, 행정각부의 중요한 정책의 수입과 조정, 정당해산의 제소, 검찰총장·함동참모의장·각군참모총장·국립대학총장·대사·그 밖의 법률이 정한 공무원과 국영기업체 관리자의 임명, 그 밖의 대통령·국무총리 또는 국무위원이 제출한 사항이다.

(3) 국무회의 심의의 효력

국무회의의 의결이 대통령을 구속하는가의 여부가 문제되고 있다. 이는 국무회의가 의결기관이냐 자문기관이냐의 성격문제로 귀착된다. 국무회의는 의결기관이 아니고, 최고행정정책심의기관이기 때문에 그 의결은 대통령을 구속하지 않는다고 보아야 할 것이다.[28)]

---

28) 김철수, 앞의 책·헌법개설, 309면 참조,

Ⅳ. 국무총리와 국무위원

1. 국무총리의 지위

국무총리는 대통령을 보좌하고 국무회의의 부의장이 되며(대한민국헌법 제88조 제3항), 행정에 관하여 대통령의 명을 받아 행정각부를 통할한다(대한민국헌법 제86조 제2항). 대통령의 국법상행위에 대해서는 그 보좌의 책임을 명백하기 위하여 부서(副署)의 의무가 있으며(대한민국헌법 제82조), 부서에 대한 책임을 져야 한다(대한민국헌법 제62조, 제63조).

국무총리는 정부 내에서 대통령 다음 가는 제2인자이며(대한민국헌법 제94조), 국무위원은 원칙적으로 국무총리와 그 진퇴를 함께 하고 있기 때문에 정부의 동질성을 보장하는 역할을 다하고 있다. 또한 국무총리는 중앙행정기관의 장으로서의 지위를 가지며, 대통령의 명에 따라 각 중앙행정기관의 장을 지휘・감독할 뿐만 아니라 처분을 취소 또는 변경할 수 있다(정부조직법 제6조). 또한 국무총리는 중앙행정기관으로서 여러 보조기관을 지휘・감독하는 지위에 있다.

2. 국무총리의 권한

국무총리는 국무위원과 행정각부의 장의 임명제청권을 가지며(대한민국헌법 제87조 제1항, 제94조), 국무위원의 해임건의권을 가진다(대한민국헌법 제87조 제3항). 또한 국무총리는 대통령을 보좌하고 국무회의의 부의장이 된다(대한민국헌법 제89조). 그 외에도 대통령의 권한을 대행하고 부서하는 권한을 가지며(대한민국헌법 제71조, 제82조), 국무회의에서의 심의권을 가지고 행정각부통할권, 총리령을 발하는 권한, 국회출석발언권이 있다(대한민국헌법 제89, 제86조 제2항, 제62조 제1항, 제95조).

국무총리는 대통령의 명을 받아 각 중앙행정기관의 장을 지휘・감독하고 중앙행정기관의 장의 명령이나 처분이 위법 또는 부당하다고 인정할 때에는 대통령의 승인을 얻어 이를 중지 또는 취소할 수 있다(대한민국헌법 제95조, 정부조직법 제6조). 국무총리는 국회의 동의를 얻어 대통령이 임명한다(대한민국헌법

제86조 제1항). 군인은 현역을 면한 후가 아니면 국무총리로 임명될 수 없다(대한민국헌법 제86조 제3항). 이것은 국무총리의 문민원칙이다. 국무총리는 국회위원을 겸직할 수 있다(대한민국헌법 제43조, 국회법 제29조). 이것은 국무총리가 국회의원을 겸직함으로써 국회와 정부의 협조를 구하기 위한 것이다. 국무총리는 대통령이 궐위되거나 사고로 인하여 직무를 수행할 수 없을 때에는 제1차적으로 그 권한을 대행한다(대한민국헌법 제71조). 이 경우 권한대행자의 직무대리의 범위는 잠정적인 현상유지에 국한한다.

3. 국무위원의 지위와 권한

국무위원은 대통령 및 국무총리와 더불어 합의제 정부최고정책심의기관인 국무회의를 구성하는 국무회의의 구성원인 지위를 가진다. 국무위원의 지위에서 국무회의의 소집을 요구하고 의장을 통하여 국무회의에 의안을 제출하며 국무회의에 출석·발안하고 그 심의에 참가할 권한과 의무가 있다(대한민국헌법 제89조 제17호, 정부조직법 제12조 제3항). 그 밖에도 대통령 권한 대행권(대한민국헌법 제71조)과 부서권(대한민국헌법 제82조)이 있으며, 국회출석발언권(대한민국헌법 제62조 제1항) 등이 있다.

국무위원은 국무총리의 제청으로 행정각부의 장으로 대통령이 임명한다. 그 수는 15인 이상 30인 이하이며, 군인은 현역을 면한 후가 아니면 국무위원으로 임명될 수 없다. 국무위원의 해임은 대통령이 임의로 할 수 있으나, 국회는 국무위원의 해임을 건의할 수 있다. 그 밖에 국무총리도 국무위원의 해임을 대통령에게 건의할 수 있다. 또한 국무총리가 사고로 인하여 직무를 수행할 수 없을 때에는 기획재정부장관이 겸임하는 부총리, 교육부장관이 겸임하는 부총리의 순으로 그 직무를 대행하고, 국무총리 및 부총리가 모두 사고가 있을 때에는 정부조직법이 규정한 순위에 따르는 국무위원이 그 직무를 대행한다.

4. 국무총리와 국무위원의 책임

국무총리와 국무위원은 국회나 위원회의 요구가 있을 때에는 이에 응하여 출석·답변하여야 한다(대한민국헌법 제62조). 대통령의 헌법상 행위를 위한 문서에는 보좌의 증거로 부서(副署)하여야 한다. 국회는 대통령에 대하여 국무총리나 국무위원의 해임건의를 할 수 있다(대한민국헌법 제63조). 이러한 책임은 국무총리가 대통령을 보좌한 책임을 명확하기 위한 것과 국회에 대하여 정치적 책임을 지게 하는 것이다.

V. 행정각부와 감사원

1. 행정각부

(1) 행정각부의 지위

행정각부는 대통령에 속하는 행정권을 대통령의 하부기관으로서 헌법과 법률이 정하는 바에 따라 행정사무를 집행하는 중앙행정기관이다. 대한민국헌법 제96조는 행정각부의 설치・조직과 직무범위를 법률로 정하게 하고 있다. 이 법률은 정부조직법이다. 행정각부의 장은 국무위원이어야 하며, 국무총리의 제청으로 대통령이 임명한다(대한민국헌법 제94조). 국무위원이 아닌 자는 행정각부의 장이 될 수 없다.

(2) 행정각부장관의 권한

행정각부의 장은 법률이 정하는 바에 따라 소관사무를 결정・집행할 수 있는 권한을 가지며, 소관사무의 일부를 하부기관에 위임할 수 있다. 행정각부의 장은 부령을 제정・공포하는 권한을 가진다(대한민국헌법 제95조). 부령에는 위임명령과 집행명령이 있다. 부령은 행정각부 장관이 서명을 한 뒤 관보로서 공포하며, 특별한 규정이 없는 한 공포일로부터 20일을 경과함으로써 효력을 발생한다. 부령에는 법규명령이 있고, 또한 협의의 행정명령, 즉 행정규칙이 있다.

행정각부 장관은 그 소관사무에 관하여 법률이나 대통령령의 제정・개정・폐지를 필요로 할 때에는 그 안을 작성하여 국무회의에 제출한다(대한민국헌법 제89조 제3호, 정부조직법 제12조 제3항). 또한 소관사무에 관하여 정책을 수립하고 이를 운영하며, 이에 필요한 의안을 국무회의에 제출한다(대한민국헌법 제89조 제12호, 정부조직법 제12조 제3항). 그 이외에도 소관사무를 통할하고, 소속공무원을 지휘 · 감독하며, 소관사무에 관하여 지방행정의 장을 지휘 · 감독한다(정부조직법 제7조 제1항 · 제3항).

2. 감사원

(1) 감사원의 지위

대한민국헌법 제97조는 "국가는 세입 · 세출의 결산, 국가 및 법률이 정한 단체의 회계감사와 행정기관 및 공무원의 직무에 관한 감찰을 하기 위하여 대통령 소속하에 감사원을 둔다"고 규정하고 있다. 감사원장을 포함한 5인 이상 11인 이하의 감사위원으로 구성한다(대한민국헌법 제98조). 원장은 국회의 동의를 얻어 대통령이 임명하며, 그 임기는 1차에 한하여 중임할 수 있다. 감사위원은 원장의 제청으로 대통령이 임명하여 그 임기는 4년이고 1차에 한하여 중임할 수 있다. 나아가 대한민국헌법 제99조는 감사원의 권한, 제100조는 감사원법에 대한 헌법적 근거를 각각 규정하고 있다.

감사원은 행정부의 수반으로서가 아닌 국가원수로서의 대통령의 소속되는 헌법상의 기관이다(대한민국헌법 제97조). 감사원은 정치적 중립기관으로서 행정부에서 독립하여 직무감찰과 회계검사를 하여야 한다.

(2) 감사원의 권한

감사원은 회계검사와 직무감찰의 권한을 가지고 있다(대한민국헌법 제99조). 감사원법에 따르면, 감사원은 국가의 세입 · 세출의 결산검사와 법률이 정하는 회계를 상시 감시하고, 검사하여 그 적정을 기하여야 한다(감사원법 제22조 · 제23조). 또한 감사원은 행정기관 및 공무원의 직무를 감찰하여 행정운영의 개선 · 향상을 기한다(감사원법 제34조 제1항). 직무감찰의 대상공무원은 일반 공무원과 군사기관 · 교육기관의 공무원을 포함한다. 국회 및 법원에 속하는 공무원은 제외된다.

제4절 사법부의 조직과 권한

대한민국헌법 제101조에 따르면 사법권(司法權, judicial power)은 법관으로 구성된 법원에 속한다. 이것은 헌법이 행정권은 정부에, 입법권은 국회에 속하게 하고 있는 것과 더불어 3권 분립주의를 채택하고 있음을 보여주는 것이다. 여기의 사법권에는 민사재판권과 형사재판권 및 행정재판권도 포함된다. 이 점에서 우리나라는 사법권의 개념에서 이른바 행정형이 아니고 사법형(司法型)을 취하고 있는 셈이다.

Ⅰ. 대법원의 헌법상의 지위

법원은 법관으로 구성된 사법기관이다. 법원은 대법원과 하급법원으로 구성된다. 대법원은 최고법원으로서 다음과 같은 지위를 가진다.

1. 주권행사기관의 하나로서의 지위

대법원은 사법권의 최고기관으로서 위헌·위법 명령심사권을 행사하여 행정부의 불법적인 행정을 시정함으로써 정부와 동위에 있는 주권의 한 행사기관으로서의 지위를 가진다.

2. 국민의 기본권보장기관으로서의 지위

사법부는 국민의 기본권이 침해된 경우 그 사법적 보장을 위한 기관이다. 대법원은 기본권이 국가권력에 의하여 침해된 경우 그 구제를 청구할 수 있는 기본권의 최고보장기관이다.

3. 최고 최종심 법원으로서의 지위

대법원은 사법부의 최고 최종심으로서의 지위를 가진다(대한민국헌법 제101조 제2항).

4. 위헌법률심사제청기관으로서의 지위

대법원도 법률의 위헌심사를 위한 제청기관의 지위를 가진다(대한민국헌법 제107조 제1항).

5. 최고 사법행정기관으로서의 지위

대법원은 최고 사법행정기관으로서의 지위를 가진다. 대법관회의는 예산요구·예비비 지출과 결산에 관한 사항 등에 관한 권한을 가진다. 최고사법행정을 의결·관장하기 위해 대법원에 대법관회의·법원행정처 등이 있다.

Ⅱ. 법원의 조직

헌법은 법원의 구성에 관하여 "법원은 최고법원인 대법원과 각급법원으로 조직된다"(대한민국헌법 제101조 제2항)고 규정하고, 그 상세한 것은 법률에 위임한다(대한민국헌법 제102조 제3항). 이 규정에 따른 법률은 법원조직법이다.

1. 대법원의 조직

대법원은 최고법원이며 서울특별시에 두고 있다(법원조직법 제11조, 제12조). 대법원은 대법원장과 대법관으로 구성된다. 대법관이 아닌 법관 즉 재판연구관을 둘 수 있다. 대법원은 통상 3심 법원으로서 상고심을 담당한다. 우리나라의 재판제도는 3심제가 원칙인데, 이는 헌법상 요구되는 사항이 아니기 때문에 2심제를 채택하는 것도 가능하나, 최종심은 대법원에서 이루어져야 한다. 대법관의 수는 대법원장을 포함해 14인이다. 재판부는 전원합의체와 대법관 3인 이상으로 구성된 부를 두며, 재판사무의 전문성과 효율성을 높이기 위하여 행정·조세·노동·군사 등의 전담부를 둘 수 있다. 대법원장은 국회의 동의를 얻어(대한민국헌법 제104조 제1항) 대법관은 대법원장의 제청과 국회의 동의에 따라 대통령이 각각 임명한다(대한민국헌법 제104조 제2항).

대법원장의 임기는 6년이며, 중임할 수 없고, 대법관의 임기는 6년이고, 법률이 정하는 바에 의해 연임할 수 있다(대한민국헌법 제105조 제2항). 대법관의 정년은 65세이다.

2. 고등법원의 조직

고등법원은 고등법원장과 판사로 구성된다. 고등법원에는 여러 개의 부를 두고 부장판사가 재판장이 된다. 고등법원의 심판권은 판사 3인(부장판사와 배석판사 2인)으로 구성된 합의부에서 행사한다. 고등법원은 지방법원의 1심 판결・심판・결정・명령에 대한 항소 또는 항고사건 등을 다룬다.

3. 특허법원의 조직

특허법원은 법원장과 판사로 구성된다. 특허법원에 부를 둔다. 특허법원은 고등법원급이다. 이로써 지식재산권의 사건은 2심제로 운영하고 있다. 특허법원은 특허법, 실용신안법, 디자인보호법, 상표법 소정의 제1심 사건과 다른 법률에 따라서 특허법원의 권한에 속하는 사건을 관장한다. 특허법원 1998년 3월 1일부터 운영하고 있다. 특허법원은 대전에 두고 있다.

4. 지방법원의 조직

지방법원은 법원장과 판사로 구성된다. 지방법원은 부를 둔다. 지방법원의 사무의 일부를 처리하기 위하여 그 관할구역 안에 지원과 가정부지원, 시・군법원 및 등기소를 둘 수 있다. 지방법원과 그 지원, 시・군법원의 심판권은 단독판사가 행사하고, 합의심판을 하여야 하는 경우에는 판사 3인으로 구성된 합의부에서 심판한다. 지방법원과 그 지원의 합의부는 i) 합의부에서 심판할 것으로 합의부가 결정한 사건, ii) 민사사건에 관하여는 대법원규칙으로 정하는 사건, iii) 사형, 무기 또는 단기 1년 이상의 징역 또는 금고에 해당하는 사건 등을 제1심으로 심판하고 있다.

5. 가정법원의 조직

가정법원은 가사심판사건과 소년보호사건을 심판하기 위하여 설치된 것으로 현재는 서울에만 두고 있다. 가정법원은 부를 두며 부장은 가정법원장의 지휘에 따라 그 부의 사무를 감독한다.

6. 행정법원의 조직

행정법원에 행정법원장과 부를 둔다. 행정법원은 행정소송법에 정한 행정사건과 법률에 의하여 행정법원의 권한에 속하는 사건을 제1심으로 심판한다. 행정법원은 1998년 3월 1일부터 설치되었다. 행정법원은 서울에 두고 있다.

7. 군사법원의 조직

군사법원은 헌법상 특별히 인정되고 있는 특별법원이다(대한민국헌법 제110조). 군사법원은 대법원의 하급법원으로서의 지위를 가진다. 군사법원의 상고심은 대법원이며, 군사재판은 비상계엄 하에 단심제를 제외하고는 대법원에 상고의 길이 열려야 한다. 군사법원의 조직·권한 및 재판관의 자격은 법률로 정한다. 이에 대한 법률은 군사법원법이다.

군사법원에는 고등군사법원과 보통군사법원이 있다. 보통군사법원은 제1심으로서 군형법위반사건과 국군부대 관할하에 있는 포로 등에 관한 사건을 심판한다. 고등군사법원은 관하 각 부대 보통군사법원의 재판에 대한 항소사건·항고사건 기타 법률에 의하여 고등군사법원의 권한에 속하는 사건에 대하여 심판한다.

Ⅲ. 사법권의 독립

1. 사법권 독립의 의의

사법권독립이라 함은 사법권이 입법부 및 행정부로부터 독립하여 공정한 재판을 하는 것을 말한다. 즉 공정한 재판을 받을 권리라는 국민의 기본권을 보다 충실히 보장하여야 한다는 실현수단이라는 데에 그 의미가 있다.

사법권이 공정히 행사되기 위해서는 사법권이 독립되어 있어야 한다. 대한민국헌법 제103조에서 "법관은 헌법과 법률에 따라서 그 양심에 따라 독립하여 심판한다"고 규정하여 재판상의 독립을 보장하고 있고, 대한민국헌법 제106조에서 "법관은 탄핵 또는 금고이상의 형의 선고에 따르지 아니하고는 파면되지 아니하며, 징계처분에 따르지 아니하고는 정직·감봉 기타 불리한 처분을 받지 아니한다"고 규정하여 법관의 신분을 보장하고 있다(법원조직법 제46조). 이에 대한 법률은 법원조직법과 법원징계법이다.

2. 법원의 독립

사법권의 독립을 확보하기 위해서는 법원의 독립, 법관의 인사적 독립, 법관의 물적 독립이 보장되어야 한다. 법원의 독립은 사법부의 입법부로부터의 독립과 사법부의 행정부로부터의 독립을 말한다. 그러나 이러한 독립도 절대적인 것은 아니고, 상호 견제와 균형은 가능하다.

3. 법관의 인적 독립

법관의 인적 독립은 법관의 신분을 보장함으로써 재판상의 독립을 보장하기 위한 것이다. 법관의 인사의 독립을 위하여 대법원장과 대법관이 아닌 법관은 대법관회의의 동의를 얻어 대법원장이 임명하도록 하고 있다. 또한 법관의 자격은 법률로 정하게 하여 법관의 임명이 자의적으로 되지 못하도록 하고 있다(법원조직법 제46조 제2항, 법관의 보수에 관한 법률). 또한 법관은 임기제로 하여 그 임기는 10년으로 하고 법률이 정하는 바에 따라 연임될 수 있다. 그리고 법관의 노쇠화를 막기 위하여 법관의 정년제를 채택하고 있다(대한민국헌법 제105조). 대법원장의 정년은 70세, 대법관은 65세, 그 밖의 법관은 63세를 정년으로 하고 있다(법원조직법 제45조 제4항).

대한민국에서는 공무원의 정치적 중립성 보장의 일환으로서 법관의 정치운동을 금지하고 있다(법원조직법 제49조). 법관의 단결권·단체교섭권·단체행동권 등은 대한민국헌법 제33조에 따라 법률로 정해질 것이지만, 현재 이를 인정하는 규정은 없다.

4. 법관의 물적 독립

법관의 물적 독립이라 함은 법관의 직무상의 독립을 말한다. 이 직무상의 독립은 재판상의 독립이라고도 하는데(대한민국헌법 제103조), 이것이야말로 사법권 독립의 본질적인 요소라고 할 수 있다. 법관은 어떠한 국가기관으로부터도 지휘·감독 그 밖의 간섭을 받지 않아야 한다. 법관은 헌법과 법률에 따라 재판하여야 할 것은 물론이며, 조약이나 국제관습법에도 구속된다. 또한 법관은 법관으로서 직업적 양심에만 따라야 한다.

Ⅳ. 사법제도의 운영

1. 재판의 심급제

심급제도란 하급법원의 재판에 불복하는 경우 상급법원에 상소하여 여러 번 재판을 받을 수 있게 하는 제도로서 법원의 오판이나 증거불충분으로 인한 판결을 최소화하여 국민의 기본권을 보장하고 법질서를 유지하기 위한 것이다.

재판은 원칙적으로 3심 제도를 채택하고 있다. 민사사건이나 형사사건은 지방법원합의부→고등법원→대법원의 3심제가 원칙이다. 소액사건에서는 지방법원(지원)단독부→지방법원(본원)항소합의부→대법원의 3심제를 채택하고 있다. 행정사건도 행정법원→고등법원→대법원의 3심 제도를 채택하고 있다. 3심 제도는 헌법상 절대적인 요청이 아니고 예외가 인정된다. 특허소송은 2심제도[29]를 채택하고 있으며, 선거소송[30]은 단심제도를 채택하고 있다.

대법원에 연결되지 아니하는 특별법원은 금지되나, 다만, 군사재판은 군인·군무원의 범죄나 군사에 관한 간첩죄의 경우와 초병·초소·유독음식물공급·포로에 관한 죄 중 법률에 정한 경우에 한하여 단심으로 할 수 있다. 다만, 사형을 선고한 경우에는 그러하지 아니하다(대한민국헌법 제110조 제1항).

29) 특허소송은 1심은 특허법원이 되고, 2심은 대법원이 되어 2심제를 채택하고 있다.
30) 대통령 선거와 국회의원 선거에서 선거소송은 대법원의 전속관할로 하고 있어 단심제로 하고 있다. 이러한 선거에 관한 소송은 다른 소송에 우선하여 빨리 확정하여야 할 필요가 있기 때문이다. 선거소송의 처리기간을 공직선거법은 180일 내로 한정하고 있다.

2. 재판의 공개제

재판은 국민의 심판을 받기 위하여 이를 공개하고 있다. 다만 심리는 국가의 안전보장 또는 안녕질서를 방해하거나 선량한 풍속을 해할 염려가 있을 때에는 법원의 결정으로 공개하지 아니할 수 있다(대한민국헌법 제109조 단서). 이 경우에도 판결의 선고는 공개하여야 한다. 재판의 공개는 일반 공개, 즉 누구나 자유롭게 방청할 수 있는 방청의 자유를 말하며, 이에는 보도의 자유도 포함된다. 공개규정에 위반하여 공개를 잘못 금지한 경우에는 헌법위반으로 상고이유가 된다.

비송사건절차나 소년보호 사건심리에서 비송사건절차법 제13조는 심문의 공개금지를, 소년법 제24조 제2항도 심리의 공개금지를 원칙으로 규정하고 있다. 또한 법관의 계엄재판 등도 이에 포함되지 않는다. 소년보호사건의 조사·심리의 보도와 가정법원에서 처리한 사건의 보도는 제한되고 있다(소년법 제68조, 가사소송법 제10조 등).

Ⅴ. 사법권의 범위와 한계

1. 사법원의 의의

사법권의 개념을 실질적 의미의 사법이냐 형식적 의미의 사법이냐를 다툴 실익은 별로 없다. 사법의 개념은 각 국가에 따라 약간의 차이가 있으며, 역사적·제도적으로 성립한 개념이므로 공통성을 고집할 필요는 없을 것이다.[31] 일반적으로는 법원이 행하는 사법작용전반을 형식적 사법권이라고 할 수 있으며, 사법행정작용과 사법입법작용은 형식적 사법권에는 포함되나, 실질적 사법권에는 포함되지 않는다.

2. 사법권의 범위

사법권의 범위는 각 국가의 실정법에 따라 다르고, 그 한계문제는 사법권의

31) 김철수, 앞의 책·헌법개설, 356~357면 참조.

본질문제와도 밀접한 관련을 가지고 있으므로 학설의 대립이 심하다. 일반적으로 사법권의 범위에는 민사소송·가사소송·형사소송·행정소송·특허소송 및 선거소송 등을 포함한다.

민사소송은 사인간의 분쟁해결을 목적으로 하고, 민사에 관한 권리·의무관계의 존재 자체에 대해서 권리자와 의무자간에 분쟁이 생기거나 비록 그 권리·의무관계의 존부에 관해서는 분쟁이 없다 하더라도 당사자가 도의심에 호소하여 그 이행에 협력하지 않을 경우에 그 법률관계의 확정과 의무의 준수를 보장하는 제도이다. 민사소송은 크게 판결절차와 강제집행절차로 나누어지며, 통상절차 이외에 인사소송·독촉절차·집행보전절차·공시최고절차·파산절차가 있으며, 이 밖에도 넓은 의미에서는 등기·경매·강제집행 등이 포함된다. 가사소송은 민사소송의 일부라고 할 수 있으나, 가사소송법에서 독립하여 규정하고 있다. 이는 가사에 관한 소송·비송사건·조정 및 소년보호사건을 말한다.

형사소송은 검사의 공소를 받아서 행하는 정식소송인 본안에 대한 재판 외에 소년법에 의한 형사절차·약식절차·즉심제도·구속영장발부제도·군사재판과 같은 것도 포함된다. 군사법원은 형사재판절차에 대한 특례를 규정하고 있다. 행정소송이라 함은 행정법규의 적용에 관한 행정작용에 관하여 분쟁이 있는 경우에 당사자로부터의 소송제기에 의하여 무엇이 법인가를 심리, 판단하기 위한 소송절차를 말한다. 법원은 명령·규칙·처분이 헌법이나 법률에 위반되는 여부가 재판의 전제가 된 때에는 이를 심사할 수 있으며, 대법원은 이를 최종적으로 심사할 권한을 가진다. 또한 법원은 행정처분이 위헌·위법일 경우에 이를 심사하여 처분을 취소하거나 변경할 권한을 가진다.

우리나라에서는 특허소송을 행정소송의 범위에 포함하지만, 법원조직법은 특허소송의 특수성을 감안하여 약간의 특칙을 인정하고 있다. 그 특칙은 특허심판전치주의의 적용, 특허법원이 초심인 2심제, 제소기간의 제한 등이다. 선거소송에는 대법원이 관할하는 대통령선거소송·대통령당선소송·국회의원선거소송·국회의원당선소송, 대통령선거소송, 지방자치단체의 장 및 지방의회의원 선거소송 등이 있다.

3. 사법권의 한계

사법권도 절대적인 것이 아니고, 상대적인 것이므로 한계가 있다. 사법권의 한계에는 실정법적 한계와 사법본질적 한계·정책적 또는 현실적 한계가 있다. 실정법적 한계는 헌법이나 기타 법률로 사법권의 한계를 정한 것으로 이에는 국회의원의 자격심사·징계·제명(대한민국헌법 제64조 제4항), 탄핵결정(대한민국헌법 제111조), 비상계엄하의 특정한 군사재판(대한민국헌법 제110조 제4항), 정당의 해산소송(대한민국헌법 제111조), 위헌법률심사(대한민국헌법 제107조 제1항), 국가긴급권행사 등이 있다. 사법본질적 한계로 사건성의 원칙[32], 당사자적격[33], 소의 이익[34], 사건의 성숙성[35] 등의 요건이 있어야 재판할 수 있다. 가정적이거나 모의적인 사건에 대해서는 심사할 수 없다.

사법은 법률적용에 관한 분쟁을 대상으로 하고 있으므로 비록 권리·이익에 침해가 있더라도 법률적용상의 문제를 떠난 경우에는 재결할 수 없는 한계가 있다. 그 중요한 것으로는 훈시규정 또는 방침규정, 사법의 소극성의 문제, 자유재량행위, 통치행위 또는 정치문제가 이에 속한다. 통치행위 또는 정치문제는 성문법으로 인정된 것이 아니고 판례법상 인정되고 있다. 통치행위의 범위로는 국회의 내부행위, 국무총리와 국무위원의 임명 등 행정부내부사항, 대통령의 국가 승인 등 외교에 관한 문제, 선전포고·계엄령의 선포와 해제시기, 대통령의 영전수여·일반사면·국민투표회부 등이다.

Ⅵ. 각급법원의 권한

1. 대법원의 권한

대법원은 상고심을 심판할 권한을 가지며, 위헌·위법명령심사권을 가진다. 또한 선거소송심판권과 규칙제정권 및 사법행정권을 가진다(법원조직법 제26조).

---

32) 재판의 전제로서 구체적이고 현실적인 권리의무관계에 관한 쟁송사건이 있어야 한다. 따라서 구체적 권리보장과 관계없는 추상적 규범통제는 인정되지 않는다.

33) 당사자는 구체적인 청구에 관하여 소송을 수행할 정당한 이익이 있어야 한다(당사자 적격).

34) 소를 제기할 실질상의 이익이 있어야 한다.

35) 법원은 진실하고 현존하는 또는 급박한 문제를 심사하여야 하며, 추상적·가정적 또는 먼 장래의 문제를 심사해서는 안 된다.

2. 고등법원의 권한

고등법원은 지방법원합의부·가정법원합의부, 행정법원의 제1심 판결 심판·결정·명령에 대한 항소 또는 항고사건, 지방법원단독판사 또는 가정법원단독판사의 제1심 판결·심판결정 명령에 대한 항소 또는 항고사건, 다른 법률에 따라서 고등법원의 권한에 속하는 사항을 심판한다(법원조직법 제28조).

3. 특허법원이 권한

특허법원은 특허법 제186조 제1항, 실용신안법 제35조, 디자인보호법 제75조 및 상표법 제86조 제2항이 정하는 제1심 사건과 다른 법률에 따라서 특허법원의 권한에 속하는 사항을 관장한다. 특허법원은 필요하다고 인정되는 경우, 결정으로 특허사건의 소송심리에 참여할 수 있도록 하기 위하여 기술심리관을 둔다.

4. 지방법원의 권한

지방법원합의부와 지방법원지원의 합의부는 법률이 정한 민사사건과 형사사건을 말한다. 지방법원본원합의부 및 서울지방법원 의정부지원과 춘천지방법원 강릉지원의 합의부는 지방법원단독판사의 판결에 대한 항소사건과 지방법원단독판사의 결정·명령에 대한 항고사건을 제2심으로 심판한다.

지방법원본원과 지원의 단독판사는 대법원규칙이 정하는 민사사건에 관하여 관할권을 가진다. 형사사건에 있어서도 절도·폭행사건 등과 단기 1년 이하의 징역이나 금고·벌금제에 처할 사건에 대하여 관할권을 가진다. 시·군판사는 소액사건심판법의 적용을 받는 민사사건, 화해·독촉 및 조정에 관한 사건, 20만원 이하의 벌금 또는 구류나 과료에 처할 범죄사건, 가족관계등록법(구 호적법) 제75조에 따른 협의상 이혼의 확인에 대하여 심판권을 갖는다.

5. 가정법원의 권한

가정법원 및 가정법원지원의 합의부는 가사소송법에서 정한 가사소송과 마류 가사비송사건 중 대법원 규칙으로 정하는 사건, 가정법원판사에 대한 제척·

기피사건, 법률에 따라서 가정법원 합의부의 권한에 속하는 사건을 심판한다. 가정법원본원 합의부와 서울지방법원 의정부지원 가정지원과 · 춘천지방법원 강릉지원 가정지원과는 가정법원 단독판사의 판결 · 심판 · 결정 · 명령에 대한 항소 또는 항고사건 중고등법원의 심판관할에 속하지 아니하는 사건을 제2심으로 심판한다.

6. 행정법원의 권한

행정법원은 행정소송법에 정한 행정사건과 법률에 따라서 행정법원의 권한에 속하는 사건을 제1심으로 심판한다. 행정법원은 합의부에서 심판하는 것이 원칙이나 합의부가 결정한 사건의 심판은 단독판사가 행한다.

7. 군사법원의 권한

고등군사법원은 관하 각 부대 보통군사법원의 재판에 대한 항소사건 · 항고사건 그 밖의 법률에 따라서 고등군사법원의 권한에 속하는 사건에 대하여 심판한다. 보통군사법원은 제1심으로서 군사법원이 설치되는 부대의 장의 직속부하와 직접 감독을 받는 자에 대한 피고사건 등을 심판한다(군사법원법 제0조, 제11조). 비상계엄이 선포된 경우에는 특정한 사건에 한하여 민간인도 재판할 수 있다.

제5절 헌법재판소의 조직과 권한

Ⅰ. 헌법재판소의 헌법상의 지위

제2공화국 헌법에 이어 현행 제6공화국 헌법에서도 헌법보장기구로서 헌법재판소를 설치하고 있다. 이 헌법재판소제도는 제2공화국에서도 있었던 제도이나, 그 구성원에 있어서나 권한에 있어서 상이하며 독일식 헌법재판소와도 약간 다르다.

1. 헌법보장기관으로서의 헌법재판소

헌법재판소는 위헌법률심사권과 위헌정당해산결정권을 가지며, 위헌·위법 공무원의 면직을 결정하는 탄핵결정권 및 국가기관간의 권한 쟁의심판권을 가지는 헌법보장기관이다. 이러한 헌법재판소가 정치적 헌법보장기관인가, 사법적 헌법보장기관인가에 관해서 학설이 대립되고 있다. 생각건대 헌법재판소는 법관의 자격이 있는 재판관으로 구성되며, 사법적 절차에 의하여 정치적 사건을 심판하는 사법적 헌법보장기관이라고 봄이 옳을 것이다.[36)]

2. 주권행사기관으로서의 헌법재판소

헌법재판소가 가지는 여러 권한은 국가에서 최고결정권의 하나이며, 주권의 한 내용이다. 따라서 이러한 최고결정권한을 가진 헌법재판소는 주권의 한 행사기관으로서 주권의 행사가 위임된 국민의 대표기관이라고 할 수 있다. 또한 헌법재판소는 주권행사기관 중 최고기관의 하나이다. 헌법재판소는 국민대표기관으로서 주권을 행사하며, 법률의 위헌결정을 할 수 있으므로 국회에 상위하는 기관이며, 탄핵결정권을 가지므로 국회와 행정부공무원에 우월하며, 위헌정당의 해산결정을 할 수 있다는 점에서 정부와 법원에 우월하다고 할 수 있다.

3. 최종심판기관으로서의 헌법재판소

헌법재판소는 최고기관의 하나이기는 하나, 포괄적인 권한을 가진 기관이 아니고, 위헌법률심사, 위헌정당해산, 탄핵심판, 권한쟁의심판만을 할 수 있는 기관이다. 탄핵결정, 위헌법률심사, 정당해산, 권한쟁의 심판 등을 헌법재판소는 오르지 단심으로써 이를 심판한다.

4. 기본권보장기관으로서의 헌법재판소

헌법재판소는 헌법소원을 심판으로써 기본권보장기관으로서의 역할을 담당하고 있다. 또한 헌법재판소는 최종적인 기본권보장기관이다. 기본권이 침해

36) 김철수, 앞의 책·헌법개설, 391면.

된 경우에 모든 구제절차를 다하고도 기본권이 구제되지 않는 경우에 헌법소원을 제기할 수 있기 때문에(헌법재판소법 제68조 제1항 단서 참조) 최종적인 기본권보장 기관성을 가진다.

Ⅱ. 헌법재판소의 구성

헌법은 헌법재판소의 재판관의 자격·임기·신분보장, 헌법재판소의 권한 등에 대해 직접 규정을 두는 한편, 헌법재판소의 조직과 운영 그 밖의 필요한 사항은 법률로 정하도록 하고 있는데(대한민국헌법 제113조 제3항), 이 법률이 헌법재판소법이다.

1. 헌법재판소 재판관

헌법재판소는 법관의 자격을 가진 9인의 재판관으로 구성하며, 대통령이 임명한다. 그러나 재판관 중 3인은 국회에서 선출한 자를, 3인은 대법원장이 지명하는 자를 임명한다. 헌법재판소 재판관의 임기는 6년이다. 헌법재판소 재판관은 탄핵 또는 금고 이상의 형의 선고에 의하지 아니하고는 파면되지 아니한다(대한민국헌법 제112조 제3항). 헌법재판소 재판관에게 이처럼 고도의 신분보장을 한 것은 이들이 헌법의 보장자로서 중요한 권한을 가지고 있으므로 헌법과 양심에 따라 자유로이 결정할 수 있도록 하기 위한 것이다. 헌법재판소 재판관은 정당에 가입하거나 정치에 관여할 수 없다(대한민국헌법 제112조 제2항). 이는 헌법재판소 재판관들이 정치적 고려에서 결정을 내리는 것을 방지하기 위한 것이다. 헌법재판소 재판관은 정당에 가입하거나 정치에 관여한 때, 탄핵결정으로 파면된 때, 금고 이상의 형의 선고를 받은 때에는 해임된다.

2. 헌법재판소의 기관

헌법재판소는 소장 1인을 두며, 소장은 국회의 동의를 얻어 재판관 중에서 대통령이 임명한다(대한민국헌법 제111조 제4항). 소장은 헌법재판소의 사무를 총괄하고 소속공무원을 지휘·감독하며, 회의를 소집·주재하고 헌법재판소를 대표한다(헌법재판소법 제12조). 헌법재판소장의 정년은 70세로 한다. 헌법재판소의 보조기관으로서 사무처를 두며, 사무처에는 사무처장과 기타 필요한 공무원을 두되 사무처장은 정무직공무원으로 보한다(헌법재판소법 제17조). 사건의 심리·심판에 관한 조사·연구에 종사하는 헌법연구관과 헌법연구관보를 둔다(헌법재판소법 제19조).

Ⅲ. 헌법재판소의 권한

헌법재판소는 법원의 제청에 의한 법률의 위헌여부심판, 탄핵의 심판, 정당의 해산심판, 국가기관 상호간 국가기관과 지방자치단체간 및 지방자치단체 상호간의 권한 쟁의에 관한 심판, 법률이 정하는 헌법소원에 관한 심판을 하는 권한 등을 가지고 있다(대한민국헌법 제111조 제1항).

1. 위헌법률심사권

위헌법률심사권이라 함은 국회가 제정한 법률이 헌법에 합치한가의 여부를 심사할 수 있는 권한을 말한다. 헌법재판소는 위헌법률심사권을 가지는데, 이는 능동적으로 행사할 수 있는 권한이 아니고, 법원의 제청이 있어야만 비로소 심사할 수 있다(대한민국헌법 제107조 제1항). 위헌결정을 받은 법률 또는 법률의 조항은 그 결정이 있는 날로부터 효력을 상실한다. 다만, 형벌에 관한 조항은 소급하여 그 효력을 상실한다(헌법재판소법 제47조 제2항). 법률의 위헌결정은 법원 기타 국가기관이나 지방자치단체를 기속(羈束)한다(헌법재판소법 제47조 제1항).

2. 탄핵심판권

헌법재판소는 탄핵결정권을 가지는데, 이는 국회의 탄핵소추에 대한 일종의 재결권이므로 국회에 상위하는 견제권이라고 할 수 있다. 이는 중요 공무원의 위헌·위법여부를 판단하는 점에서 일종의 형사재판적인 역할도 하고 있다. 국회재적의원 3분의 1이상의 발의와 재적의원 과반수의 찬성으로 중요 공무원에 대한 탄핵의 소추가 있어야 한다. 대통령의 경우는 재적의원 과반수의 발의로 재적의원 3분의 2이상의 찬성이 있어야 한다(대한민국헌법 제65조 제2항). 탄핵결정은 헌법재판소재판관 9인 중 6인이 찬성이 있어야 한다(대한민국헌법 제113조 제1항). 탄핵결정은 공직으로부터 파면함에 그치나, 민사상·형사상의 책임을 면제하는 것은 아니다(대한민국헌법 제65조 제4항). 탄핵결정을 받은 자는 탄핵결정의 선고를 받은 날로부터 파면되며, 5년이 경과하지 아니하면 다시 공무원이 될 수 없다(헌법재판소법 제54조).

3. 위헌정당해산심판권

헌법재판소는 위헌정당의 해산결정권을 가진다. 이는 일종의 형사사법적 성격을 띤다. 정당의 목적이나 활동이 헌법의 민주적 기본질서를 침해한다고 하여 국무회의를 거친 정부의 제소(대한민국헌법 제8조 제4항)에 대하여 민주적 기본질서를 침해했는가 여부를 판단하는 점에서 그 중요성을 알 수 있다. 정당해산의 심판은 구두변론에 의한다(헌법재판소법 제30조). 가처분제도도 두고 있다(헌법재판소법 제57조). 헌법재판소가 정당해산을 결정하는 경우에는 헌법재판소재판관 9인 중에서 6인 이상의 찬성이 있어야 한다(대한민국헌법 제113조 제1항). 정당이 해산결정되면 정당은 해산되고 대체정당의 구성은 금지된다(대한민국헌법 제8조 제4항, 헌재법 제59조). 정당해산으로 정당의 당원은 당원자격을 상실한다. 그리고 해산된 정당은 잔여재산은 국고에 귀속한다(정당법 제41조 제3항).

4. 기관간 권한쟁의심판권

국가기관 상호간(국회, 정부, 법원, 중앙선거관리위원회), 국가기관과 지방자치단체간(정부와 특별시, 광역시, 도, 특별자치도, 특별자치시, 정부와 시·군·구) 및 지방자치단체 상호간의 권한쟁의가 있는 경우에는 헌법재판소에 제소할 수 있고, 헌법재판소는 이에 대한 심판권을 가진다. 국회의장과 국회의원간의 권한쟁의도 행해지고 있다. 기관간 권한쟁의심판은 구두변론에 따른다. 종국결정의 선고시까지 피청구기관의 처분의 효력을 정지하게 하는 가처분제도도 있다(헌법재판소법 제65조). 헌법재판소가 기관간 권한쟁의를 심판하는 경우에는 재판관 과반수로써 결정한다. 그 결정은 모든 국가기관과 지방자치단체를 기속(羈束)한다(헌법재판소법 제67조).

5. 헌법소원심판권

국민의 기본권이 공권력(입법, 행정, 사법권)의 행사 또는 불행사에 따라서 침해된 경우에 국민은 헌법재판소에 헌법소원을 제기할 수 있다. 헌법소원의 제기요건이나 심판절차에 관해서는 헌법재판소법이 규정하고 있다(헌법재판소법 제68조부터 제72조까지, 제75조 등). 헌법소원심판권에 대하여는 뒤에서 구체적으로 기술한다.

6. 헌법재판소규칙 제정권

헌법재판소는 법률이 저촉되지 아니하는 범위 안에서 심판에 관한 절차, 내부규율과 사무처리에 관한 규칙을 제정할 수 있다(대한민국헌법 제113조 제2항, 헌법재판소법 제16조).

Ⅳ. 헌법재판소의 심판작용

1. 심판

헌법재판소의 재판장은 헌법재판소 소장이 된다(헌법재판소법 제22조). 심판절차에 관하여는 헌법재판소법 및 헌법재판소규칙에 특별한 규정이 있는 경우를 제외하고는 민사소송에 관한 법령의 규정을 준용한다. 헌법재판소의 심판의 심리와 결정의 선고는 공개한다. 다만, 심리는 국가의 안전보장 또는 안녕질서나 선량한 풍속을 해할 염려가 있을 때에는 재판소의 결정에 의하여 비공개로 할 수 있다.

2. 결정

헌법재판소는 재판관 7인 이상의 출석으로 심리하며, 법률의 위헌결정, 탄핵결정 또는 정당해산의 결정 또는 헌법소원에 관한 인용결정을 할 때에는 재판관 6인 이상의 찬성으로 그 이외의 결정은 종국심리에 관여한 재판관 과반수의 찬성으로 행한다. 결정은 관보에 게재함으로써 이를 공시한다(헌법재판소법 第23조 · 제30조 · 제31조 · 제34조 · 제36조 · 제38조 · 제39조).

Ⅴ. 위헌법률심사

1. 위헌법률심사의 의의

헌법재판소는 국회가 제정한 법률이 헌법에 합치하는가 여부를 결정한다. 이것은 국회의 입법권 행사에 대한 견제인 동시에 헌법보장기능으로서 중요시된다. 위헌법률심판은 법원의 제청에 따른다(대한민국헌법 제107조 제1항).

2. 위헌심사의 대상

위헌심사의 대상은 실질적 의미의 법률이다. 형식적 의미의 법률뿐만 아니라 조약, 긴급명령, 긴급재정경제명령 등이 심사의 대상이 된다.

3. 위헌심사결정의 형식

헌법재판소법 제45조는 "헌법재판소는 제청된 법률 또는 법률조항의 위헌여부만을 결정한다. 다만, 법률조항의 위헌결정으로 인하여 당해 법률 전부를 시행할 수 없다고 인정될 때에는 그 전부에 대하여 위헌의 결정을 할 수 있다"고 규정하고 있다.

각하결정은 법원의 제청이 부적법하거나 위헌 심사형 헌법소원의 심판청구가 부적법한 경우에 하는 결정이다. 헌법재판소는 법률이 헌법에 합치되는가 헌법에 위반되는가를 결정한다. 전자를 합헌결정이라고 하고, 후자를 위헌결정이라고 한다. 합헌결정은 '…은 헌법에 위반되지 아니한다'로 표시하고, 위헌결정은 '…은 헌법에 위반된다'로 표시하고 있다.

이 밖에도 그 중간형식이라고 할 수 있는 변형결정이 있다. 이에는 헌법불합치결정, 한정위헌결정, 한정합헌결정, 일부위헌결정, 입법촉구결정 등이 있다. 헌법불합치결정은 '헌법에 합치되지 아니한다 또는 입법자가 개정할 때가지 그 효력을 지속한다'로 표시하고, 한정위헌결정은 '…로 해석하는 한 헌법에 위반된다'고 표시하며, 한정합헌결정은 '…라고 해석하는 한 헌법에 위반되지 아니한다'로 표시하고 있다.

4. 결정의 효력

헌법재판소의 위헌결정은 모든 국가기관을 구속한다(헌법재판소법 제47조 제1항). 법률조항이나 법률이 위헌결정되면 이때부터 효력을 상실하게 된다. 형벌에 관한 법률 또는 법률의 조항이 위헌결정된 경우에는 소급해서 그 효력을 상실한다(헌법재판소법 제47조 제2항). 헌법불합치결정은 원칙적으로 국회의 입법개선촉구의 효력을 가지나, 개정시한이 경과한 뒤에는 법률은 효력을 상실한다. 이 점에서 일종의 위헌결정이라고 할 수 있다.

Ⅵ. 헌법소원

1. 헌법소원의 의의

헌법소원은 공권력(입법, 행정, 사법권)의 행사 또는 불행사로 인하여 헌법상 보장된 기본권이 침해된 경우 그 구제를 청구할 수 있는 제도이다. 또한 법원이 위헌법률제청을 거부한 경우 그 이의를 제기할 수 있는 제도이다. 다른 한편으로 위헌적인 공권력행사로부터의 객관적인 헌법질서의 유지라는 헌법보장의 기능 내지 성격도 가진다.

2. 헌법소원의 종류와 청구기간

헌법소원에는 권리구제형 헌법소원과 위헌심사형 헌법소원이 있다. 전자는 공권력의 행사 또는 불행사로 인하여 헌법상 보장된 기본권을 침해당한 경우에 그 구제를 청구하는 제도이다(헌법재판소법 제68조 제1항). 권리구제형 헌법소원심판은 그 사유가 있음을 안 날로부터 90일 이내에, 그 사유가 있은 날로부터 1년 이내에 청구하여야 한다(헌법재판소법 제69조 제1항). 후자는 소송당사자가 법원에 적용될 법률의 위헌심사를 헌법재판소에 제청해 달라고 신청했는데, 이를 기각한 경우 법률의 위헌심사를 해달라고 청구하는 제도이다(헌법재판소법 제68조 제2항). 이는 법원이 제청을 거부한 경우, 소송당사자가 위헌법률심판을 요구할 수 있는 점에서 위헌법률심판의 일종이라고도 할 수 있다. 위헌심사형 헌법소원심판은 위헌법률심판의 제청기간이 기각된 날로부터 30일 이내에 청구하여야 한다(헌법재판소법 제69조 제2항). 헌법소원은 변호가 강제주의가 적용되며(헌법재판소법 제25조 제3항), 국선대리인을 선임할 수 있다.

3. 헌법소원의 결정형식

권리구제형 헌법소원의 경우에는 인용결정과 불인용결정이 있다. 인용결정 시에는 기본권 침해의 원인이 된 공권력의 행사를 취소하거나 그 불행사가 위헌임을 선언할 수 있다. 위헌법률심사형 헌법소원의 경우에는 헌법소원을 인용하는 결정은 원칙적으로 법률에 대한 위헌결정이 된다. 위헌결정의 형식에는 위헌법률심사의 결정형식이 적용된다.

4. 인용결정의 효력

헌법재판소의 인용결정의 효력은 모든 국가기관과 지방자치단체를 기속(羈束)한다. 공권력의 불행사에 대한 헌법소원을 인용한 경우에는 피청구인은 결정취지에 따라 새로운 처분을 하여야 한다(헌법재판소법 제75조 제1항 · 제4항). 헌법재판소법 제68조 제2항에 따른 헌법소원을 인용한 경우에 해당 헌법소원과 관련된 소송사건이 이미 확정된 경우에는 재심을 청구할 수 있다.

제3편 시민생활과 민법

제1장 민법이란?

민법은 법률이다. 법률은 헌법 · 행정법 · 형법 등의 공법과 민법 · 상법 등의 사법(私法)으로 크게 두 종류로 나누어진다. 민법은 사법(私法)이며, 또한 사람이기만 하면 누구에게나 일반적으로 적용되는 것을 예정하고 있는 일반사법(一般私法)으로서 사법의 대표주자이며 기본이라 할 수 있다. 그런데 인간의 생활관계는 재산관계와 가족관계가 있으며, 민법도 전자를 규율하는 재산법과 후자를 규율하는 가족법으로 구성되어 있다.

민법도 시민생활의 대표적 법률로서 일반 시민들의 생활 속에 터 잡은 법률이다. 인간관계의 사적자치 활동의 규율을 통해서 생활 질서는 물론 사인간의 권한과 책임체계의 근간을 이루고 있다. 이러한 개인의 사적인 생활관계는 국가의 간섭없이 자유로이 스스로 결정할 수 있어야 한다(대한민국헌법 제10조). 특히, 자본주의 체제 아래에서는 민법이 그 본질을 충분히 발휘하여 자기가 한 일에 대해서 자기결정권을 부여하여 책임을 지도록 한 것은 매우 의미 있는 일이다. 이로부터 도출된 근대민법의 기본원리를 살펴보면 소유권절대의 원칙, 계약자유의 원칙(법률행위 자유의 원칙), 자기행위책임의 원칙(과실책임의 원칙)이 그 대표적이다.

제2장 근대사법의 기본원리와 그 수정원리

근대민법은 시민들의 자유로운 의사결정을 존중하고 자본주의적 상품교환을 가능하도록 몇 가지 원리들을 마련하였다.[1] 특히 통설에 따르면, 근대민법은 자유(개인주의 · 자유주의적 원리)와 평등을 수용하고 있는데, 그것은 사유재산제도를 주축으로 하는 사회질서 속에서 사적 자치(私的自治)의 원칙이라는 모습으로 나타난다.

사적자치의 원칙은 계약법 영역에서 '계약자유의 원칙'으로, 손해배상 영역에서 '과실책임의 원칙'으로 구체화되었다. 즉, 모든 사람은 평등하고 자유롭게 계약을 통해서 생활관계를 형성해나갈 수 있어야 한다. 보다 구체적으로는 민법이 권리능력의 평등, 소유권의 보호, 계약의 자유를 그 기본 골격으로 함으로써 이를 실현하고 있다. 또한 근대민법은 사람의 행위와 관련해서는 과실책임의 원칙을 근간으로 하는데, 이는 사람의 자유로운 활동의 한계를 긋는 원칙으로 이해된다.

제1절 사유재산권존중(소유권절대)의 원칙과 그 수정 → 소유권상대의 원칙

사유재산권존중의 원칙은 국민의 사유재산권은 그 권리자의 자유로운 처분에 맡겨지고, 다른 사람으로부터 어떠한 침해도 받지 않는다는 것을 말한다. 개인이 가지고 있는 재산권 중 가장 중요한 것이 소유권이므로 사유재산권존

1) 성정엽 외, 법학입문, 개정증보판, 형설출판사, 2008, 100쪽 이하 참고.

중의 원칙을 소유권절대의 원칙이라고도 한다. 소유권은 물건을 배타적으로 지배하는 권리이다. 따라서 소유자는 그의 소유물을 자유로이 사용 · 수익 · 처분할 수 있는 권리(권능)를 가진다. 소유권은 1789년 프랑스 인권선언에서 유래된 것이다. 더욱이 다른 시민들은 말할 것도 없고, 국가권력기관도 소유자의 이와 같은 권리행사를 침해할 수 없다. 이러한 원칙이 지배하는 한, 각 개인은 자기가 지배하는 물건에 자본을 투자함으로써 사업을 영위하여 이윤을 얻을 수 있다. 자본주의적 시장경제체제가 발달하고 산업화된 문명이 진보할 수 있었던 물적 토대는 이와 같은 원칙에 힘입은 바가 크다.

이에 근대국가는 개인이 가지고 있는 재산권을 자연권으로서 신성불가침으로 보장하였다. 대한민국헌법도 제23조에서 국민의 재산권을 기본권의 일종으로 보호하고 있고, 민법도 여러 가지 규정에 따라 재산권의 자유로운 행사를 인정함과 동시에 이에 대해 다른 사람이 침해하는 경우에 방해배제의 청구 또는 손해배상의 청구 등을 할 수 있도록 하여 재산권을 보호하고 있다.

이런 원칙 아래에서 자본주의경제가 발전하였지만, 곧 여러 폐단이 발생하게 되었다. 예컨대 도심 중에 공장을 설립하여 소음과 분진을 과도하게 배출하는 경우에 이를 소유권의 보장이라는 이름하에 보호할 수는 없다. 즉, 소유권의 행사와 시민들의 건강권 내지 환경권 사이에는 긴장관계가 생기게 된다. 여기에서 소유권절대의 원칙에 대한 반성이 이어졌고 그 수정이 불가피하게 되었다. 그리하여 소유권은 의무를 수반한다는 바이마르헌법의 규정을 효시로 오늘날 헌법은 대부분 이러한 원리를 수용하고 있다. 더욱이 이러한 반성은 권리의 주체를 인간에 한정하지 않고 자연 내지 생태계에도 인정하는 흐름으로 이어지고 있다. 이에 따라 부동산의 소유권 등에 대하여 공개념이 도입되는 등 사유재산권의 행사에 공공복리에 기초한 제한을 가하는 입법이 날로 늘어나게 되었다.

제2절 계약자유(사적자치)의 원칙과 그 수정→사적자치 제한의 원칙, 계약공정의 원칙

사적자치의 원칙은 개인의 법률관계는 자신의 자유의사에 따른 법률행위를 통해 스스로 결정할 수 있으며, 자기 이외의 다란 사람은 그가 누구라고 하더라도 자신의 법률관계에 간섭할 수 없다는 원칙이다. 사적자치를 실현하는데 있어서 그 도구가 되는 것이 법률행위이기 때문에 이 원칙을 법률행위자유의 원칙이라고도 하고, 법률행위 중 가장 중요한 것이 계약이기 때문에 계약자유의 원칙이라고도 한다. 계약은 개인들의 사적 자치를 형성하기 위하여 그 체결·내용·방식 등 어느 분야에 있어서도 자유롭게 이루어져야 한다는 원칙을 말한다.[2] 계약자유의 원칙은 프랑스 혁명으로 개인이 자기의 생활관계를 그의 자유로운 의사활동으로 승인한 데서 유래된 것이다. 계약의 자유를 경제적으로 풀이하면, 경쟁의 자유를 의미한다. 이런 사상은 궁극적으로 모든 개인이 합리적 판단력과 윤리적 자율성을 갖추고 있는 이성적 존재라는 전제를 깔고 있다. 따라서 인간을 자유로운 방임상태에 두더라도 사회는 조화롭게 발전할 수 있다는 믿음을 그 기본적 사고로 한다.

자본주의경제는 계약자유의 원칙 아래에서 비약적으로 발전하였지만, 가진 자와 그렇지 못한 사람 사이의 대립은 더욱 심화되었다. 사람이 모두 평등하다는 이념은 이제 형식적인 명제에 불과하고, 실질적으로는 불평등한 현실이 사회적으로 커다란 문제로 등장하고 있다. 따라서 국가는 인간의 평등한 생활을 실질적으로 확보하기 위하여 계약자유의 원칙에 적극적으로 개입 내지 간섭하게 되었다. 경우에 따라서는 계약의 체결을 강제하거나(예: 생활필수품에 대한 계약체결의 강제), 계약의 내용을 강제적으로 변경시키기도 하고(예: 공공요금의 적용), 필요에 따라 이자제한법(연 30%), 근로기준법(최저임금제), 주택임대차보호법(임차인 보호=보증금, 임차계약보장), 상가건물임대차보호법(임차인 보호=보증금, 임차계약보장) 및 토지거래규제에 관한 일련의 법률(투기 등 방지)의 제정도 이러한 배경을 기초로 하고 있다.

한편 거래가 집단적·반복적으로 이루어지면서 계약의 내용을 정형화하여

---

2) 계약자유의 원칙은 사회적 형평, 즉 공공복리를 실현한 것이다.

거래하는 약관(約款)이 출현하고 있는데, 이 역시 계약내용을 자유롭게 결정하지 못한다는 점에서 계약의 자유는 침해된다. 약관은 소비자들에게 계약상의 불이익을 가져올 수 있으므로 국가는 이에 강력히 개입하고 있다. 약관의 규제에 관한 법률, 소비자기본법 및 전자상거래 등에서의 소비자보호에 관한 법률 등은 규제적 목적을 가진 법률들이다. 또한 사적자치의 원칙에 대한 수정의 결과 새로운 법영역이 탄생하게 되었는데, 이를 사회법이라고 일컬어지는 새로운 영역이다.

제3절 과실책임의 원칙과 그 수정 → 무과실원칙

"과실이 없이는 책임을 부담하지 않는다"는 과실책임주의는 개인의 자유로운 활동을 최고의 이상으로 하는 근대법에서 과실과 관련해서 비난받을 만한 상태에 있는 자에 대해서만 책임을 부담케 하는 역설적인 법원리이다. 즉, 자기책임의 원칙이다. 이 원칙은 특히 불법행위와 관련하여 이윤을 지향하는 개인의 자유로운 활동을 보장하는 데 크게 이바지하였다. 비록 타인에게 피해를 주었더라도 행위자에게 과실이 없다면 책임을 부담하지 않기 때문에 자본주의 사회에서 기업들이 이기적인 영업활동을 할 수 있었던 것도 이 원칙에 힘입은 바가 크다.

한편 자본주의에 힘입어 기업이 왕성하게 활동하면서 일반인으로서는 예견하기 어려운 위험으로 인하여 손해를 입는 사람이 생기는가 하면, 이에 반해서 커다란 이익을 보는 기업들이 출현하게 되었다. 그 결과 과실책임의 원칙에 대한 적용범위와 함께 그 타당근거의 한계성에 관한 문제가 제기되었다. 과실이 없다고 해서 기업들이 책임을 부담하지 않는다는 원칙은 공평하지 않다는 반성의 소리가 대두되었다. 예를 들면, 제조공장의 각종사고, 광산업의 광독광갱 폭발 등은 사용자의 의사를 매개하지 않아 책임을 지지 않아서 근로자를 보호할 수 없다.

그래서 민법에는 과실의 구성요건을 완화하거나, 공작물의 소유자에게 무과실책임을 인정하는 규정들이 있다. 또한 과실에 관한 입증책임의 전환, 표현증명(表見證明), 고도의 주의의무에 대한 요구 등을 통하여 과실책임의 원칙이 가지는 결함을 사실상 시정하고 있다. 한편 오늘날 과실책임의 원칙을 애초부터 배제하는 특별법도 적지 않게 출현하고 있다. 오늘날 이에 따라서 과실책임주의를 일정한 한도 내에서 수정하고 있다.

제3장 동산과 부동산의 계약

우리는 '계약'(契約, contract)이라고 하면 공식적이고 대단한 것처럼 생각한다. 하지만, 우리는 소비자로서 일상적인 삶 속에서 다양한 계약을 맺고, 이를 실행하면서 살고 있다. 계약(契約)이라는 것은 특정한 법률적 효과를 발생하는 행위(법률행위)를 하고자 하는 당사자간의 쌍방적 의사의 합치로 이루어진다. 예를 들면, A가 아침에 등교(登校)하기 위해 900원의 요금을 내고 버스를 탔다. 쉬는 시간에 매점에 들러 1,000원짜리 빵을 사 먹고 여자 친구 B에게 1건당 20원인 문자 메시지를 보냈다.

이 생활 속에 자세히 살펴보면, A는 900원을 지급하여 버스 이용이라는 서비스를 받는 계약을 맺었고, 1,000원을 지급하여 빵이라는 제품을 소비할 수 있는 계약을 맺었다. 또한 문자 메시지라는 통신 서비스를 이용하기 위하여 20원을 지급하는 계약을 맺었다. 물품과 서비스에 일정한 대금을 지급하고 사용하는 계약이 체결된 것이다. 이렇듯 일상생활의 많은 부분에서 서비스 이용계약 또는 매매계약이 이루어진다.[1]

이와 같이 계약에 재산관계를 소유관계와 거래관계로 나눌 수도 있고, 물건에 대한 소유권의 변동을 목적으로 하는 재산관계와 그렇지 않은 법률관계[2]로 나눌 수도 있다. 후자의 경우에도 채무자가 종속적 노무를 제공하느냐에 따라 그 재산관계의 성질이 달라지며, 전자의 경우에도 그 물건이 부동산이냐 동산이냐에 따라 역시 달리 취급된다. 먼저 동산[3]을 대상으로 한 계약(재산)관계의 내용을 살펴본다.

---

1) 법무부, 청소년법과 생활, 법무부, 2011, 105면 참조.
2) 가족관계(=신분관계, 친족관계, 상속관계)
3) 민법 제98조(물건의 정의) 본법에서 물건이라 함은 유체물 및 전기 기타 관리할 수 있는 자연력을 말한다.

제1절 동산의 계약(재산)관계

동산의 소유권을 어떻게 취득하는가? 민법의 기본원리에 따르면 개인 또는 법인은 타인과의 계약을 통하여 그가 이미 소유하고 있는 동산소유권을 넘겨받는 것이 원칙(점유 이전)이다. 하지만 그런 계약이 아니더라도 법률의 규정에 따라서 그 소유권(상속, 유증, 경매, 회사의 합병 등)이 변동되는 경우도 있다.[4)]

Ⅰ. 동산매매 계약관계의 내용과 그 이행

계약이 성립되려면 몇 가지 필요한 조건이 있다. 첫 번째 조건은 나 이외에 상대방이 있어야 한다는 것이다. 나를 포함하여 2인 이상이면 계약은 성립조건을 갖추게 된다. 계약을 맺을 상대방만 있다고 해서 계약이 성립되는 것은 아니다. 나의 청약을 다른 사람이 받아들이거나 다른 사람의 청약을 내가 받아들여야만 계약이 성립하는 것이기 때문에, 계약이 성립하기 위한 두 번째 조건은 당사자 간에 합의가 있어야 한다는 것이다.[5)]

이렇게 계약을 맺을 수 있는 조건이 갖추어지면 자동적으로 계약이 맺어지는 것일까요? 예를 들면, 커피 전문점에 들어가서 커피를 주문하려고 메뉴판을 보니, 여러 가지 메뉴에 가격이 적혀 있다. 3,900원인 카페라테 커피 한잔을 주문했다면, 과연 나는 언제 계약을 맺은 것일까요? 커피 전문점의 메뉴판에 적혀 있는 가격은 예상되는 미래의 고객들에게 제시되는 것이다. 메뉴판을 보고 원하는 커피를 주문한 때, 주문한 사람은 카페라테 한 잔을 3,900원에 구매하기를 원한다는 계약의 의사를 밝힌 것이고, 커피 전문점 직원이 3,900원을 받은 그 때에 계약은 성립하고 효력을 가지게 된다. 계약을 맺을 때 중요한 것은 우리의 자세이다. 계약을 체결할 때에는 계약의 여러 가지 조건을 이해하고 이에 합의해야 한다. 계약은 중대한 이유를 제외하고는 해지 또는 해제할 수가 없기 때문이다.

---

4) 성정엽 외, 법학입문, 개정증보판, 형설출판사, 2008, 104쪽 이하 참고.
5) 법무부, 앞의 책, 105~106면 참고.

1. 동산매매의 법적 성질

매매는 매도인이 재산권을 상대방에게 이전할 것을 약정하고, 매수인은 이에 대하여 그 대금을 지급할 것을 약정함으로써 성립하는 계약이다(민법 제563조). 매매계약은 재산권의 이전의무와 대금의 지급의무가 서로 견련관계에 있으므로 쌍무계약(雙務契約)이며, 양 급부의 이행은 서로 대가성을 갖는 출연관계에 서 있기 때문에 유상계약(有償契約)이다. 특히 매매는 유상계약 가운데 가장 대표적인 계약으로서 매매에 관한 규정은 성질이 허용하는 한 다른 유상계약에 준용된다(민법 제567조). 매매계약은 당사자 사이의 의사의 합치만으로 성립하는 낙성계약(諾成契約)이다. 약정한 재산권의 이전과 대금의 지급은 매매계약의 이행에 따라서 실현된다. 또한 매매계약은 어떠한 방식도 요구하지 않는다.

2. 계약금과 그 계약

'계약금(契約金)'이란 계약을 체결할 때(계약의 성립 후도 무방함)에 당사자일방이 상대방에 대하여 교부하는 금전 그 밖의 유가물(有價物)을 말하며, 그 계약금을 지급하기로 약정하는 합의가 '계약금계약'이다. 매매의 경우 계약금은 보통 매수인이 매도인에게 교부한다. 계약금은 당사자 사이에 다른 약정이 없는 한 해제권의 유보를 위해 수수된 해약금(解約金)으로 추정된다. 판례 역시 계약금은 해약금의 성질을 가질 뿐이라고 한다. 해약금의 의미는 무엇인가? 이는 계약의 해제권을 보류하는 작용을 하는 계약금이다. 매매관계의 당사자 가운데 어느 일방이라도 이행에 착수할 때까지 교부자는 이를 포기하고 수령자는 그 배액을 상환하여 계약을 해제할 수 있다(민법 제565조 제1항). 교부자가 해제하면 당연히 계약금포기의 효력이 생기며 별도로 포기의 의사표시를 요하지는 않는다.

한편 수령자는 그 배액을 현실적으로 상환하여야 계약을 해제할 수 있다. 해제할 수 있는 기간은 당사자의 일방이 이행에 착수할 때까지이다. '이행의 착수'란 중도금의 제공 등 채무의 이행행위의 일부를 행하거나 또는 이행하는 데 필요한 전제행위를 하는 것을 의미한다. 한편 당사자일방이 위약(違約)한 경우 그 계약금을 위약금으로 하는 특약이 있을 때에 한하여 손해배상액의 예정의 성질을 함께 갖는 것으로 해석한다. 따라서 추가적으로 손해배상을 청구할 수 없다는 것이다.

계약금은 계약체결의 증거로서의 의미를 가지는 증약금, 계약금은 위약, 즉 채무불이행이 있는 경우에 의미를 가지는 위약계약금이며, 위약계약금에는 위약벌(違約罰)의 성질을 가지는 것과 손해배상액의 예정의 성질을 가지는 것이 있다. 전자는 교부자의 채무불이행이 있을 때 벌로서 몰수하는 계약금이다. 계약금이 위약벌인 경우에 교부자의 상대방에게 손해가 발생하면 그는 계약금과 별도로 손해배상을 청구할 있다. 후자는 채무불이행의 경우 계약금의 교부자는 그것을 몰수당하고 교부받은 자는 그 배액(2배)을 상환하여야 하는 계약금이다. 이는 손해배상액의 예정으로 추정되는 위약금(민법 제398조 제4항)과 실질적으로 같으나, 이미 교부되어 있는 점에서 단순히 약정만 하고 있는 위약금과는 차이가 있다.

3. 계약당사자들의 이행의무

체결된 계약의 효력에 문제가 없다면 매도인은 매수인에게 재산권을 이전할 의무를 부담한다. 따라서 매도인은 매수인에 대하여 재산권이전에 필요한 모든 행위, 즉 재산권변동에 필요한 급부를 종국적으로 이행하여야 한다. 그러므로 동산의 매매에서는 그 목적물의 인도(현실의 인도)가 이루어져야 한다. 또한 매도인은 별도의 특약이나 관습이 없는 한 매수인에게 매매목적물에 대한 직접점유를 취득케 할 의무를 부담한다.[6)]

한편 매수인은 매도인의 재산권이전과 목적물의 인도에 대한 반대급부로서 대금지급의무를 부담한다. 특약이 없는 한 대금지급의무는 매도인의 재산권이전의무와 동시에 이행되어야 한다. 매도인의 의무이행에 대한 기한의 약정이 있는 때에는 매수인의 대금지급에 대해서도 동일한 기한이 있는 것으로 추정된다. 또한 특약이나 관습이 없는 한 매매목적물의 인도와 동시에 대금을 지급

6) 매매계약과 동시에 목적물이 인도되고, 그에 대한 대금이 지급되는 매매를 '현실의 매매'라고 한다(=상점에서 생활필수품을 구입하는 매매). 이러한 현실매매도 낙성계약이다 다만, 채권행위(=매매)와 물권행위(=물건의 인도, 대금지급에 의한 소유권이전합의)가 하나의 행위로 합체되어 행하여질 뿐이다(=물권행위의 유인성=현실매매).

해야 하는 경우에는 목적물의 인도장소에서 대금을 지급해야 한다.

인도(引渡)에는 물건의 사실상 지배를 현실적으로 이전시키는 '현실의 인도'(동산의 매매)에서는 그 목적물의 인도(직접점유)와 현실의 인도는 없고 물건의 사실상의 지배를 현실적으로 이전시키는 단지 '의사표시만'으로, 즉 물건의 장소를 이전함이 없이 사실상의 지배가 이전되는 '관념적 인도'가 세 가지가 있다. 첫째, 동산에 관한 물건을 양도하는 경우에 그 동산을 이미 양수인이 점유하고 있을 때에는 당사자의 의사표시만으로 인도의 효력이 발생되며(간이인도, 민법 제188조 제2항), 둘째, 당사자의 계약으로 양도인이 그 동산의 점유를 계속하는 때에는 인도받은 것으로 보고(점유개정, 민법 제189조, 점유개정(인도)),[7] 셋째, 제3자(임차인)가 점유하고 있는 동안 동산에 관한 물건을 양도하는 경우에는 양도인(임대인)이 그 제3자에 대한 목적물반환청구권을 양수인에게 양도함으로써 동산을 인도한 것으로 본다(목적물반환청구권의 양도, 민법 제190조, 목적물반환청구권의 양도(인도))는 것이다.[8]

Ⅱ. 계약위반과 그 책임

매도인의 재산권이전의무 및 목적물인도의무와 매수인의 대금지급의무는 서로 대가적 견련관계에 있다. 대가적 견련관계에서 계약을 위반하는 사태가 발생하는 경우에 민법은 여러 구제제도를 마련해두고 있다. 채무불이행책임(債務不履行責任)제도(민법 제387조 이하), 위험부담책임제도(민법 제537조) 및 하자담보책임제도(민법 제570조 이하)가 그것이다.

채무불이행(債務不履行)은 상대방의 귀책사유(歸責事由)에 의해 생긴 계약위반에 대한 구제제도이고, 위험부담(危險負擔)은 양 당사자의 귀책사유 없이 일방 당사자가 자신의 채무를 이행할 수 없게 된 경우에 대한 처리방법이다.[9] 이에

7) 점유개정 : 자주점유(소유의 의사로서 점유) ➔➔ 타주점유(소유의 의사없이 점유)
8) 목적반환청구권의 양도인도의 예를 들면, 을 소유 기계를 을이 임차하고 있던 중, 갑이 병에게 판 경우(갑이 병에게 인도를 양도한 것) 을은 임차기간이 끝난 후, 병에게 바로 인도하면 된다.
9) 위험부담은 매도인에게 손해를 보도록 하는 것이다. 채무자 위험부담이 원칙이고, 예외적으로 채권자 위험부담이다; 민법 제537조(채무자 위험부담)는 "쌍무계약의 당사자 일방의 채무가 당사자 쌍방의 책임없는 사유로 이행할 수 없게 된 때에는 채무자는 상대방의

반하여 하자담보책임(擔保責任)은 매도인의 매매목적물인 물건이나 권리 등에 하자나 흠결이 있는 경우에 매도인의 귀책사유를 묻지 않고 일정한 책임을 매도인에게 부담(무과실책임)시킴으로써 유상계약관계인 매매관계의 균형을 유지하기 위한 제도이다.

1. 계약위반과 채무불이행

계약위반에 대하여 채무자가 자신에게 귀책사유가 없음을 적극적으로 항변하지 못하는 한 그는 계약위반에 따른 책임을 져야 한다. 하지만 그 책임의 내용은 그 원인이 되는 계약위반이 어떠한 형태를 띠느냐와 채권자가 어떠한 책임을 원하느냐에 따라 달라질 수 있다.[10]

채무자가 자신의 채무를 전혀 이행하지 않은 계약위반 이외에도, 이행을 제공하였지만 계약의 목적에 부합하지 않은 불완전한 이행이 있을 수 있다. 이를 '불완전이행'이라고 하는데, 이 경우도 채권자의 입장에서는 계약위반이라고 볼 수 있다.[11] 채무를 전혀 이행하지 않은 계약위반에도 두 종류가 있다. 이행하기로 약정한 시기에 객관적으로 이행이 가능함에도 불구하고 채무자가 이행제공을 전혀 하지 않은 경우인데, 이를 '이행지체'(履行遲滯)라고 부른다. 반대로 이행기에 채무자가 주관적으로 이행하고 싶어도 객관적으로 이행할 수 없는 상태를 '이행불능'(履行不能)이라고 부른다.

2. 강제이행

이행불능의 경우를 제외한다면 채무자가 임의로 채무를 이행하지 않는 경우에 채권자가 국가기관(법원)의 권리승인(소구력)과 협력에 따라 채무의 내용을

이행을 청구하지 못한다"다고 규정하고 있다; 민법 제538조(채권자 위험부담) ① 쌍무계약의 당사자 일방의 채무가 채권자의 책임있는 사유로 이행할 수 없게 된 때에는 상대방의 이행을 청구할 수 있다. 채권자의 수령지체 중에 당사자 쌍방의 책임없는 사유로 이행할 수 없게 된 때에도 같다. ② 전항의 경우에 채무자는 자기의 채무를 면함으로써 이익을 얻은 때에는 이를 채권자에게 상환하여야 한다.

10) 불완전한 이행 →→ 완전이행 최고(독촉) → 해제/해지, 이행지체(履行遲滯) →→ 완전이행 최고(독촉) → 해제/해지, 이행불능(履行不能) →→ 해제/해지

11) 최근의 세계적 경향과는 달리 우리의 민법은 여전히 계약위반을 채무불이행이라고 부르고 있다. 여기에는 반드시 채무자의 귀책사유라는 표지가 전제되어 있다.

강제적으로 실현할 수 있다(채권의 강제력= 강제이행).[12] 민법은 제389조에서 강제이행(强制履行)[13]에 관한 규정을 두는 한편, 절차법인 민사집행법(民事執行法)에서 상세한 집행절차를 규정하고 있다.

채무의 강제적 실현을 급부를 원래의 내용 그대로 실현하는 현실적 이행강제의 방법으로 하는 것이 원칙이다. 현실적 이행강제의 방법은 채무자 재산을 압류하여 현금화한 후 그 대금을 지급하는 강제집행이 될 것이다. 민법과 민사집행법이 인정하는 강제이행의 방법으로 직접강제(直接强制), 대체집행(代替執行) 및 간접강제(間接强制)가 있다.

3. 계약의 해제제도

어떠한 형태의 계약위반이라도 당사자에게는 해제권(解除權)이 발생한다. 계약위반으로 인하여 계약의 본래 목적을 달성하는 데 어려운 상태에 빠진 계약을 해제함으로써 계약의 구속력에서 벗어날 수 있다. 당사자가 단독으로 기존의 계약규범상태를 다른 상태로 변경할 수 있는 권리다.

채무가 이행불능에 빠진 이상 이를 치유하여 다시 이행을 요구하거나 이행할 가능성은 없기 때문에, 원칙적으로 이행불능으로 확정되면 채권자는 언제든지 해제권을 행사할 수 있다(민법 제546조). 하지만 이행지체나 불완전이행의 경우에는 계약위반을 치유하여 다시 이행제공에 나설 수 있는 기회가 남아 있기 때문에 그러한 계약위반이 발생하였다고 하여 곧장 해제권이 발생되지는 않는다. 우리 민법은 채무자로 하여금 적법한 이행의 제공을 할 수 있는 시간적 여유를 한 번 주고(催告=독촉(督促)), 그렇게 유예된 기간 안에도 채무자가 이행을 제공하지 않은 경우에 최후의 수단으로 해제권을 행사할 수 있도록 규정해놓았다(민법 제544조).

해제권의 행사는 기존의 계약을 해제하여 그 구속으로부터 벗어난다는 취지

---

12) * 법원에 청구: 권리 → 청구력 → 소구력 → 집행력(執行力), * 부동산 및 동산 → 경매, 공매 → 현금화; * 금전채권 → 압류통지(송달)-추심명령/전부명령으로 현금을 가져올 수 있음; * 세금(소득세. 지방세, 자동차세, 관세, 국세등)을 내지 않으면 캠코(한국자산관리공사)에 공매

13) 강제이행은 채무불이행에 대한 구제이다. 민사집행법상 강제집행은 직접강제가 원칙이고, 예외적으로 간접강제와 대체집행을 한다.

의 의사표시를 상대방에게 하면 된다. 별도의 형식이나 서면이 요구되지는 않는다. 해제한다는 의사표시가 계약을 위반한 채무자에게 도달하면 원상회복의무(原狀回復義務)와 손해배상의무(損害賠償義務)라고 하는 법률효과가 발생한다.[14] 원상회복의무에 관한 지배적인 학설에 의하면 기존의 계약관계는 소급적으로 소멸한다고 지적한다. 따라서 아직 이행하지 않은 채무는 그대로 소멸하고, 이미 이행한 채무의 결과는 다시 그 채무를 이행했던 당사자에게 반환되어야 한다.

4. 손해배상책임

유책한 계약위반으로 인하여 발생한 손해가 존재한다면 이를 배상하여야 한다(민법 제390조). 유효하게 성립된 계약의 효력은 일방의 잘못 때문에 깨진 계약으로 인하여 발생한 손해를 배상해야 하는 계약법적 기초가 된다. 다만 지배적인 견해에 의하면 그 손해는 '이행이익(履行利益)'에 이른다고 한다. 다시 말해서 계약당사자가 유효한 계약이 만약 약정대로 이행이 되었을 때 얻을 수 있다고 기대되는 이익을 배상하여야 한다는 말이다. 구체적으로 우리 민법은 제393조에서 이를 자세하게 규정하고 있다.[15] 그 이행이익 가운데 '통상손해(通常損害)'는 사회일반의 관념에 따라 어떤 선행사실이 있으면 그 후행사실로서 보통 발생되는 손해를 말한다. 그리고 이행이익 가운데 '특별손해(特別損害)'는 그 손해가 특별한 사정으로 인한 것이라 하더라도 채무자가 그 사정을 알았거나 알 수 있었을 때의 손해를 의미한다. 특별사정에 대한 그 사정을 예견 또는 예견가능성에 대해서는 이행기를 기준으로 판단한다. 예를 들면, 토지매도인의 소유권이전등기의무가 이행불능에 이른 경우 매도인이 매수인에게 배상해야 할 통상의 손해배상액은 그 토지의 채무불이행당시의 교환가격에 한한다.

---

14) 손해배상액을 산정하는 시기에 관하여는 학설과 판례가 다르다. 다수설은 변론종결시의 가격을 기준으로 하여 정하여야 한다. 판례는 채무불이행으로서 이행불능이 된 경우에는 불능이 된 때를 기준으로 하고, 이행지체의 경우에는 최고 후 상당한 기간이 경과한 때의 시가 또는 변론종결시의 가격이 기준이 된다고 한다.

15) 손해배상책임은 금전배상이 원칙이고, 이 책임은 통상의 손해인 이행이익(재산적 손해, 정신적 손해(위자료)와 특별손해(예견가능)이다. 이에는 과실상계와 손익상계(생활비 공제, 중간이자공제)을 하여야 한다.

그러나 만약 그 매도인이 매매당시 매수인이 이를 매수하여 그 위에 건물을 신축할 것이라는 사정을 이미 알고 있었고 매도인의 채무불이행으로 인하여 매수인이 신축한 건물이 철거될 운명에 이르렀다면 그 손해는 적어도 '특별한 사정'으로 인한 것이고, 나아가 매도인은 이러한 사정을 알고 있었으므로 위 특별손해를 배상할 의무가 있다.

손해배상은 금전으로 함이 원칙이기 때문에(민법 제394조) 손해배상의 대상이 되는 통상손해와 특별손해를 금전으로 평가하는 '손해배상의 산정'(算定)이 필요하고, 특히 그 산정기준이 문제된다. 손해가 금전의 형태로 나타나지 않은 경우에는 계약위반의 유형에 따라 그 산정방법이 다르다. 이행지체의 경우에는 지체된 기간 동안 목적물의 사용료에 따라서, 이행불능으로 인해 목적물이 인도되지 않은 경우에는 불능된 목적물의 시가에 따라서 손해액이 산출된다. 그리고 하자 있는 목적물을 받은 것이 손해인 경우에는 하자 없는 목적물과 하자있는 목적물의 시가의 차액에 의하여 손해액을 산출하면 된다.[16] 그렇다면 손해를 금전으로 산정하는 시기는 언제를 기준으로 할 것인가? 지배적인 견해에 의하면, 책임원인발생시를 기준으로 하여 그 배상액을 산정하고 그 후의 손해에 대해서는 상당인과관계 범위내의 손해만을 가산해야 한다고 한다. 책임원인발생시와 변론종결시 사이의 가격변동을 특별손해로 이해하고, 채무자의 예견 또는 예견가능성이 입증된 경우에만 채권자는 손해배상을 청구할 수 있다는 견해이다.

손해산정을 통하여 손해배상액이 확정되더라도 이것이 손해배상의 최종적인 금액은 아니다. 왜냐하면 계약위반이 발생하거나 그로 인한 손해가 확대되는데 채권자 측의 잘못이 어느 정도 반영되는 경우가 많으며, 이 경우에 이를 그 책임에 반영해야 하기 때문이다. 이를 '과실상계(過失相計)'라고 한다. 특히 계약위반에 채권자의 과실이 있는 경우에는 법원은 손해배상의 책임 및 그 금액을 정할 때에 이를 반드시 참작하여야 한다. 이는 공평의 원칙과 채권관계를 지배하는 신의성실의 원칙에 적합한 조치이다. 채권자 자신의 과실뿐만 아니

16) 배상액을 정하는 표준이 되는 것은 통상가격(通常價格)이다. 다만, 특별가격이나 감정가격은 그것이 생기게 된 특별한 사정에 관하여 채무자가 그 사정을 알았거나 알 수 있었을 경우에 배상책임을 진다. 통상가격은 이행지의 가격이 표준이 된다.

라 수령보조자의 고의·과실도 과실상계에서 고려된다. 주의할 것은 채권자의 과실 개념은 채무자의 경우와는 달리 법적 의무를 전제로 하는 것이 아니다. 한편 법원(法院)은 채권자의 과실이 인정되는 한 채무자의 주장·입증이 없더라도 반드시 이를 참작하여야 한다. 그러나 어느 정도로 참작할 것인가는 법원의 자유재량에 맡겨져 있다.

또한 유책한 계약위반에 따라 채권자에게 손해가 발생함과 동시에 이익이 생긴 경우에는 손해배상액을 산정함에 있어서 이러한 이익을 공제하여야 하는데, 이를 '손익상계'(損益相計)=생활비 공제라고 한다.[17] 민법상 명문규정은 없으나 손해배상법의 취지상 당연히 인정된다. 이는 공평의 원칙에 따라 인정하고 있다. 그리고 장래의 일정한 시기에 가액을 취득할 채권이 침해(채무불이행)된 경우에 장래의 가액(손해배상액)으로부터 중간이익(中間利益)을 공제한 것이 현재의 손해배상액이 되어야 한다는 것이다.[18] 만약 채무불이행을 예상하여 미리 당사자 사이에 배상액을 정하여 놓았다면, 채무불이행의 증명만으로써 예정 배상액을 청구할 수 있다는 것이다(민법 제398조).[19] 이는 채무불이행의 경우에 있어서 손해의 유무 및 범위에 관한 분쟁을 막으려는데 그 목적이 있다. 금전채무가 불이행된 경우에 법정이율(민사채권 연5%, 상사채권 연6%, 소촉법 : 연 15%) 또는 약정이율에 따라 배상액을 정한다(민법 제397조 제2항)는 것이다.[20]

5. 매도인의 (하자)담보책임

우리 민법은 계약위반에 대한 책임을 구성하는 데 위에서 언급한 채무불이행책임을 계약책임으로 정하면서도 동시에 (하자)담보책임(瑕疵擔保責任)이라는 별도의 계약책임을 두는 2원적 책임체계를 구축하고 있다.[21] 채무자의 귀책사유를 전제한 유책한 계약위반에 대해서는 채무불이행책임을 물을 수 있고, 채무자의 귀책사유가 없더라도 매매목적물의 하자나 그 목적 권리의 흠결을 이

17) 생활비 공제
18) 이는 중간이자의 공제문제는 손해배상이 후불이 원칙이기 때문에 미리 일시금으로 손해배상액을 받음에 대한 이자를 공제하는 것이다.
19) 이는 손해배상액(損害賠償額)의 예정(豫定) 문제이다.
20) 이는 손해배상에서 금전채권에 대한 특칙이다.
21) 매도인의 담보책임은 매도인에게 계약상 무과실 책임을 지게 하는 것이다.

유로 (하자)담보책임을 물 수도 있다. 따라서 담보책임은 그 근거에 있어서 법정책임(法定責任)이며, 그 요건에서 무과실책임(無過失責任)이다.[22] 담보책임에서는 그 하자(瑕疵)가 권리나 물건 가운데 어느 쪽에 존재하는가에 따라 담보책임의 유형이 달리 규정되므로, 하자의 유형과 종류에 따라 책임의 요건과 내용이 달라진다.

Ⅲ. 동산의 (유상)선의취득

우리 민법은 부동산등기의 공신력(公信力)을 인정하지 않고 있지만 동산의 점유에는 공신력을 인정하고 있다. 그 결과 동산물권은 권리가 없는 자로부터도 유효하게 취득될 수 있다. 예컨대 철수가 만수 소유의 자전거를 빌려서 타고 있는데 철수를 소유자로 믿고 영희가 철수로부터 그 자전거를 매수한 때에는 영희는 자전거의 소유권을 적법하게 취득하게 된다. 소유권취득의 근거가 바로 유상의 선의취득(善意取得)이다.[23] 동산을 점유하고 있는 자를 권리자로 믿고 평온·공연·선의·무과실로 거래하였다면 비록 그 양도인이 정당한 권리자가 아니더라도 양수인에게 그 동산에 대한 소유권 또는 질권의 취득을 인정하는 제도이다.

동산의 거래는 부동산거래와 달리 매우 빈번하게 이루어지므로 매번 거래를 할 때마다 양수인이 양도인과 그 앞 권리자의 소유권의 유무와 계속성을 확인해야 한다면 거래의 안전과 신속을 기할 수 없게 되기 때문이다.

---

22) 하자담보책임은 매도인에게 계약상 무과실 책임이다.

23) 바로 소유권을 취득한다는 것이다. 참고로 동산의 취득시효를 보면, 무상 선의 습득시에는 취득시효는 5년, 무상 악의 습득시에는 취득시효는 10년, 무권리자로부터 유상 선의 취득시에는 즉시 소유권을 취득한다. 다만, 선의취득시에는 소유권자가 가격보상하고 2년 이내 반환을 청구할 수 있다. 그러나 특별법인 유실물법과 수난구호법에 따라 습득자가 일정한 기간 내에 경찰서나 구청에 신고한 후에 6개월이 경과할 때까지 소유권자가 찾아가지 아니하면 6개월 후에 소유권을 취득한다. 습득자가 3개월이 경과할 때까지 찾아 가지 아니하면 국고로 환수된다.

Ⅳ. 동산에 대한 담보제도

금전채무 등의 정상적인 이행을 확보하기 위하여 동산을 목적물로 한 담보제도가 발달하였다. 부동산을 목적물로 하는 담보제도는 주로 고액의 채무를 위하여 발전하였지만 동산을 목적물로 하는 담보제도는 소액의 채무를 위하여 설정되는 경향이 강하다. 일정한 요건 아래에서 법률규정이 당연히 인정하는 유치권 이외에도, 당사자의 합의에 의하여 설정되는 질권 및 비전형담보물권(양도담보)이 있다.

1. 유치권

타인의 물건(동산, 부동산) 또는 유가증권을 점유한 자가 그 물건(부동산도 포함됨)이나 유가증권에 관하여 생긴 채권을 가지는 경우에, 그 채권의 변제를 받을 때까지[24] 그 물건 또는 유가증권을 유치[25]함으로써 채무자의 변제를 간접적으로 강제하는 담보물권(擔保物權)을 유치권(留置權)이라고 한다(민법 제320조).[26] 예컨대 타인의 구두를 수선한 자가 수선비의 지급을 받을 때까지 구두를 어느 누구의 방해도 없이 유치할 수 있는 권리이다.[27] 또는 임차인이 임차물에 가한 필요비의 상환을 받을 때까지(민법 제626조 참조) 그 물건을 유치할 수 있는 것과 같은 것이다. 물론 그 점유가 불법행위로 인한 경우에는 인정되지 않는다.

유치권은 해당물건에 관해서 생긴 채권의 채권자에게 법률상 당연히 주어지는 법정담보물권(法定擔保物權)이며,[28] 이에 의하여 채권자와 채무자 사이의 공

24) 변제기 도래

25) 유치권의 유치물은 타인의 물건이나 유가증권이며, 이를 점유하여야 한다. 따라서 점유를 상실하면 유치권은 소멸한다(민법 제328조).

26) 목적물을 유치할 수 있는 권리는 유치권 주장의 상대방에게, 누구에게나 주장(목적물 양수인 또는 매수인에게 까지)할 수 있다. 소송상의 유치권 행사에는 법원이 직권으로 고려하지 않는다. 유치권자가 유치권을 스스로 주장할 수 있고, 이에 상환급부판결을 받을 수 있다.

27) 유치권도 채권소멸시효에 걸립니까? 시계수선을 한 자가 수선료를 지급받을 때까지 시계의 인도를 거절할 수 있는 거구요(동산유치권). 임차인은 필요비를 지출한 경우 필요비를 상환받을 때까지 그 목적 부동산을 유치할 수 있습니다.(부동산유치권). 유가증권에 관해서도 마찬가지구요. 민법 제326조 "유치권의 행사는 채권의 소멸시효의 진행에 영향을 미치지 않는다"고 규정하고 있다.

28) 법정의 유치원은 원칙적으로 약정담보물권인 질권 · 저당권과 다르다. 즉 당사자의 합의

평성이 실현된다고 볼 수 있으나, 질권(質權)과는 달리 현금화(환가)변제권(換價辨濟權)이 인정되지 않으므로 그러한 한도에서 담보적 효력이 상대적으로 약하다고 할 수 있다. 하지만 채권의 변제를 받을 때까지 그 물건이나 유가증권의 반환을 거절(유치적 권능 O, 우선변제적 권능 X)할 수 있으므로 다른 채권자보다 사실상 우선변제(優先辨濟)를 받게 된다. 따라서 유치권자는 채권의 변제를 받을 때까지 누구에 대해서도, 즉 그 물건의 양수인・매수인(경락인) 등에 대해서도 목적물의 인도를 거절할 수 있다. 그러나 유치권은 그 목적물과 채권 사이에 견련관계가 있는 경우에만 성립한다. 목적물에 지출한 비용의 상환청구권, 목적물로부터 받은 손해의 배상청구권, 목적물을 인도받은 후 매매계약이 취소된 경우에 매매대금의 상환청구권 등을 확보하기 위하여 유치권이 인정된다.

특히 유치권자는 채권의 변제를 받기 위하여 담보권의 실행을 위한 경매의 예에 따라 유치물을 경매(競賣)할 수 있다. 다만 유치권에 의한 경매는 유치권자의 채권을 위한 환가(현금화)에 그 목적이 있는 것이므로 경매에 의한 배당절차에서 유치권자는 다른 담보물권자와 달리 우선변제권을 갖지 못한다. 그러나 채무자나 제3자가 목적물을 인도받으려면 유치권자에게 일단 변제해야 하므로 실제로는 우선변제권이 있는 것과 마찬가지가 된다. 한편 유치권자는 채무자의 승낙이 있는 때에 한하여 유치물의 사용・대여 또는 담보제공을 할 수 있다. 따라서 유치권자는 채무자의 승낙이 없는 이상 유치물을 임대하더라도 그것을 가지고 소유권자나 경매로 인한 매수인에게 대항할 수 없다. 그럼에도 불구하고 유치권자는 승낙을 얻지 않더라도 보존에 필요한 범위에서 유치물을 사용할 수 있다.

2. 동산질권

질권(質權)이란 채권자가 그의 채권의 담보로서 채무자 또는 제3자인 물상보증인(物上保證人)으로부터 받은 물건 또는 재산권을 채무의 변제가 있을 때까지 유치함으로써 채무의 변제를 간접적으로 강제하는 동시에, 변제가 없는 때에는 그 목적물로부터 우선적으로 변제를 받는 약정담보물권(約定擔保物權)이다(민법 제329조, 제345조).[29] 질권의 내용은 목적물의 점유를 취득하는 것과 목

로 유치권은 생기게 하지는 못한다.

적물의 교환가치로부터 우선변제를 받는다. 그리고 질권의 목적물이 될 수 있는 것은 동산(動産)이며 부동산(不動産)은 질권의 목적이 될 수 없다.[30] 예컨대, 철수가 만수에게 10만원을 빌려주고 그 담보로 만수 소유의 노트북PC를 입질(入質)받으면, 만수의 차용금변제가 있을 때까지 그 노트북PC을 유치하여 인도를 거절할 수 있고, 만약 만수가 이행기에 차용금을 변제하지 않는 경우에는 그 노트북PC을 경매 그 밖의 방법으로 매각하여 그 가액으로부터 다른 채권자에 우선하여 변제를 받을 수 있다.

질권의 성립은 당사자간의 합의 이외에 목적물을 인도를 하여야 한다. 다만, 질권설정자는 채무변제기 전의 계약으로 질권자에게 변제기에 갈음하여 질물의 소유권을 취득하게 하거나, 질물을 처분할 것을 약정(約定)하는 유질(流質)계약을 체결할 수 없다. 이렇게 유질계약을 금지하는 것은 궁박한 상태에 있는 채무자가 폭리행위에 의해 희생되는 것을 막기 위한 것이다. 하지만 상행위에 의하여 생긴 채권을 담보하기 위하여 설정된 질권에는 유질계약금지의 원칙이 적용되지 않으며, 채무의 변제기 후에 하는 유질계약 역시 유효하다. 이때에는 채무자의 궁박을 이용한다는 사정이 없기 때문이다.

3. 양도담보

동산의 양도담보(讓渡擔保)란 채권담보의 목적으로 동산의 소유권을 채권자에게 이전하고, 채무자가 이행하지 아니한 경우에는 채권자가 그 목적물로부터 우선변제를 받게 되지만, 채무자가 이행을 하는 경우에는 목적물을 다시 원소유자에게 반환함으로써 채권을 담보하는 변칙적 담보물권이다.[31]

부동산의 양도담보에 관해서는 대부분 '가등기담보법'이 적용된다. 동산의 양도담보가 설정되기 위해서는 어느 채무를 담보하기 위하여 동산을 담보로 한다는 양 당사자의 설정계약과 이에 기초하여 동산을 양도담보권자에게 인도하면 된다.

---

29) 자금을 차입할 때, 경제적 가치가 있는 동산(動産)이나 권리(權利) 등을 담보로 제공하게 되는데, 채권자는 담보로 제공된 동산이나 권리를 점유하여 채무자의 채권변제를 강제하게 됩니다. 이러한 채권자의 권리를 질권(質權)이라고 하는데, 특허권 또한 권리(權利)로서 질권의 대상이 된다.

30) 질권은 동산(動産)을 담보로 잡고 소액의 돈을 융통해 주는 것이다.

31) 양도담보 : 소유권 넘겨 주고 돈(소액)을 빌리는 것 → 받은 사람이 사용할 수 있다.

질권과는 달리 점유개정의 방법에 의한 인도도 허용된다고 한다. 양도담보권자가 양도담보권을 실행하기 위해서는 피담보채권에 관하여 '이행지체'가 성립하여야 한다. 양도담보의 목적물은 피담보채권 전액을 담보하는 것이기 때문에, 그 일부의 변제가 있더라도 채권자는 잔액에 관하여 양도담보권을 행사할 수 있다. 양도담보의 실행도 '실행통지' → '청산' → '소유권취득'의 순서로 진행된다.

제2절 부동산의 계약(재산)관계

토지나 집 등의 부동산[32]은 그 높은 가치 때문에 거래를 할 때에 더욱 신중해야 한다.[33] 그렇다면 집이나 땅을 사고 팔 때에는 과연 어떤 점을 조심해야 하는 것일까? 부동산을 사면서 계약금, 중도금, 잔금을 지급한 경우 각각의 단계에서 어떤 권리를 행사할 수 있는 것일까? 부동산을 사고 팔 때에 내야 하는 세금은 얼마나 되는 것일까?

Ⅰ. 부동산소유권의 취득

부동산소유권을 취득하기 위해서는 부동산을 매수하고자 하는 사람이 매도인과의 계약을 통하여 종국적으로 그 소유권을 취득하는 게 일반적이다. 하지만 당사자끼리의 자유로운 계약이 아니더라도 법률이나 재판을 통하여 부동산 소유권을 취득할 수도 있다. 구체적으로 상속(相續), 공용징수(公用徵收), 판결(判決) 및 경매(競賣) 등에 의하여 타인의 부동산소유권을 취득할 수 있다(민법 제187조). 그 외에도 취득시효(取得時效)제도에 의해서 등기함으로서 타인의 부동산소유권을 취득할 수 있다(민법 제245조).

매매는 매도인이 재산권을 상대방에게 이전할 것을 약정하고, 매수인은 이

32) 민법 제99조(부동산, 동산) ① 토지 및 그 정착물은 부동산이다. ② 부동산이외의 물건은 동산이다.

33) 참고로 면적을 계산하는 경우 : 1평-3.3058㎡, ?㎡ × 0.3025=?평, ?㎡÷3.3058=?평

에 대하여 그 대금을 지급할 것을 약정함으로써 성립하는 계약이다. 매매의 목적이 무엇인가에 따라 매매에 의한 권리의무관계는 상이하게 전개된다. 물건에 대한 매매를 비롯하여 권리의 매매 및 기업양도 등 다양한 매매관계가 성립할 수 있다. 따라서 부동산의 소유권이전을 목적으로 하는 계약을 부동산매매라고 할 수 있다.

매도인은 매수인에게 재산권을 이전할 의무를 부담한다. 따라서 매도인은 매수인에게 재산권이전에 필요한 모든 행위, 즉 재산권변동에 필요한 자신의 행위를 종국적으로 실현하여야 한다. 그러므로 부동산매매에서는 그 재산권을 등기(登記)하는 데 협력하여야 한다(민법 제186조 참조).[34] 한편 매수인은 매도인의 재산권이전과 목적물의 인도에 대한 반대급부로서 대금지급의무를 부담한다. 특약이 없는 한 대금지급의무는 매도인의 재산권이전의무와 동시에 이행되어야 한다. 무엇보다도 부동산에 관한 법률행위로 인한 물권의 득실변경은 등기하여야 효력이 생긴다(민법 제186조).[35] 따라서 매매계약을 통한 부동산물권변동은 물권적 합의와 등기의 두 요건을 갖추었을 때 성립 내지 효력이 발생한다. 무엇보다도 등기가 물권변동의 효과를 가지려면 등기의 형식적·실질적 유효요건을 갖추어야 한다. 부동산등기법상의 절차를 밟아 적법하게 등기를 하는 것이 형식적 유효요건이고, 등기를 물권적 합의와 부합시키는 것이 실질적 유효요건이다. 매도인의 재산권이전의무 및 목적물인도의무와 매수인

---

34) 부동산등기부에 의해 권리관계를 공인(公認) 또는 공시(公示)한다. 부동산 등기부는 토지등기부와 건물등기부로 구성되어 있다. 통상 부동산 등기부는 표제부, 갑구, 을구로 나뉘어 있다. 토지와 관련된 토지등기부, 토지대장, 도면(지적도와 임야도), 토지이용계획확인서 가운데서, 토지대장과 도면을 지적공부(地積公簿)라 한다. 부동산과 관련된 사항을 등기부(登記簿)에 기록하는 것을 등기(登記)라고 하고, 지적공부에 기록하는 것을 등록(登錄)이라고 한다.

35) 권리관계를 나타내는 토지등기부와 건물등기부는 소유권, 저당권 등 권리관계를 나타내는 서류이며, 토지경매에서 권리분석의 기초가 된다. 사실관계를 나타내는 토지대장(土地臺帳) 및 임야대장(林野臺帳)이 있으며, 27개 지목 가운데 번지 앞에 '산'번지 임야는 임야대장에 등록하고, '산'자가 없는 번지의 임야와 나머지 지목은 토지대장에 등록한다. 토지공부의 시작과 끝이라고 할 수 있는 토지이용계획확인서는 도시관리계획의 내용을 확인해 주는 것이고, 시·군의 도시계획에는 도시기본계획과 도시관리계획이 있다. 도시기본계획이란 도시의 기본적인 공간구조와 발전 방향을 제시하는 종합계획으로서 20년 정도의 기간을 바라보고, 수립하고 있으며, 5년마다 재정비하고 있다. 도시관리계획이란 도시기본계획을 기본으로 하여 토지의 용도지역, 용도지구, 용도구역, 도시계획시설, 지구단위계획, 기반시설 부분에 대한 것을 지정하고 변경하는 계획을 말한다.

의 대금지급의무는 서로 대가적 관계에 있다. 대가적 관계가 실현되지 않을 경우에 민법은 여러 구제제도를 마련해두고 있다. 채무불이행책임제도, 위험부담 및 담보책임제도가 그것이다.

채무불이행책임제도는 상대방의 귀책사유로 인하여 이행으로써 기대되었던 이익의 상실에 대한 구제제도이고, 위험부담은 양 당사자의 귀책사유 없이 일방당사자의 급부가 불가능하게 되었을 경우에 대한 처리방법이다. 이에 반하여 담보책임은 매도인의 매매목적물인 물건이나 권리 등에 하자가 있는 경우에 매도인의 과실을 묻지 않고 일정한 책임을 매도인에게 부담시킴으로써 유상계약관계인 매매관계의 대가적 균형을 유지하기 위한 제도이다. 담보책임에서는 그 하자(瑕疵)가 재산권 또는 부동산 가운데 어느 쪽에 존재하는가에 따라 담보책임의 유형이 달리 규정되므로, 하자의 유형과 종류에 따라 책임의 요건과 내용이 달라진다.

Ⅱ. 타인의 부동산에 대한 임대차

내 집을 가진 사람보다는 세를 들어 사람이 더 많다. 그렇기에 실제로 부동산을 사고 파는 거래보다 집을 빌리는 임대차가 빈번하게 일어난다. 임대차 계약을 할 때에는 어떤 점을 조심해야 하는 것일까? 세를 들어 살고 있는 상황에서도 여러 가지 집의 수리비와 관련하여 집주인과 문제가 생길 수 있다. 수리비는 집에 살고 있는 임차인이 전적으로 부담해야 하는 것일까? 아니면 집주인이 내야 하는 것일까? 또 세를 들어 살다가 계약이 끝났는데도 집주인이 보증금을 돌려주지 않는 경우, 어떻게 하면 쉽고 빠르게 보증금을 돌려받을 수 있을까? 타인의 부동산을 매매계약을 통하여 구입하지 않더라도 타인과 일정한 법률관계를 맺음으로써 그의 부동산을 이용할 수도 있다. 부동산임대차, 지상권 및 전세권이 그러한 역할을 담당한다.

1. 부동산임대차계약

임대차는 당사자 일방(임대인)이 상대방(임차인)에게 목적물(임대물)을 사용·

수익하게 할 것을 약정하고 상대방이 이에 대하여 차임(借賃)을 지급할 것을 약정함으로써 성립하는 계약이다(민법 제618조). 예를 들면, 건물 또는 기계를 B에게 사용대가(차임)를 받고서 1년간 빌려주는 것이다. 임대차는 임차물 자체를 반환하여야 하는 점에서 소비대차와 다르고 사용대차와 같으며, 사용·수익의 대가를 지급하는 점에서 사용대차와 다르다.

토지·건물과 같은 부동산은 공급이 무한할 수 없다. 그 결과 필요한 부동산을 소유하지 못한 자는 타인의 부동산을 사용할 수 밖에 없다. 그래서 부동산임대차는 당사자일방이 상대방에게 토지 또는 건물 등 부동산을 사용·수익하게 할 것을 약정하고, 상대방이 이에 대한 대가로서 차임을 지급할 것을 약정함으로써 그 효력이 생기는 계약이다. 이러한 토지나 건물의 임대차에서 경제적 약자인 임차인은 불리한 내용의 계약체결을 감수하여야 하는 경우가 많다. 또한 임대차계약에 의하여 임차인이 취득하는 임차권은 채권(債權)이므로, 부동산의 양도에 의하여 임대인이 바뀌면 새로운 부동산소유자가 기존 임대인의 임대차관계를 당연히 승계하지 않는다. 따라서 임차인은 부동산의 양수인에 대하여 임차권을 가지고 대항할 수 없다.

여기서 많은 나라들은 부동산임차인을 보호하는 규정을 민법이나 특별법에 두게 되었다. 이러한 이유에서 부동산임차인의 법률상 지위를 보호하기 위하여 주택임대차보호법과 상가건물임대차보호법을 제정하여 시행하고 있다. 이에 대한 것을 다음에 요약·정리하였다.

☞ 주택임대차보호법과 상가건물임대차보호법의 비교

	주택임대차보호법	상가건물임대차보호법	
적용범위 (보호대상 건물)	주거용건물의 전부 또는 일부의 임대차 임차인이 법인인 경우 예외적으로 적용(LH공사, 지방공사, 중소기업사택)	1) 일정한 보증금액을 초과하지 않는 범위내의 사업자등록의 대상이 되는 상가건물의 임대차 2) 서울 : 6억 1천만원 이하 임대차 수도권(인천,부산 포함) : 5억원 세종특별자치시·광역시(인천, 부산 제외) : 3억 9천만원 그 밖의 지역 : 2억 7천만원	상가임대차 = 보증금 + 월세 ×100 =환산보증금

	주택임대차보호법	상가건물임대차보호법	
대항력	주택의 인도, 주민등록을 마친 (전입신고를 한 때) 그 다음날부터	건물의 인도, 부가가치세법 등에 의한 사업자등록을 신청한 그 다음날부터	그 다음 날부터 제3자에 대항 *모든 상가건물임대차 적용
보증금의 우선변제권 (1순위)	주택의 인도, 전입신고, 임대차계약서상의 확정일자를 받아야 한다.	상가건물의 점유, 사업자등록의 신청, 임대차계약서상의 확정일자를 받아야 한다.	경매·공매시 임차건물의 환가대금에서 후순위권리자, 그 밖의 채권자에 우선
임대차기간 및 기간의 갱신	1) 2년 미만인 경우는 2년 임차인은 2년 미만의 기간을 유효로 주장가능 2) 임대인은 기간만료 전 6월부터 1월까지, 임차인은 기간만료 1월까지 갱신거절의 통지하지 않으면 동일조건으로 갱신된다. 3) 묵시적 갱신이 이루어진 경우 임차인은 언제든지 임차를 종료하면 임대인은 3월 이내에 임차보증금 반환해야 함	1) 기간의 정함이 없거나 1년 미만의 기간으로 정한 경우는 1년으로 본다. 임차인은 1년 미만의 기간의 유효성 주장가능 2) 임대인은 임차인의 기간만료 전 6월부터 1월까지 사이의 갱신요구에 정당한 사유없으면 거절 못한다. 3) 임차인의 계약갱신요구권 행사기간 → 10년	*모든 상가건물임대차 적용 = 계약갱신요구권 *대항력-다시 시작
기한이익상실 (차임연체와 해지)	차임 2기	차임3기	*모든 상가건물임대차 적용
차임증액청구 등의 통제	1) 계약 또는 증액 후 1년 이후에 가능 차임 등의 1/20(5%) 초과 못함 2) 월차임 전환시 연1할(연 10%)과 기준금리(1.50%) + 연1할(10%) 중 낮은 비율(2019.7.31.기준)	1) 계약 또는 증액 후 1년 이후에 가능차임 등의 5/100(5%) 초과 못함 2) 월차임 전환시 연1할2푼(연 12%)과 기준금리(1.50%)의 4.5배(6.75%) 중 낮은 비율 (2019.7.31.기준)	*모든 상가건물임대차 적용
소액최우선 변제권 (보증금 중 일정액의 보호, (순위상관 없이)	1) 인도와 주민등록(전입신고)를 한 때에, 주택가액(대지가액 포함)의 1/2범위내에서 2) 4 지역 구분 *서울특별시 : 1억원 이하 (3,400만원) *수도권 인구과밀권역 : 8,000만원 이하계약(2,700만원까지)	1) 건물의 인도와 사업자등록신청한 때, 상가건물임대가액(대지가액 포함)의 1/3범위내에서 2) 4 지역 구분 *서울 : 6,500만원 이하 계약 (2,200만원까지) *수도권 인구과밀권역 : 5,500만원 이하계약(1,900만원까지)	일정범위내의 보증금 중에서 다른 담보물권자보다 우선하여 변제받을 권리 -법무부에 주택임대차위원회: 심의 -가압류 및 압류 금지

	주택임대차보호법	상가건물임대차보호법	
	*광역시(군지역 제외), 안산시, 용인시, 김포시, 광주시 : 6,000만원 이하 계약(2,000만원까지) *그 밖의 지역 : 5,000만원 이하계약(1,700만원까지)	*광역시(인천제외) : 3,800만원 이하계약(1,300만원까지) *그 밖의 지역 : 3,000만원이하계약(1,000만원까지)	
배우자에게 임차권승계	사실상의 혼인관계에 있는 배우자는 2촌 이내의 친족과 공동상속한다	-	사실혼관계에서 부부간에는 상속이 이루어지지 않는다.
임차권등기 명령제도	대항력의 요건을 대신하여 임차권을 등기하면 대항력의 요건을 충족 ⇒ 이사, 전입신고가능 임차보증금과 임차권등기말소와 동시이행항변권이 적용되지 않는다(판례)	좌동	거주이전의 자유제한 해소 임대인의 동의없이
권리금 회수 (임차인)	-	지역(장소, 바닥)권리금, 영업권리금, 시설권리금 임대인은 임대차기간이 끝나기 6개월 전부터 임대차 종료시까지…임차인이 주선한 신규임차인이 되려는 자로부터 권리금을 지급받는 것을 방해해서는 아니된다.	권리금 평가기준의 고시 *모든 상가건물임대차 적용 전통시장내 영세상인의 권리금 회수 기회 보장
권리구제	주택임대차분쟁조정위원회	상가건물임대차분쟁조정위원회	시·도지사

2. 타인의 토지에 대한 지상권

지상권자는 타인의 토지 위에 건물 그 밖의 공작물이나 수목을 소유하기 위하여 그 토지를 사용할 수 있다. 지상권(地上權)은 일반적으로 토지소유자와 지상권자의 설정계약, 즉 지상권의 설정을 목적으로 하는 물권적 합의를 하고 이를 등기함으로써 취득된다. 지상권은 타인의 토지에 대한 권리이다. 지상권의 객체인 토지는 1필의 토지 전부뿐만 아니라 그 일부라도 무방하며, 지표 내지 지상에 한하지 않고, 지하의 사용을 내용으로 할 수도 있다.

공작물이란 주택·교량·연못·동상·기념비·광고탑·전주·담·궤도·터널·철도·지하철, 그 밖의 지상·지하 및 공간에 인공적으로 설치된 모든 시설을 말한다. 공중의 건조물도 여기서 말하는 공작물에 포함된다. 건물 그 밖의 공작물의 소유를 목적으로 하는 경우, 그 지상권은 그 공작물이 점거하고 있는 해당부분의 토지에만 미치는 것이 아니라, 그 주위의 적당한 범위의 토지에까지 미친다.

지상권자는 지상권이 설정된 토지를 사용할 권리가 있으며 지상권을 양도하거나 임대하여 투하자본을 회수할 수도 있다. 지료(地料)의 지급은 지상권의 요소가 아니지만 이를 정한 경우에는 지상권자는 지상권설정자에게 지료를 지급할 의무를 부담한다. 지상권에는 당사자의 자유로운 설정계약에 의해서 취득되는 경우 외에도 법률상 당연히 성립되는 법정지상권(法定地上權)이 있다.

3. 타인의 토지나 건물에 대한 전세권

전세권(傳貰權)은 전세금을 지급하고 타인의 부동산을 점유하여 그 부동산의 용도에 좇아 사용・수익하는 용익물권(用益物權)으로서, 전세권이 소멸하면 목적부동산으로부터 전세권자는 전세금을 다른 채권자나 후순위 담보물권자들보다 우선하여 변제를 받을 수 있다. 전세제도는 원래 채권관계로서 관행되어 온 이른바 전세(傳貰)를 물권으로 성문화한 우리나라의 특유한 제도이다. 특히 전세권은 타인의 부동산을 사용・수익한다는 용익물권적 기능과 함께 전세금반환의 확보를 위한 담보물권적 기능이 있다.

전세권은 타인의 부동산을 목적으로 하는 제한물권인데, 그 부동산은 반드시 1필의 토지 또는 1동의 건물이어야 할 필요는 없고, 1필의 토지 또는 1동의 건물의 일부라도 가능하다. 전세권은 목적부동산을 점유하여 그 부동산의 '용도에 좇아' 사용・수익하는 권리이다. 용도에 좇은 사용・수익이라 함은 목적물을 경제적 목적에 적합하도록 사용・수익하는 것을 의미하므로, 전세권자는 전세목적물에 대하여 중대한 손해를 가하거나 또는 회복이 어려울 정도로 변경할 수는 없다. 용도에 좇은 사용(使用)인지 여부는 그 부동산의 경제적 효용에 의하여 판단하지만, 구체적으로 설정계약에 의하여 결정되고 그렇지 않으면 그 부동산의 성질에 의하여 결정된다. 수익(收益)은 천연과실 또는 법정과실의 취득을 뜻한다. 그러나 전세권자가 부동산의 용법과 다르게 사용・수익을 하는 경우에 전세권설정자는 전세권의 소멸을 청구할 수 있을 뿐만 아니라 부동산의 원상회복 또는 손해배상을 청구할 수 있다.

또한 전세권자는 원칙적으로 전세권을 타인에게 양도하거나 담보로 제공할 수 있고, 또 존속기간 내에 목적물을 타인에게 다시 전세권을 설정해주거나 임대할 수 있다. 그리하여 전세권자는 전세권의 존속기간이 만료하기 전이라도 부동산에 투하한 자금, 즉 전세금을 회수할 수 있다. 한편 전세권이 설정되기 위해서는 전세권자가 전세권설정자에게 전세금을 교부하여야 하므로 전세권이 소멸하게 되면 전세권설정자가 이를 전세권자에게 돌려주어야 한다. 특히 전세금은 등기하여야 하며, 등기된 금액에 한하여 제3자에게 대항할 수 있다.

제4장 불법행위법

제1절 서 설

Ⅰ. 불법행위의 의의

불법행위는 고의 또는 과실로 위법하게 타인에게 손해를 가하는 행위를 말한다.[1] 예를 들면, 타인을 때려서 다치게 하거나 타인의 재산을 훼손하는 경우이다. 불법행위가 있으면 민법규정에 따라서 가해자는 피해자에 대하여 손해배상책임을 부담하게 된다(민법 제750조). 따라서 불법행위는 사무관리·부당이득 등과 같이 법정 채권발생원인이다.

1. 불법행위의 성질

전통적으로 불법행위(不法行爲)는 사람이나 그 재산 및 인격 등을 위법하게 침해한 가해자의 과실 또는 고의에 기초하여 그에게 원상회복 내지 손해배상책임을 물리는 법적 원인, 즉 법률요건(法律要件)이다. 즉, 불법행위책임을 묻거나 이에 의한 손해배상청구가 인용되기 위해서는 불법행위라고 하는 법률요건이 마련되어야 한다. 가해자의 행위가 민법이 예정하고 있는 불법행위에 해당한다면 이는 곧 손해배상의무 내지 청구권을 위한 법적 원인으로서의 법률요건이 된다.

---

1) 불법행위법은 과실책임원칙을 하면서 사회적 약자보호를 위하여 (사실상) 무과실책임의 원칙을 보충하고 있다.

따라서 피해자의 손해배상청구 등의 인용 여부를 판단하기 위해서는 가해자의 행위가 불법행위에 해당하는지 여부를 그 근거가 되는 민법 내지 그 특별법에 의해 체계적으로 검토하여야 한다. 특히 대한민국은 민법 제750조 이하에서 일반불법행위의 요건을 두루 다루고 있다. 이는 과실책임주의에 입각한 것이다.[2)]

2. 과실책임과 무과실책임[3)]

(1) 과실책임의 원칙

과실책임의 원칙은 개인이 타인에게 준 손해에 대하여는 그 행위가 위법할 뿐만 아니라, 동시에 고의 또는 과실에 기한 경우에만 책임을 진다는 것이다. 이 원칙은 민법의 기본원리 가운데 하나이며, 민법 제750조에서 불법행위에 관하여(민법 제390조에서는 채무불이행에 관하여) 이를 규정하고 있다.

(2) 무과실책임론과 그 입법

근대 이후 과학기술이 발달하면서 철도·항공기·자동차 등의 고속교통기관이 등장하였고, 광업·전기사업·원자력산업과 같은 위험한 설비를 갖춘 기업이 나타났다. 이들 경우와 같이 손해배상의 가능성이 매우 크고 그러면서 많은 수익을 올리는 때에는 그에 의하여 생긴 손해를 배상하게 하는 것이 적절하다. 그 결과는 과실책임의 원칙으로는 실현하기가 어렵다. 손해발생에 과실이 없다고 인정될 경우도 많고, 설사 과실이 있어도 그것을 증명하기가 쉽기 않기 때문이다. 여기서 과실이 없어도 책임을 져야 한다는 무과실책임론이 주장되었다.

무과실책임의 실현은 이론만으로는 한계가 있다. 그리하여 필요한 분야에서는 무과실책임을 인정하는 입법을 하고 있다. 예를 들면, 사업장 등에서 발생하는 환경오염 등으로 인하여 피해가 발생한 경우의 사업자의 무과실책임(환경정책기본법 제44조), 원자력손해에 대한 원자력사업자의 무과실책임(원자력손해배상법 제3조), 광해(鑛害)에 대한 광업권자 또는 조광권자의 무과실책임(광업법

---

2) 과실책임주의 : 고의 또는 과실(=귀책사유)에 기인하여 타인에게 손해를 가한 경우에만 가해자에게 배상책임을 지우려는 입법주의이다. 이에 반하여, 무과실책임주의 : 고의 또는 과실의 유무와 관계없이 타인에게 준 손해에 대하여 배상책임을 인정하려는 입법주의이다. 이는 사회적 약자를 보호하려는 것이다.

3) 송덕수, 앞의 책, 448~449면 참조.

제75조), 제조물의 결함으로 인한 손해에 대한 제조업자의 무과실책임(제조물책임법 제3조) 등을 들 수 있다. 그리고 자동차의 운행으로 인한 타인의 사망·부상에 대한 자동차운행자의 책임(자동차손해배상보장법 제3조), 특허권의 침해(특허법 제130조) 등의 경우에는 과실의 증명책임을 전환하여 사실상 무과실책임으로 하고 있다.

앞으로 무과실책임을 인정하는 입법이 늘어나겠지만, 무과실책임이 불법행위책임에 있어서 원칙이 될 수는 없다. 과실책임의 원칙은 개인의 활동의 자유를 보장하는 것이므로 그러한 자유를 위협하게 하더라도 배상책임을 인정하여야 할 특별한 사유가 있는 때에만 무과실책임을 인정하여야 한다. 무과실책임이 인정되면, 책임을 지는 자(특히, 기업)는 손해를 대금·요금 등의 형식으로 소비자나 이용자에게 분담시키거나 책임보험제도에 의하여 손실을 같은 위험을 지는 자 사이에 분산시키게 된다. 그 결과 손해가 널리 사회에 분산되는 효과를 가져 온다.

Ⅱ. 불법행위의 성립요건

민법은 근대민법의 원칙에 따라 과실책임주의를 원칙으로 하고 있다. 따라서 민법상의 불법행위는 크게 두 가지로 나누어진다. 하나는 민법 제750조에 따른 불법행위(과실책임을 진다)이고, 다른 하나는 민법 제755조 내지 제760조의 불법행위(무과실책임을 진다)이다. 앞의 것을 일반 불법행위라고 하고, 뒤의 것을 특수한 불법행위라고 한다. 특수한 불법행위는 일반 불법행위의 요건 외에 다시 추가적인 요건이 더 갖추어진 경우에 인정된다. 특수한 불법행위에 대하여는 뒤에서 따로 살펴보고, 여기서는 일반 불법행위의 성립요건만을 설명하기로 한다.

일반 불법행위의 성립요건은 ① 가해자의 고의 또는 과실에 의한 행위가 있을 것(가해자의 고의·과실), ② 가해자에게 책임능력이 있을 것(가해자의 책임능력), ③ 가해행위가 위법할 것(가해행위의 위법성), ④ 가해행위에 의하여 손해가 발생할 것(가해행위에 의한 손해발생)의 네 가지이다(민법 제750조·제753조·제754조 참조). 이 중에 ①②는 가해자를 표준으로 하여 판단하는 주관적 요건이고, ③④는 객관적 요건이다.

1. 불법행위의 주관적 요건

(1) 가해자의 고의 또는 과실에 의한 행위

불법행위가 성립하려면 가해자의 고의 또는 과실에 따른 행위가 있어야 한다(민법 제750조). 고의는 자기의 행위로부터 일정한 결과가 발생할 것을 인식하면서도 그 행위를 하는 심리상태이다. 고의가 인정되기 위하여 결과의 발생을 의욕했을 것까지는 요구되지 않으며, 결과발생을 인식하는 것으로 충분하다. 가해자가 특정인에게 손해가 발생하리라는 것을 알면서도 가해행위를 한 경우에 가해자의 고의가 인정되지만, 손해배상책임에서 고의(故意)와 과실(過失)은 동등하게 취급된다. 따라서 행위자에게 고의가 없어도 과실이 있으면 고의가 있는 경우와 마찬가지로 그 행위자에게 손해배상책임이 귀속된다.

과실의 개념은 학설에 따라 다양하게 설명되는데, 특히 과실이 무엇이냐 하는 것은 단순한 과실 개념 자체의 문제에 그치지 않고, 책임귀속체계와 관련된다. '객관적 과실설'(=통설)에 따르면, 일정한 결과의 발생을 알고 있어야 함에도 불구하고 주의를 게을리 했기 때문에 그것을 알지 못하고서 행위를 하는 심리상태를 과실이 존재한다고 한다. 다시 말해서 불법행위에서 과실은 '추상적 · 일반적 경과실'이 원칙이고, 이는 보통인(평균인) 또는 표준인의 주의(注意) 정도를 기준(=사회 일반인의 주의 정도: 선량한 관리자의 주의)으로 한다. 그러나 일정한 침해행위의 유형으로 인하여 생기는 위험의 대소(大小) 내지 침해된 이익의 대소(大小)에 따라 주의의무의 정도가 변하게 된다.[4)]

한편 이러한 가해자의 고의 · 과실 여부는 그 입증책임을 누가 부담하느냐에 따라 그 결과가 판이하게 달라질 수 있다. 원칙적으로 계약책임 내지 채무불이행책임을 면하기 위해서는 채무자가 자신에게 귀책사유 없음을 적극적으로 입증하여야 하지만, 불법행위법에서 원칙적으로 고의 · 과실은 불법행위의 성립 내지 그 존재를 주장하는 피해자(원고)가 가해자(피고)의 고의 혹은 과실을 입증하여야 한다. 그러나 민법(민법 제755조 내지 제759조 참조)이나 특별법에서

---

4) 예컨대 생명 내지 신체에 직접 어떤 피해를 줄 위험이 큰 의사, 운송사업자, 식품제조업자 등은 무거운 주의의무를 부담하게 된다. 판례도 같은 태도를 취한다(대판 1979.12.26, 79다1843 참고).

가해자(피고)가 고의·과실이 없었음을 증명하지 못하면 책임을 지도록 증명책임을 전환한 경우가 있다.

(2) 가해자의 책임능력

불법행위가 성립하려면, 가해자에게 책임능력이 있어야 한다(민법 제753조·제754조 참조).

1) 책임능력의 의의

책임능력은 자기의 행위에 대한 책임을 인식할 수 있는 지능이다. 이는 자기의 행위에 따라서 일정한 결과가 발생하는 것을 인식하는 능력(이는 의사능력임)이 아니고, 그 결과가 위법한 것으로서 법률상 비난받을 것임을 인식하는 정신능력이다. 책임능력은 불법행위능력이라고도 한다. 이 능력이 없으면 불법행위의 성립이 인정되지 않기 때문이다.

대한민국의 민법은 불법행위책임이 성립하더라도 그 책임을 변식할 능력이 없는 미성년자와 심신상실자(心神喪失者)의 손해배상의무를 면제하는 규정(민법 제753조 및 제754조)을 둠으로써 책임능력의 요건을 불법행위책임의 전제로서 소극적으로 인정하고 있다. 무엇보다도 다른 책임요건과는 달리 책임능력의 존재 여부에 관해서는 피해자가 아니라, 오히려 가해자가 자신의 불법행위책임을 면하기 위해 자신에게 책임능력이 결여되었음을 적극적으로 입증하여야 한다.

책임능력이 있는지 여부는 행위 당시를 기준으로 하여 구체적으로 판단되며, 연령 등에 따라서 획일적으로 결정되지 않는다. 따라서 동일한 행위에 대하여 동일한 연령의 사람이라도 어떤 자에게는 책임능력이 인정되지만, 다른 사람에게는 인정되지 않을 수도 있고, 또 동일한 사람이라도 행위의 종류에 따라 책임능력의 유무가 달라질 수 있다. 가령 물건파괴와 명예훼손은 요구되는 책임능력의 정도가 달라서 동일한 자인데 앞의 것에 대하여만 책임능력이 인정될 수도 있는 것이다.[5)]

2) 미성년자의 책임능력

책임능력이 없는 미성년자는 불법행위책임을 지지 않는다(민법 제753조). 그

---

5) 송덕수, 앞의 책, 452면 참조.

러나 미성년자라도 책임능력이 있으면 책임을 지게 된다. 미성년자가 어느 정도의 연령에서 책임능력을 갖추는가에 관한 기준은 없다. 그렇지만 대체로 12세를 전후하여 책임능력을 갖추는 것으로 보아야 할 것이다.

3) 심신상실자의 책임능력

심신상실 중에 타인에게 손해를 가한 자는 배상의 책임이 없다(민법 제754조 본문). 여기서 심신상실이란 판단능력이 없는 상태를 가리킨다. 다만, 심신상실의 상태를 가해자가 고의 또는 과실로 초래한 때에는 면책되지 않는다(민법 제754조 단서). 예를 들면, A가 자신이 술을 마시면 정신을 잃을 것을 알면서 술을 마시고, 그 후 판단능력이 없는 상태에서 다른 사람을 때려서 다치게 한 경우이다. 이러한 경우의 가해행위를 원인에 있어서 자유로운 행위라고 한다.[6)]

4) 감독자 책임 문제

가해행위를 한 자가 책임능력이 없어서 면책되는 경우에 그를 감독할 의무가 있는 자가 책임을 지는 경우가 있다(민법 제755조). 따라서 그를 감독할 의무가 있는 자가 사실상 무과실 책임을 지는 것이다.

2. 불법행위의 객관적 요건

불법행위가 성립하려면, 가해행위는 위법성을 띠어야 하며, 또 가해행위에 따라서 손해가 발생하여야 한다(민법 제750조). 이 요건은 손해의 발생과 가해행위와 손해 사이의 인과관계의 둘로 나누어진다.

(1) 가해행위의 위법성

불법행위가 성립하려면, 가해행위는 위법성(違法性)을 띠어야 한다.

1) 위법성의 본질

위법이란 법질서에 반하는 인간의 행위를 말하지만, 민법 제750조가 가해자의 작위(作爲) 또는 부작위(不作爲)가 어떠한 경우에 위법성을 갖게 되는지를 구체적으로 정하고 있지 않다. 따라서 위법성의 판단기준에 대하여는 전통적으

---

6) 송덕수, 앞의 책, 453면 참조.

로 학설에 맡겨져 있다. 가해행위가 위법한지 여부는 실정법과 선량한 풍속 그 밖의 사회질서를 기준으로 하여 판단하여야 한다(행위불법론, 실질적 위법론). 그리고 침해결과(예: 신체침해, 소유물의 멸실)가 발생하면 그 결과를 야기한 행위는 위법성 조각사유가 없는 한 위법하다고 하여야 한다(결과위법론). 즉, '결과불법론(結果不法論)'에 의하면, 타인의 생명, 신체, 건강, 자유, 소유권 기타 권리 등 보호법익의 침해라고 하는 결과, 손해(발생) 자체가 있을 때에 행위의 위법성이 인정된다. 따라서 손해가 없으면 위법성이 없다고 한다. 반면에 행위불법론(行爲不法論)'에 따르면, 가해자의 행위가 법규범이 정하고 있는 주의의무에 위반된 경우에 위법성이 인정된다고 한다.

그렇다면 우리 학설들은 위법성판단기준을 어떻게 정하고 있는가?[7] 통설에 따르면 위법성은 사회질서를 해치는 것으로 허용될 수 없는 행위에 대한 평가라고 하며, 그 평가의 기준은 다름 아니라 실정법질서와 사회질서를 표준으로 하여 객관적・실질적으로 행하여져야 한다고 한다. 그리고 위법성판단이 곤란한 경우에는 비교형량이론에 의하여 판단된다고 한다.

2) 위법행위의 구체적인 예

소유권 그 밖의 물권을 침해하는 것은 위법하다. 광업권・어업권・지식재산권을 침해하는 것도 마찬가지이다. 그리고 채무자가 아닌 자가 채권을 침해하는 것은 일정한 경우에는 위법하며, 타인의 신체・자유・명예・정조・초상 등 인격적 이익의 침해도 위법하다. 가족권(친족권, 상속권)의 침해도 위법하다. 가령 처(妻)에 대한 강간은 그 처 자신에 대한 불법행위이기도 하나(정조침해), 남편의 배우자로서의 권리를 침해한 것이 된다. 그리고 자녀를 유괴한 것은 친권의 침해로서 위법하다. 타인을 죽게 하는 생명침해는 죽은 자에게 부양청구권을 가지고 있는 자에 대하여 불법행위가 성립한다고 하여야 한다.[8]

---

7) 불법행위를 구성하는 일반조항을 두고 있지 않은 독일민법에서는 민법(BGB)에 의해 절대적 법익(생명, 신체, 건강, 자유, 소유권과 같은 절대권)을 침해한 경우, 타인의 보호를 목적으로 하는 법률(=보호법규)를 위반한 경우, 고의로 良俗에 반하는 행위를 함으로써 타인에게 손해를 가한 경우에 행위의 위법성을 인용하고 있으며, 판례를 통해 거래안전의무를 위반한 경우에도 위법성을 인정하고 있다.

8) 송덕수, 앞의 책, 453~454면 참조.

3) 위법성이 조각(阻却)[9]

타인에게 손해를 발생시키는 행위라고 하더라도 일정한 사유가 있는 때에는 위법성이 없는 것이 된다. 그러한 사유를 위법성 조각사유(阻却事由)라고 한다. 민법은 위법성 조각사유로 정당방위(민법 제761조 제1항)와 긴급피난(민법 제761조 제2항)을 규정하고 있다. 그러나 그 외에 자력구제, 피해자의 승낙, 정당행위도 위법성 조각한다.

(가) 정당방위 : 정당행위란 타인의 불법행위에 대하여 자기 또는 제3자의 이익을 지키기 위하여 부득이 타인에게 손해를 가하는 행위이다(민법 제761조 제1항). 예를 들면, A가 B를 칼로 찌르려고 하여 어쩔 수 없이 B가 A를 밀어 넘어져 다치게 한 경우이다. 정당방위가 성립하면, 위법성이 조각되어 방위행위자는 손해배상책임이 없다(민법 제761조 제1항 본문). 예를 들면 강도를 피하기 위하여 다른 집 거실의 유리창을 깨고 들어간 경우처럼 제3에게 손해를 가한 경우이다. 이때 제3자는 방위행위의 원인이 된 불법행위자(앞의 예에서는 강도)에 대하여 손해배상을 청구할 수 있다(민법 제761조 제1항 단서). 상당한 정도를 넘는 방위행위는 과잉방위로 되어 위법성이 조각되지 않는다. 예를 들면, 빵 하나를 훔치는 자를 칼로 찔러 죽게 한 경우이다. 다만, 그러한 경우에는 과실상계(민법 제763조 · 제396조)에 따라서 배상액이 경감될 수 있을 것이다.

(나) 긴급피난 : 긴급피난이란 급박한 위난(危難, 위험한 재난)을 피하기 위하여 부득이 타인에게 손해를 가한 경우를 말한다(민법 제761조 제2항). 예를 들면, A가 산사태로 쏟아져 내리는 흙더미를 피하기 위하여 어쩔 수 없이 B의 집으로 뛰어 들면서 담장을 무너뜨린 경우이다. 긴급피난이 성립하면 긴급피난 행위의 위법성이 조각되어 행위자는 손해배상책임이 없다(민법 제761조 제2항 · 제761조 제1항 본문). 그리고 긴급피난이 제3자에 대하여 행하여진 경우에 위난의 원인을 발생시킨 자가 불법행위의 요건을 갖추는 때에는 그 제3자는 불법행위자에게 손해배상을 청구할 수 있다(민법 제761조 제2항 · 제761조 제1항 단서).

(다) 자력구제 : 자력구제는 청구권을 보전하기 위하여 국가기관의 구제를 기다릴 여유가 없는 경우에 권리자가 스스로 구제하는 행위이다. 예를 들

---

9) 송덕수, 앞의 책, 454~456면 참조.

면, 물건을 빼앗아가는 사람을 쫓아가서 되찾아오는 경우이다. 민법은 점유의 침탈 또는 방해가 있는 때에 관하여서만 이를 인정하는 명문을 두고 있으나(민법 제209조), 통설은 자력구제를 일반적으로 인정하고 있는데, 정당한 자력구제행위는 위법성이 조각되어 불법행위로 되지 않는다.

(라) 피해자의 승낙 : 통설은 피해자의 승낙이 있는 경우에도 위법성이 조각된다고 한다. 그리고 묵시의 승낙도 인정될 수 있다고 한다.

(마) 정당행위 : 가해행위 가운데 앞에서 열거되지 않았지만, 법률에 따라 허용되거나 사회적 타당성이 있어서 정당행위로서 위법성이 조각되는 것이 있다. 예를 들면, 권리남용에 이르지 않는 권리행사, 정당한 사무관리(민법 제734조), 친권자(민법 제915조)·학교의 장(초·중등교육법 제18조, 고등교육법 제13조)의 징계행위, 현행범인의 체포(형사소송법 제212조), 의사의 치료행위, 운동경기에서의 가해행위와 같은 정당한 업무행위 등을 들 수 있다.

(2) 가해행위에 의한 손해발생

어떤 가해행위가 불법행위로 되려면, 현실적으로 손해가 생겼어야 한다. 그리하여 행위자가 손해를 발생시킬 의도로 행위를 하였더라도, 실제로 손해가 생기지 않았으면, 손해배상책임이 인정되지 않는다. 가해자에게 손해배상책임을 묻기 위해서는 피해자 스스로 자신에게 이미 손해(損害)가 발생하였다는 점 또는 장래에 받았을 이익이 상실한 점을 입증하여야 한다. 통설과 판례는 차액설(差額說)에 따라 그 손해를 인식한다. 즉, '만일 가해원인인 불법행위가 없었다면 존재하였을 이익상태와 가해행위 때문에 생긴 현재 이익상태 사이의 차이'가 손해 내지 불이익이다.[10] 물론 손해의 모습은 매우 다양하다. 예컨대 물적 손해로서 물건(소유권)의 멸실·훼손, 이용권의 침해, 담보권의 침해, 지식재산권의 침해, 그 밖의 재산권의 침해로 인한 손해가 있는가 하면, 생명·신체·건강의 침해와 정신적 침해에 의한 손해가 있다. 특히 판례는 손해를 적극적 손해 이외에, 장차 얻을 수 있는 이익에 대한 소극적 손해를 인정한다.

---

10) 대판〈전원합의체〉 1992.6.23, 91다33070 참고. 판례에 의하면, 피해자가 현실적으로 출연한 금액을 손해로 본다.

(3) 가해행위와 손해발생 사이의 인과관계

불법행위로 인한 손해배상책임이 인정되려면, 가해행위와 손해발생 사이에 인과관계가 있어야 한다. 이와 관련하여 종래 우리의 학설은 손해배상책임의 성립문제와 손해배상범위의 결정의 문제를 구별하지 않고, 상당인과관계이론으로 한꺼번에 해결해 왔다. 판례도 같다. 그러나 손해배상책임의 성립문제와 손해배상범위의 결정문제는 구별하여야 한다. 그럴 경우에 여기의 인과관계는 앞의 손해배상책임의 성립문제에 한하는 것이 된다. 그리고 인과관계는 조건적 인과관계로 충분하다. 즉, 불법행위가 없으면 손해가 발생하지 않았을 것이라는 관계에 있으면 된다. 인과관계가 인정되는 손해라고 해도 배상이 인정되지 않을 수 있음을 주의해야 한다. 배상범위의 확정은 다음 단계에서 결정되어야 할 별개의 문제이기 때문이다.[11)]

가해행위로 인해 피해자의 신체가 크게 훼손되었다는 사실의 경과가 객관적으로 확인될 필요가 있으며, 더욱이 이러한 사실관계에 의해 가해행위를 원인으로 하여 피해자에게 생긴 손해를 가해자에게 배상하도록 하는 것이 법적으로 타당한지를 검토할 필요가 있다. 이처럼 민법 제750조에서 요구하는 인과관계개념은 두 가지 의미를 가지고 있는데, 사실적 인과관계(事實的 因果關係)와 법률적 인과관계(法律的 因果關係)로서 책임설정적 인과관계로 나눌 수 있다. 후자는 행위와 법익침해 사이의 인과관계를 말하며, 책임법상의 요건을 갖춘 인과관계를 말한다. 그러나 책임을 귀속시키기 위한 법률적 인과관계는 사실적 인과관계의 존재를 전제한다. 이는 원인행위에 의해 손해결과가 발생하였다는 사실의 경과가 입증되어야 함을 말하는데, 인과관계를 입증하는 문제라 할 수 있다. 불법행위법에서 이러한 증명책임은 계약책임과는 달리 원고, 즉, 피해자에게 있음이 통설 및 판례의 태도이다.

Ⅲ. 불법행위의 효과

불법행위가 성립하면, 불법행위로 인하여 발생한 손해배상을 청구할 권리가

11) 송덕수, 앞의 책, 456면 참조.

발생한다. 즉, 피해자는 가해자에 대하여 손해배상청구권이 발생한다(민법 제750조). 손해배상의 방법으로는 원상회복을 하는 방법으로 배상하는 방법이 있는데, 우리나라는 금전으로 배상하는 것을 원칙으로 하고, 원상회복은 명예나 신용의 회복이나 그밖에 특약이 있는 때에만 예외적으로 인정된다. 뒤에서 구체적으로 기술한다.

제2절 특수한 불법행위와 그 책임 → 무과실책임

Ⅰ. 서설

일반불법행위의 성립요건과 다른 특수한 요건이 정하여져 있는 불법행위를 통틀어서 특수한 불법행위라고 한다. 특수한 불법행위는 민법이나 특별법에 정해져 있기도 하고, 학설·판례에 따라서 이론상 인정되기도 한다. 여기서는 민법상의 것만 고찰하고자 한다. 민법이 규정하고 있는 특수한 불법행위에는 책임무능력자의 감독자책임(제755조), 사용자책임(제756조·제757조), 공작물 등의 점유자·소유자의 책임(제758조), 동물점유자의 책임(제759조), 공동불법행위자의 책임(제760조)이 있다. 이 가운데 민법 제760조는 공동행위자 모두에게 연대책임을 지우는 점에서 보통의 불법행위와 다르며, 나머지는 타인의 가해행위 또는 물건에 따른 손해에 대하여 배상책임을 지우는 점에서 자기의 가해행위에 따른 손해에 대하여 책임을 지우는 일반 불법행위와 다르다. 그리고 공작물 등의 소유자책임과 공동불법행위자의 책임을 제외하고는 고의·과실의 증명책임을 피해자로부터 가해자에게 전환한 이른바 중간적 책임이다. 즉, 피해자가 감독자 등의 고의·과실을 증명할 필요가 없으며, 오히려 감독자 등이 자신에게 고의·과실이 없음을 증명하지 못하면 책임을 지게 된다. 그 결과 피해자를 두텁게 보호하게 된다.[12]

12) 송덕수, 앞의 책, 457면 참조.

Ⅱ. 책임무능력자를 감독하는 자의 책임

책임무능력자가 책임능력이 없기 때문에(민법 제753조 · 제754조) 불법행위책임을 지지 않을 경우에는 책임무능력자를 감독할 법정의무가 있는 자(예: 친권자, 후견인)와 감독의무자를 갈음하여 책임무능력자를 감독하는 자(예: 어린이집 원장, 유치원장, 정신병원장, 학교장 등)가 그 책임무능력자가 제3자에게 가한 손해를 배상할 책임이 있다(제755조 제1항 본문 · 제2항). 예를 들면, 9세인 A가 학교에서 같은 반 학생을 때려서 다치게 한 경우에는 A의 부모가 손해배상을 하여야 하며(이 경우 학교장의 배상책임도 생길 수 있음), 유치원생 B가 유치원교사의 감독소홀을 틈타 밖으로 나가 돌을 던져 다른 집 유리창을 깨드린 경우에는 유치원 원장이 손해배상을 하여야 한다(이 경우 부모의 배상책임도 생길 수 있음). 그러나 부모나 유치원 원장과 같은 감독의무자가 감독의무를 게을리 하지 않았음을 증명하면 배상책임을 지지 않는다(민법 제755조 제1항 단서). 즉, 이 경우 감독의무를 게을리 하지 않았음을 입증하면 면책된다.[13)]

대법원 1984. 7. 10선고, 84다카 474 판결에서 민법 제755의 배상책임은, ⅰ) 가족적 생활협동체의 단체주의적 책임을 근대적 개인책임 형태로 수정한 것으로 행위자 자신에 책임능력이 있었는지의 여부가 명백하지 않고 행위자에게 책임능력이 있는 경우라 하더라도 자신의 재산을 가지고 있지 않은 때가 많아 소송상의 어려움과 그 실효를 거두기 어렵다는 점에서 인정되는 것이고, 피해자보호를 위해서 불법행위자에게 그 행위 당시에 책임능력이 있었느냐의 여부를 불구하고 감독책임자는 그 배상책임을 지는 것이다. ⅱ) 감독의무자의 책임은 피감독자의 책임을 보충하는 것이 아니라 감독의무자의 책임과 피감독자의 책임은 병존하는 것이다.

---

13) 송덕수, 앞의 책, 458면 참조.

Ⅲ. 사용자책임

1. 사용자가 불법행위책임을 지는 이유

사용자(使用者)가 그의 업무 또는 영업에 타인을 사용하여 사업을 수행하게 하던 중에 제3자에게 손해를 발생시킨 때에는 그 타인의 책임과는 별론으로 피해자에 대한 손해배상책임을 부담한다(민법 제756조 제1항 본문). 예를 들면 회사 직원이 짐을 옮기다가 떨어뜨려 행인을 다치게 한 경우에 회사가 그에 대하여 손해배상을 하는 것을 말한다. 물론 사용자가 피용자의 선임 및 그 사무감독에 상당한 주의를 다한 때 또는 상당한 주의를 하여도 손해가 발생한 때에는 그렇지 않다(제1항 단서). 무엇보다도 사용자책임의 법적 성질과 관련하여 학설의 다툼이 있지만, 다수설인 대위책임설(代位責任說)에 따르면, 사용자책임의 규범목적은 피용자에 대한 피해자의 손해배상청구권을 법정책적으로 보장해주는 데 있으며, 사용자의 손해배상의무는 단지 피용자가 불법행위책임이 적법하게 인용되는 경우에 한하여 발생한다. 즉, 피용자가 부담하여야 할 손해배상의무를 사용자가 마치 연대보증인처럼 대신 변제(배상)해주는 기능을 한다.[14)]

2. 사용자책임의 성립요건

(1) 타인을 사용하여 어느 사무에 종사하게 하였을 것(사용관계)

민법 제756조 1항 본문과 단서에 규정된 사용자책임이 성립하기 위해서는 우선 가해행위에 대한 가해자의 불법행위책임이 먼저 성립되어야 한다. 피용자의 위법한 가해행위는 존재하나 그의 과실이 없는 경우에도 사용자책임의 성립을 인정할지에 대해 견해의 대립이 있다. 다음으로, 사용자와 피용자 사이에 사무감독관계 내지 사용관계(使用關係)가 있어야 한다. 통설(通說)과 판례(判例)의 이해에 따르면, 여기서 사무란 일반적으로 말하는 일이며, 매우 넓은 의미이다. 그것은 법률적·계속적인 것뿐만 아니라 사실적·일시적인 것이어도 무방하고, 영리적이냐 비영리적이냐도 묻지 않는다. 사용관계는 고용계약(雇傭

14) 사용자책임의 법적 성질은 중간책임(보상책임의 일종으로 해석)이라고 보며, 민법 제758조의 책임과 함께 특히 기업손해에 관하여 중요기능을 담당한다.

契約)에 기초한 고용관계 또는 근로계약관계보다 넓은 개념으로서[15] 사실상의 지시복종관계의 존재를 의미하며, 반드시 유효한 고용관계에 한하지 않는다. 따라서 당사자 사이에 지휘・감독 및 그 의사에 따라 사무를 집행하는 관계에 있으면 족하다.[16]

(2) 피용자가 그 사무집행에 관하여 손해를 가했을 것

여기서 어떤 행위가 사무집행에 관한 행위인지가 문제된다. 그에 관하여 판례는 원칙적으로 피용자의 가해행위가 사용자의 사무를 집행하는 통상적 행위와 일정한 관련성을 가져야 한다. 가해행위가 사무집행과 관련되는지를 판단하는 데 있어서 통설과 판례가 줄곧 적용한 외형이론(外型理論)에 의하면, 피용자가 '그 사무집행에 관하여'라는 규정의 의미는 피용자의 행위가 사무집행의 외형을 갖는 경우로 파악한다. 즉, 피용자의 가해행위가 외형상 객관적으로 사용자의 사업활동 내지 사무집행행위 또는 그와 관련된 것이라고 보일 때에는 행위자의 주관적 사정을 고려함이 없이 이를 사무집행에 관하여 한 행위로 본다. 따라서 피용자가 고의에 기하여 다른 사람에게 가해행위를 한 경우에 그 행위가 피용자의 사무집행 그 자체는 아니더라도 사용자의 사업과 시간적・장소적으로 근접하고, 피용자의 사무의 전부 또는 일부를 수행하는 과정에서 이루어지거나 가해행위의 동기가 업무처리와 관련된 것일 경우에는 외형적・객관적으로 사용자의 사무집행행위와 관련된 것이라고 보아 사용자책임이 성립한다는 게 판례의 태도이며, 이 경우에 사용자가 위험발생 및 방지조치를 결여하였는지의 여부도 손해의 공평한 부담을 위하여 부가적으로 고려할 수 있다고 한다.[17]

(3) 제3자에게 손해를 가했을 것

여기서의 제3자는 사용자와 가해행위를 한 피용자 이외의 자를 가리킨다.

---

15) 대판 1979.7.10, 79다644 참고. 따라서 동업관계라 하더라도 업무집행에 관하여 지휘・감독 아래 집행하는 관계가 있으면 사용관계는 인정된다.
16) 대판 1998.8.21, 97다13702 참고. 따라서 타인에게 위탁하여 계속적으로 사무를 처리하여온 경우에도 객관적으로 보아 그 타인의 행위가 위탁자의 지휘・감독의 범위 내에 속한다고 보이는 경우에는 그 타인은 민법 제756조에 규정된 피용자에 해당한다.
17) 대판 2000.2.11, 99다47297 등 참고.

(4) 피용자의 가해행위가 불법행위의 요건을 갖출 것

사용자책임은 사용자 고유의 책임이 아니고 피용자의 불법행위책임을 사용자가 대신 지는 것이기 때문에[대위책임(代位責任)], 사용자책임이 성립하기 위해서는 피용자의 가해행위가 고의·과실과 책임능력 등의 불법행위의 성립요건을 갖추어야 한다.

(5) 사용자가 면책사유 있음을 증명하지 못할 것

사용자가 피용자의 선임 및 그 사무감독에 상당한 주의를 한 때 또는 상당한 주의를 하여도 손해가 있을 경우에는 사용자는 위 책임을 지지 않는다(제756조 1항 단서). 따라서 일반불법행위의 요건과는 달리 사용자가 스스로 선임·감독상의 주의의무를 다했는지를 입증하여야 한다. 더욱이 사용자의 선임 및 감독상의 주의의무에 대한 위반 여부를 책임의 요건으로 하고 있음에도 불구하고 입증책임의 전환과 면책사유의 인정에 대한 엄격한 제한적 해석은 사용자책임을 무과실책임에 가깝게 하고 있다.[18]

3. 손해배상책임

(1) 손해배상책임자

앞의 요건이 갖추어진 경우에 책임을 지는 자는 사용자(민법 제756조 제1항)와 사용자에 갈음하여 그 사무를 감독하는 자, 즉 대리감독자이다(민법 제756조 제2항). 대리감독자가 책임을 진다고 하여 사용자가 면책되는 것은 아니다.

(2) 피용자 자신의 책임

사용자책임이 성립하는 경우에 피용자는 이와 별도로 민법 제750조에 따른 불법행위책임을 진다. 그리고 이 두 책임은 부진정연대채무의 관계에 있다.

---

18) 이 요건과 관련해서 사용자의 면책을 허용한 판례는 아직 없다. 본질적으로 피해자의 손해배상청구권의 성립 여부를 사용자의 면책입증에 의존하게 하는 입법태도가 과연 정당한 것인가 하는 의문이 제기되고 있다. 예를 들어 프랑스민법 제1384조에 의하면, "가해자가 사용자의 피용자이고, 그 손해가 사무집행중에 발생된 경우에는 피해자에 대한 사용자의 손해배상책임은 확정된다". 즉, 사용자의 면책증명은 인정되지 않는다.

(3) 피용자 또는 대리감독자에 대한 구상권→전액구상청구 여부?

사용자 또는 대리감독자가 제3자에게 손해배상의 의무를 다한 사용자는 피용자에 대해 구상권(求償權)을 행사할 수 있다(민법 제756조 제3항). 민법은 사용자의 구상권에 대한 법률적 근거를 명문으로 마련하고 있지만, 그 범위에 대해서는 침묵하고 있다. 사용자는 대리감독자에 대하여는 그의 과실과 손해발생 사이에 직접적인 인과관계가 있는 경우 외에는 구상권을 행사할 수 없다고 하여야 한다. 대리감독자에게 무거운 책임을 인정하는 것은 바람직하지 않기 때문이다. 그러나 계약관계(예: 고용)에 따라서 채무불이행책임을 지는 것은 별개의 문제이다. 따라서 구상청구의 정당한 범위에 관해서는 민법 제756조의 규범목적 및 불법행위법의 규범구조 및 기본원리에 비추어 판단하여야 한다. 그럼에도 불구하고 종래의 통설은 전액구상을 인용하고 있었다. 즉, 사용자는 피용자가 전부 부담하여야 할 배상액을 피해자와의 대외적 관계에서 부진정연대채무자로서 책임을 지는 데 불과하므로 그 배상액의 전체를 피용자에게 구상할 수 있다고 한다.

하지만 피용자는 근로조건·작업시설·안전장치 등 사고방지를 위한 조건을 스스로 만들 수 없지만 사용자는 위험성이 높은 노동을 피용자에게 요구 및 지시하기 때문에, 손해배상금의 전액을 피용자에게 부담시키는 해석은 결국 사업상 위험을 피용자 등 근로자에게 일방적으로 전가하는 결과가 되어 부당하다는 새로운 견해가 제시되고 있다. 더욱이 사용자는 사업위험을 줄이도록 적절한 조치를 취하거나 보험가입 또는 상품가격의 조정 등을 통하여 위험을 분산시킬 수 있기 때문에 구상의 범위는 당연히 제한되어야 한다고 본다(=구상범위제한설). 한편 사용자책임의 법적 성질에 대해 종래의 통설과 마찬가지로 대위책임설을 취하던 대법원도 구상의 범위에 관해서는 지난 판결(대판 1987.9.8, 86다카1045) 이후 구상범위제한설의 결과와 동일한 태도를 취하고 있다.

Ⅳ. 도급인의 책임

1. 도급인의 제3자에 대한 책임

원칙적으로 도급인은 수급인의 제3자에 가한 손해를 배상할 책임이 없으나 예외적으로 도급 또는 지시에 관하여 도급인에게 중대한 과실이 있는 때에는 책임진다.

2. 도급인의 사용자책임

도급인은 수급인의 사용자가 아니기 때문에 그 일에 관하여 제3자에게 가한 손해를 배상할 책임이 없다(민법 제757조 본문). 그러나 도급 또는 지시에 관하여 도급인에게 중대한 과실이 있는 때에는 배상책임이 있다(민법 제757조 단서). 도급인이 사용자로서 책임지는 판례를 보면 다음과 같다. ⅰ) 도급인이 수급인에 대하여 작업에 관하여 지휘, 감독을 하는 경우(하도급) : 사용관계가 성립되어 도급인은 사용자책임을 지게 된다(대법원 1965. 10. 19.선고, 65다1688판결). ⅱ) 건설공사의 도급에 관하여 도급인이 공사현장에서 공사의 운영 및 시공을 직접 지시, 감독한 경우는 사용자책임을 인정한다. 단지 공사의 진행이 설계대로 행해지는 것만을 확정하는 공정의 감독인 경우에는 사용관계가 성립하지 않는다(대법원 1983. 11. 22.선고, 83다카1153판결). ⅲ) 공사하도급 계약서에서 하수급인이 모든 손해배상책임을 단독으로 지겠다고 약정한 경우에는 도급인의 사용자책임 면제의 효과는 생기지 않는다(대법원 83. 5.24.선고, 83다카208판결).

Ⅴ. 공작물점유자 및 소유자의 불법행위책임

1. 공작물의 1차적 점유자의 책임 및 2차적 소유자 책임

공작물책임(工作物責任)은 공작물의 설치 또는 보존의 하자(瑕疵)로 인하여 타인에게 손해가 발생한 경우에 생긴다. 가해자의 위법한 가해행위를 전혀 매개하지 않는다는 점에서 공작물책임은 가해자의 과실 있는 행위를 요건으로 하는 일반불법행위와는 구별된다. 공작물책임의 귀책근거는 손해발생의 위험성(危險性)을 지닌 하자있는 공작물을 방치하였다는 데에 있다. 공작물책임은 점유자가 1차적으로 책임을 부담한다. 1차 책임자인 점유자는 손해의 방지에 필요한 주의를 다하였음을 입증하여 그 책임을 면할 수 있다. 점유자가 면책된 경우에 피해자는 2차 책임자인 소유자에게 배상을 청구할 수 있다(민법 제758조).[19] 하자있는 공작물의 소유자에게는 순수한 무과실책임을 지는 바, 면책의 가능성이 없다.

2. 공작물책임의 성립요건

공작물이란 인공적 작업에 의해 제작된 물건이다. 공작물에는 토지의 공작물(예: 건물, 도로, 교량, 광고탑, 가스탱크, 가솔린 스탠드, 저수지), 건물 내의 시설(예: 천정, 계단, 광고판), 동적(動的)인 기업설비(예: 자동차, 항공기) 등이 있다. 그러나 공작물이 국가나 지방자치단체가 설치하여 관리하는 경우에는 '국가배상법'이 적용된다. 그러나 공작물의 개념을 무한히 유추·확대함으로써 제758조의 규정을 위험책임의 일반조항으로 해석해서는 안 된다.

공작물이 그 용도에 따라 객관적으로 요구되는 성질 및 설비를 설치당시부터 갖고 있지 않거나 또는 설치 후 관리소홀로 필요한 안전성이 결여된 상태를 '하자'라고 한다. 하자의 존재에 관해서는 원칙적으로 피해자가 입증책임을 진다. 그러나 별도의 원인이 없었음에도 불구하고 자연적 상황에서 건물이 무너져 손해가 발생하였다면 사고발생 그 자체로부터 하자가 추정된다고 볼 수 있으므로 점유자 또는 소유자가 하자의 부존재를 입증하여야 한다. 또한 하자와 손해 사이에는 인과관계가 존재하여야 한다. 그러나 하자가 존재한다고 판단되는 경우에는 이미 손해발생의 가능성이 인정되는 것이고, 이러한 안전성의 결여는 점유자 또는 소유자의 과실에 기인한 것이라고 할 수 있다.

따라서 인과관계요건에 대한 입증책임은 완화된다. 즉, 공작물에 하자가 있다는 것이 인정되면 인과관계는 추정된다. 하자의 개념 속에는 "안전성의 결여가 없으면 손해발생도 없다"는 규범적 판단이 전제되어 있기 때문이다. 판례는 공작물의 설치상의 하자와 그 피용자의 사무상 과실이 경합하여 손해가 발생한 경우에도 공작물책임을 인정하고 있다.

---

19) 공작물의 소유자는 절대적 무과실책임이다.

3. 공작물책임의 효과 → 공작물의 점유자 · 소유자의 구상권

점유자란 공작물을 사실상 지배하는 자를 말한다. 간접점유자(소유자)가 있는 경우에는 직접점유자가 1차적인 책임을 지고, 다음에 간접점유자(소유자)가 책임을 진다. 점유자가 손해의 방지에 필요한 주의를 해태하지 아니하였음을 입증하면 위 책임을 면한다. 즉, 상당한 주의를 하였더라도 손해가 생겼으리라고 생각되는 경우에 점유자는 면책된다. 점유자가 면책되면 최종적으로 그 소유자가 책임을 져야 한다. 여기서 소유자라 함은 법률상 소유자이다. 매수인이 이전등기를 아직 갖추지 않았다면 매도인이 그 책임을 진다. 소유자가 책임을 지는 경우에는 점유자와는 달리 면책가능성이 전혀 인정되지 않는다.

공작물의 점유자 또는 소유자가 피해자에게 배상한 때에는 그 손해의 원인에 대하여 책임있는 자가 있는 경우 그 자, 즉 공작물을 제작한 자 혹은 관리를 위임받은 자 등에 대하여 구상권을 행사할 수 있다(민법 제758조 제3항). 예를 들면, 엘리베이터를 설치한 상가건물에서 오작동으로 인한 인적 손해가 발생하였다면 상가건물의 점유자나 그 소유자가 피해자에게 먼저 불법행위책임을 지고난 후, 그 엘리베이터를 제작하거나 관리할 계약의무를 지고 있는 자에게 구상권을 행사할 수 있다. 이러한 경우에 수급인은 피해자에 대하여 직접 민법 제750조에 의하여 책임을 질 수도 있다.

4. 수목에 관한 책임

수목을 심고 기르는 것 또는 보존에 하자가 있는 경우에도 수목의 점유자와 소유자는 공작물에서와 같은 책임을 진다(민법 제758조 제2항). 구상권도 같다(민법 제758조 제3항).

Ⅵ. 동물점유자의 책임

동물의 점유자 또는 점유자에 갈음하여 동물을 보관하는 자는 그 동물이 타인에게 가한 손해를 배상할 책임이 있다(민법 제759조 제1항 본문 · 제2항). 그러나 동물의 점유자는 그 동물이 타인에게 입힌 손해를 배상할 책임을 진다. 그러나 동물의 종류와 성질에 따라 그 보관에 상당한 주의를 다한 때는 배상책임이 없다(민법 제759조 제1항 단서 · 제2항). 이에 따른 판례(대법원 1981. 2. 10.선고, 80다 2966판결)에 따르면, "도사견은 성질이 난폭하여 사람에게 피해를 입힐 위험이 크므로, 이를 타인에게 빌려주는 경우에는 그가 도사견을 안전하게 관리할 수 있는 시설을 갖추고 있는지 여부를 확인하여야 할 주의의무가 있다 할 것인데, 도사견을 보관할 별도의 개집도 갖추지 아니한 자에게 빌려주어 낡은 개끈으로 묶어 두었다가 사고를 일으킨 것은 소유자에게 과실이 있다"라고 한다.

Ⅶ. 공동불법행위

1. 공동불법행위의 의의

공동불법행위는 여러 사람이 공동으로 불법행위를 하여 타인에게 손해를 가하는 경우를 말한다. 민법 제760조에서 공동불법행위로 다음의 세 가지를 규정하고 있다.

2. 협의(좁은 의미)의 공동불법행위

협의의 공동불법행위는 여러 사람이 공동의 불법행위로 타인에게 손해를 가한 경우이다(민법 제760조 제1항). 여러 사람이 모의(模擬)하여 다른 사람을 때려서 다치게 한 경우와 같이 각 사람의 행위가 각각 독립하여 일반불법행위의 요건을 갖추어야 하며, 각자의 위법행위가 객관적으로 서로 관련 공동하여 손해의 원인을 이루는 경우 협의의 공동불법행위이다. 이러한 경우에는 그들이 연대하여 손해를 배상할 책임이 있다(민법 제760조 제1항). 통설과 판례는 관련공동의 인정에 있어서 행위자들의 공모 내지 의사의 공통이나 공동의 인식을 요하지 않는다.

3. 가해자 불명(不明)의 공동불법행위

이는 공동 아닌 여러 사람의 행위 중 어느 사람의 행위가 그 손해를 가한 것인지를 알 수 없는 경우이다(민법 제760조 제2항). 예를 들면, 우연히 여러 사람이 돌을 던져 피해자가 그 중 하나의 돌에 맞아 다친 경우이다. 이러한 경우에도 공동행위한 사람은 연대하여 손해를 배상할 책임이 있다(민법 제760조 제2항). 협의의 공동불법행위와 다른 점은 흉기로 상처를 입힌 직접가해행위에 대하여 객관적 공동성이 없다는 데 있다.

4. 교사(敎唆)·방조(傍助)의 경우

교사자와 방조자는 공동행위자로 본다(민법 제760조 제3항). 교사(敎唆)는 타인으로 하여금 불법행위의 의사를 결정하게 하는 것이다. 그리고 방조는 불법행위의 보조적 행위이다. 즉, 불법행위를 용이하게 하는 직접·간접의 모든 행위이다. 예를 들면 망을 보는 것, 조언, 격려, 흉기의 제공 등이다. 교사자나 방조자는 위법행위 자체를 공동으로 하는 것은 아니지만, 피해자를 두텁게 보호하기 위하여 직접 가해행위를 한 자와 공동불법행위책임을 진다. 즉, 연대책임을 인정하고 있다.

제3절 불법행위의 법률효과

Ⅰ. 법률효과로서 손해배상청구권

1. 손해배상청구권의 발생

불법행위의 성립요건이 갖추어지면, 민법규정상 그 효과로서 가해자는 피해자의 손해를 원상회복(原狀回復)할 목적으로 그의 손해를 배상하여야 하며, 피해자는 손해배상청구권(損害賠償請求權)을 가진다(민법 제750조). 손해배상은 금전으로 행하여지는 것이 원칙이나 그 이외의 방법이 가능한 경우도 있다. 손해의 종류와 배상범위, 손해액의 산정은 손해배상과 관련해서 문제된다. 그리하여 불법행위는 법정채권발생원인에 해당한다.

2. 손해배상의 청구권자와 의무자

(1) 손해배상의 청구권자

자연인 · 법인을 불문하고 불법행위에 의하여 손해를 입은 자, 즉 직접적 피해자가 손해배상청구권을 가지게 된다(민법 제750조 참조). 그에 비하여 다른 자에 대한 침해의 결과로 피해를 입은데 불과한 간접적 피해자는 법률에 명문 규정(예: 민법 제752조)이 있는 경우에만 예외적으로 손해배상청구권을 갖는다고 하여야 한다(다른 견해 있음). 왜냐하면 간접피해자에게 이를 인정하면 한계를 정할 수 없기 때문이다. 예를 들면 타인에 의하여 상해를 입거나 재산을 멸실당한 자는 손해배상청구권을 가지나, 살해당한 자의 친구는 배상청구권이 없다.

특히 직접적인 피해자가 손해배상청구권을 취득하는 것과는 별도로, 피해자와 일정한 관계에 있는 자 예컨대, 사망한 교통사고 피해자의 유족도 재산상 혹은 정신상 손해를 입었다면 관련 법률근거에 의하여 가해자에게 손해배상을 청구할 수 있다(민법 제752조). 여기서 주로 문제가 되는 것은 법인(法人)의 손해배상청구권, 근친자의 위자료청구권, 태아(胎兒)의 배상청구권(민법 제762조)이라 할 수 있다. 예컨대, 법인에게도 재산상의 손해에 대해서는 당연히 손해배상청구권이 인정된다. 판례는 법인의 명예나 신용이 침해되어 그 법인의 목적인 사업수행에 영향을 미치게 될 경우처럼 법인의 사회적 평가가 침해될 때에는 가해자에게 손해배상을 청구할 수 있다고 한다.

(2) 손해배상의 의무자

손해배상의무를 부담하는 자는 가해자이다. 그러나 가해자의 위법한 행위로 말미암아 가해자와 일정한 관계에 있는 자, 예컨대 감독의무자 · 사용자 · 도급인 등이 불법행위책임을 부담하는 경우도 있다. 뿐만 아니라 법인의 대표기관이 불법행위책임을 지는 경우에 있어서도 대표기관이 부담하는 책임과는 별도로 법인 자신이 불법행위책임을 부담하기도 한다(민법 제35조). 더욱이 가해자가 누구인지 명확하지 않은 경우에도 공동불법행위로 평가되어 모두 연대하여 손해배상책임을 진다.

3. 손해배상청구권의 성질

(1) 양도 및 상속의 가능성

불법행위에 의한 손해배상청구권은 다른 채권(債權)과 마찬가지로 타인에게 양도(讓渡)할 수 있으며, 상속(相續) 또한 부정되지 않는다(통설·판례). 다만 정신적 손해에 대한 손해배상청구권, 즉, 위자료청구권(慰藉料請求權)의 경우에 문제가 있다고 지적되고 있으나, 판례는 재산상의 손해배상청구권과 다르게 볼 이유가 전혀 없다고 한다. 피해자가 즉사하더라도 현재 통설 및 판례는 피해자가 치명상을 입은 시점과 사망시점 사이에는 규범적으로 보아 '시간적 간격'이 있다고 평가함으로써, 즉사한 피해자에게도 일단 손해배상청구권이 발생한 것으로 본다.

한편 생명침해로 인한 정신적 손해의 배상청구권도 상속되는가? 이를 긍정하는 견해에 따르면, 피해자의 재산상의 손해인 일실이익(逸失利益)에 대한 손해배상청구권이든, 정신적 고통으로 인한 위자료청구권이든 손해배상청구권은 일단 사망자에게 귀속되었다가 상속인에게 승계(承繼)된다고 한다. 판례도 피해자가 이를 포기하거나 면제했다고 볼 수 있는 특별한 사정이 없는 한 원칙적으로 상속된다고 한다. 그러나 상속을 부정하는 견해에 따르면, 사망자의 위자료청구권 또는 명예훼손이나 신체상해로 인한 위자료청구권은 피해자 본인에게 지급되어야 할 일신전속권(一身專屬權)이므로 상속인에게 상속되지 않는다고 한다.

(2) 상계의 금지

가해자는 자신의 고의로써 불법행위책임을 부담하는 경우에 피해자에 대한 별도의 채권을 가지고 피해자의 손해배상채권을 상계(相計)할 수 없다(민법 제496조). 이 규정의 입법취지는 현실의 변제에 의하여 손해를 현실적으로 원상회복함으로써 피해자를 구제하려는 것이고, 아울러 불법행위의 유발을 방지하려는 데 있다.

4. 손해배상자의 대위

불법행위자가 훼손되거나 소재불명으로 된 물건에 관하여 피해자에게 그 가액

전부를 배상한 때에는 그 물건에 대한 권리는 손해배상을 한 불법행위자에게 이전한다(민법 제763조·제399조).

5. 손해배상청구권의 소멸시효

3년간의 시효는 일반채권의 소멸시효가 10년인 것에 대한 특칙으로서 그 성질이 소멸시효기간(消滅時效期間)으로 이해하는 데 이견이 없다. 그러나 10년의 기간은 제척기간(除斥期間)이라고 하는 견해가 있다. 다만, 판례는 10년의 기간 역시 소멸시효기간이라고 이해한다. 민법 제766조 제1항에서 그 기산점(起算點)은 피해자나 그 법정대리인이 손해 및 가해자를 안 때이다. 병상의 악화나 후유증으로 인한 예견하지 못한 확대(후속)손해는 그 확대된 손해를 안 날로부터 시효가 진행한다. 손해의 발생을 알아도 그 가해행위가 불법행위임을 알지 못하면 시효는 진행되지 않는다. 피해자나 그 법정대리인이 그 손해 및 가해자를 안 시기에 대해서는 소멸시효의 완성을 주장하는 자가 입증하여야 한다. 한편 10년의 기산점은 '불법행위를 한 날'이다. 판례는 불법행위를 한 날이라 함은 가해행위로 인하여 현실적으로 손해의 결과가 발생된 날로 보고 있다. 더욱이 불법행위가 1회적이 아니고, 불법점유처럼 계속적인 경우에는 나날이 새로운 불법행위에 의한 손해가 발생하는 것으로 보아 나날이 발생한 그 각 손해를 안 날로부터 각각 별개로 소멸시효가 진행된다.

Ⅱ. 손해배상의 범위

1. 손해배상과 그 범위

손해배상의 범위는 결국 원인행위와의 인과관계가 인정될 수 있는 거리를 말하며, 특히 통설 및 판례는 (절충적) '상당인과관계설'에 의할 것을 요구한다. 그럼에도 불구하고 범위획정의 근거는 민법 제393조 제1항 및 제2항에 의할 것이며, 다만 통상손해를 해석하는 데 그 기준을 상당인과관계설이라고 하는 학설에 의존할 뿐이다. 각 손해항목에 대해 민법 제393조의 배상범위에 포섭되는지를 검토하면 된다.

2. 배상범위의 규범으로서 민법 제393조

(1) 책임충족적 인과관계의 필요성

불법행위가 성립하면 가해자는 가해행위 '때문에 생긴' 손해의 결과에 대하여 배상책임을 부담한다(민법 제750조). 가해행위 때문에 발생한 손해의 결과는 피해자에 의해 그 입증이 성공된 '사실적 인과관계'의 관점에서 고찰하면 무한히 연결·확장될 수 있다. 그러나 사실적 인과관계에 있는 모든 후속손해에 대하여 가해자에게 배상책임을 귀속시키는 것은, 다시 말해서 사실적 인과관계가 인용되는 모든 후속손해에 대해 가해자가 배상하여야 한다고 하면 이는 공평한 손해의 분담을 목적으로 하는 불법행위법의 이상(理想)에 반한다. 즉, 불법행위법의 이상에 비추어 볼 때, 사실적 인과관계에 따른 범위를 그대로 규범화하는 '책임설정적 인과관계'에는 한계가 있다는 점이다. 따라서 일정한 규범적 판단기준에 따라서 이를 한정하고 그 배상범위를 획정할 필요가 있다. 이는 곧 '책임충족적 인과관계'의 필요성을 정당화한다.

독일의 입법례[20]와는 달리, 우리 불법행위법은 민법 제763조를 통해 민법 제393조 1항 및 2항을 그대로 준용하고 있다. 즉, '책임충족적 인과관계'의 문제를 명시적 입법을 통해서 해결하는 셈이다. 따라서 불법행위로 인한 손해배상의 범위도 채무불이행의 경우와 마찬가지로 '통상손해'를 한도로 하고, 특별한 사정으로 인한 손해는 가해자의 예견가능성을 전제로 결정된다.

(2) 상당인과관계설에 따른 제393조의 해석

민법 제763조는 채무불이행에 의한 손해배상의 범위를 규정하고 있는 제393조 1항 및 2항을 준용한다. 즉, 입법을 통해 '책임충족적 인과관계'의 필요성을 해결하고 있는 대표적 입법례에 속한다. 그럼에도 불구하고 통설과 판례는 민법 제393조는 상당인과관계의 내용을 정확하게 규정한 것이며, 따라서 제393조를 해석하는 데 그 기준은 '상당인과관계설'이라고 주장한다. 이를 구체적으로 보면, '통상의 손해'를 손해배상의 한도(범위)로 규정하고 있는 제1항은 상당인과관계의 원칙을 규정한 것이라고 한다. 그리고 제2항은 '특별한 사

20) 독일민법은 완전배상주의(독일민법 § 249)를 기본으로 하고 있기 때문에 이를 제한하기 위한 이론으로서 상당인과관계설이 주장되었다.

정으로 인한 손해'에 대해서는 가해자가 그 사정을 예견할 수 있었던 경우에 한하여 그 손해를 배상하여야 한다고 규정한 것이라고 본다. 따라서 가해자는 자기가 야기한 손해 중에서 그러한 가해행위에 의해서 통상 발생할 수 있는 손해와 특별한 사정에 따른 손해라도 가해자가 그 특별한 사정을 예견할 수 있었던 손해이면 이를 배상하여야 한다. 그러한 손해(결과)는 가해자의 침해행위(원인)와 상당인과관계에 있다고 한다.

3. 통상손해와 그 산정

우리 민법은 손해배상의 방법으로 금전배상주의를 택하고 있기 때문에(민법 제763조 및 제394조), 민법 제393조 1항에 의해 통상손해에 포섭되더라도 이를 금전으로 산정한 후 그 금액의 지급을 청구해야 한다. 예를 들어, 소유물이 멸실한 경우에는 원칙적으로 멸실한 당시의 교환가격으로 산정된다. 예를 들어 멸실한 건물을 다시 신축하는 데 소요된 비용이 1억 원이었다면 건물의 멸실에 따른 소유권상실이라는 손해의 산정액은 1억 원이라고 보면 된다. 반면에 멸실 당시의 건물의 감가상가를 고려한 금액이 공제되어야 함은 상당인과관계설의 입장에서도 타당하며, 이에 대해서는 피고(=가해자)가 항변하여야 할 것이다.

또한 신축건물에 대한 소유권취득에 필요한 제비용 역시 실제 소요된 비용으로 산정될 수 있다. 마찬가지로 전파된 건물에 대한 해체 및 소거비용에 대한 산정은 실제 소요된 비용으로 산정될 수 있다고 본다. 또한 예를 들어 식당건물을 전파할 정도로 큰 사고를 낸 경우에 업소용 냉장고 등 식당운영에 필수적인 기계장치의 파손이라는 후행사실이 발생하는 것은 일반적이라고 판단되므로, 냉장고 소유권의 상실이라는 손해는 통상손해에 포섭된다고 볼 수 있다. 통설 및 판례의 태도에 따라 불법행위 당시를 기준으로 그 교환가격에 의해 손해액을 산정하면 된다.

4. 특별손해

(1) '예견가능성'과 그 입증부담의 문제

특별손해라 함은 가해자의 위법행위로 말미암아 연쇄적으로 발생한 여러 손해항목 가운데 원고에 의해 그 사실적 인과관계가 입증이 되고 더욱이 가해자가 그러한 손해가 발생하리라는 특별한 사정을 알았거나 알 수 있었을 경우에 인용되는 손해범위개념이다(민법 제393조 제2항). 따라서 특별손해는 가해자와 피해자 사이에서 개별적·구체적 사정에 따른 손해에 해당한다. 특히 제393조 2항이 요구하는 '예견'가능성의 내용은 연쇄적으로 발생하는 손해의 원인이라고 할 수 있는 '특별한 사정'에 대한 가해자의 '예견'이므로 그 결과인 손해에 대한 '예견'까지 포함하는 것은 아니다.[21)]

그렇다면 '예견가능성'의 존부를 판단하는 시기는 언제인가? 채무불이행책임으로서 손해배상의 범위를 검토하는 경우에 통설과 판례가 명확하게 '이행기설'을 취하고 있지만(반대견해: 계약체결시설), 불법행위책임에서 이를 다시 언급하지는 않는데, 이는 계약관계의 존재를 전제하는 채무불이행과는 달리 일정한 법률관계의 존재를 전제하지 않는 불법행위에서 '예견가능성'을 배상범위의 최종적 획정기준으로 제시하는 태도가 바람직하지 않다는 점을 보여주고 있다. 그러므로 가해자의 예견가능성을 엄격하게 해석할 경우에 손해배상을 통해 피해자의 손해를 보전하려는 불법행위법의 규범목적은 달성하기 어렵게 된다. 따라서 '예견가능성'의 내용에 대해서는 배상범위를 합리적으로 획정할 수 있는 기준으로 해석될 필요성이 요구된다.

다음으로 가해자가 특별한 사정을 예견하였거나 예견할 수 있었다는 사실에 대한 입증책임은 누구에게 있는가? 사실적 인과관계의 입증에 성공한 모든 손해항목에 대해 피해자가 손해배상을 청구하면 책임범위에 해당하지 않는 손해항목에 대해 가해자가 이를 면하기 위해서 적극적으로 '통상손해'의 범위에 포섭되지 않는다는 항변을 함으로써 손해배상의 범위를 축소할 수 있으며, 따라서 원고(피해자)로서는 가해자에게 특별한 사정에 대한 '예견가능성'이 있었음을 적극적으로 입증함으로써 통상손해에 한정되었던 손해배상의 범위를 특별손해에까지 확대할 수 있다고 본다. 물론 '통상손해'와 마찬가지로 민법 제393조 제2항 소정의 특별한 사정으로 인한 손해에 포섭되더라도 금전배상원칙 때문에 이를 금액으로 산정하여야 한다.

---

21) 대판 1994.11.11, 94다22446도 같은 취지이다.

(2) 위자료의 문제[22)]

정신적 손해를 금전으로 산정한 금액을 별도로 위자료(慰藉料)라고 부른다. 특히 민법 제751조 및 제752조는 인격적 이익이 침해되거나 생명권이 침해되었을 때 발생하는 '정신적 손해'에 대해 그 배상청구의 근거를 마련하고 있다. 문제는 민법에서 재산권이 침해된 경우에도 위자료배상이 가능한가에 관하여 침묵하고 있다는 점이다. 그러나 재산권 침해에 따른 정신적 손해도 민법 제750조에 의해 배상되어야 한다는 통설 및 판례의 태도는 정당하다. 그러나 재산권이 침해된 경우에 가해자로 하여금 그 손해를 배상하도록 하면 일반적으로 정신적 손해 역시 전보된다고 본다. 따라서 재산권 침해에 대한 손해배상이 인용되었음에도 불구하고 아직 전보되지 않은 정신적 손해에 대해 그 배상을 주장한다면 이는 특별한 사정에 따른 손해라고 보아야 한다(通說).

제4절 학교안전사고와 학교 · 교원의 손해배상책임

Ⅰ. 학교안전사고 예방 및 보상에 관한 법률(학교안전사고예방법)

1. 주요내용

본 법은 학교안전사고를 예방하고, 학생 · 교직원 및 교육활동참여자가 학교안전사고로 인하여 입은 피해를 신속 · 적정하게 보상하기 위한 학교안전사고보상공제 사업의 실시에 관하여 필요한 사항을 규정함을 목적으로 한다(법 제1조). 적용대상 학교란 유치원 · 초등 · 중등 국 · 공립 및 사립학교를 말하며, 적용대상학교에서 교육을 받는 학생과 교직원이 적용대상자이다.

여기서 교육활동이라 함은 등 · 하교는 물론이고, 학교의 교육과정 또는 학교의 장이 정하는 교육계획 및 교육방침에 따라 학교의 안팎에서 학교장의 관리 · 감독하에 이루어지는 각종 수업과 교육활동 및 체육대회 일체를 말한다.

22) 위자료문제는 계약상 발생보다 대개 불법행위에 의하여 발생한다.

뿐만 아니라, 학생 또는 교직원이 아닌 교육활동참여자로서 학교장의 승인 또는 학교장의 요청에 의해 교육활동을 보조하거나 학생 또는 교직원과 함께 교육활동을 하다가 사고를 당한 경우에도 본 법의 적용 대상자이다.

이러한 형태로 이루어진 교육활동상에서 발생되는 학교안전사고라 함은 요컨대, 교육활동중에 발생한 사고로서 학생·교직원 또는 교육활동참여자의 생명 또는 신체에 피해를 주는 모든 사고 및 학교급식 등 학교장의 관리·감독에 속하는 업무가 직접 원인이 되어 학생·교직원 또는 교육활동참여자에게 발생하는 질병으로서 대통령령이 정하는 것(학교급식이나 가스 등에 의한 중독, 일사병(日射病), 이물질의 섭취 등에 의한 질병, 이물질과의 접촉에 의한 피부염, 외부 충격 및 부상이 직접적인 원인이 되어 발생한 질병)을 말한다(법 제2조 제6호).

교육부장관은 학교안전사고 예방사업과 학교안전공제 사업을 효율적으로 수행하기 위하여 학교안전공제중앙회를 설립하도록 하였다. 중앙공제회는 16개 각 시·도 공제회의 업무를 통합 관리하고, 공제급여액의 동일 액수 결정 등의 지급기준을 설정하여 혼란을 사전에 미리 차단하며, 학교안전공제회의 사업수행을 위한 지속사업을 하도록 규정하고 있다. 또한, 심사청구인이 재심사를 청구한 경우에는 공제중앙회에서 심사를 하도록 규정하고 있다.

또한 공제회의 공제급여 종류는 동일하게 요양급여와 장해급여, 유족급여, 장의비로 5가지 종류로 한정하고 있다. 또한, 공제회의 급여액을 받지 아니하고 피해자측이 소송을 제기하여 배상액이 확정되는 경우, 본 법에 따라 배상액을 공제급여액으로 보아 공제회가 부담하도록 규정을 전면 개정하였다.

2. 주요내용의 한계

피공제자의 자해·자살, 피공제자 또는 보호자 등이 요양기관의 지시를 따르지 않아 장해의 상태가 악화 되었거나 요양기관의 치료를 명백히 방해 한 경우, 피공제자가 자동차손해배상보장법의 규정에 따라 손해배상을 받은 경우에 한하여 공제급여의 제한을 하고 있다. 지금까지 논란이 되어 왔던 등·하교시 안전사고 발생은 본 법에 적용을 받도록 하였으나, 여전히 학교 교육활동상의 천재지변과 정신질환 등으로 부상 등이 발생되는 경우에는 명문 규정을 두지 않아 논란이 되고 있다. 또한 심사청구인(피해자)이 처음부터 공제급여결정에 불복하고 민사손해배상 청구를 했을 경우, 민법의 한계를 그대로 지니고 있다.

Ⅱ. 학교 · 교원의 민사 손해배상책임

문제는 피해학생의 가족측에서 피해보상에 불복하는 경우에는 위의 각 학교안전공제회의 기능은 전혀 효력을 가질 수가 없으며, 위에서 고찰한 본 법안 역시 20%범위내에서 민사적 책임을 추급할 수 없게 하고 있으나, 이 문제와 별도로 또 다른 민사적 책임문제, 즉 80%에 해당하는 문제가 여전히 소의 이익이 존재하고, 20%역시 손해공평부담의 원칙상 당연히 소의 다툼이 있는 바[23], 이 문제는 곧바로 민사적 손해배상책임의 영역에 해당하여 가해자로서의 책임을 누가 부담할 것인가를 둘러싸고 첨예하게 대립되므로, 이하에서는 학교와 교사로서의 책임부담의 성립요건에 따른 법적 책임근거규정과 법리를 살펴본다.

1. 국가의 손해배상책임(국가배상법 제2조의 책임)

공무원의 공권력행사를 할 때 위법한 가해행위에 대해서 국가 · 지방자치단체가 배상책임을 부담하는 경우의 근거법규이다. 여기서 교사의 수업 그 밖의 교육활동과 학생에 대한 폭행 · 위법징계행위, 학교의 교육활동에 수반하는 학생간의 사고 등으로서 교사 등의 안전주의의무 위반을 이유로 해서 학교설치자의 배상책임을 묻는 경우, 근거법규의 전형적인 예이다[24]. 따라서 학교사고시에 이 공권력의 기인한 손해배상책임을 근거로 할 경우에는 ① 교사 등의 가해행위가 공권력의 행사로서 나타 날 것 ② 학교사고가 교사의 고의 · 과실에 의한 것 ③ 그 가해행위에 위법성이 있을 것 ④ 학교사고에 의한 손해와 그 가해행위와의 인과관계가 존재할 것 ⑤ 교사로서의 직무상 행위로서 생긴 학교

---

23) 하윤수, 민사법상 손해개념론, 대학원 논문집 제17집(1992), 동아대 대학원편, p.7이하; 하윤수, 원인경합에 있어서의 책임분할에 관한 연구, 동아대 대학원 박사학위논문(1993. 12), p.11~38.
24) 법률문화연구회 편저, 앞의 책, p.13.

사고일 것 등의 요건이 필요하다. 그러므로 ①은 적용범위를 결정하는 중요한 요건이며, ②, ③, ④는 일반적으로 불법행위의 성립요건에 해당되고, 문제는 ⑤의 교사의 직무상의 행위일 것이다.

'교사의 직무상의 행위'는 직무행위자체가 직무행위와 관련해서 일체불가분 관계로서 행위자의 의사에 관계없이 직무행위와 견련관계가 있는 객관적·외형적으로 보아서 사회통념상 직무의 범위에 속한다고 판단되는 행위를 의미한다[25]. 이 경우, 교사 등의 교육공무원으로 있는 자의 정규수업, 과외활동, 학교의 특별행사에 의한 교육활동과 교육지도를 할 때를 의미하며, 더 나아가서는 수업의 종료후 학내에서 근무시간과는 관계없이 교사의 자주적 판단에 따른 교육지도의 경우에도 교육이념의 본질에서 볼 때 교사의 직무상의 행위로 보아야 할 것이다.

2. 사용자책임(민법 제756조의 책임)

피용자가 그 사용자의 사업을 집행중에 타인에게 위법한 손해를 가한 경우에는 사용자 또는 대리감독자가 배상책임을 부담하는 것이 사용자책임인 것이다(민법 제756조). 이 경우, 국·공립학교가 아닌 사립학교의 대상으로서 피용자를 교사로 보고, 사용자를 학교이사장, 대리감독자를 교장으로 파악하여 위의 국가배상법 제2조의 책임과 동일한 학교사고의 유형으로서 교사 등의 고의·과실을 전제로 학교설치자(사용자) 또는 교장등의 대리감독자에게 배상책임을 물을 경우의 근거규정이다.

이 사용자책임을 법적 근거는 애당초 교사 등이 학교사고에 대한 배상책임 부담자로서 있다고 하더라도 피해학생의 구제를 철저히 하기 위해서 학교설치자 또는 대리감독자에게 그 책임을 전가시켜서 배상책임을 인정시키려는 것이다. 여기서 우선 교사자신은 불법행위 성립을 위해 ① 고의·과실이 있을 것 ② 가해행위의 위법성이 있을 것 ③ 가해행위와 피해학생사이에 인과관계가 있을 것이 필요하고, 여기까지 위의 국가의 배상책임과 동일하며, 여기에 더붙

---

25) 이은영, 채권각론, 박영사(1990), p.641; 加藤一郎編, 「주석민법(19)」, 유비각(1978), p.402.

여서 ④ 학교와의 사용관계로서 종속되어 있을 것 ⑤ 교사로서 학교의 사업집행 중에 생긴 손해일 것 ⑥ 학교설치자 등에 의한 교사의 선임・감독에 관한 태만(해태)이 없었다는 것을 입증하지 못할 것 등의 요건이 필요하다.

여기서 문제시 되는 위의 ④, ⑤, ⑥의 요건을 차례로 검토하기로 한다. 우선 ④의 '학교와 사용관계'로서 그 학교의 교직원처럼 고용관계에 있는 자의 가해행위가 그 전형적인 예이다. 여기서의 교사의 개념은 비단 정교사뿐만 아니라, 임시적 고용관계에 있는 기간제 교사의 가해행위도 당연히 포함될 것이며, 더 나아가서는 학교와는 법률상의 계약관계에 없다고 하더라도 학교의 실질적인 지휘감독관계에 있는 자의 가해행위도 포함시켜야 할 것이다[26].

⑤의 「학교의 사업집행 중」의 의미는 그 사고가 학교의 업무와 밀접한 관계로서 일체불가분과의 관계에 있는 업무로 파악하며, 부수적으로는 교사의 직무범위내에서 생긴 것도 당연히 포함된다고 할 것이다. 다만, 교사 등의 직무의 범위에 관계되는 사고인가 아닌가의 판단은 위에서 설명한 「직무상의 행위」와 동일하게 교육활동자체가 객관적, 외형적으로 보아서 사회통념상 견련관계가 있는가의 여부로서 판단할 사항으로 본다.

⑥의 「사용자의 선임・감독상의 태만(해태)」의 의미는 대단히 중요하다. 우선 이 요건은 국가배상법 제2조에서는 이러한 내용은 없으며, 사용자는 교사의 선임에 상당한 주의를 했는가의 여부는 단순한 자격증만으로는 불충분하고, 교사가 교육활동의 지도에 적합한 기능, 능력을 가지고 있는가의 여부도 파악해야 할 필요가 있으며, 특히, 우리나라의 교육현실여건에 미루어 볼 때에 교육조건정비와 깊은 관계가 있는 점에서 안이하게 생각할 수 없는것 또한 사실이다. 감독에 관해서는 내부규율에 따라 평소 개괄적인 훈계・논설만으로 불충분하며, 매우 구체적으로 위험방지의 구체적인 방책을 내놓고 이를 세밀히 감독하는 조치가 있어야 하지만, 이렇게 할 경우 교사의 자주적・창조적 교육활동에 자칫 위축을 초래케 하여 정상적인 교육활동을 기대하기 어려우며, 학생들에 대해서 너무 광범위한 안전배려의무를 부담하는 열악한 교육조건 등을 종합해 볼 때에 감독의 문제는 대단히 복잡한 함수관계를 지니고 있다고 보아

26) 사용관계가 반드시 유효한 계약으로 존재할 필요는 없다고 한 판례가 있다. 대법원, 1977.6.7선고, 76다1869판결; 대법원, 1968.4.16선고, 67다2644판결.

야 할 것이다[27].

3. 영조물책임(국가배상법 제5조의 책임)

공공의 영조물의 설치 또는 관리에 하자가 있기 때문에 타인에게 손해를 발생하게 하였을 때에는 국가 또는 지방자치단체는 그 손해를 배상하여야 한다. 이 책임은 하자 있는 영조물을 지배하고 있는 이상은 그 위험에 관해서 위험책임을 무과실책임으로 설정한 것이다. 국・공립학교의 시설, 특히 학교시설에 의해서 학생이 사고를 당하였을 경우에는 학교설치자인 국가 또는 지방자치단체에게 손해배상을 청구하는 근거규정인 것이다[28]. 영조물책임의 성립요건은 ① 공공의 영조물인 학교시설에 의한 사고일 것 ② 그 학교시설의 설치・관리상에 하자가 있을 것 ③ 학교사고가 이 하자와 인과관계가 존재할 것 등이다.

4. 공작물책임(민법 제758조의 책임)

공작물의 설치・보존상의 하자를 원인으로 해서 타인에게 손해를 가한 때에는 제1차적으로는 그 공작물의 점유자에게 배상책임을 묻게 하고, 점유자가 손해발생을 방지하는 데에 필요한 조치를 다했음을 증명한 때에는 공작물의 소유자에게 배상책임을 묻게 하는 것이 공작물책임인 것이다. 이 경우에는 국가배상법 제5조와 관계되는 것으로서 사립학교의 경우에 해당한다. 사립학교의 시설에서 학생이 사고를 당한 때에는 학교설치자의 배상책임을 묻게 한 근거규정인 것이다.

공작물책임의 성립요건은 ① 공작물인 학교시설에 의한 사고일것 ② 그 학교시설의 설치・보존상의 하자에 의한 것일 것 ③ 학교사고가 그 하자와 인과관계가 존재해야 하며, 특히, 공작물의 점유자로서는 ④ 학교사고발생의 방지를 위한 필요한 주의조치를 했다는 점을 증명하지 못할 것 등이다. 다만, 학교

27) 통설은 선임・감독의무는 가해행위와 관련해서 그 의무의 해태여부가 판단되지 않고 단지 책임귀속근거로서 작용하고 있다고 본다. 이은영, 앞의 책, p.627. 사견으로도 사용자의 책임귀속의 범위를 확대해서 해석하려는 취지에 찬성한다.

28) 법률문화연구회 편저, 앞의 책, p.14~15.

사고로서는 학교설치자가 학교시설의 소유자인 것이 보통이기 때문에 ④의 요건을 반드시 문제삼을 필요는 없을 것이다[29].

5. 책임무능력자의 감독자의 책임(민법 제755조의 책임)

미성년자가 타인에게 위법한 행위로 손해를 가한 경우에 그 자에게 책임능력이 없는 경우에는 그 자를 대신해서 그를 감독하는 친권자 또는 후견인 등의 법정감독자와 그 자가 학교에서 타인에게 위법한 행위를 가한 경우에는 교사 등의 대리감독의무자에게 배상책임을 인정하는 것이 책임무능력자의 감독자의 책임 근거규정인 것이다. 학생들간에 학교사고에서 가해학생의 연령이 만12세[30]이하인 초등학교 학생인 경우에는 가해학생의 부모와 교장, 교사에 대해서 배상책임을 묻게 되는 것이다. 이미 교장과 교사에게 책임무능력자의 대리감독자의 책임이 성립하는 경우에는 그것을 전제로 해서 민법 제756조의 사용자책임의 요건을 구비하면 당연히 학교설치자에게도 배상책임이 인정된다.

책임무능력자의 감독자의 책임의 요건으로서는 ① 책임무능력자인 학생의 가해행위가 있을 것, ② 책임능력이외의 부분에서는 불법행위의 성립요건을 구비할 것, ③ 학생의 감독의무자가 대리감독 의무자일 것, ④ 감독의무의 태만(해태)이 있을 것 등이다. 이미 가해학생이 책임능력은 있지만 미성년자인 경우, 즉 중·고등학생인 경우에도 민법 제755조의 책임근거로 해서 감독의무자에게 배상책임을 인정해야 한다는 견해[31]도 있다. 이 견해는 찬성할 수 없다. 왜냐 하면, 열악한 교육환경속에서 교육활동중인 교사의 책임영역을 폭넓게 인정하려는 취지는 앞서 설명한 교육이념에 반하기 때문이다.

---

29) 사실 현행 민법상 공작물책임의 책임주체의 고의·과실과는 관계없는 일종의 위험책임인 것이다. 이명갑, 민법 제758조의 불법행위법체계상의 의의와 위치, 대한변협지, 1987.6월호, P.38.

30) 민법은 불법행위책임의 성립요건으로서 책임능력의 존재를 적극적으로 규정하지 않고 소극적으로 제753조의 책임변식지능이 없는 미성년자와 제754조의 심신상실자만으로 한정하여 해석하려는 바, 이는 형법 제9조의 형사책임무능력자와 궤를 같이한다고 볼 수 있는바, 정상적으로 성장한 학생인 경우 중학입학연령인 만 12세부터 책임능력을 인정하는 것이 바람직하지 않는가 생각된다. 이와 같은 취지로서 동조하는 입장은 이은영, 앞의 책, p.598~599.

31) 山口純夫, 책임무능력자의가해행위, 奧田昌道, 외6인편, 민법학6, 有斐閣雙書(1975), p.97~107.

6. 일반적 불법행위책임(민법 제750조의 책임)

타인의 위법한 행위에 의해 손해가 생긴 경우에 가해행위에 대해 배상책임을 부담하는 것으로 하는 일반적 책임규정이다. 학교사고의 경우에 그 사고를 교사와 가해학생자신, 또는 부모, 학교설치자에게도 자신의 가해행위로서 고의·과실이 있는 것을 전제로 배상책임을 구하는 경우의 근거규정인 것이다. 앞서 설명한 바와 같이, 사용자책임은 바로 일반적 불법행위의 성립요건이 있어야 함은 말할 필요도 없다.

일반적 불법행위의 성립요건은 ① 배상책임 부담자에 의해서 학교사고 발생할 것, ② 학교사고가 고의 또는 과실에 의해 발생할 것, ③ 위법행위가 있을 것, ④ 학교사고를 일으킨 자에게 책임능력이 있을 것, ⑤ 학교사고와 가해행위사이에 인과관계가 존재할 것 등이다.

7. 채무불이행책임(민법 제390조의 책임)

채무자가 그 책임에 따른 의무를 위반함으로써 채권자에게 손해를 야기시켜 채무자에게 배상책임을 부담시키는 것이 채무불이행책임인 것이다. 채무자가 의무위반한 3가지유형(이행불능,이행지체,적극적채권침해)중 학교사고와 관련된 문제는 불완전이행 또는 적극적 채권침해에 의한 채무불이행을 인정할 것인가에 대해서는 제390조의 단순 채무불이행상으로는 명확하지 않다. 채무불이행책임은 계약상의 의무위반에서 생긴 손해에 관한 배상책임제도이며, 계약책임의 일종이다. 여기까지 볼 때에 불법행위책임은 계약관계를 전제로 하지 아니하고, 피해자와 가해자의 관계만으로서 배상책임을 인정하는 점에서 채무불이행책임 즉, 계약책임과 다르다.

학교사고의 경우에는 학교설치자와 피해학생 또는 부모와의 재학계약관계가 있다는 것을 전제로 해서 학교설치자의 피해학생에 대한 교육상의 안전배려의무에 위배한 것을 이유로 학교설치자에게 배상책임을 구할 때의 법적근거 규정인 것이다[32]. 따라서 학교사고의 경우에 채무불이행책임이 성립하기 위한

32) 奧野久雄, 학교교육계약, 법률시보(1987), 59권 3호, p.37.

요건은 ① 피해학생·부모와 학교설치자와의 사이에 재학계약이 존재할 것, ② 학교설치자의 피해학생에 대한 안전배려의무의 범위에 있는 학교사고일 것, ③ 학교설치자 또는 그 이행보조자로 있는 교사 등의 안전배려의무 해태에 의한 학교사고일 것 등이다. 그러나, 私見의 판단으로는 학교설치자와 교사 등의 안전배려의무위반이라는 유책성을 요건으로 할 경우에는 안전배려의무위반은 불법행위의 과실의 요소와 위법성의 요소를 침해하는 것으로 볼 수 있기 때문에 계약책임 구성요소와는 하등관계가 없고, 오히려 앞서 설명한 제750조의 불법행위의 책임으로 구성하는 것이 더 타당하지 않는가 생각된다.

제5장 가족(친족·상속)관계와 법

가족관계와 법이란 친족법 · 상속법과 함께 소위 가족법 또는 친족상속법을 구성하는 것으로서 부부 · 친자 · 형제 등 여러 가지 신분관계에서 인정되는 법률관계에 관한 법을 말한다. 민법은 친족이라고 하는 개념을 중심으로 하여 이에 포함되는 사람들 상호간에 친자관계(친생자 · 양자) · 부부관계(혼인 · 이혼) · 부양관계 또는 상속관계 등 특정한 법률상의 효과를 인정하고 있다.

제1절 친족과 그 신분관계

Ⅰ. 친족의 유형

친족(親族)은 혈연 또는 혼인에 따라서 연결되는 자 사이에서 발생하는 신분관계를 말한다(민법 제767조 참조). 배우자, 혈족 및 인척을 친족으로 한다(민법 제767조).

1. 혈족

(1) 자연혈족(민법 제768조)

혈족 가운데 혈연의 연락이 닿는 사람을 자연혈족(自然血族)이라고 하는데, 자기의 직계존속(直系尊屬)과 직계비속(直系卑屬)을 직계혈족이라고 한다. 반면에 자기의 형제자매와 형제자매의 직계비속 및 직계존속의 형제자매와 그 직계비속을 방계혈족(傍系血族)이라고 한다.

(2) 법정혈족

법률이 입양 등의 사실에 입각하여 혈연관계가 없는 자(者) 상호간에 자연혈족과 동일한 관계가 있는 것으로 인정한 자(者)를 법정혈족(法定血族)이라고 한다. 양자는 입양한 날로부터 그의 양부모 및 양부모의 혈족·인척과 친족관계가 인정된다(민법 제772조). 입양 후 양친이 혼인한 경우에는 당사자 사이에 새로 입양신고를 하지 않는 한, 양자와 양친의 배우자 사이에 양친자관계는 생기지 않는다. 이러한 경우에는 단지 인척관계가 발생하는데 그친다. 종래의 법적혈족관계로 보던 적모서자관계(嫡母庶子關係), 계모자(繼母子)관계는 1990년 민법 개정으로 인척관계에 지나지 않게 되었다.

2. 배우자

혼인으로 결합된 남녀를 배우자(配偶者)라고 한다. 배우자 사이에는 촌수가 없다. 사실혼의 배우자나 첩(妾)은 배우자가 아니다. 다만 특별법이나 판례 및 학설에서 법률혼의 배우자에 준하여 사실혼의 배우자도 보호하는 경우가 많다.

3. 인척

혈족의 배우자, 배우자의 혈족, 배우자의 혈족의 배우자를 인척(姻戚)으로 한다(민법 제769조). 인척관계는 혼인에 따라서 발생하고, 혼인의 취소 또는 이혼, 부부 일방의 사망 후의 재혼으로 종료한다(민법 제775조).

(1) 혈족의 배우자

계모(繼母)·적모(嫡母)(1촌 이내), 자매부(姉妹夫)(2촌 이내), 고모부(姑母夫)(3촌 이내), 대고모부·이종자매부·외대고모부(4촌 이내) 등이 이에 속한다.

(2) 배우자의 혈족

시부모·처부모·배우자의 친생자(1촌 이내), 시형제자매·처형제자매(처형 또는 처제, 2촌 이내), 시백숙부·처백숙부(3촌 이내), 시종형자매·처종형제자매(4촌 이내) 등이 이에 속한다.

(3) 배우자의 혈족의 배우자

배우자의 계모(繼母)·적모(嫡母)(1촌 이내), 배우자의 형제자매의 처나 부(夫)(2촌 이내), 배우자의 백숙모(3촌 이내), 배우자의 종형제자매의 처나 부(夫)(4촌 이내) 등이 이에 속한다.

Ⅱ. 친족의 범위와 촌수

민법 제777조(8촌 이내의 혈족, 4촌 이내의 인척, 배우자)에 규정된 친족에게 일반적으로 인정되는 법률상의 효과뿐만 아니라, 친족 사이의 원근(遠近)과 친밀도 및 친족관계의 성질을 고려해서 개별적으로 각각 상이한 일정범위의 친족에게만 인정되는 법률상의 효과들을 규정하고 있다.

촌수(寸數)는 혈연의 원근(遠近)만으로 세대수를 정하되, 방계친(傍系親)의 계산을 공동시조에서 각자에 이르는 세대수를 통산하는 방법으로 취하는데, 이를 세수등친제(世數等親制)라고 한다(형제 사이에를 2촌으로 한다). 우리 민법의 태도이다(민법 제770조). 배우자의 혈족에 대하여는 배우자의 그 혈족에 대한 촌수에 따르고, 혈족의 배우자에 대하여는 그 혈족에 대한 촌수에 따르면 된다(민법 제771조). 특히, 부부 사이에는 혈연관계가 없으므로 촌수가 없다. 그리고 양자는 입양한 때부터 혼인 중의 출생자와 동일하게 계산한다(민법 제772조).

Ⅲ. 친족관계의 변동

친족관계의 발생원인은 출생, 혼인, 인지(認知), 입양, 친양자 등이며, 친족관계의 소멸을 보면, 혼인관계는 사망, 혼인의 취소, 이혼에 따라서, 입양관계는 입양의 취소, 파양(罷養)에 인하여, 인지로 인한 친족관계는 인지의 취소에 따라서 친족관계는 소멸한다. 인척관계는 부부의 일방이 사망한 후 생존 배우자가 재혼한 때에만 친족관계가 소멸한다(민법 제775조 2항). 다만 부부일방이 사망하면 죽은 사람과 직접 연결된 친족관계는 소멸하나, 그 자(者)를 통하여 연결된 생존자와의 친족관계는 소멸되지 않는다.

Ⅳ. 친족관계의 법률상 효과

1. 민법상 친족관계의 법률상 효과

민법이 인정하는 친족관계의 효과는 ⅰ) 민법 제777조가 정하는 범위의 친족에게 일반적으로 인정되는 법률상 효과와 ⅱ) 친족 사이의 원근(遠近)과 친밀도 및 친족관계의 성질을 고려해서 개별적으로 각각 상이한 일정범위의 친족에게만 인정되는 법률상 효과로 구별된다.

(1) 민법 제777조의 범위의 친족에게 인정되는 법률상 효과

민법 제777조가 정하는 범위의 친족에게 일반적으로 인정되는 법률상 효과는 자의 성과 본 변경청구(민법 제781조 제6항), 13세 미만의 미성년자의 파양청구(민법 제906조 1항), 친권자 지정청구(민법 제909조의2 1항, 2항, 제927조의2 2항), 미성년후견인 선임 및 변경청구(민법 제909조의2 3항, 제932조 1항, 제940조), 임무대행자 선임청구(민법 제909조의2 5항), 재산관리인의 선임청구(민법 제918조 2항), 친권상실선고의 청구(제924조), 친권자의 대리권과 재산관리권의 상실선고의 청구(민법 제925조), 친권에 대한 실권회복선고의 청구(민법 제926조), 성년후견인·한정후견인·특정후견인 선임 및 변경청구(민법 제936조 2항, 3항, 제959조의3 2항, 제959조의9 2항, 제940조), 성년후견인의 대리권 범위 변경청구, 미성년후견감독인·성년후견감독인·한정후견감독인·특정후견감독인 선임 및(민법 제938조의 4항) 변경청구(민법 제940조의3, 제940조의4, 제959조의5, 제959조의10, 제940조), 피후견인의 재산상황에 대한 조사청구(민법 제954조), 임의후견감독인의 선임청구(민법 제959조의15 3항, 4항), 임의후견인의 해임청구(민법 제959조의17 2항), 부양의무(민법 제974조), 상속인 없는 재산의 관리인 선임청구(민법 제1053조) 등을 들 수 있다.

(2) 일정범위의 친족에게만 개별적으로 인정되는 법률상 효과

일정범위의 친족에게만 인정되는 법률상 효과는 다음과 같다.

1) 성년후견개시·한정후견개시의 청구, 특정후견 청구, 성년후견종료·한정후견종료 청구(민법 제9조, 제11조, 제12조, 제14조, 제14조의2), 피성년후견인

의 취소할 수 없는 법률행위의 범위 변경 청구(민법 제10조 3항), 피한정후견인의 동의 받아야 하는 행위의 범위 변경 청구(민법 제13조 2항), 성년후견인의 법정대리권 범위 변경 청구(민법 제938조 4항), 임의후견감독인의 선임청구(민법 제959조의15 1항) → 배우자, 4촌 이내의 친족에게만 주어진다.

2) 증여자 또는 그 배우자나 직계혈족에 대한 수증자의 범죄행위가 있은 때에 증여자는 그 증여계약을 해제할 수 있다(민법 제556조 1항 참조).

3) 생명침해에 대한 손해배상청구권 → 직계존속, 직계비속, 배우자(민법 제752조).

4) 중혼에 대하여는 배우자, 직계혈족, 4촌 이내의 방계혈족이 그 취소권을 가진다(민법 제818조).

5) 자 · 이해관계인은 인지에 대한 이의의 소를 제기할 수 있다(민법 제862조).

6) 미성년자의 입양에 대한 입양취소청구권(민법 제885조) → 양부모 · 양자 · 법정대리인 · 직계혈족

7) 친권자의 변경청구(민법 제909조 6항) → 4촌 이내의 친족

8) 후견인의 자격은 배우자, 직계혈족, 3촌 이내의 방계혈족의 순위로 인정된다(민법 제932조~제934조), 피후견인에 대하여 소송을 하였거나 또는 하고 있는 자, 그의 배우자와 직계혈족은 후견인이 될 수 없다(민법 제937조).

9) 상속권은 배우자, 직계비속, 직계존속, 형제자매, 4촌 이내의 방계혈족에게 있다(민법 제1000조, 제1003조). 유류분권은 직계비속 · 배우자 · 직계존속 · 형제자매에게 있다(민법 제1112조).

10) 유언으로 이익을 받은 자의 배우자와 직계혈족은 유언에 참여하는 증인 결격자이다(민법 제1072조).

2. 형법상 친족관계의 법률상 효과

(1) 형벌이 감면되는 경우

법인은닉죄(형법 제151조 2항), 증거인멸죄(형법 제155조 4항), 권리행사방해죄(형법 제328조 1항), 절도죄(형법 제329조~제332조, 제344조), 횡령 · 배임죄(형법 제355조~제360조, 제361조), 장물죄(형법 제365조) 등이 있다.

(2) 형벌이 가중되는 경우

존속상해죄(형법 제257조), 살인죄(형법 제250조), 상해치사죄(형법 제258조), 폭행죄(형법 제260조), 유기죄(형법 제271조), 학대죄(형법 제273조) 등이 있다.

3. 민사소송법·형사소송법상의 효과

민사소송법상의 효과로 법관 또는 법원사무관 등의 제척원인(민사소송법 제41조 1호, 제50조), 감정인의 결격사유(민사소송법 제334조 2항) 등이 있고, 형사소송법상의 효과로 법관, 법원서기관·법원사무관·법원주사·법원주사보, 서기, 통역인의 제척·기피 또는 회피원인(형사소송법 제17조 2호, 제18조 1항 1호, 24조 1항, 제25조 1항), 증언거부권(형사소송법 제148조), 감정·통역·번역거부권(형사소송법 제177조, 제183조) 등이 있다.

4. 그 밖의 특별법상의 효과

그 밖에도 가사소송법, 비송사건절차법, 가족관계의 등록 등에 관한 법률, 각종 연금법 등 많은 법률과 그 시행령에는 친족관계에 관한 특별한 효과를 인정하는 규정들이 있다.

제2절 가족의 범위, 자(子)의 성과 본

Ⅰ. 가족의 범위(민법 제779조)

1. 배우자, 직계혈족 및 형제자매

배우자, 직계혈족 및 형제자매는 생계를 같이하지 아니하더라도 가족이 된다.

2. 직계혈족의 배우자, 배우자의 직계혈족, 배우자의 형제자매

직계혈족의 배우자, 배우자의 직계혈족, 배우자의 형제자매는 생계를 같이 하는 경우에 한하여 가족이 된다.

3. 민법 제779조의 실효성

호주제 아래에서 종래 민법 제779조는 호주의 호적에 편재된 가족을 의미하였다. 그러나 호주제가 폐지됨으로써 가족이 해체되는 것을 우려하여 상징적인 의미에서 민법 제779조가 신설되었다. 그런데 친권이나 부양에 관한 친족 및 친족관계의 범위가 각 해당규정에 규율되어 있고(민법 제767조, 제777조), 상속권자에 관한 민법 제1000조 등의 규정이 마련되어 있는 상태에서 동조의 실효성이 문제된다. 생각건대, 동조는 가족이라는 상징적인 의미 이외에도 가족관계등록법의 해석과 그 밖의 각종 관련 법규 및 친족적 관습과 관련하여 전혀 무의미한 조항은 아니라고 평가된다.[1)]

Ⅱ. 자(子)의 성(姓)과 본(本)

1. 원칙 → 부계혈통주의(父系血統主義)

자(子)는 부(父)의 성(姓)과 본(本)을 따른다(민법 제781조). 여기서 자는 혼인중의 자를 말한다. 혼인 외의 자의 경우에도 부의 성과 본을 알 수 있는 경우에는 부의 성과 본에 따라 출생신고를 할 수 있다. 혼외자의 경우 부가 인지하면 원칙적으로 부의 성을 따르겠지만, 제9차 개정민법에 따르면 혼인 외의 출생자가 인지된 경우 자는 부모의 협의에 따라 종전의 성과 본을 계속 사용할 수 있고, 부모가 협의할 수 없거나 협의가 이루어지지 아니한 경우에는 자는 법원의 허가를 받아 종전의 성과 본을 계속 사용할 수 있다(민법 제781조 제5항)고 함으로서 자의 복리를 고려하였다. 여기서 부모는 자의 친부모를 의미한다고 본다.[2)]

---

1) 김형배 외 2인, 앞의 책, 1769면 참조.
2) 김형배 외 2인, 앞의 책, 1769면 참조.

2. 예외

부모가 혼인신고시 모의 성과 본을 따르기로 협의한 경우에는 모의 성과 본을 따른다(민법 제781조 1항 단서). 모의 성과 본을 따르기로 합의한 내용이 혼인신고시에 등재되지 않았다면 모의 성과 본으로 출생신고를 하는 것은 받아들여지지 않는다. 그런데 부의 성을 다르는 자와 모의 성을 따르는 자로 나누어 협의하여 가족등록부에 등재할 수 있는지가 문제될 수 있다. 가족의 동질성과 친족적 관습상 이는 허용될 수 없다고 해석된다.[3)]

사실혼의 경우에는 부모의 협의에 따르게 될 것이지만, 모의 성과 본으로 출생신고를 하는 경우 그 형식은 민법 제781조 3항의 형식에 따를 수 밖에 없을 것이다. 따라서 사실혼 사이에서 태어난 자가 모의 성과 본으로 출생신고를 한 경우에는 부의 인지를 거쳐 다시 부의 성과 본으로 변경할 수 있을 것이다. 부가 외국인인 경우에는 모의 성과 본을 따를 수 있다(민법 제781조 제2항). 부를 알 수 없는 자는 모의 성과 본을 따르고(민법 제781조 제3항), 부모를 알 수 없는 자는 법원의 허가를 받아 성과 본을 창설한다(민법 제781조 제4항). 다만, 성과 본을 창설한 후 부 또는 모를 알게 된 때에는 부 또는 모의 성과 본을 따를 수 있다(민법 제781조 제4항 단서).

3. 자의 성과 본의 변경

(1) 성 불변의 원칙

자의 성과 본이 결정되면 몇몇의 예외를 제외하고는 변경할 수 없는 것이 원칙이다

(2) 성 불변의 원칙의 완화

2005년 개정민법에서는 자의 복리를 위하여 자의 성과 본을 변경할 필요가 있을 때에는 부, 모 또는 자의 청구에 따라서 법원의 허가를 받아 이를 변경할 수 있고(민법 제781조 제6항 본문), 자가 미성년자이고 법정대리인이 청구할 수 없는 경우에는 민법 제777조의 규정에 따른 친족 또는 검사가 청구할 수 있다

3) 김형배 외 2인, 앞의 책, 1770면 참조.

(민법 제781조 제6항 단서). 이 규정은 이혼율이 급증하면서 이혼한 모가 자를 데리고 재혼한 경우 배우자인 계부(繼父)의 성을 따르기를 원하면 자(子)의 성과 본을 변경할 수 있도록 한 것이다. 이는 재혼한 남편과 자녀 사이에 실질적인 친자관계가 형성되어 계부와 재혼한 여자의 자들 사이를 밀접하게 함으로써 자의 복리를 도모할 수 있다는 측면이 있다. 한편 재혼한 모의 자가 미성년자인 경우에는 계부가 친양자 입양을 하여 자의 성과 본을 변경할 수 있다.

제3절 혼인과 그 신분관계

Ⅰ. 혼인과 그 법률효과

1. 혼인의 성립

우리나라는 법률이 정하는 절차에 따른 신고로 혼인이 성립하는 법률혼주의를 취한다. 법률혼주의는 혼인신고가 있으면 혼인의 성립이 인정된다. 즉 혼인이 성립하려면 민법이 요구하는 당사자 사이의 혼인의사가 합치하고(=실질적 요건), 혼인장애사유의 부존재(=실질적 요건)와 혼인신고(=형식적 요건)가 있어야 한다.

먼저, 혼인의사란 정신적 육체적으로 부부관계를 성립시킨다는 의사를 말한다. 따라서 육체적 관계를 맺지 않겠다는 의사, 당사자 간에 정신적 육체적 결합을 생기게 할 의사가 전혀 없이 혼인신고를 하는 가장혼인, 사기나 강박에 따른 혼인, 선량한 풍속이나 사회질서에 반하는 조건부 혼인 등은 혼인이 아니다.

다음으로 혼인은 가족관계의 등록 등에 관한 법률(이하 가족관계등록법)이 정하는 바에 따라서 신고함으로써(임의혼인신고) 그 효력이 생긴다. 신고는 단순한 효력발생요건이 아니라 그것에 따라서 부부관계 및 친족관계가 형성되는 창설적 행위로서 혼인의 성립요건이다. 신고는 당사자 쌍방과 성년자인 증인

[양식 제10호]

혼 인 신 고 서(　　)
(　　　년　　　월　　　일)

※ 뒷면의 작성방법을 읽고 기재하시되, 선택항목은 해당번호에 "○"으로 표시하여 주시기 바랍니다.

구 분			남 편(부)			아 내(처)		
①혼인당사자(신고인)	등록기준지							
	주소							
		세대주 및 관계		의		세대주 및 관계	의	
	성명	한글	㉿(서명 또는 무인)			한글	㉿(서명 또는 무인)	
		한자				한자		
	본(한자)			전화		본(한자)		전화
	출생연월일					출생연월일		
	주민등록번호		–			주민등록번호	–	
②부모(양부모)	부	등록기준지				등록기준지		
		성명				성명		
		주민등록번호	–			주민등록번호	–	
	모	등록기준지				등록기준지		
		성명				성명		
		주민등록번호	–			주민등록번호	–	
③직전혼인해소일자			년 월 일			년 월 일		
④외국방식에 의한 혼인성립일자			년 월 일					
⑤성 · 본의 협의			**자녀의 성 · 본을 모의 성 · 본으로 하는 협의를 하였습니까? 예□ 아니오□**					
⑥근친혼 여부			**혼인당사자들이 8촌이내의 혈족사이에 해당됩니까? 예 □ 아니오□**					
⑦기타사항								
⑧증인	성 명		㉿(서명 또는 무인)			주민등록번호	–	
	주 소							
	성 명		㉿(서명 또는 무인)			주민등록번호	–	
	주 소							
⑨동의자	남편	부	성명				㉿(서명 또는 무인)	
		모	성명				㉿(서명 또는 무인)	
	처	부	성명				㉿(서명 또는 무인)	
		모	성명				㉿(서명 또는 무인)	
	후견인		성명	㉿(서명 또는 무인)		주민등록번호	–	

※ 다음은 국가의 인구정책 수립에 필요한 자료로 「통계법」 제32조 및 제33조에 따라 성실응답 의무가 있으며 개인의 비밀사항이 철저히 보호되므로 사실대로 기입하여 주시기 바랍니다.

⑩실제결혼생활 시작일	년 월 일부터 동거			
⑪혼인종류	남편	1초혼 2사별 후 재혼 3이혼 후 재혼	처	1초혼 2사별 후 재혼 3이혼 후 재혼
⑫최 종 졸업학교	남편	1무학 2초등학교 3중학교 4고등학교 5대학(교) 6대학원 이상	처	1무학 2초등학교 3중학교 4고등학교 5대학(교) 6대학원 이상
⑬직 업	남편	*주된 일의 종류와 내용을 기입합니다	처	*주된 일의 종류와 내용을 기입합니다

[별지 1]

협 의 서

부의 성명
등록기준지
주 소
주민등록번호

모의 성명
등록기준지
주 소
주민등록번호

위의 부와 모 사이에서 태어날 모든 자녀의 성과 본을 모의 성과 본으로 정하기로 협의합니다.

20 . . .

부 ㉠ (서명)
모 ㉠ (서명)

덧붙임: 1. 제출인의 신분을 확인할 수 있는 주민등록증(운전면허증, 여권, 공무원증 등) 사본 1부.
2. 출석하지 않은 혼인당사자 일방 또는 쌍방의 인감증명서, 서명에 대한 공증서 1부. 끝.

※ **유의사항**

1. 혼인당사자 중 일방 또는 쌍방이 불출석한 경우, 불출석한 당사자의 인감증명서 또는 서명에 대한 공증서를 반드시 첨부하여야 합니다.
2. 타인의 서명 또는 인장의 도용 등으로 허위의 협의서를 작성하여 제출하는 경우에는 「형법」 제231조부터 제237조의2까지의 규정에 따라 5년 이하의 징역 또는 1천만원 이하의 벌금형에 처해집니다.

2인이 연서한 서면으로 하여야 한다. 혼인신고서에서는 ① 당사자의 성명·본·출생연월일·주민등록번호 및 등록기준지(당사자가 외국인인 때에는 그 성명·출생연월인 및 국적), ② 당사자의 부모와 양부모의 성명·등록기준지 및 주민등록번호, ③ 민법 제781조 제1항 단서에 따른 협의가 있는 경우 그 사실(혼인당사자의 협의서 첨부), ④ 민법 제809조 제1항에 따른 근친혼에 해당되지 아니한다는 사실을 기재하여야 한다(가족관계등록법 제71조). 한편 조정 내지 재판에 따른 혼인신고도 가능하다. 사실상 혼인관계에 있는 자는 사실상혼인관계존재

확인청구를 할 수 있는데, 그 전에 조정을 신청하여야 하고(가사소송법 제50조, 제2조 1항), 조정에 따라서 합의가 이루어지지 않을 때에는 소(訴)를 제기할 수 있다.

2. 혼인무효의 사유와 그 효과

신분상의 법률행위도 일정한 사유가 있으면 이를 무효로 할 수 있다. 그러나 재산상의 법률행위와 달라서 그 효과에 차이가 있다. 즉 재산상의 행위는 무효가 되면 원칙적으로 원상회복이 가능하다. 그러나 신분상의 행위는 무효가 되더라도 원칙적으로 원상회복이 되지 않는다. 혼인이 무효가 되더라도 사정은 같다.

혼인무효의 사유(민법 제815조)는 ① 당사자 사이에 혼인의 합의가 없는 때, 예를 들어 합의된 내용이 사회통념상 부부관계의 실질을 가지지 못할 경우, 가장혼인(假裝婚姻), 심신상실자가 혼인신고 당시에 의사능력을 결여하고 있을 경우, 혼인신고없이 가족관계등록부에 혼인된 것으로 기재되었을 경우, 당사자의 일방 또는 쌍방의 인적 착오가 있는 채 신고되어 혼인의사가 전혀 없는 경우 등이다. ② 당사자 사이에 직계혈족(부계혈족, 모계혈족), 8촌 이내의 방계혈족 및 그 배우자인 친족관계가 있거나 또는 있었던 경우에도 그 혼인은 무효로 한다. ③ 당사자 사이에 직계인척, 남편의 8촌 이내의 혈족인 인척관계가 있거나 또는 있었던 경우에도 그 혼인은 무효로 한다. ④ 양부모계의 8촌 이내의 혈족 사이에도 자연혈족과 마찬가지로 혼인이 금지되고(민법 제809조 1항), 무효로 되지만(민법 제815조 2호), 양친자관계가 해소된 경우에는 그 금지범위가 6촌 이내로 축소되며(민법 제809조 3항), 직계혈족관계가 있었던 때에 한하여 무효로 한다.

혼인무효의 소는 당사자·법정대리인 또는 4촌 이내의 친족이 언제든지 이를 제기할 수 있다(가사소송법 제23조). 혼인무효판결이 확정되면, 당사자 사이에 처음부터 혼인이 없었던 것과 같이 된다. 그리하여 혼인에 기한 상속 등 권리변동은 무효로 되고, 출생한 자녀는 혼인 외의 자(子)로 된다(민법 제855조 제1항 2문). 그리고 혼인이 무효로 된 경우 당사자 일방은 과실있는 상대방에 대하여 이로 인한 손해배상(정신적 손해배상 포함)을 청구할 수 있다(민법 제825조, 806조).

3. 혼인의 취소사유와 그 효과

취소사유가 있는 혼인은 취소되기 전까지는 유효하다.

혼인의 취소사유는 다음과 같다. ① 혼인적령(남녀 모두 만 18세)에 달하지 않는 자의 혼인은 당사자 또는 그 법정대리인이 그 취소를 청구할 수 있다(민법 제816조 1호, 제807조, 제817조 전단). 혼인 중 포태한 때에는 민법 제819조를 유추하여 혼인적령 도달 전이라도 취소를 청구할 수 없다고 본다. ② 미성년자 또는 피성년후견인이 부모 또는 후견인의 동의를 받지 않고 혼인한 경우에는 당사자 또는 그 법정대리인이 혼인의 취소를 청구할 수 있다(민법 제816조 1호, 제807조, 제817조 전단). 그러나 혼인의 당사자가 19세가 된 후 또는 성년후견종료의 심판이 있은 후 3개월이 지나거나 혼인 중에 임신한 경우에는 취소를 청구하지 못한다(민법 제819조). ③ 근친혼에 해당하는 경우, 즉 6촌 이내의 혈족의 배우자, 배우자의 6촌 이내의 혈족, 배우자의 4촌 이내의 혈족의 배우자인 인척이거나 이러한 인척이었던 자 사이의 혼인[4]과 6촌 이내의 양부모계의 혈족이었던 자와 4촌 이내의 양부모계의 인척이었던 자 사이의 혼인은 당사자 · 직계존속 또는 4촌 이내의 방계혈족이 그 취소를 청구할 수 있다(민법 제816조 1호, 제807조, 제817조 후단). 그러나 그 당사자 사이에 혼인 중 임신한 때에는 취소를 청구하지 못한다(민법 제820조). ④ 배우자 있는 자가 다시 행한 혼인(중혼)은 당사자 및 그 배우자 · 직계혈족 · 4촌 이내의 방계혈족 또는 검사가 그 취소를 청구할 수 있다(민법 제816조 1호, 810조, 818조). ⑤ 혼인 당시 당사자 일방에 부부생활을 계속할 수 없는 악질, 그 밖의 중대한 사유가 있음을 알지 못한 때에는 그 사유가 있음을 안 날부터 6개월 이내에 그 취소를 청구할 수 있다(민법 제816조 2호, 822조). ⑥사기 또는 강박으로 인하여 혼인의 의사표시를 한 때에는 사기를 안 날 또는 강박을 면한 날부터 3개월 이내에 혼인의 취소를 청구할 수 있다(민법 제816조 3호, 제823조).

취소원인이 있는 혼인도 법원의 판결에 따라서 취소될 때까지는 유효한 혼

---

4) 예를 들어 자기를 중심으로 이종사촌(내종사촌)의 자(6촌 관계)의 배우자였던 자와 혼인(마찬가지로 전 남편과 전 아내의 이종사촌(내종사촌)의 자였던 자와의 혼인), 남편이나 아내의 4, 5촌 이내의 이종 · 외종 · 내종 등의 배우자와의 혼인, 처 오빠나 남동생의 배우자였던 자와의 혼인이 이에 해당한다.

인으로 다루어진다. 혼인취소의 효력은 취소판결이 확정된 때에 발생한다. 그리고 혼인취소의 효력은 소급하지 않는다(민법 제824조). 따라서 그 혼인에서 출생한 자녀는 혼인 중의 자(子)로 된다. 혼인이 취소되면 가정법원은 직권으로 친권자를 정한다(민법 제909조 5항). 혼인이 취소되면 혼인관계 및 인척관계는 종료한다(민법 제755조 1항). 그리고 당사자 일방은 과실있는 상대방에 대하여 이로 인한 재산상・정신상의 손해배상을 청구할 수 있다(민법 제825조, 806조). 민법에 준용규정은 없으나 혼인이 취소된 때에는 일방은 타당에 대하여 재산분할을 청구할 수 있다(가사소송법 제2조 마류 4호).

4. 혼인의 일반적(신분상) 효과

(1) 친족관계의 발생

혼인을 하면, 부부는 배우자로서 서로 친족이 된다(민법 제777조 3호). 그리고 서로 상대방의 4촌 이내의 혈족, 상대방의 4촌 이내의 혈족의 배우자와 인척이 된다(민법 제777조 2호, 769조).

(2) 부부의 성(姓)

부부는 혼인 후에도 각자 본래의 성을 그대로 가진다.

(3) 동거, 부양, 협조의 의무(민법 제826조 1항) 및 정조의 의무

1) 동거의무

부부는 동거의무가 있다(민법 제826조 제1항). 그러나 정당한 이유로 일시적으로 동거하지 않는 경우에는 서로 인용하여야 한다. 동거 장소에 대해 협의가 이루어지지 않으면 당사자의 청구에 따라서 가정법원이 정한다(민법 제826조 제2항). 일시적으로 동거하지 않는 경우 합의가 없더라도 당연히 합의가 예상될 경우에는 동거의무에 위반하지 않으나, 무기한 별거계약은 무효이다. 동거의무를 불이행한 경우에 동거를 명하는 직접강제・간접강제는 허용되지 않으며 이혼원인이 될 뿐이다.

2) 부양의무

부부사이의 부양의무는 일방이 경제적 여유가 있을 때에만 부양하는 친족적 부양과는 달리 무조건적 부양이다. 부부 사이의 부양의무는 그 내용이 재산적인 것이기 때문에 일방이 부양의무를 위반한 경우, 타방은 이에 대하여 부양청구의 심판을 청구할 수 있으며(가사소송법 제2조 1항 마류 1호), 부양이행명령이 있음에도 불구하고 이를 이행하지 않는 경우에는 가사채무의 이행확보절차에 따른 강제집행이 가능하다(가사소송법 제62조~제65조). 또한 부양의무위반은 악의의 유기(민법 제840조 2호) 또는 혼인을 계속하기 어려운 중대한 사유에 해당(민법 제840조 6호)하므로 이혼원인이 될 수 있다.

3) 협조의무

부부의 일방이 협조의무를 이행하지 않는 경우, 일방 배우자를 상대방으로 하여 협조의무에 관한 처분의 심판을 청구할 수 있다(가사소송법 제2조 마류 1호). 그러나 이에 대한 강제이행의 방법이 없으며 이혼원인에 해당할 뿐이다(민법 제840조 6호).

4) 정조의 의무

명문의 규정은 없으나 중혼금지규정이나 배우자의 부정행위를 재판상 이혼원인으로 규정한 것으로 보아, 양 당사자가 정조의무를 진다는 것은 명백하다(민법 제840조 1호). 당사자 일방이 정조의무를 위반한 경우에는 이혼원인이 되고(민법 제840조 1호), 그 일방은 손해배상책임을 부담한다, (민법 제843조제806조). 그리고 부정행위의 상대방도 배우자 있음을 알고서 정을 통한 때에는 공동불법행위자로서 배상책임을 지게 된다(민법 제760조).

5. 혼인의 재산상 효과 → 부부재산제(부부별산제)

혼인을 한 당사자가 혼인 당시에 재산을 가지고 있거나 혼인 후에 새로이 재산을 취득한 경우, 그 재산의 귀속과 관리가 문제된다. 여기에 관하여 민법은 우선 그들의 합의에 따라서 재산관계를 정하도록 하고(부부재산계약, 민법 제829조), 그러한 합의가 없는 경우에는 민법이 규정하는 부부재산제(별산제)를 일률적으로 적용하도록 하고 있다(민법 제830조 이하).[5)]

---

5) 송덕수, 민법입문, 박영사, 2013, 494~495면 참조.

(1) 부부재산계약

부부로 될 자는 혼인이 성립하기 전에는 그 재산에 관하여 자유롭게 계약을 체결할 수 있다(민법 제829조 1항 참조). 그 계약을 부부재산계약이라고 한다. 이 제도는 실제로는 거의 이용되지 않는다.

(2) 법정재산제

부부재산계약이 체결되지 않거나 그것이 효력이 잃은 때에는 민법이 정하는 바에 따른다.

1) 재산의 귀속과 관리(부부별산제)

민법은 부부재산의 귀속에 관하여 별산제(別産制, 별개의 재산으로 하는 제도)를 채용하고 있다. 즉 부부의 일방이 혼인 전부터 가진 고유재산과 혼인 중 자기의 명의로 취득한 재산은 그의 특유재산으로 한다(민법 제830조 제1항). 예를 들어 처가 상속 또는 증여받은 재산, 그로부터 생긴 수익, 의복이나 장신구는 그 처 자신의 특유재산으로 된다. 이러한 특유재산은 부부가 각자 관리・사용・수익한다(민법 제831조). 그리고 부부 중 누구에게 속하는 것인지 분명하지 않은 재산은 부부의 공유로 추정한다(민법 제830조 제2항).

2) 일방의 명의로 되어 있는 재산에 부부일방이 협력이 있는 경우

막연히 재산취득에 상대방이 협력하였다거나 혼인생활에 내조의 공이 있었다는 사유만으로는 부부일방의 특유재산의 추정이 번복되지 않는다(대판 1992. 12.11., 92다21982). 다만, 다른 일방이 대금 전부를 부담하거나, 부부 각자가 대금의 일부씩을 분담하여 매수하거나 또는 부부가 연대채무를 부담하여 매수하였다는 등의 실질적 사유가 증명된 때, 혹은 부동산매입자금의 원천이 남편의 수입에 있다고 하더라도 처의 재산증식행위로 남편 수입을 증식하는 등 부부 쌍방의 자금과 증식노력으로 취득하였다는 것이 증명된 때에는 특유재산의 추정은 번복된다(대판 1995.10.12., 95다256954).

3) 혼인생활비용의 공동부담

부부의 공동생활에 필요한 비용, 가령 가족의 의식주의 비용, 자녀의 출산・양육・교육에 필요한 비용은 당사자 사이에 특별한 약정이 없으면 부부가 공동으로 부담한다(민법 제833조). 부담비율과 방법에 관하여는 부부의 협의에 따라서 정하지만, 협의가 이루어지지 않을 때에는 가정법원의 조정 · 심판에 따라 결정된다(가사소송법 제2조 1항 마류 1호).

4) 일상가사대리권과 일상가사채무의 연대책임

부부는 일상의 가사(家事)에 관하여 서로 대리권이 있으며(민법 제827조 1항), 이에 대한 제한은 선의의 제3자에게 대항하지 못한다(민법 제827조 2항). 부부의 일방이 일상의 가사에 관하여 제3자와 법률행위를 한 때에는 다른 일방은 이로 인한 채무에 대하여 연대책임이 있다(민법 제832조 본문). 그러나 일상가사에 관한 채무라도 미리 제3자에 대하여 부부의 다른 일방이 책임없음을 명시한 때에는 연대책임을 부담하지 않는다(민법 제832조 단서). 사실혼 부부사이에도 일상가사대리권이 인정된다(대판 1980.12.23., 80다2077).

여기서 일상의 가사(家事)란 부부의 공동생활에 필요로 하는 통상의 사무를 가리키며, 그 구체적인 범위는 부부공동체의 사회적 지위 · 직업 · 재산 · 수입능력 등 현실적 생활상태뿐만 아니라 그 부부의 생활장소인 지역사회의 관습등에 따라서 정하여진다. 이와 같이 일상의 가사인지 여부는 개별적인 각각의 부부에 따라 차이가 있으나, 일반적으로 식료품 · 연료 · 의복의 구입, 주택의 임차, 집세 · 방세의 지급과 수령, 가재도구의 구입, 전기 · 수도 · 가스의 공급계약 체결 및 비용지급, 자녀의 양육비 · 교육비 등의 지급 등은 일상가사의 범위에 속한다. 그리고 금전차용행위는 부부의 공동생활에 필수적인 비용으로 사용하기 위한 것이라면 일상가사의 범위에 속하나, 그렇지 않으면 제외된다.

Ⅱ. 이혼과 그 법률효과

1. 혼인의 해소

혼인의 해소란 완전히 유효하게 성립한 혼인이 그 후의 사유로 말미암아 소멸하는 것을 말한다. 혼인해소의 원인에는 배우자의 사망과 실종선고 · 이혼등이 있다.

(1) 사망에 따른 혼인 해소

부부의 일방이 사망하면 혼인은 당연히 해소된다. 그리하여 혼인의 효과가 소멸하며, 다른 일방은 자유롭게 재혼할 수 있게 된다. 그리고 잔존배우자는 상속을 받게 된다. 한편 부부의 일방이 사망한 경우 생존배우자와의 인척관계는 당연히 소멸하지 않으며, 생존배우자가 재혼한 때에만 소멸한다(민법 제775조 2항).

(2) 실종선고 · 인정사망에 따른 혼인 해소

실종선고는 사망으로 의제(간주)되므로 부부의 일방이 실종선고를 받은 경우(민법 제28조)와 인정사망의 경우(가족관계등록법 제87조)에도 사망한 때처럼 혼인이 해소된다. 실존선고 후 잔존배우자가 재혼을 한 뒤 실종선고가 취소된 경우에 통설은 재혼 당사자의 일방 또는 쌍방이 악의인 경우에는 전혼은 부활하고 후혼은 중혼이 되어 전혼에는 이혼원인이 생기고(민법 제840조 1호), 후혼은 취소할 수 있게 되며(민법 제810조, 제816조, 제818조 전단), 재혼 당사자 쌍방이 선의이면 전혼은 부활하지 않고 후혼만 유효하다고 해석한다.[6)]

(3) 이혼에 따른 혼인해소

이혼이란 완전 · 유효하게 성립한 혼인을 당사자 쌍방 또는 일방의 의사에 따라서 해소하는 제도이다. 우리 민법상 이혼에는 협의이혼과 재산상 이혼의 두 가지가 있다.

2. 협의이혼

부부는 협의에 따라서 이혼할 수 있는데(민법 제834조), 이 경우를 협의이혼이라고 한다. 협의이혼은 넓은 의미에서 하나의 계약이다. 협의이혼은 가정법원의 확인을 받아 가족관계등록법에 정한 바에 따라 신고함으로써 그 효력이 생긴다(민법 제836조 1항).

6) 김형배 외 2인, 앞의 책, 1797면 참조.

(1) 협의이혼의 성립요건

협의이혼이 성립하려면 당사자 사이에 이혼의 합의와 이혼신고가 있어야 한다.

1) 실질적 요건 → 당사자의 이혼의 합의

① 당사자 사이에 이혼의사의 합치가 있어야 한다. 협의이혼을 성립시키기 위한 합의는 외형적인 의사표시의 일치로서 충분하다. 따라서 협의이혼이 성립하기 위하여 합의가 따로 행하여질 필요는 없다. ② 이혼의 의사는 이혼신고서의 작성시에는 물론이고 그 서면이 수리되는 때에도 존재하여야 한다. 이혼의사의 철회는 이혼신고서가 접수되기 전에 하여야 한다(가족관계등록법 규칙 제80조). ③ 이혼의사의 합치에는 의사능력이 있어야 한다. 다라서 피성년후견인도 의사능력이 있으면 이혼합의를 할 수 있다. 다만, 부모 또는 성년후견인의 동의를 얻어야 한다(민법 제835조, 제808조 2항).

2) 형식적 요건 → 이혼신고

(가) 이혼신고 : 협의이혼은 가정법원의 확인을 받아 가족관계의 등록 등에 관한 법률이 정하는 바에 따라서 신고함으로서 그 효력이 생긴다(민법 제836조 제1항). 이 협의이혼의 신고는 협의이혼의 성립요건이다. 민법은 이 신고를 당사자의 쌍방과 성년자인 증인 2인이 연서(連書)한 서면으로 하도록 규정하나(민법 제836조 제2항), 말로도 신고를 할 수 있다(가족관계등록법 제23조 제1항).

협의이혼을 하려는 자는 가정법원의 확인을 받아야 한다(민법 제836조 제1항). 그런데 가정법원의 확인은 협의이혼의사 확인신청서를 제출한 뒤 일정기간이 경과한 후에야 받을 수 있다(민법 제836조의2 제2항, 제3항). 그 기간이 이른바 숙려기간이다. 협의이혼의 신고는 확인서 등본을 교부 또는 송달받은 날부터 3개월 이내에 그 등본을 첨부하여야 하며(가족관계등록법 제75조 제2항), 신고없이 3개월이 지나면 그 가정법원의 확인은 효력을 잃는다(가족관계등록법 제75조 제3항).

(나) 이혼안내절차와 숙려기간 : ① 협의상 이혼을 하려는 자는 가정법원이 제공하는 이혼에 관한 안내를 받아야 하고, 가정법원은 필요한 경우 당사자에게 상담에 관하여 전문적인 지식과 경험을 갖춘 전문상담인의 상담을 받을

것을 권고할 수 있다(민법 제836조2 제1항). ② 양육하여야 할 자(포태중인 자를 포함)가 있는 경우에 가정법원에 이혼의사의 확인을 신청한 당사자는 안내를 받은 날부터 3개월의 기간이 지난 후에 양육할 자가 없는 경우에는 1개월의 기간이 지난 후에 이혼의사의 확인을 받을 수 있다(민법 제836조의2 제2항). ③ 가정법원은 폭력으로 인하여 당사자 일방에게 참을 수 없는 고통이 예상되는 등 이혼을 하여야 할 급박한 사정이 있는 경우에는 3개월 또는 1개월의 기간을 단축 또는 면제할 수 있다(민법 제836조2 제3항).

(다) 양육 등에 관한 협의서 또는 심판정본의 제출 : 협의이혼의사확인을 신청할 때 자녀의 양육과 친권자 결정에 관한 협의서 또는 가정법원의 심판정본 등을 제출하여야 한다(민법 제836조2 제4항, 제837조, 제909조 제4항; 가족관계등록규칙 제73조의 제4항).

(라) 가정법원의 양육비 부담조서의 작성 : 가정법원은 이혼의사확인서를 작성할 때 당사자가 협의한 양육비부담에 관한 내용을 확인하는 양육비부담조서도 함께 작성하여야 한다. 다만, 그 협의가 자녀의 복리에 반함에도 가정법원의 보정명령에 불응하는 경우 가정법원은 확인서 및 양육비부담조서를 작성하지 아니한다(민법 제836조2 제5항; 가족관계등록규칙 제78조 제1항). 양육비부담조서의 집행문은 그 양육비부담조서가 작성된 협의이혼의사확인사건의 확인서에 따라 이혼신고를 하였음을 소명한 때에만 내여 준다(가족관계등록규칙 제78조 제5항).

(2) 협의이혼의 무효와 취소

1) 협의이혼의 무효

당사자 사이에 이혼의 합의가 없는 때에는 협의이혼이 무효라고 하여야 한다(민법 제815조 제1호 유추해석). 이는 본인의 의사를 존중하는 친족법상의 행위의 본질상 당연하다. 이혼무효의 소는 당사자·법정대리인 또는 4촌 이내의 친족이 언제든지 제기할 수 있다(가사소송법 제23조). 이혼무효의 판결이 확정되면, 처음부터 이혼이 없었던 것과 같이 된다. 즉 소급효가 있다. 그리고 제3자에게도 효력이 미친다(가사소송법 제21조 제1항).

2) 협의이혼의 취소

사기 또는 강박으로 인하여 이혼의 의사표시를 한 자는 사기를 안 날 또는 강박을 면한 날부터 3개월 이내에 이혼의 취소를 가정법원에 청구할 수 있다(민법 제838조, 제839조, 제823조). 그리고 피성년후견인이 부모 등의 동의를 얻지 않고 협의이혼을 한 경우에 민법은 명문의 규정을 두고 있지 않으나, 피성년후견인의 보호를 위하여 취소할 수 있다고 하여야 한다(민법 제816조 1호, 제819조 유추해석). 이혼취소의 경우에는 혼인의 취소에서와 달리 그 소급효를 제한하는 규정이 없어서(민법 제824조 참조), 취소판결이 확정되면 이혼이 처음부터 무효였던 것으로 된다. 따라서 혼인은 계속되었던 것으로 되고, 당사자가 그 사이에 재혼한 때에는 중혼이 된다.

3. 재판이혼

재판상 이혼이라고 하는 것은 가정법원에 재판에 따라 이혼하는 것을 말하는데, 부부가 이혼을 하고자 하나 이혼의 협의가 잘 되지 않으면 민법 제840조에 규정된 사유가 있을 때에 한하여 재판상 이혼을 청구할 수 있다. 즉 배우자에 부정한 행위가 있었을 때부터, 배우자가 악의로 다른 일방을 유기한 때, 배우자 또는 그 직계존속으로부터 심히 부당한 대우를 받았을 때, 배우자의 생사가 3년 이상 분명하지 아니한 때, 그 밖에 혼인을 계속하기 어려운 중대한 사유가 있을 때에 해당하는 경우이다. 다만, 배우자에 부정한 행위가 있었을 때의 경우에는 사전동의나 사후용서를 한 때 또는 이를 안 날로부터 6월, 그 사유가 있은 날로부터 2년을 경과한 때에는 이혼을 청구하지 못한다(민법 제841조). 또한 그 밖에 혼인을 계속하기 어려운 중대한 사유가 있을 때의 경우에는 그 사유를 안 날로부터 6월, 그 사유가 있은 날로부터 2년을 경과하면 이혼을 청구하지 못한다(민법 제842조).

유책배우자는 이혼을 청구하지 못한다는 것이 다수설을 취하면서 엄격한 요건 아래에서 이혼청구를 인정하고 있다. 즉 유책배우자의 이혼청구가 무제한 인정될 경우 사회적 약자인 배우자(처)가 희생될 수 있다는 점과 스스로 혼인을 파탄시킨 배우자가 이혼이라는 법익을 주장하는 것은 신의칙에 반한다. 그리고 피해자가 혼인생활을 유지해서 공동재산을 이용하고 부양을 받는 것이 오히려 유리할 경우가 있을 있으며, 또한 유책배우자의 이혼청구를 수용하는 것은 신의성실과 권리남용에 반하며 약자인 여성을 보호하지 못한다. 판례는 원칙적으로 유책배우자의 이혼청구를 배척한다(대판 2010.12.9., 2009므844). 그러나 오기나 보복적 감정에서 표면상으로는 이혼에 불응하지만, 실제에 있어서는 혼인의 계속과 양립할 수 없는 행위를 하는 등과 같은 명백한 이혼의사가 있는 경우(대판 2006.1.13., 2004므1378), 쌍방유책인 경우에는 원고의 책임이 피고의 책임보다 더 무겁다고 인정되지 아니하는 한 인용판결을 한다(대판 199..3.27, 88므375).

재판상 이혼을 청구하기 위해서는 먼저 가정법원에 조정을 신청해야 한다(조정전치주의, 가사소송법 제50조). 조정이 성립되지 않으면 조정신청을 한 때에 소를 제기한 것으로 본다(가사소송법 제60조, 민사조정법 제36조). 판결이 확정되면 이혼신고가 없더라도 혼인은 해소되며, 판결은 제3자에게도 효력이 있다(가사소송법 제21조 1항).

4. 이혼의 일반적(신분상) 효과

이혼에 따라 혼인의 모든 효과가 장래를 향하여 소멸한다. 따라서 배우자의 사이에 존재하였던 동거의무 · 부양의무 · 협조의무 · 정조의무 등이 소멸하고, 일상적인 가사대리권 또한 소멸한다. 나아가 배우자가 됨으로써 발생하였던 당사자 사이의 친족관계와 상대방의 혈족과의 인척관계가 소멸한다. 다만, 미성년자의 혼인에 따라 성년으로 의제(간주)의 효력은 소멸되지 않는다. 혼인장애사유(민법 제809조 제2항)가 없는 한 재혼을 할 수 있다.

5. 이혼의 자녀에 관한 효과(면접교섭권)

당사자는 그 자의 양육에 관한 사항을 협의에 따라서 정하여야 하는데, 양육자의 결정 · 양육비용의 부담 그리고 면접교섭권의 행사 여부 및 그 방법에 관한 내용이 반드시 포함되어야 한다. 당사자 사이에 자녀의 양육에 관한 사항의 협의가 이루어지지 아니하거나 협의할 수 없는 때에는 가정법원은 직권으로 또는 당사자의 청구에 따라 자녀의 의사(意思) · 연령과 부모의 재산상황, 그 밖의 사정을 참작하여 이에 관하여 결정한다. 협의가 이루어졌다고 하더라도 그 협의가 자녀의 복리에 반하는 경우에는 가정법원은 보정을 명하거나 직권으로 그 자녀의 의사 · 연령과 부모의 재산상황, 그 밖의 사정을 참작하여 양육에 필요한 사항을 정한다(민법 제837조).

6. 이혼의 재산상 효과(재산분할청구권)

이혼피해자는 과실있는 상대방에 대하여 재산상의 손해와 정신상의 고통에 대한 손해배상을 청구할 수 있고, 정신상 고통에 대한 손해배상청구권은 양도 또는 승계하지 못하나, 당사자 간에 그 배상에 관한 계약이 성립하거나 소를 제기한 후에는 양도 또는 승계할 수 있다(민법 제843조, 제806조). 유책배우자에 대한 위자료액을 산정할 경우 유책행위에 이르게 된 경우와 정도, 혼인관계 파탄의 원인과 책임, 배우자의 연령과 재산상태 등 변론에 나타나는 모든 사정을 참작하여 법원이 직권으로 정한다(대판 2004.7.9., 2003므2251 · 2268). 재산상 또는 정신상 손해배상청구를 하는데 반드시 재판상 이혼을 하여야 하는 것은 아니고, 협의이혼을 하는 경우에도 손해배상을 청구할 수 있다(대판 1977.2.25., 76다2223). 손해배상청구권은 이혼청구권의 소멸에 관한 민법 제841조, 제842조의 제척기간이 적용되지 않는다(대판 1985.6.25., 83므18).

이혼한 자는 상대방에 대하여 재산분할을 청구할 수 있는데, 이를 재산분할청구권이라고 한다(민법 제839조의2, 제843조). 재산분할은 당사자의 협의에 따라 하는데, 재산분할에 관하여 협의가 되지 아니하거나 협의할 수 없는 때에는 가정법원은 당사자의 청구에 따라서 당사자 쌍방의 협력으로 이룩한 재산의 액수, 그 밖의 사정을 참작하여 분할의 액수와 방법을 정한다. 혼인재산은 부부 중 어느 일방의 특유재산(민법 제830조 제1항)이 되거나 공유재산이 되는데, 민법 제830조 1항에 해당하는 특유재산과 그 재산으로부터 증가된 재산, 혼인 중 일방이 상속, 유증받은 재산 등은 재산분할청구권의 대상에서 제외된다. 따라서 재산분할대상이 되는 재산은 당사자 쌍방의 협력으로 이룩한 재산이라고 할 수 있다. 재산분할청구권은 이혼한 날로부터 2년 이내에 행사하여야 한다

(민법 제839조의2).

또한 협의이혼의 경우에는 재산분할청구권 보전을 위한 사해행위취소권이 인정된다. 즉 부부의 일방이 다른 일방의 재산분할청구권 행사를 해함을 알면서도 재산권을 목적으로 하는 법률행위를 한 때에는 다른 일방은 채권자취소권의 규정(민법 제406조 제1항)을 준용하여 그 취소 및 원상회복을 가정법원에 청구할 수 있다(민법 제839조의3).

제4절 친자관계

친자관계란 부모와 자녀와의 관계를 말한다. 민법상 친자관계에는 자연의 혈연관계에 있는 친생·친자관계(친생자)와 법률상 친생·친자관계가 의제(간주)되는 법정친자관계(양자)가 있다. 그리고 양자관계는 다시 일반적인 양자관계와 친양자관계로 나누어진다.

한편 친자관계에는 부모가 미성년의 자녀를 보호·교양할 권리·의무로서 친권제도가 존재한다. 나아가 친권자가 없거나 있더라도 친권을 행사할 수 없는 경우에는 친권관계를 대신하는 후견제도가 존재한다.

Ⅰ. 친생자

친생자(親生子)는 혼인중의 출생자(혼생자, 적출자)와 혼인외의 출생자(혼외자, 비적출자)로 나누어진다. 혼생자와 혼외자는 친자관계의 성립과 그 효과에 차이가 있다.

1. 혼인중의 출생자

혼인중의 출생자란 혼인관계가 있는 부모 사이에서 출생한 자를 말하며, 혼생자(婚生子)라고도 한다. 민법은 처가 혼인 중에 포태한 자를 부(父)의 자(子)로 추정하고 있으며, 혼인성립의 날로부터 2백일 후 또는 혼인관계 종료의 날로부터 3백일 내에 출생한 자는 혼인 중에 포태한 것으로 추정하고 있다(민법 제844조). 친생자라는 추정을 받은 자(子)는 친생부인의 소에 의하지 않는 한 그 추정이 번복되지 않는다. 이에 대한 친자관계부존재확인청구나 인지는 허용되지 않는다(대판 2000.8.22., 2000므292). 다만, 재혼한 여자의 경우에는 위와 같은 기준에 따른다고 하더라도 자녀의 부(父)를 정할 수 없는 경우가 발생하게 되는데, 이런 경우에는 법원이 당사자의 청구에 따라 이를 정하도록 하고 있다(민법 제845조).

한편 모자(母子)관계는 임신·분만이라고 하는 사실에 따라 확인할 수 있지만, 부자(父子)관계는 이러한 사실에 따라 확인할 수 없게 된다. 이에 민법은 특정한 부(父)와 자녀(子) 사이의 친생자관계를 부인할 수 있게 하고 있는데, 친생부인을 위한 소(訴)는 부(夫) 또는 처(妻)가 상대방 또는 자녀를 상대로 그 사유가 있음을 안 날로부터 2년 이내에 이를 제기하도록 하고 있다(민법 제847조).

2. 혼인 외의 출생자

혼인 외의 출생자란 법률상 부부가 아닌 남녀 사이에서 출생한 자녀를 말하며, 혼외자(婚外子)라고도 한다. 예를 들어 사실혼 관계·무효혼 관계(민법 제855조 제1항 후문)·사통관계·부첩관계 등으로부터 출생한 자, 혼인 중의 출생자 중 친생부인의 판결 또는 친생자관계부존재확인의 판결에 따라서 그 친생자가 아님이 확정된 자는 혼인외의 출생자이다. 그러나 혼인의 취소로 인하여 혼인관계가 해소된 경우에는 그 자는 혼인외의 출생자가 되지 않는다(민법 제824조). 혼인 외의 출생자와 모(母)의 관계는 출생이라는 사실로부터 혈연관계를 확인할 수 있으므로 특별한 절차없이 친자관계가 발생한다.

그러나 혼인 외의 출생자와 부(父)의 관계에서는 친생관계의 입증이 쉽지 않다. 또한 예외적이나마 출생 후 버려진 자녀의 경우에는 혼인 외의 출생자와 모(母)의 관계 또한 입증되기가 쉽지 않다. 민법은 이러한 경우를 위하여 인지(認知)제도를 규정하고 있다. 즉 혼인 외의 출생자에 대해서는 그 생부나 생모가 인지하여 친자관계를 인정할 수 있다(민법 제854조). 만약 생모나 생부가 임의로 인지를 하지 않는 경우에 자녀가 인지를 원할 때에는 자녀나 그 직계비속 또는 그 법정대리인은 부 또는 모를 상대로 하여 인지청구의 소(訴)를 제기할 수 있다(민법 제863조). 출생신고가 되어 있지 않다가 부모가 혼인하여 그 혼인 전의 출생자에 대하여 부(父)가 친생자출생신고를 하면 인지신고의 효력이 있음과 동시에 준정(準正)이 된다. 여기서 준정(準正)이라는 것은 법률상 혼인관계가 없는 부모 사이에 출생한 자가 그 부모의 혼인을 원인으로 하여 혼인중의 출생자의 신분을 취득하는 것을 말한다.

Ⅱ. 양자

양자(養子)관계는 자연혈연적 친자관계가 없는 사람들 사이에 인위적으로 법률상 친자관계를 말한다. 양자제도에 따라 자녀를 입양하기 위해서는 양부모가 되려는 자가 성년이어야 하고, 양자가 되려는 자가 존속이거나 연장자가 아니어야 한다. 입양은 가족관계의 등록 등에 관한 법률에 따라 입양신고서를 제출하여 신고함으로써 그 효력이 발생한다.

양자는 입양한 날, 즉 입양의 신고를 한 날로부터 양친과 양자 사이에 혼인중의 출생자와 동일한 친족관계를 취득한다(민법 제772조). 양자의 친생부모 및 그 혈족, 인척 사이의 친족관계는 입양에 따라서 영향을 받지 않고 존속한다(민법 제882조의2 제2항). 따라서 생가의 친족에 대한 부양관계·상속관계 등 친족적 효과가 그대로 유지된다. 다만, 양자관계가 성립되었다고 하더라도 다음에 보는 친양자관계와는 달리 종전의 양자의 성과 본은 변경되지 않으며, 생부모와의 친족관계는 없어지지 아니하고 그대로 유지된다. 그러나 자녀의 복리를 위하여 필요한 때에는 가정법원의 허가를 받아 자녀의 성과 본을 변경할 수 있으므로(민법 제781조 제6항) 그에 따라서 자녀의 성과 본을 변경할 수 있을 것이다.

Ⅲ. 친양자

친양자(親養子)는 양자를 양친의 친생자와 같이 다루는 것으로서 외국의 완전양자에 해당하는 것이다. 그리고 입양이 법원의 재판에 따라서 성립한다는 점에서 종래의 계약형 양자와 현저히 다른 특징을 보인다. 친양자가 도입됨에 따라 우리 민법상 양자제도는 보통양자와 친양자로 이원화되었다.

친양자란 3년 이상 혼인 중인 부부가 19세 미만의 자를 친양자로 할 것을 법원에 청구하여 입양한 자를 말한다(민법 제908조의2). 친양자가 일반적인 보통양자와 다른 점은 양친의 혼인 중의 출생자로 봄으로써, 종전의 성과 본을 변경하여 양부나 양모의 성과 본을 따르게 되고, 종전의 생부모와의 친족관계가 종료되는 점이 다르다(민법 제908조의3 제2항 본문). 다만, 부부의 일방이 그 배우자의 친생자를 단독으로 입양한 경우에 있어서의 배우자 및 그 친족과 친생자간의 친족관계는 종료하지 않는다(민법 제908조의3 제2항 단서). 그 외에 친양자관계에 관해서는 특별한 규정이 있는 경우를 제하고 일반적인 양자에 관한 규정이 준용된다.

Ⅳ. 친권과 후견

1. 친권

친권(親權)은 부모가 미성년자의 자녀를 보호 · 교양하는 권리임과 동시에 의무이다(민법 제913조). 친권에 따르는 사람은 미성년자의 자녀이다(민법 제909조 제1항). 그런데 미성년의 자녀라도 혼인을 한 때에는 성년자로 의제(간주)되어서(민법 제826조의2) 친권에 따르지 않는다.

친권자는 자녀를 보호 · 교양하기 위해 거소지정권과 징계권을 가진다(민법 제914조, 제915조). 또한 친권자는 자녀의 법률행위에 대해 동의권을 가지고(민법 제5조), 자녀의 재산에 관한 법률행위에 대하여 대리권을 가진다(민법 제920조). 친권자는 법정대리인으로서 미성년의 자녀에게 특정한 영업을 허락할 수 있고(민법 제8조 제1항), 그 허락을 취소 또는 제한할 수 있다(민법 제8조 제2항 본문). 자녀가 자기의 명의로 취득한 재산은 그의 특유재산으로 하고, 법정대리인인 친권자가 이를 관리한다(민법 제916조). 친권자가 재산관리권을 행사하는 때에는 자기의 재산에 관한 행위와 동일한 주의로서 하여야 한다(민법 제922조). 친권자와 그의 자녀 사이 또는 친권에 따르는 자녀들 사이에 이해가 충돌하는 경우에는 친권의 공정한 행사를 기대하기 어렵기 때문에 이해상반행위[7)]에 대하여는 친권자의 친권행사를 제한하고 가정법원이 선임한 특별대리인으로 하여금 대신하도록 하고 있다(민법 제921조).

친권은 부모가 혼인중인 때에는 부모가 공동으로 이를 행사하나, 부모의 의견이 일치하지 아니하는 경우에는 당사자의 청구에 따라서 가정법원이 이를 정한다. 또한 혼인 외의 자가 인지된 경우와 부모가 이혼한 경우에는 부모의 협의로 친권자를 정하여야 하고, 협의할 수 없거나 협의가 이루어지지 아니한 경우에는 가정법원은 직권으로 또는 당사자의 청구에 따라서 친권자를 지정하여야 한다(민법 제909조). 부 또는 모가 친권을 남용(예: 자녀에 대한 학대, 자녀의 취학거부)하거나 현저한 비행(예: 상습도박, 범죄, 난잡한 남녀관계), 그 밖에 친권을 행사시킬 수 없는 중대한 사유가 있는 때에는 가정법원은 민법 제777조에 따른 자녀의 친족 또는 검사의 청구에 따라서 친권의 상실을 선고할 수 있다(민법 제924조). 친권상실선고의 심판이 확정되면, 친권자는 친권을 상실한다.

2. 후견

후견이란 미성년자에게 친권자가 없거나 친권자가 있다고 하더라도 그가 법률행위의 대리권 및 재산관리권을 행사할 수 없는 경우에 또는 피성년후견인이나 피한정후견인이 존재하는 경우에 법률이 정하는 바에 따라 미성년자·피성년후견인 또는 피한정후견인을 보호하기 위하여 마련된 제도를 말한다. 후견인이 되는 순위는 제1순위로 지정후견인(친권자가 유언으로 지정한 경우), 제2순위로 선임후견인(피후견인의 친족 그 밖에 이해관계인의 청구로 가정법원이 선임

7) 이해상반행위에 해당하는 경우는 자의 재산관리에 관한 포괄적 위임을 받은 부가 자신의 채무지급을 위하여 자를 대리하여 공동명의로 어음을 발행한 경우(대판 1971.2.23., 70다2916), 친권자가 자기의 채무를 위하여 미성년자인 자의 부동산을 담보에 제공하는 경우(대판 1971.7.27., 71다1113), 친권자가 친권에 따르는 미성년인 자의 일방을 위하여 다른 미성년인 자 소유의 부동산에 저당권을 설정하는 행위(대판 1976.3.9., 75다2340), 친권자인 모가 자기의 연대보증채무의 담보로 자기와 자의 공유인 토지 중 자의 공유지분에 관하여 법정대리인 자격으로 근저당을 설정한 행위(대판 2002.1.11., 2001다65960), 양모가 미성년의 양자를 상대로 한 소유권이전등기청구소송(대판 1991.4.12., 90다17491), 친권자인 모가 공동상속인으로서 미성년자를 대리하여 상속재산분할협의를 하는 행위(대판 1993.3.9., 92다18481) 등이다.

하는 경우)이 된다(민법 제936조). 후견인은 제한능력자의 법정대리인으로서 제한능력자를 보호 · 감독하고, 제한능력자를 대신하여 대리행위를 하거나 재산을 관리하는 권한을 가진다. 미성년후견과 성년후견의 경우 후견감독기관으로서는 가정법원과 후견감독인(미성년후견감독인, 성년후견감독인)이 있다.

제5절 상속과 유언

상속(相續)이란 자연인이 상속한 경우에 사망한 피상속인의 재산법상의 지위(권리와 의무)가 일정한 관계가 있는 상속인에게 포괄적으로 승계되는 것을 말한다. 이 때 사망하여 그의 재산상의 지위가 승계당하는 자를 피상속인이라고 하고, 그 지위를 승계하는 자를 상속인이라고 한다. 상속인은 피상속인의 재산법상의 권리뿐만 아니라 피상속인의 채무도 함께 상속하게 된다.

Ⅰ. 상속

1. 상속의 개시

상속은 피상속인의 사망으로 인하여 개시된다(민법 제997조). 여기서의 사망에는 실종선고와 인정사망이 포함된다. 상속개시의 시기는 피상속인이 사망한 때이며,[8] 가족관계의 등록 등에 관한 법률에 따라 사망의 신고를 한 때가 아니다. 그리고 법원의 실종선고의 경우에는 실종기간이 만료한 때가 사망시이고, 관공서의 인정사망의 경우에는 관공서에서 인정한 시기가 사망시이다. 상속개시의 장소는 피상속인의 주소지이다(민법 제998조).

상속에 관한 비용(상속비용)은 상속에 따라서 생긴 비용이며, 상속재산의 관리비용이나 경매비용, 소송비용, 상속재산에 대한 조세 등이 그에 속한다. 그리고 그러한 상속비용은 상속재산 중에서 지급한다(민법 제998조의2).

---

8) 자연사망은 피상속인이 실제로 사망한 시기, 즉 호흡과 혈액순환이 영구적으로 멈춘 때에 상속이 개시된다.

2. 상속인

상속인은 피상속인의 친족을 원칙으로 하고,[9] 그 친소관계에 따라 일정한 순위가 정해져 있다(민법 제1000조). 즉 제1순위는 피상속인의 직계비속, 제2순위는 피상속인의 직계존속, 제3순위는 피상속인의 형제자매, 제4순위는 피상속인의 4촌 이내의 방계혈족의 순이다. 그리고 동순위는 상속인이 2인 이상인 경우에는 최근친을 선순위로 하고, 같은 촌수의 상속인이 2인 이상인 경우에는 공동상속인이 된다. 태아는 상속순위에 관해서는 이미 출생한 것으로 본다.

한편, 피상속인의 배우자는 제1순위의 상속인인 피상속인의 직계비속과 함께 공동상속인이 되고, 피상속인의 직계비속이 없을 경우에는 제2순위의 상속인인 피상속인의 직계존속과 함께 공동상속인이 된다. 그리고 피상속인의 직계비속과 직계존속이 없을 경우에는 단독으로 상속인이 된다(민법 제1003조).

3. 상속결격자 및 대습상속

(1) 상속결격자

상속은 피상속인의 사망시에 생존해 있는 상속인에게만 인정된다. 그러나 상속인이 생존해 있다고 하더라도 다음과 같은 사유가 있는 경우에는 상속결격이 되어 상속이 인정되지 않는다(민법 제1004조). 즉 고의로 직계존속 · 피상속인 · 그 배우자 또는 상속의 선순위나 동순위에 있는 자를 살해하거나 살해하려는 자, 고의로 직계존속 · 피상속인과 그 배우자에게 상해를 가하여 사망에 이르게 한 자, 사기 또는 강박으로 피상속인의 상속에 관한 유언 또는 유언의 철회를 방해한 자, 사기 또는 강박으로 피상속인의 상속에 관한 유언을 하게 한 자, 피상속인의 상속에 관한 유언서를 위조 · 변조 · 파기 또는 은닉한 자들에 대해서는 상속이 인정되지 않는다.

상속결격자는 피상속인에 대하여 상속인이 될 수 없으며, 동시에 수증결격자가 되므로(민법 제1064조) 유증도 받지 못한다. 상속개시 후 상속결격사유가

---

9) 민법은 상속인을 피상속인의 일정한 친족에 한정하고 있으므로(민법 제1000조, 제1003조 참조), 자연인만이 상속인이 될 수 있고, 법인은 상속인이 되지 못한다(법인이 포괄유증을 받을 수 있고, 민법 제1078조 참조).

생긴 때에는 상속개시시에 소급하여 무효가 된다. 따라서 상속결격자가 상속재산을 선의 · 무과실의 제3자에게 양도한 경우에도 그 양도행위는 처음부터 당연무효이며, 선의취득의 보호를 받지 않는 한 제3자는 아무런 권리도 취득하지 못한다. 상속결격자의 효과는 결격자의 일신에만 그치므로 상속결격자의 직계비속이나 배우자가 대습상속하는 데는 지장이 없다. 예를 들어 A(피상속인)에게 아들 B · C가 있고, B는 처 D와 딸 E가 있는 경우에 B가 A를 살해하였다면, B는 상속결격이 되어 상속을 받지 못하나, B가 받았을 몫을 B의 처 D와 딸 E가 대습상속하게 된다.

(2) 대습상속

대습상속(代襲相續)이란 상속이 개시되기 전에 상속인이 될 피상속인의 직계비속 또는 형제자매가 사망하거나 결격된 경우에 그의 직계비속과 배우자가 사망 또는 결격된 자의 순위에 갈음하여 상속하는 것을 말한다(민법 제1001조, 제1003조 제2항). 민법상 대습상속은 사망하거나 결격된 상속인의 직계비속과 배우자에게만 인정되는데, 즉 대습상속이 인정되는 경우는 세 가지이다. ① 상속인이 될 피상속인의 직계비속이 상속개시 전에 사망하거나 상속결격된 때에는 그의 직계비속이 대습상속한다(민법 제1001조, 제1000조 제1항 1호), ② 상속인이 될 피상속인의 형제자매가 상속개시 전에 사망하거나 상속결격된 때에는 그의 직계비속이 대습상속한다(민법 제1001조, 제1000조 제1항 3호). ③ 상속인이 될 피상속인의 직계비속 또는 형제자매가 상속개시 전에 사망하거나 상속결격된 때에는 그의 배우자는 그의 직계비속과 공동으로 대습상속하고, 직계비속이 없는 경우에는 배우자가, 배우자가 없는 경우에는 직계비속이 단독으로 상속하게 된다(민법 제1003조 제2항).

4. 상속분

상속인이 1인인 경우에는 피상속인의 재산을 단독으로 상속하게 된다. 그러나 2인 이상의 공동상속인이 존재하는 경우에는 일정한 비율에 따라 피상속인의 재산을 상속하게 되는데, 공동상속인이 상속재산에 대해 가지는 비율을 상속분(相續分)이라고 한다(민법 제1007조 참조).[10] 상속분이 피상속인의 유언에

10) 보통 상속분이라고 하면 각 공동상속인이 상속재산에 대하여 가지는 권리 · 의무의 비율

따라 지정된 경우에는 이 지정상속분이 우선하여 적용되고, 유언이 존재하지 않는 경우에는 법정상속분에 따른다.

민법상 법정상속분은 공동상속인 상호간에는 피상속인의 전 재산에 대하여 균등분할(균분)을 원칙으로 한다. 다만, 피상속인의 배우자가 직계비속이나 직계존속과 공동상속하는 경우에는 상속분의 5할을 가산하도록 하고 있다(민법 제1009조). 또한 기여분(寄與分)제도에 따라 공동상속인 중에 상당한 기간 동거・간호 그 밖의 방법으로 피상속인을 특별히 부양하거나 피상속인의 재산의 유지 또는 증가에 특별히 기여한 자가 있을 때에는 그 자의 상속분에 이러한 기여분을 가산하도록 하고 있다(민법 제1008조의2). 한편, 공동상속인 중에 피상속인으로부터 재산의 증여 또는 유증을 받은 자가 있는 경우에는 그 수증재산(受贈財産)이 자기의 상속분에 달하지 못한 경우에 한하여 그 부족한 부분의 한도에서 상속분이 있다(민법 제1008조).

5. 상속의 승인과 포기

민법은 상속에 따른 권리・의무의 당연승계를 인정하면서(민법 제1005조 본문), 다른 한편으로는 이를 승인하거나 포기할 수 있도록 하고 있다(민법 제1019조 이하). 상속인에게 권리취득 또는 불이익 부담(채무가 적극재산보다 많은 경우)을 강요하지 않기 위해서이다. 이것이 상속의 승인・포기의 자유이다.

상속의 승인이란 상속의 개시에 따라서 피상속인에게 속하였던 재산상의 모든 권리・의무가 상속인에게 귀속되는 효과(민법 제1005조)를 거부하지 않을 것을 스스로 선언하는 것을 말한다. 이 권리・의무의 귀속을 전면적으로 승인한다면 단순승인이 되고 제한적으로 승인한다면 한정승인이 된다. 상속의 포기는 상속개시에 따라서 발생하는 효과를 상속개시시에 소급하여 소멸시키는 의사표시를 말한다. 민법은 단순승인・한정승인・포기 가운데 단순승인을 원칙으로 한다.

을 가리킨다.

(1) 단순승인

단순승인이란 피상속인의 권리와 의무를 아무런 조건없이 상속받는 것을 말한다(민법 제1025조). 상속의 단순승인이 존재하게 되면 피상속인의 재산이 포괄적으로 상속인에게 승계된다. 따라서 상속인은 피상속인의 적극적 재산뿐만 아니라 소극적인 재산인 상속채무에 대해서도 제한없이 책임을 부담하게 된다. 이에 따라 상속채권자는 상속재산에 대해서는 물론 상속인의 고유재산에 대해서도 강제집행 등에 따라 변제를 받을 수 있게 된다.

단순승인은 상속인의 적극적인 의사표시에 따라 행할 수도 있으나, 그러한 의사표시가 없다고 하더라도 ⅰ) 상속인이 상속재산에 대한 처분행위를 한 때, ⅱ) 상속인이 상속의 개시가 있음을 안 날로부터 3개월 이내에 한정승인 또는 포기를 하지 아니한 때, ⅲ) 상속인이 한정승인 또는 포기를 한 후에 상속재산을 은닉하거나 부정소비하거나 고의로 재산목록에 기입하지 아니한 때에는 단순승인(법정단순승인)을 한 것으로 본다(민법 제1026조).

(2) 한정승인

한정승인이란 상속인이 적극적인 상속재산의 한도 내에서 상속채무와 유증을 변제할 것을 조건으로 상속을 승인하는 것을 말한다(민법 제1028조). 따라서 상속인에 따라 한정승인의 의사표시가 행하여진 경우에는 상속채권자는 상속재산의 한도 내에서 상속채권을 변제받게 되며, 상속인의 고유재산에 대해서는 강제집행 등에 따라 변제받을 수 없게 된다. 한정승인은 원칙적으로 상속인이 상속개시 있음을 안 날로부터 3개월 내에 할 수 있다(민법 제1019조 1항 본문). 그 외에 상속채무가 상속의 개시를 안 날 또는 중대한 과실없이 상속채무가 상속재산을 초과한다는 사실을 알지 못하여 단순승인이 된 경우에는 그 사실을 안 날로부터 3개월 이내에 상속재산의 목록을 첨부하여 법원에 한정승인의 신고를 하여야 한다(민법 제1030조).

(3) 상속의 포기

상속의 포기란 상속으로 인해 상속인에게 승계될 피상속인의 권리 · 의무를 거부하는 행위를 말한다. 상속포기를 하면 상속재산의 승계를 할 수 없음은 물론이거니와 상속채무에 대해서도 책임을 부담하지 않는다. 공동상속의 경우에 일부 상속인의 상속포기가 있으면 그 상속분은 다른 상속인에게 그들의 상속분의 비율로 귀속되게 된다(민법 제1043조). 상속의 포기를 위해서는 상속개시를 안 날로부터 3개월 이내에 가정법원에 신고하여야 한다(민법 제1041조).

Ⅱ. 유언

유언(遺言)이란 일정한 사람이 사망과 동시에 법률이 정한 재산관계나 신분관계에 대해 일정한 법률효과를 발생시키기 위해 행하는 의사표시를 말한다. 유언은 상대방없는 단독행위로서 일정한 형식에 따라야 하는 요식행위에 해당된다(민법 제1060조). 유언을 하기 위해서는 만 17세에 이르러야 하며, 이에 이르지 못한 자는 유언능력이 주어지지 않는다(민법 제1061조). 유언은 유언자의 사망과 동시에 효력이 발생하는 것이 원칙이나, 유언에 정지조건이 있고 그 조건이 유언자의 사망 후에 성취된 경우에는 그 조건이 성취된 때로부터 유언의 효력이 발생한다(민법 제1073조).

1. 유언의 내용

유언의 내용으로 할 수 있는 법률관계는 법률에 규정된 것에 한하는데, 민법에 유언의 내용으로 할 수 있는 사항으로 규정된 것은 다음과 같다. 즉 ⅰ) 재단법인의 설립을 위한 재산출원행위(민법 제47조 제2항), ⅱ) 친생부인(민법 제850조), ⅲ) 인지(민법 제859조), ⅳ) 미성년후견인의 지정(민법 제931조 제1항), ⅴ) 미성년후견감독인의 지정(민법 제940조의2), ⅵ) 상속재산의 분할방법의 지정 또는 위탁(민법 제1012조 전단), ⅶ) 상속재산의 분할금지(민법 제1012조 후단), ⅷ) 유증(민법 제1074조 이하), ⅸ) 유언집행자의 지정 또는 위탁(민법 제1093조), ⅹ) 신탁의 설정(신탁법 제2조) 등이 유언사항이다. 일반인은 유증(유언에 따라서 재산상의 이익을 타인에게 무상으로 주는 단독행위)만을 유언이라고 생각하나, 유증은 유언사항 중 한 가지일 뿐이다. 그리고 유언사항이 아닌 것에 대한 유언자의 의사표시는 유언이 아니다. 예를 들어 어떤 자가 사망하기 전에 그 자신이 사망하면 화장을 하라 등의 장례지시, 유언으로 남긴 말인 유훈(遺訓) 등은 유언이 아니다.

2. 유언의 방식

유언은 요식행위로서 일정한 형식에 따라야 유언으로서의 효력이 발생한다. 민법이 유효한 유언의 방식으로 인정하는 것은 자필증서 · 녹음 · 공정증서 · 비밀증서 · 구수증서의 5종으로 한다(민법 제1965조).

자필증서(自筆證書)에 따른 유언은 유언자가 그 전문과 연월일 · 주소 · 성명을 자서(字書)하고 날인하여야 한다(민법 제1066조). 녹음(錄音)에 따른 유언은 유언자가 유언의 내용 및 그 성명과 연월일을 구술하고 이에 참여한 증인이 유언의 정확함과 그 성명을 구술하여야 한다(민법 제1067조). 공정증서(公正證書)에 따른 유언은 유언자가 증인 2인이 참여한 공증인의 면전에서 유언의 취지를 구수하고 공증인이 이를 필기 · 낭독하여 유언자와 증인이 그 정확함을 승인한 후 각자 서명 또는 기명날인 하여야 한다(민법 제1068조). 비밀증서(秘密證書)에 따른 유언은 유언자가 필자의 성명을 기입한 증서를 엄봉날인(嚴封捺印)하고 이를 2인 이상의 증인의 면전에 제출하여 자기의 유언서임을 표시한 후 그 봉서표면(封書表面)에 제출 연월일을 기재하고 유언자와 증인이 각자 서명 또는 기명날인하여야 하는데, 유언증서의 필자는 반드시 유언자일 필요가 없고, 다만 유언봉서를 그 표면에 기재된 날로부터 5일내에 공증인 또는 법원서기에게 제출하여 그 봉인상에 확정일자인을 받아야 한다(민법 제1069조). 구수증서(口授證書)에 따른 유언은 질병 그 밖에 급박한 사유로 인하여 위와 같은 방식에 따를 수 없는 경우에 유언자가 2인 이상의 증인의 참여로 그 1인에게 유언의 취지를 구수하고, 그 구수를 받은 자가 이를 필기 · 낭독하여 유언자의 증인이 그 정확함을 승인한 후 각자 서명 또는 기명날인하여야 하고, 그 증인 또는 이해관계인이 급박한 사유가 종료한 날로부터 7일내에 법원에 그 검인을 신청하여야 한다(민법 제107조).

Ⅲ. 유류분

개인의 사적 소유를 보장하는 대한민국헌법 아래에서 피상속인은 생전행위나 유언에 따라 자신의 재산을 자유로이 처분할 수 있다(재산처분의 자유). 그런데 이러한 자유를 제한없이 인정한다면 상속인의 상속권에 대한 중대한 침해가 발생할 수 있다. 이에 민법은 일정범위의 상속인에 대해 자신의 법정상속분 중 일정비율로 상속재산을 확보하도록 하고 있으며 상속재산확보를 위한 법정상속분의 일정비율을 유류분(遺留分)이라고 한다.

유류분권에 근거하여 수증자를 상대로 그 부족분의 반환을 요구할 수 있다. 유류분이 인정되는 자는 피상속인의 직계비속·배우자·직계존속·형제자매로서 법정의 상속순위에 따라 상속권을 가지는 자이다. 유류분의 비율은 법정상속분에 대해 일정한 비율로 인정되고 있다. 즉 i) 피상속인의 직계비속은 그 법정상속분의 2분의 1, ii) 피상속인의 배우자는 그 법정상속분의 2분의 1, iii) 피상속인의 직계존속은 그 법정상속분의 3분의 1, iv) 피상속인의 형제자매는 그 법정상속분의 3분의 1이다(민법 제1112조).

유류분에 따라 유류분권리자가 피상속인의 증여 및 유증으로 인하여 그 유류분에 부족이 생긴 때에는 부족한 한도에서 그 재산의 반환을 청구할 수 있고, 증여 및 유증을 받은 자가 수인인 때에는 각자가 얻은 유증가액의 비례로 반환하여야 한다(민법 제1115조). 다만, 증여를 받은 자와 유증을 받은 자가 공존하는 경우에는 증여를 받은 자로부터 재산을 반환받은 후가 아니면 유증을 받은 자에게 반환을 청구할 수 없다(민법 제1116조). 유루분의 반환청구권은 유류분권리자가 상속의 개시와 반환하여야 할 증여 또는 유증을 한 사실을 안 때로부터 1년 또는 상속이 개시된 날로부터 10년 내에 하지 않으면 시효로 인하여 소멸한다(민법 제1117조).

제4편 시민생활과 형법

제1장 형법의 기초 법리

제1절 형법의 기초지식[1]

Ⅰ. 형법(刑法)이란

형법(刑法)은 범죄와 형벌에 관해 규율하는 법규범이다. 즉 어떠한 범죄를 어떻게 처벌할 것인가를 규정하고 있는 법을 말한다. 형법은 "…한 자는 …에 처한다"는 식으로 규정하는 가설적 규범이다. 형법은 일정한 행위를 규제하는 행위규범이자 사법(司法)활동을 규제하는 재판규범이다. 나아가 형법은 평가규범이면서 의사결정규범이다.

형법은 행위형법이다. 오늘날 형법은 책임주의와 인권보장의 책임형법 내지 법치국가적 범위안에서만 부수적으로 고려될 수 있을 뿐이다.[2]

Ⅱ. 범죄(犯罪)란

범죄의 개념에는 두 가지 의미가 있다. 실질적 의의로서는 범죄는 일반 사회의 생활질서를 침해하는 반사회적 행위로서 형벌을 과할 필요가 있는 행위를 말한다. 형식적 의의로서의 범죄는 실정법에 따라서 국가의 형벌권이 가하여지고 있는 행위를 말한다. 각종 형벌법규에 규정되고 있는 구성요건에 해당

---

1) 이보영, 현대인의 법과 생활, 동방문화사, 2013, 15~46면 참조; 고명식·조규성, 법학개론, 동방문화사, 300~329면 참조.
2) 이보영, 앞의 책, 15면 참조.

하고, 객관적 법질서에 위반하며, 그 행위에 대하여 사회적으로 비난할 수 있는 것을 의미한다. 죄형법정주의 아래에서는 도덕적으로 비난할 만한 행위라 하여 모두 처벌대상으로 할 수는 없다. 죄형법정주의 아래에서는 도덕적으로 비난할만한 행위라 하여 모두 처벌대상으로 할 수는 없다. 따라 보통 범죄는 형식적 의의의 범죄를 말하는 것이다.

Ⅲ. 죄형법정주의(罪刑法定主義)란

죄형법정주의란 일정한 행위를 범죄로 하고 형벌을 과하기 위해서는 반드시 성문의 법규의 존재를 필요로 한다는 원칙으로서 근대 형법학의 가장 중요한 기본원리의 하나이다. 이는 "법률이 없으면 범죄도 없고 형벌도 없다"라는 말로 잘 표현되는 바, 이 표현은 포이에르바흐에 따라 처음 사용되었다.(Feuerbach)

죄형법정주의는 고려시대의 '고려사 형법지'를 보면 "어떠한 범죄를 어떻게 처벌하는 것인가를 미리부터 법률로 규정함으로써 백성들로 하여금 두려움을 느끼게 함으로써 범죄를 미리 방지코자 한다"고 규정하고 있음을 알 수 있다. 죄형법정주의의 기원을 1215년 영국의 대헌장(Magna Charta)에 두고 있으며, 그 후 1776년 미국 독립선언, 1789년 프랑스 인권선언 등에 규정되었다. 우리나라도 대한민국헌법 제12조 제1항, 제13조 제1항 전단, 형법 제1조 제1항 등의 규정으로 미루어 죄형법정주의를 채택하고 있음을 알 수 있다.

Ⅳ. 범죄의 성립요건

범죄가 법률상 성립하기 위한 요건, 즉 구성요건 해당성·위법성·유책성을 범죄의 성립요건이라고 한다.

1. 구성요건 해당성

범죄성립의 제1요소가 구성요건 해당성이다. 무엇이 범죄인가는 법률상 특정의 행위로서 규정되어 있는데, 법률상으로 특정된 행위의 정형을 구성요건이라고 한다. 범죄로 되기 위해서는 먼저 구성요건에 해당하여야 한다. 다만,

구성요건의 충족은 기수범(旣遂犯)이 되었을 때에 한해서 사용되므로 구성요건 해당성과는 구별되어야 한다.

형법 각 본조가 규정한 구성요건은 구체적으로 명시할 수 없고, 항상 추상적 개념으로 표시된다. 이러한 개념적 조직을 추상적 규성요건 또는 법적 구성요건이라고 부른다. 예를 들면, “사람을 살해한 자는 …”, “타인의 재물을 절취한 자…” 등 행위의 관념적 형상이라고 하고 그 실체는 위법행위의 유형이라는 점에 있다고 한다.

2. 위법성

범죄는 구성요건에 해당하는 위법·유책의 행위이므로 위법성은 범죄의 성립요건의 하나이며, 모든 범죄는 반드시 위법성을 있어야만 성립한다. 위법성이란 행위가 법적인 견지에서 허용하지 아니한다는 성질(법적 무가치성), 즉 국가적 사회생활을 규율하는 법규의 목적에 위반하여 전체로서의 법률질서에 비추어 부정적 가치판단을 받는 것을 말한다. 어떤 행위가 구성요건해당성이 있으면 통상 그 행위의 위법성도 인정된다(구성요건의 위법성 징표기능).

그러나 구성요건에 해당하는 행위도 예를 들면, 정당방위와 같은 특정한 경우는 법률상으로 허용되지 않는다. 이를 위법성조각사유라고 한다. 현행 형법에는 위법성 조각사유로 정당행위(제20조)·정당방위(제21조)·긴급피난(제22조)·자구행위(제23조) 및 피해자의 승낙에 따른 행위(제24조)를 규정하고 있다. 어떤 행위가 ‘사람을 살해한 행위’라고 판단되어 살인죄의 구성요건해당성이 인정된다면 위법성조각사유가 존재하지 않는 때에만 그 행위를 비로소 위법한 행위(나쁜 행위)라고 말할 수 있다.

3. 책임성

행위가 구성요건에 해당하고 위법하더라도 행위주체에게 책임을 물을 수 없다면 범죄는 성립하지 않는다. 행위를 한 행위자에 대하여 비난할 수 있는 책임을 유책성이라고 한다. 즉 범죄는 유책한 행위이어야 한다. 그리하여 책임 없으면 형벌 없다는 책임원칙이 성립하게 된다. 구성요건해당성, 위법성이 인정된 후 책임이 인정될 때 비로소 범죄가 성립한다. 그러므로 책임은 형벌의 근거가 된다. 형벌의 양은 책임의 양을 초과할 수 없다는 원칙을 책임주의의 원칙이라고 한다. 책임이 인정되기 위해서는 행위자에게 책임능력이 있어야 하고, 위법성을 인식하어야 하며, 적법행위를 할 수 있으리라는 기대가능성이 있어야 하며, 비난의 대상으로서의 고의 또는 과실의 존재가 인정되어야 한다. 범죄는 구성요건 해당성 · 위법성 및 유책성의 어느 한 가지를 결하여도 성립하지 않는다. 그 중에서 특히 위법성을 조각시키는 사유를 위법성조각사유라고 하며, 그 책임을 조각시키는 사유를 책임조각사유라고 한다.

V. 형벌

1. 형벌이란

형벌은 국가의 법률로 규정되고 국가가 집행한다. 그러나 만일 국가가 집행하지 않는 제재가 있다면 그것은 사적 제재 또는 사형(私刑)이며, 그 자체가 일종의 범죄가 되는 수가 많다. 국가적 형벌을 이러한 것과 구별하여 공형벌이라고 한다.

국가의 형벌권은 국가가 범죄에 따른 법익의 침해에 대하여 사회를 보호하고 방위하는 수단이며, 범죄의 발생으로 형벌권의 주체인 국가와 객체인 범인은 대립적 이해관계에 서게 된다. 형벌은 일정한 법익을 박탈하는 것이다. 예를 들면 사형은 생명을, 자유형(징역 · 금고 · 구류)은 자유를, 자격형(자격상실 · 자격정지)은 일정한 자격을, 재산형(벌금 · 과료 · 몰수)은 재산을 각각 박탈한다.

2. 형벌의 종류와 보안처분

우리 형법이 인정하고 있는 형벌의 종류는 9종이 있다. 이에는 생명형(사형), 자유형(징역 · 금고 · 구류), 자역형[(명예형)(자격상실 · 자격정지)], 재산형(벌금 · 과료 · 몰수)이 있다. 한편 치료감호법과 소년법 등에서는 보안처분을 규정하고 있는데 이것은 사회방위와 범죄자의 특별예방을 목적으로 한 처우의 일종이라는 점에서 형벌과 구별되기도 한다.

(1) 생명형(生命刑) → 사형(死刑)

이는 사람의 생명을 단절하는 형벌인데, 사형이 있다. 즉 사형(死刑)은 역사적으로 가장 오래된 형벌이고, 사형에 관해서는 종교적·인도적 견지에서 또는 형사정책적 견지에서 그 폐지론과 존치론이 오랫동안 대립해 왔다. 우리 형법은 이작도 사형을 인정하고 있다. 유리 형법상 사형의 방법은 교수형(絞首刑)이다.

(2) 자유형(自由刑) → 징역·금고·구류

자유형은 수형자의 신체적 자유를 박탈하는 것을 내용으로 하는 형벌이다. 자유형은 현대적 형벌의 중심을 이루고 있다. 현행 형법은 징역·금고·구류를 자유형으로서 규정하고 있다. 징역과 금고는 무기와 유기의 구별이 있고, 유기는 원칙으로 1월 이상 30년 이하며, 모두 교도소에 구치(拘置)한다. 징역은 강제노역에 복역(정역, 定役)하는 것이고, 금고는 노역의 의무가 없다. 구류는 1일 이상 30일 미만이다.

(3) 명예형(名譽刑) → 자격상실·자격정지

자격형 또는 명예형은 수형자의 일정한 가격을 상실 내지 정지시키는 것을 내용으로 하는 형벌이다. 명예형에는 자격상실과 자격정지가 있다. 자격상실은 공무원이 되는 자격, 공법상의 선거권 피선거권, 법률로 요건을 정한 공법상 업무에 관한 자격, 법인의 이사·감사 그 밖에 법인의 업무에 관한 검사역이나 재산관리인이 되는 자격을 상실하는 것이다(형법 제43조 제1항). 자격정지는 이러한 자격의 전부 또는 일부를 일정기간 정지하는 것이다. 정지되는 기간은 1년 이상 15년 이하이다(형법 제44조 제1항).

(4) 재산형(財産刑) → 벌금·과료·몰수

재산형은 자유형의 대용 또는 그 보충으로서 인정되는 형벌이며, 벌금과 과료가 있다. 벌금과 과로는 그 박탈되는 금액에서 차이가 있을 따름이다. 즉 벌금은 5만원 이상으로 하여 상한은 없고(형법 제45조), 과료는 2천원 이상 5만원 미만으로 하고 있다(형법 제47조). 몰수는 다른 형벌에 부가하여 과하는 것을 원칙으로 하는 재산형이다(형법 제49조). 다만, 예외적으로 행위자에게 유죄의 재판을 아니할 때에도 몰수의 요건이 있는 때에는 몰수만을 선고할 수 있다(형법 제49조 단서). 몰수의 대상은 다음에 열거한 물건이며 그 전부 또는 일부를 몰수할 수 있다. 다만, 그 물건이 범인 이외의 자의 소유에 속하지 아니하거나 범죄 후 범인 이외의 자가 사정을 알면서 취득한 것에 한한다. 즉 i) 범죄행위에 제공하였거나 제공하려고 한 물건, ii) 범죄행위로 인하여 생하였거나 이로 인하여 취득한 물건, iii) 앞의 두 가지 물건에 대한 대가로 취득한 물건 등이다.

(5) 보안처분(保安處分)

보안처분은 형벌의 대용 또는 그 보충으로서 하는 처분으로서 형벌을 과함이 적당하지 않은 자(예: 소년) 또는 사회에 대하여 위험한 행동을 할 우려가 있는 자에 대하여 과하는 보호·예방·개선·교육 등의 처분을 말한다. 우리나라 현행 형법전(刑法典)에는 보안처분에 관한 규정이 없으나 치료감호 등에 관한 법률(약칭: 치료감호법)에는 치료감호·보호관찰이, 소년법 제2장 제3절에는 보호처분이 규정되어 있다. 이것들은 모두 보안처분의 일종이다.

Ⅵ. 선고유예, 집행유예, 가석방

형벌은 그 자체가 일종의 해악이며, 범죄에 그러한 해악을 과하는 것은 그 정신에서 응보주의적 태도라고 아니할 수 없다. 그래서 현대 형법은 점점 예방주의의 방향으로 전환함에 따라 응보적 색채를 띠지 않는 새로운 제도가 증가하고 있다. 형법은 형의 적용에서 특별예방의 견지에서 법관에게 매우 넓은 재량을 부여하고 있다. 이에는 선고유예, 집행유예 또는 가석방, 그리고 보안처분 등은 그러한 제도의 일종이라고 할 수 있을 것이다.

1. 선고유예(宣告猶豫)

형의 선고 자체를 보류하는 제도로서 그 요건은 1년 이하의 징역이나 금고, 자격정지 또는 벌금의 형을 선고할 경우에 개전(改悛)의 정상이 현저하고 자격정지 이상의 형을 받은 전과가 없어야 한다. 형의 선고유예를 받은 자가 유예를 받은 날로부터 2년을 무사히 경과하면 면소(免訴)된 것으로 본다.

2. 집행유예(執行猶豫)

형을 선고는 하되, 그 집행을 보류하는 제도로서 3년 이하의 징역 또는 금고의 형을 선고할 경우에 그 정상을 참작하여 1년 이상 5년 이하의 기간 동안 집행을 유예한다. 단, 금고 이상의 형을 선고 받았던 자는 집행을 종료한 후 또는 집행이 면제된 후 5년이 경과하지 않으면 집행유예를 받을 수 없다. 형의 집행유예의 선고를 받은 후 그 선고의 실효 또는 취소됨이 없이 유예기간을 경과한 때에는 형의 선고는 효력을 잃는다.

3. 가석방(假釋放)

가석방이란 자유형의 집행 중에 있는 자가 개전(改悛)의 정이 현저한 경우 형기 만료 전에 임시로 석방되는 행정처분이다. 그 요건으로는 무기에서는 10년, 유기에서는 형기의 1/3을 경과하여야 하며, 행상(行狀)이 양호하여 개전의 정이 현저하여야 하고 벌금 또는 과료의 병과가 있는 때에는 그 금액을 완납할 것 등이다. 가석방의 처분을 받은 후 처분의 실효 또는 취소됨이 없이 무기형에서는 10년, 유기형에서는 잔여 형기를 경과한 때에는 형의 집행을 종료한 것으로 본다.

Ⅶ. 사면(赦免)

형벌의 의미와 체계가 아무리 완벽하게 짜여져 있다 하더라도 법과 형벌을 넘어서 마지막으로 사면이 있다. 우리나라에는 사면법이 있는데, 일반사면과 특별사면이 규정되어 있다. 일반사면은 죄를 범한 자에게 내려져 형의 언도의 효력이 상실되며, 형의 언도를 받지 않는 자에 대하여는 공소권이 상실된다. 일반사면의 절차는 대통령령으로 정하고 있다. 특별사면은 형의 언도를 받은 자에게 행하여져 그 집행이 면제된다. 특별사면은 법무부장관이 대통령에게 상신(上申)하여 대통령이 행한다(사면법 제9조, 제10조).

Ⅷ. 형(刑)의 시효(時效)

형의 선고를 받아 판결이 확정된 후 그 집행을 받지 않고 일정기간이 경과되면 형집행이 면제되는 것을 말한다(형법 제78조). 시효기간을 보면, i) 사형→30년, 무기징역, 금고→20년, ii) 10년 이상의 징역, 금고→15년, iii) 3년 이상의 징역, 금고 또는 10년 이상의 자격정지→10년, iv) 3년 미만의 징역, 금고 또는 5년 이상의 자격정지→5년, v) 5년 미만의 자격정지, 벌금, 몰수, 추징→3년, vi) 구류, 과료→1년으로 하고 있다.

Ⅸ. 친고죄(親告罪)와 반의사불벌죄(反意思不罰罪)

검사의 공소를 위한 요건으로서 피해자 그 밖에 일정한 자의 고소를 필요로 하는 범죄를 친고죄(親告罪)라고 한다. 모욕죄, 사자명예훼손죄와 같이 형법에서 "고소가 있어야 검사는 공소를 제기할 수 있다"라고 정하여 있는 범죄가 이것이다. 이에 반해 검사의 공소제기가 가능하지만, 피해자의 명시한 의사에 반해서는 처벌할 수 없는 것이 반의사불벌죄(反意思不罰罪)인데, 즉 피해자의 명시한 의사에 반하여 공소를 제기할 수 없다. 폭행죄·명예훼손죄 등이 이에 속한다.

Ⅹ. 작량감경(酌量減輕)

법률의 가중, 감경을 하고 난 후 법관은 범죄의 '정상에 참작할 만한 사유'가 있으면 작량하여 형을 감경한다(형법 제53조). 이를 작량감경(즉, 재판상의 감경)이라 한다. 작량감경이 끝나고 난 뒤 정해지는 형벌 범위를 처단형이라고 한다. 처단형이 정해지면 양형사유(형법 제51조)를 고려하여 피고인에게 내릴 최종형벌인 선고형을 정한다.

XI. 형의 가중(加重), 감경의 순서

그 순서는 다음과 같다(형법 제56조). i) 각칙 본조에 따른 가중→ ii) 특수교사·방조의 가중→ iii) 누범가중→ iv) 법률상 감경→ v) 경합범 가중→ vi) 작량감경

제2절 범죄의 종류

범죄의 종류에서 법익에 따라 국가적 법익·사회적 법익·개인적 법익으로 3분하는 것이 통례로 되어 있다. 우리 형법도 3분설에 따라서 각종 범죄의 유형을 국가적 법익에 대한 죄·사회적 법익에 대한 죄·개인적 법익에 대한 죄로 구분하고 있다.

I. 국가적 법익에 대한 죄

1. 국가의 존립에 대한 죄

이는 국가의 대내적 또는 대외적 존립을 위태롭게 하는 것을 내용으로 하는 범죄이다. 국가의 기본조직을 파괴하여 내부로부터 국가의 존립을 위태롭게 하는 범죄가 내란의 죄이고, 외국의 무력행사에 따라서 외부로부터 국가의 존립을 위태롭게 하는 범죄가 외환의 죄이다. 국가는 이러한 그 존립과 안전을 해하는 죄에 대하여는 가장 준엄한 형벌을 부과하여 형법상 가장 중한 범죄로 보고 있다.

2. 국가의 구성 및 기능에 대한 죄

국가는 국가로서의 권위와 기능을 발휘함으로서 그 존립의 의의를 다할 수 있고, 특히 국가의 기능이 원활·공정하게 행해지는 것은 국가의 법질서 유지

에 꼭 필요하다. 따라서 형법은 국가의 권위 및 기능을 보호하기 위하여 국가의 권위를 해하는 죄로서 국기에 관한 죄, 국가의 기능을 해하는 죄로서 공무원의 직무에 관한 죄, 공무방해에 관한 죄, 도주와 범인 은닉죄, 위증과 증거인멸의 죄 및 무고의 죄를 규정하고 있다.

Ⅱ. 사회적 법익에 대한 죄

1. 공공의 안전에 대한 죄

이는 사회공공생활의 안전·평온을 침해 또는 위태롭게 하거나 공중의 생명·신체·재산을 해할 위험을 주는 것을 내용으로 하고 있는 범죄이고, 형법이 규정하는 공공의 안전에 대한 범죄로서는 공안을 해하는 죄, 폭발물에 관한 죄, 방화와 실화죄, 일수(溢水)와 수리(水利)에 관한 죄 및 교통방해죄 등이 있다.

2. 공공의 신용에 대한 죄

이는 통화·유가증권·문서·인장 등을 위조·변조하거나 위조·변조한 것을 행사하는 범죄이다. 이러한 것들은 물건의 교환매개 또는 사실증명의 수단으로서 경제적·법률적 거래에서 중요한 기능을 가지고 있는 것이므로 이러한 것을 위조·변조하는 행위는 그 진정(眞正)에 대한 공공의 신용을 해하고 나아가서는 경제적·법률적 거래의 안전을 해하는 것이다. 여기에 형법은 공공의 신용을 보호하기 위하여 통화에 관한 죄, 유가증권·우표와 인지에 관한 죄, 문서에 관한 죄 및 인장에 관한 죄를 규정하고 있다.

3. 공중위생에 대한 죄

공중의 건강생활은 문화사회의 기본적 요건이며 중요한 사회적 법익이다. 형법은 개인의 생명·신체의 안전을 개인적 법익으로서 보호하고 있으나, 공중위생에 대한 죄에서는 공중의 건강생활을 위태롭게 하는 행위를 처벌하여 이러한 사회적 법익을 독립하여 보호하고 있다. 형법이 공중위생에 대한 죄로서 규정하고 있는 죄로서는 음용수에 관한 죄와 파편에 관한 죄이다.

4. 사회도덕에 대한 죄

이는 사회일반의 성생활·경제생활·종교생활상의 도덕적 질서에 반하는 행위를 처벌하려는 것이다. 형법은 사회도덕위반의 구체적 행위로서 성도덕에 반하는 풍속에 해하는 죄, 건전한 경제생활을 퇴폐하게 하는 도박과 복표에 관한 죄 및 종교상의 양속에 반하는 신앙에 관한 죄를 규정하고 있다.

Ⅲ. 개인적 법익에 대한 죄

1. 생명·신체에 대한 죄

이는 사람의 생존에 가장 중요한 생명 또는 신체적 법익을 침해하거나 위태롭게 하는 범죄이다. 형법상 개인의 생명·신체에 대한 죄로서는 살인죄, 상해와 폭행의 죄, 과실치사상의 죄, 낙태죄 및 유기죄 등이 있다.

2. 자유에 대한 죄

개인의 자유는 개인의 생명·신체에 다음 가는 중요한 법익이다. 왜냐하면 개인의 생명·신체의 안전이 보장되더라도 개인의 자유가 보장되지 아니하면 개인은 충분한 사회적 활동을 할 수 없기 때문이다. 그리고 여기에 자유는 개인의 의사 및 신체적 활동의 자유, 즉 개인의 의사 내지 행동이 외부적 압력에 따라서 부당하게 침해되지 않는 것을 뜻하고, 이른바 정치적 또는 종교적 자유와는 다르다. 형법상 개인의 자유를 침해하는 죄로서는 체포·감금죄, 협박죄, 약취·유인의 죄 및 정조에 관한 죄를 규정하고 있다.

3. 명예·신용 및 업무에 대한 죄

이는 개인의 사회생활상의 지위를 보장하려는 범죄이다. 명예 및 신용에 대한 죄는 어느 것이나 사람이 사회로부터 받는 평가를 보호법익으로 하는 점에서 공통적 성질을 가지고 있으나, 다만 양자의 구별은 명예가 개인의 인격 일반에 관한 평가인데 반하여, 신용은 개인의 경제적 지위를 특히 지급능력을 보호법익으로 하고 있다. 형법상 명예·신용 및 업무에 대한 죄로서는 명예에 관한 죄, 신용·업무와 경매에 관한 죄를 규정하고 있다.

Ⅳ. 사생활의 평온에 대한 죄

개인이 사회생활을 하는데 그 사생활의 평온이 침해되지 않는다는 것은 극히 중요하고, 또 사생활의 평온은 개인의 자유보장의 전제로 되어 이와 밀접한 관계가 있다. 형법상 사생활의 평온에 대한 죄로서는 비밀침해의 죄, 주거침입의 죄를 규정하고 있다.

Ⅴ. 재산에 대한 죄

재산죄는 개인의 재산권을 침해하는 범죄이고, 재산죄는 자본주의 경제조직의 지주인 사유재산제도와 관련해서 이해되어야 한다. 대한민국헌법 제23조 제1항에서도 "모든 국민의 재산권은 보장된다"라고 규정하여 사유재산제도를 인정하고 있다. 이와 같이 사유재산제도를 바탕으로 하는 사회에서는 사유재산의 안전은 단지 개인뿐만 아니라 사회공공의 질서유지 및 국가의 발전에 불가결한 것이라 할 수 있다. 따라서 국가는 개인의 재산에 대한 권리를 개인의 법익으로서 그 불법한 침해로부터 보호할 필요가 있다. 형법상 재산에 관한 죄로서는 절도죄, 강도죄, 사기죄, 공갈죄, 횡령죄, 배임죄, 장물죄, 재물손괴죄를 규정하고 있다.

Ⅵ. 성범죄

성범죄는 법적으로는 보통 강간죄, 강제추행죄 등을 말한다. 사회적으로 성폭행, 성폭력 등의 용어로도 사용되기도 하지만, 법률적 개념은 아니다. 성범죄의 피해는 피해자의 삶을 파괴하게 된다. 육체적으로는 임신, 상해, 성병감염의 결과가 있을 수 있으며, 정신적으로는 우울증, 무기력증, 자제력 상실이나 자살에 이르게 되기도 하고, 극단적으로는 피해자가 오히려 죄의식을 갖게 되는 경우가 있다. 특히 미성년피해자의 경우와 가족에 따라서 성범죄피해를 당한 경우에는 그 피해자의 삶에 지속적 악영향을 미친다. 또한 피해자의 부부관계나 가족관계도 자포자기, 분노, 반항, 적대감으로 와해되는 경우가 많다.[3)]형법상 성범죄로서는 강간죄, 유사강간죄, 강제추행죄, 준강간죄, 준강제추행죄, 미성년자·심신미약자 간음·추행죄, 미성년자의제강간·강제추행죄, 업무상위력에 따른 간음죄, 피구금자간음죄를 규정하고 있으며, 특별법인 성폭력범죄의 처벌에 관한 특례법(약칭, 성폭력처벌법)에서는 친족관계에 따른 강간 등의 죄, 공중밀집장소에서의 추행죄, 성적 목적을 위한 공공장소 침입죄, 통신매체이용음란죄, 카메라 등 이용촬영(이른바 몰카)죄를 규정하고 있다.

3) 송희진, 범죄와 생활법률, 박영사, 2016, 349~350면 참조

제2장 사이버범죄

사이버범죄가 갈수록 지능화하면서 피해사례가 급증하고 있다. 해킹, 사이버명예훼손, 전자상거래의 사기, 개인정보침해 등 빠른 시간 안에 불특정 다수에게 악영향을 미치는 사이버범죄는 발신자의 특정이 어렵고 증거인멸 및 수정이 간단하기 때문에 범죄수사에 어려움이 많다고 한다. 여기에다 최근에는 선거 때마다 인터넷과 SNS에서 가짜뉴스와 명예훼손이 우려되는 허위사실과 마타도어가 난무하면서 선거여론을 왜곡 호도하고 있는 것은 선거에 대한 불신과 갈등을 조장하면서 부작용과 혼란을 초래하고 있는 실정이다. 사기를 알아채고 사기범을 훈계했다가 배달 주문 폭탄 피해를 보는 사례까지 등장하고 있다.[1]

제1절 사이버 범죄의 개념과 특징

사이버범죄는 컴퓨터 · 통신 · 인터넷을 악용하여 사이버 공간에서 이루어지는 범죄를 말한다. 기존의 범죄와는 차별화되는 것으로서 빠른 시간 안에 불특정 다수인에게 전파되어 악영향을 끼치는 범죄로서 정보 발신자가 누구인지 특정하기가 어렵고 증거인멸이 쉽다는 것과 비대면성, 익명성, 전문성, 기술성, 시간적 · 공간적 무제약성, 죄의식 희박 등을 특징으로 들 수 있다.

1) http://www.gndomin.com/news/articleView.html?idxno=219971

제2절 사이버범죄의 유형과 형법상 명예훼손죄와 모욕죄

Ⅰ. 사이버범죄의 유형

사이버범죄의 유형을 보면 일반적 사이버범죄와 사이버테러, 그리고 정보통신망 자체를 공격 대상으로 하는 유포행위 등으로 나눌 수 있다.[2] 첫째, 일반적 사이버 범죄로는 사이버공간이용의 불법행위, 사이버 도박, 사이버 스토킹, 성폭력, 명예훼손과 협박, 전자상거래 사기, 포르노 사이트 운영 등을 들 수 있다. 둘째, 사이버테러는 정보통신 산업기술의 발달을 이용하여 군사·행정·금융 등 한 국가의 주요 정보를 파괴하는 것으로 인터넷을 이용하여 시스템에 침입하여 데이터를 파괴하는 등 해당 국가의 네트워크 기능을 마비시키는 신종테러행위 등을 말한다. 셋째, 정보통신망 자체를 공격대상으로 하는 유포행위는 해킹, 크레킹, 바이러스 유포와 메일 폭탄, 윈도우 공격 등을 들 수 있다.

Ⅱ. 형법상 명예훼손죄와 모욕죄

명예에 관한 죄는 공연히 사실 또는 허위사실을 적시하며, 공연히 타인의 명예를 훼손함으로써 성립하는 명예훼손죄를 비롯하여 출판물에 따른 명예훼손죄, 모욕죄 등이 있다(형법 제307조~제312조). 이 죄의 보호법익은 명예이다. 여기서 말하는 명예란 사람의 가치에 대한 사회적 평가(외적 명예)이다. 따라서 형법이 보호하려고 하는 명예는 반드시 진실과 합치할 필요는 없다. 명예에 관한 죄가 성립하기 위해서는 피해자의 명예가 실제로 침해받아 저하될 필요는 없다. 따라서 이 죄는 위험범이라고 할 수 있다. 여기에서는 명예훼손죄와 모욕죄에 대해서만 기술하고자 한다.

---

2) 이보영, 현대사회와 범죄의 이해, 동방문화사, 2015, 125면 참조.

1. 명예훼손죄

(1) 의의

공연히 사실을 적시하거나[(2년 이하의 징역이나 금고 또는 500만원 이하의 벌금에 처한다)(형법 제307조 제1항)] 공연히 허위의 사실을 적시[(5년 이하의 징역, 10년 이하의 자격정지 또는 1천만원 이하의 벌금에 처한다)(형법 제307조 제2항)]하여 사람의 명예를 훼손함으로써 성립하는 범죄이다.

(2) 객체

객체는 사람의 명예이다. 명예의 주체인 사람에는 자연인뿐만 아니라 법인·그 밖의 단체도 포함된다. 자연인인 이상 유아·정신병자·책임무능력자를 포함한다. 그리고 사람은 특정되어야 한다. 따라서 부산시민 또는 경남시민이라는 식으로 막연하게 표시해서는 명예훼손죄가 성립하지 않는다.[3] 그렇다고 해서 피해자의 성명을 명시해야 하는 것은 아니고, 그 표현의 주위 사정과 종합 판단하여 어느 특정인을 지목하는 것인가를 알아차릴 수 있으면 충분하다.[4] 또 OO출신 국회의원들, XX구청공무원들도 명예의 주체가 될 수 있다.[5] 명예의 내용은 사회생활에서 인정되는 모든 가치를 포함한다. 다만, 사람의 지불능력 및 지불의사에 대한 경제적 평가도 명예의 내용이 되겠지만, 이는 신용훼손죄의 보호법익으로 따로 규정하고 있으므로 명예훼손죄의 명예에서는 제외시켜야 한다.

(3) 행위

명예훼손죄의 행위는 '공연히 사실을 적시'하거나 '공연히 허위의 사실을 적시'하는 것이다. 명예훼손죄의 구성요건인 '공연히'라는 것은 불특정 또는 다수인이 인식할 수 있는 상태를 말한다(통설·판례). 즉 불특정이면 1인이든 다수인이든 불문하여, 다수인이면 특정된 사람이든 불특정된 사람이든 불문한다. 또한 불특정 또는 다수인이 현실로 인식하였느냐의 여부는 불문한다. 판례에

---

3) 대법원 1960.11.26., 4293형상539 참조.
4) 대법원 1982.11.09., 82도1256.
5) 대법원 2000.10.10., 99도5407.

따르면 개별적으로 한 사람에게 사실을 유포하였다고 하여도 이로부터 불특정 또는 다수인에게 전파될 가능성이 있으면 공연성의 요건을 충족한다고 판시하고(대법원 1990.07.24., 90도1167 등), 세 사람이 있는 자리에서 또한 한 사람에게 전화로 사실을 유포하였다 하더라도 그 사람들에 따라 외부에 전파될 가능성이 있는 이상 공연성이 인정된다고 하여(대법원 2008.02.14., 2007도8155) 대법원은 일관하여 전파성 이론을 채택하고 있다. 그러나 비밀이 보장되거나 전파될 가능성이 없는 경우, 즉 행위자와 특별한 관계에 있는 사람들만에 대한 사실의 유포, 인터넷 아이디(ID)만을 알 수 있고 피해자를 알아차릴 수 없는 경우에는 공연성이 인정되지 않는다고 본다(대법원 1990.07.24., 90도1167).

명예훼손죄가 성립하기 위해서는 사실의 적시가 있어야 하고, 적시된 사실은 이로써 특정인의 사회적 가치 내지 평가가 침해될 가능성이 있을 정도로 구체성을 띠어야 한다. 여기서 사실의 적시는 사람의 인격적 가치에 대한 사회적 평가를 저하시키는데 충분한 사실을 구체적으로 지적하는 것을 말한다. 사실의 적시란 구체적인 과거 또는 현재의 사실관계에 관한 진술을 의미하는 것이며, 그 표현내용이 증거에 따른 입증이 가능한 것을 말한다. 장래의 일을 적시하여도 과거 또는 현재의 사실을 포함하면 명예훼손죄가 성립한다. 적시되는 사실은 본인에게 불이익한 것이면 족하고 적시하는 방법은 언어·문서, 도화는 물론 직장 전산망의 전자게시판에 글을 게시한 때에도 사실의 적시에 해당한다. 그리고 적시된 사실이 진실한 것이든 허위의 것이든 명예훼손죄가 성립한다. 다만, 허위의 경우에는 가중처벌한다. 내사종결처리 되었음에도 불구하고 사건을 조사한 경찰관이 "내일 부로 경찰청에서 구속영장이 떨어진다"고 말한 것은 장래의 사실 일지라도 현재의 사실을 기초로 한 것이므로 사실적시에 해당한다고 판시하였다(대법원 2003.05.13., 2002도7420).

(4) 명예를 훼손한다

명예를 훼손한다 함은 사람의 인격적 가치에 대한 사회적 평가를 저하시킬 우려가 있음을 말하며, 반드시 현실적·구체적으로 침해됨을 요하지 아니한다. 명예란 윤리적인 것에 한정되지 않고 학문적·예술적·사교적인 것은 물론 성격·용모·건강·신분 등을 포함한다. 가치중립적인 표현이 험담으로 평가되면 명예훼손죄가 성립하지만, 험담으로 평가되지 않으면 명예훼손죄가 성립하지 않는다. 그리고 선의의 거짓말처럼 타인을 위한 칭찬도 명예훼손죄가 성립하지 않는다.

(5) 고의

명예훼손죄가 성립하기 위해서는 행위자에게 미필적으로라도 사람의 명예를 훼손하게 되리라는 인식·예견이 있으면 족하며, 사람의 명예를 훼손할 목적이나 그 밖의 동기는 묻지 않는다.

(6) 위법성

명예훼손죄는 일반적인 위법성 조각사유 이외에 형법 제310조가 규정하는 특별위법성 조각사유가 있다. 즉 "제307조 제1항의 행위가 진실한 사실로서 오로지 공공의 이익에 관한 때에는 벌하지 아니한다"고 규정하고 있다.

2. 모욕죄

(1) 의의

모욕죄는 공연히 사람을 모욕함(1년 이하의 징역, 금고 또는 200만원 이하의 벌금)으로서 성립한다(형법 제311조).

(2) 구성요건

모욕죄의 보호 객체, 즉 모욕의 주체는 명예훼손죄와 동일하다. 모욕의 행위는 공연히 모욕한다는 것이다. 공연히는 역시 명예훼손죄와 동일하다. 모욕죄에서 말하는 모욕이란 구체적 사실을 적시하지 아니하고 단순히 사람의 외부적 사회적 평가를 저하시킬 만한 추상적 판단이나 경멸적 감정을 표현하는 것이다. 모욕죄로 인정하는 것으로는 ① 계집년, 만신(무당), 첩년, ② 망할년 저기 오네, ③ 잡년, 시집을 열두 번 간년, ④ 똥꼬다리 같은 놈, ⑤ 듣보잡, 함량미달, ⑥ 경장에게 순경새끼, 개새끼 등을 들 수 있다. 모욕죄로 인정하지 않는 것으로는 ① 부모가 그러니 자식도 그렇다, ② 한심하고 불쌍한 인간, ③ 놀아나고 있다, ④ 나이 처먹은 게 자랑이냐, ⑤ 경찰에게 항의하면서 아니 씨

발! 등을 들 수 있다.

임대아파트의 분양전환과 관련하여 임차인이 아파트 관리사무소의 방송시설을 이용하여 임차인대표회의 전임회장을 비판하며, "전 회장의 개인적인 의사에 따라서 주택공사의 일방적인 견해에 놀아나고 있기 때문에"라고 한 표현은 전체 문언상 모욕죄의 모욕에 해당하지 않는다(대법원 2008.,12.11, 2008도8917). 모욕죄는 공연성을 구성요건으로 하며, 친고죄로 규정하고 있다.

(3) 명예훼손죄와 모욕죄의 구별기준

모욕죄는 사실의 적시를 요구하지 않는다. 따라서 사실적시를 요구하는 명예훼손죄와 구별된다. 즉, 명예훼손죄에서 사실의 적시는 사람의 사회적 가치 내지 평가를 저하시키는 구체적 사실의 적시를 요하며, 단지 모욕적 언사를 사용하는 것은 모욕죄에 해당할 뿐, 명예훼손죄에 해당하지는 않는다. "무어서도 아닌 똥꼬다리 같은 놈"이라는 구절은 모욕적인 언사일 뿐 구체적인 사실의 적시라고 할 수 없고, "잘 운영되어 가는 어촌계를 파괴하려 한다"는 구절도 구체적인 사실을 적시라고 할 수 없으므로 명예훼손죄에 사실의 적시에 해당한다고 볼 수 없다(대법원 1989.03.14., 88도1397).

제3절 정보통신망 이용촉진 및 정보보호 등에 관한 법률

오늘날 오픈라인뿐 아니라 온라인 사이버공간에서 일어나는 명예훼손사례가 많으며, 이를 대체하는 방법으로 정보통신망 이용촉진 및 정보보호 등에 관한 법률이 있다. 이 법은 정보통신망의 이용을 촉진하고 정보통신서비스를 이용하는 자의 개인정보를 보호함과 아울러 정보통신망을 건전하고 안전하게 이용할 수 있는 환경을 조성하여 국민생활의 향상과 공공복리의 증진에 이바지함을 목적으로 하고 있다(법 제1조).

Ⅰ. 정보통신망을 통한 명예훼손(법 제70조 제1항, 제2항, 제3항)

정보통신망 이용촉진 및 정보보호 등에 관한 법률 제70조는 제1항 "사람을 비방할 목적으로 정보통신망을 통하여 공공연하게 사실을 드러내어 다른 사람의 명예를 훼손한 자는 3년 이하의 징역 또는 3천만원 이하의 벌금에 처한다"와 "사람을 비방할 목적으로 정보통신망을 통하여 공공연하게 거짓의 사실을 드러내어 다른 사람의 명예를 훼손한 자는 7년 이하의 징역, 10년 이하의 자격정지 또는 5천만원 이하의 벌금에 처한다"다고 규정하고 있다. 이 죄는 피해자가 구체적으로 밝힌 의사에 반하여 공소를 제기할 수 없다. 즉 반의사불법죄이다.

이 법규정은 첫째, 명예훼손행위만을 처벌하고, 모욕이나 사자명예훼손행위는 처벌하지 않으며, 다만, 모욕죄는 형법으로 처벌될 수 있고, 둘째, 목적범을 규정하고, 셋째, 일반명예훼손죄와 출판물에 따른 명예훼손을 구분하지 않으며, 넷째, 형법 제310조와 같은 위법성조각사유가 없으며 마지막으로, 법정형이 형법상의 그것보다 무겁다는 점을 그 특징으로 들 수 있다.

Ⅱ. 정보통신서비스 제공자 등의 개인정보와 관련하여 (법 제72조 제1호 및 제11호)

정보통신서비스 제공자는 이용자의 개인정보를 이용하려고 수집하는 경우에는 "개인정보의 수집·이용 목적, 수집하는 개인정보의 항목, 개인정보의 보유·이용 기간"의 모든 사항을 이용자에게 알리고 동의를 받아야 한다. "개인정보의 수집·이용 목적, 수집하는 개인정보의 항목, 개인정보의 보유·이용 기간"의 어느 하나의 사항을 변경하려는 경우에도 또한 같다(법 제22조 제1항). 정보통신서비스 제공자는 이용자의 동의를 받지 아니하고 개인정보를 수집한 자는 5년 이하의 징역 또는 5천만원 이하의 벌금에 처한다(법 제71조 제1항 제1호).

이용자의 개인정보를 처리하고 있거나 처리하였던 자는 직무상 알게 된 개인정보를 훼손·침해 또는 누설하여서는 아니 된다(법 제28조의2 제1항). 누구든지 그 개인정보가 누설된 사정을 알면서도 영리 또는 부정한 목적으로 개인정보를 제공받아서는 아니 된다(법 제28조의2 제2항). 이를 위반하여 이용자의 개인정보를 훼손·침해 또는 누설한 자는 5년 이하의 징역 또는 5천만원 이하의 벌금에 처한다(법 제71조 제1항 제4호).

Ⅲ. 정보통신망 침해행위 등의 금지 : 해킹, 바이러스 유포 등

누구든지 정당한 접근권한 없이 또는 허용된 접근권한을 넘어 정보통신망에 침입하여서는 아니 된다(법 제48조 제1항). 누구든지 정당한 사유 없이 정보통신시스템, 데이터 또는 프로그램 등을 훼손·멸실·변경·위조하거나 그 운용을 방해할 수 있는 프로그램(이하 악성프로그램이라 한다)을 전달 또는 유포하여서는 아니 된다(법 제48조 제2항). 누구든지 정보통신망의 안정적 운영을 방해할 목적으로 대량의 신호 또는 데이터를 보내거나 부정한 명령을 처리하도록 하는 등의 방법으로 정보통신망에 장애가 발생하게 하여서는 아니 된다(법 제48조 제3항). 이를 위반하는 자는 악성프로그램을 전달 또는 유포하는 자는 7년 이하의 징역 또는 7천만원 이하의 벌금에 처한다(법 제70조의2).

Ⅳ. 불법정보의 유통금지 등

누구든지 정보통신망을 통하여 "음란한 부호·문언·음향·화상 또는 영상을 배포·판매·임대하거나 공공연하게 전시하는 내용의 정보, 사람을 비방할 목적으로 공공연하게 사실이나 거짓의 사실을 드러내어 타인의 명예를 훼손하는 내용의 정보, 공포심이나 불안감을 유발하는 부호·문언·음향·화상 또는 영상을 반복적으로 상대방에게 도달하도록 하는 내용의 정보, 정당한 사유 없이 정보통신시스템, 데이터 또는 프로그램 등을 훼손·멸실·변경·위조하거나 그 운용을 방해하는 내용의 정보, 청소년 보호법에 따른 청소년유해매체물로서 상대방의 연령 확인, 표시의무 등 법령에 따른 의무를 이행하지 아니하고 영리를 목적으로 제공하는 내용의 정보, 법령에 따라 금지되는 사행행위에 해당하는 내용의 정보, 이 법 또는 개인정보 보호에 관한 법령을 위반하여 개인정보를 거래하는 내용의 정보, 총포·화약류(생명·신체에 위해를 끼칠 수 있는 폭발력을 가진 물건을 포함한다)를 제조할 수 있는 방법이나 설계도 등의 정보, 법령에 따라 분류된 비밀 등 국가기밀을 누설하는 내용의 정보, 국가보안법에서 금지하는 행위를 수행하는 내용의 정보, 그 밖에 범죄를 목적으로 하거나 교사(敎唆) 또는 방조하는 내용의 정보"의 어느 하나에 해당하는 정보를 유통하여서는 아니 된다(법 제44조의7 제1항). 이를 위반하여 공포심이나 불안감을 유발하는 부호·문언·음향·화상 또는 영상을 반복적으로 상대방에게 도달하게 한 자는 1년 이하의 징역 또는 1천만원 이하의 벌금에 처한다(법 제74조 제1항).

제3장 형사소송관계법[1]

제1절 형사사건의 처리절차

Ⅰ. 형사사건과 수사

공동생활을 하다보면 사람들 사이에 다툼이 생기고 사고도 일어나게 된다. 그래서 이해관계가 얽혀 원만한 타협이 이루어지지 않게 되면 사람들은 재판을 걸어 시비를 가리게 되는데 이를 민사사건(民事事件)이라 하며, 모든 문제의 원칙적인 해결방법인 것이다. 그러나 예를 들면, 살인사건처럼 어떤 종류의 문제는 너무나 중대하기 때문에 개인들끼리 해결을 하도록 놓아둘 수 없는 것이 있다. 그러한 문제는 국가가 법률로 범죄라고 규정하여 강제로 형벌을 부과하는데 이러한 것을 형사사건(刑事事件)이라 한다. 수사(搜査)란 이러한 형사사건을 조사하는 절차를 말하는 것이다.

Ⅱ. 수사기관

모든 수사의 최종 책임자는 검사이다. 범죄가 성립되는지, 어떤 처분을 해야 하는지를 결정하는 것은 매우 어렵고 중요하므로 판사와 동등한 자격 및 능력을 갖춘 검사를 책임자로 한 것이다. 사법경찰관리는 검사의 지휘를 받아 수사를 한다. 사법경찰관리는 일반형사사건을 취급하는 일반사법경찰관리와 철도공안,

---

1) 이보영, 앞의 책, 55~62면 참조; 성경엽 외. 앞의 책, 194~206면 참조.

산림, 소방, 해사, 환경 등 특별한 사항만 수사할 수 있는 특별사법경찰관리가 있다.

Ⅲ. 수사개시

범죄의 혐의가 있으면 수사기관은 수사를 개시한다. 수사를 개시하는데 필요한 단서는 종류를 불문한다. 따라서 고소나 고발을 통해 범죄 신고를 받거나 신문 기사를 보거나 소문을 듣고, 우연히 사건을 목격하고 범죄 발생을 알게 되는 등 어떤 경우도 단서가 될 수 있다. 수사기관은 범죄의 혐의가 있다고 사료되는 때에는 범인, 범죄 사실과 증거를 수사하여야 한다. 그러나 범죄의 혐의가 없거나 범죄가 되더라도 처벌할 수 없음이 명백한 때에는 수사를 할 수 없다.

Ⅳ. 입건(立件)

수사기관이 수사를 개시하여 형사사건으로 되는 것을 입건(立件)이라고 하며, 입건이 되어 수사의 대상이 된 사람을 피의자(被疑者)라고 한다. 한편 범죄 혐의가 뚜렷하지 않은 경우 행하는 조사를 내사(內査)라 하고 내사를 받는 사람을 용의자(容疑者)라고 한다. 피의자에 대해 검사가 공소를 제기하면 그때부터 그는 피고인(被告人)이 된다. 재판 후 판결이 확정된 자를 수형자(受刑者)라고 한다.

Ⅴ. 구속과 불구속

수사기관은 수사를 한 결과 범죄가 무겁고 죄질이 나쁘며 도망하거나 증거를 인멸할 염려가 있는 경우에는 구속(拘束)을 할 수 있다. 구속을 하기 위해서는 증거가 있어야 함은 물론 검사의 청구에 따라서 관할 지방법원 판가가 발부한 영장(令狀)이 있어야 한다.

사법경찰관이 피의자를 구속하기 위해서는 먼저 검사에게 구속영장을 신청하고, 검사는 법원에 청구하여 판사로부터 영장을 발부받게 되는데, 증거가 부족하거나 피의자가 도망 또는 증거인멸의 우려가 없다고 판단되면 검사나 판사는 영장을 기각(棄却)할 수 있다.

일단 구속되면 사법경찰관은 10일 이내에 검사에게 송치하거나 석방하여야 하며, 검사는 송치받거나 직접 구속한 날로부터 최장 20일 이내에 법원에 기소(起訴)를 하거나 석방하여야 한다. 다만, 수사기관은 현행범 또는 긴급한 사정이 있어 체포영장을 발부받을 여유가 없을 때에는 영장없이 체포할 수도 있으나 체포 후 48시간 내에 판사부터 영장을 발부받지 못하면 즉시 석방하여야 한다. 그러나 구속은 어디까지나 예외적인 것이고 수사는 불구속 상태에서 하는 것이 원칙이라고 할 것이다.

Ⅵ. 송치

형사사건화된 모든 사건은 사건의 크고 작음에 구별없이 검사만이 수사를 종결할 수 있다. 그러므로 사법경찰관은 그가 수사한 모든 형사사건에 대하여 기록과 증거물을, 그리고 구속한 경우에는 피의자를 검찰청으로 보내야 하는데 이를 송치(送致)라고 한다.

일반인 중에는 간혹 경찰서에서 조사를 받고 다 끝났는데, 검찰청에서 또 부르는 것은 무슨 까닭인가라고 묻는 경우가 있는데, 그것은 검사만이 수사를 종결할 수 있는 권한이 있다는 것을 이해하지 못하였기 때문이다. 그리고 사법경찰관은 송치할 때 그 동안 수사한 결과를 종합하여 사법경찰관으로서의 의견(예: 기소, 불기소 또는 기소중지, 무혐의 등)을 붙여서 송치하는데 이를 송치의견이라고 한다. 이 의견은 검사가 수사를 종결하는데 참고가 되지만, 그 의견에 기속되는 것은 아니다. 검사는 그 책임 아래에서 사건에 대하여 종국결정을 하여야 한다.

Ⅶ. 체포 · 구속적부심(拘束適否審)제도

일단 영장(令狀)에 따라서 수사기관에 체포 · 구속되었다고 하더라도 피의자는 체포 · 구속적부심절차에 따라 다시 법원으로부터 체포 · 구속의 적부(適否) 여부를 심사받을 수 있다. 이 절차에서 체포 · 구속이 부당하다고 하여 법원이 석방을 명하면 피의자는 즉시 석방되며, 이에 대하여 검사는 항고를 하지 못한다.

체포·구속적부심의 청구는 피의자 본인이나 변호인 물론 법정대리인, 배우자, 직계친족, 형제자매, 가족, 나아가 동거인이나 고용주도 피의자를 위하여 청구할 수 있다. 체포·구속적부심은 사건이 경찰에 있는지 검찰에 있는지를 가리지 아니하고, 검사가 법원에 기소를 하기 전이면 청구할 수 있다는 점에서 기소 후에 인정되는 보석과 다르다.

체포·구속적부심을 청구 받은 법원은 지체 없이 구속된 피의자를 심문하고 증거를 조사하여 결정을 하여야 하는데, 청구권자가 아닌 자가 청구하거나 동일한 영장에 대하여 재청구한 때, 수사방해의 목적이 분명한 때 등에는 청구를 기각하게 된다. 그리고 이 기각결정은 대하여 피의자는 항고하지 못한다.

Ⅷ. 기소(起訴)

검사는 사법경찰관으로부터 송치받은 사건이나 직접 인지 등으로 수사한 사건에 대하여 피의자가 재판을 받음이 마땅하다고 판단되는 경우에는 이를 법원에 회부하게 되는데, 이를 공제기, 즉 기소한다고 하며, 검사에 따라서 기소된 사람을 피고인(被告人)이라 한다.

검사가 피의자에 대하여 징역형이나 금고형에 처하는 것보다 벌금형에 처함이 상당하다고 생각되는 경우에는 기소와 동시에 법원에 대하여 벌금형에 처해 달라는 뜻의 약식명령을 청구할 수 있는데, 이를 약식기소(略式起訴)라고 한다. 따라서 구속된 사람에 대하여 검사가 약속기소를 하는 경우에는 석방을 하여야 한다. 이 경우 판사는 공판절차를 거치지 않고 수사기록만으로 재판을 하게 된다. 그러나 판사는 약식절차에 따르는 것이 불가능 또는 부적당하다고 생각하는 경우에는 정식재판에 회부하여 공판을 열어 재판을 할 수도 있다. 피고인이나 검사는 판사의 약식명령에 대하여 불복이 있으면 7일 내에 정식재판을 청구할 수 있다. 그리고 실무상으로는 검사는 약식기소를 할 때 구형에 해당하는 벌금상당액을 피고인으로부터 미리 예납을 받고 있는데, 예납한 피고인은 약식명령에 기재된 벌금을 다시 납부할 필요는 없다.

Ⅸ. 불기소(不起訴)

검사가 사건을 수사한 결과 재판에 회부하지 않는 것이 상당하다고 판단되는 경우에는 기소를 하지 않고 사건을 종결하는데, 이를 불기소처분이라고 한다. 불기소처분으로 중요한 것은 기소유예와 무혐의 처분이 있다. 또는 '죄가 안됨, '공소권 없음'의 처분도 있다.

1. 기소유예

이는 죄는 인정되지만, 피의자의 연령이나 성행, 환경, 피해자에 대한 관계, 범행의 동기나 수단, 범행 후의 정황 등을 참작하여 기소를 하여 전과자를 만드는 것보다는 다시한번 성실한 삶의 기회를 주기 위하여 검사가 기소를 하지 않고 용서해 주는 것을 말한다.

그리고 소년법에 따르면 '선도조건부기소유예제도'를 두고 있는데, 이는 선도위원이 피의자를 선도하여 앞으로 재범하지 않는다는 조건으로 검사가 기소를 유예하는 것이다. 이 제도의 실시 결과 재범률이 무척 낮아져 좋은 성과를 얻고 있다(소년법 제49조의3).

기소유예에서 한번 기소유예를 하면 특별한 사정이 없으면 다시 같은 죄로 기소를 하지 않지만 만약 기소유예 후에 또 죄를 저질렀다고 하는 경우 등의 사정이 있으면 검사는 기소유예에 처분한 범죄에 대하여 새로 기소를 할 수 있다.

2. 무혐의 처분

이는 법률전문가인 검사가 수사한 결과 범죄를 인정할만한 증거가 없는 경우에 피의자의 무고함을 최종적으로 판단하는 처분이다. 또 민사상 채무불이행에 해당되어 무혐의 처분을 한 경우에는 형사상 범죄가 성립되지 않는 것을 의미할 뿐이지, 민사상의 채무까지 면제해 주는 것이 아님을 주의할 필요가 있다. 그리고 무혐의 처분에 대하여 만약 새로운 증거가 발견된다면 검사는 다시 기소를 할 수 있다.

X. 보석(保釋)

검사에 따라서 구속기속된 경우에는 피고인은 재판을 담당하고 있는 법원에 보증금을 납부할 것을 조건으로 석방하여 줄 것을 청구할 수 있는데, 이를 보석(保釋)이라고 한다. 보석보증금은 현금으로 하지 않고 보석보증보험증권을 첨부한 보증서로서 갈음할 수 있다. 이와 같은 보석은 기소 후에 청구하는 점에서 기소전에 청구하는 구속적부심과 다르다. 보석은 피고인은 물론 변호인과 피고인의 법정대리인, 배우자, 직계친족, 형제자매, 가족, 동거인 또는 고용주도 청구할 수 있으며, 법원은 보석을 결정함에 있어 미리 검사의 의견을 물어야 하지만, 그 의견에 구애받지 않고 자유로이 결정할 수 있다. 법원은 피고인의 자력정도와 범죄의 성질, 증거 등을 고려하여 상당한 보증금을 납부할 것과 주거를 제한하는 등의 조건을 붙이는 것이 보통이다. 또 보석은 피고인 등의 청구가 없다라도 법원이 직권으로 허가하는 경우도 있다.

XI. 재판(裁判) → 공소제기, 공판

1. 공판(公判)

검사가 기소한 사건에 대하여 법원은 공판을 열어 재판을 하게 된다. 그러나 검사가 약식기소한 사건에 대하여는 공판을 열지 않고 기록만으로 재판을 하지만 판사가 정식재판을 할 필요가 있다고 생각하면 사건을 통상재판에 회부할 수도 있다. 공판은 보통 법원에 마련된 공판정에서 공개리에 진행이 된다. 이 재판에서 피고인은 자기의 억울함이나 정당함을 주장할 수 있고 또 변호인의 도움을 받을 수 있다.

2. 유죄의 판결

심리결과 피고인의 죄가 인정되면 판사는 유죄의 판결을 하는데, 정상에 따라 실형을 선고하는 수도 있고, 집행유예를 붙여 주는 경우도 있으며, 정상이 참작될 때는 선고유예를 하는 수도 있다.

3. 무죄의 판결

기소한 사건에 대하여 유죄로 인정할 증거가 없으면 판사는 무죄를 선고한다.

4. 형사보상

구속되었다가 법원에서 무죄의 판결을 받거나, 검사로부터 불기소처분(기소유예처분은 제외함)을 받은 사람 중 범인이 아닌 것이 명백한 사람 및 처음부터 잘못 구속된 사람은 형사보상법에 따라 구속에 대한 보상을 청구할 수 있다.

5. 재판의 관할

1심 재판은 사건에 따라 판사 한사람이 하기도 하고, 판사 3인으로 구성된 합의부에서 하기도 하는데, 원칙적으로 단기 1년 이상의 징역에 해당하는 사건은 지방법원(지원) 합의부의 관할이다. 단독판사가 한 재판에 대하여는 지방법원의 본원합의부, 합의부에서 한 재판에 대하여는 고등법원에 각 항소를 할 수 있고, 이에 대하여는 다시 대법원에 각 상고를 할 수 있다.

XII. 형의 집행

법원의 판결에 따라 선고된 형(刑)은 검사의 지휘에 따라서 집행하는데, 징역형이나 금고형은 교도소에서 집행한다. 그리고 벌금은 판결 확정일로부터 30일 이내에 납부하여야 하며, 벌금을 납부하지 않는 경우에는 1일 이상 3년 이내의 범위에서 노역장에 유치하게 되므로 스스로 납부하여 불이익을 면해야 할 것이다.

XIII. 가석방과 형집행정지

징역 또는 금고의 형(刑)의 집행 중에 있는 자 가운데, 복역성적이 양호하고 뉘우침이 있는 때에는 무기에서는 10년, 유기에서는 형기의 3분의 1을 경과한 후에 법무부장관이 가석방을 할 수 있다. 그러나 가석방 중에 행실이 나쁘거나 다시 죄를 저지르면 가석방이 취소 또는 실효되어 남은 형기를 마저 복역하여야 한다. 그리고 형의 집행으로 생명을 보존할 수가 없거나 잉태 후 6개월 이상인 때 또는 연령이 70세 이상인 때, 그 밖에 중대한 사유가 있으면 검사는 형집행을 정지시키고 석방할 수도 있다.

XIV. 형의 실효(전과 말소)

한 번의 잘못으로 형(刑)을 받았다고 하더라도 일정한 기간 죄를 저지르지 않으면 전과를 말소하여 정상적인 사회복귀를 보장할 필요가 있다. 징역 또는 금고의 집행을 종료하거나 집행이 면제된 자가 피해자의 손해를 보상하고 자격정지 이상의 형을 받음이 없이 7년을 경과한 때에는 본인이 신청을 하면 재판의 실효를 선고받을 수 있다(형법 제81조).

그러나 일반인들의 이 신청절차 등을 모르고 있기 때문에 정부는 "형의 실효 등에 관한 법률"을 제정하여 형의 집행을 종료 또는 면제받은 후 일정기간 동안 자격정지 이상의 죄를 저지르지 않은 경우에는 자동적으로 형을 실효시키도록 하였다. 최근에서는 법률을 개정하여 형의 실효기간을 단축함으로써 수형인의 인권을 보장하고 조속한 사회복귀를 도모토록 하였다. 그 기간은 3년을 초과하는 징역 또는 금고는 10년, 3년 이하의 징역 또는 금고는 5년, 벌금은 2년이고, 다만, 구류나 과료는 형의 집행을 종료하거나 그 집행이 면제된 때에 그 즉시 실효된다.

제4장 교통사고와 법(교통사고처리특례법)

제1절 입법 목적

교통사고처리특례법은 업무상과실(業務上過失) 또는 중대한 과실로 교통사고를 일으킨 운전자에 관한 형사처벌 등의 특례를 정함으로써 교통사고로 인한 피해의 신속한 회복을 촉진하고 국민생활의 편익을 증진함을 목적으로 하고 있다(법 제1조).

이 법은 자동차의 증가로 인하여 교통사고 역시 증가함에 따라 가해자로 하여금 피해자에게 충분하고 신속한 피해보상을 강제할 목적으로 엄벌되는 경향이 있었다. 또 일부 나쁜 피해자는 가해자의 과실이 매우 적고 자신의 피해가 대단치 아니함에도 불구하고 부당한 보상을 받아내고자 가해자의 형사처벌을 탄원하는 좋지 못한 현상도 있었다. 따라서 피해자에게 신속하고 적정한 보상책을 강구하면서 과실범인 교통사고범의 형사처벌을 완화하고, 교통사고에 대한 신속한 법적 처리를 통하여 국민의 일상생활복귀가 촉진될 수 있도록 하기 위하여 1981. 12. 31. 제정된 것이다. 교통사고에 대한 처벌규정은 형법 제268조(업무상과실 · 중과실치사상), 도로교통법 제151조(업무상과실 · 중과실재물손괴)가 있으나 이 법은 이에 대한 특별법으로서 형사처벌의 특례를 규정한 것이다.

제2절 적용대상

Ⅰ. 차

이 법에서 차란 도로교통법 제2조 제19호 가목에 따른 차와 건설기계관리법 제2조 제1항 제1호에 따른 건설기계를 말한다(법 제2조 제1호). 즉 자동차, 원동기장치자전거, 자전거, 사람 또는 가축의 힘이나 그 밖의 동력으로 도로에서 운전되는 것[(예; 경운기, 손수레, 우마차, 자전거, 다만, 철길이나 가설된 선을 이용하여 운전되는 것, 유모차와 행정안전부령으로 정하는 보행보조용 의자차는 제외한다)(도로교통법 제2조 제17호 가목)]과 건설공사에 사용할 수 있는 기계로서 대통령령으로 정하는 것을 말한다(건설기계관리법 제2조 제1항).

Ⅱ. 도로성 여부

교통사고처리특례법 제3조가 도로에서의 교통사고로 제한하지 않고 있기 때문에 제2항 단서의 예외사유에 해당하는 사고 역시 도로에서의 교통사고에 국한하여 적용되는 것이 아니라 모든 교통사고가 포함되는 것인지 여부가 문제된다. 교통사고처리특례법의 교통사고는 도로교통법에서 정하는 도로에서 발생한 교통사고의 경우에만 적용되는 것이 아니고, 차의 교통으로 인하여 발생한 모든 경우에 적용된다(대판 1996.10.25., 96다1848).

Ⅲ. 운전자

교통사고처리특례법은 운전자에 국한한다. 그러므로 운전보조자나 승객이나 보행자와 같은 교통관여자는 적용대상이 아니다. 도로교통법상 운전이란 도로에서 차마를 그 본래의 사용방법에 따라 사용하는 것을 말한다. 차마란 차와 우마를 말한다. 차에는 자동차, 건설기계, 원동기장치자전거, 자전거, 사람 또는 가축의 힘이나 그 밖의 동력으로 도로에서 운전되는 것을 말한다. 그러므로 손수레를 끄는 자도 적용대상이 된다. 그리고 우마란 교통이나 운수에 사용되는 가축을 말한다(도로교통법 제2조 제17호).

제3절 교통사고

Ⅰ. 교통사고란?

교통사고란 차의 교통으로 인하여 사람을 사상(死傷)하거나 물건을 손괴(損壞)하는 것을 말한다(교통사고처리특례법 제2조 제2호). 즉 대인(對人)사고와 대물(對物)사고를 포함한다. 이 점에서 피해자의 사망・상해로 제한되는 특정처벌가중처벌법 위반죄(도주차량)의 사고와 다르다. 교통사고에는 운전자의 고의・과실이 인정되어야 한다. 과실이 인정되지 않으면 교통사고처리특례법 위반죄는 성립하지 않는다. 교통사고는 장소적으로 도로교통법상의 도로에서의 사고에 한정하지 않는다(교통사고처리특례법 제3조에는 이러한 제한규정이 없다).

Ⅱ. 교통사고시 처리방법

1. 구호의무

교통사고가 나면 사고차량의 운전자나 승무원은 자기에게 과실이 있건 없건 즉시 차를 세우고 사상자를 구호하는데 필요한 조치를 취하여야 한다. 구호조치를 취하지 아니하면 설사 수사결과 교통사고 자체에 과실이 없다고 판단되더라도 처벌을 받게 된다. 뿐만 아니라 현장에서 도주해 버리면 수사상 과실이 많은 것으로 보고 불리한 취급을 받게 되고, 일단 도주차량의 혐의가 인정되면 일반 교통사고와 달리 징역 1년 이상 사형까지 엄중한 법의 심판을 받게 된다.

2. 신고의무

교통사고의 내용이 인적 피해이건 물적피해이건 간에 신속한 구호조치가 끝난 다음 즉시 가까운 경찰관서에 신고를 하여야 한다. 설사 피해자가 신고하지 않기를 원한다고 하더라도 신고의무를 위반하면 처벌받게 된다.

3. 합의

가해자는 피해자와 합의하면 원칙적으로 처벌하지 않는다. 1심 판결선고까지 합의되지 않으면 처벌받는다. 따라서 가해자는 신속한 합의를 위하여 더욱 노력하여야 한다. 종합보험이나 공제조합에 가입하면 보험회사나 공제조합에서 피해자가 입은 손해를 전액 보상하므로 합의된 경우와 마찬가지로 취급된다.

제4절 교통사고에 처벌특례규정

Ⅰ. 원칙 : 반의사불벌죄(反意思不罰罪)

형법 제268조의 죄인 업무상 과실치사죄 또는 업무상 과실치상죄를 차의 운전자가 교통사고를 일으켜 야기한 경우에는 본법에 따라 처벌된다(법 제3조 제1항).[1)] 그러나 본법은 이 가운데 치상죄의 경우에 특례를 규정하고 있다. 즉 형법 제268조의 죄 중 업무상 과실치상죄 또는 중과실치상죄와 도로교통법 제151조(업무상 과실·중과실 손괴죄)의 죄를 범한 운전자에 대하여는 원칙적으로 피해자의 명시적인 의사에 반하여 공소를 제기할 수 없다.

다만, ⅰ) 차의 운전자가 제1항의 죄 중 업무상 과실치상죄 또는 중과실치상죄를 범하고도 피해자를 구호하는 등 도로교통법 제54조 제1항에 따른 구호조치를 하지 아니하고 도주하거나 피해자를 사고 장소로부터 옮겨 유기하고 도

1) 법정형(法定刑)은 형법과 교통사고처리특례법 모두 5년 이하의 금고 또는 2천만원의 벌금형이다.

주한 경우, ⅱ) 같은 죄를 범하고 도로교통법 제44조 제2항을 위반하여 음주측정 요구에 따르지 아니한 경우(운전자가 채혈 측정을 요청하거나 동의한 경우는 제외한다)와 ⅲ) 제2항 단서 각호가 규정하고 있는 12개 예외사유의 어느 하나에 해당하는 행위로 인하여 같은 죄를 범한 경우에는 공소제기가 가능하다(교통사고처리특례법 제3조 제2항 단서).

Ⅱ. 예외 : 공소(公訴)제기가 가능한 사유

교통사고처리특례법이 정한 처벌규정은 반의사불벌죄에 해당하지만 예외적으로 불벌의사에도 불구하고 기소할 수 있는 경우를 규정하고 있다. 즉 사고자의 잘못이 매우 크다고 보여는 다음의 경우는 합의되었다고 하더라도 형사처벌을 면하지 못한다.

1. 구호조치 미이행과 도주

업무상과실치상죄 또는 중과실치상죄를 범하고도 피해자를 구호하는 등 도로교통법 제54조 제1항에 따른 조치를 하지 아니하고는 도주하거나 피해자를 사고 장소로부터 옮겨 유기하고 도주한 경우에는 피해자의 의사에 불구하고 공소제기가 가능하다.

2. 음주측정 불응

업무상과실치상죄 또는 중과실치상죄를 범하고 도로교통법 제44조 제2항을 위반하여 음주측정 요구에 따르지 아니한 경우(운전자가 채혈측정을 요청하거나 동의한 경우는 제외한다)에도 반의사불벌죄가 아니다.

3. 12개 예외사유

교통사고처리특례법 제3조 제2항 단서 각호가 규정하고 있는 12개 예외사유의 어느 하나에 해당하는 행위로 인하여 업무상과실치상죄 또는 중과실치상죄를 범한 경우에는 공소제기가 가능하다.

① 도로교통법 제5조에 따른 신호기가 표시하는 신호 또는 교통정리를 하는 경찰공무원 등의 신호를 위반하거나 통행금지 또는 일시정지를 내용으로 하는 안전표지가 표시하는 지시를 위반하여 운전한 경우

② 도로교통법 제13조 제3항을 위반하여 중앙선을 침범하거나 같은 법 제62조를 위반하여 횡단, 유턴 또는 후진한 경우

③ 도로교통법 제17조 제1항 또는 제2항에 따른 제한속도를 시속 20킬로미터 초과하여 운전한 경우

④ 도로교통법 제21조 제1항, 제22조, 제23조에 따른 앞지르기의 방법 · 금지시기 · 금지장소 또는 끼어들기의 금지를 위반하거나 같은 법 제60조제2항에 따른 고속도로에서의 앞지르기 방법을 위반하여 운전한 경우

⑤ 도로교통법 제24조에 따른 철길건널목 통과방법을 위반하여 운전한 경우

⑥ 도로교통법 제27조 제1항에 따른 횡단보도에서의 보행자 보호의무를 위반하여 운전한 경우

⑦ 도로교통법 제43조, 건설기계관리법 제26조 또는 도로교통법 제96조를 위반하여 운전면허 또는 건설기계조종사면허를 받지 아니하거나 국제운전면허증을 소지하지 아니하고 운전한 경우. 이 경우 운전면허 또는 건설기계조종사면허의 효력이 정지 중이거나 운전의 금지 중인 때에는 운전면허 또는 건설기계조종사면허를 받지 아니하거나 국제운전면허증을 소지하지 아니한 것으로 본다.

⑧ 도로교통법 제44조제1항을 위반하여 술에 취한 상태에서 운전을 하거나 같은 법 제45조를 위반하여 약물의 영향으로 정상적으로 운전하지 못할 우려가 있는 상태에서 운전한 경우

⑨ 도로교통법 제13조 제1항을 위반하여 보도(步道)가 설치된 도로의 보도를 침범하거나 같은 법 제13조 제2항에 따른 보도 횡단방법을 위반하여 운전한 경우

⑩ 도로교통법 제39조 제3항에 따른 승객의 추락 방지의무를 위반하여 운전한 경우

⑪ 도로교통법 제12조 제3항에 따른 어린이 보호구역에서 같은 조 제1항에 따른 조치를 준수하고 어린이의 안전에 유의하면서 운전하여야 할 의무를 위

반하여 어린이의 신체를 상해(傷害)에 이르게 한 경우

⑫ 도로교통법 제39조 제4항을 위반하여 자동차의 화물이 떨어지지 아니하도록 필요한 조치를 하지 아니하고 운전한 경우

4. 자동차보험 또는 공제가입

교통사고처리특례법 제4조에서 교통사고를 일으킨 차가 보험업법, 여객자동차 운수사업법, 화물자동차 운수사업법에 따라 보험 또는 공제를 가입한 경우에는 제3조 제2항의 예외사유를 제외한 본문에 기재된 죄를 범한 운전자에 대하여 공소를 제기할 수 없다. 반의사불벌죄인 제3조 제2항 본문의 죄에서 보험 또는 공제가입한 경우에는 피해자의 처벌을 원하지 아니하는 의사표시가 있는 것으로 간주하는 것이다. 자동차손해배상 보장법(약칭: 자동차손배법)에 대하여 설명하고자 한다.

(1) 강제보험 즉 책임보험의 경우 → 대인배상책임

강제보험은 모든 자동차 소유자가 가입하여야 하는 보험으로 사망한 경우에는 1억 5천만원, 다친(상해) 경우에는 최고 3천만원(1급)까지, 후유장해가 생긴 때에는 최고 1억 5천만원(1급)까지의 보험금액을 장해급수에 따라 지급하고 있다.

교통사고 피해자는 앞 금액의 범위 내에서 직접 보험회사에 대하여 손해배상금액의 지급을 청구할 수 있는데, 장례비 등 급하게 소요되는 비용에 대하여는 보험회사에 가불금지급청구서, 사고증명서, 진단서 등 필요한 서류를 구비하여 신청하면 지체없이 가불금을 지급하도록 되어 있다. 피해자는 앞 기재금액 범위 안에서 보상받을 수 있을 뿐이므로 실제의 손해금액이 많은 경우에는 그 초과액을 가해자 측에 대하여 청구할 수 있음은 물론이다.

(2) 임의보험(선택보험), 즉 종합보험

교통사고로 인한 손해가 책임보험만으로 보상될 수 없는 경우가 많으므로 이러한 때를 대비하여 임의로 종합보험(선택보험)을 들어두면 좋다. 즉 책임보험은 인적사고의 경우에만 일정한 금액의 범위를 한도로 배상하고 있고, 물적 손해에 대하여는 전혀 배상하지 않지만 종합보험에 들면 거의 모든 손해를 보

험회사가 배상을 해주기 때문이다.

종합보험에 든 경우라도 약관에는 보험회사가 보험금의 지급을 거부할 수 있는 면책조항이 있는데, 그 중 중요한 것은 무면허운전과 음주운전이다. 이 경우에는 보험의 혜택을 받을 수 없다. 다만, 일정한 자기부담(예: 음주운전의 대인사고는 자기부담금이 200만원)을 한 후에는 보험의 혜택이 가능한 경우도 있다.

그리고 임의보험(선택보험, 종합보험)은 약관의 일반조항에 따라 보험회사의 사전승인 없이 지급한 손해배상의 전부 또는 일부는 승인하지 않는다는 규정이 있는 경우도 있으므로 합의를 할 때에는 보험회사와 상의하여 행하는 것이 좋다. 또 피해자가 보험회사에서 사정한 금액 이상을 청구할 경우가 있는데, 이 때에는 보험회사와 상의하여 피해자 측이 소송을 제기함을 기다려 법원의 공정한 판결에 따를 수밖에 없다. 이 경우에 변호사에게 위임하는 것이 좋은데, 변호사비용도 보험회사가 부담을 하는 것이므로 보험회사와 상의하는 것이 좋다.[2)]

(3) 자동차보험과 피해자

책임보험의 경우는 배상이 일정금액한도에 그쳐 충분하지 못하고, 종합보험은 배상의 폭이 넓고, 또 종합보험 보통약관에 따라 피해자가 직접 보험회사에 대하여 보험금 지급을 청구할 수 있다.

제5절 교통사고에 대한 사례[3)]

Ⅰ. 차량관리소홀 책임

차량 소유자가 자동차 열쇠를 허술하게 보관하여 다른 사람이 이 무단운전하다가 교통사고를 일으켰을 경우에 차주는 이에 대한 손해배상책임을 져야 한다는 판결이 있다. 그러나 이것은 차주가 사고에 대한 형사책임까지 진다는 것은 아니다.

---

2) 이보영, 법과생활, 동방문화사, 2013, 238면 참조.
3) 이보영, 앞의 책, 239~240면 참조.

Ⅱ. 자동차 명의이전을 하기 전의 사고에 대한 책임

자동차를 팔았으나 자동차 등록원부의 등록명의는 그대로 가지고 있는 동안 교통사고가 났을 경우 손해배상책임은 어떻게 되는가? 매도인이 계약금만 받고 중도금과 잔금을 받기 전에 자동차를 인수해 간 매수인이 사고를 낸 경우에는 매도인도 배상책임을 진다. 그러나 매도인이 잔금을 받은 후 명의이전서류까지 모두 건네주었으나 단지 매수인이 이전등록을 하지 않은 채 자동차를 운행할 경우에는 매도인은 배상책임을 지지 않는다. 예를 들면, 자동차의 운행을 누가 지배하고 있느냐, 운행의 이익을 누가 보고 있느냐가 책임의 소재를 결정하는 중요한 조건이라고 할 수 있다.

Ⅲ. 차주 등의 손해배상책임

교통사고가 났을 때 가해 운전자가 손해배상 책임을 지는 것은 당연하다. 차량의 소유자도 배상책임을 지는지를 묻는 사람이 많다. 당연히 차주 등은 운전자가 타인에게 손해를 배상할 책임을 진다. 운전자가 형사처벌을 받았다고 하더라도 손해배상책임이 없어지는 것은 아니다. 물론 차주 등이 운전자의 과실이나 자기의 과실없이 일어난 교통사고이며, 운전자 외의 제3자에게 고의나 과실이 있고, 자동차의 구조상의 결함이나 기능의 장해가 없었다는 것을 증명하면 차주 등은 손해배상책임을 지지 않겠지만 보통 이와 같은 것을 증명하는 것은 어려운 일이므로 차주 등은 거의 책임을 지게 된다고 볼 수 있다.

제5장 학생체벌·학생폭력과 관련한 사고

제1절 학생체벌

Ⅰ. 체벌의 개념과 유형

1. 체벌의 개념

체벌이라 함은 학생을 때리거나 벌을 세우는 등 신체적 고통을 주고, 그 고통에서 피하려는 노력에 호소하여 학업에 정진하게 한다든가 비행을 교정하려는 교육방침을 말한다. 체벌의 개념에는 교원이라는 주체와 학생이라는 객체, 그리고 교육 내지 훈육이라는 목적과 신체적 고통의 의도적 야기라는 결과 등이 본질적인 요소로서 포함된다. 따라서 체벌은 교원이 교육적인 목적을 가지고 한 행위이어야 하며, 감정 해소 등의 비교육적 목적에서 한 행위라면 체벌에 포함되지 않고 폭행 내지 상해 등의 일반적인 불법행위가 될 뿐이다.

교육현장에서 체벌은 동·서양을 막론하고 인류 역사이래로 행해져 왔고, 이로 인하여 얻어지는 교육적 효과 및 피교육자의 신체침해라는 상반된 결과를 두고 이에 대한 찬반대립이 지속되어 온 것도 사실이다.

2. 체벌의 허용여부

체벌은 학생에 대한 행동교정의 수단으로 학생을 훈육하여 어떤 비행을 중단하도록 하는 교육목적이 있지만, 그 법익침해의 결과가 심각하고 지속적인 신체손상뿐만 아니라 후속적으로 심리적 좌절감과 갈등이라는 정신적 손해를 심각하게 유발할 수 있기 때문에 이의 허용여부에 관한 논쟁이 있다. 교사가 징계의 수단으로 체벌을 가하는 빈도가 잦은 현실이고 이로 인하여 학생이 중대한 신체적·정신적 침해를 입은 사례도 자주 있기 때문에 교육적 징계수단으로써 체벌이 허용되어야 할 것인지, 허용된다고 한다면 그 범위는 어느 정도까지 인정할 것인가를 두고 많은 논의가 이루어져 오고 있다. 문제는 체벌의 허용한도를 넘은 체벌은 위법행위가 되어 피해 학생의 손해배상 책임, 위법한 행위로서 징계처분을 당한 교사의 형사상 책임 및 신분상의 제재 등의 법적 문제와 관련하여 중요한 의미를 지닌다.

(1) 제한적 긍정론

종래 교육현장에서는 학생을 바람직한 인간으로 성장시키기 위해, 그리고 교육목적을 수행하기 위해서는 교사가 학생을 훈육하거나 체벌을 하는 것은 허용되어야 한다고 인식되었다. 그러나 체벌은 학생에게 육체적·심리적 부담을 주기 때문에 일정한 범위 내에서만 허용되어 왔다. 즉 체벌긍정론도 무제한적으로 체벌을 허용한다는 의미는 아니고, 제한적으로 허용하자는 것이다. 제한적 긍정론자는 학교에서 교사가 교육목적상 필요에 따른 자주성과 전문성은 보장되어야 하므로 불가치한 경우에 예외적으로 체벌을 훈계의 수단으로 선택하는 것이 허용되어야 한다는 것이다.

(2) 부정론

세계적으로 학생에 대한 체벌금지 입법이나 UN 아동권리위원회로부터 우리나라에 대한 권고의 영향 등으로 체벌에 대한 견해는 점차적으로 부정론으로 바뀌어 가는 경향에 있다. 우리나라의 경우 체벌은 교육적 목적이라고 해도 대한민국헌법 제10조의 행복추구권보다 우선할 수는 없으며, 교육기본법 제12조에서도 "학습자의 기본적 인권은 학교교육 또는 사회교육의 과정에서 존중되고 보호된다"고 하므로, 체벌은 교사에 따른 폭력행사이고 학생에게 고통을 주는 행위이며 학생의 인격을 파괴하는 행위라고 보는 것이다.[1)]

---

1) 임종수, 앞의 책 322면 참조.

3. 체벌의 유형

체벌의 유형은 학생에 대한 신체적 접촉이 있는 체벌인가 아닌가의 구별이다. 신체적 접촉이 없는 경우가 신체적 접촉이 있는 경우보다 허용의 가능성이 높기 때문이다. 앞의 것을 간접체벌이고, 뒤의 것은 직접체벌이라고 한다.

직접체벌은 교원이 자신의 신체 일부를 이용하는 신체형과 자신의 신체 일부가 아닌 것을 이용하는 도구형으로 구별된다. 신체형의 예로는 얼굴 때리기, 귀 잡아 당기기, 꼬집기, 머리 당기기, 군밤 주기, 발로 차기, 꼬집기 등 다양하다. 또한 도구형의 예로는 회초리, 몽둥이, 출석부, 대걸레 자루, 실내화, 허리띠 등이 있다. 교원이 자신의 신체가 아니라 학생의 신체를 이용하여 다른 학생을 체벌하는 경우도 있을 수 있다. 체벌에 이용된 학생은 자신의 의사에 따라 이를 거부할 수 없는 경우이어야 여기에 해당하며 이 학생은 도구로 이용되었다고 볼 수 있다

신체적 접촉이 없는 체벌인 간접체벌은 체벌대상인 학생으로 하여금 의무없는 일을 자신의 의사에 반하여 하도록 강요함으로써 신체적 고통을 느끼게 하는 유형이다. 그 예로는 책상이나 걸상 들고 서 있기, 무릎 꿇고 손들기, 토기뜀뛰기, 오리걸음, 운동장 돌기, 엎드려뻗쳐, 청소하기, 벽보고 서있기, 팔 올리고 서있기, 끓어 앉기, 오랫동안 세워두기, 눈감고 서 있기, 선착순 달리기 등 교사의 강요에 따라서 신체적 고통을 느끼게 하는 행위 등이다.

4. 판례

대법원의 종전 체벌판례는 교사에게 관대한 입장이었으나 점차로 교원의 위법성을 인정하고 학생을 보호하는 경향으로 변화하고 있다. 즉 1970년대에는 교사의 행위에 대한 제재의 범위를 사회관념상 비난의 대상이 될 만큼 사회상규를 벗어나지 아니할 것이라 하여 그 범위를 넓게 보았으나, 1980년대에는 교육상 필요가 있고 다른 교육적 수단으로는 교정이 불가능하여 부득이한 경우에 한한다고 하였고, 1990년대에는 체벌을 가하게 된 동기와 경위, 체벌방법 및 정도, 체벌을 가한 부위 등을 종합하여 교사에게 요구되는 주의의무를 게을리 하지 말 것도 포함하고 있다. 판례의 변화를 보면, 일본에서는 체벌금

지를 입법화하였고, 미국의 상당수의 주에서 체벌을 금지하고 있고, 세계의 많은 국가에서 체벌을 전면적으로 금지하고 있고, UN 아동권리위원회가 우리나라에 대하여 2차례나 체벌금지를 권고한 영향도 있었겠지만, 인간의 존엄성과 관련하여 학생의 인격권 보호차원에서 학생에게 신체적 고통을 가하는 징계는 더 이상 합리화하기 어렵다는 입장도 있었다고 본다. 따라서 판례는 점차로 체벌을 부정하는 입장을 취하고 있다.

(1) 대법원 판례

교사가 학생의 신체를 때린 행위는 사회통념상 객관적 타당성을 갖추었다고 보기 어렵다고 하여 교사에게 책임을 인정한 판례이다(대법원 2004. 6. 10. 선고 2001도5380 판결).

1) 사건의 개요

여자 중학교 체육교사 겸 태권도 지도교사인 A교사가 교실 밖 공개된 장소에서 여학생에게 교사 자신의 손과 주먹으로 여학생의 머리 부분을 때렸고, 교사가 신고 있던 슬리퍼로 여학생의 양손을 때렸으며, 같은 달 태권도대회 출전과 관련해 질문하는 여학생 2명에게 다른 학생들이 보는 가운데 욕설을 하여 폭행 · 모욕혐의로 기소되었다. 제1심과 항소심은 유죄가 인정하였으나, A교사는 “자신의 행위가 교육목적상 정당한 징계행위이므로 정당행위”임을 주장하여 대법원에 상고하였다.

2) 대법원의 판결요지

[1] 사회상규에 위반되지 아니하는 행위라 함은 법질서 전체의 정신이나 그의 배후에 놓여 있는 사회윤리 도의적 감정 내지 사회통념에 비추어 용인될 수 있는 행위를 말하는 것이어서 어떠한 행위가 사회상규에 위배되지 아니하는가는 구체적 사정아래에서 합목적적 합리적으로 고찰하여 개별적으로 판단되어야 한다.

[2] 초 · 중등교육법령에 따르면 교사는 학교장의 위임을 받아 교육상 필요하다고 인정할 때에는 징계를 할 수 있고 징계를 하지 않는 경우에는 그 밖의 방법으로 지도를 할 수 있는데 그 지도에 있어서는 교육상 불가피한 경우에만

신체적 고통을 가하는 방법인 이른바 체벌로 할 수 있고 그 외의 경우에는 훈육, 훈계의 방법만이 허용되어 있는바, 교사가 학생을 징계 아닌 방법으로 지도하는 경우에도 징계하는 경우와 마찬가지로 교육상의 필요가 있어야 될 뿐만 아니라 특히 학생에게 신체적, 정신적 고통을 가하는 체벌, 비하(卑下)하는 말 등의 언행은 교육상 불가피한 때에만 허용되는 것이어서, 학생에 대한 폭행, 욕설에 해당되는 지도행위는 학생의 잘못된 언행을 교정하려는 목적에서 나온 것이었으며 다른 교육적 수단으로는 교정이 불가능하였던 경우로서 그 방법과 정도에서 사회통념상 용인될 수 있을 만한 객관적 타당성을 갖추었던 경우에만 법령에 의한 정당행위로 볼 수 있을 것이고, 교정의 목적에서 나온 지도행위가 아니어서 학생에게 체벌, 훈계 등의 교육적 의미를 알리지도 않은 채 지도교사의 성격 또는 감정에서 비롯된 지도행위라든가, 다른 사람이 없는 곳에서 개별적으로 훈계, 훈육의 방법으로 지도·교정될 수 있는 상황이었음에도 낯모르는 사람들이 있는 데서 공개적으로 학생에게 체벌·모욕을 가하는 지도행위라든가, 학생의 신체나 정신건강에 위험한 물건 또는 지도교사의 신체를 이용하여 학생의 신체 중 부상의 위험성이 있는 부위를 때리거나 학생의 성별, 연령, 개인적 사정에서 견디기 어려운 모욕감을 주어 방법·정도가 지나치게 된 지도행위 등은 특별한 사정이 없는 한 사회통념상 객관적 타당성을 갖추었다고 보기 어렵다.

[3] 여자중학교 교사의 학생에 대한 지도행위가 당시의 상황, 동기, 그 수단, 방법 등에 비추어 사회통념상 객관적 타당성을 갖추지 못하여 정당행위로 볼 수 없다.

3) 판결의 의미

이 판결의 의미를 살펴보면, 그 동안 명확하지 못하였던 교사의 학생체벌이 정당행위로 인정되기 위한 요건을 제시하였다. 즉 다른 교육적 수단으로는 교정이 불가능하였던 경우로서 그 방법과 정도에서 사회통념상 용인될 수 있을 말한 객관적 타당성을 갖추었던 경우에만 법령에 따른 정당행위로 볼 수 있을 것이고, 교정목적에서 나온 재도행위가 아니어서 학생에게 체벌, 훈계 등의 교육적 의미를 알리지도 않은 채 지도교사의 성격 또는 감정에서 비롯된 지도행위라든가, 다른 사람이 없는 곳에서 개별적으로 훈계, 훈육의 방법으로 지도 · 교정될 수 있는 상황이었음에도 낯모르는 사람들이 있는 데서 공개적으로 학생에게 체벌 · 모욕을 가하는 지도행위라든가, 학생의 신체나 정신건강에 위험한 물건 또는 지도교사의 신체를 이용하여 학생의 신체 중 부상의 위험성이 있는 부위를 때리거나 학생의 성별, 연령, 개인적 사정에서 견디기 어려운 모욕감을 주어 방법 · 정도가 지나치게 된 지도행위 등은 특별한 사정이 없는 한 사회통념상 객관적 타당성을 갖추었다고 보기 어렵다고 하여 구체적인 정당행위의 유형을 열거하여 학생현장에서 체벌의 정당성 판단의 기준을 제시하고 있다.

(2) 헌법재판소의 결정

교사가 학생의 행동을 바로 잡으려는 의도에서 체벌을 하였다고 하더라도 체벌의 불가피성이 인정되지 아니하고 절차와 방법이 적정하지 아니하며, 체벌의 정도도 가볍지 아니하므로 사회통념상 용인되는 객관적 타당성을 갖추었다고 보기 어려운 경우, 기소유예처분이 정당하다고 판단한 헌법재판소 결정이다(헌법재판소 2006. 07.27. 선고 2005헌마1189 결정).

1) 사건의 개요

○○고등학교 여교사가 고등학교 1학년 8반에 재학하던 남학생 김 모군을 2005. 5. 23. 09:25경 수업에 지각하였다는 이유로 손바닥으로 빰을 1회 때려 약 2주간의 치료를 요하는 좌측 와우진탕의 상해를 가하고, 같은 달 26. 학교에서 김모군을 교무실로 데리고 가 세워놓고 '너는 왜 그리 못되었느냐'고 꾸지람을 하여 교무실에 있던 다른 교사들마다 지나가면서 머리를 주먹으로 쥐어 박거나 막대기로 때리도록 함으로써 김 모군을 폭행하고, 같은 달 28. 학교에서 같은 반 급우들이 보고 있는 가운데 김 모군에게 '너는 내 손으로 빰을 때렸지만 너 같은 것은 내 손으로 빰을 때릴 가치도 없는 놈이다, 너의 행동은 퇴학감이다'라고 말을 하고 이어서 김 모군을 교무실로 데리고 가 교사들이 보고 있는 가운데 교무실에 있던 교사들에게 '김 모군 이거 퇴학감 맞지요'라고 소리치는 등 김 모군의 명예를 훼손하였다.

여교사(피청구인)은 수사결과청구인이 직접 폭행하지 아니하였다는 이유로, 관련자들의 진술이 엇갈려 혐의를 입증할 증거가 부족하다는 이유로 혐의없음

처분을 하고, 유형력의 행사만으로는 상해와의 인과관계가 인정되지 않으나, 폭행죄의 혐의는 인정된다고 보고 여러 가지 정상을 참작하여 2005. 10. 21. 청구인에 대하여 기소유예처분을 하였으며, 청구인은 같은 해 12. 8. 이 사건 헌법소원심판을 청구하였다.

사건 당시 김 모군은 강 모군 등 3인과 함께 식당에서 라면을 먹고 청구인이 진행하던 1교시 수업시간에 25분 늦게 들어갔다. 이에 여교사(청구인)은 흥분하여 다른 학생들이 보는 앞에서 자신의 손바닥으로 감 모군의 빰을 때렸으나 피하자 강 모군 등의 빰을 한 대씩 때린 후, 김 모군에게 '너는 왜 피하느냐'고 화를 내며 다시 때릴 때 손끝에 빰을 맞게 되자 김○훈은 욕설을 하며 교실을 나갔다. 그 후 김 모군은 여교사(청구인)과 담임교사 우 모씨의 상담과 지도를 거부하다가 같은 해 5. 26.부터 학교에 다니기 싫다며 등교하지 않았고, 5. 31. 김 모군의 아버지가 학교에 찾아와 사과한 뒤 김 모군이 등교하였으나 수업시간에 잠을 자면서 교사의 지도에 따르지 않았다. 6. 17. 생활선도협의회에서 김 모군을 퇴학시키기로 결정하였는데, 그 때까지 김 모군은 전체 수업일수 91일 중에서 39일을 결석하였고, 지각 6일, 조퇴 2일, 수업시간 불참 21회였다. 김 모군의 어머니는 같은 해 6. 18. 의사로부터 진단서를 발급받고, 학교에 자퇴처리를 요구하여 6. 28. 자퇴처리되자, 7. 4. 여교사(청구인)을 상대로 고소하였다.

2) 헌법재판소의 결정

본 판결에서 학교체벌이 사회적 상당성을 충족할 수 있는 범위는 매우 좁다고 해야 할 것인데, 좀 더 구체적으로 현행 교육관련 법령 아래서 사회통념상 체벌의 객관적 타당성 여부를 판단하는 기준을 정리해 보면 다음과 같다.

첫째, 체벌은 "교육상 불가피한 경우"에만 행해져야 한다. "교육상 불가피한 경우"란 훈육이나 훈계 등 다른 교육적 수단으로는 교정이 불가능하여 체벌을 할 수 밖에 없는 경우를 말한다. 교사의 성격에서 비롯되거나 감정을 내세워 행해지는 폭력행위는 교육상 필요한 목적을 위한 것이라고 하기 어렵고 다른 대체수단으로 지도할 수 있음에도 체벌을 하는 경우에는 체벌의 불가피성을 충족하기 어렵다.

둘째, 체벌의 절차를 준수해야 한다. 즉 체벌 전에 학생에게 체벌의 목적을 알리고 훈계하여 변명과 반성의 기회를 주고, 신체의 이상 유무를 살핀 후 시행해야 한다. 만약 학칙에서 정한 체벌 절차가 따로 있는 경우에는 특별한 사정이 없는 한 그에 따라야 한다.

셋째, 방법이 적정해야 한다. 즉 체벌은 부득이한 사정이 없는 한 정해진 체벌 도구를 사용해야 하고 위험한 도구나 교사의 신체를 이용하여서는 아니 된다. 체벌의 장소는 가능한 한 비공개 장소에서 개별적으로 행해야 한다. 체벌 부위는 상해가 발생할 위험이 적은 둔부 등이어야 한다.

넷째, 그 정도가 지나치지 않아야 한다. 즉 학생의 성별 · 연령 · 개인적인 사정에 따라 수인할 수 있는 정도이어야 하고, 특히 견디기 어려운 모욕감을 주어서는 아니된다.

위에서 검토한 법리를 이 사건에서 적용해 보면, 우선, 체벌의 불가피성이 인정되지 아니한다. 김 모군이 수업시간에 지각한 행위는 지도를 요하는 행위임에는 틀림없으나, 그러한 행위를 고치기 위하여 반드시 뺨을 때려야 하는 것은 아니다. 수업시간에 또는 수업이 끝난 후 타이르거나 담임 선생님이나 생활지도부에 넘겨 면담, 훈계 등을 받도록 할 수 있었음에도 뺨을 때린 것으로서 교육상 체벌을 해야 할 불가피한 사유가 있다고 보기 어렵다. 여교사(청구인)은 그 동안 김 모군의의 학습태도가 불량하여 계속적인 훈계에도 효과가 없어서 남학생에게 모욕을 가할 의사로 때렸다고 주장한다. 그러나 위에서 살펴본 바와 같이 청구인은 당시 김 모군을 포함한 4명의 학생들이 지각했다는 이유로 때린 것이지 김 모군의 지속적인 학습태도 불량을 이유로 삼은 것이 아니다. 그래서 문제의 초점은, 이 사건 당시 수업시간에 지각한 학생들의 뺨을 때리지 않으면 안 될 불가피한 사정이 있었는지에 있는 것이지 김 모군이 뺨 한 대 정도는 맞아도 될 만큼 평소 학습태도가 불량하다는 점에 있는 것이 아니다. 김 모군의 지속적인 학습태도 불량이 청구인의 기소 여부나 양형의 참작사유가 될 수도 있고, 그 자체가 지도를 요하는 행위로서 경우에 따라 체벌의 사유도 될 수 있을 것이나, 이는 별도의 문제다.

더구나 모욕감을 주기 위한 의도로 체벌한 것이라면 교육과정에서 학생들의 인권을 최대한으로 존중하도록 한 교육관련 법령의 취지에도 어긋난다. 또, 절차와 방법을 준수하지 아니하였다. 위 학생생활규정에, 교사가 체벌을 하려면 사전에 체벌의 사유를 분명히 인지시키고 체벌시행은 다른 학생이 없는 별도의 장소에서 반드시 제3자(생활지도부장이나 교감)를 동반하여 하되, 체벌 전에 학생의 신체적, 정신적인 상태를 점검하며, 일정한 규격의 나무 체벌봉으로 둔부에 시행하도록 규정되어 있으며, 교사의 신체를 이용한 체벌이나 얼굴에 가하는 체벌은 금지되어 있다. 이와 같이 체벌의 절차를 신중하게 하고 체벌도구나 체벌부위를 한정한 이유는 교사가 위엄을 유지하면서도 좀더 냉철한 마음으로 체벌의 필요성과 정도를 헤아려 학생에게 큰 피해가 가지 않는 범위 내에서 체벌을 가하도록 하고, 학생에게는 대체벌을 요구하거나 스스로의 잘못이 무엇인지를 깨달을 수 있는 시간적인 여유를 주기 위한데 있는 것으로 보인다.

그런데 이러한 절차를 지킬 수 없을 만큼 급박하거나 부득이한 사정이 있다고 할 수 없는데도 여교사(청구인)은 김 모군 등이 수업시간에 늦게 들어오자 바로 다른 학생들이 주시하는 가운데 공개적으로 자신의 손바닥으로 뺨을 때렸다. 끝으로, 체벌의 정도가 가볍지 아니하다. 사람의 얼굴은 그의 정체성과 인격을 나타내는 부위로서 소중하게 여겨지는바, 비록 남학생이라고 하더라도 감수성이 예민한 고등학교 1학년의 어린 학생이 공개적으로 뺨을 맞게 되면 신체적 고통보다 인격적인 모욕감을 더 느껴 마음에 커다란 상처를 입을 수 있다. 김 모군이 여교사(청구인)의 체벌 이후 여교사(청구인)과의 대화도 싫고 학교도 더 가기 싫어졌다고 진술하고 있는 점을 보더라도 체벌이 학생들의 정신에 미치는 영향의 크기를 짐작할 수 있다. 반면 지각한 학생들에게 일단 주의를 주고 수업을 진행한 후 수업이 끝난 뒤 훈육을 한다고 하여 학습분위기를 더 해친다고 볼 수도 없고, 고등학교 1학년 학생이라면 지각이나 그에 대한 제재의 의미를 알 수 있는 나이에 있으므로 체벌로 공포분위기를 조성하고 수업을 한다고 하여 본보기 효과가 크다고 단정할 수 없다. 따라서 여교사(청구인)이 김 모군의 행동을 바로 잡으려는 의도에서 체벌을 하였다고 하더라도, 체벌의 불가피성이 인정되지 아니하고 절차와 방법이 적정하지 아니하며, 체벌의 정도도 가볍지 아니하므로 사회통념상 용인되는 객관적 타당성을 갖추었다고 보기 어렵다.

3) 헌법재판소의 결정의 의미

이 판결은 체벌로 교사의 권위를 세울 수 있다는 생각은 종래의 뿌리 깊은 권위주의적 사고이고, 그릇된 방법이라는 것을 강조한 것이다. 교사의 참된 권위는 학생들에게 신체적 고통을 가하는 데서 나오는 것이 아니라 학생들을 인격의 주체로 대하고 사랑과 관심을 베풀어 지도하려고 노력할 때에 학생들의 마음으로부터 우러나는 것이다. 그래서 학교체벌이 사회적 상당성을 충족할 수 있는 범위는 매우 좁다는 의미의 판결이다.

또 이 판결은 체벌의 객관적 타당성이 인정되기 위한 기준을 마련하였다. 즉 체벌의 불가피성과 절차의 준수, 방법의 적정성, 그 정도가 지나치지 않아야 한다는 것을 명시하였다. 따라서 교사의 체벌은 형법 제20조의 사회상규에 위반되지 아니하여야 하며, 법질서 전체의 정신에 비추어 구체적 사정 아래서 합목적적·합리적으로 고찰하여 개별적으로 판단되어야 한다는 것이다. 이 판결에서 학생지도는 비행학생을 적절히 훈계하여 교사로서의 본분을 다하고 교육상 불가피한 경우라 하더라도 체벌을 제외한 훈계, 훈육의 방법으로 하여야 한다는 것이라고 판단된다.

Ⅱ. 체벌의 법적 해석과 교육현장에서의 적용[2)]

1. 체벌 관련 규정

우리나라의 경우 1970년대 이전에는 학교에서 발생하는 체벌은 보편적으로 용인되어 학교측과 학생측 모두 큰 문제로 삼지는 않았다. 그 후 점차적으로 개인주의와 인권존중사항 등의 영향으로 체벌에 대한 법률적 논쟁이 시작되었고, 체벌은 인간으로서의 존엄과 가치, 신체의 자유를 침해하여 위헌의 가능성이 있다고 하여 꾸준히 논란이 되어 왔다. 이제 체벌의 금지는 시대적 조류이므로 일부 체벌을 정당화하는 논의는 이러한 조류를 역행하는 것이라고 본다.

체벌의 교육현장 적용은 관련 법령의 명확하고 체계적인 법리해석이 필요하다. 이와 관련한 법령은 초·중등교육법 제18조 및 같은 법 시행령 제31조와

---

2) 임종수, 앞의 책, 329~332면 참조.

형법 제20조의 정당행위를 들 수 있다. 초·중등교육법 제18조에서 "학교의 장은 교육상 필요한 경우에는 법령과 학칙으로 정하는 바에 따라 학생을 징계하거나 그 밖의 방법으로 지도할 수 있다. 다만, 의무교육을 받고 있는 학생은 퇴학시킬 수 없다."고 규정하고 있고, 초·중등교육법 시행령 제31조 제8항에서 "학교의 장은 법 제18조 제1항 본문에 따라 지도를 할 때에는 학칙으로 정하는 바에 따라 훈육·훈계 등의 방법으로 하되, 도구, 신체 등을 이용하여 학생의 신체에 고통을 가하는 방법을 사용해서는 아니 된다"고 규정하고 있다.

초·중등교육법 제18조 및 같은 법 시행령 제31조 제8항을 해석해 보면, 학교의 장은 법령과 학칙으로 정하는 바에 따라 지도를 하여야 하지만, 도구, 신체 등을 이용하여 학생의 신체에 고통을 가하는 방법을 사용해서는 아니된다는 것이고, 도구, 신체 등은 직접체벌에 해당되며, 직접체벌로 인한 학생의 신체적 고통은 금지한다고 해석할 수 있다.

2. 형법상 정당행위와 채벌의 기준

형법 제20조의 정당행위와 판례에 나타난 체벌의 정당행위의 공통적인 기준을 고찰해 보면 다음과 같다.

정당행위란 사회상규에 위배되지 아니하는 행위이고 사회적으로 정당시 되는 행위이다. 형법 제20조는 정당행위를 "법령에 따른 행위 또는 업무로 인한 행위, 그 밖에 사회상규에 위배되지 아니하는 행위"라고 규정하고 있고, 이러한 행위는 벌하지 아니한다고 하고 있다. 이와 같은 행위를 위법성조각사유라고 하며, 행위가 형법상 구성요건에 해당되지만 위법성을 배제하는 사유이기 때문에 벌하지 않는다는 의미이다.

따라서 교사의 학생에 대한 체벌이 정당성을 띠기 위해서는 형법 제20조의 위법상 조각사유에 해당되어야 한다. 체벌의 정당행위는 앞의 대법원 2004. 6. 10. 선고 2001도5380 판결 및 헌법재판소 2006. 07.27. 선고 2005헌마1189 결정을 분석하여 체벌이 정당행위로 인정받을 수 없는 공통적인 행위의 기준을 도출할 수 있다. 즉, 다른 교육적 수단으로는 교정하기 불가능한 경우에도 방법과 정도에서도 사회통념상 용인될 수 있을 만한 객관적 타당성을 갖춘 경우에만 체벌이 예외적으로 허용되며, 지도교사의 성격 또는 감정에서 비롯된 행위, 공개적으로 체벌 · 모욕을 가하는 행위, 교사의 신체를 이용하여 부상의 위험성이 있는 부위를 때리는 행위, 학생의 설별, 연령에 따른 방법 · 정도가 지나친 행위 등은 특별한 사정이 없는 한 사회통념상 객관적 타당성을 갖추었다고 보기 어렵다. 따라서 앞에서 언급한 판례(대법원 2004. 6. 10. 선고 2001도5380 판결 및 헌법재판소 2006. 07.27. 선고 2005헌마1189 결정)들을 종합한 결과, 형법 제20조와 관련하여 극히 제한적이고 예외적인 허용기준과 객관적 타당성을 갖추지 않는 행위는 모두 위법성을 조각할 수 없고, 체벌교사는 형사책임을 묻지 않을 수 없으므로 체벌은 교육현장에서 존재하기 어려운 훈육방법이라고 하겠다. 그렇다면 형법 제20조의 정당행위와 판례에 나타난 체벌의 정당행위의 공통적인 기준을 교육현장에 적용하여 체벌이 근절되어야 된다고 본다.

3. 체벌의 대체수단

초 · 중등교육법 시행령 제31조 제8항의 해석에 따라 도구나 신체 등을 이용하지 않고 학생의 신체의 고통을 가하는 방법은 금지하지 않는다고 보아야 한다. 체벌의 개념은 학생에게 신체적 고통을 야기하는 일체의 행위이므로 학생에게 직접적으로 신체적 고통이 수반되지 않는 대체수단을 강구하여야 할 것이다. 즉 대체벌이라는 용어도 벌의 일종으로서 적당하지 않다. 대체수단은 예를 들면, 교실 내외의 일정구역에 단시간 격리함으로써 신체적 고통을 수반하지 아니하는 서있기, 앉아있기, 학부모 면담, 생활평점제 적용, 학급교체, 출석정지 등을 들 수 있다. 하지만 강제청소, 일정한 장소에 장시간 격리하거나 강제적인 봉사활동 등은 신체적 고통이 수반되므로 대체수단이 아닌 경우도 있다.

그리고 학생에게 실행의 이유를 고지하고 동의를 받도록 노력을 하여야 할 것이다. 대체수단은 교사가 임의로 판단하고 즉흥적 또는 감정적으로 이용하여서는 아니 되며, 그 이행절차는 학생에게 학생의 행위에 대한 잘못된 점을 고지하고 학생의 동의를 받아서 실행하여야 한다. 만약 학생의 동의를 얻지 못하면 실행을 중지하여야 하고 다른 방안을 적용하여야 할 것이다. 또한 이를 사전에 또는 사후에 적절한 방법으로 학부모 등에게 통지하여야 할 것이다. 체벌이 논란이 되어 온 배경에는 권리침해뿐만 아니라 학생의 보호자인 학부모의 자녀 양육권을 침해하기도 하였으므로 학부모에게 통지하여야 하며, 긴박한 경우가 아닌 경우에는 대체수단을 행하기 이전에 통지하여야 하고, 긴박하고 통지할 시간적 여유가 없었을 경우에 한하여 사후통지도 인정하여야 할 것으로 본다. 학부모에게 통지하는 것은 학부모의 다른 의견이나 소명 등 학생의 권리를 보호할 수 있는 기회를 부여하고 학생의 행위에 대한 교사의 대체수단의 방법이나 과정 등을 조정할 수 있는 절차라 할 수 있다.

실행의 시간이 필요한 경우에는 교장이나 다른 교사의 임장(臨漳)을 요청하도록 하여야 할 것이다. 대체수단은 객관화되어야 하고 공정하여야 하며 교사의 일방적인 체벌을 방지하기 위해서 법령의 범위 내에서 학칙을 준수하여 학생의 권리를 보호하여야 할 것이다.

4. 교육현장에서의 적용

(1) 체벌의 조건부 허용

교사의 일반적인 체벌은 허용되지 않는다고 보아야 한다. 피해학생 보호책임을 고려하지 않을 수 없다. 교사는 교육활동의 장소에서 학생을 보호할 의무가 있는데도 가해학생이 피해학생을 폭행하고 있는 상황을 목격하고도 묵인하거나 적절한 조치를 하지 않으면 보호의무 위반책임이 있다. 가해학생을 제지하기 위한 적절한 조치는 지시나 수동적 방어도 필요하지만, 피해학생이 위급한 상황에 처했을 경우 제지를 위한 적절한 조치는 신체나 도구를 이용한 수단도 이용하여야 할 것이다. 이처럼 특정한 사안에 따른 조건부 체벌허용은 허용의 의미보다도 교사의 부작위에 따른 피해학생 보호감독의무의 책임문제가 발생할 수 있기 때문이다. 교사가 가해학생의 행위를 방지하기 위한 수단으로 직접체벌을 가했을 경우는 형법상 범죄의 위법성조각사유인 정당방위, 긴급피난, 자구행위, 정당행위 등을 적용하여 해결하여야 할 것이다.

이러한 조건부 체벌허용은 교사의 학생체벌이 일정한 조건에 해당하는 경우에만 제한적으로 허용된다는 유형이며, 교사가 제압하지 아니하면 다른 학생의 권리가 침해되는 경우, 가해학생이 피해학생의 신체나 생명에 위협을 가하거나 긴박한 상황에서 피해학생을 보호하기 위한 최후의 수단으로 이용되어야 할 것이다.

(2) 학생인권조례와의 관계

일부 시·도 교육청에서는 학생인권조례를 공포하여 시행하고 있다. 학생인권조례의 내용에는 체벌관련 규정이 있으며, 일부 시·도에서는 체벌의 전면적인 금지를 규정하고 있다. 그렇다면 교육현장에서 학생지도의 근거로 삼을 수 있는 법령으로는 초·중등교육법 제18조 및 초·중등교육법시행령 제31조와 각 시·도의 학생인권조례 그리고 학칙이다.

제2절 학생(학교)폭력

학생이 학교 내외에서 폭력과 관련하여 가해자가 되거나 피해자가 되는 경우를 학교폭력이라는 개념으로 사용하고 있지만, 보다 더 엄밀한 의미에서는 학생이 주체와 객체가 되는 경우이므로 학생폭력이 더 적합하다. 이와 같은 사안을 직접적으로 다르고 있는 법률이 학교폭력예방 및 대책에 관한 법률이므로 여기에서는 학생폭력을 학교폭력으로 사용하고자 한다.

Ⅰ. 학교폭력의 개념과 유형

1. 학교폭력의 개념

학교폭력은 학교 내외에서 학생을 대상으로 발생한 상해, 폭행, 감금, 협박, 약취·유인, 명예훼손·모욕, 공갈, 강요·강제적인 심부름 및 성폭력, 따돌림, 사이버 따돌림, 정보통신망을 이용한 음란·폭력 정보 등에 의하여 신체·정신 또는 재산상의 피해를 수반하는 행위를 말한다(학교폭력예방 및 대책에 관한 법률 제2조 제1항 제1호).

2. 학교폭력의 유형

학교폭력의 유형은 신체에 대한 폭력, 성폭력, 강요, 언어폭력, 사이버 폭력, 따돌림 등의 유형으로 구분할 수 있다. 학교폭력의 유형을 형법의 관련조항에 적용하여 폭력유형에 따른 행위의 예시를 열거하고자 한다.[3)]

(1) 신체에 대한 폭력

1) 형법 제260조의 폭행죄

이에 따른 행위의 예시는 때리는 행위, 꼬집는 행위, 침을 뱉는 행위, 밀치는 행위, 머리카락을 자르는 행위, 손을 세차게 잡아 당기는 행위, 옷을 세차게 잡아당기는 행위, 심한 소음을 계속해서 울리게 하는 행위, 고함을 질러서 놀하게 하는 행위, 폭력을 행사한 행위, 최면술을 걸어 고통을 주는 행위 등을 들 수 있다.

2) 형법 제257조의 상해죄

이에 따른 행위의 예시는 때려서 상체를 입힌 행위, 때리거나 밀어서 치아를 손상한 행위, 뺨을 때려서 고막을 손상한 행위, 마취약을 사용하는 행위, 칼이나 펜으로 상처를 입힌 행위, 자를 던져 눈을 실명케 한 행위 등을 들 수 있다.

3) 형법 제261조의 특수폭행죄

이에 따른 행위의 예시를 들면, 여러 명의 학생들이 폭행하는 행위, 위험한 물건을 휴대하여 폭행하는 행위, 돌을 던지는 행위, 교실이나 복도에서 흉기를 휘두르는 행위 등을 들 수 있다.

4) 형법 제276조의 체포·감금죄

이에 따른 행위의 예시는 학생을 가두어 놓고 자물쇠를 채우는 행위, 무서운 개를 풀어 놓아 못나오게 하는 행위, 가해학생들이 지키게 하는 행위, 샤워 중인 학생의 옷을 숨겨 나오지 못하게 하는 행위, 높은 곳에 있는 학생을 내려오지 못하게 사다리를 치우는 행위, 차를 운전하면서 내리지 못하게 질주하는 행위 등을 들 수 있다.

---

3) 임종수, 앞의 책, 334~335면 참조.

(2) 성폭력

형법 제297조부터 제305조까지 강간과 추행의 죄를 성폭력죄에 해당된다. 이에 대한 예시는 학생 성추행 등의 행위 등을 들 수 있다.

(3) 강요

형법 제324조의 강요죄에 해당하는 것은 강제로 심부름을 시키는 행위, 하기 싫은 일을 강제로 하게 하는 행위, 빵이나 음료수를 사오게 하는 행위 등을 들 수 있다.

(4) 언어폭력

1) 형법 제307조의 명예훼손죄

이에 해당하는 것은 여러 학생들에게 피해학생의 명예를 훼손하는 말이나 문자메시지를 퍼뜨리는 행위, 교실에서 변을 보았다는 사실을 다른 학생들에게 퍼뜨리는 행위 등을 들 수 있다.

2) 형법 제311조 모욕죄

이에 해당하는 것은 여러 학생들 앞에서 욕설을 하는 행위, 피해학생이 싫어하는 별명을 부르며 놀리는 행위 등을 들 수 있다.

3) 형법 제283조 협박죄

이에 해당하는 것은 말로 위협하는 행위, 문자 메시지 등으로 협박하는 행위, 피해학생이 공포심을 느낄 정도로 신체를 손상하겠다는 말이나 행동 등을 들 수 있다.

(5) 사이버폭력

정보통신망 이용촉진 및 정보보호 등에 관한 법률 제44조의7 및 제74조 제1항 제3호에 해당하는 사이버폭력죄에 해당하는 것은 인터넷, 문자메시지 등을 이용하여 비방, 험담, 욕설, 허위사실, 사생활, 수치심, 조롱하는 등의 글이나 그림 등을 공개하는 일 등을 들 수 있다.

(6) 따돌림

학교폭력예방 및 대책에 관한 법률 제2조 제1항에서 따돌림에 해당하는 것은 여러 명의 학생들이 다른 친구들과 놀지 못하게 하는 행위, 따돌리는 행위 등을 들 수 있다.

Ⅱ. 학교폭력사건의 처리

학교내·외에서 폭력사건이 발생하면, 학교폭력예방 및 대책에 관한 법률에 따른 조치를 취한다. 먼저 학교폭력이 발생하였다고 신고나 고발 등에 따라 처리되며, 필요한 경우에 학교장은 긴급조치를 취할 수 있고, 일반적으로 교육지원청에 설치된 학교폭력대책심의위원회의 심의를 통해 결정된다. 학교에서 처리할 수 있는 일반적인 절차는 대체로 다음과 같다. 학교폭력발생 ➜ 관계기관(수사기관)에 신고 ➜ 가해학생 및 피해학생의 보호자와 소속 학교의 장에게 통보 ➜ 통보받은 소속 학교장은 교육청에 설치된 학교폭력대책심의위원회에 지체없이 통보 ➜ 필요한 경우 학교장의 긴급조치 ➜ 학교 전담기구에서 사실조사 ➜ 학교장은 교육적 지도가 가능한 경미한 사안은 학교장이 자체적으로 종결가능하고 ➜ 학교장 종결 불가능한 사안은 교육지원청의 학교폭력대책심의위원회 상정, 심의조치 ➜ 결정통보 및 재심(행정심판)안내

1. 학교폭력사건의 절차

(1) 학교폭력의 신고 또는 고발

학교폭력 현장을 보거나 그 사실을 알게 된 자는 학교 등 관계기관에 이를 즉시 신고하여야 한다. 관계기관으로는 117학교폭력신고센터, 청소년폭력예방재단, 청소년전화1388, Wee센터(학생 위기 상담 종합지원서비스) 등이 있고, 경찰 등 수사기관에도 신고할 수 있다. 신고를 받은 기관은 이를 가해학생 및 피해학생의 보호자와 소속 학교의 장에게 통보하여야 한다. 이에 따라 통보받은 소속 학교의 장은 이를 교육청에 설치된 학교폭력대책심의위원회에 지체 없이 통보하여야 한다. 누구라도 학교폭력의 예비·음모 등을 알게 된 자는 이를 학교의 장 또는 학교폭력대책심의위원회에 고발할 수 있다. 다만, 교원이 이를 알게 되었을 경우에는 학교의 장에게 보고하고 해당 학부모에게 알려야 한다.

누구든지 학교폭력을 신고한 사람에게 그 신고행위를 이유로 불이익을 주어서는 아니 된다(학교폭력예방 및 대책에 관한 법률 제20조 제1항~제5항).

(2) 학교장의 긴급조치

학교폭력이 신고 또는 고발되면 학교폭력대책심의위원회에서 적절한 조치가 이루어지지만, 피해학생 보호 및 가해학생 선도가 긴급하다고 인정되면, 학교폭력대책심의위원회가 열리기 전에 학교장은 다음의 조치를 실시할 수 있다.

1) 피해학생에 대한 긴급조치

학교폭력대책심의위원회는 피해학생의 보호를 위하여 필요하다고 인정하는 때에는 피해학생에 대하여 "1. 학내외 전문가에 의한 심리상담 및 조언, 2. 일시보호, 3. 치료 및 치료를 위한 요양, 4. 학급교체, (5. 삭제), 6. 그 밖에 피해학생의 보호를 위하여 필요한 조치"(수 개의 조치를 병과하는 경우를 포함한다)를 할 것을 교육장(교육장이 없는 경우 법 제12조 제1항에 따라 조례로 정한 기관의 장으로 한다. 이하 같다)에게 요청할 수 있다. 다만, 학교의 장은 피해학생의 보호를 위하여 긴급하다고 인정하거나 피해학생이 긴급보호의 요청을 하는 경우에는 제1호, 제2호 및 제6호의 조치를 할 수 있다. 이 경우 학교의 장은 학교폭력대책심의위원회에 즉시 보고하여야 한다(학교폭력예방 및 대책에 관한 법률 제16조 제1항).

2) 가해학생에 대한 긴급조치

학교폭력대책심의위원회는 피해학생의 보호와 가해학생의 선도 · 교육을 위하여 가해학생에 대하여 "1. 피해학생에 대한 서면사과, 2. 피해학생 및 신고 · 고발 학생에 대한 접촉, 협박 및 보복행위의 금지, 3. 학교에서의 봉사, 4. 사회봉사, 5. 학내외 전문가에 의한 특별 교육이수 또는 심리치료, 6. 출석정지, 7. 학급교체, 8. 전학, 9. 퇴학처분"에 해당하는 조치(수 개의 조치를 병과하는 경우를 포함한다)를 할 것을 교육장에게 요청하여야 하며, 각 조치별 적용 기준은 대통령령으로 정하고 있다. 다만, 퇴학처분은 의무교육과정에 있는 가해학생에 대하여는 적용하지 아니한다(학교폭력예방 및 대책에 관한 법률 제17조 제1항).

학교의 장은 가해학생에 대한 선도가 긴급하다고 인정할 경우 우선 제17조 제1항 제1호부터 제3호까지, 제5호 및 제6호의 조치를 할 수 있으며, 제5호와 제6호는 병과조치할 수 있다. 이 경우 학교폭력대책심의위원회에 즉시 보고하여 추인을 받아야 한다(학교폭력예방 및 대책에 관한 법률 제17조 제4항). 이에 따라 학교의 장이 출석정지 조치를 할 수 있는 경우는 "1. 2명 이상의 학생이 고의적·지속적으로 폭력을 행사한 경우, 2. 학교폭력을 행사하여 전치 2주 이상의 상해를 입힌 경우, 3. 학교폭력에 대한 신고, 진술, 자료제공 등에 대한 보복을 목적으로 폭력을 행사한 경우, 4. 학교의 장이 피해학생을 가해학생으로부터 긴급하게 보호할 필요가 있다고 판단하는 경우"이다(학교폭력예방 및 대책에 관한 법률 시행령 제21조 제1항).

학교의 장은 출석정지 조치를 하려는 경우에는 해당 학생 또는 보호자의 의견을 들어야 한다. 다만, 학교의 장이 해당 학생 또는 보호자의 의견을 들으려 하였으나 이에 따르지 아니한 경우에는 그러하지 아니하다(학교폭력예방 및 대책에 관한 법률 시행령 제21조 제2항).

3) 학교장이 가해학생에 대한 우선 출석정지

학교폭력예방 및 대책에 관한 법률 제17조 제4항에 따라 학교의 장이 출석정지 조치를 할 수 있는 경우는 "1. 2명 이상의 학생이 고의적·지속적으로 폭력을 행사한 경우, 2. 학교폭력을 행사하여 전치 2주 이상의 상해를 입힌 경우, 3. 학교폭력에 대한 신고, 진술, 자료제공 등에 대한 보복을 목적으로 폭력을 행사한 경우, 4. 학교의 장이 피해학생을 가해학생으로부터 긴급하게 보호할 필요가 있다고 판단하는 경우이다(학교폭력예방 및 대책에 관한 법률 시행령 제21조 제1항). 학교의 장은 출석정지 조치를 하려는 경우에는 해당 학생 또는 보호자의 의견을 들어야 한다. 다만, 학교의 장이 해당 학생 또는 보호자의 의견을 들으려 하였으나 이에 따르지 아니한 경우에는 그러하지 아니하다(학교폭력예방 및 대책에 관한 법률 시행령 제21조 제2항).

2. 학교폭력대책심의위원회

학교폭력의 예방 및 대책에 관련된 사항을 심의하기 위하여 지방교육자치에 관한 법률 제34조 및 제주특별자치도 설치 및 국제자유도시 조성을 위한 특별법 제80조에 따른 교육지원청(교육지원청이 없는 경우 해당 시·도 조례로 정하는 기관으로 한다. 이하 같다)에 학교폭력대책심의위원회(심의위원회라 한다)를 둔다. 다만, 학교폭력대책심의위원회 구성에 있어 대통령령으로 정하는 사유가 있는 경우에는 교육감 보고를 거쳐 둘 이상의 교육지원청이 공동으로 학교폭력대책심의위원회를 구성할 수 있다(학교폭력예방 및 대책에 관한 법률 제12조 제1항).

학교폭력대책심의위원회는 학교폭력의 예방 및 대책 등을 위하여 "1. 학교폭력의 예방 및 대책, 2. 피해학생의 보호, 3. 가해학생에 대한 교육, 선도 및 징계, 4. 피해학생과 가해학생 간의 분쟁조정, 5. 그 밖에 대통령령으로 정하는 사항"을 심의하고 있다(학교폭력예방 및 대책에 관한 법률 제12조 제2항). 학교폭력대책심의위원회는 해당 지역에서 발생한 학교폭력에 대하여 조사할 수 있고 학교장 및 관할 경찰서장에게 관련 자료를 요청할 수 있다(학교폭력예방 및 대책에 관한 법률 제12조 제3항). 학교폭력대책심의위원회의 설치 · 기능 등에 필요한 사항은 지역 및 교육지원청의 규모 등을 고려하여 대통령령으로 정하고 있다(학교폭력예방 및 대책에 관한 법률 제12조 제4항).

(1) 학교폭력대책심의위원회의 구성 · 운영과 경미한 사안에 대한 학교장 자체적 해결

학교폭력대책심의위원회는 10명 이상 50명 이내의 위원으로 구성하되, 전체위원의 3분의 1 이상을 해당 교육지원청 관할 구역 내 학교(고등학교를 포함한다)에 소속된 학생의 학부모로 위촉하여야 한다(학교폭력예방 및 대책에 관한 법률 제13조 제1항). 이에 따른 학교폭력대책심의위원회의 위원은 "1. 해당 학교의 교감, 2. 해당 학교의 교사 중 학생생활지도 경력이 있는 교사, 3. 법 제13조제1항에 따라 선출된 학부모대표, 4. 판사 · 검사 · 변호사, 5. 해당 학교를 관할하는 경찰서 소속 경찰공무원, 6. 의사 자격이 있는 사람, 7. 그 밖에 학교폭력 예방 및 청소년보호에 대한 지식과 경험이 풍부한 사람"에 해당하는 사람 중에서 해당 학교의 장이 임명하거나 위촉한다(학교폭력예방 및 대책에 관한 법률 시행령 제14조 제1항).

학교폭력대책심의위원회의 위원장은 "1. 심의위원회 재적위원 4분의 1 이상이 요청하는 경우, 2. 학교의 장이 요청하는 경우, 3. 피해학생 또는 그 보호자가 요청하는 경우, 4. 학교폭력이 발생한 사실을 신고받거나 보고받은 경우,

5. 가해학생이 협박 또는 보복한 사실을 신고받거나 보고받은 경우, 6. 그 밖에 위원장이 필요하다고 인정하는 경우"에 해당하는 경우에 회의를 소집하여야 한다(학교폭력예방 및 대책에 관한 법률 제13조 제2항).

학교폭력예방 및 대책에 관한 법률 제13조 제2항 제4호 및 제5호에도 불구하고 피해학생 및 그 보호자가 심의위원회의 개최를 원하지 아니하는 "1. 2주 이상의 신체적·정신적 치료를 요하는 진단서를 발급받지 않은 경우, 2. 재산상 피해가 없거나 즉각 복구된 경우, 3. 학교폭력이 지속적이지 않은 경우, 4. 학교폭력에 대한 신고, 진술, 자료제공 등에 대한 보복행위가 아닌 경우"에 모두 해당하는 경미한 학교폭력의 경우 학교의 장은 학교폭력사건을 자체적으로 해결할 수 있다. 이 경우 학교의 장은 지체 없이 이를 학교폭력대책심의위원회에 보고하여야 한다(학교폭력예방 및 대책에 관한 법률 제13조의2 제1항).

(2) 전문상담교사 배치 및 전담기구 구성·학교폭력의 가해 및 피해 사실 여부 확인·조사

학교의 장은 학교에 대통령령으로 정하는 바에 따라 상담실을 설치하고, 초·중등교육법 제19조의2에 따라 전문상담교사를 둔다(학교폭력예방 및 대책에 관한 법률 제14조 제1항). 전문상담교사는 학교의 장 및 심의위원회의 요구가 있는 때에는 학교폭력에 관련된 피해학생 및 가해학생과의 상담결과를 보고하여야 한다(학교폭력예방 및 대책에 관한 법률 제14조 제2항).

학교의 장은 교감, 전문상담교사, 보건교사 및 책임교사(학교폭력문제를 담당하는 교사를 말한다), 학부모 등으로 학교폭력문제를 담당하는 전담기구(이하 전담기구라 한다)를 구성한다. 이 경우 학부모는 전담기구 구성원의 3분의 1 이상이어야 한다(학교폭력예방 및 대책에 관한 법률 제14조 제3항). 학교의 장은 학교폭력 사태를 인지한 경우 지체 없이 전담기구 또는 소속 교원으로 하여금 가해 및 피해 사실 여부를 확인하도록 하고, 전담기구로 하여금 제13조의2에 따른 학교의 장의 자체해결 여부를 심의하도록 한다(학교폭력예방 및 대책에 관한 법률 제14조 제4항). 전담기구는 학교폭력에 대한 실태조사(이하 실태조사라 한다)와 학교폭력 예방 프로그램을 구성·실시하며, 학교의 장 및 학교폭력대책심의위원회의 요구가 있는 때에는 학교폭력에 관련된 조사결과 등 활동결과를 보고

하여야 한다(학교폭력예방 및 대책에 관한 법률 제14조 제5항). 피해학생 또는 피해학생의 보호자는 피해사실 확인을 위하여 전담기구에 실태조사를 요구할 수 있다(학교폭력예방 및 대책에 관한 법률 제14조 제6항).

국가 및 지방자치단체는 실태조사에 관한 예산을 지원하고, 관계 행정기관은 실태조사에 협조하여야 하며, 학교의 장은 전담기구에 행정적 · 재정적 지원을 할 수 있다(학교폭력예방 및 대책에 관한 법률 제14조 제7항). 전담기구는 성폭력 등 특수한 학교폭력사건에 대한 실태조사의 전문성을 확보하기 위하여 필요한 경우 전문기관에 그 실태조사를 의뢰할 수 있다. 이 경우 그 의뢰는 학교폭력대책심의위원회 위원장의 심의를 거쳐 학교의 장 명의로 하여야 한다(학교폭력예방 및 대책에 관한 법률 제14조 제8항). 그 밖에 전담기구 운영 등에 필요한 사항은 대통령령으로 정하고 있다(학교폭력예방 및 대책에 관한 법률 제14조 제9항).

(3) 심의의 진행

1) 의견진술

학교폭력대책심의위원회는 학교폭력예방 및 대책에 관한 법률 제17조(가해학생에 대한 조치) 제1항 또는 제2항에 따른 조치를 요청하기 전에 가해학생 및 보호자에게 의견진술의 기회를 부여하는 등 적정한 절차를 거쳐야 한다(학교폭력예방 및 대책에 관한 법률 제17조 제5항).

2) 비밀누설의 금지(학교폭력예방 및 대책에 관한 법률 제21조)

이 법에 따라 학교폭력의 예방 및 대책과 관련된 업무를 수행하거나 수행하였던 자는 그 직무로 인하여 알게 된 비밀 또는 가해학생 · 피해학생 및 제20조에 따른 신고자 · 고발자와 관련된 자료를 누설하여서는 아니 된다. 이에 따른 비밀의 구체적인 범위는 대통령령으로 정하고 있다. 학교폭력예방 및 대책에 관한 법률 제16조(피해학생의 보호), 제16조의2(장애학생의 보호), 제17조(가해학생에 대한 조치), 제17조의2(행정심판), 제18조(분쟁조정)에 따른 학교폭력대책심의위원회의 회의는 공개하지 아니한다. 다만, 피해학생 · 가해학생 또는 그 보호자가 회의록의 열람 · 복사 등 회의록 공개를 신청한 때에는 학생과 그 가족의 성명, 주민등록번호 및 주소, 위원의 성명 등 개인정보에 관한 사항을 제외하고 공개하여야 한다. 이를 위반한 자는 1년 이하의 징역 또는 1천만원 이하의 벌금에 처한다(학교폭력예방 및 대책에 관한 법률 제22조).

(4) 피해학생에 대한 조치

1) 조치내용

학교폭력대책심의위원회는 피해학생의 보호를 위하여 필요하다고 인정하는 때에는 피해학생에 대하여 "1. 학내외 전문가에 의한 심리상담 및 조언, 2. 일시보호, 3. 치료 및 치료를 위한 요양, 4. 학급교체, (5. 삭제), 6. 그 밖에 피해학생의 보호를 위하여 필요한 조치"(수 개의 조치를 병과하는 경우를 포함한다)를 할 것을 교육장(교육장이 없는 경우 제12조 제1항에 따라 조례로 정한 기관의 장으로 한다. 이하 같다)에게 요청할 수 있다. 다만, 학교의 장은 피해학생의 보호를 위하여 긴급하다고 인정하거나 피해학생이 긴급보호의 요청을 하는 경우에는 제1호, 제2호 및 제6호의 조치를 할 수 있다. 이 경우 학교의 장은 학교폭력대책심의위원회에 즉시 보고하여야 한다(학교폭력예방 및 대책에 관한 법률 제16조 제1항).

2) 치료비

피해학생이 전문단체나 전문가로부터 "1. 학내외 전문가에 의한 심리상담 및 조언, 2. 일시보호, 3. 치료 및 치료를 위한 요양"의 규정에 따른 상담 등을 받는 데에 사용되는 비용은 가해학생의 보호자가 부담하여야 한다. 다만, 피해학생의 신속한 치료를 위하여 학교의 장 또는 피해학생의 보호자가 원하는 경우에는 학교안전사고 예방 및 보상에 관한 법률 제15조에 따른 학교안전공제회 또는 시·도교육청이 부담하고 이에 대한 구상권을 행사할 수 있다(학교폭력예방 및 대책에 관한 법률 제16조 제6항). 학교의 장 또는 피해학생의 보호자는 필요한 경우 학교안전사고 예방 및 보상에 관한 법률 제34조의 공제급여를 학교안전공제회에 직접 청구할 수 있다(학교폭력예방 및 대책에 관한 법률 제16조 제7항).

(5) 가해학생에 대한 조치

1) 조치내용

학교폭력대책심의위원회는 피해학생의 보호와 가해학생의 선도·교육을 위하여 가해학생에 대하여 "1. 피해학생에 대한 서면사과, 2. 피해학생 및 신고 · 고발 학생에 대한 접촉, 협박 및 보복행위의 금지, 3. 학교에서의 봉사, 4. 사회봉사, 5. 학내외 전문가에 의한 특별 교육이수 또는 심리치료, 6. 출석정지, 7. 학급교체, 8. 전학, 9. 퇴학처분"에 해당하는 조치(수 개의 조치를 병과하는 경우를 포함한다)를 할 것을 교육장에게 요청하여야 하며, 각 조치별 적용 기준은 대통령령으로 정하고 있다. 다만, 퇴학처분은 의무교육과정에 있는 가해학생에 대하여는 적용하지 아니한다(학교폭력예방 및 대책에 관한 법률 제17조 제1항).

2) 가해학생에 대한 조치별 적용기준

기해학생에 대한 조치를 할 때에는 "1. 가해학생이 행사한 학교폭력의 심각성 · 지속성 · 고의성, 2. 가해학생의 반성 정도, 3. 해당 조치로 인한 가해학생의 선도 가능성, 4. 가해학생 및 보호자와 피해학생 및 보호자 간의 화해의 정도, 5. 피해학생이 장애학생인지 여부"의 사항을 고려하여 결정하고, 그 세부적인 기준은 교육부장관이 정하여 고시하고 있다(학교폭력예방 및 대책에 관한 법률 제17조 제1항 및 학교폭력예방 및 대책에 관한 법률시행령 제19조).

3) 병과와 가중

학교폭력대책심의위원회가 교육장에게 가해학생에 대한 조치를 요청할 때 그 이유가 피해학생이나 신고 · 고발 학생에 대한 협박 또는 보복 행위일 경우에는 같은 항 각 호의 조치를 병과하거나 조치 내용을 가중할 수 있다(학교폭력예방 및 대책에 관한 법률 제17조 제2항).

4) 특별교육과 심리치료

피해학생 및 신고 · 고발 학생에 대한 접촉, 협박 및 보복행위의 금지, 학교에서의 봉사, 사회봉사, 출석정지, 학급교체, 전학(법 제17조 제1항 제2호부터 제4호까지 및 제6호부터 제8호까지의) 처분을 받은 가해학생은 교육감이 정한 기관에서 특별교육을 이수하거나 심리치료를 받아야 하며, 그 기간은 학교폭력대책심의위원회에서 정하고 있다(학교폭력예방 및 대책에 관한 법률 제17조 제3항).

5) 가해학생 및 보호자의 의견진술

학교폭력대책심의위원회는 가해자에 대한 조치를 요청하기 전에 가해학생 및 보호자에게 의견진술의 기회를 부여하는 등 적정한 절차를 거쳐야 한다(학교폭력예방 및 대책에 관한 법률 제17조 제5항).

6) 가해학생의 긴급조치 거부에 따른 징계

학교의 장이 긴급조치(법 제17조 제4항에 따른 조치)를 한 때에는 가해학생과 그 보호자에게 이를 통지하여야 하며, 가해학생이 이를 거부하거나 회피하는 때에는 학교의 장은 초·중등교육법 제18조에 따라 징계하여야 한다(학교폭력예방 및 대책에 관한 법률 제17조 제7항). 초·중등교육법 제18조와 같은 법 시행령 제31조에 따르면, 학교의 장은 교육상 필요하다고 인정할 때에는 학생에 대하여 "학교내의 봉사, 사회봉사, 특별교육이수, 1회 10일 이내, 연간 30일 이내의 출석정지, 퇴학처분"에 해당하는 징계를 할 수 있다.

7) 출석일수 산입

가해학생이 법 제17조 제1항 제3호부터 제5호까지의 규정에 따른 조치(학교에서의 봉사, 사회봉사, 학내외 전문가에 따른 특별교육이수 또는 심리치료)를 받은 경우 이와 관련된 결석은 학교의 장이 인정하는 때에는 이를 출석일수에 산입할 수 있다(학교폭력예방 및 대책에 관한 법률 제17조 제8항).

8) 가해학생의 보호자 교육

학교폭력대책심의위원회는 가해학생이 특별교육을 이수할 경우 해당 학생의 보호자도 함께 교육을 받게 하여야 한다(학교폭력예방 및 대책에 관한 법률 제17조 제9항).

9) 가해학생에 대한 전학조치

초등학교·중학교·고등학교의 장은 자치위원회가 법 제17조 제1항에 따라 가해학생에 대한 전학 조치를 요청하는 경우에는 초등학교·중학교의 장은 교육장에게, 고등학교의 장은 교육감에게 해당 학생이 전학할 학교의 배정을 지체 없이 요청하여야 한다(학교폭력예방 및 대책에 관한 법률 시행령 제20조 제1항). 교육감 또는 교육장은 가해학생이 전학할 학교를 배정할 때 피해학생의 보호에 충분한 거리 등을 고려하여야 하며, 관할구역 외의 학교를 배정하려는 경우에는 해당 교육감 또는 교육장에게 이를 통보하여야 한다(학교폭력예방 및 대책에 관한 법률 시행령 제20조 제2항). 이에 따른 통보를 받은 교육감 또는 교육장은 해당 가해학생이 전학할 학교를 배정하여야 한다(학교폭력예방 및 대책에 관한 법률 시행령 제20조 제3항). 교육감 또는 교육장은 제2항과 제3항에 따라 전학 조치된 가해학생과 피해학생이 상급학교에 진학할 때에는 각각 다른 학교를 배정하여야 한다. 이 경우 피해학생이 입학할 학교를 우선적으로 배정한다(학교폭력예방 및 대책에 관한 법률 시행령 제20조 제4항).

10) 가해학생의 조치거부 · 기피에 대한 추가 조치

학교폭력대책심의위원회는 법 제17조 제1항 제2호부터 제9호까지의 조치를 받은 학생이 해당 조치를 거부하거나 기피하는 경우에는 법 제17조 제11항에 따라 학교의 장으로부터 그 사실을 통보받은 날부터 7일 이내에 추가로 다른 조치를 할 것을 학교의 장에게 요청할 수 있다(학교폭력예방 및 대책에 관한 법률 시행령 제22조).

3. 행정심판

교육장이 법 제16조 제1항(피해학생) 및 제17조 제1항(가해학생)에 따라 내린 조치에 대하여 이의가 있는 피해학생 또는 그 보호자는 행정심판법에 따른 행정심판을 청구할 수 있다(학교폭력예방 및 대책에 관한 법률 제17조의2 제1항). 교육장이 법 제17조 제1항(가해학생)에 따라 내린 조치에 대하여 이의가 있는 가해학생 또는 그 보호자는 행정심판법에 따른 행정심판을 청구할 수 있다(학교폭력예방 및 대책에 관한 법률 제17조의2 제2항). 이에 따른 행정심판청구에 필요한 사항은 행정심판법을 준용하고 있다(학교폭력예방 및 대책에 관한 법률 제17조의2 제3항).

4. 분쟁조정

분쟁조정은 소송을 통하지 않고 제3자의 주선을 통해 분쟁을 해결하는 제도이다. 학교폭력대책심의위원회는 학교폭력과 관련하여 분쟁이 있는 경우에는 그 분쟁을 조정할 수 있다.

(1) 분쟁조정의 내용과 절차

학교폭력대책심의위원회는 학교폭력과 관련하여 분쟁이 있는 경우에는 그 분쟁을 조정할 수 있다(학교폭력예방 및 대책에 관한 법률 제18조 제1항). 이에 따른 분쟁의 조정기간은 1개월을 넘지 못한다(학교폭력예방 및 대책에 관한 법률 제18조 제2항). 학교폭력과 관련한 분쟁조정에는 "1. 피해학생과 가해학생간 또는 그 보호자 간의 손해배상에 관련된 합의조정, 2. 그 밖에 학교폭력대책심의위원회가 필요하다고 인정하는 사항"을 포함한다(학교폭력예방 및 대책에 관한 법률 제18조 제3항). 학교폭력대책심의위원회는 분쟁조정을 위하여 필요하다고 인정하는 때에는 관계 기관의 협조를 얻어 학교폭력과 관련한 사항을 조사할 수 있다(학교폭력예방 및 대책에 관한 법률 제18조 제4항). 학교폭력대책심의위원회가 분쟁조정을 하고자 할 때에는 이를 피해학생·가해학생 및 그 보호자에게 통보하여야 한다(학교폭력예방 및 대책에 관한 법률 제18조 제5항).

시·도교육청 관할 구역 안의 소속 교육지원청이 다른 학생 간에 분쟁이 있는 경우에는 교육감이 직접 분쟁을 조정한다. 이 경우 법 제18조 제2항부터 제5항까지의 규정을 준용한다(학교폭력예방 및 대책에 관한 법률 제18조 제6항). 관할 구역을 달리하는 시·도교육청 소속 학교의 학생 간에 분쟁이 있는 경우에는 피해학생을 감독하는 교육감이 가해학생을 감독하는 교육감과의 협의를 거쳐 직접 분쟁을 조정한다. 이 경우 법 제18조 제2항부터 제5항까지의 규정을 준용하고 있다(학교폭력예방 및 대책에 관한 법률 제18조 제7항).

(2) 분쟁조정의 개시

학교폭력대책심의위원회 또는 교육감은 법 제25조에 따라 분쟁조정의 신청을 받으면 그 신청을 받은 날부터 5일 이내에 분쟁조정을 시작하여야 한다(학교폭력예방 및 대책에 관한 법률 시행령 제27조 제1항). 학교폭력대책심의위원회 또는 교육감은 분쟁당사자에게 분쟁조정의 일시 및 장소를 통보하여야 한다(학교폭력예방 및 대책에 관한 법률 시행령 제27조 제2항). 이에 따라 통지를 받은 분쟁당사자 중 어느 한 쪽이 불가피한 사유로 출석할 수 없는 경우에는 자치위원회 또는 교육감에게 분쟁조정의 연기를 요청할 수 있다. 이 경우 자치위원회 또는 교육감은 분쟁조정의 기일을 다시 정하여야 한다(학교폭력예방 및 대책에 관한 법률 시행령 제27조 제3항). 학교폭력대책심의위원회 또는 교육감은 자치위원회 위원 또는 지역위원회 위원 중에서 분쟁조정 담당자를 지정하거나, 외부 전문기관에 분쟁과 관련한 사항에 대한 자문 등을 할 수 있다(학교폭력예방 및 대책에 관한 법률 시행령 제27조 제4항).

(3) 분쟁조정의 거부·중지 및 종료

학교폭력대책심의위원회 또는 교육감은 "1. 분쟁당사자 중 어느 한 쪽이 분쟁조정을 거부한 경우, 2. 피해학생 등이 관련된 학교폭력에 대하여 가해학생을 고소·고발하거나 민사상 소송을 제기한 경우, 3. 분쟁조정의 신청내용이 거짓임이 명백하거나 정당한 이유가 없다고 인정되는 경우"에 해당하는 사유가 발생한 경우에는 분쟁조정의 개시를 거부하거나 분쟁조정을 중지할 수 있다(학교폭력예방 및 대책에 관한 법률 시행령 제28조 제1항). 학교폭력대책심의위원회 또는 교육감은 "1. 분쟁당사자 간에 합의가 이루어지거나 자치위원회 또는 교육감이 제시한 조정안을 분쟁당사자가 수락하는 등 분쟁조정이 성립한 경우, 2. 분쟁조정 개시일부터 1개월이 지나도록 분쟁조정이 성립하지 아니한 경우"에 해당하는 사유가 발생한 경우에는 분쟁조정을 끝내야 한다(학교폭력예방 및 대책에 관한 법률 시행령 제28조 제2항). 학교폭력대책심의위원회 또는 교육감은 분쟁조정의 개시를 거부하거나 분쟁조정을 중지한 경우 또는 분쟁조정을 끝낸 경우에는 그 사유를 분쟁당사자에게 각각 통보하여야 한다(학교폭력예방 및 대책에 관한 법률 시행령 제28조 제3항).

Ⅲ. 학교폭력 관련자 형사책임

학교에서 학교폭력대책심의위원회를 통한 가해학생에 대한 조치는 선도조치로서 학교 내의 징계벌의 일종이다. 그러나 징계벌로 학생의 모든 행위에 대한 책임이 면제되는 것은 아니다. 학생에 대한 징계는 학생을 선도하기 위해서 생활지도 목적으로 학교자체에서 징계를 하는 것이며, 학생의 가해행위의 경중에 따라 한계가 있는 것이다. 따라서 가해학생이 학교에서 학교폭력대책심의위원회의 심의결과에 따른 징계조치와는 별도로 형벌법규에 위반되었을 경우

에는 형법 및 소년법에 따라 처벌받을 수 있다.[4)]

1. 형사책임의 대상자

형사책임은 가해행위에 대한 국가적 제재(처벌)와 장래의 범죄발생방지를 목적으로 한 가해자에 대한 책임이다. 형법에서 형사미성년자는 14세가 되지 아니한 자를 말한다. 형법은 형사미성년자를 책임무능력자로 취급하여 14세가 되지 아니한 자의 행위는 벌하지 아니한다(형법 제9조). 따라서 형사처벌은 14세 이상인 경우만 가능하고, 10세 이상~14세 미만은 보호처분을 할 수 있으며, 10세 미만은 처벌근거가 없다. 다만, 미성년자의 보호자에 대한 감독자 의무가 적용된다. 이와는 별도로 교사에 대하여 학생보호감독에 대한 책임을 물어 형법상 **직무유기죄**가 성립되는 경우도 있다.

2. 가해학생이 14세 이상인 경우

(1) 범죄유형과 처벌내용

가해자가 14세 이상이고 19세 미만인 경우에는 형법 및 소년법에 따라 형사처벌 또는 보호처분을 받는다. 소년법에서 소년이란 19세 미만인 자를 말한다. 소년법이지만 남자와 여자를 구분하지는 않는다. 보호처분은 반사회성이 있는 소년에 대하여 그 환경과 조정과 품행교정을 위하여 형사처분에 관한 특별조치를 행함으로써 소년이 건전하게 성장하도록 돕는 것을 목적으로 하고 있다.

형법의 일반적인 범죄행위의 유형과 처벌규정 가운데 학교폭력과 관련이 있거나 학생 등 청소년들이 사전에 유념하고 예방하여야 할 범죄유형은 다음과 같다.

1) 살인죄

(가) 살인죄 : 형법 제250조 제1항에 따라 사람을 살해한 자는 사형, 무기 또는 5년 이상의 징역을 받는다.

---

4) 임종수, 앞의 책, 347~354면 참조.

(나) 존속살해죄 : 형법 제250조 제2항에 따라 자기 또는 배우자의 직계존속을 살해한 자는 사형, 무기 또는 7년 이상의 징역을 받는다.

(다) 영아살해죄 : 형법 제251조에 따라 직계존속이 치욕을 은폐하기 위하거나 양육할 수 없음을 예상하거나 특히 참작할 만한 동기로 인하여 분만중 또는 분만직후의 영아를 살해한 자는 10년 이하의 징역을 받는다.

(라) 촉탁승낙 살인죄 : 형법 제252조 제1항에 따라 사람의 촉탁 또는 승낙을 받어 그를 살해한 자는 1년 이상 10년 이하의 징역을 받는다.

(마) 자살교사방조죄 : 형법 제252조 제2항에 따라 사람을 교사 또는 방조하여 자살하게 한 자는 1년 이상 10년 이하의 징역을 받는다.

2) 상해와 폭행, 과실치상상의 죄

(가) 상해죄 : 형법 제257조 제1항에 따라 사람의 신체를 상해한 자는 7년 이하의 징역, 10년 이하의 자격정지 또는 1천만원 이하의 벌금을 받는다.

(나) 존속상해죄 : 형법 제257조 제2항에 따라 자기 또는 배우자의 직계존속의 신체를 상해한 자는 10년 이하의 징역 또는 1천500만원 이하의 벌금을 받는다.

(다) 중상해죄 : 형법 제258조 제1항에 따라 사람의 신체를 상해하여 생명에 대한 위험을 발생하게 한 자는 1년 이상 10년 이하의 징역을 받는다.

(라) 존속중상해죄 : 형법 제258조 제3항에 따라 자기 또는 배우자의 직계존속의 신체를 상해항려 생명에 대한 위험을 발생하게 한 자는 2년 이상의 유기징역을 받는다.

(마) 상해치사죄 : 형법 제259조 제1항에 따라 사람의 신체를 상해하여 사망에 이르게 한 자는 3년 이상의 유기징역에 처한다.

(바) 존속상해치사죄 : 형법 제259조 제2항에 따라 자기 또는 배우자의 직계존속의 신체를 상해하여 사망에 이르게 한 자는 무기 또는 5년 이상의 징역에 처한다.

(사) 폭행죄 : 형법 제260조 제1항에 따라 사람에 신체에 대하여 폭행을 한 자는 2년 이하의 징역 또는 500만원 이사의 벌금, 구류 또는 과료를 처한다.

(아) 존속폭행죄 : 형법 제260조 제2항에 따라 자기 또는 배우자의 직계

존속의 신체에 대하여 폭행을 한 자는 5년 이하의 징역 또는 700만원 이하의 벌금을 처한다.

(자) 특수폭행죄 : 형법 제261조에 따라 단체 또는 다중의 위력을 보이거나 위험한 물건을 휴대하여 사람의 신체에 대하여 폭행을 가한 자는 5년 이하의 징역 또는 1천만원 이하의 벌금을 처한다.

(차) 폭행치사상죄 : 형법 제262조에 따라 사람의 신체에 대하여 폭행을 가하여 사상에 이르게 한 때에는 상해죄(제257조) 내지 상해치사상죄(제259조)의 예에 따른다.

(카) 과실치상죄 : 형법 제266조 제1항에 따라 과실로 인하여 사람의 신체를 상해에 이르게 한 자는 500만원 이하의 벌금, 구류 또는 과료를 처한다.

(타) 과실치사죄 : 형법 제267조에 따라 과실로 인하여 사람을 사망에 이르게 한 자는 2년 이하의 금고 또는 700만원 이하의 벌금을 처한다.

3) 협박의 죄

(가) 협박죄 : 형법 제283조 제1항에 따라 사람을 협박한 자는 3년 이하의 징역, 500만원 이하의 벌금, 구류 또는 과료를 처한다.

(나) 존속협박죄 : 형법 제283조 제2항에 따라 자기 또는 배우자의 직계존속에 대하여 협박을 한 자는 5년 이하의 징역 또는 700만원 이하의 벌금을 처한다.

(다) 특수협박죄 : 형법 제284조에 따라 단체 또는 다중의 위력을 보이거나 위험한 물건을 휴대하여 사람을 협박한 자는 7년 이하의 징역 또는 1천만원 이하의 벌금을 처한다.

4) 강요의 죄

(가) 강요죄 : 형법 제324조에 따라 폭행 또는 협박으로 사람의 권리행사를 방해하거나 의무없는 일을 하게 한 자는 5년 이하의 징역에 처한다.

(나) 인질강요죄 : 형법 제324조의2에 따라 사람을 체포·감금·약취 또는 유인하여 이를 인질로 삼아 제3자에 대하여 권리행사를 방해하거나 의무없는 일을 하게 한 자는 3년 이상의 유기징역에 처한다.

5) 체포와 감금의 죄

(가) 체포 · 감금죄 : 형법 제276조 제1항에 따라 사람을 체포 또는 감금한 자는 5년 이하의 징역 또는 700만원 이하의 벌금을 처한다.

(나) 존속체포 · 감금죄 : 형법 제276조 제2항에 따라 자기 또는 배우자의 직계존속을 체포 또는 감금한 자는 10년 이하의 징역 또는 1천 500만원 이하의 벌금에 처한다.

(다) 중체포 · 감금죄 : 형법 제277조에 따라 사람을 체포 또는 감금하여 가혹한 행위를 가한 자는7년 이하의 징역에 처한다.

(라) 특수체포 · 감금죄 : 형법 제278조에 따라 단체 또는 다중의 위력을 보이거나 위험한 물건을 휴대하여 사람을 체포 또는 감금한 자는 그 죄에 정한 형의 2분의1까지 가중한다.

(마) 체포 · 감금치상죄 : 형법 제281조 제1항 전단에 따라 사람을 체포 또는 감금하여 상해에 이르게 한 자는 1년 이상의 유기징역에 처한다.

(바) 체포 · 감금치사죄 : 형법 제281조 제1항 후단에 따라 사람을 체포 또는 감금하여 사망에 이르게 한 자는 3년 이상의 유기징역에 처한다.

6) 약취와 유인의 죄

(가) 미성년자 약취 · 유인죄 : 형법 제287조에 따라 미성년자를 약취 또는 유인한 사람은 10년 이하의 징역에 처한다.

(나) 추행간음 영리목적 약취 유인죄 : 형법 제288조 제1항에 따라 추행, 간음, 결혼 또는 영리의 목적으로 사람을 약취 또는 유인한 사람은 1년 이상 10년 이하의 징역에 처한다.

7) 강간과 추행의 죄

(가) 강간죄 : 형법 제297조에 따라 폭행 또는 사람을 강간한 자는 3년 이상의 유기징역에 처한다.

(나) 강제추행죄 : 형법 제298조에 따라 폭행 또는 협박으로 사람에 대하여 추행한 자는 10년 이하의 징역 또는 1천 500만원 이하의 벌금에 처한다.

(다) 준강간죄 · 준강제추행죄 : 형법 제299조에 따라 사람의 심신상실 또는 항거불능의 상태를 이용하여 간음 또는 추행을 한 자는 제297조, 제297

조의2 및 제298조의 예에 따른다.

(라) 미성년자에 대한 간음 · 추행죄 : 형법 제305조에 따라 13세 미만의 사람에 대하여 간음 또는 추행을 한 자는 제297조, 제297조의2, 제297조, 제301조 또는 제301조의2의 예에 따른다.

(마) 강간상해 · 치상죄 : 형법 제301조에 따라 폭행 또는 협박으로 사람을 강간 추행한 자가 사람을 상해하거나 상해에 이르게 한 때에는 무기 또는 5년 이상의 징역에 처한다.

(바) 강간살인 · 치사죄 : 형법 제301조의2에 따라 폭행 또는 협박으로 사람을 강간 추행한 자가 사람을 살해한 때, 사망에 이르게 한 때에는 살해한 때에는 사형 또는 무기징역, 사망에 이르게 한 때에는 무기 또는 10년 이상의 징역에 처한다.

(사) 미성년자 · 심신미약자 간음 · 추행죄 : 형법 제302조에 따라 미성년자 또는 심신미약자에 대하여 위계 또는 위력으로써 간음 또는 추행한 자는 5년 이하의 징역에 처한다.

8) 명예에 관한 죄

(가) 명예훼손죄 : 형법 제307조 제1항에 따라 공연히 사실을 적시하여 사람의 명예를 훼손한 자는 2년 이하의 징역이나 금고 또는 500만원 이하의 벌금을 처한다. 또한 형법 제307조 제2항에 따라 공연히 허위의 사실을 적시하여 사람의 명예를 훼손한 자는 5년 이하의 징역, 10년 이하의 자격정지 또는 1천만원 이하의 벌금에 처한다.

(나) 출판물에 따른 명예훼손죄 : 형법 제309조 제1항에 따라 사람을 비방할 목적으로 신문, 잡지 또는 라디오, 그 밖에 출판물에 따라서 사람의 명예를 훼손한 자는 3년 이하의 징역이나 금고 또는 700만원 이하의 벌금을 처한다.

(다) 모욕죄 : 형법 제311조에 따라 공연히 사람을 모욕한 자는 1년 이하의 징역이나 금고 또는 200만원 이하의 벌금을 처한다.

9) 절도와 강도의 죄

(가) 절도죄 : 형법 제329조에 따라 타인의 재물을 절취한 자는 6년 이하의 징역 또는 1천만원 이하의 벌금에 처한다.

(나) 강도죄 : 형법 제333조에 따라 폭행 또는 협박으로 타인의 재물을

강취하거나 그 밖에 재산상의 이익을 취득하거나 제3자로 하여금 이를 취득하게 한 자는 3년 이상의 유기징역에 처한다.

(다) 특수강도죄 : 형법 제334조 제1항, 제2항에 따라 야간에 사람의 주거, 관리하는 건조물, 선박이나 항공기 또는 점유하는 방실에 침입하여 강도죄를 범한 자 또는 흉기를 휴대하거나 2인 이상이 합동하여 강도죄를 범한 자는 무기 또는 5년 이상의 징역에 처한다.

(라) 준강도죄 : 형법 제335조에 따라 절도가 재물의 탈환을 항거하거나 체포를 면탈하거나 죄적을 인멸한 목적으로 폭행 또는 협박을 가한 때에는 강도죄, 특수강도죄의 예에 따른다.

(마) 강도상해 · 치상죄 : 형법 제337조에 따라 강도가 사람을 상해하거나 상해에 에르게 한 때에는 무기 또는 7년 이상의 징역에 처한다.

(바) 강도살인죄 : 형법 제338조에 따라 강도가 사람을 살해한 때에는 사형 또는 무기징역에 처한다.

(사) 강도치사죄 : 형법 제338조 후단에 따라 강도가 사람을 사망에 이르게 한 때에는 무기 또는 10년 이상의 징역에 처한다.

10) 공갈과 손괴의 죄

(가) 공갈죄 : 형법 제350조 제1항에 따라 사람을 공갈하여 재물의 교부를 받거나 재산상의 이익을 취득한 자는 10년 이하의 징역 또는 2천만원 이하의 벌금에 처한다.

(나) 재물손괴죄 : 형법 제366조에 따라 타인의 재물, 문서 또는 전자기록 등 특수매체기록을 손괴 또는 은닉, 그 밖의 방법으로 기 효율을 해한 자는 3년 이하의 징역 또는 700만원 이하의 벌금에 처한다.

(다) 특수손괴죄 : 형법 제369조에 따라 단체 또는 다중의 위력을 보이거나 위험한 물건을 휴대하여 재물손괴죄를 범한 때에는 5년 이하의 징역 또는 1천만원 이하의 벌금에 처한다.

(2) 가중처벌

어떤 범죄에 대해 법으로 정해 놓은 형(刑)보다 형(刑)을 더 가중(加重)해서 처벌하는 것이 가중처벌이다. 폭력행위 등 처벌에 관한 법률에서는 상습범인 경우와 단체나 다중의 위력을 보이거나 또는 단체나 집단을 가장하여 위력을 보임으로써 폭행 협박 등의 죄를 범한 경우 및 흉기 그 밖에 위험한 물건을 휴대하여 그 죄를 범한 자는 가중처벌한다.

(3) 반의사불벌죄

반의사불벌죄(反意思不罰罪)란 피해학생이 의사에 관계없이 공소를 제기할 수 있으나, 피해학생의 명시한 의사에 반하여 처벌할 수 없는 범죄를 말한다. 폭행죄, 협박죄, 명예훼손죄 등이다. 따라서 반의사불벌죄에 해당하는 경우 가해학생을 기소하였으나 피해학생이 처벌을 원하지 않을 경우에는 처벌할 수 없게 된다. 그러나 단체 또는 다중의 위력을 보이거나 위험한 물건을 이용한 폭행 및 협박은 반의사불벌죄가 아니다.

3. 가해학생이 14세 미만인 경우

(1) 보호처분

가해학생이 14세 미만이면 형사미성년자이므로 형법에 따라 형사처벌이 되지는 않지만, 10세 이상 14세 미만인 경우에는 소년법에 따라 보호처분을 받을 수 있다. 중학교 2학년 학생의 연령이 대체로 만 14세 정도이다.

가해학생이 “1. 죄를 범한 소년, 2. 형벌 법령에 저촉되는 행위를 한 10세 이상 14세 미만인 소년, 3. 다음 각 목에 해당하는 사유가 있고 그의 성격이나 환경에 비추어 앞으로 형벌 법령에 저촉되는 행위를 할 우려가 있는 10세 이상인 소년 : 가. 집단적으로 몰려다니며 주위 사람들에게 불안감을 조성하는 성벽(性癖)이 있는 것, 나. 정당한 이유 없이 가출하는 것,

다. 술을 마시고 소란을 피우거나 유해환경에 접하는 성벽이 있는 것”에 해당하는 소년은 소년부의 보호사건으로 심리한다(소년법 제4조 제1항).

(2) 보호처분의 종류

소년부 판사는 심리 결과 보호처분을 할 필요가 있다고 인정하면 결정으로써 “1. 보호자 또는 보호자를 대신하여 소년을 보호할 수 있는 자에게 감호 위탁, 2. 수강명령, 3. 사회봉사명령, 4. 보호관찰관의 단기(短期) 보호관찰, 5.

보호관찰관의 장기(長期) 보호관찰, 6. 아동복지법에 따른 아동복지시설이나 그 밖의 소년보호시설에 감호 위탁, 7. 병원, 요양소 또는 「보호소년 등의 처우에 관한 법률」에 따른 소년의료보호시설에 위탁, 8. 1개월 이내의 소년원 송치, 9. 단기 소년원 송치, 10. 장기 소년원 송치"에 해당하는 처분을 하여야 한다(소년법 제32조 제1항). 소년부 판사는 결정으로써 6개월의 범위에서 한 번에 한하여 그 기간을 연장할 수 있다. 다만, 소년부 판사는 필요한 경우에는 언제든지 결정으로써 그 위탁을 종료시킬 수 있다(소년법 제33조 제1항).

보호처분의 종류와 기간을 보면, ⅰ) 보호자 또는 보호자를 대신하여 소년을 보호할 수 있는 자에게 감호 위탁 : 6개월, 6개월 연장가능, ⅱ) 수강명령 : 100시간 이내, ⅲ) 사회봉사명령 : 200시간 이내, ⅳ) 보호관찰관의 단기 보호관찰 : 1년, ⅴ) 보호관찰관의 장기 보호관찰 : 2년, ⅵ) 아동복지법에 따른 아동복지시설이나 그 밖의 소년보호시설에 감호위탁 : 6개월, ⅶ) 병원, 요양소 또는 보호소년 등의 처우에 관한 법률에 따른 소년의료보호시설에 위탁 : 6개월, ⅷ) 1개월 이내의 소년원 송치 : 1개월 이내, ⅸ) 단기 소년원 송치 : 6개월 이내, ⅹ) 장기 소년원 송치 : 2년 이내 이다.

(3) 보호처분의 효력과 취소

소년의 보호처분은 그 소년의 장래 신상에 어떠한 영향도 미치지 아니한다(소년법 제32조 제6항). 보호처분이 계속 중일 때에 사건 본인이 처분 당시 19세 이상인 것으로 밝혀진 경우에는 소년부 판사는 결정으로써 그 보호처분을 취소하고 "1. 검사 · 경찰서장의 송치 또는 제4조제3항의 통고에 의한 사건인 경우에는 관할 지방법원에 대응하는 검찰청 검사에게 송치한다., 2. 법 제50조에 따라 법원이 송치한 사건인 경우에는 송치한 법원에 이송한다."의 구분에 따라 처리하여야 한다(소년법 제38조 제1항).

소년법 제4조 제1항 제1호 · 제2호의 소년에 대한 보호처분이 계속 중일 때에 사건 본인이 행위 당시 10세 미만으로 밝혀진 경우 또는 소년법 제4조 제1항 제3호의 소년에 대한 보호처분이 계속 중일 때에 사건 본인이 처분 당시 10세 미만으로 밝혀진 경우에는 소년부 판사는 결정으로써 그 보호처분을 취소하여야 한다(소년법 제38조 제2항).

4. 가해학생이 10세 미만의 경우

가해학생이 10세 미만인 경우에는 형사처벌을 할 수 없다. 이 경우 피해학생은 가해학생의 보호자를 대상으로 민사상의 손해배상을 청구할 수 있다.

Ⅳ. 학교폭력 관련자 민사책임

학교폭력으로 피해를 입은 학생측은 가해학생측과 치료비 등의 합의를 하거나 학교폭력대책심의위원회의 분쟁조정에 따라 해결할 수도 있지만, 분쟁조정이 성립되지 않은 경우에는 민법의 규정에 따른 손해배상을 청구할 수 있다.[5)]

1. 가해학생의 책임

가해학생이 피해학생에게 학교폭력으로 인한 손해를 끼쳤다면 가해학생은 그 손해를 배상할 책임이 있다(민법 제750조). 피해학생은 가해학생에게 치료비 등 재산상의 손해에 대한 배상을 청구할 수 있다. 또한 피해학생의 신체의 자유 또는 명예를 해하거나 그 밖에 정신적 고통을 가했다면, 재산 이외의 손해에 대해서도 배상할 책임이 있다(민법 제750조 제1항).

(1) 책임능력이 없는 가해학생과 보호자의 책임

가해학생이 미성년자인 경우에 행위의 책임을 변식할 지능, 즉 책임능력이 없다면 손해배상책임을 물을 수 없다(민법 제753조). 판례는 대체로 15세부터 책임능력이 있는 것으로 보고 있으므로 학교에 재학하는 학생의 경우에는 중학교 3학년 남짓 정도의 학생이 이에 해당한다고 본다. 가해학생이 책임능력이 없는 경우에는 가해학생의 보호자가 피해학생에게 가한 손해를 배상할 책임이 있다. 다만, 보호자가 감독의무를 게을리 하지 아니한 경우에는 손해배상책임이 없다(민법 제755조 제1항). 따라서 보호자가 가해학생에 대한 감독의무를 게을리 하지 않았음을 입증하면 피해학생에 대한 손해배상책임이 없다.

---

5) 임종수, 앞의 책, 354~356면 참조.

(2) 책임능력이 있는 가해학생과 보호자의 책임

가해학생이 행위의 책임을 변식할 지능, 즉 책임능력이 있으면 손해배상책임을 져야 한다(민법 제753조의 반대해석). 그러나 책임능력이 있다고 하더라도 현실적으로 가해학생은 학생의 신분으로 경제적 능력이 부족하므로 손해배상을 할 수 없는 경우가 많다. 따라서 대법원은 미성년자인 가해학생이 책임능력이 있어 불법행위책임을 지는 경우에도 그 손해가 감독의무자인 보호자의 의무위반과 상당인과관계가 있으면 보호자는 일반불법행위자로서 손해배상책임이 있다고 판결함으로서 피해자 보호에 만전을 기하고 있다. 이 때 감독의무위반사실 및 손해발생과의 상당인과관계의 존재는 이를 주장하는 자인 피해학생측이 입증하여야 한다(대법원 2003.03.28. 선고 2003다5061 판결).

2. 교원의 책임

(1) 교원책임의 근거

학생을 지도하는 교사는 부모 등 감독의무자를 대신해서 가해학생에 대한 대리감독책임을 진다(민법 제755조 제2항). 판례도 학교의 장이나 교사는 학생을 보호 · 감독할 의무를 지는데, 이러한 보호 · 감독의무는 교육법(판결 당시 교육법이라는 법규는 실정법에 없었으므로 교육 관련법이라고 해석된다)에 따라 학생들을 친권자 등 법정감독의무자에 대신하여 감독을 하여야 하는 의무라고 하였다(대법원 2007.04.26. 선고 2005다24318 판결). 따라서 학교의 장이나 교사는 학생에 대한 대리감독자 책임이 있으므로 교장 · 교사가 지도 · 감독하는 학생이 가해행위를 하였을 경우에 교사가 대리감독의무를 게을리 하지 않았음을 입증하지 못하면 민법 제755조 제2항에 따라 피해학생에 대한 손해배상책임을 부담하게 된다.

(2) 교원책임의 범위

학교의 장이나 교사가 학생을 보호 · 감독할 의무는 교육법에 따라 학생들을 친권자 등 법정감독의무자에 대신하여 감독을 하여야 하는 의무로서 학교 내에서 학생의 전 생활관계에 미치는 것은 아니고, 학교에서의 교육활동 및 이에 밀접 불가분에 관계에 있는 생활관계에 한하고, 그 의무의 범위 내의 생활관계라고 하더라도 교육활동의 때, 장소, 가해자의 분별능력, 가해자의 성행, 가해자와 피해자의 관계, 그 밖에 여러 사정을 고려하여 사고가 학교생활에서 통상 발생할 수 있다고 하는 것이 예측되거나 또는 예측 가능성이 있는 경우에만 교장이나 교사는 보호감독의무위반에 대한 책임을 진다(대법원 1994.08.23. 선고 93다60588판결). 친권자 등 법정감독의무자는 학생을 보호하는 보호자, 즉 친권자이거나 후견인이며, 친권자는 아버지와 어머니이며, 아버지와 어머니가 없거나 친권을 상실하였을 경우에는 후견인이 보호자이다.

3. 학교의 설치 · 경영자의 책임

국 · 공립학교의 경우에 학교의 설치 · 경영자는 국가 또는 지방자치단체가 되므로 학교폭력으로 인한 손해배상책임은 국가 또는 지방자치단체가 부담하고(국가배상법 제2조), 사립학교의 경우에 사립학교 법인이 교사의 보호감독의무위반으로 피해학생이 손해를 입었다면 그 손해를 배상할 책임, 즉 사용자책임이 있다(민법 제756조 제2항).

V. 학교폭력의 판례

1. 초등학생의 폭력

(1) 초등학교 4학년 학생이 시력검사 시간에 친구가 휘두른 철사에 눈이 찔린 사건

1) 사건 개요

① 광주광역시 산하 OO초등학교는 1994년 4학년 학생들에 대하여 체력검사를 실시하기로 하였고, 4학년 6반의 담임선생이었던 A교사는 제3교시 시력검사 시간에 차례대로 학생들의 시력검사를 하여 그 결과를 학생건강기록부에 기록하고 있었다. ② B학생과 C학생은 자리에 앉아서 대기하던 학생들에 속하였는데 C학생은 자리에 앉아서 대기하던 중 자신의 사물함에서 다음날 미술시

간에 사용할 공작용 가는 철사를 가지고 와서 돌리다가 옆에 앉아서 대기하고 있던 B학생의 왼쪽 분이 철사의 끝 부분에 스치게 하여 B학생으로 하여금 외상성 백내장, 각막혼탁, 초자체혼탁상 등의 상해를 입게 하였다. ③ A교사는 학생들에게 미술시간에 사용할 공작용 가는 철사를 준비하게 한 다음 그 본관에 관하여 주의를 촉구하거나 당일 체력검사를 실시하기 전에 별다른 주의를 준 바는 없고, 이 사건 사고 당시에는 혼자서 학생들의 시력을 측정하여 이를 기록하고 있었기 때문에 위 사고를 목격할 수 없었다.

2) 판결

가해학생의 학부모와 교사를 감독하고 있는 광주광역시가 연대하여 배상할 책임이 있다(광주지방법원 1997.01.24. 선고 96가합114 판결).

3) 판결 요지

① C학생의 부모는 철사 등의 위험한 물건을 가지고 놀다가 타인에게 상해를 입게 하는 일이 없도록 교양 및 지도하고 주의를 촉구하여야 할 주의의무가 있다고 할 것이고, 담임교사인 A교사는 9세 내외의 4학년 학생들이 서로 장난을 하거나 철사 등의 위험한 물건을 가지고 놀다가 다른 학생을 다치게 할 위험성이 있으므로 학생들에게 미술시간에 사용할 공작용 가는 철사를 준비하게 하였으면 이를 사물함에 그대로 보관하여 이를 가지고 돌리는 등의 위험한 장난을 하지 않도록 하고, 42명에 이르는 학생들에 대하여 부득이 혼자서 시력검사를 하는 경우 학생들이 위험한 장난을 치거나 노는 경우에 대비하여 시력검사 시작 전에 그러한 장난이나 놀이를 하는 일이 없도록 특별히 교육을 하여야 할 것임에도 불구하고, 위와 같은 주의의무를 게을리 한 잘못으로 인하여 이 사건 사고가 발생하였다고 할 것이다. ② C학생의 부모는 불법행위자로서 광주광역시는 위와 같은 직무집행상의 불법행위를 저지른 A교사가 소속된 지방자치단체로서 연대하여 이 사고로 인하여 원고들이 입은 손해를 배상할 책임이 있다.

4) 판결의 의미

학부모는 자녀의 불법행위에 대한 책임이 있고, 교사는 9세 내외의 학생을 보호·감독할 책임이 있으며, 또한 교사는 학생들이 위험한 준비물을 소지하고 있다면 그 보관에 관하여 주의를 촉구하거나 장난을 치지 않도록 특별히 교육하여야 한다는 판결이다.

(2) 초등학교 1학년 학생이 옆자리 학생으로부터 연필로 눈이 찔린 사건

1) 사건 개요

① A학생과 B학생은 2005년에 OO초등학교에 입학하여 C교사가 담임교사인 1학년 O반에 배치되었다. 담임교사인 C교사는 1학년 O반 학생들에게 연필 잡는 방법과 글씨 쓰는 기초를 수업하고 있었는데, B학생은 옆에 앉아 있던 A학생이 가까이에서 쳐다보는 것을 발견하지 못하고 무심코 필통에서 연필을 꺼내다가 A학생의 왼쪽 눈을 연필의 끝 부분으로 찌르게 되었고, 이로 인하여 A학생은 각막열상, 외상성 수정체 파열 등의 상해를 입혔다. ② 담임교사인 C교사는 수업이 끝날 때까지 위와 같은 사고의 발생을 발견하지 못하고 A학생 등을 하교시켰는바, A학생은 하교 후 피아노 학원에서 왼쪽 눈의 통증을 호소하여 학원 선생님의 연락을 받은 A학생의 어머니 등에 의해 병원으로 이송된 후, 병원에서 각막열상의 일차적 봉합술, 수정체 절제술 등을 받았다

2) 판결

1학년 학생의 보호감독인 학부모와 지도를 소홀히 한 교사에게 책임이 있다(대전지방법원 2008.01.23. 선고 2006가단21862 판결).

3) 판결 요지

① B학생은 주변을 제대로 살피지 않은 채 부주의하게 끝이 날카로운 물건인 연필을 꺼내다가 A학생의 눈을 찌른 잘못을 저질렀다고 할 것이고, B학생의 나이 등에 비추어 B학생에게 책임을 변식할 능력이 있다고 보기는 어려우므로 민법 제755조에 따라 B학생을 감독할 의무가 있는 부모는 손해를 배상할 책임이 있다. ② 1학년 학생들에게 연필 잡는 방법과 글씨 쓰는 기초를 수업하는 과정에서 발생한 것이어서 담임교사로서는 날카로운 연필 등에 학생이 다칠 수 있으므로 사전에 수업계획의 수립, 준비단계에서 안전확보조치를 취하는 한편, 학생들에게 교과내용에 따르는 위험을 설명하고 수업시간 내내 개별적인 지도와 감독을 철저히 할 필요가 있다. ③ 담임교사인 C교사는 수업시간

중에 발생한 사고의 발생 사실조차 알지 못한 채 수업을 진행하였던 점 등을 종합하여 보면, 담임교사인 C교사는 학생들이 끝이 날카로운 연필을 가까이에서 쳐다보거나 조심성 없이 사용할 수 있으므로 수업 중인 학생들을 면밀하게 관찰하여 사고의 발생을 방지하여야 함에도 사고의 발생조차 파악하지 못할 정도로 보호, 감독의무를 게을리 하여 이 사고가 발생하였다고 봄이 상당하므로, 피고 충청남도는 담임교사의 학생에 대한 보호, 감독의무위반으로 인한 과실로 발생한 이 사건 사고로 인하여 원고들이 입은 모든 손해를 배상할 책임이 있다.

4) 판결의 의미

날카로운 연필을 사용할 때에는 주의를 철저히 해야 하는 지도를 소홀히 한 교사의 주의의무와 보호자의 감독자 책임을 인정한 판결이다.

(3) 초등학교 3학년 학생이 장난으로 던진 놀이기구에 눈을 다친 사건

1) 사건 개요

A학생과 B학생은 울산 소재 OO초등학교 3학년에 재학 중인 학생들로서 2004년 2교시 음악수업을 위하여 음악실로 이동하여 음악실에서 음악선생님을 기다리던 중 B학생은 놀이기구인 부메랑을 던져 A학생의 오른쪽 눈을 다치게 하였고 이로 인하여 A학생은 우안 외상성 전방출혈 및 전방각 손상을 입었다.

2) 판결

가해학생의 학부모와 교사를 감독하고 있는 지방자치단체가 연대하여 책임을 져야 한다(울산지방법원 2005.05.17. 선고 2004다간31455 판결).

3) 판결 요지

① 이 사고는 학교 안에서 수업시간 중 발생한 사고로서 B학생의 과실에 따라서 발생한 것이므로, B학생이 평소 장난이 심하여 다른 학생들과 다르다는 사실 또한 인지하고 있는 담임교사로서는 학교생활 중에는 특별히 지도, 교육, 감독할 의무가 있음에도 불구하고 이를 소홀히 한 직무집행상의 과실이 있다.
② B학생 아버지는 미성년자인 B학생의 보호자로서 B학생에 대한 부모로서의

감독의무를 태만히 한 잘못이 있다. 따라서 B학생 아버지는 미성년자인 B학생 보호자로서 감독자의 책임이 있다 할 것이고, OO광역시는 위 교사의 OO학교를 지휘·감독하는 지방자치단체로서 교사 및 학교장의 실질적인 사용자의 지위에 있다 할 것이므로 민법 제755조 및 같은 법 제756조에 따라서 피고들은 연대하여 이 사건 사고로 인하여 원고들이 입은 모든 손해를 배상할 책임이 있다.

4) 판결의 의미

교사는 평소 장난이 심한 학생은 특별히 지도교육 감독할 의무가 있으므로 학교생활 전반에 걸쳐 그 학생을 특별히 감독하여야 하고 이를 소홀히 하면 교사의 과실이 인정된다는 판결이다.

(4) 초등학생이 장난으로 급우의 눈을 찔러 실명하게 한 사건

OO초등학교 직원 조회시간 중 A학생이 장난으로 B학생의 오른쪽 눈을 찔러 실명케 한 사실은 원심이 적법하게 인정한 바이며, 위의 인정사실에 따르면, A학생을 감독할 법정의무 있는 자는 보호자이므로 보호자는 B학생에게 손해를 배상할 의무가 있는 것이며, 또 보호자는 원심에서 본건 사고가 학교 안에서 발생하였다고 한 이외에는 감독의무를 해태하지 아니하였다고 하는 데에 관하여는 아무런 주장과 입증을 하지 아니하였다. 학교 내에서 발생한 미성년자의 상해행위에 대하여 감독의무를 해태하지 아니하였음을 주장 입증하지 않는 한 친권자는 손해배상책임이 있다(대법원 1962.05.17. 선고 62다44 판결).

2. 중학생의 폭력

(1) 중학교 3학년 학생이 같은 반 학생을 폭행하여 상해를 입힌 사건

1) 사건 개요

중학교 3학년인 A학생은 완강한 체력을 가진 넓이뛰기 운동선수로서 같은 반에 재학 중인 B학생이 수업시간에 소란스럽게 떠들고도 반성함이 없이 대항한다는 이유로 오늘발로 B학생의 배를 1회 걷어차 책상 위에 넘어뜨리고 물파스 병을 오른손에 움켜쥔 채 일어서는 그의 왼쪽 얼굴을 1회 때려 그의 왼쪽 머리 부분이 교실 게시판에 부딪치게 한 뒤 계속하여 오른발로 그의 배를 1회

걷어차 옆으로 쓰러지게 하면서 그의 머리부분이 유리창 대리석 창대에 부딪치게 하여 상해를 입혔다.

2) 판결

학부모는 학생의 감독의무자로서 피해자에 대한 손해배상책임을 부담하여야 한다(대법원 1992. 5. 22. 선고 91다37690 판결).

3) 판결 요지

갑은 만 14세 8개월의 중학교 3학년으로서 주거지에서 부모와 함께 살고 있고 경제적인 면에서 전적으로 부모에게 의존하면서 부모의 전면적인 보호·감독 아래 있어 그 부모의 영향력은 책임무능력자에 가까우리만큼 크다 할 것인데 갑이 교실에서 동급생인 피해자의 배를 발로 걷어차는 등으로 상해를 입혔다면, 그 부모들로서는 갑에 대하여 타인에게 불법행위를 함이 없이 정상적으로 사회에 적응할 수 있도록 일반적·일상적인 지도·조언 등 감독교육의 의무를 부담하고 있다 할 것인데도, 이를 게을리 하여 결과적으로 위 사고를 일으켜 피해자에게 손해를 가하였다 할 것이고, 갑의 감독의무자로서 위와 같은 감독의무를 해태한 과실과 손해발생 간에는 상당인과관계가 있다고 할 것이므로, 갑의 부모들은 갑의 책임과는 관계없이 피해자에 대한 손해배상책임을 부담하여야 한다

4) 판결의 의미

학부모는 자녀가 타인에 불법행위를 함이 없이 정상적으로 사회에 적응할 수 있도록 일반적·일상적인 지도·조언 등 감독교육의 의무를 부담하여야 하고 이를 게을리 하여 타인에게 피해가 발생하였다면 손해배상책임이 있다는 판결이다.

(2) 수업 중인 교실에 학생이 칼을 들고 들어와 다른 학생을 찔러 사망하게 한 사건

1) 사건 개요

① A학생의 학교 동급생인 B학생은 A학생이 B학생의 친구들을 폭행하는데 불만을 품고 2002년 수업을 진행하는 담당교사에게 배가 아파서 양호실에 가겠다고 하면서 교실을 나와 집에 가서 흉기를 가져다가 같은 날 오후 2시 40분쯤 A학생이 수업을 받고 있는 옆 교실로 들어가 집에서 가져온 흉기로 여러

차례 찔러 사망하게 하였다. ② 교장 박모씨가 수업 도중 교실을 나와 학교 밖으로 나가려는 B학생을 목격하고도 아무런 제지를 하지 아니한 데다 더욱이 수업 도중 무단히 학교를 빠져나가 외부에서 부엌깔을 들고 학교로 들어오는 학생에 대하여 아무런 통제도 하지 아니한 점, 수업중인 교실에서 이같은 위해행위가 발생한 점 등을 종합하면 이 사건 사고는 교장 및 담당교사들의 학생들에 대한 보호·감독의무를 게을리 하였다.

2) 판결

가해학생이 살해한 학생과 그의 몇몇 친구들이 다른 학우들의 금품을 빼앗거나 폭행을 행사하는 등 이미 많은 학생들이 학교생활에 불안과 피해의식을 느끼고 있었음에도 교장 및 담당교사들의 사고방지를 위한 조치가 미흡했으므로 학교측은 손해배상책임이 있다(대법원 2007. 6. 15. 선고 2004다48775 판결).

3) 판결 요지

숨진 A학생이 B학생의 친구들을 폭행하여 불법행위의 동기를 유발하였고, 사고 당시 담당교사가 제지하는 동안 도망할 수 있었음에도 B학생에게 발길질을 하여 흥분한 B학생으로부터 여러 차례 더 흉기에 찔리고 이것이 사망에 이르게 된 원인이 된 점을 보아 학교측의 책임을 60%로 한정한다.

4) 판결의 의미

교장과 담당교사들은 학생의 정신상태에 관심을 가지고 학교에서 범죄행위로 나아가지 않도록 충분한 교육을 시켜야 하며, 교장과 교사들의 가해자에 대한 보호·감독의무 위반과 피해학생도 불법행위의 동기를 유발하는 등 잘못이 인정되므로 학교측과 함께 피해자의 과실도 인정된다는 판결이다.

(3) 중학교 1학년 학생들의 집단 괴롭힘으로 우울증과 정신과 치료를 받은 사건

1) 사건 개요

① 가해학생 8명과 A학생은 모두 울산 OO중학교 1학년 학생들인 바, 가해1학생은 교실 안에서 A학생이 자율학습시간임에도 책상에 엎드려 있다는 이

유만으로 등을 2회 주먹으로 때렸고, 옆에 있던 가해 2학생은 주먹으로 A학생의 얼굴과 팔을 때렸으며, 가해 2학생은 옆에서 A학생의 멱살을 잡았다. ② 그 후 A학생은 가해학생들의 폭행으로 인하여 안면부 좌상, 구내 열상 등 약 3주간의 치료를 요하는 상해를 입게 되었고 위와 같이 폭행을 당한 이후 사고상황에 대한 반복적 회상, 대인관계기피, 가해자에 대한 적개심, 우울증 등의 증상으로 병원에서 외상 후 스트레스장애의 진단을 받고 그 무렵부터 신경정신과적 치료를 받았다.

2) 판결

① OO광역시는 국가배상법 제2조에 따라 그 소속 공무원인 담임교사의 위와 같은 위법한 공무수행으로 인하여 원고들이 입은 손해를 배상할 책임이 있다. ② 피고들은 연대하여 원고들에게 19,477,910원을 지급하라(울산지방법원 2006.12.21. 선고 2005가단35270 판결).

3) 판결 요지

① 부모들로서는 나이가 어려서 변별력이 부족한 학생들이 다른 학생을 폭행하거나 집단적으로 괴롭히는 등의 행위를 하지 않도록 교육하고, 보호·감독하여야 할 주의의무가 있음에도 이를 게을리한 과실로 손해를 배상할 의무가 있다. 즉 부모들의 손해배상책임이 있다. ② 집단폭행은 두 차례 모두 교실 내에서 수업이 시작되기 전의 자율학습시간과 수업이 끝난 후 청소시간에 같은 반 급우들인 가해학생들에 따라서 이루어진 점, 담임교사도 이 사건 폭행이 발생하기 이전에 가해학생들이 A학생을 가끔 괴롭히고 있다는 것을 들었고, 집단혹행을 당할 수도 있다는 것을 어느 정도 예상할 수 있었다 할 것이므로 집단 괴롭힘 등이 발생되지 않도록 필요한 예방조치를 취해야 할 주의의무가 있음에도 불구하고 이를 소홀히 하였다. 즉 교사의 책임이 있다.

4) 판결의 의미

학부모는 나이가 어려서 변별력이 부족한 자녀가 다른 학생을 폭행하거나 괴롭히는 등의 행위를 하지 않도록 지도하여야 함에도 이를 게을리 한 책임이 있고, 교사는 집단폭행에 대한 예방조치를 취해야 할 주의의무가 있음에도 게을리 하였으므로 공동책임을 인정한 판결이다.

(4) 폭행사건으로 전학 온 중학생이 집단따돌림으로 자살한 사건

1) 사건 개요

〈교우관계〉 – ① A학생은 2001.03. 초경부터 자신이 소속된 3학년 2반 학생인 소외 2, 소외 3과 친하게 지내다가 2001.03. 말경 OO중학교에서 전학을 와 같은 반에 배정된 B학생과도 가까워지게 되어 자신을 포함한 소외 1, 소외 2, 소외 3 등 4명만이 배타적으로 어울리는 작은 집단을 형성하게 되었다. ② 그런데 A학생 등은 B학생을 따돌리기 시작하여 B학생의 물건을 몰래 감추었다가 며칠 뒤 다시 제자리에 갖다 놓고 하였고, 말을 걸어도 아무런 대답을 하지 않는 등 무시하였으며, 교복을 줄여 입은 모습을 보면서 다른 급우들에게 "교복을 왜 저렇게 입고 다니냐. 같이 놀지 마라"는 식으로 말하여 놀리기도 하였고, 점심시간에 학교급식소에서 B학생이 따라오면 다른 식탁으로 다시 피하는 등의 방법으로 망인을 괴롭히거나 따돌렸다. 이처럼 집단으로부터 배척하였다가 다시 위 집단에 끼워주는 것을 되풀이하였고, 그 때문에 평소 밝고 명랑하였던 B학생은 2001년 여름이 시작될 무렵부터 말수가 적어지고 우울하여 풀이 죽은 모습을 보이기 시작하였다. ③ B학생은 "엄마, 나 사실은 왕따야. 전학시켜 줘. 죽을 것 같아"라고 울면서 이야기하였다. ④ 하교할 무렵 A학생 등이 교실에서 B학생에게 약을 올리고 무엇인가를 따지며 몰아세웠고, 운동장에서 노려보고 지나가기도 하는 등 따돌림 사고가 많았다. ⑤ B학생은 귀가한 직후인 17:00경 자신이 살던 아파트 16층에서 4장의 유서를 남기고 투신하여 자살하였다.

〈담임선생님과의 관계〉 – ① 담임선생님인 C교사는 OO중학교에서 폭행사건으로 문제를 일으키고 전학을 와 자신의 반에 배정되자 다시 문제를 일으키는 일이 없도록 하기 위하여 특별히 당시 학교에서 실시하고 있던 1교사 1학생 결연상담제도에 따라 교우관계 등 학교생활 전반에 관하여 상담지도를 하였다. ② C교사는 집단에서 배척하였다가도 다시 위 집단에 끼워주는 등의 형태를 보이는 정도로만 알았고, 이에 대하여 학창시절 교우관계에서 겪는 과정 중의 일부라고 생각하여 별다른 조치를 취하지 않고 평소 조례시간과 종례시간을 통하여 학생들에게 "친구들과 사이좋게 지내라"는 정도의 말만 하였다.

2) 판결

교사가 따돌림을 주도한 학생들에 대한 감독을 소홀히 하였다면 피고 강원도는 C교사의 사용자로서 모든 손해를 배상할 의무가 있으므로 B학생의 가족 등 원고에게 금55,809,675원을 지급할 의무가 있다(서울고등법원 2005.01.26. 선고 2004나46689 판결).

3) 판결 요지

① 집단적 따돌림에 가담한 학생들이나 피해자 모두 한 학급의 학생들로서 가해행위도 수업시간을 전후한 쉬는 시간 또는 점심시간 등에 발생하였는바, 이 사건 사고가 교사의 보호, 감독의무가 미치지 않는 범위에서 발생하였다고 볼 수는 없다. ② B학생도 자신의 정신적 고통의 감소를 위한 방안을 함께 모색해 보지 않았고, 어머니도 적극적으로 자녀의 심리적, 정신적 상태에 관하여 보다 면밀하게 관찰하지 못한 책임이 있으므로 피고의 책임비율은 30%로 제한함이 상당하다.

4) 판결의 의미

피해학생의 학부모는 자녀의 심리적, 정신적 상태를 면밀히 관찰하지 못한 책임도 있으며, 학교는 학생들 사이에 집단에서 배척하였다가도 다시 위 집단에 끼워 주는 등의 형태를 보이는 것을 교사가 알았다면 별도의 조치를 하여야 함에도 이를 게을리 한 교사에게도 책임이 있다하여 강원도의 사용자 책임을 묻는 판결이다.

3. 고등학생의 폭력

(1) 평소에도 급우들과 시비가 잦았었던 고등학교 2학년 학생의 폭행사건

1) 사건 개요

① A학생은 충청북도 OO고등학교 2학년에 재학 중인 만 16세 된 학생인바, 1986년 같은 학교 2학년 1반 교실에서 그 날은 토요일 오후라서 대부분의 학생들이 하교를 하고 약 9명의 학생들만 교실에 남아서 공부를 하고 있던 중 같은 반 학생인 B학생이 종이비행기를 날리며 장난을 하고 있어 그의 어깨를

툭툭 치면서 그러지 말하고 하다가 B학생이 말대꾸를 하면서 기분 나쁜 표정을 지었다는 이유로 한번 해 보자고 하면서 복도로 데리고 나와 주먹으로 B학생의 입과 턱 부분을 두 대 때려 그로 하여금 복도에서 교실 안쪽으로 넘어지면서 머리를 시멘트 바닥에 부딪치게 하여 후두부 골절 등 상해를 입게 하였다. ② A학생은 평소에도 성격이 괄괄하여 급우는 물론 다른 아이들과 시비가 잦았고 B학생과도 사이가 좋지 않았으며 태권도가 4급이었다.

2) 판결

A학생은 폭행을 가한 불법행위자로서 A학생의 아버지는 친권자로서 감독의무해태로 인한 미성년자의 가해행위에 관하여 감독의무자로서의 불법행위에 기하여 B학생이 입은 손해를 배상할 책임이 있다(대법원 1989.05.09. 선고 88다카2745 판결).

3) 판결 요지

A학생의 아버지는 미성년자인 A학생의 생활 전반에 걸쳐 법정감독의무자로서 그의 행동에 대하여 일상적인 지도감독과 가정교육을 철저히 할 의무가 있으므로 이를 게을리 하지 않았다는 사실을 증명하지 않는 한 A학생의 가해행위에 따른 손해배상책임을 면할 수는 없다.

4) 판결의 의미

만 16세 5개월 남짓 고등학교 2학년 학생이 평소에도 같은 반의 급우는 물론 다른 아이들과 시비가 잦았었고, 이 사건도 사소한 시비 끝에 일방적으로 구타하여 상해를 입혔으므로 가해학생의 아버지로서 감독의무자는 일반적, 일상적 감독의무해태가 인정되므로 손해배상책임이 있다.

(2) 고등학교를 중퇴하였거나 졸업한 학생의 폭력행위에 대한 학부모의 책임

1) 사건 개요

① 만 18세 11개월로서 각 고등학교를 중퇴하였거나 졸업한 가해자 A와 B는 디스코클럽 등지를 배회하면서 중고학생들을 상대로 시비를 걸고 폭행을 하는 일이 잦은 이른바 불량 청소년들로서, ② 이들은 자신들을 집단으로 구타한

자들에 대해 보복하기로 마음먹고 그들을 찾던 중 1986년 전북 OO시 OO동에서 피해자들을 만나 피고를 구타한 것으로 오인하고 몰려들어, 빈 소주병을 던져 오른쪽 뒤통수를 맞히고 깨어진 병을 들어 피해자의 머리를 한 찔렀으며, 발로 몸통을 여러 번 차고 밟고, A와 B는 들고 있던 쇠 파이프와 각목으로 피해자의 어깨를 1회씩 때리고, 소외 1은 발로 위 피해자의 옆구리를 1회 차서 뇌좌상, 좌측반신 부전마비 등의 상해를 가하였다.

2) 판결

만 18세 11개월의 고등학생 등이 타인을 구타했을 경우 부모는 친권자로서 감독의무를 현저히 해태한 과실이 있으므로 미성년자인 자녀들과 공동불법행위책임이 있다(대법원 1991.04.09. 선고 90다18500 판결).

3) 판결 요지

책임능력 있는 미성년자의 불법행위로 인하여 손해가 발생한 경우에 그 발생된 손해가 해당 미성년자의 감독의무자의 의무위반과 상당인과관계가 있을 경우에는 감독의무자는 일반불법행위자로서 손해배상의무가 있다.

4) 판결의 의미

만 18세 11개월의 자녀이지만 미성년자들의 부모인 감독의무자에게 친권자로서의 감독의무를 현저히 해태한 과실이 있다고 하여 폭력행위에 대하여 일반불법행위자로서 미성년자들과 공동불법행위책임을 인정한 판결이다.

Ⅵ. 교육현장에서의 적용

1. 교사의 요주의 학생 특별관리

교사는 학생이 평소 장난이 심하고 다른 학생들을 괴롭히거나 폭행하는 사실을 알았다면 교사는 학생생활 중에 특별히 지도교육 · 감독할 의무가 있다. 학교에서의 학생들 사이의 사고 중 구체적인 위험성이 있다거나 담임교사 등이 이를 예측하였거나 예측 가능하였다고 보이는 사고에 대해서는 교사 등에게 보호 · 감독의무위반의 책임을 지을 수 있다. 그러므로 평소에 다른 학생에 비하여 성품이나 행동이 다르다면 특별히 지도관리를 해야 하며, 이를 소홀히 하면 교사의 책임이 될 수도 있다(대법원 2007.06.15. 선고 2004다48775 판결 참조).

2. 부재시 교사의 책임 가중

교사는 교실이나 운동장은 물론 교외 체험학습의 경우도 체험학습의 현장에서 직접 임장하여 학생을 보호·감독을 하여야 책임이 경감되며, 교사의 부재 시에 발생한 사고는 교사의 책임이 더 무겁다는 것이 판례의 경향이다. 따라서 교실을 비울 때 학생폭력사고의 발생이 예상되는 경우이거나 폭력성향이 많은 학생이 집단으로 모여 주변 정황으로 보아 폭력사태가 발생할 가능성이 있는 경우에는 돌발적이거나 예측하지 못한 사고에 포함시킬 수 없다고 하여 교사에게 책임을 지우고 있다. 따라서 교사는 학생이 있는 장소에 교사의 부재시간이 발생하지 않도록 주의의무가 요구된다(대법원 1999.09.17. 선고 99다23895 판결 참조).

3. 폭력행위시 형벌법규의 적용 및 손해배상책임에 대한 인식지도가 필요

학생들이 장난으로 생각하고 타 학생에게 가해한 위법행위가 형벌법규에 저촉되는 행위인 줄 모르고 행하는 경우가 흔하다. 특히 학생 간의 모욕, 명예훼손이나 협박, 강요, 폭행 등은 친한 또래 친구끼리는 허용되는 행위라고 인식하고 대수롭지 않게 여기다가 피해학생의 고통이 초래되거나 형벌법규 위반으로 처벌받을 시기에 후회하는 경우가 많다. 따라서 학교에서는 가해학생에 대한 형벌법규 적용 및 피해학생이 신체적·정신적으로 입은 피해를 가해학생 또는 학부모가 배상하여야 한다는 인식지도가 필요하다(대법원 1989.05.09. 선고 88다카2745 판결; 대법원 1991.04.09. 선고 90다18500 판결 참조).

4. 위험한 행위 금지지도가 필요

교사는 학생들이 위험한 행위를 하지 않도록 사전지도를 충분히 하여야 한다. 실험실습 등 학생들이 실습을 하기 위하여 사용할 준비물 등이 위험성이 있다고 예상될 경우 교사는 준비물의 보관과 관리에 주의를 촉구하여야 하며, 교내에서 학생들이 타 교과수업을 위하여 집단으로 이동시 사고나 다툼이 발생하는 경우가 많으므로 교사가 최근거리에서 보호 · 감독하여야 하며, 이러한 주의의무를 게을리 하면 학생의 연령에 따라 차이가 있을 수 있지만, 사고에 대한 교사의 책임이 인정된다(광주지방법원 1997.01.24. 선고 96가합114 판결 참조).

5. 학부모의 자녀보호 · 감독의무

학부모는 나이가 어려서 변별력이 부족한 자녀가 다른 학생을 폭행하거나 집단으로 괴롭히는 등의 행위를 하지 않도록 교육하고 보호 · 감독하여야 할 주의의무가 있고, 이를 게을리 한 과실이 있다면 손해배상을 하여야 한다. 한편 미성년인 자녀를 보호하는 학부모는 자녀가 타인에게 불법행위를 함이 없이 정상적으로 사회에 적응할 수 있도록 일반적 · 일상적인 지도 · 조언 등 감독교육의무가 있다. 또한 가해학생인 자녀가 책임능력이 있다 하더라도 피해학생에 대한 손해배상을 할 수 있는 경제적 능력이 없는 경우가 대부분이므로 가해학생의 학부모는 감독의무 위반사실과 손해발생 간에 상당인과관계가 있다면, 공동불법행위책임자로서 손해배상을 하여야 한다(대법원 2007.04.26. 선고2005다24318 판결; 대법원 1991.04.08. 선고 90다18500 판결 참조).

제5편 시민생활과 사회법 · 국제법

제1장 사회법

제1절 노동법

근대 시민법 체계의 모순 아래에서 경제적 약자인 근로자는 계약자유의 원칙에 따라 저임금과 산업재해의 위험을 감내하면서 자본가에 종속되지 않을 수 없었다. 그리고 이러한 모순이 경제발전을 저해하고 근로자의 생존을 위협하는 등의 폐해를 심화시키게 되자 국가는 노동조합의 결성을 보호·육성하고 국민의 노동기본권을 보장하면서 근대적 노동입법이 이루어지게 되었다. 이러한 노동법의 원리는 개별적 노동법 또는 노동보호법의 원리와 집단적 노동법 또는 노동단체법의 원리 등 2가지 모습으로 나타나게 되었다.

이러한 노동법의 법률상 지위에 대해 살펴보면, 우선 노동법은 시민법과 양립하여 하나의 독자적 법영역을 형성하고 있다. 그 본질은 종속노동을 규율하는 법체계라는데 있으며, 사법성과 공법성이 교차하고 있다. 노동법은 헌법이 천명하고 있는 '인간다운 생활을 권리'를 기본이념으로 하여 진취적·기능적 성격을 띠며, 근로자의 보호를 위해 종래의 시민법적 법원리의 적용이 대폭 제한되고 있다.[1)]

노동법이라는 법이 우리나라 법전에는 없다. 외국에서는 Labor Law 또는 Labor Code라고 번역될 수 있는 노동법을 법전에 두고 있기도 하지만, 우리나라에서 노동법이란 노동법으로 정의할 수 있는 법의 영역에 포함될 수 있는 모든 법들을 의미하는 것이다. 그래서 우리나라에서의 노동법은 비록 노동법

1) 고명식·조규성 공저, 앞의 책, 385~395면 참조.

이라는 이름의 법은 없지만, 개별적인 근로자와 사용자사이의 관계를 규율하는 법으로서의 근로기준법과 각종 비정규직근로자보호법제 및 근로자집단과 사용자 사이의 관계를 규율하는 법으로서의 노동조합 및 노동관계조정법 등 제반 노사관계법을 통칭하는 의미로 사용되는 용어이다.

그리고 이러한 노동법에 포함되는 법들은 규제대상과 목적에 따라 다음과 같이 분류할 수 있다. 먼저 개별적 노동관계법으로는 개발근로자와 노동관계를 규율하는 법의 묶음으로서, 헌법 제32조의 근로권 보장을 목적으로 하고 있다. 근로기준법과 최저임금법, 남녀고용평등법, 임금채권보장법, 산업안전보건법, 남녀고용평등법, 고용정책기본법, 직업안정법, 근로자직업능력개발법, 고용보험법, 고용상 연령차별금지 및 고령자고용촉진에 관한 법률, 장애인고용촉진 등에 관한 법률 등이 여기에 속한다. 또 하나는 집단적 노동관계법으로는 근로자 집단과 노동관계를 규율하는 법의 묶음으로서, 헌법 제33조의 근로3권 보장을 목적으로 하고 있다. 노동조합 및 노동관계조정법, 노동위원회법, 근로자참여 및 협력 증진에 관한 법률 등이 여기에 속한다.[2)]

Ⅰ. 노동3권 → 노동기본권

노동3권(노동기본권)이란 근로자의 생존권확보를 위하여 헌법이 규정하고 있는 노동권과 단결권 · 단계교섭권 · 단체행동권의 이른바 노동3권을 의미한다. 헌법 규정에는 이들 권리에 관하여 제약을 명시하고 있지 않으나 결코 절대적 권리라고 할 수는 없고 공공복리에 따른 제약을 받을 수 있다고 보는 것이 타당하다. 이러한 노동3권(노동기본권)의 사상적 배경은 이른바 경제적 민주주의 사회의 실현에 있다.

1. 헌법상 보장된 근로의 권리가 어떠한 권리인가?

근로권은 헌법에 보장된 노동기본권의 일종으로서 근로능력과 의사를 가진 자가 사회적으로 노동을 할 기회의 보장을 요구할 수 있는 권리를 말한다. 헌

2) 성정엽 외, 앞의 책, 253~254면 참조.

법 제32조 제1항은 "모든 국민은 근로의 권리를 가진다"고 규정하여 근로권을 보장하고 있다. 이러한 근로권에 대하여 자유권이라고 보는 견해도 있으나 생존권이라고 보는 것이 통설이다.

근로권은 과연 어떤 내용의 권리인가 하는 문제와 관련하여 이를 법률적으로 고찰한다면 두 개의 의미로 구분할 수 있다. 하나는 적어도 근로의 의사와 능력이 있는 자가 취업의 기회를 얻지 못할 때에는 국가에 대하여 그 기회를 제공하여 달라고 요구할 수 있는 권리라고 보는 입장이고, 다른 하나는 근로의 의사와 능력이 있는 자가 자기 스스로의 힘으로 근로의 기회를 얻지 못한 때에는 국가에 대하여 그 기회를 제공해 달라고 요구할 수 있을 뿐만 아니라 국가가 이를 제공하지 못할 때에는 생활비의 지급을 청구할 수 있는 권리라고 보는 입장이다. 그러나 근로의 권리는 하나의 구체적인 권리는 아니며, 입법에 따라서 비로소 그 내용이 구체화되는 권리이다. 즉 근로의 권리를 법률에 따라서 구체화한 때에는 하나의 구체적 권리가 된다고 볼 수 있다. (ⅰ) 국가는 사회적·경제적 방법으로 근로자의 고용의 증진과 적정임금의 보장에 노력하여야 하며, 법률이 정하는 바에 의하여 최저임금제를 시행하여야 한다(대한민국헌법 제32조 제1항 후문). (ⅱ) 모든 국민은 근로의 의무를 진다. 국가는 근로의 의무의 내용과 조건을 민주주의원칙에 따라 법률로 정한다(대한민국헌법 제32조 제2항). 이 규정에 따라 제정법 법률로는 직업안정법, 최저임금법 등이 있다. (ⅲ) 근로조건의 기준은 인간의 존엄성을 보장하도록 법률로 정한다(대한민국헌법 제32조 제3항). 이 규정에 따라 제정된 법률은 근로기준법이다. (ⅳ) 여자의 근로는 특별한 보호를 받으며, 고용·임금 및 근로조건에 있어서 부당한 차별을 받지 아니한다(대한민국헌법 제32조 제4항). 이 규정에 근거하여 제정된 법률은 남녀고용평등과 일·가정 양립 지원에 관한 법률 등이 있다. (ⅴ) 연소자의 근로는 특별한 보호를 받는다(대한민국헌법 제32조 제5항). 이 규정에 근거하여 제정된 법률은 근로기준법 등에서 규정하고 있다. (ⅵ) 국가유공자·상이군경 및 전몰군경의 유가족은 법률이 정하는 바에 의하여 우선적으로 근로의 기회를 부여받는다(대한민국헌법 제32조 제6항). 이 규정에 따라서 국가유공자예우 등에 관한 법률, 독립유공자예우에 관한 법률, 5·18민주화운동 관련자 보상 등에 관한 법률 등이 이에 해당한다.

2. 노동3권

대한민국헌법 제33조 제1항에서는 "근로자는 근로조건의 향상을 위하여 자주적인 단결권 · 단체교섭권 및 단체행동권을 가진다"고 규정하고 있다. 이 단결권 · 단체교섭권 · 단체행동권을 이른바 '노동3권'이라고 한다. 노동3권리가 집회 및 결사의 자유와 독립하여 규정된 이유는 고용주에 대한 근로자의 지위를 강화함으로써 근로자의 인간다운 생활을 보장하려는데 있는 점에서 생존권적 기본권에 속한다고 할 수 있다.

(1) 단결권

단결권은 근로자가 근로조건을 유지 · 개선하기 위하여 노동조합을 결성하거나 가입 또는 탈퇴할 권리를 말한다. 노동조합 및 노동관계조정법 제2조 제4호에서는 "노동조합이라 함은 근로자가 주체가 되어 자주적으로 단결하여 근로조건의 유지 · 개선, 그 밖에 근로자의 경제적 · 사회적 지위의 향상을 도모함을 목적으로 조직하는 단체 또는 그 연합단체를 말한다"고 규정하여 노동조합의 정의를 명시함으로써 헌법이 보장한 근로자의 단결권을 구체화하고 있다. 단결권은 사용자와 대등하게 협상하기 위하여 노동자의 의견을 통일하는 것이 필수적이기 때문에 인정되는 권리로 노동3권의 첫 번째 권리에 해당한다.

(2) 단체교섭권

단체교섭권은 근로조건을 유지 · 개선하기 위하여 노동조합을 통해 사용자와 교섭할 권리를 말한다. 노동조합 및 노동관계조정법 제1조에서 이를 확인하고 있다. 단결권은 근로자의 단결의 자유를 주목적으로 하지만, 그 자체만으로는 무의미한 것이다. 근로자가 단결권에 따른 조직력을 배경으로 사용자에게 단체교섭을 전개함으로써 노동입법의 본래의 목적이 달성될 수 있다. 즉 근로자의 근로조건을 개선하여 근로자의 경제적 · 사회적 지위를 향상시킨다는 목적은 단체교섭권을 중추로 하여 구체화될 수 있다.

노동조합과 사용자 또는 사용자단체는 신의에 따라 성실히 교섭하고 단체협약을 체결하여야 하며 그 권한을 남용하여서는 아니된다(노동조합 및 노동관계조정법 제30조 제1항). 또한 노동조합과 사용자 또는 사용자단체는 정당한 이유없이 교섭 또는 단체협약의 체결을 거부하거나 해태하여서는 아니된다(노동조합 및 노동관계조정법 제30조 제2항). 이러한 노동자의 단체교섭권에 대하여 국가는 그 자유를 제한 또는 금지해서는 안 된다. 단결권의 경우와 마찬가지로 국가가 법령이나 행정조치 또는 경찰권의 발동으로 근로자의 단체교섭행위를 방해하게 되면 위헌적 행위로서 불법행위로 인정된다. 한편 사용자는 단체교섭의 상대방으로서의 지위를 가지며, 노동조합의 대표자 또는 노동조합으로부터 위임을 받은 자와의 단체협약체결 그 밖의 단체교섭을 정당한 이유없이 거부하거나 해태하는 행위를 하면 노동부당행위가 된다(노동조합 및 노동관계조정법 제81조 제3호).

(3) 단체행동권

단체행동권은 근로자가 근로조건을 유지·개선하기 위한 단체교섭이 결렬되었을 때, 단체행동을 통해 이를 관철시키는 권리를 말한다. 파업·태업 등의 쟁위행위뿐만 아니라, 자동차 생산라인의 노동자들이 현장에서 넥타이를 착용하는 것과 같은 집단적 행동도 모두 단체행동권에 속한다.

노동조합 및 노동관계조정법에 따르면, 노동쟁의라 함은 노동조합과 사용자 또는 사용자단체(이하 勞動關係 當事者라 한다)간에 임금·근로시간·복지·해고, 그 밖에 대우 등 근로조건의 결정에 관한 주장의 불일치로 인하여 발생한 분쟁상태를 말한다. 이 경우 주장의 불일치라 함은 당사자간에 합의를 위한 노력을 계속하여도 더 이상 자주적 교섭에 의한 합의의 여지가 없는 경우를 말한다(노동조합 및 노동관계조정법 제2조 제5호). 쟁의행위라 함은 파업·태업·직장폐쇄, 그 밖에 노동관계 당사자가 그 주장을 관철할 목적으로 행하는 행위와 이에 대항하는 행위로서 업무의 정상적인 운영을 저해하는 행위를 말한다(노동조합 및 노동관계조정법 제2조 제6호). 그러나 집단적 행위인 단체행동은 반드시 업무의 정상적인 운영의 저해를 수반하지는 않는다는 점에서 쟁의행위보다 넓은 개념이다. 단체행동권이라야 말로 단결권의 궁극적 목표이고 단체적 투쟁에서 가장 본질적인 권리라 할 수 있는 것으로, 단체행동권이 인정되지 않는 단결권이란 칼날이 없는 칼과 다를 바 없다.

단체행동권의 헌법적 보장은 다음과 같은 의미를 가진다. 첫째, 근로자의 구속제한이다. 즉 근로자는 쟁의행위 기간 중에는 현행범 외에는 이 법 위반을 이유로 구속되지 아니한다(노동조합 및 노동관계조정법 제39조). 둘째, 손해배상 청구의 제한이다. 즉 사용자는 이 법에 의한 단체교섭 또는 쟁의행위로 인하여 손해를 입은 경우에 노동조합 또는 근로자에 대하여 그 배상을 청구할 수 없다(노동조합 및 노동관계조정법 제3조). 셋째, 사용자의 채용제한이다. 즉 ① 사용자는 쟁의행위 기간 중 그 쟁의행위로 중단된 업무의 수행을 위하여 당해 사업과 관계없는 자를 채용 또는 대체할 수 없다(노동조합 및 노동관계조정법 제43조 제1항). ② 사용자는 쟁의행위기간 중 그 쟁의행위로 중단된 업무를 도급 또는 하도급 줄 수 없다(노동조합 및 노동관계조정법 제43조 제2항). 이 규정은 필수공익사업의 사용자가 쟁의행위 기간 중에 한하여 당해 사업과 관계없는 자를 채용 또는 대체하거나 그 업무를 도급 또는 하도급 주는 경우에는 적용하지 아니한다(노동조합 및 노동관계조정법 제43조 제3항). 이 경우 사용자는 당해 사업 또는 사업장 파업참가자의 100분의 50을 초과하지 않는 범위 안에서 채용 또는 대체하거나 도급 또는 하도급 줄 수 있다. 이 경우 파업참가자 수의 산정 방법 등은 대통령령으로 정하고 있다(노동조합 및 노동관계조정법 제43조 제4항). 넷째, ① 쟁의행위는 그 쟁의행위와 관계없는 자 또는 근로를 제공하고자 하는 자의 출입 · 조업 기타 정상적인 업무를 방해하는 방법으로 행하여져서는 아니되며 쟁의행위의 참가를 호소하거나 설득하는 행위로서 폭행 · 협박을 사용하여서는 아니된다(노동조합 및 노동관계조정법 제38조 제1항). ② 작업시설의 손상이나 원료 · 제품의 변질 또는 부패를 방지하기 위한 작업은 쟁의행위 기간 중에도 정상적으로 수행되어야 한다(노동조합 및 노동관계조정법 제38조 제2항). ③ 노동조합은 쟁의행위가 적법하게 수행될 수 있도록 지도 · 관리 · 통제할 책임이 있다(노동조합 및 노동관계조정법 제38조 제3항). 다섯째, 쟁의행위 기간중의 임금지급 요구의 금지이다. 즉 ① 사용자는 쟁의행위에 참가하여 근로를 제공하지 아니한 근로자에 대하여는 그 기간 중의 임금을 지급할 의무가 없다(노동조합 및 노동관계조정법 제44조 제1항). ② 노동조합은 쟁의행위 기간에 대한 임금의 지급을 요구하여 이를 관철할 목적으로 쟁의행위를 하여서는 아니된다(노2조합 및 노동관계조정법 제44조 제2항).

공무원인 근로자는 법률이 정하는 경우에만 노동3권을 인정하도록 하고 있어 사실상 노무에 종사하는 공무원을 제외하고는 단체행동권이 인정되지 않으며 이는 사립학교 교원에게도 준용되고 있다.

Ⅱ. 근로기준법

근로기준법은 근로자가 인간으로서 생활하는데 필요한 근로조건을 확보할 수 있도록 하기 위하여 최소한의 근로기준을 규정하는 법을 말한다. 근로기준법은 그 목적을 제1조에서 "이 법은 헌법에 따라 근로조건의 기준을 정함으로써 근로자의 기본적 생활을 보장, 향상시키며 균형 있는 국민경제의 발전을 꾀하는 것을 목적으로 한다"고 규정하고 있다.

이와 같이 근로자의 근로조건, 그 밖의 생활조건을 일정한 수준 이상으로 유지시키려는 것을 목적으로 하여 최저노동조건을 규정한 노동보호법의 필요성이 생기며 이러한 사명을 가지고 있는 법률이 바로 근로기준법이라고 할 수 있다.

1. 적용범위

(1) 적용사업

근로기준법은 적용사업에 관하여 거의 모든 사업에 같은 법을 적용하고 있다. 즉 ① 상시 5명 이상의 근로자를 사용하는 모든 사업 또는 사업장에 적용한다. 이는 그 적용범위가 과도하게 광범위하다는 감이 있지만, 모든 근로자에게 인간다운 근로조건의 유지를 도모한다는 점에서 적절하다고 할 것이다. 다만, 동거하는 친족만을 사용하는 사업 또는 사업장과 가사(家事) 사용인에 대하여는 적용하지 아니한다(근로기준법 제11조 제1항). ② 상시 4명 이하의 근로자를 사용하는 사업 또는 사업장에 대하여는 대통령령(법 제11조제2항에 따라 상시 4명 이하의 근로자를 사용하는 사업 또는 사업장에 적용하는 법 규정은 별표 1과 같다)으로 정하는 바에 따라 이 법의 일부 규정을 적용할 수 있다(근로기준법 제11조 제2항). ③ 이 법을 적용하는 경우에 상시 사용하는 근로자 수를 산정하는 방법은 대통령령으로 정하고 있다(근로기준법 제11조 제3항). 그리고 근로기준법은 국가, 특별시・광역시, 도, 시・군・구, 읍・면・동, 그 밖에 이에 준한 것에 대해서도 적용된다(근로기준법 제12조). 판례에 따르면, 근로기준법은 대한민국의 국민간에 서로의 고용계약에 따른 근로자인 이상 그 취업장소가 국내이거나 국외임을 가리지 않고 적용될 성질의 법률이라고 할 것이다(대법원 1970.05.26., 선고 70다523,524 판결).

(2) 적용근로자

근로기준법 제2조 제1항 제1호에서 근로자란 "직업의 종류와 관계없이 임금을 목적으로 사업이나 사업장에 근로를 제공하는 자를 말한다"라고 규정하고 있다. 따라서 근로자의 요건은 첫째, 임금을 목적으로 하여야 하며, 둘째, 근로를 제공하여야 한다. 여기에서 근로를 제공하는 자란 사용종속관계에 있는 자, 즉 타인의 지휘 · 명령에 따라서 노동하는 자를 말한다. 또 임금에 대해서는 제2조 제1항 제5호에서 임금이란 "사용자가 근로의 대가로 근로자에게 임금, 봉급, 그 밖에 어떠한 명칭으로든지 지급하는 일체의 금품을 말한다"고 정의하고 있다. 이와 같이 사실상 사용종속관계에 있는 근로자로서 임금을 수령하는 자는 그 종류 여하를 불문하고 근로기준법의 적용을 받게 된다.

(3) 적용사업자

근로기준법 제2조 제1항 제2호에서 사용자란 "사업주 또는 사업 경영 담당자, 그 밖에 근로자에 관한 사항에 대하여 사업주를 위하여 행위하는 자를 말한다"라고 규정하고 있다. 사용자는 근로기준법을 준수할 의무를 지며, 그 위반에 대해서는 처벌을 받는 책임자이다. 여기서 사업주란 경영주 개인 또는 법인을 말하며, 사업경영담당자인 이사나 지배인 등을 말한다.

2. 근로기준법의 기본원칙

근로관계의 내용은 원칙적으로 사용자와 근로자가 개별적으로 정하는 것이 원칙이다. 그러나 현대 노동법은 개별근로계약을 불신하고 점차 이를 제한 방향으로 성숙하여 왔다. 따라서 오늘날 그 내용은 단체협약이나 취업규칙에 따라서 정하는 것이 보통이다. 물론 그 최저기준은 근로기준법에서 규정하고 있다.

근로기준법의 대원칙은 근로자의 기본적 생활의 보장과 향상에 있으며, 이를 위하여 근로기준법은 다음과 같은 원칙을 규정하고 있다. 첫째, 근로기준법에서 정하는 근로조건은 최저기준이며, 근로관계자는 이 기준을 향상시켜 나가야 된다는 점이다(근로기준법 제3조: 근로자의 기본생활보장의 원칙). 여기에 근로기준법의 근로조건 개선적 성격이 있고, 또 대한민국헌법 제32조 제3항이 "근로조건의 기준은 인간의 존엄성을 보장하도록 법률로 정한다"고 규정한 의미가 있다. 둘째, 근로조건은 근로자와 사용자가 동등한 지위에서 자유의사에 따라 결정되어야 한다는 점이다(근로기준법 제4조: 근로조건의 결정). 셋째, 근로자와 사용자는 단체협약, 취업규칙과 근로계약을 준수하여야 하고, 각자가 성실하게 의무를 이행해야 한다는 것이다(근로기준법 제5조:근로조건의 준수). 넷째, 제7조(강제 근로의 금지) 사용자는 폭행, 협박, 감금, 그 밖에 정신상 또는 신체상의 자유를 부당하게 구속하는 수단으로써 근로자의 자유의사에 어긋나는 근로를 강요하지 못한다(근로기준법 제7조: 강제근로의 금지). 다섯째, 제6조(균등한 처우) 사용자는 근로자에 대하여 남녀의 성(性)을 이유로 차별적 대우를 하지 못하고, 국적·신앙 또는 사회적 신분을 이유로 근로조건에 대한 차별적 처우를 하지 못한다(근로기준법 제6조: 균등한 처우). 여섯째, 누구든지 법률에 따르지 아니하고는 영리로 다른 사람의 취업에 개입하거나 중간인으로서 이익을 취득하지 못한다(근로기준법 제9조: 중간착취의 배제). 마지막으로, 사용자는 근로자가 근로시간 중에 선거권, 그 밖의 공민권(公民權) 행사 또는 공(公)의 직무를 집행하기 위하여 필요한 시간을 청구하면 거부하지 못한다. 다만, 그 권리 행사나 공(公)의 직무를 수행하는 데에 지장이 없으면 청구한 시간을 변경할 수 있다(근로기준법 제10조: 공민권행사의 보장).

3. 근로기준법의 중요내용

근로자를 보호하기 위해 근로기준법은 ① 근로계약에 관한 조항(제15조부터 제42조), ② 임금에 관한 조항(제43조부터 제49조까지), ③ 근로시간과 휴식에 관한 조항(제50조부터 제63조까지), ④ 여성과 소년보호에 관한 조항(제64조부터 제75조까지), ⑤ 안전과 보건에 관한 조항(제76조)과 기능습득자에 대한 보호조항(제77조), ⑥ 재해보상에 관한 조항(제78조부터 제92조까지), ⑦ 취업규칙에 관한 조항(제93조부터 제97조까지), ⑧ 기숙사에 관한 규정(제98조부터 제100조까지), ⑨ 근로감독관에 관한 규정(제102조부터 제106조까지), ⑩ 벌칙조항(제107조부터 제116조가지) 등에 관하여 각각 상세하게 규정하고 있다.

Ⅲ. 노동조합 및 노동관계조정법

1. 의의

노동조합 및 노동관계조정법은 1997년 3월 노동조합법과 노동쟁의조정법을 통합하여 새로이 제정된 법률이다. 이 법은 헌법에 의한 근로자의 단결권 · 단체교섭권 및 단체행동권을 보장하여 근로조건의 유지 · 개선과 근로자의 경제적 · 사회적 지위의 향상을 도모하고, 노동관계를 공정하게 조정하여 노동쟁의를 예방 · 해결함으로써 산업평화의 유지와 국민경제의 발전에 이바지함을 목적으로 한다(노동조합 및 노동관계조정법 제1조).

2. 노동조합

노동조합이라 함은 근로자가 주체가 되어 자주적으로 단결하여 근로조건의 유지 · 개선 기타 근로자의 경제적 · 사회적 지위의 향상을 도모함을 목적으로 조직하는 단체 또는 그 연합단체를 말한다. 다만, “가. 사용자 또는 항상 그의 이익을 대표하여 행동하는 자의 참가를 허용하는 경우, 나. 경비의 주된 부분을 사용자로부터 원조받는 경우, 다. 공제 · 수양 기타 복리사업만을 목적으로 하는 경우, 라. 근로자가 아닌 자의 가입을 허용하는 경우. 다만, 해고된 자가 노동위원회에 부당노동행위의 구제신청을 한 경우에는 중앙노동위원회의 재심판정이 있을 때까지는 근로자가 아닌 자로 해석하여서는 아니된다, 마. 주로 정치운동을 목적으로 하는 경우”의 1에 해당하는 경우에는 노동조합으로 보지 아니한다(노동조합 및 노동관계조정법 제2조 제4항).

노동조합을 설립하고자 하는 자는 “1. 명칭, 2. 주된 사무소의 소재지, 3. 조합원수, 4. 임원의 성명과 주소, 5. 소속된 연합단체가 있는 경우에는 그 명칭, 6. 연합단체인 노동조합에 있어서는 그 구성노동단체의 명칭, 조합원수,

주된 사무소의 소재지 및 임원의 성명・주소"의 사항을 기재한 신고서에 법 제11조의 규정에 따른 규약을 첨부하여 연합단체인 노동조합과 2 이상의 특별시・광역시・특별자치시・도・특별자치도에 걸치는 단위노동조합은 고용노동부장관에게, 2 이상의 시・군・구(자치구를 말한다)에 걸치는 단위노동조합은 특별시장・광역시장・도지사에게, 그 외의 노동조합은 특별자치시장・특별자치도지사・시장・군수・구청장(자치구의 구청장을 말한다)에게 제출하여야 한다(노동조합 및 노동관계조정법 제10조 제1항). 이 규정에 따른 연합단체인 노동조합은 동종산업의 단위노동조합을 구성원으로 하는 산업별 연합단체와 산업별 연합단체 또는 전국규모의 산업별 단위노동조합을 구성원으로 하는 총연합단체를 말한다(노동조합 및 노동관계조정법 제10조 제2항).

3. 부당노동행위

부당노동행위란 노동조합원에 대한 사용자의 방해행위를 말한다. 즉 사용자가 근로자의 단결권 및 쟁의권을 방해하거나 또는 이에 주장하여 사용자가 부당하게 해고권을 행사하는 경우 등을 말한다. 헌법 제33조에서의 단결권・단체행동권・단체교섭권의 보장은 노동문제해결의 불가결의 조건으로서 노동조합운동을 인정하고 보장한다는 사상의 표현인 것이다. 따라서 국가라도 입법상・행정상의 조치에 따라서 이러한 권리를 제한 또는 금지하지 못하며, 그 권리행사에도 간섭하거나 개입하지 못하는 것이다.

(1) 부당노동행위의 유형

부당노동행위로서 금지되는 유형으로 노동조합 및 노동관계조정법 제81조에서는 다음과 같이 규정하고 있다. ① 근로자가 노동조합에 가입 또는 가입하려고 하였거나 노동조합을 조직하려고 하였거나 기타 노동조합의 업무를 위한 정당한 행위를 한 것을 이유로 그 근로자를 해고하거나 그 근로자에게 불이익을 주는 행위, ② 근로자가 어느 노동조합에 가입하지 아니할 것 또는 탈퇴할 것을 고용조건으로 하거나 특정한 노동조합의 조합원이 될 것을 고용조건으로 하는 행위. 다만, 노동조합이 당해 사업장에 종사하는 근로자의 3분의 2 이상을 대표하고 있을 때에는 근로자가 그 노동조합의 조합원이 될 것을 고용조건으로 하는 단체협약의 체결은 예외로 하며, 이 경우 사용자는 근로자가 그 노동조합에서 제명된 것 또는 그 노동조합을 탈퇴하여 새로 노동조합을 조직하거나 다른 노동조합에 가입한 것을 이유로 근로자에게 신분상 불이익한 행위를 할 수 없다. ③ 노동조합의 대표자 또는 노동조합으로부터 위임을 받은 자와의 단체협약체결 기타의 단체교섭을 정당한 이유없이 거부하거나 해태하는 행위, ④ 근로자가 노동조합을 조직 또는 운영하는 것을 지배하거나 이에 개입하는 행위와 노동조합의 전임자에게 급여를 지원하거나 노동조합의 운영비를 원조하는 행위. 다만, 근로자가 근로시간 중에 법 제24조 제4항에 따른 활동을 하는 것을 사용자가 허용함은 무방하며, 또한 근로자의 후생자금 또는 경제상의 불행 기타 재액의 방지와 구제등을 위한 기금의 기부와 최소한의 규모의 노동조합사무소의 제공은 예외로 한다. ⑤ 근로자가 정당한 단체행위에 참가한 것을 이유로 하거나 또는 노동위원회에 대하여 사용자가 이 조의 규정에 위반한 것을 신고하거나 그에 관한 증언을 하거나 기타 행정관청에 증거를 제출한 것을 이유로 그 근로자를 해고하거나 그 근로자에게 불이익을 주는 행위이다.

(2) 부당노동행위의 구제

1) 노동위원회에 행정구제 신청

사용자의 부당노동행위로 인하여 그 권리를 침해당한 근로자 또는 노동조합은 노동위원회에 그 구제를 신청할 수 있다(노동조합 및 노동관계조정법 제82조 제1항). 이 규정에 따른 구제의 신청은 부당노동행위가 있은 날(계속하는 행위는 그 終了日)부터 3월 이내에 이를 행하여야 한다(노동조합 및 노동관계조정법 제82조 제2항). 노동위원회는 이 구제신청에 대하여 지체없이 일정한 조사 · 심문절차를 거쳐서 구제명령 또는 기각결정을 하여야 한다(노동조합 및 노동관계조정법 제83조부터 제86조까지).

2) 행정소송법 · 민사소송법에 따른 사법적 구제

부당노동행위에 대해 행정소송이나 민사소송절차에 다른 구제가 가능하다.

4. 노동쟁의의 조정

노사 사이에 이해관계의 대립으로 인해 분쟁상태에 높이게 되면 노동쟁의가 발생하고 노사가 쟁의행위에 대해서 그들의 주장을 관철하고자 할 때 이로 말미암아 노사쌍방의 경제적 손실은 물론 국민경제 및 공공복리에도 부정적인 영향을 미치게 된다. 노동쟁의는 원래 관계당사자 사이의 의견 차이에서 발생되는 것이므로 자주적으로 해결하는 것이 좋지만, 이를 당사자 사이의 자주적인 해결에 일임하는 경우는 쟁의행위가 빈번하게 일어날 우려가 있어 국가에서는 노동쟁의의 조정을 위하여 관계법을 제정하는 동시에 조정기관을 설치하고 쟁의의 평화적 해결을 기도하고 있다. 이와 같이 노사간의 분쟁상태를 양당사자가 아닌 제3자의 개입으로 해결하고자 하는 것이 노동쟁의조정제도이다. 이에는 다음과 같은 제도가 있다.

(1) 조정

노동쟁의는 원칙적으로 노사 사이의 사적분쟁이므로 당사자가 자주적으로 해결하는 것이 원칙이다(노동조합 및 노동관계조정법 제48조). 조정은 알선에 비하여 적극적이고 조직적인 쟁의조정방법으로서 관계 당사자의 의견을 들어 조정안을 작성하고 노사의 수락을 권고하는 형태이다. 조정에는 사적조정제도와 공적조정제도가 있다.

1) 사적조정제도

노동위원회는 별도로 노동관계 당사자의 의사에 따라 국가기관이 아닌 민간인 또는 민간단체에서 노동쟁의의 노정을 주관하는 제도를 말한다. 노동조합 및 노동관계조정법 제52조 제1항에서는 “제2절 및 제3절의 규정은 노동관계 당사자가 쌍방의 합의 또는 단체협약이 정하는 바에 따라 각각 다른 조정 또는 중재방법(이하 이 조에서 사적조정 등이라 한다)에 따라서 노동쟁의를 해결하는 것을 방해하지 아니한다”라고 규정하여 노동쟁의 당사자 쌍방의 합의에 따른 사적조정을 인정하고 있다.

2) 공적조정제도

국가기관인 노동위원회에 따른 노동쟁의 조정방식으로서 노동관계당사자 사이에 사적조정 · 중재에 관한 합의가 없는 경우, 노동조합 및 노동관계조정법상의 조정 및 중재 등의 절차에 따라서 노동쟁의를 해결하는 제도이다. 노동위원회는 관계 당사자의 일방이 노동쟁의의 조정을 신청한 때에는 지체없이 조정을 개시하여야 하며 관계 당사자 쌍방은 이에 성실히 임하여야 한다(노동조합 및 노동관계조정법 제53조 제1항). 이에 따라 노동위원회는 그 노동쟁의가 파업 등 쟁의행위에 까지 이르지 않고 조기에 타결될 수 있도록 특히 조정기간 동안에 적극적으로 해결을 시도하게 된다. 즉 조정은 노동관계당사자의 노동쟁의의 조정신청에 다라 노동위원회의 조정이 개시되며, 노동조합도 조정을 거치지 아니하고는 쟁의행위를 할 수 없다.

조정은 노동조합 및 노동관계조정법 제53조의 규정에 따른 조정의 신청이 있은 날부터 일반사업에 있어서는 10일, 공익사업에 있어서는 15일 이내에 종료하여야 한다(노동조합 및 노동관계조정법 제54조 제1항). 이 규정에 따른 조정기간은 관계 당사자간의 합의로 일반사업에 있어서는 10일, 공익사업에 있어서는 15일 이내에서 연장할 수 있다(노동조합 및 노동관계조정법 제54조 제1항).

(2) 중재

중재는 조정과는 달리 노사 당사자 사이의 의견과는 무관하게 중재위원회의 중재재정에 따라서 노동쟁의를 해결함으로써 노사의 자주적 해결의 원칙과는 가장 거리가 먼 제도이다. 노동위원회는 관계 당사자의 쌍방이 함께 중재를 신청한 때이거나, 관계 당사자의 일방이 단체협약에 따라서 중재를 신청한 때에 해당하는 때에는 중재를 행한다(노동조합 및 노동관계조정법 제62조). 강제중재(직권중재)는 공익사업 중 필수 공익사업에 대해서만 적용된다. 노동쟁의가 중재에 회부된 때에는 그 날부터 15일간은 쟁의행위를 할 수 없다(노동조합 및 노동관계조정법 제63조:중재시의 쟁의행위의 금지). 중재재정(仲裁裁定)이 확정되면 당사자는 이에 따라야 한다.

(3) 긴급조정

고용노동부장관은 쟁의행위가 공익사업에 관한 것이거나 그 규모가 크거나 그 성질이 특별한 것으로서 현저히 국민경제를 해하거나 국민의 일상생활을 위태롭게 할 위험이 현존하는 때에는 긴급조정의 결정을 할 수 있다(노동조합 및 노동관계조정법 제76조 제1항). 긴급조정은 쟁의행위의 확산과 장기화를 막기 위한 비상조치이다. 따라서 긴급조정제도란 쟁의행위의 발생을 미연에 방지하기 위한 것이 아니고, 이미 발생한 쟁의행위의 장기화·대규모화로 인한 국민경제의 손해와 공중일상생활의 위험을 제거하기 위한 제도이다.

고용노동부장관은 긴급조정의 결정을 하고자 할 때에는 **미리 중앙노동위원회 위원장의 의견**을 들어야 한다(노동조합 및 노동관계조정법 제76조 제2항). 고용노동부장관은 긴급조정을 결정한 때에는 지체없이 그 이유를 붙여 이를 공표함과 동시에 중앙노동위원회와 관계 당사자에게 각각 통고하여야 한다(노동조합 및 노동관계조정법 제76조 제3항). 관계 당사자는 법 제76조 제3항의 규정에 의한 긴급조정의 결정이 공표된 때에는 즉시 쟁의행위를 중지하여야 하며, 공표일부터 30일이 경과하지 아니하면 쟁의행위를 재개할 수 없다(노동조합 및 노동관계조정법 제77조). 중앙노동위원회는 제76조제3항의 규정에 의한 통고를 받은 때에는 지체없이 조정을 개시하여야 한다(노동조합 및 노동관계조정법 제78조). 중앙노동위원회의 위원장은 법 제78조의 규정에 따른 조정이 성립될 가망이 없다고 인정한 경우에는 공익위원의 의견을 들어 그 사건을 중재에 회부할 것인가의 여부를 결정하여야 한다(노동조합 및 노동관계조정법 제79조 제1항). 이 규정에 따른 결정은 법 제76조 제3항의 규정에 따른 통고를 받은 날부터 15일 이내에 하여야 한다(노동조합 및 노동관계조정법 제79조 제2항). 중앙노동위원회는 당해 관계 당사자의 일방 또는 쌍방으로부터 중재신청이 있거나 법 제79조의 규정에 따른 중재회부의 결정을 한 때에는 지체없이 중재를 행하여야 한다(노동조합 및 노동관계조정법 제80조).

(4) 쟁의행위의 제한과 금지·폭력행위 등의 금지

노동조합의 쟁의행위는 그 조합원의 직접·비밀·무기명투표에 의한 조합원 과반수의 찬성으로 결정하지 아니하면 이를 행할 수 없다. 제29조의2에 따라 교섭대표노동조합이 결정된 경우에는 그 절차에 참여한 노동조합의 전체 조합원(해당 사업 또는 사업장 소속 조합원으로 한정한다)의 직접·비밀·무기명투표에 의한 과반수의 찬성으로 결정하지 아니하면 쟁의행위를 할 수 없다(노동조합 및 노동관계조정법 제41조 제1항). 방위사업법에 따라서 지정된 주요방위산업체에 종사하는 근로자중 전력, 용수 및 주로 방산물자를 생산하는 업무에 종사하는 자는 쟁의행위를 할 수 없으며 주로 방산물자를 생산하는 업무에 종사하는 자의 범위는 대통령령으로 정하고 있다(노동조합 및 노동관계조정법 제41조 제2항).

쟁의행위는 폭력이나 파괴행위 또는 생산 기타 주요업무에 관련되는 시설과 이에 준하는 시설로서 대통령령이 정하는 시설을 점거하는 형태로 이를 행할 수 없다(노동조합 및 노동관계조정법 제42조 제1항). 사업장의 안전보호시설에 대하여 정상적인 유지 · 운영을 정지 · 폐지 또는 방해하는 행위는 쟁의행위로서 이를 행할 수 없다(노동조합 및 노동관계조정법 제42조 제2항). 행정관청은 쟁의행위가 제2항의 행위에 해당한다고 인정하는 경우에는 노동위원회의 의결을 얻어 그 행위를 중지할 것을 통보하여야 한다. 다만, 사태가 급박하여 노동위원회의 의결을 얻을 시간적 여유가 없을 때에는 그 의결을 얻지 아니하고 즉시 그 행위를 중지할 것을 통보할 수 있다(노동조합 및 노동관계조정법 제42조 제3항). 앞의 단서의 경우에 행정관청은 지체없이 노동위원회의 사후승인을 얻어야 하며 그 승인을 얻지 못한 때에는 그 통보는 그때부터 효력을 상실한다.

Ⅳ. 노동위원회법

1. 의의

노사관계의 여러 가지 문제는 관계 당사자들의 자주적인 해결에 맡기는 것이 가장 이상적이라 하겠으나, 현실적으로 그것이 곤란한 경우에 사회에 미치는 영향을 고려하여 노동위원회에 따른 해결의 필요성이 요구되게 된다.

노동위원회법 제1조에서 "이 법은 노동관계에 관한 판정 및 조정(調整) 업무를 신속 · 공정하게 수행하기 위하여 노동위원회를 설치하고 그 운영에 관한 사항을 규정함으로써 노동관계의 안정과 발전에 이바지함을 목적으로 한다"고 노동위원회법의 입법목적을 규정하고 있다.

노동위원회는 노동문제의 평화적 해결을 촉진하고 노동행정의 민주화와 노사관계의 공정한 조절을 목적으로 설치되는 위원회이다. 노동위원회는 근로자를 대표하는 위원(이하 근로자위원이라 한다)과 사용자를 대표하는 위원(이하 사용자위원이라 한다) 및 공익을 대표하는 위원(이하 공익위원이라 한다)으로 구성한다(노동위원회법 제6조 제1항). 노동위원회 위원의 수는 "1. 근로자위원 및 사용자위원: 각 10명 이상 50명 이하, 2. 공익위원: 10명 이상 70명 이하"의 구분에 따른 범위에서 노동위원회의 업무량을 고려하여 대통령령으로 정하고 있다. 이 경우 근로자위원과 사용자위원은 같은 수로 한다(노동위원회법 제6조 제2항). 근로자위원은 노동조합이 추천한 사람 중에서, 사용자위원은 사용자단체가 추천한 사람 중에서 "1. 중앙노동위원회: 고용노동부장관의 제청으로 대통령이 위촉, 2. 지방노동위원회: 지방노동위원회 위원장의 제청으로 중앙노동위원회 위원장이 위촉"의 구분에 따라 위촉한다(노동위원회법 제6조 제3항). ④ 공익위원은 해당 노동위원회 위원장, 노동조합 및 사용자단체가 각각 추천한 사람 중에서 노동조합과 사용자단체가 순차적으로 배제하고 남은 사람을 위촉대상 공익위원으로 하고, 그 위촉대상 공익위원 중에서 "1. 중앙노동위원회 공익위원: 고용노동부장관의 제청으로 대통령이 위촉, 2. 지방노동위원회 공익위원: 지방노동위원회 위원장의 제청으로 중앙노동위원회 위원장이 위촉"의 구분에 따라 위촉한다(노동위원회법 제6조 제4항).

2. 노동위원회의 권한

노동위원회는 다음과 같은 권한을 갖는다.

(1) 조정적 권한

노동조합 및 노동관계조정법에서 정한 조정·중재 및 긴급조정의 권한이 있다. 그 이외에 재해보상에 관해 당사자의 이의가 있는 경우에 대한 심사 또는 중재의 권한이 있다.

(2) 판정적 권한

1) 근로기준법상의 권한

노동위원회의 근로기준법상 권한으로는, ① 근로조건위반에 대한 근로자측의 손해배상청구에 관한 처리, ② 해고통고의 예외인정에서 근로자의 귀책사유 존부에 관한 인정, ③ 최저임금결정에 대한 동의권, ④ 휴업지불을 않기 위한 부득이한 사유의 심사 · 승인, ⑤ 휴업보상 및 장해배상의 예외가 되는 근로자의 중대한 과실여부의 심사 · 인정 등이 있다.

2) 노동조합 및 노동관계조정법상의 권한

노동위원회의 노동조합 및 노동관계조정법상 권한으로는, ① 노동조합규약과 결의가 법령에 위반하거나 공익을 해하는지 여부의 심사 · 의결, ② 노동조합의 대표자가 총회 또는 대의원회의 소집을 기피 · 게을리하였는가의 여부의 심사 · 의결, ③ 노동조합이 노동관계법령에 위반하였는지 여부의 심사 · 의결, ④ 단체협약의 내용이 위법 · 부당한지 여부의 심사 · 의결, ⑤ 단체협약의 지역적 구속력의 부여 여부에 관한 의결, ⑥ 부동노동행위의 처리 등이 있다.

Ⅴ. 산업재해보상보험법

산업재해보상제도란 근로자가 업무상의 사유에 따른 근로자의 부상 · 질병 · 장해 또는 사망(산업재해보상보험법 제5조 제1호)에 피재근로자나 그 가족을 보호하기 위하여 마련된 제도로서, 우리나라 근로기준법 제8장에서 사용자에게 근로자들의 업무상 재해에 대한 보상책임을 규정함으로써 사용자의 무과실 책임제도를 확립하여 직접 보상방식을 채택하고 있다. 결국 산업재해에 대한 보상을 확실하고 신속 · 공정하게 처리하기 위하여 일정한 규모 이상의 기업에 대하여 사업주의 보험가입의사와 상관없이 강제적으로 산업재해보상보험법에 가입시키고 보험료 전액을 부담하도록 하여, 그 기업에서 산업재해가 발생하면 재해보상을 국가가 직접 관장하여 사회보험방식으로 실시하는 제도가 산업재해보상제도이고, 이를 위해 제정한 법이 산업재해보상보험법이라고 할 수 있다.

산업재해보상보험법은 산업재해보상보험 사업을 시행하여 근로자의 업무상의 재해를 신속하고 공정하게 보상하며, 재해근로자의 재활 및 사회 복귀를 촉진하기 위하여 이에 필요한 보험시설을 설치 · 운영하고, 재해 예방과 그 밖에 근로자의 복지 증진을 위한 사업을 시행하여 근로자 보호에 이바지하는 것을 목적으로 하고 있다(산업재해보상보험법 제1조).

산업재해보상보험법이 규정하고 있는 보험급여의 종류로는 요양급여, 휴업급여, 장해급여, 유족급여, 상병보상, 장의비, 간병급여 등이 있다. 그리고 장해급여와 유족급여는 연금의 형태로 지급될 수 있다.

제2절 경제법

Ⅰ. 경제법의 개념

1. 경제법의 의의

경제법이란 국민경제에 관하여 국가가 어떤 계획을 수립·지도·조정 또는 규제하는 법규전체를 말한다. 즉 자유경제체제 아래에서 시민법이 각종 실질적 불평등을 초래하는 것을 막고 경제정의를 실현하기 위한 법을 경제법이라고 말한다.[3] 또한 국가의 경제정책을 실현하기 위하여 경제에 개입하는 법과 경제규제의 근거를 부여하는 법의 총체가 경제법이라고 정의하는 것이 가치중립적이고 포괄적인 정의가 될 수 있을 것이다.[4] 경제법에 관한 법률은 모두 공정거래위원회에서 집행을 담당하고 있다.

경제법을 위와 같이 정의해 보았으나, 실은 경제법의 정의에 관한 학설은 지극히 다양하여 그 정설이 없다. 그것은 경제법이 비교적 새로운 법분야이고, 또 경제현상은 광범위하고 또 부단히 변천하고 있기 때문이다.

2. 경제법의 성격

경제법은 개인과 개인 사이의 평등관계를 규율하는 사법도 아니요, 국가와

3) 정승재, 앞의 책, 461면 참조.
4) 양명조, 경제법, 신조사, 2014, 7면.

국민 사이의 권력복종관계를 규율하는 공법도 아니고, 제3의 법분야인 사회법에 속하는 것으로 보는 것이 일반적이다.

민법은 자본주의 사회의 보편적 기초법으로서 자본주의 사회의 기초구조에 대한 법리적 표현이고, 상법은 산업자본 혹은 영리생활 · 기업생활 관계에 대한 특수한 법으로서, 그 체계적 · 실천적 기능을 발휘함에 있어 역시 자본법적인 역사적 성격을 내포하고 있다. 그러나 경제법은 국가 총자본의 입장에서 국민경제의 독점 자본주의적 구조 및 활동에 관한 법질서이므로, 상법과는 긴밀한 관계를 가지면서도 양자 사이에 규제태도에서 차이가 있다. 즉 상법은 거래 활성화에 초점을 맞추고 있으나, 경제법은 거래의 공정성에 초점을 맞추고 있다.

경제법의 특성으로서 다음과 같이 들 수 있다. 첫째, 경제법은 경제생활 · 기업활동을 대상으로 하는 경제성을 띤 경제활동에 대한 공권력의 작용을 규율하는 법이다. 둘째, 경제의 성질상 기술적이고 합리적 성격을 가진 법이다. 셋째, 경제관계를 규율하기 때문에 변동성이 강하다. 넷째, 경제법은 그 제정의 목적에서도 알 수 있듯이 국민경제의 입장에서 기업활동을 사회집단적으로 통제하기 위한 것이 때문에 그 규율대상을 지도하고 조직 · 통제하는 지도성을 가지고 있다.[5)]

Ⅱ. 경제법의 발생

자본주의적 사회체제는 자유와 형식적(절대적) 평등을 기반으로 하여 눈부신 경제의 발전과 문화의 발달을 가져왔다. 그러나 경제활동의 자유방임은 대자본 · 대기업의 경제적 폭력 아래에 근로자는 물론 일반대중이 경제적 약자로서 법의 보호 밖으로 방기되는 결과를 초래하였다. 또한 경제의 무계획성은 공황과 불황 그리고 실업이라는 사회적 악을 가져와 전 국민경제를 파탄시키는 결과를 초래하였다. 이런 이유로 경제에 대한 국가의 적극적 간섭, 강력한 통제가 요구되게 되었다. 이러한 사회적 기반 위에서 자유주의 경제의 모순을 극복하고 국민경제에 대한 권력적 통제를 목적으로 입법이 요구되어 경제법이 생

5) 정승재, 앞의 책, 462면 참조.

성된 것이다.

경제법은 국가의 경제정책의 실현을 위하여 경제과정에 관여하는 법과 개입할 수 있도록 근거를 부여하는 법의 총체라고 할 수 있다. 이러한 법의 집행을 통하여 자본주의가 수정되고 다시 활성화됨으로써 자본주의가 유지·발전해 나갈 수 있는 되는 것이다.[6)]

Ⅲ. 우리나라의 경제법

대한민국헌법 제119조 제2항에서 "국가는 균형있는 국민경제의 성장 및 안정과 적정한 소득의 분배를 유지하고, 시장의 지배와 경제력의 남용을 방지하며, 경제주체간의 조화를 통한 경제의 민주화를 위하여 경제에 관한 규제와 조정을 할 수 있다"고 규정하여 경제법의 헌법적 근거를 명시하고 있다.

이러한 근거에 따라서 우리나라가 제정·공포한 주요 경제법은 다음과 같은 것들이 있다. 독점규제 및 공정거래에 관한 법률, 제조물책임법, 소비자기본법, 할부거래에 관한 법률, 방문판매 등에 관한 법률, 약관의 규제에 관한 법률, 물가안정에 관한 법률, 양곡관리법, 자본시장과 금융투자업에 관한 법률, 부정경쟁방지 및 영업비밀보호에 관한 법률, 중소기업협동조합법, 도시철도법, 농업·농촌 및 식품산업 기본법, 택지개발촉진법 등이다.

1. 독점규제 및 공정거래에 관한 법률

흔히 독점규제법 혹은 공정거래법이라 부르고 있다. 독점규제법은 사업자의 시장지배적지위의 남용과 과도한 경제력의 집중을 방지하고, 부당한 공동행위 및 불공정거래행위를 규제하여 공정하고 자유로운 경쟁을 촉진함으로써 창의적인 기업활동을 조장하고 소비자를 보호함과 아울러 국민경제의 균형있는 발전을 도모함을 목적으로 하고 있다(독점규제 및 공정거래에 관한 법률 제1조). 이러한 목적을 달성하기 위한 수단으로서 불공정 행위에 대한 규제를 위해 시장지배적 지위의 남용방지, 기업결합의 제한, 과도한 경제력 집중의 방지, 부당

---

6) 양명조, 앞의 책, 4면 참조.

한 공동행위의 규제 및 불공정거래행위의 금지, 재판매유지행위 제한, 부당한 국제계약체결 제한 등의 규정을 두고 있다. 또한 불공정거래행위에 따른 피해를 규제하기 위하여 공정거래위원회를 두고 있다.

2. 소비자기본법

소비자기본법은 소비자의 권익을 증진하기 위하여 소비자의 권리와 책무, 국가 · 지방자치단체 및 사업자의 책무, 소비자단체의 역할 및 자유시장 경제에서 소비자와 사업자 사이의 관계를 규정함과 아울러 소비자정책의 종합적 추진을 위한 기본적인 사항을 규정함으로써 소비생활의 향상과 국민경제의 발전에 이바지함을 목적으로 하고 있다(소비자기본법 제1조).

이러한 목적을 달성하기 위하여 소비자기본법은 사업자의 책무, 소비자정책위원회, 한국소비자원, 소비자단체의 업무, 소비자안전(취약계층의 보호, 소비자전조치, 소비자안전센안터의 설치), 소비자분쟁조정위원회, 사업자의 소비자상담기구의 설치 · 운영, 소비자정보요청협의회, 소비자단체소송 등을 두고 있다.

3. 결합상품에 대한 제조물책임법

제조물책임법은 제조물의 결함으로 발생한 손해에 대한 제조업자 등의 손해배상책임을 규정함으로써 피해자 보호를 도모하고 국민생활의 안전 향상과 국민경제의 건전한 발전에 이바지함을 목적으로 하고 있다(제조물책임법 제1조). 2002년 7월 제조물책임법의 시행으로 제조자의 무과실책임을 인정하게 되었다. 제조물책임이란 시장에 유통시킨 상품의 결함으로 그의 이용자나 제3자에게 신체상 손해 또는 상품 이외의 다른 재산에 물적 손해를 입힌 경우에 그 상품의 제조자나 판매업자에게 불법행위에 따른 손해배상책임을 부담하게 하는 것을 말한다. 여기서 결함이란 해당 제조물에 다음 각 목의 어느 하나에 해당하는 제조상 · 설계상 또는 표시상의 결함이 있거나 그 밖에 통상적으로 기대할 수 있는 안전성이 결여되어 있는 것을 말한다(제조물책임법 제2조 제2호).

제조물책임법의 적용범위는 다른 동산이나 부동산의 일부를 구성하는 경우를 포함하여 제도 또는 가공된 동산에 대해서 적용된다(제조물책임법 제2조). 동산에 해당하는 한 완성품인지, 부품・원재료인지를 구별하지 않으며 신제품은 물론 중고품・재생품 및 수공업품・예술작품에 대해서도 적용된다. 그러나 무형의 서비스, 부동산, 미가공된 농산물(임・축・수산물 포함) 및 소프트 웨어・정보의 결함으로 인한 손해에는 제조물책임법이 적용되지 않는다.

제조물책임법상 열거된 결함의 유형에는 세 가지의 있다. 즉 ① 제조상의 결함이란 제조업자가 제조물에 대하여 제조상・가공상의 주의의무를 이행하였는지에 관계없이 제조물이 원래 의도한 설계와 다르게 제조・가공됨으로써 안전하지 못하게 된 경우를 말한다(제조물책임법 제2조 제2호 가목). ② 설계상의 결함이란 제조업자가 합리적인 대체설계(代替設計)를 채용하였더라면 피해나 위험을 줄이거나 피할 수 있었음에도 대체설계를 채용하지 아니하여 해당 제조물이 안전하지 못하게 된 경우를 말한다(제조물책임법 제2조 제2호 나목). ③ 표시상의 결함이란 제조업자가 합리적인 설명・지시・경고 또는 그 밖의 표시를 하였더라면 해당 제조물에 의하여 발생할 수 있는 피해나 위험을 줄이거나 피할 수 있었음에도 이를 하지 아니한 경우를 말한다(제조물책임법 제2조 제2호 다목).

피해자가 "1. 해당 제조물이 정상적으로 사용되는 상태에서 피해자의 손해가 발생하였다는 사실, 2. 제1호의 손해가 제조업자의 실질적인 지배영역에 속한 원인으로부터 초래되었다는 사실, 3. 제1호의 손해가 해당 제조물의 결함 없이는 통상적으로 발생하지 아니한다는 사실"을 증명한 경우에는 제조물을 공급할 당시 해당 제조물에 결함이 있었고 그 제조물의 결함으로 인하여 손해가 발생한 것으로 추정한다. 다만, 제조업자가 제조물의 결함이 아닌 다른 원인으로 인하여 그 손해가 발생한 사실을 증명한 경우에는 그러하지 아니하다(제조물책임법 제3조2).

제조업자는 제조물의 결함으로 생명・신체 또는 재산에 손해(그 제조물에 대하여만 발생한 손해는 제외한다)를 입은 자에게 그 손해를 배상하여야 한다(제조물책임법 제3조 제1항). 이에 불구하고 제조업자가 제조물의 결함을 알면서도 그 결함에 대하여 필요한 조치를 취하지 아니한 결과로 생명 또는 신체에 중대한 손해를 입은 자가 있는 경우에는 그 자에게 발생한 손해의 3배를 넘지 아니하는 범위에서 배상책임을 진다. 이 경우 법원은 배상액을 정할 때 "1. 고의성의 정도, 2. 해당 제조물의 결함으로 인하여 발생한 손해의 정도, 3. 해당 제조물의 공급으로 인하여 제조업자가 취득한 경제적 이익, 4. 해당 제조물의 결함으로 인하여 제조업자가 형사처벌 또는 행정처분을 받은 경우 그 형사처벌 또는 행정처분의 정도, 5. 해당 제조물의 공급이 지속된 기간 및 공급 규모, 6. 제조업자의 재산상태, 7. 제조업자가 피해구제를 위하여 노력한 정도"의 사항을 고려하여야 한다(제조물책임법 제3조 제2항). 피해자가 제조물의 제조업자를 알 수 없는 경우에 그 제조물을 영리 목적으로 판매 · 대여 등의 방법으로 공급한 자는 손해를 배상하여야 한다. 다만, 피해자 또는 법정대리인의 요청을 받고 상당한 기간 내에 그 제조업자 또는 공급한 자를 그 피해자 또는 법정대리인에게 고지(告知)한 때에는 그러하지 아니하다(제조물책임법 제3조 제3항).

제조물책임법 제3조에 따라 손해배상책임을 지는 자가 "1. 제조업자가 해당 제조물을 공급하지 아니하였다는 사실, 2. 제조업자가 해당 제조물을 공급한 당시의 과학 · 기술 수준으로는 결함의 존재를 발견할 수 없었다는 사실, 3. 제조물의 결함이 제조업자가 해당 제조물을 공급한 당시의 법령에서 정하는 기준을 준수함으로써 발생하였다는 사실, 4. 원재료나 부품의 경우에는 그 원재료나 부품을 사용한 제조물 제조업자의 설계 또는 제작에 관한 지시로 인하여 결함이 발생하였다는 사실"의 어느 하나에 해당하는 사실을 입증한 경우에는 이 법에 따른 손해배상책임을 면(免)한다(제조물책임법 제4조 제1항). 이에 따라 손해배상책임을 지는 자가 제조물을 공급한 후에 그 제조물에 결함이 존재한다는 사실을 알거나 알 수 있었음에도 그 결함으로 인한 손해의 발생을 방지하기 위한 적절한 조치를 하지 아니한 경우에는 제조물책임법 제4조 제1항 제2호부터 제4호까지의 규정에 따른 면책을 주장할 수 없다(제조물책임법 제4조 제2항).

제조물책임법에 따른 손해배상의 청구권은 피해자 또는 그 법정대리인이 "1. 손해, 2. 제3조에 따라 손해배상책임을 지는 자"의 사항을 모두 알게 된 날부터 3년간 행사하지 아니하면 시효의 완성으로 소멸한다(제조물책임법 제7조 제1항). 이 법에 따른 손해배상의 청구권은 제조업자가 손해를 발생시킨 제조물을 공급한 날부터 10년 이내에 행사하여야 한다. 다만, 신체에 누적되어 사람의 건강을 해치는 물질에 의하여 발생한 손해 또는 일정한 잠복기간(潛伏期間)이 지난 후에 증상이 나타나는 손해에 대하여는 그 손해가 발생한 날부터 기산(起算)하고 있다(제조물책임법 제7조 제2항).

4. 약관의 규제에 관한 법률

약관의 규제에 관한 법률은 사업자가 그 거래상의 지위를 남용하여 불공정한 내용의 약관(約款)을 작성하여 거래에 사용하는 것을 방지하고 불공정한 내용의 약관을 규제함으로써 건전한 거래질서를 확립하고, 이를 통하여 소비자를 보호하고 국민생활을 균형 있게 향상시키는 것을 목적으로 하고 있다(약관의 규제에 관한 법률 제1조).

약관이란 그 명칭이나 형태 또는 범위에 상관없이 계약의 한쪽 당사자가 여러 명의 상대방과 계약을 체결하기 위하여 일정한 형식으로 미리 마련한 계약의 내용을 말한다(약관의 규제에 관한 법률 제2조 제1호). 약관의 규제에 관한 법률은 약관의 계약에의 편입(약관의 작성 및 설명의무, 개별약정우선의 원칙) 약관의 해석(신의성실해석의 원칙, 통일적 해석의 원칙, 작성자불이익의 원칙, 면책약관축소해석의 원칙), 불공정약관조항의 무효(약관의 일반원칙 및 각종 금지조항), 불공정약관의 사용금지, 시정조치, 시정권고, 시정명령, 표준약관, 약관의 심사청구, 약관분쟁조정협의회, 집단분쟁조정의 특례 등을 규정하고 있다.

5. 방문판매 등에 관한 법률

일반적 거래는 매도인의 점포에서 이루어지는 것이 보통이지만, 최근에는 방문판매, 전화권유판매, 다단계판매, 후원방문판매, 계속거래 및 사업권유거래 등의 특수한 거래형태가 많이 활용되고 있다. 이러한 특수한 거래형태를 규율하는 법률이 바로 방문판매 등에 관한 법률이다.

방문판매 등에 관한 법률은 방문판매, 전화권유판매, 다단계판매, 후원방문판매, 계속거래 및 사업권유거래 등에 의한 재화 또는 용역의 공정한 거래에 관한 사항을 규정함으로써 소비자의 권익을 보호하고 시장의 신뢰도를 높여 국민경제의 건전한 발전에 이바지함을 목적으로 하고 있다(방문판매 등에 관한 법률 제1조). 방문판매 등의 거래는 충동구매가 많은 각종의 폐해가 발생할 수 있으므로, 이에 대한 피해구제를 위해 매수인 청약철회권 등을 규정하고 있다.

6. 할부거래에 관한 법률(약칭: 할부거래법)

할부거래에 관한 법률은 할부계약 및 선불식 할부계약에 따른 거래를 공정하게 함으로써 소비자의 권익을 보호하고 시장의 신뢰도를 높여 국민경제의 건전한 발전에 이바지함을 목적으로 하고 있다(할부거래에 관한 법률 제1조).

할부거래는 보통의 매매와 달리 매매대금을 일정기간 동안에 분할하여 일정기간 마다 계속하여 지급할 특약이 붙은 매매이다. 매매목적물을 먼저 인도받고 최종소비자가 매입자금을 대출받거나 지급을 유예 받는다는 점에서 소비자신용거래의 한 형태로 볼 수 있다.

할부거래에 관한 법률의 적용대상이 되는 할부거래 및 선불식 할부계약의 개념은 다음의 두 가지로 나누고 있다. 첫째, 할부거래는 할부계약에 따른 거래를 말하는데, 할부계약은 그 명칭·형식이 어떠하든 재화나 용역(일정한 시설을 이용하거나 용역을 제공받을 수 있는 권리 포함)에 관하여 ① 소비자가 사업자에게 재화의 대금(代金)이나 용역의 대가(이하 재화등의 대금이라 한다)를 2개월 이상의 기간에 걸쳐 3회 이상 나누어 지급하고, 재화 등의 대금을 완납하기 전에 재화의 공급이나 용역의 제공(이하 재화등의 공급이라 한다)을 받기로 하는 계약(이하 직접할부계약이라 한다), 또는 ② 소비자가 신용제공자에게 재화 등의 대금을 2개월 이상의 기간에 걸쳐 3회 이상 나누어 지급하고, 재화 등의 대금을 완납하기 전에 사업자로부터 재화 등의 공급을 받기로 하는 계약(이하 간접할부계약이라 한다)(할부거래에 관한 법률 제2조 제1호 및 제3호). 둘째, 선불식 할부거래란 선불식 할부계약에 의한 거래를 말하며(할부거래에 관한 법률 제2조 제4호 전단), 선불식 할부계약이란 계약의 명칭·형식이 어떠하든 소비자가 사업자로부터 "가. 장례 또는 혼례를 위한 용역(제공시기가 확정된 경우는 제외한다) 및 이에 부수한 재화. 나. 가목에 준하는 소비자피해가 발생하는 재화등으로서 소비자의 피해를 방지하기 위하여 대통령령으로 정하는 재화 등"의 어느 하나에 해당하는 재화등의 대금을 2개월 이상의 기간에 걸쳐 2회 이상 나누어 지급하고 재화등의 공급은 대금의 전부 또는 일부를 지급한 후에 받기로 하는 계약을 말한다(할부거래에 관한 법률 제2조 제2호). 선불식 할부거래는 용역 등을 공급 받기 전에 대금을 지급하므로 신용거래로서의 성질을 가지지 않기 때문에 본래적 의미의 할부거래에 해당하지 않지만, 다만 대금을 분할하여 지급한다는 점에서 일반적인 할부거래와 유사하다는 이유로 할부거래에서 이를 함께 규제하는 것이다.

할부거래 또는 선불식 할부거래에 해당하더라도 ① 사업자가 상행위(商行爲)를 위하여 재화등의 공급을 받는 거래. 다만, 사업자가 사실상 소비자와 같은 지위에서 다른 소비자와 같은 거래조건으로 거래하는 경우는 적용한다. 또는 ② 성질상 이 법을 적용하는 것이 적합하지 아니한 것으로서 ⓐ 농산물·수산물·축산물·임산물·광산물로서 통계법 제22조에 따라 작성한 한국표준산업분류표상의 제조업에 의하여 생산되지 아니한 것, ⓑ 약사법 제2조 제4호에 따른 의약품, ⓒ 보험업법에 따른 보험, ⓓ 자본시장과 금융투자업에 관한 법률 제4조에 따른 증권 및 같은 법 제336조 제1항 제1호에 따른 어음, ⓔ 부동률산 등의 거래에 대해서는 할부거래법이 적용되지 않는다(할부거래에 관한 법제3조 및 법시행령 제4조).

할부거래법은 계약체결 전 정보제공 및 서면계약체결 의무, 매수인의 청약철회권, 할부거래업자의 계약해제 및 손해배상청구금액의 제한, 소비자의 기한의 이익상실 및 항변권, 선불식 할부거래의 규제(선불식 할부거래영업의 등록 등, 선불식 할부거래업자의 지위승계 및 선불식 할부계약의 이전, 계약체결 전 정보제공 및 계약서 발급의무, 선불식 할부계약의 청약철회 및 해제 등, 금지행위 및 시정조치 등) 등을 규정하고 있다

7. 전자상거래 등에서의 소비자보호에 관한 법률(약칭: 전자상거래법)

전자상거래 등에서의 소비자보호에 관한 법률은 전자상거래 및 통신판매 등에 따른 재화 또는 용역의 공정한 거래에 관한 사항을 규정함으로써 소비자의 권익을 보호하고 시장의 신뢰도를 높여 국민경제의 건전한 발전에 이바지함을 목적으로 하고 있다(전자상거래 등에서의 소비자보호에 관한 법률 제1조).

현행 방문판매법의 규제대상에 포함되는 특수거래는 ① 방문판매, ② 전화권유판매, ③ 다단계판매, ④ 후원방문판매, ⑤ 계속거래, ⑥ 사업권유판매 등 6가지의 유형이고, 현행 전자상거래법의 규제대상은 ① 통신판매, ② 전자상

거래 등 2가지 유형이다.

전자상거래법의 규정들은 소비자의 권익을 보호하기 위한 것이므로, 사업자가 상행위를 목적으로 구입하는 거래에는 적용하지 아니한다. 다만, 방문판매법상 다단계판매원은 그 성질상 판매원의 지위와 함께 소비자의 지위를 가지므로 전자상거래법이 적용되고, 사업자라 하더라도 사실상 소비자와 같은 지위에서 다른 소비자와 같은 거래조건으로 거래하는 경우에는 전자상거래법의 적용을 받는다(전자상거래법 제3조 제1항).

전자상거법의 계약내용에 관한 서면의 교부의무에 관한 규정(전자상거래법 제13조 제2항)은 "① 소비자가 이미 잘 알고 있는 약관 또는 정형화된 거래방법에 따라 수시로 거래하는 경우로서 총리령으로 정하는 거래[(유 · 무선 전화기 등으로 전화정보서비스를 이용하는 경우 등과 같이 법 제13조 제2항에 따른 계약내용에 관한 서면(전자문서 및 전자거래 기본법 제2조 제1호에 따른 전자문서를 포함한다. 이하 같다) 교부가 곤란한 거래를 말한다.)], ② 다른 법률(민법 및 방문판매 등에 관한 법률은 제외한다)에 이 법의 규정과 다른 방법으로 하는 계약서 교부의무 등이 규정되어 있는 거래"에는 적용하지 아니한다. 다만, ①의 경우에는 총리령으로 정하는 바에 따라 계약내용에 관한 서면의 내용이나 교부의 방법을 다르게 할 수 있다(전자상거래법 제3조 제2항).

그 밖에 통신판매업자가 아닌 자 사이의 통신판매중개를 하는 통신판매업자에 대하여는 제13조부터 제15조까지, 제17조부터 제19조까지의 규정을 적용하지 아니한다(전자상거래법 제3조 제3항). 뿐만 아니라 '자본시장과 금융투자업에 관한 법률'의 투자매매업자 · 투자중개업자가 하는 증권거래, 대통령령으로 정하는 금융회사(1. 금융위원회의 설치 등에 관한 법률 제38조제1호부터 제8호까지의 기관, 2. 대부업 등의 등록 및 금융이용자 보호에 관한 법률 제3조에 따라 등록한 대부업자 또는 대부중개업자, 3. 다른 법령에 따라 설립된 금융회사 또는 중앙행정기관의 인가 · 허가 등을 받아 설립된 금융회사) 등이 하는 금융상품거래 및 일상 생활용품, 음식료 등을 인접지역에 판매하기 위한 거래에 대하여는 제12조부터 제15조까지, 제17조부터 제20조까지 및 제20조의2를 적용하지 아니한다(전자상거래법 제3조 제4항).

전자상거래 또는 통신판매에서의 소비자보호에 관하여 이 법(전자거래법)과 다른 법률이 경합하는 경우에는 이 법(전자상거래법)을 우선 적용한다. 다만, 다른 법률을 적용하는 것이 소비자에게 유리한 경우에는 그 법을 적용한다(전자상거래법 제4조).

전자상거래법은 전자문서의 활용과 거래기록의 보존 및 전자적 대금지급의 신뢰확보 등, 배송사업자 등의 협력 및 전자게시판서비스 제공자의 책임, 사이버몰 운영자 및 통신판매업자의 표시·신고 및 정보제공의무 등, 통신판매업자의 청약처리 및 재화 등의 공급 관련 의무, 소비자의 청약철회 및 손해배상액의 제한 등, 소비자에 관한 정보의 이용 등, 통신판매중개자의 의무와 책임 등, 전자상거래업자 및 통신판매업자의 금지행위, 그 밖의 소비자의 권익보호조치 등[에스크로(escrow)제도 도입], 시정조치, 임시중지명령 및 과징금 등을 규정하고 있다.

제3절 사회보장법(사회복지법)

Ⅰ. 사회보장법(사회복지법)의 개념

1. 의의

사회보장법(사회복지법)은 사회법의 하나의 분야로서 국민생활의 사회적 안정을 목적으로 하는 법전체를 말한다. 이에는 공공부조법, 사회보험법, 사회서비스법이 포함된다.

2. 성격

헌법에 규정되어 있는 사회권적(생존권적) 기본권은 그 법적 성격이 구체적 권리라고 인정되고 있지만, 법률의 제정없이는 그 내용이 현실적으로 실현될 수 없는 어려운 점을 갖고 있다. 따라서 사회보장법(사회복지법)은 헌법에 규정된 사회권적(생존권적) 기본권을 구체화하는 법률로서 구체성을 특성으로 하고 있다.

Ⅱ. 우리나라의 사회보장법(사회복지법)

1. 헌법의 근거

대한민국헌법 제34조 "모든 국민은 인간다운 생활을 할 권리를 가진다(대한민국헌법 제34조 제1항). 제2항에서 국가는 사회보장 · 사회복지의 증진에 노력할 의무를 진다(헌법 제34조 제2항)"라고 규정하고 있다. 그리고 "국가는 여자의 복지와 권익의 향상을 위하여 노력하여야 한다(헌법 제34조 제3항). 국가는 노인과 청소년의 복지향상을 위한 정책을 실시할 의무를 진다(헌법 제34조 제4항). 신체장애자 및 질병 · 노령 그 밖의 사유로 생활능력이 없는 국민은 법률이 정하는 바에 의하여 국가의 보호를 받는다(헌법 제34조 제5항). 국가는 재해를 예방하고 그 위험으로부터 국민을 보호하기 위하여 노력하여야 한다(헌법 제34조 제6항)"라고 규정하여 사회보장법(사회복지법)의 입법근거를 명시하고 있다.

2. 사회보장법의 종류

우리나라가 제정 · 공포한 사회보장(사회복지)에 관한 개별적 법률은 다음과 같다. 사회보장기본법, 사회복지사업법, 공공부조법, 사회보험법, 사회서비스법 등이다.

- **사회보장기본법**
- **사회복지사업법**
- **공공부조법** : 국민기초생활보장법, 의료급여법, 긴급복지지원법, 기초연금법, 노숙인 등의 복지 및 자립지원에 관한 법률, 재해구호법, 의사상자 등 예우 및 지원에 관한 법률, 북한이탈주민의 보호 및 정착에 관한 법률, 주거급여법, 주거기본법, 장애인연금법
- **사회보험법** : 국민연금법, 국민건강보험법, 노인장기요양보험법, 산업재해보상보험법, 고용보험법
- **사회서비스법** : 아동복지법, 영유아보육법, 아이돌봄지원법, 입양특례법, 장애아동복지지원법, 실종아동 등의 보호 및 지원에 관한 법률, 헤이그 국제아동탈취협약 이행에 관한 법률, 노인복지법, 고용상 연령차별금지 및

고령자고용촉진에 관한 법률, 저출산・고령사회기본법, 고령친화산업진흥법, 치매관리법, 노후준비지원법, 장애인복지법, 장애인고용촉진 및 직업재활법, 장애인・노인・임산부 등의 편의증진에 관한 법률, 교통약자의 이동편의증진법, 장애인차별금지 및 권리구제 등에 관한 법률, 장애인연금법, 장애인활동지원에 관한 법률, 장애아동복지지원법, 장애인・고령자 등 주거약자에 관한 법률, 발달장애인 권리보장 및 지원에 관한 법률, 건강가정기본법, 한부모가족지원법, 가정폭력방지 및 피해자보호 등에 관한 법률, 가정폭력범죄의 처벌 등에 관한 특례법, 다문화가족지원법, 가족친화 사회환경의 조성촉진에 관한 법률, 양성평등기본법, 성매매방지 및 피해자보호 등에 관한 법률, 성매매알선 등 행위의 처벌에 관한 법률, 성폭력범죄의 처벌 등에 관한 특례법, 성폭력방지 및 피해자보호 등에 관한 법률, 일본군 위안부 피해자에 대한 생활안정지원 및 기념사업 등에 관한 법률, 정신보건법, 청소년기본법, 청소년보호법, 아동・청소년의 성보호에 관한 법률, 청소년활동진흥법, 청소년복지지원법, 학교폭력예방 및 대책에 관한 법률, 학교 밖 청소년지원에 관한 법률, 인성교육진흥법, 보호관찰 등에 관한 법률, 성폭력범죄자의 성충동 약물치료에 관한 법률, 특정범죄자에 대한 보호관찰 및 전자장치 부착 등에 관한 법률, 치료감호법, 보호소년 등의 처우에 관한 법률, 사회복지공동모금회법, 농어촌주민의 보건증진을 위한 특별법, 자원봉사활동기본법, 식품기부활성화에 관한 법률, 사회보장급여의 이용・제공 및 수급자 발굴에 관한 법률, 지역보건법, 효행 및 지원에 관한 법률, 근로자퇴직급여보장법, 공중화장실 등에 관한 법률

제2장 국제법

국제법이란 국제사회의 법으로서 주로 국가간의 관계를 규율하고 제한된 범위 내에서 국제기구와 개인에 관해서 규율하는 법이라 할 수 있다. 과거 국제법의 전통적인 정의에 따르면 국가만이 국제법의 규율대상이 되었으나, 현대사회에서 많은 국제기구의 성립과 개인의 국제적 지위의 향상에 따라 국제법의 규율대상으로 국제기구와 개인이 포함되게 되었다. 오늘날에는 비정부기구(NGO)도 국제법의 주체로 인정되어야 한다는 주장도 있다.

제1절 국제법의 법원

국제법의 법원(法源)으로 국제관습과 조약을 들 수 있다. 국제관습이란 국제사회에서 일반적으로 승인된 국제관행을 말하며, 이 관행을 준수하는 것이 의무적이라고 인정하는 법적 신념이 확립될 때 국제관습법이 된다. 국제관습에는 보편적 국제관습 · 일반적 국제관습 · 특수적 국제관습의 3종류가 있으며, 통일적인 입법기관이 없는 현재의 국제사회에서 국제관습법은 국제법의 중심적 역할을 하고 있다.

조약이란 명칭 여하를 불구하고 국제법상의 능동적 주체사이에 국제법 관계를 인정하기 위한 명시적 합의를 말한다. 보통은 국가간에 문서에 따른 합의로 이루어지며, 국제법의 존재형식으로 가장 명확한 것이다. 조약은 당사국의 대표가 문서에 서명 · 날인하고 당사국에 따라 비준됨으로서 확정된다.[1)]

---

1) 고명식 · 조규성 공저, 앞의 책, 396면 참조.

국제관습법과 조약 이외에 국제조직의 결의, 판례, 학설 등도 국제법의 법원이 될 수 있을 것이다. 특히, 유엔헌장의 경우 상당한 영향력을 미친다고 볼 수 있으나, 원칙적으로 국제조직은 입법기관이 아니므로, 유엔헌장의 내용 또는 유엔총회의 결의가 법적 구속력을 갖는 것은 아니다.

제2절 국제법과 국내법의 관계

국제법과 국내법에 대하여 어떠한 관계에 있느냐에 관하여는 이원론과 일원론이 대립되어 있는 바, 이원론은 국제법과 국내법은 그 법적 타당근거를 달리하는 독립된 전혀 별개의 법체계로 보는 학설이다. 일원론 중 국제법 우위론을 주장하는 측에서는 국제법과 국내법이 전체로서 하나의 통일적인 법체계를 형성하며 그 체계 속에서 국제법이 우위에 서고, 따라서 국내법의 유효성 및 타당성의 기초가 국제법에 있다고 하는 학설이다. 반면에 국내법 우위론을 주장하는 측에서는 국제법은 개별국가의 의사 혹은 헌법 그 자체에 기초하여 타당성을 갖게 된다는 학설이다. 다시 말해서 국제법은 국가가 그것을 대내적으로 법으로서 채용하여 국민에게 그 준수를 명령할 때 비로소 법으로서의 성질을 갖게 되고, 국내법의 일부를 형성하게 된다고 보는 주장으로 국제법을 대외적 국내법에 불과하다고 한다.[2)]

제3절 국제법의 국내적 효력

일반적으로 국제법의 국내적 효력이 인정되고 있다. 대한민국헌법 제6조 제1항에도 "헌법에 의하여 체결·공포된 조약과 일반적으로 승인된 국제법규는 국내법과 같은 효력을 가진다"고 라고 규정하여 국제법의 국내법적 효력을 선언

2) 고명식·조규성 공저, 앞의 책, 397면 참조; 정승재, 앞의 책, 471~472면 참조.

하고 있다. 이것은 일원론에 입각한 것으로 국제법을 국내법으로 변형하지 않고 그대로 국내적 효력을 갖는다는 규정이며, 국제법은 국내법률과 동일한 효력이 있는 것으로 봄이 타당하므로 국내법 우위론에 입각한 것이라고 할 수 있다.[3)]

제4절 국제법의 주체

국제법의 주체는 국제법상 권리의무의 주체가 될 수 있는 국제법적 능력을 가진 자를 의미하는데, 여기에는 국가 · 국제조직 · 개인을 들 수 있다.

1. 국가

국가는 국제법의 가장 중요한 주체이며, 대다수의 국가는 완전한 국제법상의 능력을 가지고 있고, 이에 따라서 독립권, 평등권, 자위권과 같은 기본적 권리와 국내문제 불간섭의무, 조약이행의무와 같은 의무를 부담한다. 통상적으로 국가에는 국제법상 능력이 완전한 독립국(주권국)과 불완전한 비독립국(반주권국)이 있다. 국제사회의 기존국가가 신생국가에 대하여 국제법상의 주체로서의 자격이 있음을 인정하는 행위를 국가의 승인이라고 한다. 여기에는 개별적 승인과 집단적 승인, 명시적 승인(선언 · 통고 등)과 묵시적 승인(외교사절의 교환 · 국기의 승인) 등으로 나눌 수 있다. 정식의 승인을 하기 전에 사실상의 승인을 할 수 있으며, 이는 법률상 승인과 달라서 언제든지 승인을 철회할 수 있다. 승인의 효과는 사실상으로 국가가 성립하였을 때까지 소급한다. 따라서 승인 전에 있었던 승인국과 피승인국과의 관계는 사실상 관계에 불과하였던 것이 승인으로 인하여 법률상의 관계로 되는 것이다. 즉 승인국과 피승인국의 관계에서만 국제법상의 주체가 되어 국제법상의 권리의무를 갖게 되며, 제3국에는 승인의 효과가 미치지 않는다. 승인은 철회할 수 없다. 즉 승인의 효과는 확정적이며, 외교단계의 단절로 승인이 철회되는 것은 아니다. 국가는 국가로

3) 정승재, 앞의 책, 473면 참조.

서의 사실상의 존재를 상실한 경우에 소멸하고, 국제법상의 주체성도 상실한다. 국가의 소멸은 합병·병합·분열·분할 등의 방법으로 행해진다.

2. 개인

종래의 통설에 따르면, 국제법의 주체는 국제법의 형성·정립에 참여하는 자 및 국제법상의 권리의무의 직접적인 당사자도 법률행위를 할 수 있는 자에 한한다고 하였다. 오늘날 국제사회의 발달에 따라 국제법이 개인의 권리의무에 관해서도 규정되어(예: 개인의 기본적 인권의 국제적 보장, 전쟁범죄인에 대한 처벌 등) 개인의 국제법적 주체성을 인정하는 경향이 유력하다. 현재 실정국제법상 개인은 원칙적으로 국제법의 객체이며, 주체성은 예외적으로 인정된다.

3. 국제조직(국제연합, UN)

국제법은 과거에는 주로 국가 사이의 관계를 규율하였고, 예외적으로 개인과 국제조직을 규율하였으나, 오늘날 국제법의 주체는 국가에만 한정하지 않고, 개인과 국제조직에까지 확대되게 되었다.

20세기에 들어와 정치적 분야의 국제관계가 긴밀화되고, 국제사회는 조직화되었다. 이에 다라 다수의 국제조직은 그 개개의 구성국가에 독립하여 독자의 법적 기초 위에 독자의 존재와 가능을 갖게 되었다. 이러한 국제조직은 그 자체 일정한 범위 내에서 국제법상의 주체성이 인정됨에 이르렀으며, 국제조직으로 대표적인 것이 국제연합(UN)이다.

(1) 국제연합의 성립

국제연합은 제2차 세계대전 후에 국제연합헌장을 근거로 설립되었다. 이 헌장은 1944년 8월 미국에서 개최된 미·소·영·중 4개국의 회의에서 초안이 작성되고, 이 초안이 1945년 4월에서 6월에 걸친 샌프란시스코 회의에 제출되어 다소의 수정을 거쳐 채택된 것이다.

국제연합 헌장은 미국·소련·영국·중국·프랑스 5대국과 그 밖에 24개국이 비준서를 기탁한 1945년 10월 24일에 정식으로 발효되었으며, 국제연합은

1946년 1월 10일 런던 제1차 총회를 개최하여 활동을 개시하였다. 국제연합헌장은 전문 및 19장 111조로 국제연합의 조직과 활동에 관한 기본원칙을 정하고 있다.

(2) 국제연합의 목적과 원칙 및 가맹국

국제연합의 목적은 국제연합헌장의 제1조에 규정하고 있다. 그 목적은 국제평화와 안전을 유지한다. 이를 위하여 평화에 대한 위협을 없애고 침략 행위와 그 밖의 평화를 파괴하는 행위를 진압하기 위하여 효과적인 집단적 조치를 취하고, 나아가 평화를 깨뜨리는 모든 국제 분쟁과 사태를 평화적 수단에 따라, 정의와 국제법의 원칙에 따라 조정하거나 해결한다.[4)]

국제연합의 목적 달성을 위하여 국제연합헌장 제2조에 지켜야 할 기본원칙을 규정하고 있다. 즉 주권의 평등, 헌장에 규정된 의무의 충실한 이행, 분쟁의 평화적 해결, 무력사용의 제한, 국제연합의 행동에 대한 원조, 비가맹국의 협력 확보, 각 국가의 국내문제 불간섭 등이다.

가맹국은 샌프란시스코 회의에 참가한 국가와 1942년 연합국공동선언의 서명국으로서 국제연합헌장을 서명 · 비준한 원 가맹국 51개국과 평화를 애호하는 국가로서 안전보장이사회의 권고에 따라 총회의 3분의 2 이상의 다수결의로 가입된 가입가맹국이다(헌장 제4조). 2011년 7월 14일 현재 193개국이 가입하고 있다.

(3) 국제연합의 기관

국제연합은 6개의 주요기구로 구성하고 있다. 총회 · 안전보장이사회 · 경제사회이사회 · 신탁통지이사회 · 국제사법재판소 · 사무국이며(헌장 제7조). 주요기관은 필요에 따라 보조기관을 설치할 수 있도록 하고 있다.

1) 총회

총회(General Assembly)는 주요기관 중에서 최고의 기관이며, 전체 가맹국의 대표로 구성된다. 정기총회는 연 1회(9월의 셋째 화요일부터) 열리며 필요한 때에는 임시총회가 열린다(헌장 제20조). 총회의 권능은 헌장의 범위 안의 일체

---

4) https://100.daum.net/encyclopedia/view/24XXXXX57973

의 사항에 관하여 토의하여 가맹국과 안전보장이사회에 권고할 수 있다. 결의 방법은 각국 1표의 표결권을 가지며, 중요한 문제에 관한 결정은 출석하여 투표한 가맹국의 3분의2 이상의 찬성에 따르고, 그 밖의 문제는 출석 투표국의 과반수의 찬성에 따른다.

또한 안전보장이사회가 국제평화와 안전을 유지에 관한 주요 책임을 수행하지 못하였을 때에는 국제평화와 안전을 유지・회복하기 위한 가맹국의 집단적 조치를 호소하기 위해 총회 회기 중이 아닌 때에도 안전보장이사회의 요청(9개국 이사국의 다수에 따른)이나, 가맹국요청(과반수의 따른)이 있은 다음 24시간 이내에 긴급 특별총회를 열 수 있다.

2) 안전보장이사회

안전보장이사회(Security Council)는 국제평화와 안전유지를 담당하는 기관으로서 제1차적으로 책임을 지는 기관이다. 미국・영국・러시아・중국・프랑스의 5대 상임이사국과 10개의 비상임이사국으로 구성되는데, 비상임이사국은 총회에서 선출되며 임기는 2년이고 매년 5개국이 개선(改選)된다. 안전보장이사회는 평화와 안전의 유지를 위하여 법적 구속력이 있는 결정을 하는 권한을 비롯하여 군사통제안의 작성, 임시총회의 소집, 신탁통지에 관한 사항, 국제연합의 가입, 가맹국의 권리와 특권의 정지, 사무총장의 임명에 대한 권고 등의 권한을 가진다. 가맹국은 안전보장이사회의 결정을 수락・이행하여야 하므로 총회보다 강력하다고 할 수 있다. 절차사항의 결정은 15개국 이사국 중 9개국 이상의 찬성투표를 요하며, 실체사항의 결정은 상임이사국의 동의투표를 포함한 9개국 이상의 찬성투표를 요한다. 따라서 실체적 사항의 결정에서 상임이사국의 반대투표는 거부권 행사가 된다. 다만, 상임이사국의 기권이나 궐석은 거부권 행사로 인정하지 않는다.

3) 경제사회이사회

경제사회이사회(Economic and Social Council)는 국제적인 경제・사회・문화・교육・보건 등의 국제협력에 관한 문제에 대해 연구・보고・발의를 하고, 총회・유엔가맹국・관계전문기관에 대해 권고할 수 있다. 그 밖에 전문기구(Special Agencies)와의 연대관계를 설정하는 협정을 체결하고 그 활동을 조정한다. 또 민간단체(NGO)와 협의하고, 이를 위해 결정권한도 갖고 있다. 경제사회이사회는 54개국 가맹국으로 구성되며, 임기는 3년이고 한번 연임할 수 있으며, 매년 18개국씩 개선(改選)된다. 그 결의방법은 출석투표국의 과반수의 찬성에 따른다.

4) 신탁통치이사회

신탁통치이사회(Trusteeship Council)는 신탁통치지역 통치국을 감독하기 위한 기관이다. 신탁통지이사회의 구성은 신탁통치지역의 신탁통치국, 신탁통치국이 아닌 안전보장이사회의 상임이사국, 총회에 따라 3년 임기로 선출된 그 밖의 가맹국으로 구성되는데, 반드시 신탁통치국과 비신탁통치국의 수가 동수이어야 한다. 그 결의방법은 출석투표국의 과반수의 찬성에 따른다. 처음에 11개가 있었던 신탁통치지역도 대부분 독립했기 때문에 그 임무는 거의 완수된 것으로 보고, 앞으로 이를 폐지하든지, 인도(人道)이사회와 같은 다른 목적의 이사회로 개편되어야 한다는 요망이 나와 있다.

5) 국제사법재판소

국제사법재판소(Intenational Court of Justice)는 15명의 재판관(임기 9년)으로 이루어져 있는 국제연합의 주요 사법기관이다. 그 구성 · 권한 · 절차에 관하여 국제연합헌장에 국제사법재판소에 규정되어 있으며, 그 규정에 따라 운용되고 있다. 모든 가맹국은 당연히 규정의 당사국이 되며, 자국이 소송의 당사국이 되는 경우에는 국제사법재판소의결정에 따라야 한다.

6) 사무국

사무국(Secretariat)는 사무총장(Secretary General)을 장으로 하여 국제연합의 전 조직에 걸친 사무적 · 행정적 기능을 수행하는 기관이다. 사무국은 사무총장과 필요한 직원으로 구성되는데, 사무총장은 안전보장이사회의 권고에 따라 총회에서 선출된다. 사무총장은 각 회에 출석하여 위탁된 임무를 수행하고, 연차보고서 작성 등의 사무기능을 통솔하고 있으며, 동시에 국제형화와 안전의 문제에 관하여 안전보장이사회의 주의를 촉구하거나 총회에 연차보고를 하는 등 그 정치적 기능 때문에 유엔의 총리라고도 불리는 중요한 기관이다.

제5절 국가영역과 공해

1. 국가영역

국가영역은 국가가 원칙적으로 배타적 지배를 구성하고 있는 공간을 말하며, 영토 · 영해 · 영공으로 구분한다. 영토는 토지로 구성된 국가영역이며, 국가영역의 중심이 되는 가장 중요한 것이다.

(1) 영토

영토에 대한 국가의 권리는 영토를 지배하는 권리, 즉 영토를 영유 · 이용 · 처분하는 권리이다. 영토는 국제법상 할양 · 합병 · 정복 · 선점 등에 따라서 변경되며, 그 변경절차에 관해서는 각국이 그 헌법 중에 규정하고 있는 경우가 많다.

(2) 영해

영해는 바다로 구성된 국가영역이며, 영해를 구성하는 부분은 연안해 · 항구 · 만 · 내해 · 해협 등이며, 영해의 폭에 대해서는 종래 착탄거리를 근거로 하는 3해리설이 유력하였으나, 근래에 와서는 4해리설 · 6해리설 · 12해리설 등 그 폭의 확대를 주장하는 국가가 증가하고 있다. 그런데 제3차 해양법회에서 회의참가국의 합의에 따라 12해리설이 인정되고 있다. 국가는 그 연안해에 대하여 국제법상의 제한이 없는 한 배타적으로 그 주권을 행사할 수 있으며, 그 구체적인 것으로는 해안경찰권 · 해안어업권 · 연안무역권 등이 있다.

(3) 영공

영공은 영토와 영해의 상공으로 구성되는 국가영역, 즉 영토와 영해의 한계선으로부터 수직으로 세운 내부공간이다. 국가가 그 상공에 대하여 가지는 배타적 권리의 한계는 항공기가 공기부양력에 따라서 상승할 수 있는 곳까지를 국가의 주권이 미치는 영공이라고 할 수 있으며, 공기가 없는 영공의 상부 공역을 우주공간으로 보아야 한다(통설). 이는 영공과 구별된다.

2. 공해

공해는 영해와 배타적 경제수역을 제외한 해양으로서 어느 나라의 영역에도 속하지 않는 영역을 말한다.

(1) 공해자유의 원칙

공해자유의 원칙은 어느 나라의 영유권에도 속하지 아니한다는 원칙을 말한다. 즉 국제법상 어떤 국가의 영역에도 속하지 않으며, 어느 국가도 배타적으로 지배할 수 없는 해역인 공해는 자유라는 원칙을 말하며, 각 국가는 항행 · 어업 · 통상 등을 위하여 공해를 자유롭게 사용할 수 있다는 국제법상의 공해사용자유의 원칙을 포함한다. 이 원칙은 공해는 국제교통에서 불가결한 통로이므로 국제교통의 안전을 안보하려면 공해의 자유가 절대로 필요하다는 점과 공해는 실효적인 점유가 곤란하다는 점, 그리고 다른 국가의 사용을 방해하지 않고도 각 국가는 이를 사용할 수 있다는 이유를 들어 확립된 원칙이다.

공해자유의 원칙의 주된 내용은 항해의 자유, 어업의 자유, 해저전선 및 송유관부설의 자유, 공해상공 비행의 자유 등이다.

(2) 공해에 대한 의무

모든 선박의 선장은 공해상에서 해난을 당한 선박 · 선원 · 승객을 구조할 의무가 있고, 각국은 해양환경을 보호 · 보존해야 할 의무가 있다.

(3) 공해에 대한 관할권의 확장

과학기술의 발전으로 과거의 영해에 만족하지 못하고 각국은 자국의 이익을 위하여 영해를 초월한 먼 바다에까지 각국의 권리를 주장하기에 이르렀다. 이러한 현상은 결국 공해자유이용의 원칙을 제한하는 결과를 초래하였다. 그 결과 1958년 쥬네브 해양회의에서 '영해 · 접속수역 · 대륙붕에 관한 조약' 등을 채택함으로써 새로운 국제법상의 규칙이 성립하게 되었다. 대표적으로 논의되고 있는 것이 접속수역, 보존수역, 대륙붕이다.[5)]

---

5) 정승재, 앞의 책, 483면 참조.

1) 접속수역

접속수역은 영해의 범위확장에 대한 필요성과 그 실현의 현실적 곤란성을 조화하기 위하여 연안국이 그 영해에 접속한 일정범위의 공해상의 관세·재정·위생 등의 특정사항에 관한 관할권을 행사하기 위하여 설정한 해역을 말하며, 인접수역 또는 보충수역이라고도 한다. 접속수역의 범위는 12해리로 규정되어 있다.

2) 보존수역

보존수역은 공해사용자유의 원칙에 따른 남획에 따른 어족자원의 고갈을 방지하고 그 보존을 도모하기 위하여 관할권을 주장하고 있는 영해에 접속한 공해의 일정한 수역을 말한다. 보존수역은 연안국과 그 수역에 대하여 이해관계를 가지는 국가 사이의 합의에 따라 설정하는 것이 보통이나 합의나 되지 않을 경우에는 우선 연안국의 일방적인 선언에 따라 설정하는 경우도 있다.

3) 대륙붕

대륙붕(大陸棚)은 연안에 접속한 일정한 범위의 해상과 해저지하를 말한다. 대부분의 경우 육지가 바다로 들어갈 때 처음에는 매우 완만한 경사로 내려가다 대략 수심 200m 지점에서 갑자기 급경사로 깊이 떨어지는데, 지질학상 이러한 급경사가 시작되는 지점까지의 선반 모양의 부분을 대륙붕이라고 한다. 대륙붕이 국제법상 문제가 된 이유는 이 부분에 석유·석탄·천연가스·암반·유황 등의 중요자원이 풍부하며, 그 상부수역은 수산자원의 보고로 알려지고 또는 그 개발이 가능하게 된 것이다. 대륙붕은 육지가 자연적으로 해저로 연장된 부분이라는 관점에서 연안국의 관할권이 인정되게 되었다.

제6절 국가의 교섭기관

1. 외교사절

외교사절은 국가를 대표하여 외교교섭을 수행하기 위하여 외국에 파견되는 국가의 대외적 대표기관이다. 여기에는 임지국(任地國)에 상주하여 외교관계의 처리 및 자국민의 보호 등을 행하는 상주외교사절과 특정한 외교교섭이나 조약의 체결이나 국제회의 참가 등의 특정사무를 처리하기 위하여 일시적으로 파견되는 임시외교사절이 있다. 상주외교사절에는 대사(특명전권대사), 특명전권공사, 대리공사 등이 있는데 이는 예외적인 절차와 칭호를 달하는 구별에 지나지 않으며, 이 중에서 어느 종류의 사절을 파견하느냐는 파견국과 접수국의 합의에 따른다. 최근에는 대사만을 파견하는 경향이 있다. 이들 각종 계급의 외교사절은 석차와 의례에 관해서만 차이가 있을 뿐, 직무나 특권 등에서는 아무런 차이가 없다.

외교사절을 파견하는데 있어 파견국은 파견할 자의 성명 · 인물 · 경력 등을 미리 접수국에 통고하여 동의를 얻은 것이 국제관례가 되어 있다. 이 경우 접수국에서 이의가 없다는 의사표시(동의하는 것)를 하는 것을 이른바 아그레망(Agrement)을 준다고 표현하다. 접수국은 자국에 파견되려는 파견국의 특정 인물이 적절치 않은 인물이라는 이유로 아그레망을 거부할 수 있다.

외교사절의 주요한 직무는 접수국과의 외교교섭과 자국과 이해관계가 있는 접수국의 정치 · 경제 · 군사 등 필요한 사항의 관찰과 보고, 접수국에 있는 자국 국민의 보호와 감독이다.

외교사절의 외교특권은 불가침권과 치외법권으로 대별되며, 불가침권으로서는 외교사절의 신체 · 명예 · 공관 · 문서 · 통신의 불가침 등이 있으며, 치외법권(治外法權)으로서는 재판권 · 경찰권 · 과세권 등이 면제되는 특권이 있다. 외교사절의 수행원이나 그 가족도 이러한 외교적 특권이 인정된다.

2. 영사

영사는 외국에 주재하여 본국 및 주재 자국민의 일정한 이익, 특히 상업적 이익의 보호를 담당하는 국가기관을 말한다. 외교관계와 영사관계는 별개 문제이기 때문에 외교관계가 없는 국가 사이에도 영사관의 설치가 가능하다.

영사에는 본국으로부터 파견되어 본국에서 일정한 봉급을 받고 영사직무에 전임하는 전임영사와 접수국에 주재하는 자 중에서 선임되어 전임되지 않고 영사의 사무를 위임받아 집행하는데 불과한 명예영사가 있다. 명예영사는 본

국민을 요하지 않으며, 다른 직무에 종사할 수도 있다. 영사의 계급은 총영사·영사·부영사가 있다.

영사의 주요한 직무는 본국과 이해관계가 있는 통상과 항해에 관한 사항에 대한 관찰과 보고, 그 관할구역 안의 자국민의 보호·감독이다. 자국민의 보호에서는 지방관헌과 교섭할 뿐이고 정부와 교섭할 경우에는 자국의 외교사절을 통해서 한다.

영사의 특권은 일반 국제법상으로 확립된 바 없으며, 당사국 사이의 조약으로서 구체적으로 정해진다. 일반적으로 영사관에 있는 공문서는 불가침으로 되어 있으며, 치외법권에 관하여는 원칙적으로 접수국의 재판권과 경찰권에 복종하지만, 직무영사만은 직무상의 공적 행위의 경우에는 재판권과 경찰권으로부터 면제된다. 과세권은 원칙적으로 면제된다.

3. 군대

군대가 평시에 외국에 주둔하거나 그 영역을 통과하려면 원칙적으로 그 국가의 동의가 있어야 하며, 동의를 얻어 주둔할 때에 국제법상으로 일정한 특권, 즉 군대주둔지의 불가침·군대구성원의 치외법권 등이 인정된다.

4. 조약

조약은 문서에 따른 국가 사이의 합의를 말하며, 그 내용은 문서로 작성되고 그 문서는 일정한 형식을 구비해야 한다. 그 명칭에 관하여는 조약 외에 협약·협정·결정서·의정서·선언·약정·규정·규약·헌장 등 여러 가지로 사용되고 있으나 모두 넓은 의미의 조약이라고 할 수 있다. 좁은 의미의 조약이라고 할 때에는 조약이라는 명칭을 가진 것만을 가리킨다. 다만, 넓은 의미의 조약이든 좁은 의미의 조약이든 당사국을 구속하는 효력에는 차이가 없다.

(1) 조약의 체결

조약의 체결절차에 관하여 국제법상 획일적인 방식이 있는 것은 아니다. 누가 조약체결권을 갖느냐는 국내법으로 정한다. 일반적으로 조약체결권은 국가

원수가 가진다. 조약의 절차는 교섭 · 서명 · 비준 · 비준서의 교환 · 기탁 · 등록 및 공표 등인 것이 일반적이다.

조약은 내용상으로 안전보장조약, 통상조약, 동맹조약, 재판조정조약, 범죄인도조약, 통상항해조약 등으로 나눌 수 있고, 형식상으로는 일반조약과 특별조약으로 나눌 수 있으며, 제3자의 가입여부에 따라 개방조약과 폐쇄조약으로 나눌 수 있다.

(2) 조약의 효력과 소멸

조약의 효력이 미치는 범위는 조약 당사국 사이에만 국한되며, 조약이 유효하게 성립되면 당사자는 중대한 사정의 변경이 없는 한 일방적으로 조약을 폐기할 수 없다. 당사국은 조약을 성실하게 준수할 법적 의무가 있으며, 이의 이행을 위해 조약을 국내적으로 실시할 의무를 진다.

조약은 당사국 이외의 제3국에 대하여는 원칙적으로 어떠한 효력도 미치지 않는다. 그러나 제3국이 묵시적 또는 명시적으로 조약을 승인하는 경우이거나 제3국에게 권리나 이익을 부여하는 조역은 유효하다.

조약의 소멸은 조약이 효력을 상실함을 말하는 것으로, 당사국의 합의에 따른 소멸(조약의 폐지, 유효기간의 만료, 해제조건의 성취, 목적의 달성 등)과 일방적 의사에 따른 소멸(조약규정에 따른 폐기, 권리의 포기, 조약의 위반, 사정변경 등), 그리고 자연적 소멸(당사국의 소멸, 이행불능, 조약내용의 국제법상의 강행법규와의 저촉 등)의 3가지로 구분할 수 있다.

제7절 국제분쟁

국제분쟁은 국가와 국가 사이에 구체적 문제가 발생한 경우에 상호 의견을 달리 하여 발생하는 국가 사이의 분쟁을 말한다.

1. 분쟁의 평화적 해결

국가사이의 분쟁이 발생한 경우에 전쟁에 따른 강제력으로 해결할 수 있지만, 이에 따르지 않고 평화적 수단에 따라서 해결하는 것이 국제평화를 위하여 매우 중요하다. 국제분쟁은 평화적 방법에 따라서 처리되어야 한다는 것이 오늘날 국제법에서 확립된 원칙이다. 평화적 해결의 방법은 다음과 같은 종류가 있다.

(1) 직접교섭

직접교섭은 분쟁당사국이 직접 외교교섭에 따라서 분쟁을 해결하는 방법이다. 이 분쟁 해결방법은 가장 초보적인 것이며, 최선의 방법이기는 하지만, 어떤 의미에서는 직접교섭이 가능한 분쟁상태는 아직 분쟁상태가 아니라는 것을 의미하기도 한다. 직접교섭에 따라서 해결되지 않을 때 비로소 진정한 의미의 분쟁이 일어난다고 할 수 있다.

(2) 주선과 중개

주선(周旋)은 당사국이 직접교섭을 진행하도록 제3국이 편의를 제공하는 것이다. 보통은 당사국에 대하여 직접교섭을 할 것을 권고하고, 당사국이 이에 응하면 회의장소나 통신시설과 같은 사무적인 원조를 해 준다. 그러나 교섭의 내용까지 개입하지 않는다.

중개(仲介)는 제3국이 당사국의 직접교섭의 내용까지 개입하여 그 주장의 조화에 노력하는 것이다. 따라서 당사국에 대하여 양보를 권유하기도 하고 해결안을 제의하기도 한다.

(3) 국제조정

국제조정은 독립적 지위에 있는 기관으로 하여금 분쟁의 실질을 심사하게 하여 그 해결조건의 수락을 권고하는 일련의 분쟁해결방법을 말한다. 조정자의 결단은 단순한 제의 또는 권고의 성질을 가짐에 불과하고 구속력은 없다. 따라서 양 당사국이 임의로 조정안을 수락하면 분쟁이 해결되지만, 어느 일방이라도 수락하지 않는 경우에는 해결될 수 없다. 주선과 중개는 제3국이 특수한 이해관계에 기하여 정치적 영향력을 가지고 개입함이 특징이고, 국제조정은 제3자가 국제기관(국가대표가 아닌 개인자격으로 구성)이기 때문에 비정치적이며 객관적 · 중립적 성격이 강하다. 이러한 조정을 담당하는 국제기구로는 국제심사위원회 · 국제조정위원회 · 국제연합 등이 있다.

(4) 국제연합에 따른 평화적 처리

안전보장이사회나 총회에 따른 분쟁의 심사는 조정의 일종이고 권고적 효력이 있을 뿐 구속력은 없으나 국제연합의 권위를 배경으로 하여 조정 중에서 가장 강력 강력한 힘을 가진다고 볼 수 있다.

(5) 국제재판

국제재판은 독립된 제3자로서 국제재판소가 국제법에 근거하여 분쟁을 해결하는 절차이다. 국제재판은 분쟁당사국이 아닌 독립된 국제재판소에 따른 해결이다. 원칙적으로 국제법에 따라서 해결되나, 예외적으로 '형평과 정의(선)'에 근거하여 행하여지며, 분쟁에 대한 구속적 결정을 내리는 것이다. 이 결정은 판결로서의 구속력을 가지게 되므로 분쟁당사국을 구속한다. 따라서 재판에 따라 분쟁이 확정적으로 해결되며 국제평화가 확보될 수 있다.

국제재판에는 중재재판(상설중재재판소 및 개발중재재판소가 하는 재판2과 사법재판(국제사법재판소에 따른 재판으로 엄격한 법률적 해결로 판결의 엄정한 공평을 유지할 수 있는 재판)의 두 가지가 있다.

2. 분쟁의 강제적 해결

분쟁의 강제적 해결은 국가 사이의 분쟁을 물리력으로 해결하는 것으로 그 방법에는 보복 · 복구(復仇) · 전쟁이 있다. 그러나 오늘날 전쟁이나 무력에 따른 국제분쟁의 해결은 금지되어 있으며 전쟁은 불법으로 이해되어 이에 대한 위반은 국제범죄를 구성한다.

(1) 보복과 복구(復仇)

보복은 상대국의 부당한 행위에 대하여 자국도 이와 대등한 행위를 상대국에 가하는 것을 말하며, 복구는 타국가로부터 위법행위가 있을 때 이를 중지시키거나 이에 대한 구제를 얻기 위하여 피해국이 이와 대등한 행위를 하는 것을 말한다.

상대국이 자국의 화물에 대하여 과중한 관세를 부과한 때, 자국도 상대국의 화물에 대하여 그에 상응하는 관세를 부과하는 경우는 보복에 속하며, 상대국 국민이나 화물을 억류한다거나 해군력에 따라 상대국의 항구를 봉쇄하는 것은 복구에 속한다. 복구로서 하는 행위는 본래는 위법한 행위이지만, 그것이 복구로서의 요건을 갖추면 위법성이 조각된다.

(2) 전쟁

전쟁은 국가와 국가 사이에 무력을 수단으로 하는 투쟁이다. 전쟁의 주체는 국가에 한정된 것이 아니라 교전단체도 전쟁의 주체가 된다. 종래에는 전쟁도 분쟁의 해결수단으로 인정되었으나 오늘날에는 전쟁은 용인될 수 없는 것으로 보는 것이 일반적이다. 전쟁을 금지하는 조약으로 대표적인 것은 1928년의 부전조약(不戰條約)이다. 특히 제2차 세계대전 후 전범재판을 통하여 침략전쟁은 국제범죄라는 것이 결정적으로 확립되었다고 할 수 있다. 국제연합헌장에는 구체적으로 전쟁을 금지하는 규정은 없지만 실질적으로는 널리 전쟁이나 무력행사를 금지하고 있고, 또 이러한 행위의 발생을 방지하거나 저지하기 위하여 유력한 예방적·제재적 조치를 취할 것을 규정하고 있다.

전쟁개시는 일방 당사국이 전쟁을 할 의사를 표시하였을 때에 개시되며, 이에 대한 타방 당사국의 동의를 필요하지 않는다. 국제법상 전쟁개시의 방법으로는 전쟁선언과 최후통첩 또는 적대행위(묵시적 의사표시)의 3가지가 있다. 전쟁의 종료형식으로는 강화·적대행위의 중지·정복·전쟁종료선언의 4가지가 있다. 이 중 강화가 가장 일반적인 형식이며, 강화가 성립되지 전에 휴전을 하는 것이 보통이다. 전쟁의 개시가 양 당사자의 합의를 필요하지 않는데 반하여 전쟁의 종료는 정복의 경우를 제외하고는 양 당사자의 합의를 필요로 한다.

제8절 안전보장과 중립

일반적으로 안전보장은 외부로부터의 침략에 대하여 국가의 안전을 확보함을 말하며, 이것은 분쟁의 평화적 해결, 전쟁의 불법화 및 국제조직에 따른 평화유지활동과 밀접한 관련이 있다. 반면 중립은 전쟁에 참여하지 않은 국가의 전쟁에 대한 국제법상의 지위를 말하며, 쌍방 교전국에 대한 공평과 무원조를 원칙으로 하고, 이러한 지위에 있는 국가를 중립국이라고 한다.

1. 안전보장의 종류

안전보장에는 군비확장 · 동명조약의 체결 등과 같이 개별국가가 개별적으로 자국의 안전을 확보하는 개별적 안전보장과 관계국 전부가 상호불가침을 약속하고 관계국에 대한 침략이 발생하는 경우에 공동으로 이에 대처하는 집단적 안전보장이 있다. 후자는 다시 국제연합과 같이 세계 대다수의 국가가 참여하는 일반적 집단보장과 지역적 협정이나 지역적 기관에 따라서 지역적 국가의 안전을 보장하는 지역적 집단안전보장이 있다.

2. 중립국의 권리와 의무

중립국과 교전국 사이에는 일반적으로 평화관계가 유지되지만, 전쟁의 영향을 받아서 특별한 권리 · 의무가 발생한다. 중립국은 교전국으로부터 침해를 받지 아니할 권리, 교전국과의 교통의 권리를 향유한다. 따라서 중립국과 교전국과의 교통은 원칙적으로 그대로 유지된다. 중립국의 의무로는 첫째, 피지(避止)의 의무가 있는데 이는 중립국이 전쟁수행에 관계있는 직접 또는 간접으로 원조를 교전국의 어느 일방에도 제공해서는 안 될 의무를 말하며, 이를 자제의 의무라고도 한다. 둘째, 방지의 의무가 있는데 이는 중립영역의 불가침으로 말미암아 교전국이 중립영역을 전쟁목적에 이용할 수 없는 의무를 지는 반면에 또한 중립국 자신도 교전국이 자국영역을 전쟁목적에 이용하는 것을 방지해야 할 의무를 지게 되는 것을 말한다. 셋째, 묵인의 의무가 있는데 이것은 교전국의 전쟁수행을 위한 행위에 따라서 중립국의 국민이 불이익을 받은 경우에 그 교전국의 행위가 전쟁법에 따라서 인정되는 한 중립국이 교전국의 이러한 권리를 묵인해야 할 의무를 말한다. 즉 중립국의 국민이 전시금제품의 수송, 봉쇄, 침파 또는 군사적 원조를 하였을 때에 교전국이 그에 대한 제제조치를 취하는 것을 중립국이 묵인할 의무이다.

찾아보기

저자약력

하 윤 수

- 현(現) 부산교육대학교 교수 · 법학박사
- 현(現) 한국교원단체총연합회 회장
- 전(前) 부산교육대학교 총장
- 동아대학교 대학원 박사과정 졸업 · 법학박사
- 일본 오사카대학 법학부 수학, 후쿠오카 교육대학 연구교수

[저서 및 논문]

- 시민생활과 법률(세종출판사, 1996), 교육과 법률(세종출판사, 1998), 교원과 법률(대한교과서, 1999), 학교생활과 법(세종출판사, 2006), 학교와 헌법 · 교육법(도서출판 한울, 2011) 외 다수 단행본
- 교권과 학습권의 확립방안, 재학계약론, 교육주체개념을 둘러싼 교육권의 재검토, 교육법의 발전방향과 과제-지방교육자치 법제를 중심으로, 학교폭력예방법의 문제점과 개선 방안, 교육법의 발전방향과 과제, 교육환경권에 대한 판례의 추이와 동향 외 다수 논문

저자와의 협의하에 인지생략

시민생활과 법

2020년 2월 20일 제1판 1쇄 인쇄
2020년 2월 25일 제1판 1쇄 발행

저 자 하 윤 수
발행인 김 광 식
조 판 아 람 기 획

07285
발행처 서울특별시 영등포구 선유로3길 10, 617호
도서출판 **탑 북 스**
등 록 2009.12.21 제 2013-000101 호
전 화 02)365-2223 팩스 02)365-2224

정가 25,000 원

ISBN 979-11-90247-24-5-93360